数智时代新商科精品教材

MARKETING

New Quality Marketing Forces in the Era of Digital Intelligence

市场营销学

数智时代的新质营销力

汪旭晖　主　编

张其林　副主编

东北财经大学出版社　大连
Dongbei University of Finance & Economics Press

图书在版编目（CIP）数据

市场营销学：数智时代的新质营销力/汪旭晖主编. —大连：东北财经大学出版社，2025.1.—（数智时代新商科精品教材）. —ISBN 978-7-5654-5389-2

Ⅰ. F713.50

中国国家版本馆CIP数据核字第2024RZ7458号

东北财经大学出版社出版
（大连市黑石礁尖山街217号　邮政编码　116025）
网　　　址：http://www.dufep.cn
读者信箱：dufep@dufe.edu.cn
大连图腾彩色印刷有限公司印刷　　东北财经大学出版社发行
幅面尺寸：185mm×260mm　字数：670千字　印张：28　插页：1
2025年1月第1版　　　　　　　　2025年1月第1次印刷
责任编辑：刘瑞东　李　彬　龚小晖　　责任校对：赵　楠
　　　　　时　博　王　丽　孙　平
　　　　　郭海雷　徐　群　吴　茜
封面设计：原　皓　　　　　　　　　版式设计：原　皓
定价：69.00元

教学支持　售后服务　联系电话：（0411）84710309
版权所有　侵权必究　举报电话：（0411）84710523
如有印装质量问题，请联系营销部：（0411）84710711

前　言

　　为了应对数智时代的新挑战，党的二十届三中全会给出了因地制宜发展新质生产力的战略定向，为经济转型、制度变革指明了方向，同时也为市场营销的优化升级提供了根本遵循。

　　实际上，随着数智技术逐步渗透到日常生活的方方面面，市场营销面对的环境也发生了深刻变革。万物互联、虚实一体、跨界融合成为重要的发展趋势，大数据、人工智能、量子科技、区块链、元宇宙成为重要的驱动力量，传统的市场营销知识体系已经难以适应这种新时代的新环境。为了有效破解营销理论与营销实践之间存在的巨大鸿沟，我们立足新质生产力因地制宜地提出了新质营销力的理念，并且认为以新质营销力统领数智时代的营销变革与重构成为可能的方向。

　　新质营销力是以不断满足人民日益增长的美好生活需要为宗旨，以创新元素和新兴技术为主导，以算力、算法和数据为底层逻辑，以跨行业交叉和跨场景应用为两翼驱动，以工具高科技、转化高效能、产出高质量、效益高水平为基本属性的一种新质生产力。新质营销力在数智化浪潮的冲击下应运而生，在一定程度上颠覆了市场营销的底层逻辑和战略策略。具体来说，新质营销力要求营销导向应该从以顾客需求为中心转向以场景为中心，营销战略应该从业内求精转向跨界破圈、从部分细分市场转向完全细分市场，营销策略应该从提供产品转向提供数智解决方案、从静态定价转向智能动态定价、从单渠道转向全渠道、从人员生成营销转向 AI 生成营销、从单向推广转向互动营销、从局部覆盖转向全网辐射等等。这种转向构成了本书写作的主导逻辑，也是我们为编写一本适应数智时代的市场营销教材所作出的努力，希望能够为市场营销教材乃至市场营销学科的发展贡献一份力量。

　　本书在写作过程中既吸取了经典营销的核心思想，也融入了数智时代的创新洞见，并在如下几个方面作出了一定的特色：

　　一是从营销范式来看，本书采用新质营销力作为营销范式重构的主线，系统诠释了数智时代的市场营销学。这种范式重构体现在多个方面。从总体定位来说，不同于传统市场营销学大都将市场营销作为一种职能战略，本书认为市场营销既是企业制定战略规划的起点，也是企业实现战略落地的抓手，贯穿了企业依托战略建立竞争优势的全过程。从具体内容来说，不同于传统市场营销学大都关注如何基于细分变量对市场进行部分细分，本书提出基于用户画像对市场进行完全细分；不同于传统市场营销学大都关注如何从企业角度出发进行主动性市场定位，本书认为可以基于用户生成内容从顾客角度出发进行适应性市场定位。

二是从教材内容来看，本书坚持国际化、本土化、经典化、时代化的导向。本书既对国际通行的理论和实践进行了交待，也对中国本土的思想和变革进行了阐释，既对传统的经典知识进行了系统的整理，也对当下的营销前沿进行了全面的总结，有助于培养读者树立面向世界前沿、扎根中国实践、明确理论脉络、解决现实问题的营销观。在具体的写作过程中，本书在吸收借鉴经典教材的基础上，对营销实践中的新做法进行了提炼，如平台营销、科技营销、低碳营销等；也对营销理论中的新思考进行了梳理，如新质营销力、个性化定价、多元化渠道等；还对营销技能中的新手段进行了汇总，如文本分析法、行为数据法等新方法和人工神经网络（ANN）、支持向量回归（SVR）和递归神经网络（RNN）等新技术。

三是从呈现形式来看，本书基于线上线下相结合、学习练习相结合的理念设计了丰富多彩的内容。本书既提供了纸质书，供学生线下使用；也提供了理论前沿、市场洞察、绿色营销、本土创新等线上资源，供学生扫码使用。同时，本书不仅提供了权威的知识讲解，而且配备了相关的案例分析和答案示例，还配套了相应的基本训练，更设置了实战演练的环节，促使学生将所学知识融入真实情境，以此加深学生领悟理论和解决问题的能力。尤其是本书创新性地引入了基于大数据分析的营销实战，如在市场细分部分设计了"基于K-均值的客户聚类分析可视化"，在产品设计部分设计了"利用人工智能算法对相似产品未来市场销售趋势进行判断"，这些设计不仅提升了学生应用新方法解决新问题的能力，而且提高了学生学习的兴趣。通过线上线下、学习练习的全方位结合，本书致力于提供立体化学习体验，不断提高学习的效率和效果。

四是从价值导向来看，本书将课程思政潜移默化地融入到知识体系当中，厚植学生的爱国情怀、加强他们的责任担当。本书宣传了自立自强的民族企业，传播了敢为人先的营销实践，提炼了具有中国特色、中国风格、中国气派的营销理论，以此提高学生的文化自信。同时，本书还设计了"学史增智"（介绍中国古代的营销事件）、"价值引领"（介绍中国当下的政策导向）、"红色营销"（介绍中国共产党建设过程中的营销实践）、"绿色营销"（介绍追求可持续发展过程中的营销实践）等小栏目，引导读者铸牢中华民族共同体意识、树立正确的社会责任感与道德使命感。

本书的任务分工如下：东北财经大学汪旭晖老师设计本书的大纲，并负责撰写第一章、第八章和第十五章；东北财经大学张其林老师负责撰写第二章和第十二章；东北财经大学孙琳老师负责撰写第三章和第十一章；东北财经大学王东明老师负责撰写第四章和第十四章；哈尔滨商业大学赵博老师负责撰写第五章与第十章；沈阳工业大学郭一凡老师负责撰写第六章和第十三章；内蒙古财经大学陈佳琪老师负责撰写第七章和第九章。最后，全书内容经由汪旭晖老师与张其林老师整合、润色，并经过严格审校后定稿。在此过程中，我们还要特别感谢东北财经大学博士研究生王佳淏、曹学义、刘熙桐、李奥、卢星彤、张涛嘉、仲妍、席浩男、安怡宁、赵喜，硕士研究生段怡杰、吴正生、尚佳佳、谢寻、陈惠琦等人的辛苦付出！正是他们的全力以赴和无私奉献，使得本书的编写工作得以顺利推进，最终成功面世！

诚然，本书的成功出版离不开东北财经大学出版社的大力支持，特别要向刘瑞东社长、李彬主任以及龚小晖、时博、孙平、郭海雷、王丽、徐群、吴茜等编辑人员在出版过程中提供的帮助表示衷心的感谢！在撰写本书的过程中，我们参考了大量的资料，在此也向相关作者致以诚挚的谢意！

　　受时间和水平所限，书中仍然不可避免地存在一些不当之处。我们诚挚地希望社会各界的同仁能够不吝赐教，提出宝贵意见。在未来的修订版中，我们将对这些内容进行修正与完善！

汪旭晖

2024 年 8 月

目 录

第一章

市场营销与新质营销力

学习目标

1. 理解市场营销的定义与营销战略的定位；

2. 掌握市场营销的核心概念；

3. 了解营销哲学的演进历程；

4. 熟悉市场营销学的学科性质与特点；

5. 理解新质营销力的内涵。

思维导图

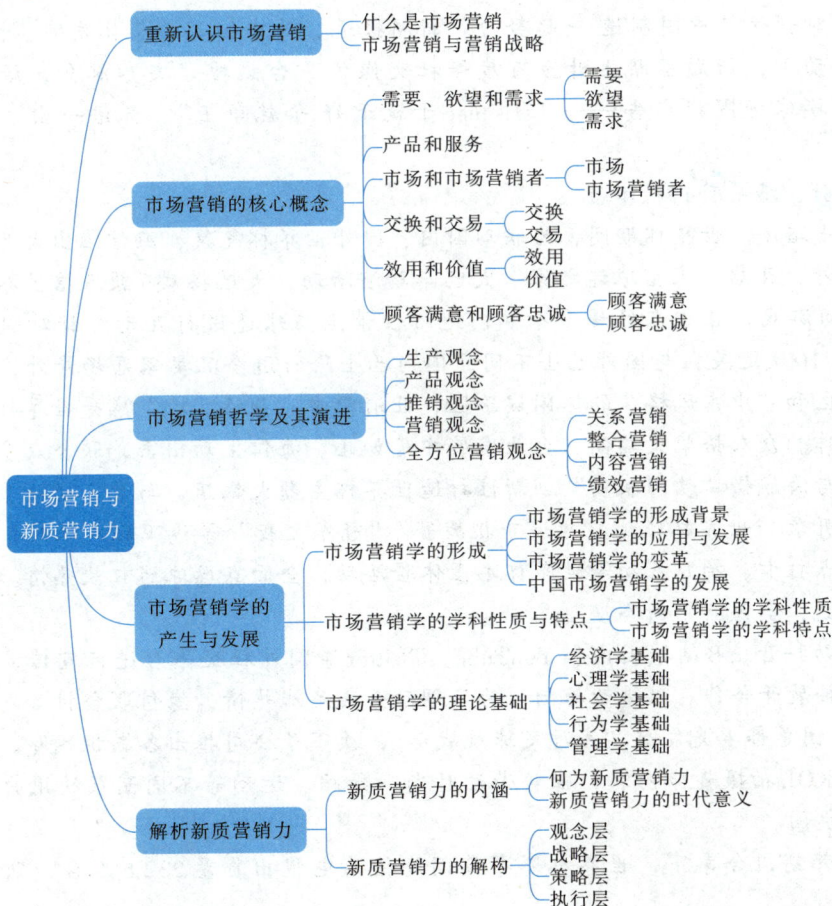

看不见硝烟的场外竞赛：海信卡塔尔世界杯品牌传播之道

北京时间2022年11月21日凌晨，卡塔尔世界杯揭幕战进入白热化阶段。绿茵场上，伴随着观众的欢呼和呐喊，球员瓦伦西亚飞身一跃，蓄力右脚凌空抽射，"Hisense 中国第一 世界第二"广告牌赫然映入观众眼帘，足球以闪电之势冲入球门左上角。霎时，场内掌声雷动，中国制造企业——海信，再次进入全球亿万观众视野。

作为中国彩电市场销售额、占有率第一的本土制造企业，成立于1969年的海信集团（以下简称"海信"），成功突破国外厂商的技术封锁，打造了多项"填补国内空白"的拳头产品，是中国制造高质量品牌的典范。为进一步打破品牌"低端锁定"和"大牌压制"的掣肘，海信几经辗转，决定"试水"体育营销领域，走出了一条具有"海信特色"的体育营销之路。在卡塔尔的营销之战中，公关传播、线下牵引和线上触达三驾马车为海信的品牌传播跑出了营销加速度。

公关传播，围栏广告抢先机

世界杯首战赛场上，万众瞩目下，"Hisense 中国第一 世界第二"赫然"抢镜"，引发了业界激烈的讨论。短短几日，海信三上微博热搜TOP榜，百度、头条等网站搜索指数迅猛蹿升。第二周，"Hisense 中国制造 一起努力"亮相赛场。12月8日，北京日报等10家媒体同时刊登"中国制造 一起努力"新闻报道，为中国制造集体发声。点动成线，在媒体的带动下，话题不断上升至百度等社交媒体平台热搜。决赛前夕，话题余热未退，海信切换球场围栏广告——"Hisense 干就干好 争就争王"。标语一出，热度再次飙升。

线下牵引，场景营销新体验

球迷巴士路演。世界杯期间，为联动国内、国外世界杯气氛，海信推出大巴车路演活动。针对海外，开启"海信球迷之家"大巴车路演活动，大巴搭载7款海信世界杯主推产品、3款互动游戏，在中东区域多个热门地标性景点与球迷进行互动。针对国内，开启"球迷巴士"10城巡展，与国外巴士不同，国内巴士除打造全品类家居场景外，还设置产品互动体验区和"中东风格"的休闲娱乐区，让消费者"身临其境"感受世界杯。

跨界合作。众人拾柴火焰高，企业发展亦是如此。海信主动出击，联合众多企业进行品牌宣传。与海底捞"梦幻联动"创新性打造世界杯主题火锅店，与青岛地铁、青岛啤酒等企业联合开展"世界杯球迷狂欢城市挑战赛""冠军之夜"等线下狂欢派对，开启线下"寻宝"、站点打卡、拍照互动等世界杯元素体验活动，全面点燃球迷狂欢热情。

线上触达，全民互动新高度

海信借助抖音、B站等国内和YouTube、Twitter等国外社交平台进行宣传，与各平台关键意见领袖展开合作。以抖音为例，为了调动全民足球热情，海信联合抖音发起"抖音挑战赛"。集团总部率先发起"客厅足球挑战赛"，旗下子公司推出各式挑战赛，撬动全国不同城市的KOL拍摄趣味内容，强势带动时尚、舞蹈、运动等不同圈层的用户参与，打造全民互动氛围。

在系列营销组合拳下，世界杯赛事期间海信系电视出货量232.6万台，跃居全球第一，这也是中国彩电品牌首次登顶全球第一。海信的卡塔尔之战告捷，彰显出市场营销的重要作用，市场营销在企业的成功之路上扮演着不可或缺的重要角色。那么，在数智时代背景下，重新解读市场营销的内涵、理解营销创新的时代价值成为企业可持续发展的一项重要活动。

资料来源：马宝龙，胡文清，赵雅琦，等. 看不见硝烟的场外竞赛：海信卡塔尔世界杯品牌传播之道 [DB/OL]. [2023-09-11]. 中国管理案例共享中心. 内容有删改。

第一节　重新认识市场营销

一、什么是市场营销

"市场营销"一词译自英文"Marketing"。随着市场营销实践的发展，在不同阶段，不同的营销学者对市场营销的界定有所不同，对市场营销的认识也呈现出不断发展变化的过程。学者们已经从最初将市场营销看成"同其他部门相分离的管理职能"发展到认为市场营销是"指引整个企业网络为利益相关者谋取利益的管理责任和组织能力"。这一变化在表1–1中有所体现。

表1–1　　　　　　　　　　　市场营销的关键定义

关键代表	定义	特征
美国市场营销协会（1960）	引导产品或劳务从生产者流向消费者的企业营销活动	将市场营销视为独立的管理职能部门，认为企业营销的目的是更好地进行销售，以获取更多的利润，为顾客创造更多的效用价值
美国市场营销协会（1985）	对创意、商品和服务的概念、定价、促销和分销进行策划和执行的过程，以便推动和促进能够实现个人和组织目标的交易	将市场营销视为一种管理职能，注重科学地展开营销活动并满足顾客需求的过程，但仍以企业为主导，强调的只是顾客和企业的价值互换过程
菲利普·科特勒（1994）	个人或集体通过创造并同别人交换产品和价值，从而使个人或集体满足其欲望或需要的一种社会管理过程	强调顾客和企业的价值互换
卢施和韦伯斯特（2010）	市场营销是一种组织能力，引导企业感知、认识和获取并了解顾客和市场，同时提炼出一种价值主张，并在价值共创（共同创造）和企业整体价值提高的过程中将利益相关者整合为一体	强调企业与利益相关者共创价值，而不再仅涉及简单的交易关系

资料来源：王永贵. 市场营销：理论与中国实践（数字教材版）[M]. 3版. 北京：中国人民大学出版社，2024.

- - - - - - - - - - - - - ○ 学史增智 1-1

中国古代的商业起源

习近平总书记深刻指出："没有高度的文化自信，没有文化的繁荣兴盛，就没有中华民族伟大复兴。"[1]中华优秀传统文化是中华文明的智慧结晶和精华所在，是中华民族的根和魂，是我们在世界文化激荡中站稳脚跟的根基。[2]将中华优秀传统文化融入营销创新理论与实践，有助于增强国人文化自信与历史自信，向世界传递营销学创新的中国声音。中华优秀传统文化凭借源远流长、博大精深的独特品质，丰富多元的内涵与底蕴，深邃思辨的思想和风格，为企业及品牌的发展提供源源不断的灵感源泉和文化支持，其独特性在市场营销策划以及品牌形象构建过程中起着至关重要的作用。这种跨越时空、超越国界，具有永恒魅力和现代价值的传统文化，唯有紧密契合现实市场中消费者对美好生活的追求，方能发挥真正的价值。

在绵延 5 000 多年的文明发展进程中，中华民族拥有至今仍具有重要启迪意义的营销实践。我国是世界文明古国，也是商业起源最早的国家之一。中国市场和商业的历史源远流长，数千年前中国便有商品交换活动与市场，促进商品交换的市场营销理念与实践同样早已有之。根据古老典籍记载，以及考古发现的佐证，我们可以知道，上古时期的神农、黄帝时代是中国商业（市场活动）的萌芽阶段。据《易经·系辞下》记载，"神农氏作……日中为市，致天下之民，聚天下之货，交易而退，各得其所"。这段文字描述即：神农氏首辟市场，使人们在合适的时间、地点汇聚在一起，彼此交换剩余产品，而后满意而回。在黄帝的统治下，市场得到进一步发展，中华商业文明逐步发展。《世本》记载黄帝命"共鼓、货狄作舟""奚仲作车"，不仅减轻了人们负载、提携之劳，可以运送更多的货物，而且扩大了交换的范围，"舟楫之利，以济不通，致远以利天下"（《易经·系辞下》）。夏朝时期，商部落因擅长营销而出名。商部落不仅擅长于交易，更注重捕捉市场需求，这与当今市场营销的目标理论十分契合，市场营销便是从用户与消费者需求出发的活动。西周时期，周文王注重改善商业环境，为四方游商提供了便利的交易环境。

资料来源：龙英堂书院. 东方营销学系列：中国商业起源［EB/OL］.［2018-05-24］. https：//mp. weixin.qq.com/s/JOwbaqXFG5Cn7JBdmF2cdA.内容有删改。

广义上，市场营销是一种通过创造和与他人交换价值，实现个人和组织的需要和欲望的社会和管理过程。在狭义的商业环境中，市场营销涉及与顾客建立价值导向的交换关系。于是，菲利普·科特勒（Philip Kotler）将市场营销定义为：企业为从顾客处获得利益回报而为顾客创造价值并与之建立稳固关系的过程[3]。我们可以从观念、战略、策略三个层面来深刻剖析市场营销的含义，即市场营销是一种管理哲学，也是一种企业战略，还是一系列满足顾客需求的策略操作[4]。

市场营销是一种管理哲学。从管理哲学（Management Philosophy）的层面来看市场营销，它代表一种特定的企业文化。工业化时代，企业强调的是大规模生产效率、成本和销

[1] 习近平. 中共中央关于党的百年奋斗重大成就和历史经验的决议［M］. 北京：人民出版社，2021.
[2] 人民网. 坚定文化自信 走好中国道路［EB/OL］.［2023-12-13］. http：//dangjian.people.cn/n1/2023/1213/c117092-40137550.html.
[3] 科特勒，阿姆斯特朗.市场营销：原理与实际［M］. 楼尊，译. 16版.北京：中国人民大学出版社，2015.
[4] 尹一丁. 市场营销二十讲［M］. 北京：清华大学出版社，2023.

售，聚焦股东利益最大化，都具有"以自我为中心"的基因，服务顾客只是企业实现自身盈利目标的手段而已。随着市场竞争的加剧，卖方市场向买方市场演变，企业完成了从"以自我为中心"到"以顾客为中心"的转变。数智时代背景下，企业更加关注顾客在特定场景下的体验和需求，开始出现"以顾客为中心"到"以场景为中心"的转变。

市场营销是一种企业战略（Strategy）。这个战略的核心就是以最优的方式来满足顾客需求，从而和顾客建立长期良性的紧密关系。顾客需要的是解决他们问题的最佳"方案"和"价值"。因此，市场营销战略关注的是，如何高效利用企业资源，长期稳定地向目标顾客交付优质的，甚至是"超预期"的"方案"和"价值"，从而形成大批忠诚顾客。从本质上说，市场营销战略是向目标顾客提供正确解决方案的"价值战略"。

市场营销是一系列满足内部和外部顾客需求的策略操作（Tactics）。在工业化时代，这一系列策略操作就是"4P"，即产品（Product）、价格（Price）、渠道（Place）、促销（Promotion）。然而，进入数智时代以后，"4P"框架越来越向纵深化发展，其内涵和外延逐渐扩展，不再是彼此之间割裂的价值载体，而是覆盖顾客总体旅程和生命周期的总体体验。

综合观念、战略和策略三个层面，我们可以给市场营销下一个较为全面客观的定义：市场营销就是确保企业时刻对准顾客需求来创造、传播和交付价值，以满足顾客在整体生命周期中的总体需求，从而构建起企业和顾客之间长期互利关系的一系列企业行为和组织职能。也就是说，市场营销就是帮助企业更好地服务顾客需求的企业行为和职能。市场营销的目标是通过满足顾客需求，构建企业和顾客之间长期互利的良性关系，从而帮助企业和顾客实现共同成长，达到一种共生共赢的状态[①]。

具体来讲，市场营销工作包括五个主要内容，即洞察需求、激活需求、满足需求、维护需求和创造需求（如图1-1所示），即"市场营销价值链"（Marketing Value Chain）。洞察需求是为了"定义价值"，对应市场和顾客调研；激活需求是"传播价值"，对应促销和获取顾客；满足需求是"创造和交付价值"，对应产品、渠道和价格；维护需求是"升华价值"，对应品牌建设；创造需求是"重塑价值"，对应颠覆性或显著性创新，用来引领顾客，创造出新市场或开拓蓝海。在竞争日益激烈的今天，创造新市场越来越成为企业市场营销的一项主要工作。

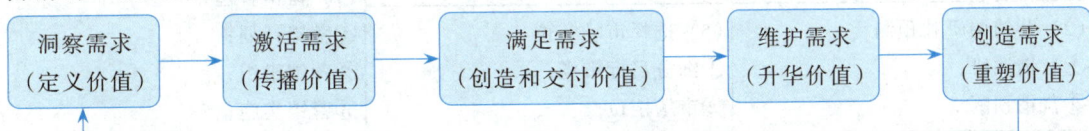

| 洞察需求
（定义价值） | → | 激活需求
（传播价值） | → | 满足需求
（创造和交付价值） | → | 维护需求
（升华价值） | → | 创造需求
（重塑价值） |

图1-1 市场营销价值链

二、市场营销与营销战略

按照传统的企业战略管理框架，大多将营销视为一种职能战略，将其与人才战略、融资战略、信息战略等职能战略并列，而定位于发展战略之后，也远远没有上升到整个企业的战略层面（如图1-2所示）。然而，仅仅把营销作为职能战略会给企业带来一系列问题。例如，如果仅将营销聚焦于职能层面的问题，企业往往仅关注短期效果，"头痛医头，脚

---

① 尹一丁. 市场营销二十讲［M］. 北京：清华大学出版社，2023.

痛医脚"，不能从根本上解决企业长期健康发展的问题。另外，职能层面的操作比较容易跟风，被一时出现的机会牵着鼻子走，难以打造具有自身特色的核心竞争能力，变成了"万金油"，似乎样样都行，却没有独特优势。并且，企业的业绩也会很不稳定。例如，很多企业打价格战，业绩可能很快就得以显著增长。但价格恢复后，顾客也很快流失，让销售部门疲于奔命，难以形成长期稳定的顾客群。因此，企业必须把市场营销提升到整个企业的战略层面。

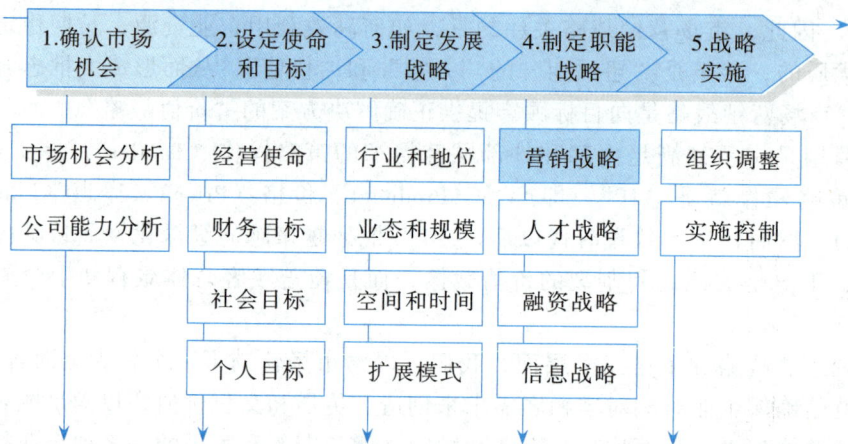

1.确认市场机会	2.设定使命和目标	3.制定发展战略	4.制定职能战略	5.战略实施
市场机会分析	经营使命	行业和地位	营销战略	组织调整
公司能力分析	财务目标	业态和规模	人才战略	实施控制
	社会目标	空间和时间	融资战略	
	个人目标	扩展模式	信息战略	

图1-2　传统营销的定位

理论前沿1-1

[二维码]

传统营销职能在企业中地位的变迁

彼得·德鲁克（Peter F.Drucker）认为："事实上，市场营销都不能视为一个单独的职能部门，它应该贯穿整个组织。"就市场营销在企业战略中的地位而言，市场营销应贯穿企业战略分析、战略计划、战略实施的整个流程（见表1-2）。

表1-2　　　　　　　　　　　　　　　市场营销与企业战略

第一步：战略分析	第二步：战略计划	第三步：战略实施
（1）营销环境分析 ①宏观环境； ②微观环境	（4）找到目标顾客 ①市场细分； ②目标市场选择	（7）营销管理 ①营销计划； ②营销组织； ③营销实施； ④营销控制
（2）营销调研和预测 ①营销调研； ②营销预测	（5）选择市场定位 ①细分目标市场； ②市场定位	
（3）消费者行为分析 ①购买行为的影响因素； ②购买行为与决策分析	（6）营销组合规划 ①产品策略；②价格策略； ③促销策略；④渠道策略	

战略分析层面，市场营销可以通过对企业内外部环境的分析，将外部机会与威胁同内部优劣势加以综合权衡，考虑在营销中怎样利用优势，把握机会，扭转劣势，避免威胁，进而确定营销目标，确保企业的所有行为都对准顾客需求。市场营销是对市场需求的不断追求和满足，企业每一个成功的产品或服务，都是基于对市场的深入理解和研究。这就需要企业深入挖掘、精准捕捉市场需求，深刻解读消费行为习惯，并与顾客建立长期关系。

与此同时，随着市场需求的不断演变，市场营销能为企业提供宝贵的数据和敏锐的洞察，帮助企业做出明智的决策，有助于为企业战略提供明确的战略方向。

战略计划层面，市场营销设计可以让企业的决策和行为更加规范，营销的战略规划是营销的定位过程，即确定并实现优于竞争者的价值，塑造竞争优势。所谓"不以规矩，不能成方圆"，企业可以依据市场营销的目标规划建立相应的战略规划能力和体系，确定目标顾客、选择市场定位、规划营销组合，进而培育竞争优势，并让成功具有可复制性。市场营销规划主要涵盖：营销战略，核心是市场目标的确定，包括找到目标顾客和市场定位；营销策略，核心是实现营销战略目标。首先，找到目标顾客，就是找到应该满足的是谁的什么需要。企业必须首先找到"谁"——目标顾客，包括市场细分和目标市场选择两部分。企业需要选择自己具有优势的市场而不是全部市场进行营销活动，这样才能在激烈的竞争中得到生存和发展。目标顾客或目标市场的选择是市场定位的重要基础。其次，市场定位。如果说选择目标市场解决了企业为谁提供产品和服务的问题，差异化定位就是解决为目标顾客提供什么产品和服务的问题，即企业要满足目标顾客哪一方面的利益需求。定位的结果是找到目标顾客需要且比竞争对手具有更大优势的利益点，我们将其称为定位点[①]。最根本的是建立企业所希望的、对目标顾客具有吸引力的竞争优势。此后，企业通过发展战略实现优势的扩张和复制。营销的发展战略强调企业快速扩张的过程，建立在营销竞争优势的基础之上，是企业核心竞争能力最大化的发展过程。最后，营销组合规划。在选择定位点之后，企业需要围绕定位点实现营销组合的匹配。此时，营销成功的关键就在于营销组合的要素能否有机组合，有机组合的判断标准是营销组合各要素能否为定位的实现发挥自己的独特作用、做出自己的独特贡献，即实现营销要素组合的差异化。营销组合包括产品策略、定价策略、渠道策略、促销策略。在设计营销组合策略时，需要通过团队建设、激励政策等制度安排形成"行动合力"。

在战略计划过程中，竞争优势的打造至关重要。企业要想在激烈的市场竞争中脱颖而出，就必须积极地参与竞争，并创造竞争优势。企业产品的竞争优势实际上就是利价比优势，企业要想在市场竞争中胜出，就必须使其产品比竞争对手的产品有更高的利价比。企业提高利价比的方法有两种：第一，侧重于提高顾客价值，以相同或略高的价格向顾客提供较高或很高的利益；第二，侧重于降低顾客成本，以更低的价格向顾客提供相同或略低的利益。与此相对应，企业产品的竞争优势有两种：一是特色优势，二是成本优势。特色优势指企业通过特色化生产和营销，使自己的产品成为行业内独一无二的且能给购买者带来较大或其他产品无法替代的利益，很多购买者愿意为这样的产品支付较高的价格。成本优势指一个企业的产品在一个行业中生产成本和经营费用最低。当具备了其中一种优势，企业就能够构筑起有效的防御工事，抵御攻击，稳定发展。竞争战略理论中，提高顾客价值与打造特色优势对应差异化战略，降低顾客成本与打造成本优势对应成本领先战略。当企业试图在某个细分市场上获得成本优势或者特色优势时，采用的就是集中化战略[②]。这就是三种一般的竞争战略。图1-3列示了利价比、竞争优势和企业竞争战略的逻辑关系。竞争战略属于企业战略的一部分，是在企业总体战略规划下，通过确定顾客需求、竞争者

市场洞察1-1

王老吉打造
"吉文化"品
牌定位

① 李飞. 定位地图［M］. 北京：经济科学出版社，2008.
② 庄贵军. 营销管理——营销机会的识别、界定与利用［M］. 北京：中国人民大学出版社，2021.

及本企业三者之间的关系，指导和管理具体战略经营单位的计划和行动。制定竞争战略的实质就是将一个企业与其所处环境建立联系，环境中的关键部分主要由企业所在的相关行业、行业结构及行业竞争状态构成。

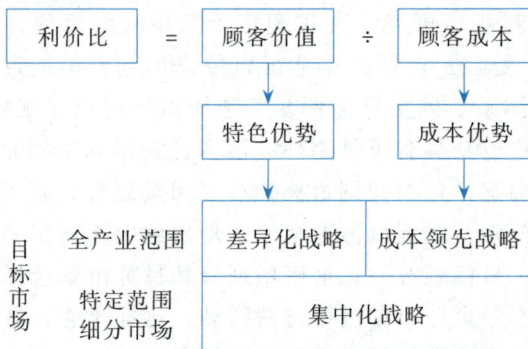

图1-3　利价比、竞争优势和企业竞争战略的关系

战略实施层面，企业通过计划、组织、实施、控制等职能协调和整合企业营销活动中所有参与者的工作活动，进而高效率地完成营销任务。企业的营销活动贯穿着计划、组织、实施和控制。计划职能要求管理者决定和规划组织在未来某一特定时间内应达到的目标和达到目标的方式。组织职能要求管理者通过组织结构设计来决定做什么、怎样做、谁去做和谁向谁负责等问题。实施职能要求管理者发挥对下属的指挥、协调与激励作用。控制职能指利用信息反馈，及时将执行结果与计划目标进行比较，发现并分析差异，采取相应措施促使计划按既定的目标实现。管理的四项职能紧密联系，互相交织在一起，你中有我，我中有你，不能截然分开。其中，计划是管理的首要职能。管理活动从计划开始，先确定做什么（目标）和怎样做（行动方案），然后按照计划的要求组织人力和各种资源，再指挥计划的执行与落实，并通过控制活动保证计划的顺利实施和结果符合计划的要求。总之，市场营销与企业的长期战略紧密相连，贯穿企业战略整个流程，以确保企业竞争优势的培育和长远发展。

理论前沿1-2

竞争战略简介

"现代营销学之父"菲利普·科特勒说，他眼中的营销是一种市场导向型战略，它应该变成公司的第一战略。营销战略（Marketing Strategy）是在业务、产品和市场层面明确企业创造价值、获得可盈利的顾客关系的营销逻辑，它不仅要决定为哪些特定顾客服务，而且要决定如何为这些顾客服务[①]。营销战略通常是指在4C's分析的基础上，对市场进行细分，选择目标市场，针对每个目标市场进行产品或品牌定位，以实现业务或市场层面的营销目标。所谓4C's分析或情境分析，是对市场营销环境或市场背景（Context）、公司及其合作伙伴（Company & Collaborators）、竞争对手及其合作伙伴（Competitors & Collaborators）、顾客（Customer）进行深入分析，识别市场机会、威胁，评估企业自身优势、劣势，在此基础上为企业在营销目标设定、目标市场选择、市场定位等方面的决策提供依据。

具体来讲，营销战略包括三个核心内容：第一，营销目标，即产品或品牌在一定时期内希望在市场与财务方面达成的结果。第二，目标市场或目标消费者，即企业在特定业务领域所要服务的主要消费人群。第三，市场定位与价值主张。价值主张是产品或品牌给目

---

① 符国群，费显政. 市场营销学［M］. 北京：清华大学出版社，2023.

标消费者带来的主要利益；定位关注的是价值主张中最重要的利益，其目的是给顾客提供令人信服的选择理由。

营销战略的关键部分是所谓的STP，即市场细分（Segmentation）、目标市场选择（Targeting）、市场定位（Positioning）。STP过程背后的核心思想是，企业资源有限，因此需要将资源集中使用，服务于既符合公司战略目标同时又适合企业发挥其优势的顾客群体，并通过独特的价值主张来吸引这一群体和赢得竞争优势。关于STP过程，本书第五章和第六章将做详细的讨论。

兵马未动，战略先行。营销战略是发挥企业资源优势、最有效达成经营目标的路径选择，也是一切营销行动的方向指导。营销战略的制定是否正确，关乎企业最终的成败。就营销战略与企业战略的关系而言，传统观念认为，营销战略只是企业战略的一部分，大多数的营销战略都是根据总体战略来制定的，也就是说，先有了企业的整体战略才有市场营销战略。具体来说，很多企业各层级的战略制定是自上而下的：先由最高领导层描绘宏伟蓝图，然后，各职能部门的管理者在此基础上制定职能部门的战略，制定市场营销目标和市场营销战略时，也要受企业整体战略的引导。随着营销战略在企业实现经营目标的过程中起到越来越大的作用，营销战略已经逐步挣脱了企业总体战略对其的制约和主导，越来越偏向以目标市场和客户为导向，同时遵循总体成本领先原则、差异化原则、专一化原则这三大成功通用战略原则。在战略制定方向上，逐渐从之前的自上而下，变成了自下而上，与企业总体战略形成了新型的逆向关系。营销战略成为企业的基本经营战略之一，是基于全面调研、数据分析、前瞻洞察等一系列逻辑性、创造性活动的审慎选择，具有全局性、长远性、纲领性和相对的稳定性。适合的营销战略，有助于提高企业营销资源的利用效率，使企业资源的效用最大化，是企业获取竞争优势并基业长青的保障，能够支撑企业的良性发展和持续增长。

鉴于此，市场营销应贯穿企业战略制定的全过程，不应仅将其视为一种职能战略，营销战略是企业战略的核心，是企业打造竞争优势的关键。市场营销成为连接企业与消费者，产品与市场的纽带，它既是对外的声音，传递企业的价值和理念，也是对内的驱动力，推动企业持续地创新和进步。在这个意义上，没有市场营销，企业将难以在复杂多变的市场环境中生存和发展。由此，市场营销贯穿于企业营销环境分析、营销定位、营销组合等活动的全过程。

第二节　市场营销的核心概念

一、需要、欲望和需求

（一）需要

需要（Need）是市场营销的基石，是指顾客感知到的实际需求与理想之间的差异，强调的是人不能缺少的东西。人类的需要是一种感到缺乏的状态，包括食品、衣服、住所、安全、爱情等。这些需要并不是由市场营销者创造出来的，它们是人之所以为人的固有部分。人类个体需要的产生，受到诸多因素的影响，主要有生理状态、情境和认知水平等。根据不同标准，需要可以划分为不同种类。马斯洛的需要层次理论是需要的代表性理论（如图1-4所示）。

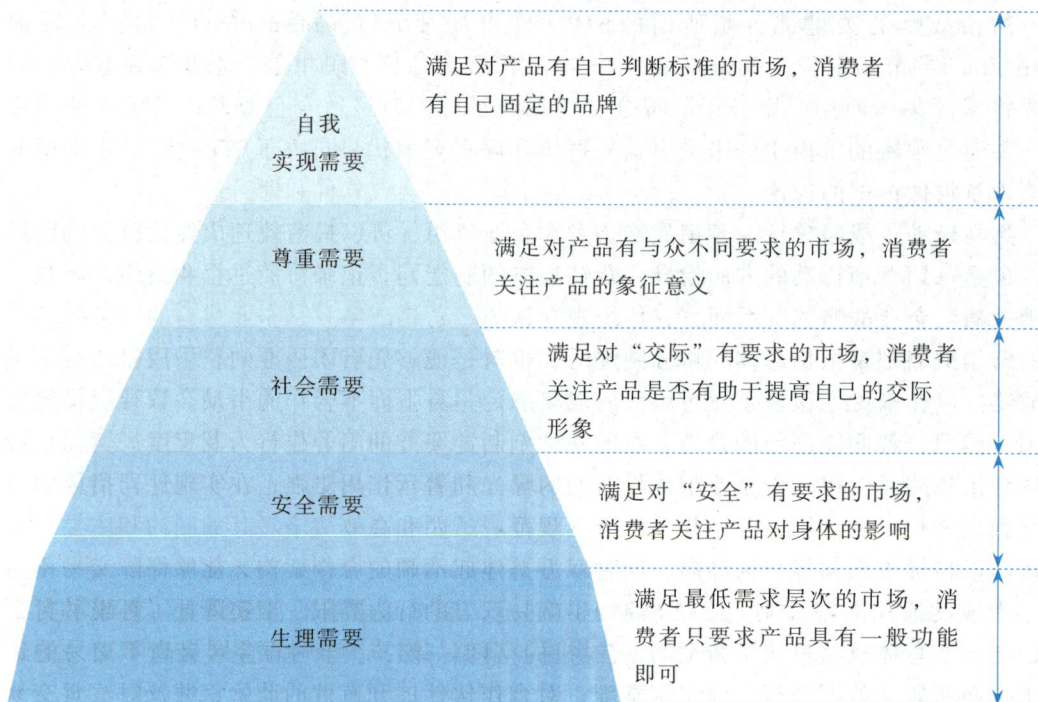

自我实现需要	满足对产品有自己判断标准的市场，消费者有自己固定的品牌
尊重需要	满足对产品有与众不同要求的市场，消费者关注产品的象征意义
社会需要	满足对"交际"有要求的市场，消费者关注产品是否有助于提高自己的交际形象
安全需要	满足对"安全"有要求的市场，消费者关注产品对身体的影响
生理需要	满足最低需求层次的市场，消费者只要求产品具有一般功能即可

图1-4　马斯洛需要层次理论

（二）欲望

当需要指向某个可以满足需要的特定目标时，需要就成为了欲望（Want）。当一个人需要食物的时候，有人需要一块面包，而有人需要一份牛排，这就是欲望。欲望是有差异性的，而且是由社会所决定的。欲望是需要的派生，是指对于特定产品的渴求，这种产品通过一种独特的方式来满足需要，而这种方式会受到社会和文化因素的影响。相较于需要，欲望更具个体差异性，如饥饿时饮食为共性需要，但面对饥饿需要，有人需要一份面包，有人需要一碗面条，这些就是欲望。在得到购买能力的支持时，欲望就转化为需求。

（三）需求

理论前沿1-3

需求分类与营销管理任务

需求（Demand）是对特定产品的欲望，而这种欲望是可以被购买能力所满足的。企业不仅需要弄清楚有多少人想要购买它们的产品，还需要了解有多少人有购买能力和购买意愿。一般来说，欲望是无节制的，而需求是有限的。例如，对于渴望获得特定产品或服务的顾客来说，如一辆昂贵的汽车，如果没有支付能力，这只能算得上欲望，不能看作需求。在既定的欲望和资源条件下，人们会选择能够产生最大价值和满意的产品。

总之，需要可能引发欲望，而欲望产生需求。面对市场，市场营销最重要的任务就是：立足需要，创造欲望，满足需求。数字经济时代，除了关注顾客的实际需求外，企业还应充分利用大数据等技术手段，挖掘用户的潜在需求，发现新的利益增长点（如图1-5所示）。

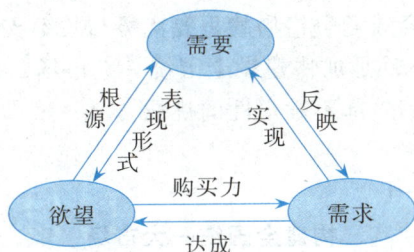

图1-5 需要、欲望、需求三者关系示意图

二、产品和服务

在社会生活中，人们的需要和欲望是靠一定的物质产品和精神产品作为载体来满足的，因此，在市场营销中，产品是指任何能用以满足人类某种需要或欲望的东西。人们通常用产品和服务这两个词来区分实体产品和无形产品。实体产品的重要性不仅在于拥有它们，更在于使用它们来满足我们的欲望和提供给我们的服务。人们购买小汽车不是为了观赏，而是因为它可以提供一种"代步"服务。所以，实体产品实际上是向我们传送服务的工具。

相比之下，服务是一种无形产品。在日常生活中，服务的传送除实体产品外，还可以通过其他途径，如人、地方、活动、组织和创意等。如果我们觉得烦闷，可以选择去剧院观看演员的演出（人）、到旅游胜地去旅游（地方）、从事一些体育运动（活动）、参加一些社区活动（组织），或者接受另一种生活哲学（创意）。因此，产品的概念在营销中是十分宽泛的，产品实体是服务的外壳，营销者的任务是推销产品实体中所包含的利益或服务，而不能仅限于描述产品的形貌。

三、市场和市场营销者

（一）市场

市场（Market）是由具有特定的需要或欲望，而且愿意并能够通过交换来满足这种需要或欲望的顾客所构成。因此，市场取决于那些表示有某种需要，并拥有使别人感兴趣的资源，而且愿意以这种资源来换取其需要的人。具体来说，对于一切既定的商品，现实市场包含3个要素：有某种需要的人、为满足这种需要所具有的购买力和购买欲望，即市场由人口、购买力、购买欲望这3个要素组成。其表达式如下：

市场=人口+购买力+购买欲望

（1）人口。人口是构成市场最基本的条件。只有有人居住的地方，才会有各种各样物质和精神方面的需求，从而才可能有市场。

（2）购买力。购买力是构成营销市场的又一个重要因素。它是由消费者的收入决定的，有支付能力的需求才是有意义的市场。

（3）购买欲望。购买欲望是决定市场容量的最权威因素。人口再多，购买力水平再高，如果对某种商品没有购买欲望，也不能形成购买行为，这个商品市场实际上也就不存在了。

总之，市场的这3个要素是相互制约、缺一不可的，三者只有结合起来才能构成现实的市场，才能决定市场的规模和容量。当今时代，我国拥有超大规模和整体市场的明显优势，这是我国积极参与重塑全球竞争格局的重要优势与关键支撑。为了全面稳固国内经济体系循环畅通，"关键一招"就是加快建设全国统一大市场，进一步培育和激发国内市场潜力，以自身最大确定性抵御外部不确定性的挑战[①]。

-------------- ⭕ 价值引领 1-1

构建全国统一大市场

党的二十届三中全会通过的《中共中央关于进一步全面深化改革、推进中国式现代化的决定》（以下简称《决定》），进一步部署了构建全国统一大市场的重大改革举措。构建全国统一大市场，是以习近平同志为核心的党中央从全局和战略高度作出的重大决策。

市场是全球最稀缺的资源。拥有超大规模且极具增长潜力的市场，是我国发展的巨大优势和应对变局的坚实依托。党的十八大以来，习近平总书记多次对建设全国统一大市场作出重要指示，党的十八届三中全会、十九大和十九届五中全会均作出相应部署。2022年3月中共中央、国务院印发《关于加快建设全国统一大市场的意见》，明确了总体要求、主要目标和重点任务。党的二十大进一步强调要构建全国统一大市场。各地区各部门贯彻落实党中央、国务院决策部署，积极推进全国统一大市场建设，取得明显成效，产权保护、市场准入、公平竞争、社会信用等市场经济基础制度加快健全，市场设施互联互通不断加强，要素资源流动更加顺畅，商品服务市场统一迈向更高水平，一批妨碍统一大市场和公平竞争的突出问题得到纠治，市场监管效能持续提升，市场规模效应日益显现。

资料来源：人民日报. 张国清：构建全国统一大市场［EB/OL］.［2024-07-29］. https：//www.gov.cn/yaowen/liebiao/202407/content_6964900.htm.内容有删改。

（二）市场营销者

市场营销者是指希望从他人那里得到资源并愿意以某种有价之物作为交换的所有人。在交换双方中，如果一方比另一方更主动、更积极地需要交换，则可将前者称为营销者，将后者称为潜在顾客。营销者既可能是卖方，也可能是买方，如果买卖双方都表现积极，就把双方都称为市场营销者，这种情况被称为相互市场营销。

四、交换和交易

（一）交换

交换是市场营销的核心概念。交换（Exchange）是指从他人处取得所需之物，而以自己的某种东西作为回报的过程。交换的发生必须具备5个条件：至少有交换双方；每一方都有对方需要的有价值的东西；每一方都有沟通和运送货品的能力；每一方都可以自由地接受或拒绝；每一方都认为与对方交易是合适或称心的。交换是一个价值创造的过程，即交换通常总是使双方变得比交换前更好。

理论前沿1-4

市场营销的功能

现代经济中的市场交换系统包括制造商、政府、消费者、中间商和资源提供商五种参与者（如图1-6所示）。他们互为商品、服务或资源的提供者和购

---

① 光明网. 立破并举，加快建设全国统一大市场［EB/OL］.［2022-04-28］. https://m.gmw.cn/baijia/2022-04/28/35695341.html.

买者，相互之间有如下的交换流程：制造商首先从资源提供商（如原材料生产者、劳动力市场或银行）购买各种资源，然后把资源转变为商品，再将其售卖给中间商，最后由中间商把商品转售给消费者。消费者出售自己的劳动力，得到货币收入，用以支付所购买的商品。政府是一个很特殊的参与者。从市场交换的角度讲，它的根本职能是保证满足顾客需求的效率与企业获利之间的高度相关性。

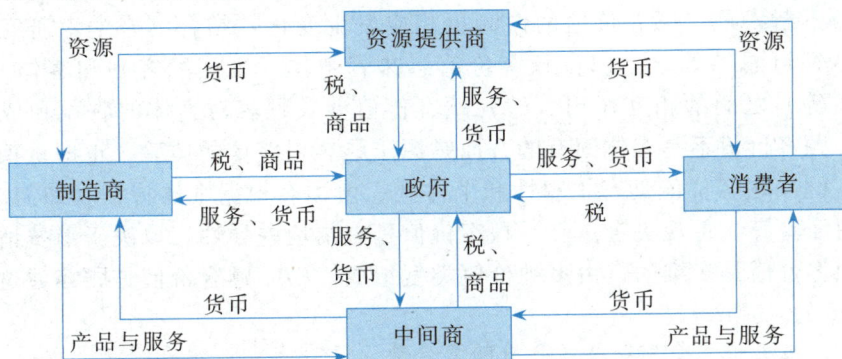

图1-6　现代经济中的市场交换系统

（二）交易

交易（Transactions）是交换的基本组成单位，是交换双方的价值交换。交换是一种过程，在这个过程中，如果双方达成一项协议，就称之为发生了交易。营销的本质就是开发令人满意的交易，使顾客和营销者从中都能获益。顾客希望从营销交易中获得比他付出的成本更高的回报和利益。营销者希望得到相应的价值，通常是交换产品的价格。通过买者和卖者的相互关系，顾客有了对卖者未来行为的期望。为了达成这些期望，营销者必须按自己的承诺来完成。随着时间的推移，这种相互关系就成了双方之间的相互依靠。一次交易包括三个可以度量的实质内容：①至少有两个有价值的事物；②买卖双方所同意的条件；③协议时间和地点。

五、效用和价值

（一）效用

效用（Utility）是指顾客从使用产品或服务中获得的所有利益。一般而言，效用包括以下几种类型：（1）形式效用。营销者把原材料加工成成品所提供的利益，如服装生产商把丝线加工成衣服。（2）地点效用。营销者使顾客能够在需要的地方获得产品所提供的利益。（3）所有权效用。通过交换使顾客拥有产品所提供的利益。需要指出的是，共享经济的兴起颠覆了人们对所有权的追求。在共享经济中，供给方可以将自己的闲置资源与需求方分享，通过使用权而非所有权进行利益交换。（4）时间效用。时间效用意味着顾客想要拥有某种产品的时候就可以获得这种产品。（5）信息效用。信息效用是指让潜在购买者知道某种产品的确存在。除非顾客知道某种产品的存在并知道在哪里可以找到，否则该产品没有任何价值。另外，象征效用是信息效用的一种特殊形式，如声誉或社会地位赋予产品或品牌的情感价值或心理价值，通常与昂贵的进口轿车或某些住宅小区等高端产品相联系。

（二）价值

价值（Value）涉及顾客的付出和得到之间的比较，通常称作顾客的让渡价值。在顾客购买决策中，顾客不仅会考虑企业为其创造效用的大小，而且会考虑相关的购买成本。总的顾客价值包括产品价值、服务价值、人员价值和形象价值等，总的顾客成本包括货币成本、时间成本、体力成本和精力成本等。需要指出的是，随着营销实践和学术研究的不断发展，顾客价值的内涵也相应发生变化。结合已有学术研究，顾客价值的基本特征可总结如下：（1）顾客价值意味着主体（也即顾客）和客体（如产品、服务、商店等）之间的相互作用。（2）顾客价值涉及顾客对客体的收益和成本之间的权衡。（3）顾客价值不是客体固有的，而是源于顾客对客体的体验，也即价值由顾客感知并决定。（4）顾客价值具有主观性和个体性，由顾客根据个体特征（如需求、知识、技能、使用经验等）主观决定。（5）顾客价值具有情境差异性，取决于消费情境及其变化。（6）顾客价值是多维的，由多种价值类型组成。（7）顾客价值是顾客通过资源整合（共同）创造的[①]。

六、顾客满意和顾客忠诚

（一）顾客满意

顾客满意（Customer Satisfaction）是顾客对产品或服务使用后的绩效评价与期望绩效的比较。顾客对产品表现与其期望值的比较产生满意程度的大小。当顾客对产品或服务使用后的绩效评价大于期望绩效时，顾客的满意度高；顾客对产品或服务使用后的绩效评价等于期望绩效时，顾客就满意；当顾客对产品或服务使用后的绩效评价小于期望绩效时，顾客满意度低，或者会不满意。

顾客满意理念是指企业的整个经营活动以尽可能提高顾客满意度为原则，从顾客的角度而非企业自身利益的视角来分析消费者的需求。顾客满意理念的顾客观是：以外部顾客满意为标准，促使内部员工努力工作，从各方面提高工作质量，促进整体素质的提高。有满意的员工，才有满意的产品和服务；有满意的产品和服务，才有满意的顾客；有满意的顾客，才有满意的效益；有满意的效益，才能拥有更满意的员工。

（二）顾客忠诚

顾客忠诚（Customer Loyalty）是指顾客对企业产品或服务的依赖和认可、坚持长期购买和使用该企业产品或服务所表现出的在思想和情感上的一种高度信任和忠诚的程度，是顾客对企业产品或服务在长期竞争中所表现出的优势的综合评价。顾客忠诚是顾客对企业与品牌形成的信任、承诺、情感维系和情感依赖。在企业与顾客长期互惠的基础上，顾客长期、反复购买和使用企业的产品与服务，从而成为忠诚的顾客。忠诚的顾客会更多、更频繁地购买公司的产品，会更愿意试用新产品或购买更高档的产品，会更愿意接受与品牌相关的交叉购买，会乐于推荐给新顾客并传播有利于企业与品牌的信息，且对价格的敏感度较低，愿意为高质量付出高价格。由于交易的惯例化，企业对忠诚顾客付出的交易成本、服务成本更低。

---

① 王永贵. 市场营销：理论与中国实践（数字教材版）[M]. 3版. 北京：中国人民大学出版社，2024.

第三节　市场营销哲学及其演进

一、生产观念

生产观念（Production Concept）是最古老的商业观念之一，是以生产为中心的一种营销理念，该观念认为顾客喜欢易得且廉价的产品。生产型企业的管理者专注于实现高生产效率、低成本和大规模分销。它有一个基本假设：企业生产得越多，它为顾客创造的价值就越大，得到的利润也就越多。企业的生产不是从市场需求出发，而是从企业自身的能力出发，"能生产什么，就生产什么"。在产品供不应求的卖方市场情况下，企业通常会采用生产观念指导自己的营销活动。营销者在扩张规模时也会采用生产观念。美国福特汽车公司是生产观念的典型代表，亨利·福特（H.Ford）曾宣称："不管顾客需要什么颜色的汽车，我只生产黑色的汽车。"在这种观念的指导下，福特公司发明了流水线生产技术，使汽车产量大幅度增加，生产成本极大降低，汽车大幅降价，汽车开始走进千家万户。美国20世纪20年代以前，欧洲1945年以前，中国1990年以前，企业倾向于采用这种观念。

生产观念产生于卖方市场，是一种轻市场营销重生产的经营哲学。生产观念有以下五个特点：①生产是企业经营活动的中心和基本出发点；②经营手段是扩大产量提高生产效率，降低成本；③经营目标是追求短期利润；④不考虑消费者需求，忽视产品品种、质量，轻视推销；⑤经营思想是"厂家生产什么，商家就卖什么，消费者就买什么"。

生产观念适合以下两种情况：一是卖方市场；二是产品成本过高导致价格居高不下。生产观念是在消费需求水平较低、社会生产力水平不高时期产生的。它的经营观念是扩大产量、降低成本，符合了当时经济发展的需要，对企业的发展和社会进步有重要的促进作用。当然，生产观念是特定历史时期的产物，存在一定的历史局限性。

二、产品观念

产品观念（Product Concept）认为顾客青睐质量好、性能佳或创新型产品，也愿意支付更多的钱，而企业应该重视提供高质量、功能多的产品。产品观念产生于20世纪30年代之前，比生产观念出现得稍晚。当时西方社会基本脱离贫困，衣食无忧，人们开始追求高品质的生活。市场上产品开始丰富，顾客已经有一定的挑选机会，也对产品功能和质量提出更高的要求。因此，提高质量、增加功能、凸显特色，成为企业经营思想。

产品观念也是以生产为中心而忽视市场的存在。在奉行产品观念的企业中，市场营销战略往往集中于持续的产品改善，片面强调产品本身，而忽视市场需求，以为只要产品质量好，技术独到，自然会顾客盈门，无须大力推销。因此，企业致力于生产高质量、多功能的产品，并不断加以改进，使产品达到完美。比如，有些生产者认为，只要死守"祖传秘方"，就可永远立于不败之地。"酒香不怕巷子深""一招鲜，吃遍天"等，就是这种产品观念的典型反映。这种观念在商品经济不甚发达的时代或许有一定道理，但在市场经济高度发达的条件下却不适用。并且这种观念还常常会导致营销近视症的产生，即不适当地把注意力放在产品上，而不是放在顾客的需求上，看不到市场需求在变化，最终将企业引入困境。而且，除非制造商采用有吸引力的设计、包装和定价，选择方便的分销渠道，有效地吸引消费者，否则一个新的或者改进过的产品不一定能打入市场。

理论前沿1-5

什么是"营销近视症"？

产品观念产生于产品供不应求的卖方市场。产品观念有以下特点：①企业经营活动的基本出发点是生产高质量、多功能的产品，不是顾客第一而是质量第一，面向技术质量标准而不是需求标准；②经营手段是提高产品质量、增加产品功能；③经营目标是追求短期利润；④忽视消费者需求，不重视推销活动；⑤坚持只要生产高质量产品就拥有消费者的经营思想。

三、推销观念

推销观念（Selling Concept）是指顾客表现出购买惰性或抗衡心理时，企业必须积极推销才能刺激顾客购买本企业产品。20世纪20年代末，西方国家的市场形势发生了重大变化，特别是1929年开始的经济大萧条，使大批产品供过于求，销售困难，竞争加剧，人们担心的已经不是生产问题而是销路问题。由此，买方市场逐渐形成，销售积压产品已经成为企业的首要任务，企业的工作重心由生产转向销售，开始重视广告、推销术，推销观念成为工商企业主要的指导思想。推销观念认为成功的关键是用各种销售手段把产品卖出去，与卖什么产品、以什么价格出售、产品质量如何关系不大。

推销观念是在生产得到更大发展，产品过剩，形成买方市场的情况下产生的。推销观念的特点有：①现有产品是企业经营活动的中心与出发点；②经营手段是宣传促销与大力推销；③经营目标是追求短期利润；④忽视消费者需求，注重现有产品的推销；⑤坚持"好坏都要吆喝"的经营思想。

推销观念认为，如果缺少推力，消费者和企业就不会购买足够多的产品。"我卖什么，顾客就买什么"是推销观念最典型的表现。推销观念有两种假设：一是顾客在销售人员的强力推销下会购买产品，并且会喜欢产品；二是顾客会很快忘记上次的上当而再次购买。现在还有很多企业用推销观念销售一些非索求产品，即产品购买者通常不会想要购买的产品，比如保险和墓地，或者产能过剩的公司出售它们生产的而非市场需求的产品。这些行业必须善于追踪潜在顾客并向他们宣传产品利益。然而，这种激进的推销具有较高的风险。它关注的是达成销售交易，而非建立长期的、有价值的客户关系。其目的常常是销售公司所制造的产品，而不是制造市场所需要的产品。与生产观念和产品观念相比，推销观念前进了一步，开始重视广告宣传和推销技巧，推销观念本质上是以生产为中心的观念。

四、营销观念

营销观念（Marketing Concept）出现于20世纪50年代中期，它强调以顾客为中心，崇尚先感知后响应的理念。营销工作不是为产品找顾客，而是为顾客开发合适的产品。营销观念认为，实现组织目标的关键是在为目标群体创造、交付和传递一流顾客价值方面比竞争对手更有效。西奥多·莱维特（Theodore Levitt）总结了推销观念和营销观念的差异："推销关注卖方需要，营销则更看重买方需要；推销聚焦于将产品转换为现金的交易环节，而营销则是通过产品及与创造、交付并最终消费产品相关的所有事项来满足顾客的需要。"

营销观念认为，企业应在识别目标消费者需求与欲望的基础上，以比竞争对手更有效的方式去满足消费者，从而赢得消费者的信赖和实现互利的交换关系。用通俗的话讲，就是市场需要什么，就生产或提供什么。

从本质来看，营销观念是以顾客为导向的经营哲学，是消费者主权论在营销领域的表现。市场营销观念有以下特点：①以消费者需求为企业经营的出发点。营销观念从一开始就重视消费者需求，视消费者需求为企业经营活动的出发点。按照消费者需求组织生产，生产出来的产品才能满足消费者需求。②维护长期顾客关系，即试图与目标消费者建立长期的互利互惠关系，而不是着眼于短期的交易。③手段是整合营销。营销观念认为只有通过市场营销各种手段的合理配合，满足顾客需求，才能实现企业的市场营销目标。④目标是追求企业长远利润。营销观念下，企业追求利润的目标没有变化，不过开始关注企业的总体长期利润。

营销观念使企业经营观念发生了根本性改变，使市场营销学发生了革命性变化。首先，营销观念与推销观念的出发点或取向不同。前者以目标市场消费者的需要（即买方市场）为出发点，是由外而内的思维取向，即以目标顾客的需要和欲望为出发点来思考和组织企业的经营活动。后者以企业自身的资源、特长和过去的成功经验（即卖方市场）为出发点，来组织企业营销活动，具有由内而外的思维取向。其次，企业经营重心不同。营销观念下企业将经营重心放在顾客的需要上，随需而变；推销观念下，企业的重心是现有产品，聚焦于如何更好销售现有产品或如何改进现有产品使其更好销售。再次，采用的经营或营销方式不同。营销观念下企业通过运用"整合营销"方式，即综合运用产品、服务、定价、渠道、促销等各种手段，从整体视角解决消费者面临的问题；推销观念下企业主要运用推销和促销手段，通过加大促销力度来达成销售目标。最后，目的不同。推销观念下企业更多关心销售目标的达成，关注自身是否获利；市场营销观念下企业不仅关注自身目标的实现，同样关注顾客是否满意，顾客是否实现了其期待的目标，双赢或多赢成为这一指导思想下的企业目标（见表1-3）。

表1-3　　　　　　　　　　　　　推销观念与营销观念的差异

观念类型	比较因素			
	起点	经营重心	手段	目的
推销观念	卖方市场（企业）	现存产品	推销与促销（刺激需求）	提高销量获利
营销观念	买方市场（目标市场）	顾客需求	整合营销（满足需求）	满足市场获利

五、全方位营销观念

全方位营销观念（Holistic Marketing Concept）以开发、设计和实施营销计划、过程及活动为基础，同时深刻认识到上述营销计划、营销过程和营销活动的广度和彼此之间的依赖性。全方位营销认为营销实践中的每个细节都特别重要，广泛、整合的视角往往不可或缺。全方位营销认识到并调和了营销活动的范围与复杂性，也提供了一种管理战略和策略的整合方法。图1-7提供了全方位营销的四个广泛组成部分的示意图：关系营销、整合营销、内部营销和绩效营销①。

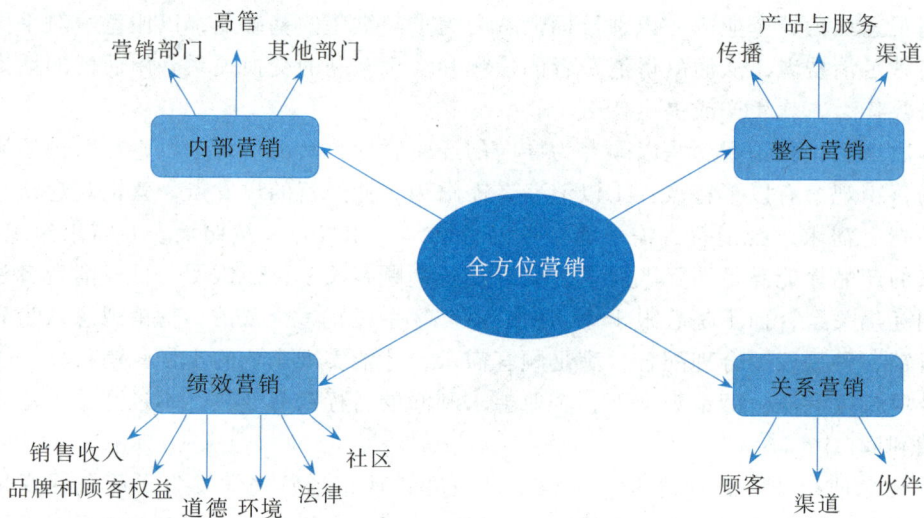

图1-7 全方位营销的维度

（一）关系营销

关系营销（Relationship Marketing）的目的是与关键成员建立相互满意的长期关系，以获得和维持企业业务。关系营销观念产生于20世纪70年代欧洲的服务营销学派。关系营销观念主张通过发展长期稳定的顾客关系来建立顾客忠诚，提高企业的市场竞争力。关系营销观念突破了交易营销思想的局限，推动了市场营销哲学的发展，企业将在市场上竞争制胜的焦点转向忠诚顾客的培养和关系资产的积累。

关系营销的四个关键利益相关者分别是顾客、员工、营销伙伴（渠道、供应商、分销商、经销商、代理商）和财务团体（股东、投资者、分析师）。营销者应该尊重利益相关者的需求，使各个利益相关者可以各取所需，并平衡所有关键利益相关者的回报。要想与这些成员建立牢固的关系，需要了解他们的能力、资源、需要、目标和愿望。关系营销的运作规则很简单：与关键利益相关者建立有效的关系网络，利润就会随之而来。因此，越来越多的公司选择拥有品牌资产而非实体资产，在保留公司核心业务的同时，将其他非核心业务分包给那些能够比自己做得更好且更廉价的公司。

关系营销观念认为企业应通过建立长期稳定关系来实现共赢。因此，顾客终身价值、顾客资产和关系生命周期等逐渐成为关系营销观念研究和实践的主题。目前，越来越多的企业针对不同的顾客提供个性化的产品、服务和信息。当然这主要是通过对每个顾客过去的交易数据、人口统计信息、消费心理信息及其对媒体和分销活动的偏好进行分析来实现的。通过关注盈利性最高的顾客、产品和渠道，企业希望能够实现盈利的增长，并希望通过提升顾客忠诚来实现较高的顾客份额。而且，这类企业也会估计顾客终身价值的大小，并设计出合适的产品或服务以及价格，从而在顾客生命周期内获利。

（二）整合营销

整合营销（Integrated Marketing）即整合所有的营销活动和营销计划，为消费者创造、沟通和传递一致的价值和信息，从而实现"整体大于部分之和"的效果。整合营销一般包

---

① 科特勒，凯勒，切尔内夫. 营销管理［M］. 陆雄文，蒋青云，赵伟韬，等译.16版.北京：中信出版社，2023.

括两大主题：①许多不同的营销活动都能够传播和交付价值；②在有效协调的情况下，实现各项营销活动的综合效果的最大化。也就是说，营销者在执行一项营销活动时都必须全盘考虑。

企业需制定一套整合渠道策略，评估每个渠道对产品销售和品牌资产的直接影响，以及与其他渠道交互时对产品销售和品牌资产的间接影响。所有的企业传播活动也必须整合在一起，以相互加强和补充。营销人员可以有选择地使用电视、广播、印刷广告、公共关系和事件营销以及网络传播等方式，以便使每种方式都既可以独立发挥作用，又可以提升其他方式的有效性。而且，每种传播在与消费者的每次接触时都必须传递一致的品牌信息。同时，企业还必须制定整合渠道策略。具体而言，就是要评估每个渠道的选择对产品销售和品牌资产的直接影响，并评估这一渠道选择通过与其他渠道的交互作用会产生什么样的间接影响。而且，营销者还必须对较多的渠道选择和偏少的渠道选择进行权衡。

整合营销观念影响下，越来越多的人认为，营销不仅仅是营销部门的职能，每个员工都会对顾客产生影响。现在，营销人员必须妥善管理所有可能的触点：商店布局、包装设计、产品功能、员工培训和运输物流。创建一个强大的营销组织意味着营销人员必须像其他部门的主管一样思考，而其他部门的主管也必须像营销人员一样思考，对于生产创新、新业务开发、顾客获取和保留，以及订单履行等关键流程的管理，包括营销人员在内的跨部门团队合作都是必要的。

（三）内部营销

内部营销（Internal Marketing）是全方位营销的一个要素，是指雇用、培训和激励那些想要为客户提供优质服务的有能力的员工。聪明的营销人员意识到公司内部的营销活动和公司外部的营销活动同样重要，前者甚至更为重要。除非公司员工做好提供优质服务的准备，否则空有承诺是没有意义的。

营销不再只是一个部门的责任，而是全企业范围内达成的共识，即共同推动企业的愿景、使命和战略规划。内部营销要求高层管理人员之间在纵向上保持一致，各部门之间在横向上保持一致，这样每个人都能理解、认同并支持营销努力。只有当所有部门共同努力来实现顾客目标时，企业才可能获得成功。研发部门设计合适的产品；财务部门分配适当数量的资金；采购部门购买合适的原材料；制造部门在正确的时间生产出合适的产品；会计部门用正确的方法测算利润。不过只有当管理层清楚地传递公司的营销理念和导向以及服务顾客的哲学时，这种跨部门的协同才能真正成为现实。

（四）绩效营销

绩效营销（Performance Marketing）需要了解营销活动和项目给企业和社会带来的财务和非财务回报。高层管理人员不仅要重视销售收入，还应该关注营销计分卡，了解市场占有率、顾客流失率、顾客满意度、产品质量和其他绩效指标的具体水平。他们同时也会从更广泛的角度考虑市场营销活动和方案对法律、道德、社会和环境等的影响。

财务责任。营销者不应该仅仅立足于品牌建立和顾客基础的增长来评价其投资回报水平，也应该从财务与利润的视角来评判其投资回报水平。所以，营销者正采用广泛的财务指标来测评营销努力所创造的直接和间接价值。同时，营销者也意识到企业的市场价值主要源于无形资产，特别是品牌、顾客群、员工、与分销商和供应商的关系以及智力资本等。此外，营销指标体系可以帮助企业通过一系列不同维度的指标来测量和比较营销绩效，通过营销研究和统计分析来测量不同营销活动的财务绩效（效率和效果）。并且，通过利用相应的流程和制度，企业可以确保最大限度地从营销指标体系的分析过程中获取价值。

社会责任营销。市场营销的影响不仅仅涉及企业和顾客，也涉及社会。营销者必须从广义的视角认识和理解自己在道德、环境、法律和社会环境下的角色。因此，组织的任务是确定目标市场的需要、愿望和兴趣，并要比竞争对手更高效、更高质地满足目标市场，但同时保持或提高消费者和社会的长期福利。这就要求对营销观念的内涵进行扩展，通常称之为"社会营销观念"。社会营销观念（Societal Marketing Concept）认为，组织的任务就是确定目标市场的需要、需求和兴趣，并以比竞争对手更有效、更快速的方式使顾客满意，同时保持或提升顾客和社会的长期福利。在面对不断变化的环境时，可持续发展是企业的重要问题。社会营销观念要求营销人员在营销实践中从社会、道德角度考虑问题。他们应在公司利润、顾客满意度和社会利益三者间保持平衡，并随时动态调整产生冲突的标准（如图1-8所示）。在数智时代，社会营销观念越来越受到重视，数字化成为助力企业绿色转型的关键[①]。网络平台具有的数智驱动营销技术和在线销售服务功能，有助于绿色产品的生产和销售[②]，对于企业的可持续发展和社会营销观念的发展具有重要作用。

绿色营销1-1

京东物流携
手金典共创
"绿色营销"
新模式

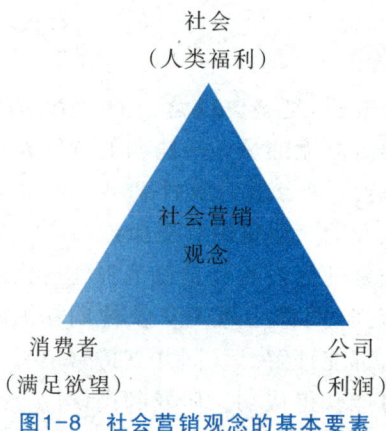

图1-8　社会营销观念的基本要素

第四节　市场营销学的产生与发展

一、市场营销学的形成

（一）市场营销学的形成背景

市场营销学于20世纪初创建于美国，后来流传到欧洲各国、日本和其他国家，在实

① 曹裕，李想，胡韩莉，等. 数字化如何推动制造企业绿色转型？——资源编排理论视角下的探索性案例研究[J]. 管理世界，2023，39（3）：96-112；126；113.
② 陈翼，孙晓曼，张宁，等. 数智驱动营销下企业网络平台供应链的绿色产品营销策略研究[J]. 中国管理科学，2024，32（5）：81-92.

践中不断完善和发展。实际上，人类的市场经营活动从市场出现时就开始了。但在20世纪之前，市场营销学并未成为一门独立的学科。因为在物资匮乏的卖方市场条件下，商品供不应求，这时的人们只关注价值是怎样创造的，而认为价值的实现是理所当然的，因此传统经济理论在此社会情境下足够适用。

从19世纪末20世纪初开始，世界主要资本主义国家先后完成了工业革命，从自由竞争向垄断资本主义过渡。垄断组织加快了资本的积聚，使生产规模不断扩大。这一时期，由"科学管理之父"弗雷德里克·温斯洛·泰勒（Frederick Winslow Taylor）创建的以提高劳动生产率为主要目的的科学管理理论应运而生，并受到普遍重视。一些大型企业实施科学管理后，产量迅速增加，生产效率大大提高，出现了生产能力的增长超过了市场需求的增长的状况，顾客成为企业争相迎合的对象，企业间的竞争日益激烈，商品的销售日渐困难。面对有限的市场份额和激烈的竞争形势，如何把握和利用市场活动的规律，进而实现市场交换成为企业最大的困扰。一些企业为了增加商品的销售，开始注重推销和广告，以刺激需求。与此同时，科学技术的发展使企业内部的组织变得更为规范，为运用现代化的调查研究方法，预测市场变化趋势，制订有效的生产计划和销售计划，控制和调节市场销售量创造了条件。根据经济环境的变化和企业销售的实践，一些经济学者开始研究商品的销售问题，探索营销活动的规律。于是市场营销学作为一门独立的经营管理学科应运而生。1912年，哈佛大学教授赫杰特齐出版了第一本以《市场营销学》命名的教科书，标志着市场营销学的诞生。此后，市场营销学从美国传播开来，并受到越来越多的关注。

⬤ 学史增智 1-2

中国古代的商业智慧

中国古代商业智慧中包含了许多值得借鉴的营销思想。从远古时期"物物交换"到近代商帮，从春秋战国时期的漕运"泛舟之役"到隋唐大运河的开通，从张骞出使西域始开"丝绸之路"到汉藏民族间贸易往来渐成"茶马古道"，从春秋战国开拓"秦蜀古道"到宋朝开辟"海上陶瓷之路"，在数千年的历史长河中，中国商人用自己的脚步踏出了一条条通商之路。

在商海沉浮的背后，凝聚着中国传统商人的经营智慧、经商理念、经商视角。例如，先秦大商理论家计然认为，"贵上极则反贱，贱下极则反贵"，主张"贵出如粪土，贱取如珠玉"。司马迁说过："贪买三元，廉买五元"，就是说贪图重利的商人只能获利30%，而薄利多销的商人却可获利。一起经营同一种商品，其中一人降低价格销售，买者甚众，一年时间就发了财，另两人不肯降价销售，结果获利远不及前者。做买卖，坚决不抬价，坚决不压价。争取在最短的时间内完成最多的销售额，赚最多的钱。不管做什么一定要遵守国家规定，执行行业自律规范，在经营中不抬价、不压价、公平交易。

商圣范蠡和商祖白圭认为："时贱而买，虽贵已贱；时贵而卖，虽贱已贵。"强调商人要善于捕捉商机，把握时机，不失时机地买进卖出。商业的利润源于买卖的差价。一旦发现买卖的时机一到，则要"趋时若猛兽鸷鸟之发"，当机立断。魏文侯时，国人注重农耕，而白圭却乐于观时机的变化。粮食丰收时他买进谷物，卖出丝漆。待蚕丝上市时他就大量收购蚕丝，售出粮食。商人在这一点上就是要做好对商品价格的研究。不能盲目地把产品卖贵，也不能卖得太过于便宜，同一物品处于供不应求和供大于求时是成反比的，商品的价格变化是有规律的，要掌握这个规律。这就需要多方面的研究和探讨，在商品供大于求、价格低时买入，在供不应求、价格高时卖出。

（二）市场营销学的应用与发展

从20世纪30年代到第二次世界大战结束，是市场营销学的应用与发展阶段。1929—1933年的资本主义经济危机席卷了整个资本主义世界，经济危机中市场萧条、商品积压严重、大量企业倒闭、失业率上升。从20世纪30年代开始，主要资本主义国家的市场明显进入供过于求的买方市场，生产严重过剩，需求下降，产品销售困难，企业生存受到威胁。此时，企业界最关心的问题是如何将产品销售出去，而不是扩大生产降低成本。为了解决企业的产品销售问题，企业家们开始关注市场研究，重视顾客需求，扩大销售途径，并在实践中积累了丰富的经验。与此同时，市场营销学研究大规模展开。一些著名的大学教授将市场营销的研究深入到各个领域，通过调查收集大量实际资料，提出了许多新的理论，并受到了社会和企业界的重视，市场营销理论研究组织相继成立。

1937年，美国全国市场营销学和广告学教师协会及美国市场营销学会合并，组成现在的美国市场营销学会（AMA）。参加该协会的成员包括从事经济研究的学者和经营管理者。该学会在美国设立了几十个分会，从事市场营销的研究和营销人才的培训工作，出版市场营销专著和市场营销调研专刊，从而确立了市场营销学的地位。市场营销学研究组织的成立促使市场营销学从学校走向企业，从课堂走向社会，对市场营销学的应用和发展起到了重要作用。

这一时期的市场营销学理论框架体系基本形成。理论与实践相结合，营销原理用于指导实践，营销实践经验又丰富了营销理论，市场营销学由此得到了长足的发展，并在企业经营实践中广泛应用。但在这一阶段，市场营销学的研究主要集中在销售推广方面，应用范围基本上局限于商品流通领域，主要集中在研究如何将大规模生产出来的产品推销出去，比较重视推销和广告的研究，还是停留在以生产观和推销观为导向的阶段，没有进入到以市场需求为导向的阶段。

（三）市场营销学的变革

第二次世界大战后，市场营销学从概念到内容发生了深刻的变化，进入了成熟和创新变革阶段。战争结束后，因战争开发的一大批科技成果转向民用工业，促使社会生产力水平大大提高，产品数量极大增加，品种不断丰富。虽然人们的消费需求提高了，但是劳动生产率的提高远远超过人们消费水平提高所带来的实际消费能力。并且，消费需求的复杂多变使得企业面临非常复杂的需求市场，加上市场供给大大增加，买方市场在大多数领域形成。在这种复杂的市场环境下，原有的市场营销理论、方法表现出了某些局限和不足。市场营销活动的实质是企业对环境动态变化的创造性适应。许多市场营销学学者通过潜心研究，提出了一系列新的观念，市场营销学的相关论著不断出现。市场营销学逐步建立起以"满足需求"和"顾客满意"为核心内容的框架，在工商企业、事业单位和行政机构中得到了广泛应用。每隔几年，市场营销学术界就有一批有创见的新概念出现（见表1-4）。

表1-4　　　　　　　　　　　　　　市场营销学新概念举例

年代	新概念	提出者
20世纪50年代	市场营销组合（1950年）	尼尔·鲍顿
	产品生命周期（1950年）	齐尔·迪安
	品牌形象（1955年）	西德尼·莱维
	市场细分（1956年）	温德尔·史密斯
	市场营销观念（1957年）	约翰·麦克金特立克
	营销审计（1959年）	艾贝·肖克曼
20世纪60年代	"4P"组合（1960年）	杰罗姆·麦克锡
	营销近视症（1961年）	西奥多·莱维特
	生活方式（1963年）	威廉·莱泽
	买方行为理论（1967年）	约翰·霍华德，杰克逊·西斯
	扩大营销概念（1969年）	西德尼·莱维，菲利普·科特勒
20世纪70年代	社会营销（1971年）	杰拉尔德·泽尔曼，菲利普·科特勒
	低营销（1971年）	西德尼·莱维，菲利普·科特勒
	定位（1972年）	阿尔·赖斯，杰克·特鲁塔
	战略营销（早期）	波士顿咨询公司
	服务营销（1977年）	林恩·休斯塔克
20世纪80年代	营销战略（1981年）	雷维·辛格
	内部营销（1981年）	克里斯琴·格罗路斯
	全球营销（1983年）	西奥多·莱维特
	关系营销（1985年）	巴巴拉·本德·杰克
	大市场营销（1986年）	菲利普·科特勒
20世纪90年代	"4C"营销（1990年）	罗伯特·劳特伯恩
	整合营销传播（1993年）	唐·E.舒尔茨，史利丹·田纳本，罗伯特·劳特伯恩
	"4R"营销	唐·E.舒尔茨
	网络营销	
	差异化营销	葛斯·哈伯
	绿色营销	肯·毕提

资料来源：吴健安，聂元昆. 市场营销学［M］. 7版. 北京：高等教育出版社，2022.

　　在此阶段，市场营销学的研究已经突破了流通领域，深入到了生产领域和消费领域，进入了企业生产经营的全过程。市场营销的研究方法不断丰富，从静态研究转为动态研究，强调了供给与需求之间的整体协调，既要考虑企业的外部环境，又要制定与之相匹配的营销组合策略，通过实施策略满足目标市场的需求实现企业经营目标。从策略到战略，从顾客到社会，从外部到内部，从一国到全球，从微观到宏观，市场营销学的概念和理论得到了全面系统的发展和深化。

理论前沿1-6

市场营销学
的新定位

（四）中国市场营销学的发展

1949年之前，虽然我国学者对市场营销学有过一些研究（当时称"销售学"），但是仅限于几所设有商科或管理专业的高等院校。1949以来，中国市场化进程经历了经济体制改革目标探索、社会主义市场经济体制的初步建立以及逐步改革完善的总体演化历程。与之相伴随的是中国市场营销学发展从无到有、逐渐繁荣的发展过程，具体可分为如下五个阶段[①]：

1.计划经济下的供销安排阶段（1949—1977年）

从微观经济的角度来看，市场营销活动的作用在于桥接市场需求和供给。在计划经济时代，企业的生产、供销活动完全依赖行政指令，人民的生活物资、商品的获取主要靠商品票证。市场机制的缺位导致商品的供求关系调节主要遵从有关部门的计划安排，而在实践中则主要依赖供销社等分配流通机构。在完成社会主义改造之后，为了满足中国第一个五年计划对于大规模经济、工业建设的需求，中国学习了苏联经验，建立了一套国有企业的管理办法，这些办法包括计划管理制度、按劳分配制度等，与营销相关的理念、制度以及企业管理办法还未开始建立。

2.改革开放下的市场启蒙与市场营销导入阶段（1978—1983年）

党的十一届三中全会以后，党中央提出了对外开放、对内搞活的总方针，从而为重新引进和研究市场营销学创造了有利环境。在这一阶段，一个重要使命便是对社会主义条件下经济体制的探索，市场营销学便从这个时候进入中国。改革开放所带来的经济体制变革使得国有企业获得活力、私营经济得以发展，外国企业与商品的进入也对中国企业在市场营销实践有所启蒙。受外商的冲击和启发，中国企业开始在产品、渠道、广告、品牌方面做出积极尝试。愈加开放的政策环境让中国企业见识到了外商在市场营销、品牌宣传过程中的先进经验，促使企业派出考察团去国外学习访问，带回来了许多西方企业管理经验和组织方法。高校也邀请了国外学者来讲授管理知识，市场营销学便由此引入到中国。学者们通过对国外市场营销学著作、杂志和国外学者讲课的内容进行翻译，选派学者、专家到国外访问、考察、学习，邀请外国专家和学者来国内讲学等方式，系统地介绍和引进了国外市场营销理论，为国内市场营销理论的传播奠定了基础。与此同时，中国首批市场营销教师在翻译吸收国外主要市场营销学科材料的基础上，着手编写了第一批市场营销教材，这批教材的编写及使用对于中国市场营销学的发展起到了重要作用。

3.社会主义市场经济体制初步建立与市场营销活动的快速发展阶段（1984—2001年）

经过上一个阶段的发展，中国逐步完成了对经济体制改革的探索，并开始搭建社会主义市场经济体制框架。在此阶段，体制改革推动了营销环境的变化，给予了市场发展广阔的空间，进而带动了市场营销知识、理论传播和学术研究飞跃式发展。

从营销环境上看，政策的利好带动了各类市场主体数量的增长，一大批国有企业被投入到激烈的市场竞争中去。在迫切的现实需求下，市场营销学科发展与传播在中国进入到一个快速发展的时期。1992年，邓小平同志的南方谈话对中国改革起到了进一步的促进作用，坚定了市场化的改革方向，将人们从认知障碍中释放了出来，确定了市场化改革的基调。2001年中国成功加入世界贸易组织，标志着中国已经成为世界贸易组织框架下被认可的市场经济体。在此过程中，人民收入和市场主体的不断增加进一步促进了人民消费

---

① 王永贵，王帅，胡宇. 中国市场营销研究70年：回顾与展望［J］. 经济管理，2019，41（9）：191-208.

意识的觉醒，"消费主义"和"消费社会"的概念开始出现。对于企业而言，供给的增加使赢得市场竞争的重要性开始逐渐显现，产品、渠道、广告等市场营销战略成为企业竞争的新高地。

基于经济发展对市场营销知识和人才的迫切需求，中国市场营销学科建设在这一阶段快速发展。我国综合性大学中的商学院、理工类院校的经济管理学院、财经类院校的管理学院均开设市场营销课程，有些院校开始设立市场营销学专业，1991年中国正式推出了MBA学历教育项目，指导委员会确定的9门必修课程包括营销学。在这些教育需求的推动下，市场营销教材相继出版，这些教材的编写和传播对于市场营销知识的普及和应用起到重要的作用。与此同时，以市场营销为主题的学会、协会陆续成立，这些学会定期举办各种活动，既推广了市场营销学知识，又扩大了学术团体的影响。市场营销学在学校也受到重视，有关市场营销学的著作、教材、论文在数量上和质量上都有很大的提高。这些发展在很大程度上加快了市场营销知识的传播、推广与应用。

4.中国融入全球经济与更高水平的市场营销实践阶段（2002—2012年）

随着企业综合实力的增强，中国企业的国际营销活动也不断增强，出现了一批成功"走出去"的中国企业，通过跨国并购整合本土品牌与国外品牌，以全球化的眼光拓展市场实现国际化经营。在此过程中，中国企业已经积累了一定的技术、人才和资本，具备了离开价值链最底端的能力，也不满足以代工、贴牌生产作为自己的主营业务，企业成长的强烈动机逐渐促成了自主品牌成长的内生动力，中国自主品牌建设速度加快，本土企业也能够打出营销组合拳，开始在部分领域的市场竞争中占据优势。互联网行业的快速兴起，也为这一阶段中国的市场营销实践增添了浓墨重彩的一笔。国际营销的人才、知识成为新的市场营销需求点，市场营销学科发展也迎来了快速发展阶段，营销理论创新和实践革新的探讨也逐渐成为新的时代主题。由此，市场营销学科也从知识的普及、人才培养逐渐扩展到管理科学研究的层面，国内外的相关成果逐渐增多、相关学术会议交流蓬勃发展。

5.经济增长动能转换下的市场营销创新发展阶段（2013年至今）

党的十八大以来，互联网、大数据、云计算和人工智能等新兴技术的快速发展和应用普及，推动中国市场营销环境发生了翻天覆地的变化，也对中国企业营销提出了新要求。技术的发展与商业模式的创新对消费者需求演变和顾客价值产生了深远的影响，使得营销实践发展面临着新的机遇和挑战。中国营销的理论研究进入了一轮创新期，市场营销学的研究、普及和应用取得了良好的效果，受到社会各界的普遍欢迎和重视。中国市场营销学者在国际顶级学术期刊上发表的论文数量飞速增长、市场营销的教材与著作得到进一步的丰富、相关学术会议交流日益频繁，中国迎来了市场营销实践和学术研究的大发展。近年来，在科技赋能下，新型的营销传播工具应运而生，如短视频营销、社交网络营销等，企业塑造品牌、营销客户的方式日趋多元化，也催生了新商业模式的兴起，形成了许多独具特色的实践经验，为理论界的研究提供了丰富的案例。因此，构建中国自主的营销知识体系尤为必要。

价值引领1-2

构建中国自主的营销知识体系

习近平总书记在中国人民大学考察时强调："加快构建中国特色哲学社会科学，归根结底是建构中国自主的知识体系。"①习近平总书记的重要论述，是对中国特色哲学社会科学建设作出的科学判断，为发展中国特色哲学社会科学指明了前进方向、提供了根本遵循，具有重大理论价值和战略意义。新时代，建构中国自主的知识体系，一个极为重要的方面就是立足中国式现代化理论和实践创新进程，以中国式现代化的中国特色彰显知识体系的自主性，以知识体系的自主性彰显中国式现代化对世界现代化的原创性贡献。

数字技术正深刻改变了人类的生活方式。大数据和人工智能技术发展一日千里，日趋强大的洞察能力和近乎实时的市场反馈，让营销行业正昂首阔步地迈向一个全新的数字化时代。数字经济蓬勃发展，正成为经济发展的新增长点。互联网、移动互联网最大的特质是实现"人与物、人与信息、人与人"之间的"连接"。在连接中思考战略的变化，在连接中进化营销的功能，在连接中拥抱新的科技工具与大数据思维，是摆在每位企业家和营销高管大脑中的问题。互联网、大数据、人工智能正在持续颠覆企业传统的市场营销理念与实践。而数字营销绝对不是微信、微博、Facebook、DSP、LBS等各种营销工具的低维组合和几何叠加。企业亟须重新梳理企业的商业底层逻辑，深入思考如何充分利用数字生态和数据技术赋能企业营销，驱动企业持续发展。数智时代，亟须学者立足中国实践发展构建新的市场营销体系。

资料来源：韩庆祥. 立足中国式现代化建构中国自主的知识体系［EB/OL］.［2024-07-26］. https：//www.ccps.gov.cn/dxsy/202407/t20240726_163674.shtml.内容有改编。

二、市场营销学的学科性质与特点

（一）市场营销学的学科性质

20世纪初，市场营销学是从经济学的"母体"中脱胎出来的。经济学家假设消费者尽可能使自己的经济需要得到最大限度的满足，因此，消费者通晓和掌握关于产品质量及其价格的详尽信息，并能顺利到达最佳交易场所。他们还假设生产者及购买者都非常了解各种资源的成本，以及不同经营规模所适用的技术，而且知道如何运用这些信息来取得最佳的经济效益。总之，消费者与生产者都是理性的，并且都能够自由地从事交换活动。经济学就是在这种假设的前提下，研究人们如何进行抉择，以便使用稀缺的生产资源来生产各种产品或服务，并把它们分配给不同的社会成员以供其消费。市场营销学作为一门学科，产生于20世纪初，其形成之初只是试图了解和研究经济学家忽略或过分简化的某些问题。例如，经济学家试图通过供求曲线解释食品价格如何形成，而市场营销学家则对形成最终价格及消费的复杂过程展开研究，包括农民决定种植何种作物，选择哪些种子、肥料、设备，如何将农产品卖给收购站，收购站如何将农产品转卖给农产品加工厂，生产加工出来的食品如何经由批发商、零售商卖给消费者。上述过程涉及多种市场营销职能，包括购买、销售、集散、分类、储藏、运输以及融资等多个环节。

经过几十年的演变，市场营销学扬弃经济学的某些概念，更多地吸收了现代心理学、社会学、行为学的优秀研究成果。同时需要注意的是，我们不能因此而将市场营销学与任一相关学科等同。市场营销学有其自身的研究对象和要解决的问题，因此尽管它来源于经

① 人民网. 习近平在中国人民大学考察时强调 坚持党的领导传承红色基因扎根中国大地 走出一条建设中国特色世界一流大学新路［EB/OL］.［2022-04-26］. http：//politics.people.com.cn/n1/2022/0425/c1024-32408556.html.

济学并以许多学科为基础，却早已独立于这些学科，成为建立在多种学科基础上的应用科学。从所属范畴来讲，今天的市场营销学是管理学大类之下的一门应用学科。从本质上来看，市场营销学是对企业营销活动及其规律的一种认识和把握。作为一门学科，它是伴随着企业自觉的营销实践而产生的，在营销实践的发展过程中不断与相关学科发生相互交叉和渗透。可以说市场营销学的发展过程是一个博采众长、兼容并蓄的过程，同时又保持着自身独特的立场和研究视角，为人类认识、把握进而利用营销活动以及市场中的个体和组织活动的规律性提供了科学的切入点。

（二）市场营销学的学科特点

市场营销学作为一门独立的学科，具有综合性、全程性、实践性、层次性等明显特征。

1. 综合性

市场营销学在发展历程中始终保持着开放包容的态度，逐渐演变为一门综合性极强学科。它以经济学作为坚实的理论基础，广泛吸收并借鉴了哲学、行为科学、社会学、政治学、心理学、经济计量学、信息学、数学等众多学科的理论和研究方法，从而形成了自己独特的体系。正如菲利普·科特勒在20世纪末的著作《市场营销学的新领域》中所指出的那样："营销学的父亲是经济学，其母亲是行为科学，数学乃营销学的祖父，哲学乃营销学的祖母。"由此可见，市场营销学已经成为管理学领域的一个重要组成部分，它充分利用多种学科的研究成果来分析市场营销环境、消费者心理和消费者行为。

2. 全程性

市场营销学的研究范围在实践中不断地扩展，已经远远超越了传统的商品流通领域。它向上延伸至生产领域的产前活动，不仅涵盖了市场调研、产品设计等前期准备工作，而且还涉及供应链管理、原材料采购等方面。向下延伸至消费领域的售后服务，则包括了产品的售后维修、咨询服务以及消费者研究等后期支持。市场营销学不仅研究内部营销管理，还深入分析外部市场环境，包括市场趋势、消费者行为、竞争对手等。这种内外兼顾的研究视角有助于企业更好地理解市场动态，制定有效的营销策略。此外，市场营销学还涉及销售渠道的选择、价格策略的制定、促销活动的策划等多个方面，这些都构成了企业营销活动的重要组成部分。总之，市场营销学的研究领域已经扩大到了社会再生产的全过程，从产品设计到市场调研，从供应链管理到售后服务，从内部营销管理到外部市场环境分析，涵盖了产品生命周期的各个阶段。这种全面的研究视角有助于企业实现可持续发展，并在竞争激烈的市场环境中脱颖而出。

3. 实践性

同经济学、统计学、经济计量学及其他社会科学相比，市场营销学具有很强的社会实践性。一方面，市场营销的基本原理、方法与策略源自广大企业营销实践经验的总结。这些理论和方法是在长期的企业营销实践中不断提炼和完善的，它们反映了市场运作的规律和消费者行为的特点。企业通过不断的试错和经验积累，总结出了适用于不同市场环境和消费者群体的有效策略。另一方面，这些原理、方法与策略对企业的营销活动具有重要的指导意义和实用价值。企业可以依据这些理论和方法来制定具体的营销策略，通过应用这些经过实践检验的原则，企业能够更有效地吸引目标客户群，提高市场份额，最终实现商业目标。只有将市场营销理论应用于实践中，才能真正展现出其强大的生命力。理论的价值在于其能够指导实践，而实践反过来又能验证理论的有效性。企业通过将理论与实践相结合，不仅能够更好地理解和应对市场变化，还能持续优化其营销策略，实现可持续发展。在这一过程中，市场营销学不仅为企业的成长提供了坚实的理论支撑，还为企业与消费者之间建立了更加紧密的联系，促进了社会经济的发展。

4.层次性

市场营销学有两个主要分支：宏观市场营销学和微观市场营销学。宏观市场营销学从社会总体交换层面研究营销问题。它以社会整体利益为目标，着重研究营销系统的社会功能与效用，以及如何通过这些系统引导产品和服务从生产领域进入消费领域，以满足社会的需求。宏观市场营销学强调从整体经济、社会道德与法律的角度把握营销活动，并通过社会（包括政府、消费者组织等）对营销过程进行控制和影响，以求得社会生产与社会需求之间的平衡，确保社会整体经济的持续健康发展，并保护消费者的利益。微观市场营销学则从个体（个人和组织）交换层面研究营销问题。微观市场营销是指某一组织或个人为了实现其特定目标而进行的营销活动。这包括预测顾客的需求，并引导满足这些需求的产品和服务从生产者流转到消费者手中。在这个过程中，营销者首先需要深入了解消费者的特定需求，并据此研发出能够满足这些需求的产品；其次，在进一步分析消费者行为的基础上，制定市场营销计划，并实施适当的产品、价格、渠道与促销策略，以确保产品能够有效地到达目标市场并被消费者接受。

三、市场营销学的理论基础

作为一门应用性很强的经营管理学科，市场营销学在其发展的历史进程中，充分吸收了相关学科的概念、原理和方法，博采众家之长，理论体系日趋充实、完善。市场营销学在发展过程中不断吸收借鉴经济学、心理学、社会学、行为学以及管理学等相关学科的概念、原理进而不断创新，形成了自己的理论体系。

（一）经济学基础

经济学在市场营销学发展初期为其提供的理论支持，比其他任何一门学科都要丰富，甚至可以说市场营销学就是"从经济学的母体中脱胎而出的"。事实上这一点并不难理解，市场营销活动本来就属于一种经济活动，而市场营销学研究的正是这种活动的内在规律性。而且，市场营销学本身也是为解决许多传统经济理论难以解决的问题而产生的。古典经济学家亚当·斯密提出的众多概念被应用到市场营销领域，如交换、市场机制、市场分析、满足消费效用、营销效果评价、信用等。市场营销战略中的市场细分运用了经济学的需求函数，产品定位运用了需求曲线，差异化运用了非价格竞争等。所以，经济学对于市场营销学的贡献毋庸置疑。

（二）心理学基础

心理学对市场营销学的发展也有突出贡献。市场营销学是研究营销活动及其规律的一门学科，其主体是经济活动中的个人和组织。同时，人类进行的任何活动都必然要受到一定的意识或心理状态的影响。而心理学研究的正是人们的心理、意识和行为，以及个体如何作为一个整体与其周围的自然环境和社会环境发生关系。这种研究主体的相关性决定了市场营销学必然要涉及心理学的相关知识。一方面，在分析消费者的购买动机和购买行为方面，运用了心理学中的动机理论、马斯洛需要层次理论、赫茨伯格的双因素理论等，分析商品对消费者是否有吸引力；另一方面，在营销中，利用沟通等方式来了解消费者的生活方式、个人性格、心理倾向等，从而进行市场定位和制定营销组合策略。市场营销学不仅借鉴了心理学理论，还借鉴了其研究方法，如观察法、问卷法、访谈法等。

（三）社会学基础

社会学概念在市场营销领域也有广泛的应用。社会学的研究对象也是人类的行为。与心理学不同的是，社会学主要研究群体和社会环境下的人类行为。显然，这与市场营销学的研究领域也存在着一定的交叉，因此社会学也成为市场营销学的基石之一。例如，社会学中的社会动机、社会群体、社会互动、文化变迁等均被应用到了市场营销学中。市场营销学中的消费者行为分析参考了社会学中的群体、家庭、家庭角色、社会阶层、文化等因素，这些考虑问题的角度无疑是与社会学知识密不可分的。社会学中的创新传播理论、竞争与合作、关系和网络在市场营销策略中都有充分的运用。

（四）行为学基础

行为学研究中的个体行为、群体行为以及组织行为为市场营销学中的消费者个体心理与行为研究、群体心理以及组织心理研究提供了宝贵的借鉴。例如，在市场营销学中，营销者与消费者的沟通、营销环境对消费者个体和群体的影响，以及组织市场的购买行为研究等都会应用到行为学的相关理论。

（五）管理学基础

对营销概念体系的发展起到重要作用的学科还有管理学。通过弗雷德里克·温斯洛·泰勒（Frederick Winslow Taylor），亨利·甘特（Henry Gantt）、吉尔布雷斯夫妇（Frank and Liian Gilbreth）的理论，科学管理理论得到了很大发展，它对营销的影响早就得到了公认。从管理学引入营销领域的概念有：任务、科学方法、科学管理、职能化管理、简单化、多样化、标准化等。例如，将职能化管理引入了对采购、计划、检查、人力控制和产品保养实行职能化管理的观念；将标准化用于市场领域中原材料、工具、设备、方法、检查和时间表的统一化，用于营销领域中的连锁店在经营、标准化产品线、陈列、作业程序、控制方法商品分类等方面的统一，也用于统一的大规模生产和销售。

除此之外，人类学、法学等诸多其他学科都为市场营销学的发展和完善做出了贡献，在此不再赘述。值得注意的是，市场营销学在实践中不断充实与发展，形成了自己的核心理论、概念和系统的方法论体系。如STP营销理论，主要包括市场细分、目标市场选择、市场定位。营销组合理论，主要包括"4P"理论：产品（Product）、价格（Price）、渠道（Place）、促销（Promotion）；"7P"理论：在"4P"的基础上再加上人员（People）、过程（Process）、有形展示（Physical Evidences）或实体环境（Physical Environment）；"4C"理论：消费者（Customer）、成本（Cost）、便利（Convenience）、沟通（Communication）；"4R"理论：关联（Relevance）、反应（Reaction）、关系（Relationship）、回报（Reward）；"4V"理论：差异化（Variation）、功能化（Versatility）、附加价值（Value）、共鸣（Vibration）；"4I"理论：趣味原则（Interesting）、利益原则（Interests）、互动原则（Interaction）、个性原则（Individuality）等。此外，还有产品生命周期理论、定位理论、整合营销传播理论、营销调研和预测理论与方法，PEST（政治（Politics）、经济（Economy）、社会（Society）、技术（Technology））营销环境分析方法、波特五力模型、危机公关等系列理论与方法等。

第五节   解析新质营销力

一、新质营销力的内涵

数智时代，一场前所未有的新商业革命正在袭来。万物互联、虚实一体、跨界融合等新环境铸就了新商业革命的新特征，世界之变、时代之变、历史之变正以前所未有的方式展开，无边界企业逐渐兴起，无边界竞争不断产生，无边界创新相继涌现，跨界、整合、颠覆、创新是新商业时代永恒的主题，新商业时代呼唤新质营销力。

（一）何为新质营销力

数智时代的新商业革命是人类有史以来最具颠覆性的数智革命，创新驱动方式变革、跨界打劫层出不穷、传统商业模式失效等一系列新变化对传统管理理论、营销理论带来了前所未有的挑战，需要企业在不确定的环境中，解决不确定的问题，满足不确定的需求，最终实现量变到质变的创新过程。数智时代，营销的地位更加彰显。在此过程中，营销变革为全社会带来了生产工具的改变、能源结构的改变、消费方式的改变以及各个领域业务模式的创新，引发了生产力和生产关系的系列变革。由此，新质营销力应运而生。

数智时代营销的突出变化是"新质营销力"力量的彰显。新质营销力（New Quality Marketing Forces）是以不断满足人民日益增长的美好生活需要为宗旨，以创新元素和新兴技术为主导，以算力、算法和数据为底层逻辑，以跨行业交叉和跨场景应用为两翼驱动，以工具高科技、转化高效能、产出高质量、效益高水平为基本属性的一种新质生产力。新质营销力对企业产生颠覆性影响，对市场更敏锐地把控、对顾客更深刻地洞察、对需求更高效地满足、对产销更精准地对接、对策略更周密地制定、对产品更独特地打造、对价格更动态地调控、对渠道更优化地整合，对促销更生动地设计、对趋势更前瞻地把握、对反馈更即时地收集，从而更强势地赋能企业核心竞争力的构建（如图1-9所示）。

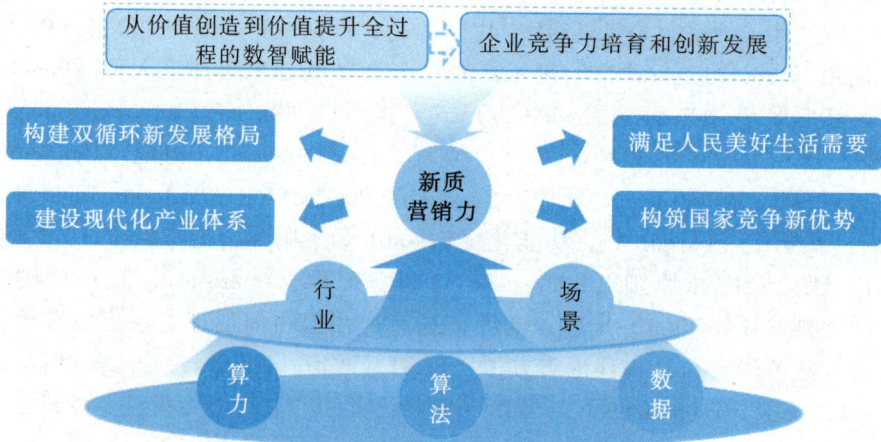

图1-9   新质营销力的提出

○------------- 学史增智 1-3

中华传统营销理念

历经千年演进，中华优秀传统文化孕育出诸多学术高峰，如先秦子学、两汉经学、魏晋玄学、隋唐佛学、宋明理学以及清代朴学等，彰显了中华文化"苟日新，又日新，日日新"的精神品格，在当前传统文化传承与发扬中发挥着重要作用。中华优秀传统文化中也蕴含着众多丰富的市场营销理念与思想，对于新时代建构中国自主的市场营销知识体系起到充实与深化作用。

中华优秀传统文化中包含诸子百家不同的学术思想与价值观念，众多学说展现了丰富的营销理念。"义，利之本也；利，义之和也"，以孔孟为代表的儒家学派主张"民本思想"，注重道德与诚信，为当今市场营销的道德实践与价值观提供了良好遵循。道家学说主张"天人合一"，注重人与自然和谐发展，绿色营销与这一理念一脉相承。春秋时期范蠡的经济循环理论与今天市场营销学中的市场预测理论异曲同工。《管子》一书具体阐述了市场的地位与重要性，苏轼曾就订购和赊卖等市场营销方式做过论述。近代，张之洞在洋务运动时期设立新式学堂，引入经济、商学知识教学，他的《劝学篇》充满了重视需求调研、按需生产、营销引领生产、开拓国外市场等市场营销思想。深入挖掘和研究中华优秀传统文化中的市场营销思想，可以为现代企业提供有益启示和借鉴，对推动我国乃至世界市场营销理论与实践发展具有重要意义。

资料来源：郭国庆，王紫依. 中华优秀传统文化推动新时代营销创新［J］. 企业管理杂志，2024（5）：12-16. 内容有删改。

（二）新质营销力的时代意义

新质营销力能够实现从价值创造到价值提升全过程的数智赋能，有助于提升产业数字化水平，增强国内大循环的内生动力，提高核心技术自给能力，有效提升企业的竞争力，促进企业的创新发展，进而引领经济高质量发展，赋能供给体系质量提升，实现我国经济高水平自立自强。新质营销力是对数智时代营销的重构和变革，能够更好地满足人民日益增长的美好生活需要，对于构建双循环新发展格局、建设现代化产业体系、构筑国家竞争新优势，进而推进中国式现代化都具有重要的战略意义。

满足人民日益增长的美好生活需要。党的二十届三中全会提出，在发展中保障和改善民生是中国式现代化的重大任务。必须坚持尽力而为、量力而行，完善基本公共服务制度体系，加强普惠性、基础性、兜底性民生建设，解决好人民最关心最直接最现实的利益问题，不断满足人民对美好生活的向往。[1]习近平总书记在党的十九大报告中指出："中国特色社会主义进入新时代，我国社会主要矛盾已经转化为人民日益增长的美好生活需要和不平衡不充分的发展之间的矛盾。"[2]而数字化转型的基本矛盾是企业全局优化的需求和碎片化供给的矛盾。营销行业作为供给侧和需求侧的桥梁，在满足人民需要、强化品牌建设、服务社会发展等方面发挥着重要作用。尤其在数智时代，数智生产力的

---

① 新华社. 中国共产党第二十届中央委员会第三次全体会议公报［EB/OL］.［2024-07-18］. https://www.gov.cn/yaowen/liebiao/202407/content_6963409.htm？_esid=4354437.

② 新华社. 习近平：决胜全面建成小康社会 夺取新时代中国特色社会主义伟大胜利——在中国共产党第十九次全国代表大会上的报告［EB/OL］.［2017-10-27］. https://xuexi.cctv.com/2017/10/27/ARTIYgdYByDyjks1hvlU-aZBR171027.shtml.

培育助推数字营销发展已是大势所趋，数字化触点全面"入侵"消费者生活的时代，出现了更多的触达渠道、更多的互动体验，带给了消费者更多的消费选择。数字经济市场的繁荣，倒逼着品牌企业不断自我升级改造，从物质和精神上，满足消费者"美好生活"的需求。数字营销越来越理解消费者、越来越尊重消费者，必然将成为满足消费者不断提升的美好生活向往的重要助推器。这需要行业各方对自身有全面和正确的认识，以此构建起行业的道路自信，在全面参与到数字经济建设的浪潮中，不断彰显越来越重要的社会价值。

构建双循环发展格局。党的二十大报告指出，依托我国超大规模市场优势，以国内大循环吸引全球资源要素，增强国内国际两个市场两种资源联动效应，提升贸易投资合作质量和水平。[1]党的二十届三中全会通过的《中共中央关于进一步全面深化改革、推进中国式现代化的决定》，进一步部署了构建全国统一大市场的重大改革举措[2]。全国统一大市场的构建，有助于破除要素流动的一切体制机制障碍，推动要素在更大范围内自由流动，打通各种人为的、制度的堵点，让市场循环起来。"双循环"的战略决策需要发挥国内超大规模市场的优势[3]。当今时代，数据、AI等新技术带来了生产力体系的变革。新质营销力的培育，有助于加快利用我国超大规模市场孵化出新技术、新产品、新品牌，扩大内需、发现内需、引导内需，满足消费者个性化、场景化、实时化、互动化需求，构筑快速增长、超大规模、超级复杂、快速演化、线上线下融合的全国统一大市场。在构建双循环发展格局进程中，需要发挥内需潜力，运用数字化技术使国内市场和国际市场更好联通，更好利用国际、国内两个市场、两种资源，实现更加强劲可持续的发展。同时，在不确定的国内、国际环境中，以新质营销力为核心解构更多的应变之策，循序而行，方可长久。

- - - - - - - - - - ○ **价值引领 1-3**
数字营销市场规模持续增长

高水平社会主义市场经济体制是中国式现代化的重要保障。必须更好发挥市场机制作用，创造更加公平、更有活力的市场环境，实现资源配置效率最优化和效益最大化，既"放得活"又"管得住"，更好维护市场秩序、弥补市场失灵，畅通国民经济循环，激发全社会内生动力和创新活力。[4]

近年来，中国数字营销市场规模的持续增长（如图1-10所示），为激发市场活力、建设高水平的社会主义市场经济体制奠定了良好的基础。根据国家市场监督管理总局数据：2023年全国从事广告业务的事业单位和规模以上企业达1.7万户，广告业务收入13 120.7亿元，比上年增长17.5%；其中互联网为代表的数字营销是带动整体行业增长的核心力量。特别值得注意的是，随着互联网的广泛普及和网民用户规模的快速增长，我国的数字营销行

① 新华网. 习近平：高举中国特色社会主义伟大旗帜为全面建设社会主义现代化国家而团结奋斗——在中国共产党第二十次全国代表大会上的报告 [EB/OL]. [2022-10-25]. https://baijiahao.baidu.com/s? id=1747666968337407608&wfr=spider&for=pc.
② "学习强国"学习平台. 构建全国统一大市场 [EB/OL]. [2024-07-29]. https://article.xuexi.cn/articles/index.html?art_id=8819298723344831462&item_id=8819298723344831462&reedit_timestamp=1722223478000&to_audit_timestamp=2024-07-29%2011%3A24%3A38&study_style_id=feeds_default&s_id=1722320701976&showmenu=false&ref_read_id=4689b416-3dc8-4631-be27-54e007b5833e_1723342025826&pid=&ptype=-1&source=share&share_to=wx_single.
③ 张洪胜，杜雨彤，张小龙. 产业数字化与国内大循环 [J]. 经济研究，2024，59（5）：97-115.
④ 新华社. 中国共产党第二十届中央委员会第三次全体会议公报 [EB/OL]. [2024-07-18]. https://www.gov.cn/yaowen/liebiao/202407/content_6963409.htm? _esid=4354437.

业市场规模也持续攀升。《2024年中国数字营销发展报告》显示，自2023年起中国数字营销市场规模已超过1万亿元。

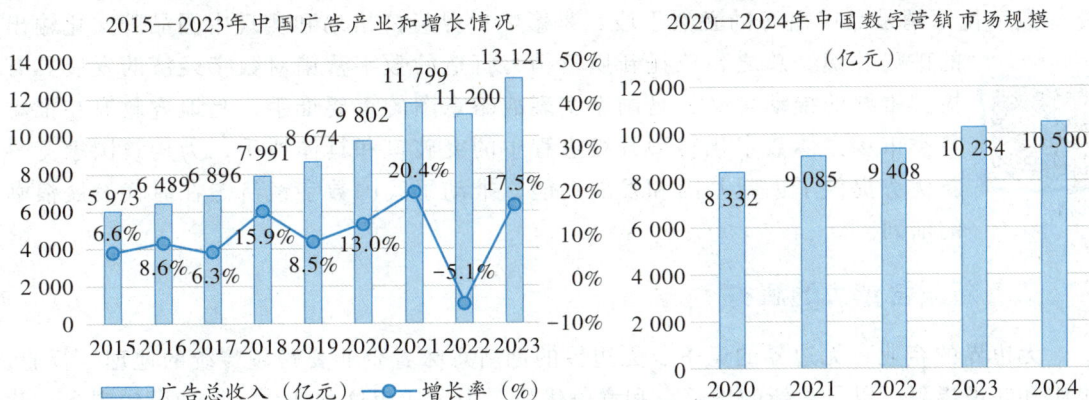

2015—2023年中国广告产业和增长情况

图表数据：
- 2015年：广告总收入5 973亿元，增长率6.6%
- 2016年：广告总收入6 489亿元，增长率8.6%
- 2017年：广告总收入6 896亿元，增长率6.3%
- 2018年：广告总收入7 991亿元，增长率15.9%
- 2019年：广告总收入8 674亿元，增长率8.5%
- 2020年：广告总收入9 802亿元，增长率13.0%
- 2021年：广告总收入11 799亿元，增长率20.4%
- 2022年：广告总收入11 200亿元，增长率-5.1%
- 2023年：广告总收入13 121亿元，增长率17.5%

图例：广告总收入（亿元）　增长率（%）

2020—2024年中国数字营销市场规模（亿元）

图表数据：
- 2020年：8 332
- 2021年：9 085
- 2022年：9 408
- 2023年：10 234
- 2024年：10 500

图1-10　中国数字营销市场规模

数据说明：其中2020年数据由月狐行业研究基于宏观经济及行业发展情况预测，国家市场监管总局·月狐行业研究。

资料来源：月狐数据.2024年中国数字营销发展报告［EB/OL］.［2024-07-12］.https：//mp.weixin.qq.com/s/PEZvCKGRvStJrM_FdtMHrQ.内容有删改。

建设现代化产业体系。2024年《政府工作报告》从"推动产业链供应链优化升级""积极培育新兴产业和未来产业""深入推进数字经济创新发展"三个方面部署现代化产业体系建设，抓住了现代化产业体系建设的要害，而这三个方面都与数字经济发展密切相关，充分表明数字经济在现代化产业体系建设中的基础地位、关键作用。营销行业贴近民生、了解民情、体察民意，能够更清晰地洞察市场所求、所需、所想，在产业链、供应链环节处于重要地位，在推动现代化产业体系建设中承担着不可或缺的重要角色。在数智时代，现代化产业体系迈向高端化、智能化、绿色化发展，需要以新质营销力为核心助推高端服务业发展，进而推动智慧农业、智慧制造的全面升级，以数字经济强链固本促进整个产业链、供应链优化升级，筑牢现代化产业体系底座，进而提高我国产业体系安全系数、增强大国经济韧性的关键，不仅关系国家安全和民生福祉，而且直接决定我国产业体系安全、稳定、发展。

市场洞察1-2
数字营销行业分布

构筑国家竞争新优势。数智时代，营销行业的快速发展有力推动了消费扩容提质，引导支持数字营销加速创新突破，提升服务国家战略的深度、广度与高度，构筑国家竞争新优势，具有重大战略意义和现实意义。在数字经济发展浪潮中，营销的数字化发展有着自己明确的地位与价值，无论是商业价值还是社会价值都显而易见。新质营销力的发展为企业数字化建设和数字经济发展奠定了动力基础。首先，在数据要素市场不断建设与深化的过渡中①，数字化营销的实践起着关键性的作用。营销在数字化时代重要的贡献是数据的应用，是一种基础创新，惠及各行各业。数据必须在基于依法合规的前提下发挥其巨大的商业价值才能推动数字经济的发展，发挥数据在市场主体的市场营销价值十分重要，否则就很难有个体经济组织的生存和发展。数字化营销在数字经济中起到

---

① 汪旭晖.提升数据要素资源利用效能 因地制宜发展新质生产力［EB/OL］.［2024-08-30］.https：//article.xuexi.cn/articles/index.html? art_id=1322030844283705696&item_id=1322030844283705696&study_style_id=feeds_default&t=1724987454884&showmenu=false&ref_read_id=e9dbe851-2937-417a-b7e2-818a37afc491_1725377054197&pid=&ptype=-1&source=share&share_to=wx_single.

先导的作用越来越突出。其次，数字化营销在内需市场的发现、培育、引导上起到了先锋作用，社区团购、新型电商等新的数字化营销与销售协同等方式也在不断探索。此外，数字化营销是品牌出海的必然手段，是影响世界经济格局和实现中国品牌文化输出的破局关键。总之，依托新质营销力打造的数字营销对数字经济的发展具有极其重要的推动意义，是国家实现战略意图的重要推手，是地方政府在推动各类市场主体数字化转型升级进程中的突破口和具体抓手，为构筑国家竞争新优势提供了创新基因和发展动能，推动了我国数字经济走在时代发展浪潮的前列。

市场洞察1-3
数据要素市场建设

二、新质营销力的解构

无边界的企业、无边界的竞争、无边界的创新意味着企业要跨越传统的地理、行业、组织和知识界限，以寻求新的增长点和竞争优势。为了适应这种变化，企业营销观念、营销战略、营销策略、营销执行也必须借助数智技术作出相应的变革，打造新的竞争优势，以适应更加开放、动态和互联的市场环境。基于此，我们对新质营销力进行科学解构（如图1-11）所示。

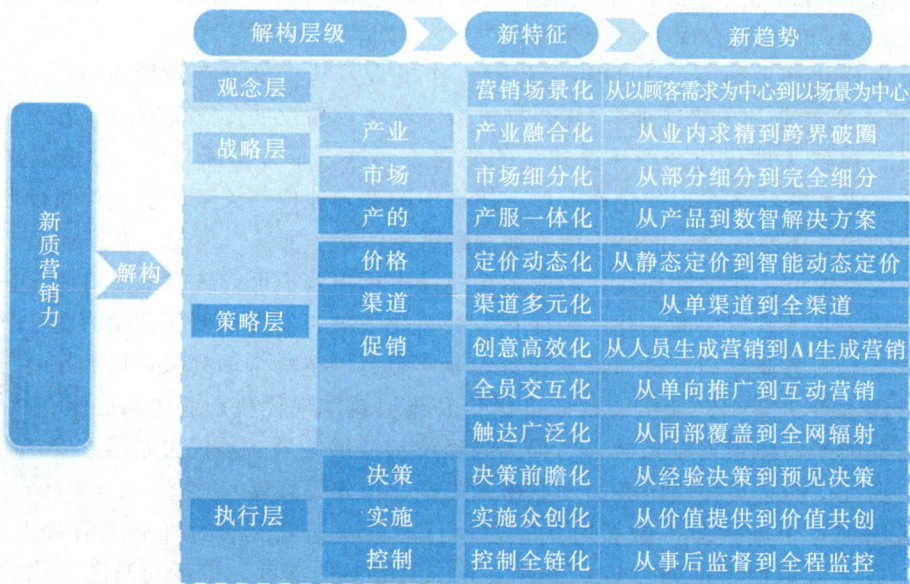

解构层级		新特征	新趋势
观念层		营销场景化	从以顾客需求为中心到以场景为中心
战略层	产业	产业融合化	从业内求精到跨界破圈
	市场	市场细分化	从部分细分到完全细分
策略层	产的	产服一体化	从产品到数智解决方案
	价格	定价动态化	从静态定价到智能动态定价
	渠道	渠道多元化	从单渠道到全渠道
	促销	创意高效化	从人员生成营销到AI生成营销
		全员交互化	从单向推广到互动营销
		触达广泛化	从局部覆盖到全网辐射
执行层	决策	决策前瞻化	从经验决策到预见决策
	实施	实施众创化	从价值提供到价值共创
	控制	控制全链化	从事后监督到全程监控

新质营销力 → 解构

图1-11　新质营销力的科学解构

（一）观念层

观念层面的营销新趋势体现为营销场景化，即从以顾客需求为中心向以场景为中心转变。数智时代的营销观念是关注消费者在特定场景下的体验和需求，通过构建与消费者生活紧密相连的场景，实现更深层次的情感共鸣和价值传递。数智时代的营销即全天候供应、全场景触达、全渠道融合，实现"所见即所得"。在此过程中，市场被"场景化"细分，强调此时此刻此情此景下的消费者即时性体验，每个场景中的消费者选择都会被重置，场景体现为消费动机、时机、行为、情绪、体验满足感的生活化界定。由此，消费场景正在取代传统的"顾客需求"成为营销的原点，品牌与销售都在场景中产生，在场景中实现营销活动。

　　所谓场景化营销，就是将品牌提供的产品服务，按照消费者使用时面临的各类情景来梳理划分，并结合场景提炼关键卖点，进行差异化营销。这种营销方式早已悄然融入消费者的旅程中，成为一种不可或缺的元素。因此，作为营销人员，要想取得成功，就必须专注于消费者在当前场景下所期望的体验。场景化营销有三个基本特征，即全方位支持、无缝衔接和动态迭代。第一，为了成功地执行场景化营销，企业需要从各个层面支持营销发挥功能。因此，营销超越了仅仅用来增加销售额这一片面观点。打造全方位的消费者体验不仅是营销的重点，也是业务本身的重点。第二，场景化的消费者体验并不是单一的，而是一系列无缝的、高度关联的事件——观众体验、购物体验、购买体验、顾客体验、支持体验，它们的总和远远大于部分。第三，消费者体验必须发生在个人的场景下，因此是动态迭代的。当下，每一种体验的创造都依赖于数据的大量输入，企业需要使用算法实时分析不同的消费者互动，并为每个人创造动态连贯的场景体验。

市场洞察1-4

营销场景化的
解构

（二）战略层

　　随着数智技术的发展以及消费需求的多样化，受技术与偏好两股力量推动，产品融合过程不断加速，行业边界逐渐模糊，产品的进一步跨界融合不断满足甚至创造愈加细分的需求，推动消费需求的再升级。

1.产业端：产业融合化——从业内求精向跨界破圈转变

　　传统营销聚焦于单一行业或市场内，致力于在既定行业内提升品牌知名度、市场份额和顾客忠诚度，强调在特定领域深耕细作和竞争。数智时代的跨界营销打破了行业界限，两个或多个不同行业的品牌或企业通过合作，共享资源、客户群和市场机会，共同创造出新颖的产品、优质的服务或精细的营销活动。跨界营销不仅限于产品层面的结合，也可能涉及渠道共享、文化融合、创意联动等多个维度，同时跨界营销还需要动态识别跨界竞争对手。

　　跨界营销需要根据不同行业、不同产品、不同偏好的消费者之间所拥有的共性和联系，把一些原本毫不相干的元素进行融合、互相渗透，赢得目标消费者的好感，使得跨界合作的品牌能够实现双赢。从营销目的来看，跨界营销的目标细分包括以下内容：①相互借势品牌元素，找到营销新突破口，实现品牌年轻化；②扩大渠道覆盖，借用双方的渠道资源覆盖更多目标人群；③引爆市场话题，跨界营销一般作为事件营销操作，内容新奇有趣，有足够的噱头供大众讨论；④突破场景流量，即在原有特定的营销场景中吸引更多的潜在顾客，从而扩大品牌影响力和市场份额。以农夫山泉和网易云音乐跨界为例，农夫山泉瓶身文案取自网易云音乐的乐评，用户喝水的时候通过瓶身自然会联想到网易云音乐，而使用网易云音乐的时候也会因联合推广联想到农夫山泉。

市场洞察1-5

李宁：跨界引
领国潮新风尚

2.市场端：市场细分化——从部分细分向完全细分转变

　　以往的市场细分主要基于地理细分、人口特征细分等，数智时代，企业可以收集和分析前所未有的大量消费者数据，包括消费者的在线行为、社交媒体互动、购买历史、搜索记录等。这些数据的丰富性和深度使得市场细分能够基于更加具体和多维度的特征来进行。数智技术的进步使得市场细分更加精准、高效和灵活，它不仅让企业能够发现并服务于更多利基市场，也促进了营销策略从"一刀切"向"一对一"模式的转变。例如，小红书、抖音等的数字内容平台通过内容和协同过滤算法分析上传内容特征、用户互动行为（如点赞、分享、评论、观看时长），结合用户的社会关系网络和地理位置信息，为用户推送定制化内容，创造高度沉浸式的个性化体验。

在当今高度竞争且日新月异的市场环境中，行业发展已经逐步摆脱了过去"大而全"的粗放式发展模式，转向更加专业化、精细化的运营策略。随着社会经济水平提升和消费者个性化需求增强，越来越多的企业开始聚焦于更狭窄、更专业的细分市场，通过深度服务高质量群体来获取并巩固市场份额。要明确的是，细分市场的本质意味着"专精特新"。这意味着企业不再追求覆盖所有消费群体，而是选择某一特定领域，比如针对高净值顾客群体，深入了解他们的生活方式、品位喜好、品质需求以及购买动机，进而量身打造符合其身份特征及生活场景的高品质产品。这样的战略转变有助于企业在日益饱和的大市场中开辟出一片蓝海，形成独特的竞争优势。在纷繁复杂的行业中，细分市场犹如一座宝藏，为每一位创业者提供了无数可能性。从宏观到微观，可以从多个维度对市场进行层层细分，从而寻找到最具潜力、最为精细的市场切入点。面对瞬息万变的市场环境，企业唯有深入挖掘并专注于某一高质量客户群体，才能实现真正意义上的差异化竞争。通过对细分市场的精耕细作和深度服务，不仅能够赢得消费者的忠诚度，更能有效抵御市场波动带来的风险，从而在风云变幻的市场格局中稳占一席之地。

（三）策略层

大数据、云计算、人工智能、数字孪生等数智技术催生出更加智能的产品、动态的定价、便捷的渠道、全方位的促销模式，使得产品、价格、渠道、促销等营销策略发生了诸多变化。

1.产品：产服一体化——从产品供给向数智解决方案转变

随着数字化和智能化技术的迅速发展，消费者的期望和需求也在不断演进。在数智时代，消费者对于新技术的接受度明显增强，他们不再仅仅满足于购买单一的产品或服务，而是开始寻求能够解决其复杂问题、提高效率、降低成本的整体解决方案。这种变化反映了顾客对数字化、智能化需求的增长，同时也体现了顾客对品牌能够跟上技术创新步伐的期待，将数智技术融入产品不仅使产品智能化，更是使产品成为数字生活解决方案。

在过去，企业的营销重点往往是产品本身的功能和特点。然而，随着市场环境的变化和消费者偏好的演变，这种模式已经不能完全满足现代消费者的需求。因此，企业正在经历从"卖产品"到"卖服务"，再到"卖解决方案"的转变，这一转变体现了企业服务模式的升级。这种转变要求企业不仅要具备强大的技术创新能力，还需要拥有深厚的行业知识和对顾客需求的深刻洞察，以及对跨领域合作的敏锐分析，以便更好地为顾客创造价值。总而言之，产服一体化的升级模式不仅是企业适应市场变化的结果，也是企业提升自身竞争力、满足消费者更高期望的重要途径。这种服务模式的升级不仅有助于企业建立起更牢固的顾客关系，还能够促进整个行业的创新发展。

市场洞察1-6

小米智能家居

2.价格：定价动态化——从静态定价向动态定价转变

尽管以往商家通常会根据季节变化、销量波动等周期性因素动态调整价格，但在大多数情况下，价格在一定时间范围内仍然保持着相对的静态。这意味着价格调整往往需要经过一段时间的观察和决策过程，才能反映市场的最新变化。然而，在数智时代的背景下，这种情况正在发生根本性的转变。如今，在电商、旅游、娱乐等行业，商品的价格可以根据市场需求、竞争对手的价格变动、订单的时间节点、下单的地理位置、商品的库存情况，甚至消费者的个人偏好等多种因素进行实时动态调整。这种高度灵活的定价策略得益于大数据分析、人工智能等技术的应用，它能够帮助企业即时响应市场变化，捕捉最佳定价时机。

动态定价的优势主要体现在以下几个方面。（1）高度个性化。动态定价能够根据消费者的特定需求和偏好进行调整，提供个性化的报价。例如，在旅游行业中，机票和酒店的价格可以根据消费者的搜索历史、旅行习惯等信息进行定制。（2）即时响应市场变化。通过实时监控市场动态，企业能够迅速调整价格以应对竞争对手的价格变动或市场供需的变化，这种即时响应能力有助于企业在竞争激烈的市场中占据有利地位。（3）优化库存管理。对于库存敏感的产品而言，动态定价能够根据库存水平进行价格调整，避免库存积压或缺货的情况发生。（4）提高销售额和利润。动态定价策略有助于抓住更多的销售机会，尤其是在需求高峰期或特殊事件期间，通过调整价格可以实现更高的销售额。同时，通过精细化管理，企业可以在保证销量的同时维持较高的利润率。（5）增强顾客体验。通过提供更加合理的价格，企业能够提升消费者的购买意愿，进而增强顾客体验和品牌忠诚度。例如，在娱乐行业中，电影票的价格可以根据观影时段和座位位置进行差异化定价，为消费者提供更多选择。

综上所述，动态定价是数智营销的核心优势之一，它不仅能够帮助企业实现高度个性化和即时响应市场变化的能力，还能够通过优化定价策略来提升销售额，增加利润，并最终改善顾客体验。随着技术的不断发展，动态定价将在更多行业中得到广泛应用，并成为企业竞争的关键因素之一。

市场洞察1-7

出租汽车行业的动态调价

3. 渠道：渠道多元化——从单一渠道向全渠道转变

在数智时代，全渠道用户旅程正朝着无缝衔接的方向发展，消费者越来越期待能够随时随地随性地进行"场景触发式购物"。这种购物方式强调的是消费者能够在任何时间和地点，根据自己的喜好和需求触发购物行为，而不受传统购物场所和时间的限制。随着技术的进步，特别是元宇宙环境的出现，全渠道协同得到了进一步的拓展和变化。不同于传统的线上线下协同，数智技术推动的全渠道协同更加注重虚拟与现实各种渠道之间的深度融合，直至达到几乎无缝连接的程度。这意味着消费者在虚拟空间中的体验与现实世界中的体验将变得越来越难以区分，形成了一个统一的、连续的购物旅程。渠道多元化趋势能够强化场景触发式购物、增强全渠道无缝体验、加速虚拟与现实的融合、提供个性化与定制化服务、支持无缝支付与物流配送，并且优化全渠道协同概念的进一步拓展。渠道多元化趋势不仅改变了消费者的购物方式，也为品牌提供了更多与消费者互动的机会，推动整个营销行业向着更加智能化、个性化和无缝化的方向前进。

市场洞察1-8

元宇宙下的全渠道体验

4. 促销：从传统促销向科技促销转变

信息的传输模型主要包括信息的产生、信息的传播、信息的接受等过程，数智时代使得信息传播过程实现创意高效化、触达广泛化、全员动态化。

（1）创意高效化：从人员生成营销向 AI 生成营销转变

传统的营销方式往往依赖于营销人员来完成创意策划、内容制作以及客户互动等工作。这种"人员生成营销"的模式虽然能够较为灵活地应对市场变化，但同时也存在着效率低下、成本较高以及难以规模化等问题。随着 AI 技术的成熟应用，我们正见证着从"人员生成营销"向"AI 生成营销"的转变。创意高效化主要体现在三个方面。一是个性化内容生成。生成式 AI 能够自动创作个性化广告文案、图像、视频等内容，并根据营销目标和品牌形象自适应调整，提高内容设计效率和多样性，减少人力依赖。二是智能化产品推荐。利用机器学习算法，生成式营销能够构建更为精准的推荐引擎，高效、动态地进行广告投放，提升营销推广策略的有效性。三是交互式咨询服务。AI 驱动的聊天机器人和虚拟助手，能够提供全天候、自动化的咨询服务，减轻人工客服压力，智能客服已成为企业降低成本、提升服务效率的重要方式[①]。

市场洞察1-9

伊利集团：当牛奶遇到 AI

（2）全员交互化：从单向推广向互动营销转变

消费者从被动的信息接收者，向消费体验者、场景互动者、品牌共创者等多重身份转变。传统营销是企业向消费者"广播"产品或服务的信息，而消费者反馈的渠道有限且不够及时。在复杂多变的环境下，人与 AI 的协同既有助于实现创意的多样化，又能有效匹配用户的异质需求[②]，数智技术与消费者建立起更加直接、即时和个性化的互动关系。全员交互主要体现在两个方面。一是人机互动。虚拟数字人利用 AI 的语音合成与表情捕捉技术，模拟真实人类交互，提升直播带货的吸引力。AI 智能导购/导览系统，通过分析用户行为，提供定制化的产品推荐和购物路径规划；智能客服集成的自然语言处理技术，实现 24 小时不间断高效服务。二是裂变互动营销。企业与顾客互动从单一营销向社交裂变营销转变，企业通过激励用户分享和传播，快速扩展品牌影响力。通过线上活动、品牌社区参与、互动式广告、用户生成内容等，鼓励消费者参与到品牌故事的创造和传播中。

市场洞察1-10

花西子：虚拟数字代言人能否为花西子迎来新突破？

（3）触达广泛化：从局部覆盖向全网辐射转变

数智时代，消费者从静态聚集转变为动态散点分布。借用数智技术，企业的营销推广从局部覆盖向全网辐射、全网统筹、动态分发、高密度传播渗透转变，以应对消费者路径的碎片化。生成式 AI 可以高效生成大量高质量内容，覆盖更广泛的受众群体，同时保持信息的新鲜度和时效性，有助于品牌信息在短时间内实现全网范围内的快速扩散，实现营销空间从一维到四维的广泛扩展，达到连点成线、聚线成面、面动成体的全方位覆盖，实现涵盖时间、空间、人群、场景的全角度、全时空、全渠道触达。

★ **红色营销**

创新玩法、创意文创层出不穷，红色旅游掀起文旅消费新时尚

党的二十届三中全会通过的《中共中央关于进一步全面深化改革、推进中国式现代

---

① 吴继飞，朱翊敏，刘颖悦，等．智能客服厌恶效应的诱因、心理机制与边界研究［J］．南开管理评论，2023，26（6）：179-191.

② 吴小龙，肖静华，吴记．当创意遇到智能：人与 AI 协同的产品创新案例研究［J］．管理世界，2023，39（5）：112-126；144；127.

化的决定》指出："中国式现代化是物质文明和精神文明相协调的现代化。必须增强文化自信，发展社会主义先进文化，弘扬革命文化，传承中华优秀传统文化，加快适应信息技术迅猛发展新形势，培育形成规模宏大的优秀文化人才队伍，激发全民族文化创新创造活力。"[①]用好红色资源，传承红色基因，赓续红色血脉，加强红色文化传承弘扬，推动红色旅游高质量发展，是对红色文化的守正创新，是马克思主义中国化时代化的鲜明体现，是推进红色文化传承、实现文化自信自强的重要内容。

近年来，更多红色旅游目的地以创新举措进一步推动了红色旅游多元化、融合化、高质量发展。例如，井冈山将 VR、AR 等科技元素与井冈山红色主题、历史人文、自然资源全面融合，通过线下空间打造和线上平台运营，让游客在身临其境地欣赏井冈山秀美风光的同时，感受深厚的红色文化；遵义市以遵义会议会址为核心，在开放夜游、"长征颂"3D 实景演出等基础上，推动长征国家文化公园建设，不断探索"红色+山水""红色+康养""红色+茶酒"等模式，持续提升"红色圣地·醉美遵义"的城市 IP 和红色旅游体验感。在创新丰富红色旅游产品的同时，各地红色旅游景区更是结合自身特色和当地红色文化资源，开发设计了大量丰富的红色文创产品，受到众多收藏爱好者以及游客的青睐。此外，红色旅游用户的亲子出游趋势也在加速显现，"红色旅游+研学""红色旅游+休闲度假""红色旅游+乡村旅游"等丰富的体验形式，吸引了众多亲子客群去探索和了解红色文化及历史。

为了给用户带来更高品质的红色旅游产品和出游体验，近年来，途牛通过充分发挥互联网平台的数字化、整合营销以及产品创新和服务品质上的核心能力和优势，不断开拓红色旅游市场，助力红色旅游快速发展，将科技力量、乡村振兴、扶贫助农等元素不断融入红色旅游产品，推出了一系列更具红色主题辨识度和沉浸式体验的红色旅游产品。

资料来源：红色旅游协会. 创新玩法、创意文创层出不穷，红色旅游掀起文旅消费新时尚［EB/OL］.［2023-07-03］. https://mp.weixin.qq.com/s/AxKe9QfS9IwXvvpzDlJmlw.内容有删改。

（四）执行层

数智技术的快速发展为营销执行层带来了前所未有的机遇和变革，赋能营销决策更加前瞻、营销实施更加共创、营销过程更加可控。这种变革不仅推动营销活动更加高效、精准，还促进了营销活动的创新和可持续发展。

1.决策前瞻化：从经验决策向预见决策转变

数智技术强大的数据处理与分析能力，不仅提高了营销预测的精度，还加快了营销预测的速度，使企业能够更快地响应市场变化，制定更具前瞻性的市场决策。例如，企业可运用大数据、人工智能技术广泛收集和分析消费者的历史交易、社交媒体互动、顾客反馈与评论、在线浏览等线上线下行为信息；基于自然语言处理（NLP）的机器学习，进行情感分析，识别新兴趋势；运用云计算扩展数据存储和处理能力，对预见营销所需的大型数据集进行分析；通过边缘计算实时处理和分析数据，实现顾客的即时洞察和响应；根据消费者位置和正在进行的事项，进行算法推荐、个性化广告推送，确保在正确的时间和地点触达目标群体。

---

① 新华社. 中国共产党第二十届中央委员会第三次全体会议公报［EB/OL］.［2024-07-18］. https://www.gov.cn/yaowen/liebiao/202407/content_6963409.htm？_esid=4354437.

决策前瞻化可以实现企业在产品管理、顾客管理、品牌管理等方面的精准预测和提前布局。在产品管理方面，企业可以通过数智技术的应用来预测成功产品开发的可能性，并基于大数据构建的顾客画像来推荐合适的产品，这不仅能有效降低新产品开发的风险，还能提高产品与市场的匹配度，增强顾客忠诚度，最终实现业务增长的目标。在顾客管理方面，企业可以通过一系列的数据分析和技术手段来发掘向上销售（Up-Selling）和交叉销售（Cross-Selling）的机会，同时预测顾客忠诚度并计算顾客流失率，不仅可以最大化地利用现有顾客资源，提高销售收入，还可以通过提高顾客满意度和忠诚度来减少顾客流失，从而在激烈的市场竞争中占据有利地位。在品牌管理方面，企业可以通过数智技术的应用来预测行之有效的营销活动，并预测能够与顾客产生共鸣的营销内容，从而提高顾客的参与度和品牌忠诚度。

2.实施众创化：从价值提供向价值共创转变

过去，大多数企业主要关注满足用户的使用价值，而往往忽视了用户作为价值共创者所具有的心理需求及其在创造价值过程中所发挥的重要作用。进入数智时代，用户以前所未有的多元方式可以深度融入企业价值共创的全过程。用户可以直接反馈需求、分享见解、参与设计，甚至影响产品的迭代方向。这不仅丰富了企业的创新源泉，也让价值共创的过程更加民主化和透明化。用户不再是单纯的价值被动接受者，而是成为了企业品牌的合作者、建设者和贡献者。

市场洞察1-11

奇瑞星途的
价值共创

3.控制全链化：从事后监督向全程监控转变

数智时代，市场环境、消费者行为及竞争对手策略的变化速度极快，这对企业的营销活动提出了更高的要求。传统的营销监督方式往往存在被动、滞后和片段化的问题，难以应对瞬息万变的市场环境。然而，随着数智技术的快速发展，企业对营销活动的监督方式发生了革命性的转变，实现了从被动到主动、从滞后到即时、从片段化到全链条的智能监控，极大地提升了营销活动的效率、效果和合规性。

一是从被动到主动。通过实时数据流和自动化工具，企业能够即时监控营销活动的表现，及时发现并解决问题，确保活动顺利进行。二是从滞后到即时。借助社交媒体分析和在线反馈工具，企业能够迅速获得消费者的反馈，及时调整营销策略，以更好地满足消费者的需求。与此同时，通过AI算法和自动化工作流，企业可以根据实时数据的变化动态调整营销策略，确保营销活动始终保持最佳状态。三是从片段化到全链条。从产品开发、营销推广到售后服务，企业能够对整个营销流程进行全面监控，确保各个环节都能达到最佳效果。总之，在数智时代，企业通过智能监控技术的应用，不仅能够更有效地应对市场变化，还能够提升营销活动的整体表现，确保活动既高效又能满足合规性要求。随着技术的不断进步，这种智能监控的方式将继续为企业带来更多的竞争优势。

本章小结

市场营销就是确保企业时刻对准顾客需求来创造、传播和交付价值，以满足顾客在整体生命周期中的总体需求，从而构建起企业和顾客之间长期互利关系的一系列企业行为和组织职能。可以从经营哲学、企业战略和策略操作三个层面来理解市场营销的含义。并且，市场营销应贯穿企业战略制定的全过程，不应仅视为一种职能战略，营销战略是企业战略的核心，是企业打造竞争优势的关键。

市场营销主要有6组核心概念：需要、欲望和需求；产品和服务；市场和市场营销者；交换和交易；效用和价值；顾客满意和顾客忠诚。只有准确理解并把握好核心概念，才能深刻认识营销的内核和本质。

营销哲学的演化历经生产观念、产品观念、推销观念、营销观念和全方位营销观念等发展阶段。

市场营销学是对企业营销活动及其规律的一种认识和把握。市场营销学的发展过程是一个博采众长、兼容并蓄的过程。市场营销学具有综合性、全程性、实践性、层次性等学科特性，并在发展过程中不断吸收经济学、心理学、社会学、行为学以及管理学等相关学科的概念、原理进而不断创新，形成了自己的理论体系。

数智时代，新质营销力成为企业寻求新的经济增长点和创新发展的关键，培育新质营销力至关重要。从企业营销观念、营销战略、营销策略、营销执行等方面科学解构新质营销力，有助于企业打造新的竞争优势，适应更加开放、动态和互联的市场环境。

关键概念

市场营销；市场营销战略；欲望；需求；市场；交换；交易；顾客满意；生产观念；产品观念；推销观念；营销观念；全方位营销；关系营销；整合营销；内部营销；社会营销观念；绩效营销；新质营销力。

案例分析

蒙牛如何在线上"狂奔"？

2023年2月，蒙牛低温事业部经营例会如期举办，部门负责人王腾向新任集团副总裁汇报了一年来的工作，副总裁对他这一年的工作给予了肯定，并认可了他线上数字化经营的思路。过去的一年，蒙牛低温乳品店铺斩获了不错的业绩，通过一年的线上数字化经营布局，一举扭转了过去亏损的态势，实现了稳定的盈利，这打破了行业内对生鲜品类做线上只能亏损烧钱的固有认知。事业部的全年销售额排名也提升了三位，仅上线两年就达到京东平台同类型产品榜单的第三。

蒙牛乳业成立于1999年，所经营的品类非常广泛，包含常温类、低温类、冰品类、奶粉类、鲜奶类、奶酪类。低温事业部作为蒙牛集团的第二大事业部，年销售额超过100亿元。低温酸奶行业产品具有生命周期短、季节消费性强、市场需求波动性大等特点，同时市场的同质化竞争又比较严重，各乳制品公司为了满足客户多样化的需求，不断开发新品，产品种类较为丰富。以王腾多年的行业经验来看，要运营好店铺首先需要对环境进行深入分析。而且，环境分析是否深入是影响整个店铺运营的关键环节。

面临的问题一：市场环境是怎样的？

多年的行业经验告诉王腾，一定要通过数据去观察到本质的生意逻辑，通过数据去洞察背后的原因，建立数据化运营体系，这是线下品牌做线上必须要做的事情。首先，王腾对行业的总体情况展开分析，他主要通过观研网、京东等提供的分析报告了解行业。从市场规模来看，低温酸奶行业规模很大，且逐渐增长，人均消费量仍有空间，我国低温酸奶行业仍然潜力巨大。其次，在各品牌的竞争格局方面，低温酸奶行业的主要品牌包括：蒙牛、伊利、光明、三元、卡士、简爱等。同时王腾了解到市场中品牌集中度非常高，蒙牛、伊利占据行业的半壁江山。然后，王腾又邀请了公司战略管理部市场研究组的同事讨论来自星图的数据报告，以便更深入地了解行业。星图数据报告分成五个部分。第一是行业趋势部分，数据是各电商平台低温酸奶总体的销售额、销量以及其同比增速。第二是行业份额部分，数据包括top10品牌销售份额及其变化，据此了解自身产品在竞争市场中的变化情况，指导下一步销售策略和行动。第三是结构和环比部分。数据包括top品牌各系列产品线份额结构及环比变化，了解各品牌的增长或下跌由哪些产品线驱动。第四是消费趋势变化部分，包括品类和产品的消费趋势。第五是蒙牛产品部分。数据展示了蒙牛酸奶的销售额及增长率，包括同比和环比变化数据。接下来，王腾在前述调研的基础上，主要使用京东商智后台分析店铺品类数据和客户数据，从客户画像、货品和热卖地区等方面进一步分析店铺和客户的情况。从客户画像、货品和热卖地区进行分析，京东平台酸奶的客户画像中，主力购买群体为新客、女性客户、26~35岁年龄群体、公职职员和学生、京享值集中在6 000+分区段高品质客户。从京东平台酸奶的货品价格带分布看，店铺的价格带非常集中，最畅销价格带为20~40元。京东平台酸奶的热卖地区有北京、广东、上海、江苏等，品牌地域性较强。

通过分析蒙牛店铺的情况，王腾发现了一些问题：（1）店铺访客数较少，不足以支撑店铺销售额；（2）店铺转化率比行业平均水平低16%；（3）客户的复购率低于行业水平。

面临的问题二：如何吸引客户进店点击商品？

王腾分析了环境之后，了解了蒙牛店铺的现状、客户需求、竞争状况和行业现状，接下来要做的是如何吸引客户进店或者浏览单品。王腾认为通过向媒体投放提升触达是吸引客户进店的关键手段。王腾认为在平台运营必须要购买付费流量，其比例可以达到店铺总流量的30%左右。王腾也考虑通过不同的媒体吸引不同类型的客户，其中，购物触点用来拉新；海投用来全店投放和测品；京东快车投放转化率好的商品或者店铺爆品；京东展位适合大型活动中增加在平台App首页的曝光。在活动运营方面，王腾将蒙牛品牌的资源运用到极致，使各类免费流量达到最大。一方面，活动运营主要是通过与品牌部合作，借助蒙牛的品牌资源推广蒙牛的京东店铺；另一种活动运营方式是与京东平台合作，加入京东平台特定频道获取流量，也可以与京东的其他店铺共同举办活动，通过品牌联合实现资源交换，获得免费流量。在爆品方面，王腾非常关注爆品的引流作用，爆品能够带来搜索流量，而搜索流量是免费流量中占比最高的部分，加上各类关联销售，就可以很好地实现流量的高质量转化。

在界面优化方面，王腾特别关注商品的标题优化。商品标题选用的词搜索量有大有小，根据京东的搜索规则，词的搜索量级越大，越能被更多客户看到。王腾要求运营人员通过京东商智筛选关键词，关注搜索指数大的词，参考这些词的排名，确定高度重叠词。商品标题的核心考核指标主要是点击率。王腾也通过优化店铺视觉和商品视觉吸引客户进店，店铺页面可以实现千人千面的推送。另外，王腾也要求对主推商品图片的视觉效果进行AB测试，根据流量、点击率去判断哪张图更加有吸引力，从而吸引更多的客户进店浏览。

在选品方面，王腾认为好货自带流量，得选择适合线上和京东生鲜品类客户的单品，并且把货品分层，不同产品推给不同需求的客户。王腾实施选品主要包括三个步骤。首先是分析目标客户需求。京东商智可以看到特定商品的客户需求和特点。其次，分析各类产品的特征。通过分析产品满足客户的哪些需求，与竞争产品是否存在差异化，能否获得利润等来确定值得推广的产品。第三，将目标客户需求与产品特征相匹配，就可以获得所需要的选品，并将客户评价也是选品的重要参考依据。

面临的问题三：如何使客户购买产品？

有了流量和访客以后，如何吸引客户购买呢？王腾认为客户购买的核心指标是转化率和客户停留时长。其中转化率是指购买人数与总访问人数之比。京东平台影响转化率的因素有：价格、评价、描述、物流、客服等。通过店铺数据的分析，王腾看到客户对于促销是非常敏感的，可以说价格是最核心的转化因素。于是，王腾决定将价格作为提升转化率的核心抓手，并因此制定了以下策略。①京东店铺主推商品价格不应高于其他主流电商平台价格，因为促销敏感型客户会去天猫、拼多多比价。②除了做到同款同价，需要增加赠品和服务来提升吸引力。③尽可能提高客户单次购买数量。通过数量与价格挂钩的方式提升销售。④通过价格机制影响客户感知。⑤通过稀缺和限时购提升价格优惠的吸引力。⑥将服务价格作为促进购买的手段。通过包邮价格来促进客户购买。⑦保持价格相对稳定。王腾的第二个转化率提升手段是对商品展示内容进行优化，重点包括商品标题、主图和详情页。第三个转化率提升手段是服务，包括客服沟通、快递服务等。第四个转化率提升手段是商品评价。王腾认为商品评价代表客户的口碑，只有口碑好的商品才能提升销售量。

面临的问题四：如何使客户再进店购买？

根据王腾在消费品多年的经验，快消品是值得投入大量成本去做复购的，因为生鲜、酸奶这样易消耗的品类是高频低客单的，不同于家电这种低频高客单的商品，因此王腾将复购率作为重要的运营指标加以监控，并针对电商运营指标进行拆解，以便从每一个子指标上提升整体运营效率。王腾还按照4A模型将客户划分为认知（A1）、吸引（A2）、行动（A3）、拥护（A4）等4种类型，针对每一种类型的客户采取不同复购策略。王腾认为，要增加复购率首先需要丰富商品的品类，给客户足够多的选择，使引流品、爆品、次推品、长尾品互相补充。其次，新客和老客需要不同的机制去运营。为此，王腾对新客和老客的活动力度和信息触达要求是不同的，新客需要增加再购的促销力度，老客则需要及时提醒和信息触达。最后，王腾要求在店铺内设置多种活动玩法和权益，增强客户的黏性。例如，不同等级客户设置不同的权益，吸引新客户下单的入会礼包、下单抽奖、首购有礼、复购有礼、积分兑换奖品、首购送京豆等。此外，服务是影响复购的重要因素。王腾要求做好售前、售中、售后服务，最大限度地为客户提供完善的优质服务，包括48小时发货、为客户购买运费险、包邮等，通过提升客户的购物体验，使他们对蒙牛店铺更加信任，提高店铺复购率。同时，也通过京东平台建立客户的全流程跟进服务。

尽管在过去的一年中，王腾建立了较为完善的数字化运营体系，在一些关键的运营点上有了自己的数字化运营手段，但他知道仍然有很多需要提升的方面。随着线上电商竞争变得越来越激烈了，直播电商、社交电商等在线销售模式对京东店铺的运营产生了巨大冲击，王腾意识到需要进一步完善当前的数字运营体系，才能在未来的竞争中做大做强，下一步应当如何走就变成当前需要解决的重要问题……

资料来源：黄劲松，吴裴佳，雷加雨，等．在线店铺如何数字化运营？蒙牛的京东平台实践［DB/OL］．［2023-09-18］．中国管理案例共享中心．内容有删改。

问题：

1.结合蒙牛线上市场拓展的历程，谈一谈市场营销在其中发挥的重要作用。

2.根据所学知识，思考未来蒙牛应当如何进一步完善其数字化运营体系？

案例分析答案示例1　　　　基本训练1

第二章

市场营销环境分析

学习目标

通过本章学习，学生应该达到以下目标：

1. 理解市场营销环境的概念、构成、特征；
2. 掌握宏观营销环境和微观营销环境的构成；
3. 应用营销环境分析方法。

思维导图

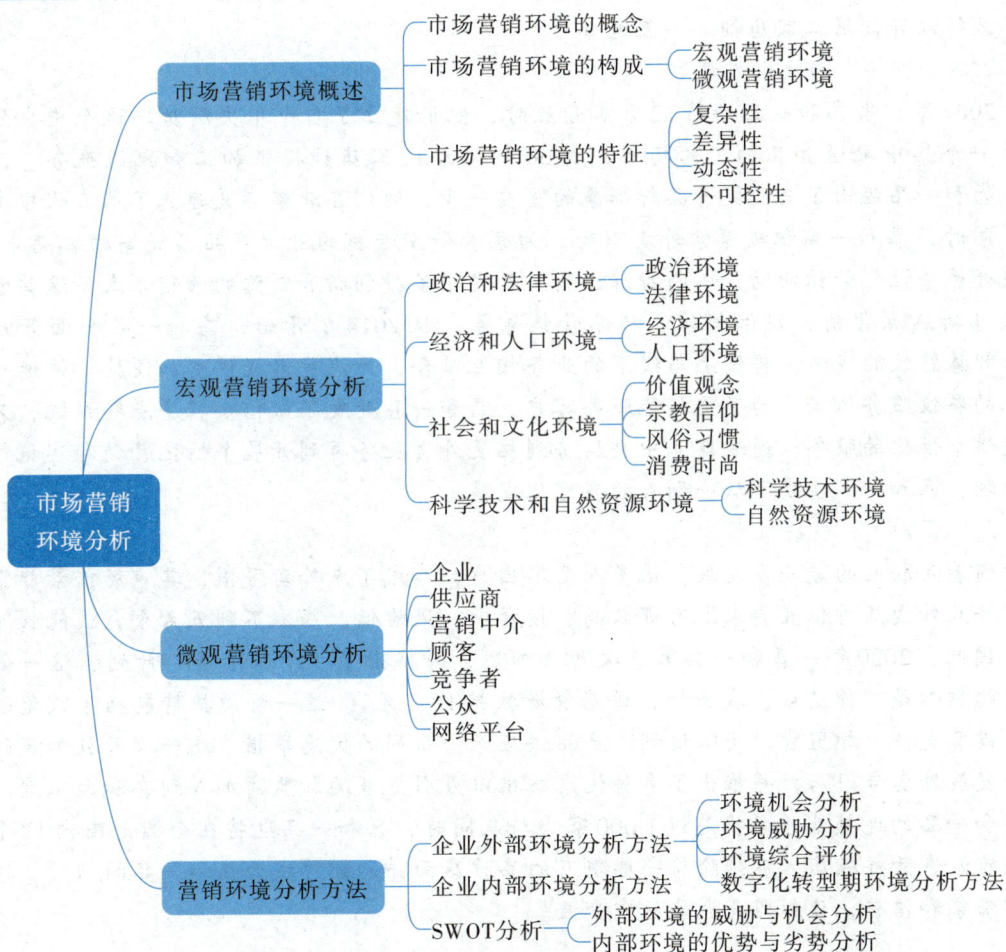

开篇案例

从零到千：嘉和一品崛起的秘密

2023年，作为老牌粥企的嘉和一品，迎来了它的20周年生日。为庆祝这个特殊的时刻，嘉和一品举办了一场户外的"宠粉嘉年华"活动，与17万线上线下的粉丝们共同度过。刘京京作为嘉和一品的创始人，是中国餐饮界中少有的女掌门人，她打造了中国"粥界"第一品牌。回顾嘉和的20年历程，从2004年品牌创立，到2006年探索研发第一代中央厨房，再到2008年奥运会和2013年园博会的供餐任务，以及2020年荣获中国餐饮百强企业，嘉和一品一直保持着领先地位。尽管在过去的20年里出现了许多连锁粥店品牌，嘉和一品仍然在粥品类市场中占据重要地位，并成为"粥铺店行业"的一流品牌。

1.从零到一：品牌初创立

2003年我国餐饮行业展现出强劲的发展势头，全国餐饮业营业额实现首次突破6 000亿元大关，同比增长11.6%。这一增长趋势的背后反映出家庭厨房社会化和外出就餐经常化的消费观念转变，以家庭私人消费为代表的餐饮大众化市场不断扩大，餐饮食品加工领域不断拓宽。2004年10月18日，嘉和一品正式扬帆起航，在清华大学附近开了第一家店——清华店。开业之初，生意异常火爆，顾客络绎不绝。这使得嘉和一品在短短两个月后，就得以开设第二家店铺——五道口店。

2.从一到百：多元化发展

2007年，当嘉和一品的第12家店开业时，他们建立了首个中央厨房。这个中央厨房位于一个集中配送食品加工的场所，由60个人为12家店铺提供加工和配送服务。2012年，嘉和一品迈出了全面提升品牌形象的重要一步，他们在北京顺义建立了第三代中央厨房；同时，嘉和一品积极探索外卖市场，为顾客研发专属的外卖产品，提高顾客满意度；积极开展个性化营销活动，不断推陈出新，开发了多种创新和创意的营销方式。这些营销方式包括热点营销、娱乐营销、产品营销等等；从2014年开始，嘉和一品全面开启了O2O智慧餐饮的战略，将线上与线下的业务相互融合，为消费者提供更加便捷、快速、个性化的餐饮服务体验。为了更好地服务客户，嘉和一品开发了微信小程序点餐系统，为客户提供个性化的服务。通过建立中央厨房到拓展外卖业务再到开展个性化营销和实施数字化管理，嘉和一品实现了从一到百的多元化发展。

3.从百到千：品牌连锁加盟

随着互联网的进一步发展，很多人足不出户，养成了点外卖习惯，其市场前景非常广阔。并且外卖店对位置要求没有那么高，投资小，风险低，基本不到五六个月就能收回投资。因此，2020年，嘉和一品第三次开放加盟，并推出了"千人千店"计划，这一创新策略的核心是"你选址，我出钱，每店资源扶持10万元"。这一资源扶持包括了减免配送费、设备支持、加盟费、团队培训、产品供应等一系列的优惠举措。这一次开放加盟的焦点是发展外卖专门店，并推出了多种优惠举措以吸引更多的加盟商加入到嘉和大家庭。未来嘉和一品的连锁店总量将超过1 000家。与此同时，嘉和一品也将在全国范围内17个大型城市做直营样板店，不排除将一些现有的品牌店面并购翻牌成为嘉和一品的门店，树立品牌形象和信誉，让加盟商也能从中受益。

经过20年的不懈努力，嘉和一品已经在全国范围内成功开设了几百家门店，成为了行业内的佼佼者。然而，当前餐饮市场的竞争异常激烈，为了在动荡的市场环境中生存下去，企业必须时刻保持危机意识，居安思危。只有密切关注市场动态，分析市场环境，深入了解消费者需求的变化，才能在激烈的竞争中立于不败之地，实现持续稳健的发展。

资料来源：樊雪梅，袁焕轩，孙云谦. 从零到千：嘉和一品崛起的秘密[DB/OL]. [2024-05-30]. 中国管理案例共享中心. 内容有删改。

第一节　市场营销环境概述

一、市场营销环境的概念

市场营销环境是指不能为营销人员所控制且对市场营销活动及绩效产生重要影响的外部因素和力量[①]。任何企业都生存在一定的环境中，企业的营销活动也不可能脱离周围的环境而孤立地进行。

市场营销环境对企业营销活动具有双向影响。一方面，它为企业的营销活动提供了丰富的机会和资源。市场需求的多样性、技术进步的推动以及政策法规的支持等，都为企业带来了无限的市场机会和创新空间。企业可以通过深入分析市场环境，识别并抓住这些机会，开发出符合市场需求的产品和服务，从而实现市场的快速扩张和盈利的增长。另一方面，市场营销环境也为企业营销活动带来了挑战和限制。市场环境中的不确定性、竞争对手的激烈竞争、消费者偏好的快速变化以及政策法规的严格监管，都可能对企业的营销活动造成一定影响。企业需要密切关注市场环境的动态变化，及时调整营销策略，以应对潜在的风险和威胁。同时，企业还需要不断提升自身的竞争力和适应能力，以在复杂多变的市场环境中保持领先地位。

二、市场营销环境的构成

市场营销环境是一个多维度且错综复杂的体系，一般而言，主要包括两方面的构成要素，即宏观环境要素和微观环境要素。

（一）宏观营销环境

宏观营销环境又称为间接营销环境，是指影响企业营销活动的各种社会力量，包括人口、经济、政治法律、社会文化、自然环境和科技环境等。这些因素虽然不直接参与企业的营销活动，但对企业营销活动的影响却是广泛而深远的。

（二）微观营销环境

微观营销环境又称直接营销环境，是指直接影响企业营销活动的各种参与者，包括企业本身、供应商、营销中介、顾客、竞争对手、公众和网络平台等。这些因素与企业紧密相连，直接参与企业的营销活动。

微观营销环境受宏观营销环境的影响和制约，同时，宏观营销环境往往通过微观营销环境作为媒介，间接地对企业的营销活动施加影响。图2-1对企业营销的宏微观环境要素

[①] 符国群，费显政. 市场营销学[M]. 北京：清华大学出版社，2023.

进行了汇总。

图2-1 市场营销环境构成

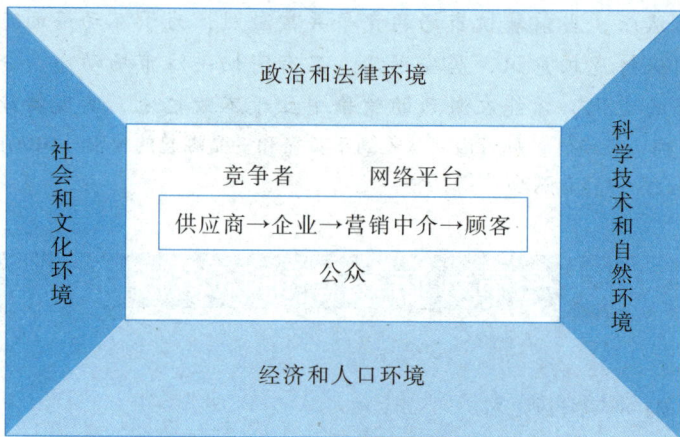

三、市场营销环境的特征

（一）复杂性

营销环境由众多相互交织、相互作用的因素构成，形成了一个极度复杂的系统。而在数字化浪潮的席卷下，尤其是数字技术的迅猛发展和广泛应用，使得这个系统变得更加复杂。例如，经济形势在大数据和人工智能的影响下波动更为频繁；消费者需求由于智能算法的精准洞察而愈发多变，这使得市场需求的预测更加困难，传统的预测模型可能失效；技术的快速创新，如区块链、物联网等新兴技术与社会文化观念在数字化平台的推动下加速转变，深刻影响着产品的设计和推广方式；虚拟产品、智能定制等新形式层出不穷，对企业的创新能力提出更高要求；尤为重要的是，在数字化浪潮下，竞争格局已不再局限于传统的同行业对手，不同行业之间的界限因数字化的渗透日益模糊，新的竞争者有可能凭借数据驱动的创新模式从出乎意料的领域出现。例如，互联网巨头可能跨界进入传统制造业，以智能制造颠覆原有竞争态势；小型科技创业公司也可能凭借独特的算法和数据分析能力，在营销领域迅速崛起。

（二）差异性

营销环境的差异性主要表现在不同国家、不同地区、不同体制、不同种族、不同世代之间的营销环境存在差别。在数智时代，营销环境的差异性更为显著。不同国家和地区间，由于数字基础设施建设水平的差异，如网络覆盖程度、数据处理能力等，导致数字营销渠道的有效性和可及性存在巨大差别。在不同体制下，政策对数字经济的支持力度和监管规则各不相同，直接影响着企业在数字营销领域的创新空间和运营模式。而且，不同种族和世代在数字技术的接受程度和使用习惯上存在明显差异。例如，年轻一代更倾向于通过社交媒体、短视频等新兴数字平台获取信息和进行消费，而年长一代可能对传统购物渠道更为熟悉。由于这种差异性的存在，企业必须采取不同的营销战略才能在激烈的竞争中得到生存和发展。以华为手机为例，在开拓海外市场时，需充分考虑到东道国在数智化方面的营销环境差异。针对非洲市场，由于其网络基础设施相对薄弱，主打长续航和基础功能的华为畅享系列手机在营销时更侧重于强调其耐用性和在网络信号较弱环境下的良好表现；在北美市场，消费者对高端技术和品牌形象较为看重，具备前沿通信技术的华为P系列手机在营销中特别注重突出技术创新和品牌价值；东南亚市场对价格较为敏感，华为nova系列手机在营销推广上更依赖于性价比优势和线下促销活动。

（三）动态性

营销环境始终处于持续演进的动态变化之中，充分展现出动态属性。特别是在数字化时代，消费者的需求、行为方式以及购物模式正以惊人的速度持续演变。例如短视频带货的兴起迅速改变了消费者的购物习惯。在这样的背景下，企业不得不面对一系列亟待思考和解决的难题。怎样利用先进的大数据技术和智能算法，对海量且复杂的消费大数据进行高效收集、深度挖掘和精准分析，从而敏锐洞察消费者瞬息万变的需求；如何借助云计算、区块链等前沿数字新技术，对传统的生产流程和服务模式进行颠覆性创新，以满足消费者日益个性化和多元化的需求；怎样制定与数智时代脉搏紧密契合的营销战略，通过实时数据分析和智能决策系统，快速响应市场变化，精准捕捉稍纵即逝的市场机遇。这些无疑是企业在充满变数的营销环境中立足和发展的关键所在。

（四）不可控性

自然条件、国家政策、法律法规以及人口状况等外部环境要素的变化往往是企业无法改变或很难改变的，这表明营销环境存在一定程度的不可控性。不过，即便营销环境不可控，企业在营销环境变化面前并非束手无策。实际上，企业依然能够凭借自身的努力去适应营销环境的变化，甚至在一定程度上施加影响，最终推动某些环境因素朝着有助于实现企业目标的方向发展。例如，阿里巴巴利用数字化技术彻底革新了零售业态，构建了庞大的电商生态系统，不仅改变了消费者的购物习惯，还推动了传统产业的数字化转型，为经济增长注入了新的活力。

第二节　宏观营销环境分析

宏观营销环境一般包括政治与法律、经济与人口、社会与文化、科技与自然等方面的因素，企业要注意这些因素之间相互作用带来的机会与威胁。

一、政治和法律环境

政治和法律是影响企业营销活动的重要宏观环境因素。政治因素调节企业营销活动的方向，法律则为企业的营销活动提供行为准则。政治与法律相互联系，共同影响企业营销活动。

（一）政治环境

政治环境是指在企业的市场营销活动中，由国家或地区的政治局势、方针政策等因素所构成的外部环境。

1.政治局势

政治局势指企业营销活动所在国家或地区的政治稳定程度。政治局势的稳定与否直接关系到企业所处的市场环境，进而影响到企业的市场战略、产品定位、销售策略及消费者行为等多个方面。当政治局势稳定时，政府致力于经济发展和社会稳定，为企业提供了良好的营商环境。在这种环境下，消费者信心增强，购买力提升，企业可以更加自信地推出新产品、拓展新市场，并通过有效的营销活动提升品牌知名度和市场份额。然而，政治局势的不稳定则可能引发市场波动、政策变动和国际关系紧张，从而增加企业的经营风险和不确定性。企业需要密切关注政治局势的变化，及时调整营销策略，加强风险管理，以应对可能带来的挑战。

2.方针政策

各个国家在不同时期会根据不同需要颁布一些政策，制定经济发展方针。这些方针政策不仅会影响本国企业的营销活动，而且还会影响外国企业在本国市场的营销活动。企业必须按照国家的规定，生产和经营国家允许的产品。国家也可以通过方针、政策对企业营销活动施以间接的影响。如我们国家出台减税降费相关政策，减轻了企业负担，增强了企业活力，企业营销成本大幅降低，使企业将更多资金用于拓展市场和提升品牌影响力；国家为推动绿色发展，实施碳达峰、碳中和政策，促使高耗能企业进行技术创新和转型升级，同时也带动了新能源、节能环保等相关产业的发展，为这些领域的企业带来了更多市场机遇。

在当今全球化的时代浪潮中，各国之间的经济交流与合作日益紧密。中国作为世界经济舞台上的重要参与者，始终秉持着积极开放的态度。党的二十届三中全会提出："开放是中国式现代化的鲜明标识。必须坚持对外开放基本国策，坚持以开放促改革，依托我国超大规模市场优势，在扩大国际合作中提升开放能力，建设更高水平开放型经济新体制。"因此，随着内外市场联通的进程逐渐加快与加深，企业需要更多地关注东道国的方针政策，以制定合乎规范的营销策略。

（二）法律环境

法律环境是指国家在一定时期内颁布的法律、法规及其实施情况。它涵盖了经济法、公司法、消费者权益保护法、广告法等多个领域，构成了企业营销活动的法律框架。在任何社会制度下，企业的营销活动都必定要受到法律环境的强制和约束，依法进行的营销活动才能受到国家法律的有效保护。当企业进入某一国家或地区时，必须全面了解与企业生产经营相关的法律法规，除了常见的涉及合同、专利、商标、消费者权益、环境保护等方面的法律法规外，还应注意当地有关垄断与不正当竞争的法律法规，以避免遭受反垄断方面的法律制裁。因为各国的反垄断法规存在较大差别，处罚时掌握的尺度也不同。例如欧盟就曾对微软公司开出巨额罚单，导致公司遭受重大损失。

虽然有些法律的特殊规定限制了某些市场要素的发展，但法律规定并不全是限制，有些法律规定给企业带来了机遇。比如，《数据安全法》的实施，明确了数据处理者的安全保护义务以及相关数据活动的规则。这为数据处理企业以及依赖数据进行运营和创新的企业提供了更明确的合规指引和发展契机。

二、经济和人口环境

（一）经济环境

经济环境一般是指影响企业市场营销方式与规模的经济因素，如经济发展状况、消费者收入水平变化、消费者支出模式和消费结构、消费者储蓄与信贷、通货膨胀与通货紧缩等。一个国家或一个地区的经济环境，往往影响该国或该地区居民的购买能力。

1.经济发展状况

企业的市场营销活动会受到一个国家或地区的整体经济发展水平的制约。在不同经济发展阶段下，居民收入水平各异，直接导致消费者需求发生转变，这种变化深刻影响着企业的市场布局与营销手段。具体而言，在经济发达区域，消费者对产品的关注点已从基本需求转向更高层次，如品牌声誉、环保特性以及个性化定制，品牌价值的较量超越了单纯的价格竞争，成为市场主导力量。相反，在经济欠发达地区，消费者普遍重视产品的实用性、耐用性以及性价比，价格敏感度较高，产品附加值的影响力相对较弱。因此，企业需灵活调整市场策略，根据地区经济发展水平差异，定制化地实施市场营销方案，以实现精准营销与高效市场渗透。

2.消费者收入水平变化

购买力是形成市场的必要因素之一，决定了市场规模的大小，而决定购买力大小的一个关键因素就是消费者的收入水平。消费者的收入水平与消费者个人总收入密切相关。消费者个人总收入是指包括工资、奖金、津贴、利息、股息、红利、租金等在内的一切货币收入。消费者的收入并不会全部用于消费，因此，有必要将其区分为个人可支配收入与个人可任意支配收入。

① 个人可支配收入。个人可支配收入是指在个人收入里扣除税款和非税性负担后所得余额，其构成了消费者的实际购买力，个人可用这部分收入来购买满足基本生活需要的生活必需品和其他产品。

② 个人可任意支配收入。个人可任意支配收入是指在个人可支配收入中减掉用于维持个人与家庭生存不可或缺的费用（例如房租、水电、食物等开支项目）之后余下的部分。个人可任意支配收入是导致消费者需求变化的最活跃因素，这部分收入越多，消费者的购买力就越强，企业的市场机会也就越多。

在市场营销活动中，企业必须注意区分消费者的个人可支配收入和个人可任意支配收入，对消费者的需求和能力作出正确判断。图2-2反映了中国居民的人均可支配收入数据，从图中也能看到，中国消费者近年来消费能力实现了快速增长。

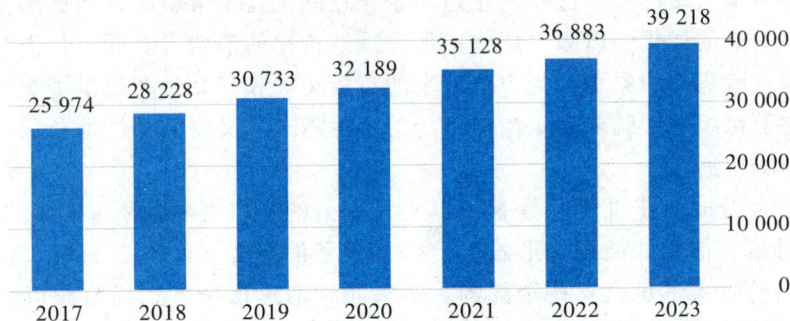

图2-2　中国人均可支配收入（单位：元）

3.消费者支出模式和消费结构

消费者收入变动会导致其支出模式、消费结构发生变动。消费结构是指各类消费支出在总费用支出中所占的比重，它是衡量一个国家或地区经济发展水平、居民生活水平以及消费习惯的重要指标。消费结构反映了消费者对商品和服务需求的层次性和多样性，同时也体现了社会经济发展的阶段性特征。通过考察消费结构，企业可以进一步了解目标市场产品需求的构成，从而检验人们需求获得满足的情况，因此，消费结构是企业开展市场营销活动的核心依据。通常可以通过恩格尔系数观察这种变化。

食物支出占消费总支出的比例称为恩格尔系数，它是衡量一个国家、地区、城市、家庭生活水平高低的重要参数[1]。恩格尔系数越大，生活水平越低；恩格尔系数越小，生活水平越高。如图2-3所示，20多年来，我国恩格尔系数呈递减趋势，生活水平上升，消费者其他支出在增加。企业应该在这种情况下加大营销投入，促进消费者购买。

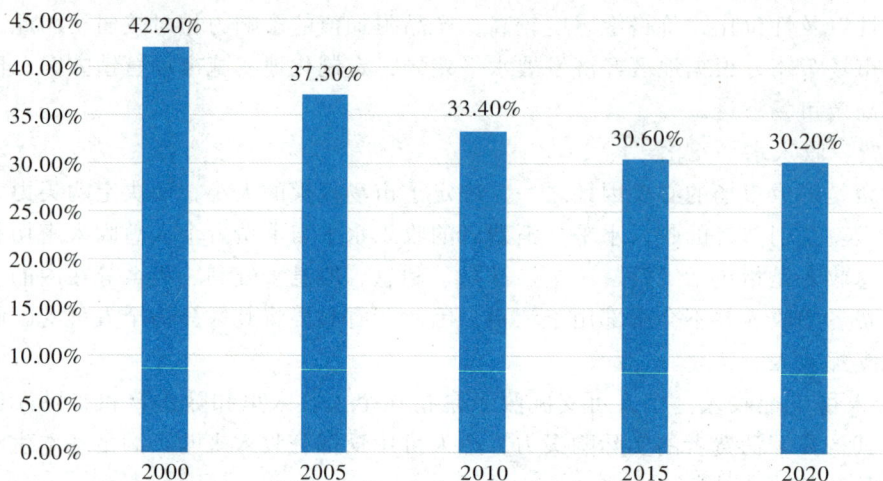

图2-3 中国恩格尔系数变化

4.消费者储蓄与信贷

消费者的购买能力除了受到收入水平、价格与支出模式的影响外，还受到储蓄与信贷的影响。

储蓄是指居民将可任意支配收入的一部分进行留存。储存的形式包括银行存款、手持现金或购买债券等。消费者储蓄作为宏观经济与个体经济决策的重要交汇点，深刻影响着企业的营销活动。随着消费者储蓄水平的上升，其即期消费能力相对减弱，导致市场需求在短期内可能呈现放缓趋势。这一变化迫使企业在制定营销策略时，需更加注重价值主张的强化与成本效益的优化，以吸引那些更加注重性价比的消费者。同时，消费者储蓄的增加也预示着潜在购买力的累积，为企业未来的市场拓展和产品升级提供了契机。因此，企业需灵活调整营销组合，既要满足当前市场的实际需求，又要前瞻性地布局，以捕捉储蓄释放带来的市场机遇。

信贷是指金融或商业机构向具有一定支付能力的消费者融通资金的行为，包括短期赊销、分期付款、信用卡结算等形式。信贷赋予了消费者在经济上的更大自由度，使得他们能够在当前收入不足以支持全部购买需求时，通过信贷方式提前获得所需商品和服务。这种趋势极大地促进了市场需求的释放，为企业提供了广阔的市场空间和增长机遇。

5.通货膨胀与通货紧缩

通货膨胀是指流通中的货币量超过实际需要量所引起的货币贬值、物价上涨等经济现

---

① TIMMER C P, FALCON W P, PEARSON S R, et al. Food policy analysis [M]. Baltimore: Johns Hopkins University Press, 1983.

象，或是流通中用于交换的货物（服务）随着时间的变化，在转移过程中不断升值的过程。通货紧缩则是指社会价格总水平即商品和服务的价格水平持续下降，货币持续升值的现象。

仅考虑消费者的收入不能完全反映消费者购买力的高低，消费者的购买力还与市场价格水平有关，因此价格变化也会影响市场的供需关系。通货膨胀会导致消费者购买力下降，使得相同金额的货币所能购买的商品和服务减少。这迫使企业重新评估其定价策略，可能面临成本上升和利润率压缩的压力。同时，通货膨胀也促使消费者更加关注性价比，促使市场营销活动更加注重产品价值的传达和价格敏感性的管理。在市场营销策略上，企业可能需要通过创新、提高生产效率、优化供应链管理等手段来应对成本上升，同时调整产品定位和促销活动，以吸引和保留消费者。相比之下，通货紧缩可能会降低消费者和企业的支出意愿，导致市场需求萎缩。在这种情况下，市场营销活动需要更加注重刺激消费者需求，提高产品吸引力和市场竞争力。企业可能需要通过降价促销、提供优惠、加强品牌宣传等手段来激发市场活力，同时加强市场调研，了解消费者需求变化，以便及时调整营销策略。

（二）人口环境

人口是构成市场的第一位因素。市场是由具有购买欲望且具有支付能力的人构成，人口的多少直接影响市场的潜在容量。从影响消费需求的角度，对人口因素可作如下分析：

1.人口总量

一个国家或地区的总人口，是衡量市场潜在容量的重要因素。一个庞大的人口总量为企业提供了丰富的消费资源和广阔的发展空间。随着人口数量的增加，消费者的总量也随之扩大，不同领域、不同层次的消费需求不断涌现，为企业带来了多元化的市场机会。目前世界人口正发生明显变化，主要趋势是全球人口的持续增长。在发达国家，生育率虽然持续下降，但全球人口仍以每12年增加10亿人的速度增长。人口增长首先意味着人们生活必需品需求增加，2023年年末中国总人口140 967万人，超过欧洲和北美洲人口总和。随着社会经济持续发展，人民收入不断提高，中国已经是世界最大的潜在市场。

------------------------ ● 价值引领2-1

中国式现代化是人口规模巨大的现代化

党的二十大报告指出："中国式现代化是人口规模巨大的现代化。我国十四亿多人口整体迈进现代化社会，规模超过现有发达国家人口的总和，艰巨性和复杂性前所未有，发展途径和推进方式也必然具有自己的特点。我们始终从国情出发想问题、作决策、办事情，既不好高骛远，也不因循守旧，保持历史耐心，坚持稳中求进、循序渐进、持续推进。"

中国幅员辽阔，人口众多，要想发展振兴，最重要的就是立足国情、走自己的路。实践表明，中国式现代化新道路越走越宽广，将更好发展自身、造福世界。把西方式现代化视为世界通行模式并把这种模式经验强加于他国是行不通的。一个国家尤其是人口众多的发展中国家探索现代化道路的进程，主要取决于它所处的具体社会条件和历史环境。实践证明，现代化任务的普遍性只有在各个国家社会历史发展进程的具体性中才有可能得以实现。中国式现代化的实践证明，现代化没有单一的标准，也没有现成的配方，应根据各个国家不同的历史环境和国情，走出多样化的道路。中国将坚持走这条被实践证明符合国情的发展道路。它也将在这一过程中，为发展中国家实现现代化贡献中国智慧和中国方案。

资料来源：文红玉. 中国式现代化是人口规模巨大的现代化［EB/OL］.［2023-11-09］. http://hb.people.com.cn/n2/2023/1109/c192237-40634191.html. 内容有删改。

2.年龄结构

年龄结构作为社会人口构成的关键维度，对企业营销活动产生了不可忽视的影响。不同年龄段的消费者拥有不同的生活经历、价值观念、消费习惯及需求偏好，这要求企业在制定营销策略时必须充分考虑目标市场的年龄结构特征。年轻消费者群体通常对新兴事物充满好奇，追求时尚、个性与体验感，倾向于通过社交媒体等数字渠道获取信息并进行消费决策。因此，针对年轻市场的营销活动需注重创新、互动与情感共鸣，利用数字化工具打造沉浸式品牌体验，以吸引并留住这部分消费力量。中年及老年消费者则可能更加注重产品的实用性、品质与性价比，对品牌忠诚度较高，且消费决策更为理性。企业需通过提供高质量的产品与服务、建立稳定的客户关系管理系统，以及优化线下购物体验等方式，满足这部分消费群体的需求，并赢得他们的信任。

目前，中国的人口老龄化趋势进一步加快，60岁及以上人口占总人口比例已经高达18.70%，远超老龄化社会的标准（10%）。由图2-4可以看到中国65岁以上人口比例在持续增加，这将意味中国在未来一段时间内"银发市场"将蓬勃发展，诸如保健用品、营养品、老年医疗卫生以及养老院等行业。

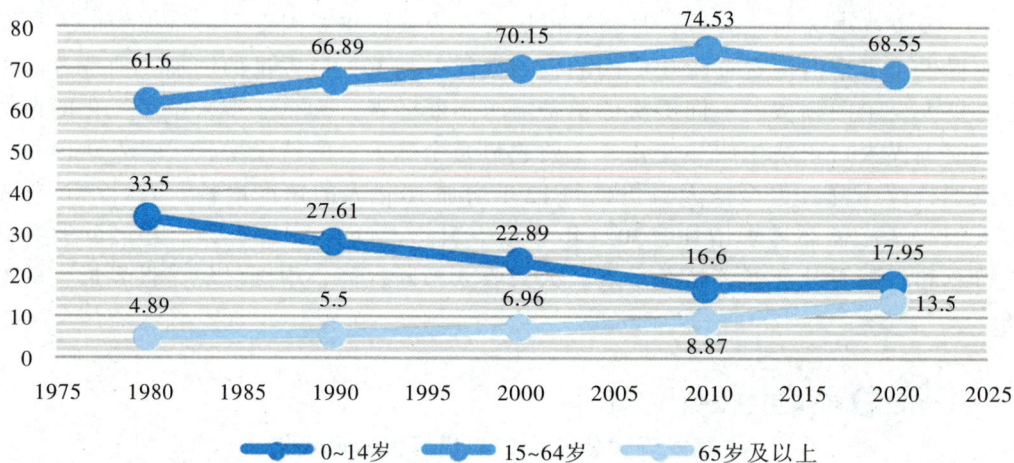

图2-4　历次人口普查年龄结构的变化（%）

3.家庭组成

家庭组成的过程是指一个以家长为代表的家庭生活的全过程，也称家庭生命周期①。按年龄、婚姻和子女状况等，一般分为七个阶段：①未婚期，年轻的单身者；②新婚期，年轻夫妻，没有孩子；③满巢期一，年轻夫妻，有六岁以下幼童；④满巢期二，年轻夫妻，有六岁和六岁以上儿童；⑤满巢期三，年纪较大的夫妻，有已自立的子女；⑥空巢期，身边没有孩子的老年夫妻；⑦孤独期，单身老人独居。

与家庭组成相关的是家庭人数和家庭户数。家庭是社会的基本单元，也是商品采购和

---

① 吴健安，钟育赣. 市场营销［M］. 7版，北京：清华大学出版社，2021.

消费的基本单位。一个市场拥有的家庭数量、家庭平均成员数量以及家庭组成状况等，对消费需求的潜在规模和需求结构都有重要影响。随着生育政策的调整、婚恋观念的变迁、职业女性地位的提升以及单亲家庭和独身者群体的逐渐增多，家庭消费需求也将发生重大的变化，这是企业在营销过程中需要关注的。

4.地理分布

人口的地理分布主要考虑人口密度和人口的流动性两个指标。人口的密度是指单位面积的人口数，这个因素将会影响市场规模大小、营销渠道选择以及消费者的需求特征。在人口密度较高的地区，由于人口集中，市场需求也相应更为集中和旺盛，这为企业提供了广阔的市场空间。相反，在人口密度较低的地区，市场容量有限，企业在开展营销活动时需采取更为精准和差异化的策略；在人口密集的区域，企业可以依托丰富的销售网络和多样化的宣传手段，如实体店铺、户外广告、社交媒体等，以更广泛地覆盖目标消费群体。而在人口稀疏的地区，则可能需要借助线上渠道、远程销售等方式，以降低成本并提高营销效率；在人口密集的地区，消费者往往追求便捷、高效的生活方式，对时尚、潮流的产品和服务有着更高的需求。而在人口密度较低的地区，消费者的需求可能更加偏向于实用性和性价比。因此，企业在制定营销策略时，需充分考虑目标市场的人口密度特征，以精准定位消费者需求，提供符合其偏好的产品和服务。

世界上不同国家和地区的经济发展水平存在差异，致使人口的区域流动性增强。一方面，高流动性人口使得传统基于固定地域划分的市场细分策略面临失效的风险。企业需要更加灵活地调整其市场定位和推广策略，以快速适应不断变化的消费者群体构成。另一方面，流动性人口的增加也意味着更广阔的市场潜力和多元化的需求，为当地企业带来了更多的营销机会。

5.性别差异

性别不同的消费者在购买偏好、购买习惯上也会存在明显的不同，反映到市场上就会出现男性用品市场和女性用品市场。例如在一个较小的地区，如矿区、林区或较大的工地等，往往男性占比较大；在某些行业，则女性较多。在一般家庭，女性多要操持家务，大多数日用品也由女性采购。因此需要注意和充分考虑到这些方面对市场的一般影响。

市场洞察2-1

"她经济"，女性消费正在崛起

三、社会和文化环境

社会文化环境是指能够影响消费者认知、偏好和行为的制度与文化因素。这类因素不仅强烈影响着人们的消费观念与消费方式而且会影响人们对企业营销活动的反应[①]。

（一）价值观念

每个社会都有一套属于自己的文化价值观，这些价值观念构成了关于行为准则与道德判断的共同信仰，深深植根于社会成员的意识中，对日常生活产生了广泛而深远的影响。实际上，价值观的差异在一定程度上解释了为什么相同的营销活动在一个地区取得了成功，而在另一个地区却惨遭失败。过往丰富的营销实践案例已明确揭示了一个事实：改变人们的核心文化价值观基本不可行。因此，营销人员正确判断不同社会文化价值观的差异

---

① 符国群，费显政. 市场营销学 [M]. 北京：清华大学出版社，2023.

就成为制定科学营销战略的核心所在。

心理学家、管理学家霍夫斯泰德（Hofstede）曾指出，在全球经济一体化过程中，许多跨国公司的战略着眼于满足最大市场或最多顾客的产品与服务需求，而对不同文化和价值观进行深入的研究是这种战略取得成功的关键所在[①]。其中，文化价值观差异的一个主要方面是趋向于集体主义还是个人主义。在倾向于集体主义的社会环境中，诸如日本、韩国及印度尼西亚等国家，民众普遍将维护社会稳定与和谐视为高于个人利益的追求，个人行为常常融入并服务于集体的大局之中。这种文化背景下，消费者的行为模式显著地展现出从众性特征，即倾向于跟随群体趋势与共识。反观个人主义盛行的社会环境，如美国、澳大利亚、荷兰等国家，个体自由与独立被高度推崇，在消费者决策过程中，个人目标、愿望与偏好的满足往往占据主导地位。在这样的社会中，消费者更倾向于根据个人喜好与需求作出选择，而非盲目追随群体。显然，诸如此类的差异给奉行标准化的营销人员带来了相应的挑战——他们试图把相同的产品卖给尽可能多的人[②]。

（二）宗教信仰

宗教信仰在一定程度上也影响人们的消费习惯。因此，企业在设计产品与服务以及开展后续的营销活动时，应当充分考虑宗教信仰所带来的影响，尤其要尊重宗教传统，避免触犯宗教禁忌。比如，由于印度当地人崇拜"神牛"，麦当劳餐厅在印度便不提供以牛肉为原料的食品，还专门开设了全素餐厅。这些措施都是基于对宗教的尊重，目的是在当地人心中树立良好的企业形象。

（三）风俗习惯

风俗习惯是人们在长期的社会生活中，基于生活环境、生活方式、传统文化、社会规范等多种因素逐渐形成，并世代传承、相对稳定的行为模式、风尚习俗和价值观念的总和。它在饮食、服饰、居住、婚丧、信仰、节日、人际关系等方面，均展现出丰富多样的心理特征、伦理道德、行为方式及生活习惯。不同国家、不同民族有不同的风俗习惯，深刻影响着消费者的消费偏好、模式及行为。例如，在饮食习俗上，日本人喜欢吃生鱼片，而多数欧美国家的人则不太能接受生的食物；在服饰领域，非洲地区的女性常身着色彩鲜艳、图案夸张的服饰，而北欧国家的人们则更倾向于简约素净的穿着风格。企业应敏锐洞察并尊重这些差异，避免在营销活动中触犯当地的文化禁忌。

深入了解并适应不同国家、民族的风俗习惯，是企业开展跨国营销、实现全球化战略的重要基石。忽视这些文化差异，不仅可能导致营销活动的失败，还可能损害品牌形象，造成难以估量的损失。因此，企业在制定营销策略时，务必做到"入乡随俗"，让品牌文化与当地风俗习惯和谐共生，共同促进企业的长远发展。

市场洞察2-2

肯德基，中秋营销的习俗密码

（四）消费时尚

时尚对消费者偏好的影响，在服饰领域展现得尤为明显。时尚，这一文化现象，不仅承载着时间的流转与地域的特色，更深刻反映了不同社会群体间独特的生活态度与审美追求。同一季节里，巴黎的浪漫风情与纽约的简约风尚在服饰上展现出截然不同的风貌；而随着时代的变迁，即便是同一座城市，从复

① HOFSTEDE G. Cultures and organizations: software of the mind [M]. New York: McGraw-Hill, 1991.
② 所罗门，斯图加特. 市场营销学（实践篇）[M]. 王宝，来婷妍，译. 桂林：广西师范大学出版社，2003.

古风潮到未来主义，服饰的流行趋势也经历了多次更迭。因此，企业需具备高度的市场洞察力，紧跟时尚脉搏，确保产品设计与市场需求保持同步。此外，时尚的人群特征同样显著，不同社会阶层、职业背景的人群对时尚的理解与追求不同。例如，企业高管可能更倾向于选择经典、稳重的服饰，以彰显其专业与权威；而艺术家或创意工作者则可能更偏爱那些充满个性、富有创意的设计，以此表达自我、彰显独特。这种差异要求企业在制定营销策略时，需深入细分市场，精准定位目标消费群体，以提供更加贴合其需求的时尚产品。在全球化与信息化的今天，网络成为了时尚传播的重要载体。时尚信息以前所未有的速度跨越国界，影响着世界各地的消费者。以北欧的极简主义为例，其简约而不失格调的设计理念近年来在全球范围内迅速流行，对包括中国在内的许多国家消费者的服饰选择产生了深远影响。

面对复杂多变的时尚环境，我国本土时尚业既迎来了前所未有的发展机遇，也面临着来自全球的激烈竞争。如何在保持本土文化特色的同时，吸收国际时尚精髓，创新出既符合国际潮流又贴近中国消费者需求的时尚产品，成为企业营销人员亟待解决的关键问题。

四、科学技术和自然资源环境

(一) 科学技术环境

科学技术环境指当前的科技发展状况。科学技术是第一生产力，科技的发展会对经济发展产生巨大影响。科技不仅直接渗透到企业的生产流程与运营策略之中，还通过与其他社会、经济因素的相互作用，间接地对企业营销活动产生影响。新技术的引入往往为企业开辟前所未有的盈利空间，激发创新活力；然而，这一过程中也伴随着对传统业务模式的挑战，有时迫使企业作出艰难抉择，如淘汰旧的产品线，乃至在特定市场领域中的战略撤退。当然，新技术的应用也会导致企业营销策略以及企业经营管理观念发生变化，甚至会改变消费者的习惯。例如，互联网技术的发展颠覆了传统的商业形态、商业模式和商业逻辑，互联网+零售、餐饮、教育、旅游、医疗、交通等喷涌而出，这种大融合打破了产业间原有边界和壁垒，重新定义了产品和服务、经营业态和商业模式，蕴含着无穷无尽的商业机会[①]。

新技术是一股可以给市场营销环境带来巨大变化的力量，企业必须随时关注其发展动向，以便在激烈的市场竞争中站稳脚跟[②]。在数字经济时代，大数据、云计算、人工智能、物联网、区块链等数字化技术不断发展，对企业的营销活动产生了深远的影响。基于已有学术研究和企业营销实践，应用在市场营销方面的数字化技术主要包括以下五个方面：人工智能技术（以数字或机器人形式呈现）、应用于医疗保健的技术（Health Technology，如基于物联网的可穿戴设备、传感器等）、会话代理和聊天机器人、移动互联网和社交媒体以及店内零售技术（In-store Retail Technology，如增强现实、虚拟现实、智能显示器等）[③]。对企业而言，数字化技术是一把双刃剑。如图 2-5 所示，一方面，企业可以基于对顾客消

① 薛金福，李忠玉. 互联网+：大融合与大变革 [M]. 北京：中国经济出版社，2015.
② 王永贵. 市场营销 [M]. 2 版. 北京：中国人民大学出版社，2022.
③ GREWAL D，HULLAND J，KOPALLE P K，et al. The future of technology and marketing：a multidisciplinary perspective [J]. Journal of the Academy of Marketing Science，2020，48（1）：1-8.

费数据的分析来改善顾客体验，提升顾客满意度；另一方面，大数据分析带来的信息安全和潜在的隐私风险也会增加顾客的担忧，从而对企业造成不利的影响。

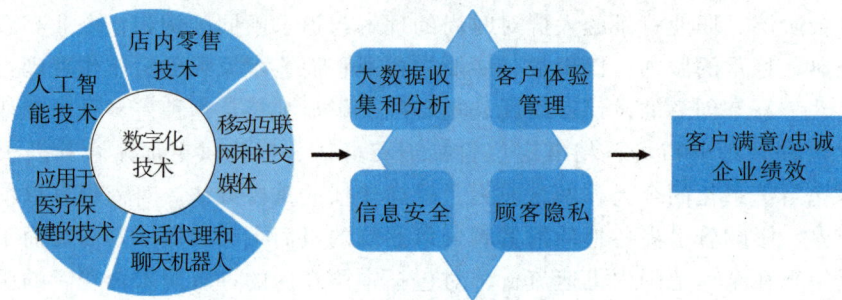

图2-5　市场营销中的数字化技术及其影响

资料来源：GREWAL D，HULLAND J，KOPALLE P K，et al. The future of technology and marketing：a multidisciplinary perspective［J］．Journal of the Academy of Marketing Science，2020，48（1）：1-8.内容有删改。

1.对顾客的影响

技术对于顾客的影响，不仅仅是带来各种差异化的产品和服务，更为关键的是改变了顾客的消费模式。例如，基于互联网技术的直播带货日渐兴起，打破了传统销售的局限，商家和消费者能够实现跨时空、全方位的互动交易，同时满足了消费者实时观看和随时购买的需求。无人零售技术的出现突破了传统店铺的运营模式，消费者能够实现自主购物，无须排队结账，像盒马鲜生的无人零售店，为消费者提供了便捷高效的购物体验。

随着新质营销力的崛起，企业必须转型为以顾客为中心的组织，以不断满足人民日益增长的美好生活需要。因此，企业需要真正地树立顾客导向，在条件允许的情况下，在价值创造与交付的任何一个环节都尽可能地把顾客纳入其中。随着社交媒体（如微博、微信、在线社区等）的不断发展，营销人员越来越重视通过社交媒体平台来增加顾客的参与[①]。以蔚来汽车为例，通过建立蔚来APP社区，用户可以参与到车辆的功能优化和服务提升过程中，随时反馈自己对车辆的使用感受。蔚来可以此为依据，持续改进汽车产品和服务，赢得众多车主的青睐。

2.对企业营销的影响

技术的进步对于企业营销的影响巨大。一方面，企业可以基于对顾客消费数据的深入分析来改善顾客体验，提升顾客满意度。通过收集和分析顾客的购买历史、浏览行为、偏好设置等多维度的数据，企业能够精准地了解顾客的需求和期望。例如，根据顾客的购买频率和偏好，为其推送个性化的产品；依据顾客的反馈和评价，优化产品设计和服务流程；按照顾客的消费习惯，制定更具针对性的促销活动等，这些举措能够极大地增强顾客对企业的好感和忠诚度。同时，企业可以通过数字化技术如社交媒体，使内部沟通得以改善。企业营销人员能够快速捕捉新市场需求并迅速感知可能的市场风险，从而有助于企业更好地开发新的产品和服务，拓展新的顾客和市场。另一方面，数据分析带来的信息安全和潜在隐私风险也会增加顾客的担忧，进而对企业造成不利影响。如

---

① MEIRE M，HEWETT K，BALLINGS M，et al.The role of marketer-generated content in customer engagement marketing［J］．Journal of Marketing，2019，83（6）：21-42.

果顾客的个人数据未能得到妥善保护，可能会导致数据泄露、滥用等问题，使顾客面临欺诈、骚扰等风险。这不仅会损害顾客对企业的信任，还可能引发法律纠纷和声誉危机，导致顾客流失，影响企业的长期发展和市场竞争力。因此，企业在利用大数据提升服务的同时，必须高度重视信息安全和隐私保护，采取有效的技术手段和管理措施，确保顾客数据的安全可靠。

（二）自然资源环境

自然资源环境一词涵盖了从自然资源到生态系统变迁的广阔范畴，深刻影响着各地的营销战略部署。自然资源，如稀土矿产、森林及海洋生物多样性等，其开发与利用往往直接驱动了地区性的产业结构与营销活动。以风能富集地区为例，这些区域可能会聚焦于风力发电设备的销售及绿色能源解决方案的推广，体现了自然资源对营销活动的积极引导。然而，自然环境的面貌并非全然利好。不利的自然条件，如荒漠化、极端气候等，往往成为营销活动的阻碍，挑战着企业的适应能力与创新能力。在此背景下，管理层的责任尤为重大，他们需审视自身行为对自然环境的影响，并积极寻求可持续发展路径。当前，全球面临的资源枯竭与环境污染危机，已不再是局部问题，而是触动了全人类的神经，激发了前所未有的环保意识。国际社会对此反响强烈，各国政府纷纷出手，加强对自然资源开发利用的监管与指导。

党的十八大以来，我们以前所未有的力度抓生态文明建设，我国生态环境保护发生了历史性、转折性、全局性变化。在制度建设方面，《关于加快推进生态文明建设的意见》《生态文明体制改革总体方案》的出台，为生态文明领域改革作出顶层设计和总体部署，擘画了建设美丽中国的宏伟蓝图；"生态文明建设"被郑重写入宪法、党章，纳入"五位一体"总体布局之中。我们先后修订通过了《环境保护法》《水污染防治法》《大气污染防治法》《土壤污染防治法》等一系列单项法，并先后出台环保督察、建设国家公园等多个重大制度安排，持续深入推进我国生态文明建设。企业作为社会经济的重要组成部分，应当积极响应国家生态文明建设的号召。一方面，要加大在环保技术研发和应用方面的投入，推动生产方式的绿色转型，减少能源消耗和污染物排放。另一方面，要加强内部的环境管理，建立健全环境责任制度，确保各项环保措施落到实处。同时，企业还应积极参与环保公益活动，提升自身的社会责任感和形象。站在新的历史起点，企业要以"行百里者半九十"的坚持和自省，在习近平生态文明思想引领下，继续完善生态文明制度体系，协同推进降碳、减污、扩绿、增长，筑牢生态文明之基，走好企业的绿色发展之路。

绿色营销2-1

比亚迪，政策东风下的绿色突破

第三节　微观营销环境分析

微观营销环境主要包括企业参与营销决策的各部门以及企业外部的供应商、营销中介、顾客、竞争对手、社会公众及网络平台，如图2-6所示。其中，企业参与营销决策的各部门属于内部微观环境因素，供应商、营销中介、顾客、竞争对手、社会公众和网络平台属于外部微观环境因素。

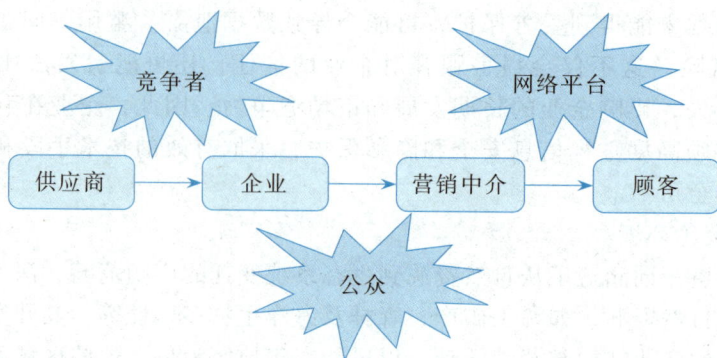

图2-6　微观营销环境构成

一、企业

企业在微观营销环境中居于核心地位，其内部结构与运作对营销活动具有深远影响。企业内部由多个高效协同的职能部门构成，包括计划、财务、技术、供销、制造、后勤等，如图2-7所示。这些部门间的紧密配合是推动企业整体运营顺畅的关键。高层领导者负责制定企业的长远目标和战略规划，而营销部门则依据这些宏观框架，细化并执行具体的营销策略，但需经最高管理层审批后生效。在制订营销计划时，营销部门需充分考量企业内部各利益相关方的需求与期望，特别是与最高管理层、财务、研发创新、物资采购等部门的紧密协作。这一内部生态系统共同塑造了企业的内部环境，要求营销部门采取开放合作的态度，确保策略的有效实施。财务部门确保营销活动的资金充足与高效利用；研发部门致力于开发受市场欢迎且安全可靠的产品；采购部门保障供应链稳定，原材料供应无忧；生产部门保证产品质量；会计部门则通过精准核算，为管理层提供绩效评估的依据。因此，这些部门都对企业的营销活动产生重大影响。

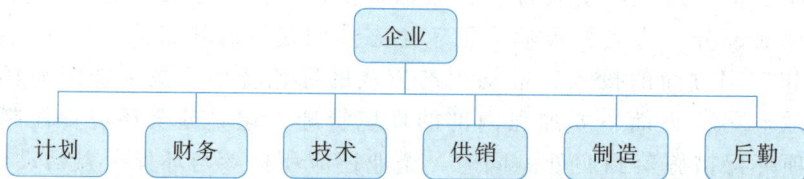

图2-7　企业内部环境构成

值得注意的是，企业的运营不仅受内部因素影响，外部环境的变化同样不容忽视。外部环境因素同样会波及企业内部各部门，因此，树立"顾客至上"的现代市场营销理念至关重要。它要求所有部门在履行职责时，都需从客户需求出发，确保企业的整体运营策略与外部环境保持高度契合，从而实现企业的可持续发展。

二、供应商

供应商是整个顾客价值递送系统中的重要一环，它们为公司提供生产产品和服务所需要的资源。供应商问题可能严重影响市场营销活动，市场营销人员必须重视供应的稳定性和成本。供应短缺或延迟会在短期内影响销售；从长期看，也会破坏顾客满意度。不断增加的供应成本会迫使产品价格上升，减少公司的销售量。

如今大多数公司懂得对待供应商的重要性，它们与供应商建立合作伙伴关系，共同创造和传递顾客价值。例如，汽车制造商特斯拉（Tesla）深知与其供应商网络建立紧密关系的重要性，它们供应了从电池、电机、车身材料和内饰，再到生产模具和办公设备的各类物件。

在寻找和选定供应商的过程中，企业需着重关注以下两个层面，一方面是供应商的资信状况。企业应当选取货源品质上乘、价格适宜、信用良好、交货准时的供应商，并和主要供应商构建长期稳定的合作关系，以此保障货源供应的稳定性。另一方面是供应商的多样化。企业过度倚重一家或者少数几家供应商，极易在供应出现变动时受到冲击和干扰。为降低此类风险，企业应尽可能选取多个供应商开展采购活动，防止对单一供应商形成过度依赖。

三、营销中介

营销中介帮助企业促销、销售和分销产品给最终购买者。营销中介包括转售商、实体分销公司、营销服务机构以及金融中介[①]。转售商是协助企业寻找顾客并向其进行销售的分销渠道公司，包括批发商与零售商，它们购入商品而后再次出售。选择转售商并与之合作并非易事。如今，制造商无法再从大量小型独立经销商中随意选择，他们所面对的是持续扩张的大型转售商组织，诸如沃尔玛、永辉超市、大润发等。这些组织往往具有足够的实力操纵进货条件，甚至将小型制造商排除在外。实体分销公司帮助企业存储和运输商品。营销服务机构包括营销调研公司、广告代理机构、传媒公司以及营销咨询公司等，它们帮助企业选定合适的目标市场并推广产品。金融中介包括银行、信贷公司、保险公司以及其他机构，它们帮助企业进行融资或抵御与交易相关的风险。

市场洞察2-3
华为，供应商断供下的浴火重生

与供应商类似，营销中介也是企业整体价值递送系统中的重要组成部分。为创建令人满意的顾客关系，企业不能仅仅优化自己的业绩，还必须与营销中介紧密合作，优化整个价值递送系统的业绩。

四、顾客

著名的营销专家菲利普·科特勒将顾客市场分为五种类型，分别是消费者市场、产业市场、零售商市场、政府市场和国际市场，如图2-8所示。其中，消费者市场由个体和家庭组成，其购买产品和服务旨在满足消费者个人的需求；产业市场为进一步加工或在生产过程中使用而购置产品和服务；零售商市场购买产品和服务是为了再度出售，以赚取利润；政府市场由政府机构组成，购买产品和服务的目的是提供公共服务；国际市场由其他国家的购买者组成，包括消费者、制造商、经销商和政府机构等。显然，每种市场类型都有自己的特征，营销人员需要根据不同类型的市场制订不同的营销计划。

五、竞争者

市场洞察2-4
海底捞，一个以服务扬名的火锅店

竞争者主要是指那些与本企业提供的产品或服务相似，并且所服务的目标顾客也相似的其他企业。这些企业在市场上与企业直接竞争，争夺相同的顾客群体和市场份额。

---

① 科特勒，阿姆斯特朗. 市场营销：原理与实际［M］. 楼尊，译. 16版. 北京：中国人民大学出版社，2015.

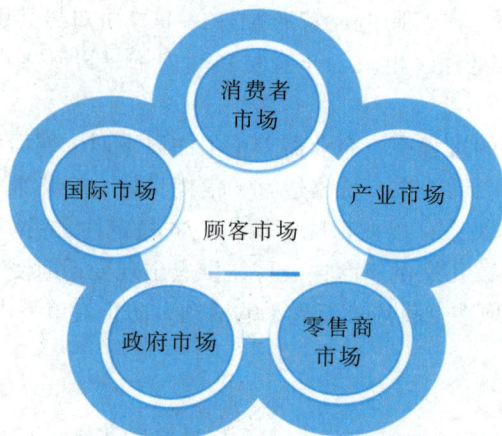

图2-8　顾客市场的类型

（一）竞争者类型

竞争者主要包括以下四种类型，如图2-9所示。愿望竞争者是指提供不同产品以满足不同需求的竞争者。这些竞争者之间因为争夺同一消费群体的购买力而产生竞争关系。当消费者面临多种选择时，如购买电脑、电视机、旅游套餐等，这些提供不同产品的企业之间就形成了愿望竞争关系。因为消费者的购买力是有限的，选择了其中一种产品就意味着放弃了其他产品的购买机会。类别竞争者是指能满足同一需要的各种产品的竞争者。如满足消费者饮食方面的需要，康师傅和美团外卖就构成了类别竞争者。尽管康师傅和美团外卖在形式、消费场景等方面存在差异，但它们都在竞争消费者在饮食需求上的选择。值得注意的是随着互联网的发展，"跨界打劫"层出不穷，而"跨界打劫"者主要以类别竞争者出现。产品形式竞争者是指以不同的形式提供同类的产品和服务，满足同一需求的竞争者。这些竞争者提供的产品在本质上是相同的，但在形式、规格、型号等方面存在差异。例如，在自行车市场上，不同品牌、不同型号的自行车之间就存在产品形式竞争关系。消费者在选择自行车时，会根据个人喜好、用途等因素在不同形式的产品之间进行选择。品牌竞争者是指在同一市场上，以相似价格向相同的顾客提供类似产品或服务的企业。这些企业之间的主要区别在于品牌差异。例如，在家用空调市场上，格力、海尔、美的等品牌之间的竞争就是品牌竞争。这些品牌提供的产品在功能和性能上相似，但消费者在购买时会受到品牌知名度、口碑等因素的影响。

图2-9　竞争者类型

竞争者的类型多样，企业需要根据自身情况和市场环境来识别和分析不同类型的竞争者，以制定相应的竞争策略。同时，企业也需要注意到潜在竞争者和替代品竞争者的存在，以便及时调整市场策略和产品结构来应对市场变化。

● 价值引领 2-2

畅通循环，构筑数字化竞争新优势

建设数字中国是数字时代推进中国式现代化的重要引擎，是构筑国家竞争新优势的有力支撑。在当前严峻复杂的国际环境和加快建设强大国内市场的大背景下，应集中发挥我国社会主义制度优势、新型举国体制优势、超大规模市场优势，着力打通三组循环，逐步构筑数字化领域国家竞争新优势，助力实现中国式现代化。

一是加快建立具有国际影响力的数据市场体系，打通数据要素国内国际循环。国内层面，统筹规划一级市场（数据资源市场）和二级市场（数据产品与服务市场）联动的数据交易场所体系，有效释放数据红利和创新红利。国际层面，以双边带动多边，以试点带动整体，推进与"一带一路"沿线国家和地区开展数据合作并签订双多边合作协议，鼓励试点加入区域性数据跨境合作，创新数据跨境跨域传输实施路径，不断强化数字化领域国际定价权和影响力。

二是立体化推进"东数西算"工程，打通算力网与电力网循环。当前应当以实现"双碳"目标为牵引，统筹电力网和算力网两张网布局。一方面，在中西部地区选址布局大规模数据中心，探索利用西部地区清洁能源建设新一代数据中心，开发利用光伏发电和风能发电等清洁能源。另一方面，在东部优先布局工业互联网等新型基础设施，建立东西部地区人工智能数据、算力和算法资源定向输送通道，开发共性关键技术应用平台，帮助东部数字经济企业降低整体能耗水平。

三是强化数字中国前沿领域关键技术研发，打通数字化技术与产业循环。当前应当瞄准人工智能、量子计算等前沿领域，在关键核心技术领域提前布局并持续锻长板、补短板，强化自主可控产业开源生态建设。有效协同上下游企业、科研院所、知名高校、行业组织，加快关键核心技术自主创新攻关。加快缔结数字化技术创新领域高水平双多边协议，积极参与制定科技领域国际规则，共同探索、协商建立有利于多边科技合作的国际规则。

资料来源：王建冬. 畅通循环，构筑数字化竞争新优势［EB/OL］.［2023-06-05］. http：//hb. people.com.cn/n2/2023/0605/c194063-40443614.html. 内容有删改。

（二）竞争者分析流程

竞争者分析包括识别和确认竞争对手、分析竞争对手的战略和目标、分析竞争对手的现行策略和未来策略、分析竞争对手的资源能力、评估竞争对手的团队管理及创新能力、分析竞争对手的反应模式6个方面，如图2-10所示。

市场洞察2-5

"跨界打劫"层出不穷

1	2	3	4	5	6
识别和确认竞争对手	分析竞争对手的战略和目标	分析竞争对手的现行策略和未来策略	分析竞争对手的资源能力	评估竞争对手的团队管理及创新能力	分析竞争对手的反应模式

图2-10　竞争者分析流程

1.识别和确认竞争对手

首先要识别和明确谁是企业的直接竞争者和潜在竞争者。直接竞争者通常是提供相似产品或服务、目标客户群体相同、市场定位相近的企业；潜在竞争者可能是来自其他行业但有可能进入本行业的企业，或者是新技术、新趋势催生的新兴竞争对手。

2.分析竞争对手的战略和目标

确认了竞争对手，接着就应分析竞争对手的战略目标，通过对其相关资料的调查研究，了解对方如何进行商业运作，其目的是什么，怎样寻求商机或在等待怎样的机会，除了获利，对方是否还有其他战略目的等。了解竞争者的长期和短期战略，以及他们试图实现的目标。这有助于预测其未来的行动方向。

3.分析竞争对手的现行策略和未来策略

分析竞争对手的现行策略主要分析竞争对手提供的有关商业信息的营销策略，包括竞争对手企业文化、产品和服务的最新动态、消费者情况等市场信息，以及竞争对手广告、公关、定制营销等营销策略。分析竞争对手的未来策略是指企业围绕竞争对手的营销目标和策略展开的持续有效的跟踪调查，通过对竞争对手企业的优劣势分析、组织结构的变更等引起的竞争力量的变化分析，预测竞争对手未来可能实施的新的战略。

4.分析竞争对手的资源能力

竞争对手资源能力，直接反映在其日常运作中，从产品流、资金流、人才流等情况都可以分析出其拥有的优势和劣势，企业应从实际出发，分析对手的真实能力，从而制定相应的合理策略。了解竞争对手，可从竞争对手的企业文化形象、营销规模和潜力以及营销业绩等方面进行分析，客观地评估竞争对手的资源水平，从而分析对本企业营销有影响的因素。

5.评估竞争对手的团队管理及创新能力

在激烈的市场竞争环境中，竞争对手高效协作、充满斗志的专业化团队给企业市场开拓带来了极大威胁。评估竞争对手的团队管理，尤其是其高管团队的建设水平、高层领导人的素质和能力，及其主要团队配合的默契程度和团队创新水平，能够分析其创新环境的建设状况及创新能力，进而评价其未来的发展潜力。

6.分析竞争对手的反应模式

分析竞争对手的反应模式有助于企业制定有针对性的营销竞争策略，或积极对抗，或紧密跟随，或迂回规避。竞争对手的反应模式主要有以下几种：①凶狠型竞争。这类企业会对发起任何攻击的对手都作出迅猛的反应，毫不动摇地采取竞争反制。②选择型竞争。这类企业只对某些类型的竞争行动作出强烈反应，而对其他行动则不太在意。③随机型竞争。对于一些竞争实力相对较弱的企业，往往是根据实际需要进行竞争，当有能力参与或竞争成本相对较低时，就会积极地采取竞争措施；当成本较高或对手实力强大时就会采取回避措施。④从容型竞争。竞争者对竞争环境改变反应不强烈或不灵敏，可能是该竞争者对自身实力很自信，认为没有必要作出反应，也有可能该竞争者由于管理等原因对市场信息变化反应较慢或者感觉自身能力不足而力不从心等。

六、公众

市场营销中的公众是指对企业完成营销目标的能力有着实际或潜在影响的群体或个

人。公众对企业的态度既可能有助于企业的发展，也可能阻碍企业的发展。因此，企业必须采取积极措施，妥善处理与公众的关系。企业所面临的公众主要有6类，如图2-11所示。金融公众指那些关心和影响企业取得资金能力的集团，如银行、投资公司、证券公司、保险公司等，他们的态度和决策会影响企业的融资能力和资金成本；媒介公众指报纸、杂志、电台、电视台等传播媒介，他们掌握传媒工具，能够通过社会舆论直接影响企业的形象和声誉，进而左右消费者对企业的认知与评价；政府公众指与企业营销活动有关的政府机构，如工商部门等，这些机构在法规和政策层面影响企业的运营；社团公众指与企业营销活动有关的非政府机构，如消费者协会、保护环境团体，以及其他群众团体，这些团体的意见和行动可能对企业的营销策略和社会形象产生影响；社区公众指企业周围的居民和团体组织。社区公众的口碑和评价会帮助企业在当地树立良好的形象，他们对企业的态度也可能影响企业的运营和发展；内部公众是指企业内部全体员工，包括经理、管理人员和普通员工等。内部公众的态度和工作积极性会直接影响企业的生产效率和服务质量，进而影响企业的外部形象。

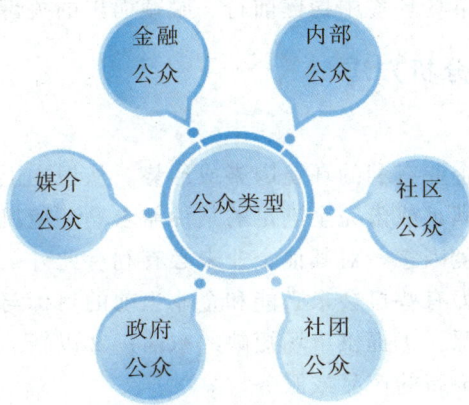

图2-11　公众类型

　　企业妥善处理与公众的关系是一个多维度、全方位的过程。企业不仅要建立专门的公关部门，负责规划、执行和监督与公众沟通的所有活动，而且还要培养全员公关意识，将每位员工都视为公关的代表。

七、网络平台

　　随着信息技术的日新月异以及互联网的普及和高速发展，网络平台顺势发展起来。网络平台是指基于互联网技术构建的，为用户提供信息交流、资源共享、服务获取、商业活动等多种功能的虚拟空间，它将分散的个体和组织通过网络连接起来，形成一个互动、合作、交易的数字化场所。

　　网络平台与企业之间存在着密切且复杂的关系。一方面，网络平台为企业带来便利，例如网络平台为企业提供了高效、低成本的营销渠道，使企业通过社交媒体、搜索引擎、内容平台等进行品牌推广、产品宣传，吸引潜在客户，提高品牌知名度和影响力；企业能够借助网络平台与客户进行实时互动，及时回应客户咨询和反馈，改善客户服务体验，增强客户满意度和忠诚度；网络平台产生的大量数据为企业提供了深入了解市场和客户需求的机会，有助于企业进行精准的

市场洞察2-6

抖音助力，
全聚德的华丽
转身

市场定位和产品创新；通过与网络平台的整合，企业可以优化供应链管理，提高库存管理效率，降低运营成本，等等。另一方面，网络平台也给企业带来了一些挑战，如信息安全风险、平台规则变化、激烈的竞争压力等。因此，企业需要不断提升自身能力，合理利用网络平台的优势，有效应对挑战，才能实现自身的可持续发展。

第四节　营销环境分析方法

现代市场营销学认为，企业在制定和调整营销战略与制订计划的过程中，要根据其掌握的市场信息，进行环境机会、环境威胁、自身优势以及自身劣势的综合分析。如果发现企业面临较多环境威胁，就要制订应变计划，采取适当对策，以求得生存与发展。而当企业捕捉到环境机会时，应迅速抓住时机，合理配置资源，实现跨越式发展。明晰自身优势能助力企业乘势而上，而认清自身劣势则促使企业积极改进，实现良性成长。这一系列的分析是企业在复杂多变的市场环境中稳健前行、脱颖而出的关键所在。

一、企业外部环境分析方法

（一）环境机会分析

环境机会是指对某一企业有利的环境因素或形势。从根本上讲，所有的环境机会最终都可以归结为市场上尚未满足或未完全满足的某种需求。环境机会是相对于特定企业而言的，对某一企业有利的环境因素，对其他企业未必有利。此外，并非所有的环境机会都值得企业去捕捉和利用，因为有些机会未必能和企业当前的目标与能力适配。总体来说，市场机会有如下三个主要来源：①提供市场短缺的东西；②以新的或者更有效的方式供应现有的产品或服务；③提供全新的产品或服务[①]。

环境机会分析主要取决于两个维度：一是机会对企业潜在的吸引力（纵轴），即盈利性；二是机会成功的可能性（横轴），即企业优势。其分析矩阵如图2-12所示。

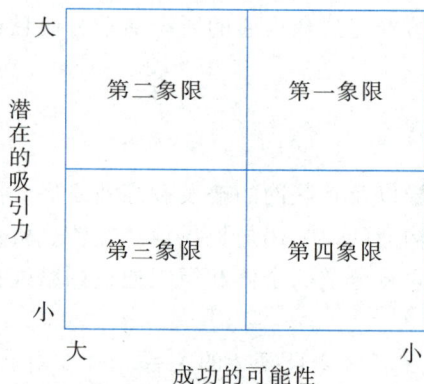

图2-12　环境机会分析矩阵

在机会分析矩阵中，处于第一象限的机会，潜在的吸引力大，但是成功的可能性较小，企业应分析低成功率的原因，并探索提高成功率的可能性。处于第二象限的机会，潜

---

①　滕乐法，李峰，吴媛媛，等.市场营销学［M］.北京：清华大学出版社，2020.

在的吸引力和成功的可能性都很大，有极大可能会为企业带来巨额利润，企业应努力把握和利用机会。处于第三象限的机会，潜在的吸引力较小，但成功的可能性较大，企业应密切关注市场的变化趋势，及时采取有效行动。而处于第四象限的机会，不仅潜在的吸引力小，成功的可能性也小，企业可以适度关注。

（二）环境威胁分析

环境威胁是指环境中不利的发展趋势给企业发展带来的挑战。如果不采取果断的营销措施，这种不利趋势将可能导致企业销量和利润缩减、弱化企业的竞争地位。一般来说，环境威胁大致来自两个方面：一方面是环境因素直接对企业所在的行业发展构成威胁，如经济衰退、产业调整等；另一方面是市场中竞争环境发生变化，如新的竞争对手出现、替代品增多、企业的产品无法适应消费者需求的变化等。

对环境威胁的分析同样取决于两个维度：一是分析威胁潜在的严重性（纵轴），即影响的程度；二是分析威胁出现的可能性（横轴），即出现的概率。其分析矩阵如图2-13所示。

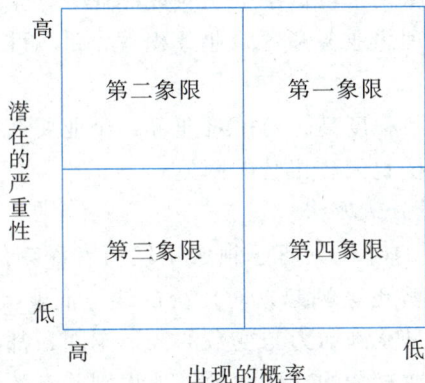

图2-13　环境威胁分析矩阵

在威胁分析矩阵中，对于第一象限的威胁，威胁出现的概率虽低，但是潜在的严重性较高，企业必须密切监控其出现和发展。对于第二象限的威胁，威胁出现的概率高且潜在的严重性高，企业必须高度警惕，制定相应的措施，尽量避免损失或者将损失降到最小。对于第三象限的威胁，虽然其潜在严重性低，但是出现的概率较高，企业也不应该掉以轻心，要给予充分的重视，制订好应对方案。对于第四象限的威胁，由于其出现的概率和严重性都比较低，企业一般不必过于担心，但应观察其变化，警惕其向其他象限转移的趋势。

（三）环境综合评价

在现实中，外部环境中的机会和威胁并存，风险和利益相互交织，如果将环境的机会和威胁进行综合分析，可能出现如图2-14所示的四种不同结果，针对这些不同类型结果或业务，应采取不同的对策。

1.理想业务

理想业务，机会大且威胁程度低。对理想业务，企业应意识到机会难得，必须抓住机遇，快速行动；否则，将丧失良机，追悔莫及。

2.冒险业务

冒险业务，机会大但威胁程度高。对冒险业务，企业既不应盲目冒进，也不应迟疑不决，应全面分析自身的优势与劣势，扬长避短，创造出有利于自己的条件，争取突破性的发展。

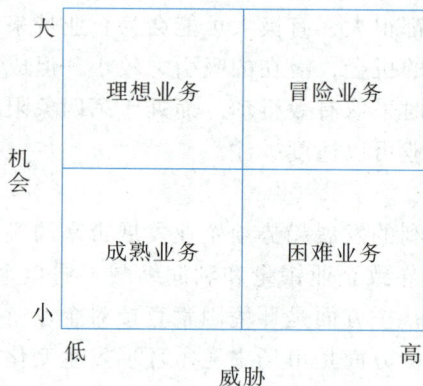

图2-14　环境分析综合评价

3.成熟业务

成熟业务，机会小且威胁处于较低水平。对成熟业务，企业可以常规经营，用以维持企业的正常运转，并为开展理想业务和冒险业务积蓄力量、准备条件。

4.困难业务

困难业务，机会小且威胁程度高。对困难业务，企业要么努力改变环境，走出困境或减轻威胁，要么立即转移，摆脱无法扭转的困境。

（四）数字化转型期环境分析方法

在当今数字化高速发展的时代，商业领域正经历着深刻的变革。线上渠道凭借其便捷、高效、无地域限制等优势迅速崛起，对传统的线下商业模式造成了巨大冲击。然而，无论是传统的线下市场，还是充满活力与变数的线上空间，都蕴含着丰富的可能性。机会往往与威胁相伴而生，如何在复杂的环境中敏锐地识别并有效地利用机会，同时巧妙地规避或化解威胁，是企业实现可持续发展和竞争优势的关键所在。

通常我们可以使用数字化转型期环境分析矩阵去分析线上线下的营销环境。数字化转型期环境分析矩阵的横坐标为"线下威胁/机会"，从左到右分别表示线下威胁程度逐渐降低、线下机会程度逐渐增加。纵坐标为"线上威胁/机会"，从下到上分别表示线上威胁程度逐渐降低、线上机会程度逐渐增加。据此，可以得出如图2-15所示的四种不同结果，针对这些不同类型结果，企业应采取不同的战略。

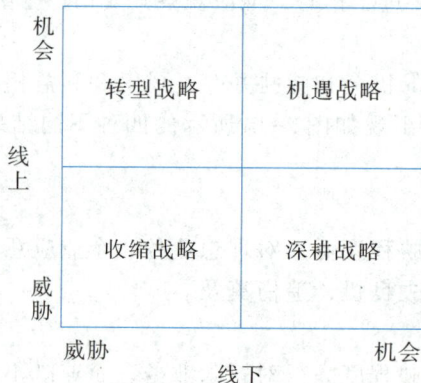

图2-15　数字化转型期环境分析矩阵

1.机遇战略

企业处于第一象限，此时企业在线上和线下都面临众多的发展机遇。企业应采取一系列积极举措。一方面，企业要加大线下、线上的资源投入。在线下方面，要优化实体店铺的布局和服务，提升消费者的线下体验，同时拓展线下市场的覆盖范围。在线上领域，加强数字化营销力度，提升线上平台的用户体验，优化电商运营流程，提高线上销售的效率和效果。另一方面，企业还应注重线上线下的协同发展，实现信息的无缝对接和资源的共享，比如通过线上引流到线下体验、线下引导至线上购买等方式，最大程度地发挥线上线下的优势。

2.转型战略

企业处于第二象限，此时企业在线上有较好的发展空间，但线下存在诸多不利因素。企业应采取向线上转型的战略。一方面，企业要大力拓展线上业务，增加线上资源的投入，包括优化线上平台、加强线上营销推广、提升线上服务质量等，以充分利用线上的广阔机会。同时，积极引入数字化技术，提升线上运营效率和用户体验，开拓新的线上市场。另一方面，对于线下业务，企业要进行有针对性地调整和优化。评估线下业务的各个环节，削减成本，关闭或重组效益不佳的线下业务，精简线下运营流程，将资源集中到更具潜力和竞争力的线下业务部分，以降低线下威胁带来的影响。

3.收缩战略

企业处于第三象限，此时企业在线上和线下都面临较多的威胁。企业应实行收缩战略。一方面，企业要全面审视自己的核心竞争力和资源，确定是否能够抵御这些威胁。同时，制订周全的风险应对计划。对可能出现的各类风险进行精准预测和评估，明确应对策略和措施，力求最大限度地减少损失。另一方面，企业还应积极主动地考虑业务转型和战略调整的可能性，寻求新的市场或业务模式，以谋求自身发展。

4.深耕战略

企业处于第四象限，此时企业在线下有较好的发展空间，但线上存在诸多不利因素。企业应实行深耕战略，着重发展线下。一方面，加大对线下市场的投入，包括开设更多的实体店铺、拓展线下销售渠道、提升线下服务品质等，以充分利用线下的机会。同时，积极开展市场调研，深入了解线下消费者的需求和偏好，针对性地开发和优化产品。另一方面，对于线上业务，要积极关注未来的发展趋势。若环境变化使得线上业务呈现出机会，则企业可以采取积极的进入策略。

然而，需要明确的是，数字化转型期环境分析矩阵只是一个静态的分析框架，市场环境始终处于动态变化之中。因此，我们必须持续关注线上线下的发展态势，及时调整策略，灵活应对各种可能出现的新情况。

二、企业内部环境分析方法

在企业的发展与决策过程中，内部环境分析是至关重要的一环。它是对企业内部各种要素进行的系统且全面的审查与评估，涵盖了企业的资源、能力、企业文化、组织结构以及管理水平等诸多方面。内部环境分析具有显著作用，它能让企业明晰自身的优势与劣势，实现资源的优化配置，并推动企业不断改进与创新，从而更好地适应市场环境的变化。常用的内部环境分析方法有 SPAN 矩阵。

SPAN 矩阵从细分市场吸引力和公司竞争力出发对各个细分市场进行深入分析，为公司选定细分市场并在此基础上进行产品规划提供决策依据，可用于衡量产品、产品线、细分市场、销售渠道等。SPAN 矩阵首先要确定一系列评估要素，并给各要素分配一定权重，然后给各要素评分，最后汇总排序得出各产品开发项目的优先级。评估要素一般来说包括市场吸引力和企业竞争地位两个方面，市场吸引力主要从市场空间、市场增长率、获利潜力和战略价值四个要素来进行评估；公司竞争力主要从市场份额、产品优势和综合实力三个要素来进行评估。对每个评估要素打分，并按权重汇总、计算，得出市场吸引力和公司竞争力两个方面的总得分。以竞争地位为横坐标，以市场吸引力为纵坐标，可以形成四个象限（如图 2-16 所示）。

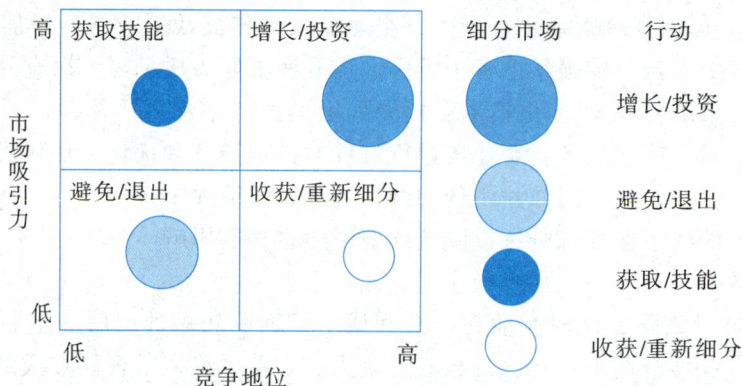

图 2-16　SPAN 矩阵

1. 处在 SPAN 矩阵第一象限，即"增长/投资"的细分市场。企业处在这一细分市场是盈利的，这些细分市场具有吸引力，且企业有很强的竞争优势。此时，企业应当扩大分销渠道，对这些细分市场加大生产投入和资金投入；同时严格把控成本，以获取规模效益；在研发方面，应当继续投资，并适当增加这些细分市场上的产品种类，以构建差异化优势。

2. 处在 SPAN 矩阵第二象限，即"获取技能"的细分市场。企业处在这一细分市场通常还未盈利，这些细分市场虽然有足够的吸引力，但是企业的竞争优势较弱。此时，企业在这些细分市场尚未建立起更强的竞争地位之前，应当对其分销覆盖范围加以限制，同时严格把控成本；在这些细分市场上的主要行动是对生产、研发和人力进行投入，以建立起竞争优势；还应当在销售方面实行积极的策略，以获取市场份额。

3. 处在 SPAN 矩阵第三象限，即"避免/退出"的细分市场。企业处在这一细分市场几乎总是亏损的，这些细分市场不但没有吸引力，而且企业的竞争优势较弱。此时，企业应当逐渐减少营销活动，大力削减成本。也就是说，应当尽量减少或者停止产能、研发费用和运营资本，将资源分配到其他细分市场中。

4. 处在 SPAN 矩阵第四象限，即"收获/重新细分"的细分市场。企业处在这一细分市场通常仍然是盈利的，这些细分市场没有吸引力，但是企业有很强的竞争优势。此时，企业应当保持当下的分销模式，这些细分市场的重点是运作效率，包括充分发挥产能以及控制成本；在这些细分市场上应当减少营销活动，研发活动也应重点关注降低成本。

三、SWOT分析

SWOT分析，又称态势分析法，是将与企业密切相关的各种主要内部优势、劣势与外部的机会和威胁等，通过调查列举出来，依照矩阵的形式进行排列，然后用系统分析的思想，把各种因素相互匹配加以分析，从中得出一系列相应的结论，并根据研究结果制定相应的发展战略。其中，S（Strengths）是优势，W（Weaknesses）是劣势，O（Opportunities）是机会，T（Threats）是威胁。

（一）外部环境的威胁与机会分析

环境威胁是指不利于企业营销的环境因素及其发展趋势，对企业形成挑战，对市场地位构成威胁。环境威胁可能来自于企业所处环境的方方面面。例如，网络游戏防沉迷新规的出台对主营网络游戏业务的企业营销活动产生了负面的影响。环境机会指对企业营销活动富有吸引力和竞争优势的领域，实质上是指市场上存在着的"未满足"并"能够被满足"的需要。企业在每一特定的市场机会中成功的概率，取决于其业务实力是否与获得机会所需要的成功条件相符合。同时还与企业是否具备实现营销目标所必需的资源，以及企业是否能比竞争者利用同一市场机会获得较大的"差别利益"有关。例如，我国推动乡村振兴战略实施后，对于农业科技、农村电商等相关的企业则是一个巨大的外部机会，诸如智慧农业设备研发企业、农产品线上销售平台都会从中受益。

当然，即使同样的环境变化对不同的企业也可能有不同的影响。环境变化会成为企业的机会，还是企业的威胁，要看此环境变化是否与企业目标、资源及任务相一致，企业能否相对于竞争者利用同一机会时获得更大的利益。

（二）内部环境的优势与劣势分析

优势与劣势分析旨在把企业自身的实力同竞争对手的实力进行比较。当两家企业处在同一市场或者向同一消费者群体供应产品或服务时，倘若其中一家企业具有更高的盈利率，通常意味着这家企业相较另一家企业更具竞争优势。

优势是组织机构的内部因素，指企业超越其竞争对手的能力，这种能力有助于企业获取利润。具体包括有利的竞争态势、充足的资金来源、良好的企业形象、强大的技术力量、显著的规模经济、出色的产品质量、较大的市场份额、明显的成本优势以及强有力的广告攻势等。

劣势也是组织机构的内部因素，指对企业经营效率和效果产生不利影响的因素和特征，使企业在竞争中处于劣势地位。具体包括设备陈旧老化、管理杂乱无章、缺少核心技术、研究开发滞后、资金匮乏短缺、经营管理不善、产品大量积压以及竞争力较差等。

由于企业是一个整体，并且企业竞争优势的来源具有广泛性，所以，在进行企业优劣势分析时必须从整个价值链的每个环节出发，将企业与竞争对手进行细致的比较。如服务是否贴心，研发能力是否强大，物流配送是否高效，以及价格是否具有竞争性等。如果一个企业在某一方面或几个方面的优势正是该行业企业应具备的关键成功要素，那么，该企业的综合竞争优势可能就更突出一些。需要说明的是，判断一个企业及其产品是否具有竞争优势，需要立足于现有潜在用户的视角，而非企业自身的视角。

综上所述，结合外部威胁与机会分析、内部优劣势分析，最终进行战略选择。如表2-1所示，针对不同的内外部环境，企业常见的战略选择包括以下4种：SO战略，即依靠内部优势，利用外部机会；ST战略，即利用内部优势，应对外部威胁；WO战略，即克服内部劣势，利用外部机会；WT战略，即克服内部劣势，应对外部威胁。企业需要根据组织外部环境的变化选择合适的战略，以便更好地发展自身。

表2-1　　　　　　　　　　　　　　　　环境SWOT分析

		内部	
		优势（S）	劣势（W）
外部	机会（O）	SO战略 企业利用优势以把握机会	WO战略 企业克服劣势以把握机会
	威胁（T）	ST战略 企业利用优势应对威胁	WT战略 企业避免劣势以应对威胁

需要强调的是，在很多情况下，一个组织的外部环境变化可能会导致组织优势的变化。这也表明了组织内外联系的紧密性。SWOT分析将组织的内部与外部环境进行分析，使分析具有便利性、直观性和系统性，但需要注意的是，这种分析方法具有一定程度的主观臆断，并非组织的全部实际情况。因此，在使用SWOT分析时，要尽可能客观、全面、精确地分析和判断事实，必要时可通过搜集定量数据来弥补SWOT分析的不足。

本章小结

市场营销环境是指不能为营销人员所控制且对市场营销活动及绩效产生重要影响的外部因素和力量。任何企业都生存在一定的环境中，企业的营销活动也不可能脱离周围的环境而孤立地进行。企业营销活动要以环境为依据，主动地去适应环境。市场营销环境呈现出复杂性、差异性、动态性、不可控性等特征。

市场营销环境分为宏观营销环境与微观营销环境。宏观营销环境主要包括政治和法律环境、经济和人口环境、社会和文化环境、科学技术和自然资源环境等。微观营销环境主要包括企业、供应商、营销中介、顾客、竞争者、公众以及网络平台等。这些要素相互作用，对企业的营销活动产生直接或间接的影响。

市场营销环境是企业营销活动的基础和背景，它影响着企业的市场机会、威胁、竞争优势及劣势。因此，深入、全面的环境分析是企业制定与调整营销策略的前提和必要条件。可供选择的营销环境分析方法包括环境机会分析、环境威胁分析、环境综合评价、数字化转型期环境分析方法、SPAN矩阵、SWOT分析等。

关键概念

市场营销环境；宏观市场营销环境；微观市场营销环境；环境机会分析；环境威胁分析；环境综合评价；SPAN矩阵；SWOT分析

案例分析

东方甄选：营销转型之战

2021年12月28日，新东方宣布上线其旗下的直播带货平台——东方甄选，它是第一个从教培机构转型助力乡村振兴的大型农业直播平台，也是第一个几百位老师通过直播帮助售卖农产品的直播带货平台。观看直播不仅可以体验新东方名师双语直播带货的魅力，还能感受到知识带给人的力量，为当今快节奏的生活带来一股"清流"。

1.别具一格，主打双语的带货直播

电商直播的优点来源于它极强的互动性，通过有趣的直播方式和活跃的直播间气氛提高其销售吸引力。东方甄选直播间将商品与知识销售充分结合，在吸收传统带货直播间优点的同时发挥自身优势，开创了具有全新自身特色的"乐购、乐学"的直播电商模式。运用双语教学、含有文化植入、进行段子表演……新东方的老师们以主播的身份重新"出道"，成为新一代带货主播。有情怀加成，有趣又能科普知识，直播间的受众们亦是十分兴奋，同时，以往新东方每节百元的课程，现在可以在直播间免费听到，这就意味着，东方甄选直播间的用户彻底实现了新东方听课自由！

不同于传统的网络购物，直播间更注重的是交互性，东方甄选的主播们将自己的亲身经历结合英语、中国古典诗歌等在不经意间融入直播间。这种方式不仅可以让主播更好地介绍所要出售的产品，同时进行知识与文化的输出，进而影响直播间观众们的情绪，满足消费者的情感需求。在"娱乐至上"的大环境下，消费者们显然更喜欢这种有内涵、有品位的直播。

2.平价多样，助农发展的选品生意经

价格贵是阻碍消费者购买东方甄选产品的主要障碍之一。对此，东方甄选迅速作出调整，将其74%的产品控制在100元以内，并打出了平价亲民的招牌。同时，为了满足消费者的不同消费需求。东方甄选在其原有选品基础上增加了新的侧重点，以原有农产品为主，增加了食品饮料、生鲜、书籍等产品种类，比例高达82%，并且将产品类别延伸到了日用家电、数码家电、个护家清等。同时，依据受众喜好不断增加产品种类，供消费者进行个性化多样化选择。

随着董宇辉的走红，东方甄选也加大了在农业业务上的投入，抖音电商、字节跳动公益、东方甄选共同举办了"山货上头条×东方甄选"的活动。俞敏洪率领董宇辉、顿顿等知名主播走上舞台，为当地特产诸如恩施土豆、云南青提等带货销售，受到广大消费者的好评。除了与当地的农产品进行业务合作外，东方甄选还建立起自己的专业队伍，开发出包括大米、玉米、橄榄油等自营产品，并计划在一年中推出100种以上的自营商品。

东方甄选在乡村振兴的大背景下，发现了农产品带货直播的巨大发展空间，结合政府的政策帮扶并依靠自身品牌根基，抓住了时代的机遇。结合市场和消费者群体的实时需求，东方甄选不断调整其直播带货的方式和选品策略，为其深耕农产品销售和直播带货行业，开辟全新的销售群体和目标市场打下了坚实的基础。

3.全网渠道，数字供应的交付方式

东方甄选的目标不仅是要做一个一年卖几十亿的带货直播间，更重要的任务是支撑上

市公司新东方在线的转型市值。为了达成目标，不仅需要销量上涨，还需要完成高效的客户支付。

如何实现东方甄选的销售增长，从其目前的战略布局来看，关键在于"数字供应链+全网渠道"。"数字供应链"匹配东方甄选线上直播带货的特点，销售预测与生产计划无缝对接。"全网渠道"就是充分利用东方甄选的流量效应和传播声量，在全网所有电商平台开通东方甄选旗舰店，销售自有品牌的产品。以数字供应链为例，东方甄选宣布和顺丰、京东携手，在全国各地建立自营产品的物流仓，很多城市实现了当日下单当日送达的快捷购物体验，这种高效的客户交付就是数字供应链的优势。再以"全网渠道"来看，东方甄选在全网各大平台开通自媒体账号，并且在全网电商平台设立了自营产品品牌旗舰店，使得东方甄选能够以全方位、全覆盖的方式触达潜在消费者。

如今，东方甄选在直播带货领域已然取得了显著成就，但他们并不会满足于当下。未来，东方甄选将继续秉持创新与服务的理念，不断优化直播内容和选品策略，深度拓展数字供应链和全网渠道，持续为消费者带来更多优质产品和精彩直播，为乡村振兴和行业发展贡献更大的力量，书写属于自己的辉煌篇章。

资料来源：王洪生，何心苗，张婧，等．东方甄选：营销转型之战［DB/OL］．［2023-09-21］．中国管理案例共享中心．内容有删改。

问题：

1.结合互联网时代的创新发展意识，分析面对大环境对教培行业的冲击，新东方是如何把握机会，谋求营销转型新思路的？

2.分析新东方营销转型为什么选择农业领域、建立新型农业直播带货电商新平台开展网络营销？

案例分析答案示例2　　　　　　　　　　基本训练2

第三章

营销调研和预测

学习目标

通过本章学习，学生应该达到以下目标：

1. 理解营销调研的定义及特点；

2. 理解营销调研的作用；

3. 掌握营销调研的流程；

4. 掌握营销预测的流程；

5. 应用营销调研的方法与工具；

6. 应用营销预测的方法。

思维导图

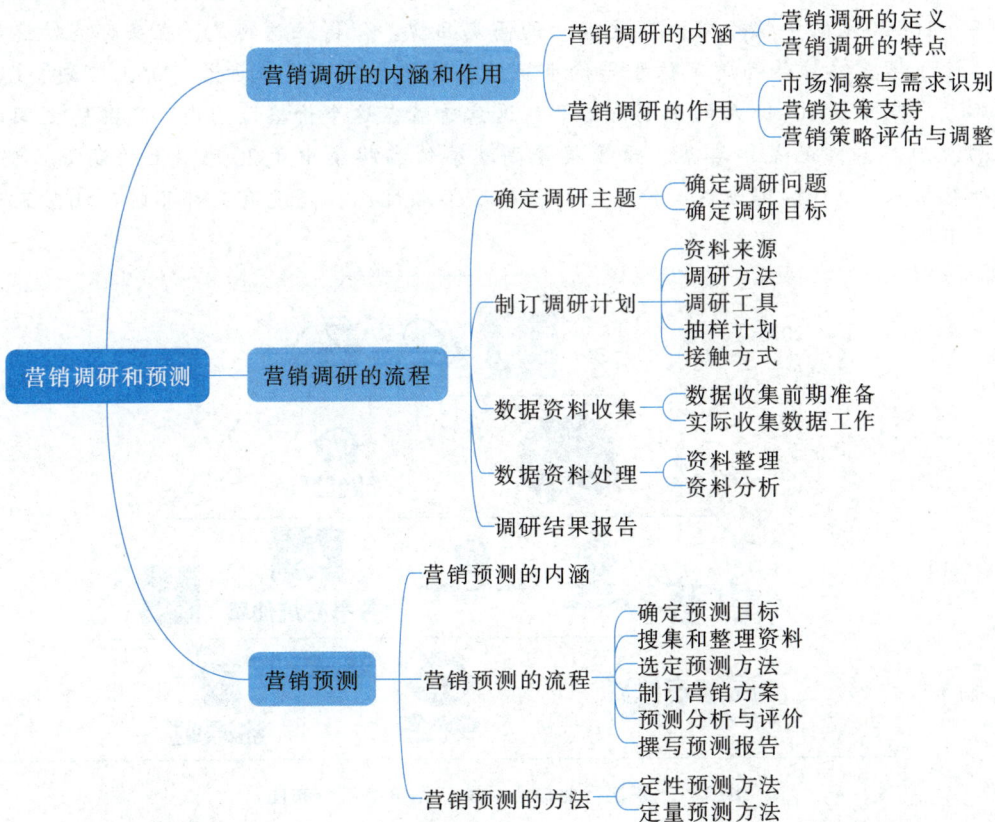

开篇案例

霸王茶姬的市场洞察力

截至2024年5月20日，霸王茶姬的注册会员数量已突破1.3亿人，全球门店数量已突破4 500家，其招牌茶饮"伯牙绝弦"在2023年卖出2.3亿杯，这一销售数字刷新了茶饮界的销售纪录。2023年霸王茶姬的商品交易总额108亿元，预计2024年销售额将达到200亿元，已经进入中国头部茶饮品牌之列。那么，霸王茶姬为何能在茶饮红海中破圈立足，获得巨大成功呢？

首先，霸王茶姬通过对2017年茶饮市场的数据进行分析发现，鲜果茶品类已经到了白热化程度，同台竞技的品牌均实力相当，茶百道、古茗、沪上阿姨等品牌都是Top级选手，新中式奶茶这一蓝海市场还有待探索。与此同时，2017年新茶饮消费者30岁以下人群占比为71%，年平均购买次数为3次，新茶饮逐渐成为年轻人追逐的时尚单品和生活需要，因此霸王茶姬认为新中式奶茶市场还是一片蓝海市场。并且，随着消费者健康意识的提升，茶饮行业的消费需求正朝着健康、天然、高品质服务、个性化创新、社交与文化认同等方向发展。新中式奶茶作为趋势性品类，具备健康、文化认同和社交价值等属性，受到越来越多年轻人的追捧，未来新中式奶茶有可能会取得非常大的进展，这才有了新中式奶茶——霸王茶姬"原叶鲜奶茶"的推出。

在产品定价过程中，霸王茶姬对茶饮行业内竞争对手的产品定价展开了大量调研。根据茶饮行业核心品牌产品价格带分布图（如图3-1所示）来看，一般分为10元以下的平价品牌、10~20元的中档品牌和20元以上的高端品牌。值得注意的是，在头部茶饮连锁企业中，除了蜜雪冰城等品牌定位于平价市场外，其他如茶百道、古茗、沪上阿姨、COCO等品牌大多集中在10~15元的中端价格带。这意味着在这个价格区间内，各品牌之间的竞争尤为激烈。奈雪的茶、喜茶、乐乐茶等高端茶饮品牌集中于20元以上的高端价格带。从调研结果来看，15~20元这个价格区间，除了茶颜悦色，还没有头部品牌，相对来说是个空白市场。

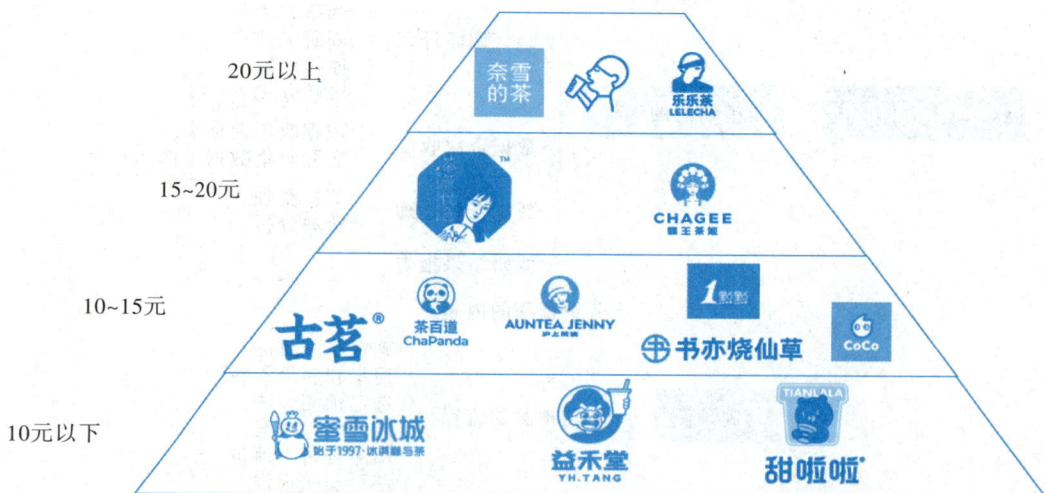

图3-1　茶饮行业核心品牌产品价格带分布图

定价于此价格区间，霸王茶姬避免了与高端品牌（如喜茶、奈雪的茶、乐乐茶等，其价格定位在20~35元）的直接竞争，同时也与低端品牌有所区分。根据窄门餐眼的数据，中档品牌中达到千店规模的四个品牌，除了古茗的均价为15.2元，其他品牌如茶百道（14.8元）、沪上阿姨（13.9元）、书亦烧仙草（12.3元）的均价都不在15~20元的区间内，而茶颜悦色的均价为18.4元。值得注意的是，茶颜悦色与霸王茶姬的运营策略截然不同。茶颜悦色只集中在少数几个大城市，如长沙、武汉、重庆等，尚未向外拓展，而霸王茶姬则凭借加盟模式迅速在全国范围内扩展。2023年，霸王茶姬的商品交易总额达到108亿元，成为名副其实的"中式茶饮新霸王"。

这一案例表明，营销调研在成功实施营销策略中起着至关重要的作用。进行营销调研是制定科学营销决策的基础，只有充分了解市场，认识消费者需求，并对市场进行科学分析和判断，才能制定出具有针对性的营销策略，从而更好地实现企业的经营目标。

资料来源：小尘. 新一代茶饮霸王传奇：2万字解密年销200亿的霸王茶姬［EB/OL］.［2024-06-21］. https://business.sohu.com/a/787526302_121805680.内容有删改。

第一节　营销调研的内涵和作用

一、营销调研的内涵

（一）营销调研的定义

"营销调研"一词译自"Marketing Research"。美国市场营销协会（American Marketing Association）对营销调研的定义为：营销调研是一项通过信息将消费者、客户和公众与市场营销人员联系起来的重要职能。现代营销管理之父菲利普·科特勒对营销调研的定义为：系统地设计、收集、分析数据资料，以及报告与公司面临的特定市场营销状况有关的调研结果。综合来看，营销调研是一项系统化收集企业营销决策所需信息的活动，目的是为制定适当的营销决策服务。

随着数智时代的到来，数据量爆炸式增长、数据处理速度需求提高、消费者行为日益复杂以及精准性与个性化需求的提升使得传统营销调研方式的实际效果逐渐减弱。因此，应结合数智技术（如人工智能、大数据分析等）来革新传统的营销调研方法。结合时代发展背景，本书认为：营销调研是针对企业特定的营销问题，采用科学的研究方法，运用调研技术和工具，系统地、客观地设计、收集、整理、分析和报告有助于解决企业特定营销问题的市场营销信息，为营销管理者制定、评估和改进营销决策提供依据。

（二）营销调研的特点

结合时代背景和定义来看，营销调研具备以下六个特点：科学性、系统性、客观性、针对性、辅助性以及实时性，具体如图3-2所示。

第一，科学性。营销调研过程注重使用科学的研究设计和统计分析方法，以确保数据的准确性和调研结果的可信度。在数智时代，借助人工智能、大数据分析等技术，营销调研的数据分析能力得到了显著提升。智能化分析工具能够科学地处理和分析复杂的、非结构化的数据（如文本数据），帮助企业从中提取出更深层次的营销洞察。

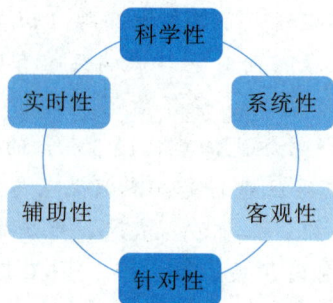

图3-2　营销调研需具备的六个特点[1]

第二，系统性。营销调研是一个有机的整体，包含多个相互关联的环节，具体分为确定调研主题、制订调研方案、数据资料收集、数据资料分析和调研结果报告五个主要步骤。系统性要求调研从设计到实施再到结果分析，必须按照预先设定的步骤和流程进行计划、组织、领导和控制，确保各个环节的协调性和一致性。

第三，客观性。营销调研过程和结果应尽量避免主观偏见，确保数据的真实性和结论的公正性。此外，调研报告应如实反映数据分析的结果，而不是迎合预期或需求，这样才能为企业提供可靠的决策依据。

第四，针对性。营销调研必须紧密围绕特定的营销问题或目标进行，以提供有针对性的解决方案。针对性要求调研在问题界定阶段就要明确调研的具体目标和预期结果，确保调研设计和实施的每一步都紧扣目标展开。

第五，辅助性。在数智时代，信息是帮助企业适应快速变化的市场环境和满足消费者需求的关键。营销调研的作用在于迅速而准确地为营销决策者提供解决特定营销问题的相关信息，从而辅助决策。辅助性意味着营销调研结果可以为营销决策人员提供一定的参考，但不是营销决策人员决策的唯一依据。

第六，实时性。在数智时代，借助在线调研平台、数据采集工具和自动化分析系统等新技术，企业能够更快速、低成本地进行大规模的调研。数智技术使得营销调研不再是一次性的活动，而是一个动态、持续进行的过程。对数据的快速获取和实时分析，可以帮助企业实时监测消费者行为和市场环境的变化。

二、营销调研的作用

习近平总书记指出："调查研究是谋事之基、成事之道，没有调查就没有发言权，没有调查就没有决策权。"[2]同样地，在市场营销领域，营销调研在企业营销活动的各个环节中都起着至关重要的作用，其目标是为企业营销管理者提供准确、客观的信息以支持其决策。没有营销调研，制定合适的市场营销战略和具体的营销策略就无从谈起。

营销调研是企业了解市场环境和消费者需求的重要工具。通过营销调研，企业能够深入了解市场环境和消费者需求，从而制定合适的市场营销战略和具体的营销策略。同时，营销调研还帮助企业在实施营销计划时进行有效控制，确保各项营销活动的顺利推进和营销目标的实现。具体而言，营销调研的作用体现于以下三个方面：

---

① 曾伏娥，池韵佳. 市场营销调研 [M]. 北京：高等教育出版社，2021.
② 人民日报. 习近平在武汉召开部分省市负责人座谈会 [EB/OL]. [2013-07-25]. http://cpc.people.com.cn/n/2013/0725/c64094-22317375.html.

（一）市场洞察与需求识别

营销调研能够帮助企业深入了解市场环境和消费者需求。在数智时代，营销调研依托人工智能、大数据分析等先进技术，能够从海量的消费者行为数据中提取出有价值的信息。无论是社交媒体上的用户评论，还是电商平台上的购买记录，亦或是线下的购买数据，都可以成为企业了解市场趋势和消费者需求的宝贵资源。通过整合和分析线上线下数据，企业能够识别出潜在的市场机会和消费者未被满足的需求，从而能够提供满足市场需求的产品和服务。

（二）营销决策支持

基于营销调研所得的数据，企业可以获得客观、准确的市场环境和消费者需求信息，这为制定营销战略和营销策略打下了坚实的基础。调研结果使得企业能够在产品定位、价格策略、分销渠道选择和促销活动设计上作出更科学的决策。在数智时代，营销调研则依托实时数据分析和自动化工具，使企业能够在更短的时间内获取调研结果，并迅速将其应用于决策过程中。

（三）营销策略评估与调整

营销调研在营销策略实施后，起到评估和反馈的作用。通过监测市场反应和营销活动的效果，企业能够及时发现策略中的不足之处，进行必要的调整，以确保营销目标的实现。在数智时代，企业可以通过营销调研实时监测各项营销活动的进展和效果，包括产品的价格区间、广告投放的覆盖率、促销活动的参与度以及销售渠道的运作情况等方面。通过这些数据的监测，企业可以及时发现存在的问题，并迅速调整营销策略，确保各项营销活动顺利进行。

在数智时代，营销调研的作用愈加重要，是发挥新质营销力的关键所在。企业通过营销调研不仅能够更精准、快速地把握市场动向，还能够实时监测和调整营销策略，确保营销活动的高效实施。这种以数据为驱动的营销调研模式，为企业在竞争激烈的市场中保持竞争优势提供了强有力的支持。

第二节 营销调研的流程

为了确保达到预期的效果，获得有效的、准确的市场信息，营销调研工作必须有计划、有步骤地开展。营销调研过程是一系列步骤的组合，一般包括五个步骤，具体如图3-3所示。这些步骤为营销调研的参与人员提供了一个具体的操作流程，并确保整个营销调研工作可以按照既定的顺序执行。

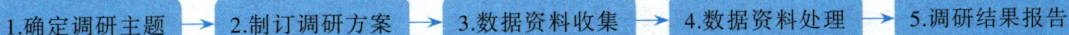

1.确定调研主题 → 2.制订调研方案 → 3.数据资料收集 → 4.数据资料处理 → 5.调研结果报告

图3-3 营销调研流程①

一、确定调研主题

营销调研的第一个步骤就是确定调研主题，其目的就是找出企业市场营销活动中存在

① 曾伏娥，池韵佳. 市场营销调研［M］. 北京：高等教育出版社，2021.

的关键性问题，从而为后续的营销调研工作打下基础。调研主题往往包括调研的问题和目标，即为什么要开展调研工作以及通过调研工作要达到什么具体目标。

（一）确定调研问题

调研问题的明确离不开管理者和调研人员的沟通与交流。在现实情境中，企业所处的市场环境瞬息万变，企业在日常经营中不可避免地会遭遇多重挑战与问题。部分问题或许凭借管理者的丰富经验就能得到解决，但对于那些更为复杂或新颖的问题，则必须依赖于系统的营销调研提供的准确信息解决。当管理者无法凭借自身经验解决面临的问题，并决定开展营销调研时，调研人员需要与管理者进行反复沟通，以明确营销调研所要解决的具体问题。如果由于管理者与调研人员在沟通上出现疏漏，而选择了一个不契合企业实际需求的营销问题作为调研对象，那么营销调研的成果不仅无法为企业提供有价值的市场信息，反而可能会误导决策，最终造成企业宝贵资源的无谓消耗。

（二）确定调研目标

在明确调研问题之后，管理者和调研人员需要进一步确立具体的调研目标。调研目标就是指为了帮助企业管理者进行决策所收集的特定的市场信息，涉及调研对象确定、调研方法选取、收集哪些信息等。

在营销调研过程中，一项完备的调研主题包括明确的调研问题和具体的调研目标。需要特别强调的是，调研问题需要判定企业营销管理者到底需要什么样的信息。相应地，调研目标需要提供能够回答营销问题的具体信息。

二、制订调研计划

在确定调研主题后，营销调研人员需进一步着手制订详细的调研计划。一份详细的调研计划须包括资料来源、调研方法、调研工具、抽样方法和接触方式五个部分[①]。

（一）资料来源

营销调研过程中所需的资料通常可以分为原始资料和二手资料。原始资料是指针对当前的研究问题，采用各种调研方法收集的资料，具有高度的相关性和时效性；二手资料则是指由其他研究者为其他研究目的收集到的资料，营销调研人员可以通过相应的渠道快速地、低成本地获取所需要的资料。

1.原始资料的来源

原始资料的收集通常需要调研人员与被调查者进行面对面的互动或直接观察，确保数据的真实性和时效性。收集原始资料的方法主要包括以下几个部分：观察法、访谈法、调查法与实验法等。这些传统的获取原始资料的方法，为研究人员提供了直接的、可靠的数据来源，有助于企业作出更精准的决策。这些方法虽然耗时耗力，但在没有数字化工具的情况下，仍然是获取真实数据的主要手段。

在数智时代，随着数字技术的广泛应用和互联网的迅速发展，原始资料的获取方式发生了显著的变化，成本和时间都得到了大幅度的缩短。如今，常见的原始资料来源包括：①在线调查数据；②消费者在线行为数据（如在网站、移动应用终端、在线购物平台上的点击率、浏览记录、购买历史、在线评论等）；③消费者线下行为数据（如在线下商店中

的逗留时长、商品浏览记录、体验产品时的面部表情和身体动作、商品购买记录等）；④物联网数据（如智能家居设备、可穿戴设备、智能汽车等收集的用户使用习惯、健康指标、地理位置数据）等。

2.二手资料的来源

二手资料的来源主要包括以下几个部分：①公司资料（主要包括年度报告、股东大会报告、内部期刊、宣传手册、公司的发展历史和背景资料、当前的业务范围、合作伙伴、组织结构、财务报表、公司出版物、公司发布的新闻等公开资料，以及会计账目、销售记录、客户信息、内部库存信息、渠道信息等内部经营数据）；②公开出版的资料（各种出版机构公开出版的图书、报纸、期刊和商业出版物等）；③政府机构的信息（政府机构通过互联网发布新的法律、政策与规定以及新的产品和服务标准等）。

市场洞察3-1

用读心法改变"买衣服"

在缺乏数字化工具的情况下，二手资料因其来源广泛、获取便捷、成本低廉和速度快的优势，常常优先被营销调研人员考虑。通常情况下，调研人员会首先评估现有的二手资料是否能解决当前的研究问题。如果这些资料已经足够，则会优先采用。但如果二手资料无法完全满足需求，调研人员则会在此基础上，通过进一步的调研来获取原始资料。然而，随着数智时代的到来，数字技术的广泛应用和互联网的迅速发展，使得原始资料的收集过程变得更加简便和高效。如今，企业能够更高效地整合和分析来自不同来源的资料，为决策提供更为全面的支持。因此，在现代营销调研中，原始资料与二手资料的结合使用已成为常态。这种方法不仅提高了调研结果的准确性，也为营销管理者在制定、评估和改进决策时提供了更加坚实的依据。

（二）调研方法

调研方法主要有观察法、访谈法、调查法、实验法、行为数据法和文本分析法等。

1.观察法

观察法是指调研人员根据明确的调研目的，运用自己感官或借助工具去直接观察被研究对象，从而获得原始资料的一种方法。这种方法强调在自然条件下或预先设置的情境中，通过感官或借助科学仪器，对被研究对象的行为、现象等进行直接的、系统的观察和记录，进而收集有用的资料。

观察法主要包括现场观察法和实验室观察法两种。现场观察法指的是在自然环境下对被调查者行为进行观察的一种方法。实验室观察法是在人工控制的环境中对被调查者的言行进行的观察。

现场观察法在实践中可以进一步分为参与式观察法和非参与式观察法。参与式观察法指的是调研人员在与被调查者互动的过程中观察他们的行为。非参与式观察法指的是调研人员置身于被调查者的世界之外，作为一个旁观者的姿态来观察被调查者的言行。在数智时代，调研人员可以通过智能化技术设备观察和记录被调查者的行为。

市场洞察3-2

用AI读懂顾客进店行为，发掘真正受欢迎商品

2.访谈法

访谈法是指调研人员通过与被调查者进行面对面的交谈，以获取所需市场信息的一种调研方法。这种方法强调人际沟通的过程，通过直接交流来深入了解受访者的观点、态度和行为，主要包括焦点小组访谈法、深度访谈法等。

焦点小组访谈法指的是调研人员把符合要求的调研对象召集在一个特定的会议室内，在主持人的引导下，让调研对象围绕某一主题或观念进行非结构化、深入的讨论，从而收集与研究问题相关信息的方法。在访谈正式开始时，需要一位受过专业培训的协调人员进行主持，引导小组讨论。专业的焦点小组访谈主持人会基于与调研人员确定的访谈大纲提出问题和引导讨论，并恰当地把握访谈的重点和节奏，使得讨论的结果可以覆盖调研人员所要达成的调研目标。随着信息技术的不断提高，借助社交平台（如微信等）开展的在线焦点访谈小组也变得越来越流行。

市场洞察3-3

微信平台助力
焦点小组访谈

深度访谈法，又名深层访谈法，是一种无结构的、直接的、个人的访问方法。在访问过程中，一个受过专业训练的访谈员针对一个主题提出一系列探索性问题，了解调研对象对某一问题的潜在动机、信念、态度和感情。深度访谈法具有无结构化、直接性以及个人针对性等特点。这种方法特别适合于了解复杂、抽象的问题，这些问题往往不是通过简单的问答就能说清楚的，而需要通过自由交谈和深入探讨来概括出所需的信息。

3.调查法

调查法是指一种通过由一系列问题和量表构成的调查表来收集资料，以测量调研对象的行为和态度的心理学基本研究方法，具有易量化、客观无偏见、便于定量分析等特点。随着数智时代的到来，网络已经成为调研的重要媒介，调研人员可以通过网站、电子邮件、社交媒体平台发放调查问卷，快速收集消费者对某一话题或产品的意见。

4.实验法

实验法是指通过精心设计和操控一个或多个自变量（即调研人员主动改变的因素），以系统地度量这些自变量对因变量（即调研人员希望了解如何变化的因素）的影响。在这个过程中，调研人员会严格控制实验条件，以确保除了被操控的自变量外，其他可能影响因变量的因素（称为控制变量或无关变量）都保持不变，从而准确揭示自变量与因变量之间的因果关系。在实践中，实验法涵盖三种实施策略，主要包括：事前-事后对比实验、控制组与实验组对比实验以及带控制组的事前-事后对比实验。

实验调研法的优势明显，它允许调研人员系统地探索市场现象间的因果联系及其相互作用的深度，所得数据因实验设计的严谨性而具有较高的客观性和可信度。然而，该方法亦有其局限性，实验周期较长，且在实际环境中难以达到完全的控制状态，导致部分实验需在实验室环境中进行，这可能限制了实验结果的普遍适用性。

5.行为数据法

行为数据法主要是指通过商店的扫描数据、分类购买记录和消费者数据库来记录消费者的购买行为[①]。随着数智时代的到来，电商平台已成为消费者购物的重要渠道，行为数据法的应用也扩展到了线上购物环境。如今，这一方法不仅包括线下商店的扫描数据和购买记录，还结合了消费者在电商平台上的线上购买数据以及商品评价，以更全面地分析消费者的全渠道购买行为。通过整合分析线上和线下的顾客购买数据，如浏览历史、购物车记录、交易数据、商品评价和消费者数据库中的详细资料，企业能够更精准地追踪和记录顾客的实际购买行为，进而提供更有针对性的营销策略。

---

① 科特勒，凯勒. 营销管理（精要版）[M]. 王永贵，华迎，译. 6版. 北京：清华大学出版社，2016.

6.文本分析法

文本分析法是对顾客、企业等主体交流沟通中产生的文本数据进行处理和分析，从中提取有用信息的方法[①]。文本数据承载着人类的思想、情感、观点和态度，包含了丰富而复杂的内容。随着文本分析技术的不断进步，调研人员如今能够借助计算机高效处理和分析大量文本数据。这些数据不仅限于被调查者的访谈记录，还涵盖了消费者在线评论、新闻稿、公司年报、电子邮件、推送广告等多种来源。

（三）调研工具

营销调研人员在收集资料时，可以借助多种调研工具，如调查问卷、心理学工具、扫描仪跟踪调查、网络爬虫工具、眼动追踪仪器以及脑电仪器等。

1.调查问卷

调查问卷是指为了系统、全面地搜集调研对象对于某个特定问题、现象、服务、产品或是政策等的态度、观点、行为模式、个人特征以及偏好等信息，而精心设计和编制的一系列问题和量表所组成的电子文件或纸质印件。作为市场营销调研获取原始资料最常用的手段之一，调查问卷具有成本低廉、覆盖面广以及数据易于量化处理等显著优势。调查问卷是调研人员和调研对象之间沟通的一种媒介，未经良好设计的问卷将会直接影响数据的质量和调研结论的可信度。在设计调研问卷时应遵循以下步骤：前期探索性工作、设计问卷初稿、评审和预调研以及修改并定稿四个步骤。

2.心理学工具

营销调研人员在开展调研过程中会利用阶梯技术、投射技术等心理学工具探究调研对象深层次的心理、意图和动机。阶梯技术通过调研人员逐步深入的问题引导，使调研对象逐层揭示自己的价值观、信念和行为动机，从而揭示出表层反应背后的真实想法。投射技术则利用模糊、开放的问题或图像，让调研对象自由联想和表达，从中挖掘出隐藏的情感和潜在需求。

3.扫描仪跟踪调查

扫描仪跟踪调查系统是一套高度集成的信息收集机制，它可以不间断地追踪一组参与者在广告、促销、定价策略等变量影响下的实际购买行为。作为现代营销调研的核心工具之一，扫描仪跟踪调查以其客观性和准确性著称，能够直接揭示不同市场策略与实际销售成果之间的因果关系。商家及调研人员能够依托扫描仪跟踪调查系统，直接洞察特定产品广告、折扣力度、优惠券发放及价格调整等营销策略的变动对消费者实际购买行为产生的影响。

4.网络爬虫工具

网络爬虫主要是指一种按照一定规则自动浏览万维网的程序或脚本。这种程序能够模拟真人的浏览行为，自动请求浏览万维网，并接收从万维网返回的数据。网络爬虫的主要功能是按照一定的规则，自动地抓取互联网上的资料（主要包括社交媒体平台上的用户互动数据、电商交易平台上的销量和用户评论数据以及新闻网站上的最新动态和文章等），并将这些信息存储在本地或者数据库中，以供调研人员进行数据处理和分析。

营销实战3-1

豆瓣电影Top
250数据爬取
实例

① BERGER J, HUMPHREYS A, LUDWIG S, et al.Uniting the tribes: Using text for marketing insight [J]. Journal of Marketing, 2020, 84（1）: 1-25.

5.眼动追踪仪器

眼动追踪仪器是一种用于测量人眼视线方向和注视点的设备。它通过捕捉眼球的细微运动，记录眼睛注视的位置及其运动轨迹，从而提供关于个体视觉注意力和认知加工过程的直观数据。近年来，眼动追踪仪器以其高精度、便捷性、客观性等特点，在营销调研领域得到广泛应用。眼动追踪可以为调研人员直观地呈现消费者的关注点。例如，眼动追踪技术可以用于广告布局优化，可以通过眼动追踪仪器对眼部运动的记录来发现消费者对元素的位置、大小或颜色的关注程度。此外，眼动追踪仪器还可以用于分析用户的偏好和兴趣点，在电商网站上，通过分析用户对不同商品图片的注视时间和注视次数可以了解用户的购买意向和偏好的商品类型。

6.脑电仪器

脑电仪器（Electroencephalograph，EEG）是一种记录脑电活动的电生理监测方法。它通过在头皮上放置多个电极，检测大脑皮层的电信号，这些信号反映了大脑中神经元的同步活动。EEG以其毫秒级的高时间分辨率著称，能够实时捕捉大脑对外部刺激的反应。近年来，由于其高精度和直观性，EEG被用于营销调研领域。EEG能够通过电极实时监测消费者在面对广告或产品包装设计等外部刺激时的大脑反应。通过检测大脑皮层的电信号，EEG可以揭示消费者对不同刺激物的关注程度。此外，EEG还可以揭示不同性别在处理广告刺激时的差异。研究显示[1]，在观看电视广告时，女性前额叶、颞前叶等区域的激活程度比男性更高，表现出更强的频率功率和P300波幅，同时激活了更多与情绪相关的脑区。

（四）抽样方法

抽样调查的核心目标在于通过抽取到的样本，提炼出关于目标总体特征的准确信息，这一过程的关键在于确保样本的代表性。为了实现这一目标，抽样流程必须严格遵循统计学原理，以保证数据的真实性和有效性。

完备的抽样计划包括以下五个步骤：定义目标总体，即调查谁；确定样本框，即抽样范围；确定抽样方法，即采用什么方法；确定样本量，即调查多少人；执行抽样计划，即明确执行的时间节点及负责人员。在抽样过程中，基本的抽样方法有概率抽样和非概率抽样，具体关于抽样方法的介绍见表3-1。

表3-1　　　　　　　　　　不同抽样方法的介绍

类别	具体抽样方法	含义
概率抽样	简单随机抽样	每个样本单位都有一个相同的概率被选中，且每个样本被选中的概率独立于其他个体
	分层随机抽样	将总体按照某些特征分为若干子层，对各层进行简单随机抽样
	整群抽样	将总体按一定标准划分为互斥的组别，以群或集体为抽样单位进行简单随机抽样
	多阶段抽样	将调研分为两个或两个以上的阶段进行抽样

① UVA T，FREITAS C L，PAIVA T.Neuroscience technologies in marketing：A study of gender and TV advertisements using electroencephalography［J］．International Journal of Technology Marketing，2015，10（4）：362-380.

续表

类别	具体抽样方法	含义
非概率抽样	任意抽样	依据便捷原则进行抽样，即选择容易获取的个体作为样本
	判断抽样	调研人员根据经验抽取能够提供准确信息的样本
	配额抽样	根据特定特征将总体分层并依据设定好的各层样本配额抽取调研样本
	滚雪球抽样	先抽取小部分符合要求的样本，要求他们推荐其他符合调研要求的样本，然后根据推荐信息选取之后的调研对象

资料来源 王永贵. 市场营销〔M〕. 2版. 北京：中国人民大学出版社，2022；曾伏娥，池韵佳. 市场营销调研〔M〕. 北京：高等教育出版社，2021.

在概率抽样中，目标总体内的每一个抽样单位均有一定的概率被选中，这一过程确保了抽样的客观性与公正性。而在非概率抽样中，抽样单位的选择往往基于调研人员的直观判断，抽样误差难以预测。

（五）接触方式

在明确抽样计划之后，调研人员应在兼顾调研成本和调研结果准确性的前提下，找寻接触调研对象的合适方式，可供选择的接触方式包括邮寄问卷、电话访问、面对面访谈以及在线调查。随着互联网技术的发展和日益普及，调研人员可以通过互联网接触到广大调研对象。调研人员现可充分利用网络的便捷性，通过网上视频会议、用户社区平台以及微信群组等社交媒体平台，实现与调研对象的即时、高效沟通。

三、数据资料收集

在制订详细的调研方案以后，关键的任务是高效且高质量地开展数据资料收集工作，确保数据的精确性与高价值。数据资料收集阶段的具体内容包括数据收集前期准备以及实际收集数据两个方面。

（一）数据收集前期准备

数据资料收集阶段的准备工作一定要充分。针对线下调研工作来说，除了精心策划并多次迭代优化问卷外，更需严谨筛选并全面培训参与调研的工作人员。培训的目的在于确保每位参与调研的工作人员对调研问题的认识和理解保持一致。若此环节流于形式，未能深入实施，后续收集的数据质量将大打折扣，从而影响调研结果的质量。对于使用网络爬虫法采集数据的调研工作来讲，除了要明确需要爬取的数据内容外，更需严谨编写和调试网络爬虫程序的代码，以免在正式爬取工作开始后出现技术性问题，延误数据收集工作。

（二）实际收集数据

获取的数据资料需要满足以下条件：对于二手数据的利用，其标准在于能否有效服务于分析与解决问题，并带来预期的洞察价值。而对原始资料的收集，则需严谨设计观察记录表、问卷、网络爬虫程序等，确保数据收集过程的科学性与有效性。同时，调研样本的选取需符合统计学要求，确保收集的数据能够在一定程度上代表总体的情况。此外，无论是面对面的访谈，还是通过电子邮件、视频电话等远程方式联系调研对象，均需提前进行周密安排，确保数据收集的顺利进行。

四、数据资料处理

在系统、细致地完成营销调研工作之后，调研人员会获取到大量的资料，但资料必须要经过调研人员的整理和分析，才能真正地为营销决策人员的营销决策提供有价值、有意义的信息。数据资料处理是对收集到的资料进行整理和分析，使之反映总体特征的过程。从上述对数据资料处理的定义可以看出，数据资料处理包含资料整理和资料分析两个过程。

资料的整理是把调研过程中获取到的分散、凌乱的数据转换成为逻辑清晰、便于分析的形式；资料的分析则是运用数据分析技术对经过整理的数据进行分析，从而获取有价值的信息的过程。资料的整理，尽管是一个耗时且对调研人员而言负担较重的任务，但它构成了资料分析过程的基石，是不可或缺的一步。资料的分析过程，要求拥有扎实数理知识背景的专业数据分析人员参与，其目的是从已经整理完毕的数据中获得对营销决策具有实质性帮助的信息与洞见，从而为企业营销决策提供有力的数据支持。

（一）资料整理

资料的整理一般包括数据分类以及数据预处理两个步骤，下面将从这两个方面对资料整理过程进行介绍。

1.数据分类

营销数据的类型包括结构化数据和非结构化数据。[①]其中结构化营销数据，也就是数据库数据和通过传统调研方法获取到的数据，它是通过二维表结构来逻辑表达实现的数据，严格地受到数据格式和长度的限制，主要通过数据库进行存储和管理。最常见的结构化数据包括产品销售量、销售利润以及通过问卷测量到的数据等。

非结构化数据，则是指那些没有预先定义的数值，需要研究人员手动或采用自动化方法编辑，能够提供多面性且并行发生的数据单元，如访谈文本数据、用户评论数据、图像数据、声音数据等。[②]据估计，目前公司持有的80%~95%数据都是非结构化数据，它们的增长速度是结构化数据的15倍。[③]在实际操作中，调研人员通常采用统计分析方法对结构化数据进行分析。对于非结构化数据，调研人员尝试将非结构化的数据通过适当的度量标准以及算法转化为计算机可以识别和处理的数据格式来进行分析。

2.数据预处理

数据预处理是将收集到的数据进行细致的核对、校正，并转换为计算机能够识别和处理的数据格式的过程。

对于结构化数据，预处理通常包括检查数据的完整性、改正错误，对数据进行筛选和鉴别等步骤，以确保数据的完整性、准确性和一致性。

对于非结构化数据中的文本数据，预处理则包括文本清洗、分词处理以及去除停用词等步骤，以便后续的分析能够顺利进行。下面将对文本数据的预处理过程进行介绍：

（1）文本清洗

文本清洗的目标是移除原始文本资料中与文本内容无关的标点符号、特殊字符（如数

① BALDUCCI B, MARINOVA D.Unstructured data in marketing [J]. Journal of the Academy of Marketing Science, 2018（46）：557-590.

② 杨扬，刘圣，李宜威，等.大数据营销：综述与展望 [J].系统工程理论与实践，2020，40（8）：2150-2158.

③ BERGER J, HUMPHREYS A, LUDWIG S, et al.Uniting the tribes: Using text for marketing insight [J]. Journal of Marketing, 2020, 84（1）：1-25.

字、空格符、分行符）或链接，这些信息往往对文本内容的理解没有意义。常用的文本清洗方式有人工去重、编写脚本或代码进行处理等方式。

（2）文本分词

文本分词的工作内容是将经过文本清洗的长文本数据拆分为"词"这一最小语义单位。中英文文本数据的分词方法和依据有所不同。国内常用的中文文本分词工具主要有Jieba、HanLP等。针对英文文本来讲，空格，标点符号是切分文本的主要依据，常用的英文文本分词工具有NLTK、spaCy等。

（3）去除停用词

停用词主要包括依附于实词的功能词，如冠词（a、an、the）、介词（在、是、以等）和连词（和、与、或等）。此外，研究人员还可以根据研究的问题和所收集文本数据的特点，自行建立停用词文档，其中可能包括人名、地名、固定格式的词汇或其他与分析目标无关的常用词。虽然停用词在文本数据中广泛存在，但其信息价值较低，因此删除这些词语可以提高文本分析的效率。常用的停用词表包括哈工大停用词表（中文）和NLTK停用词表等。然而，在某些情况下（如研究语言风格和叙事特征的作用），停用词可能会提供重要的信息[1]。因此，研究人员应根据具体研究的问题决定是否去除停用词，以及去除哪些停用词。

营销实战3-2

对文本进行预处理

（二）资料分析

在完成资料整理工作的基础上，调研人员需要借助分析方法来分析数据，以求从中获取到有价值的信息。

1.结构化数据的分析

对于结构化数据，调研人员往往通过统计软件包对定量数据进行分析，常见的统计软件包有SPSS、Stata、R语言等。通过运用这些统计软件包进行数据分析，不仅能够确保分析结果的客观性与准确性，还能更为精准地反映出数据的内在规律和特征。营销调研人员比较常用的数据统计方法有以下几种：描述分析、推理分析、差异分析、联合分析、预测分析以及聚类分析。对六种基本数据统计分析方法的描述见表3-2。

表3-2 **六种基本数据统计分析方法**[2]

数据统计分析方法	目的	统计概念
描述分析	概括数据的特征	均值、中位数、众数、方差、标准差、频数分布、百分比分布
推理分析	推断总体参数，假设检验	点估计、区间估计
差异分析	确定组与组之间是否存在差异	检验、方差分析
联合分析	确定联系	相关分析、回归分析
预测分析	在现有数据的基础上对未来进行预测	时间序列、回归分析
聚类分析	将样本进行分组分类分析	聚类分析

---

① IRELAND M E, PENNEBAKER J W.Language style matching in writing: synchrony in essays, correspondence, and poetry [J]. Journal of Personality and Social Psychology, 2010, 99（3）：549-571.
② 王永贵. 市场营销 [M]. 2版. 北京：中国人民大学出版社，2022.

（1）描述分析

调研人员需要从数据中计算出最能反映这组数据特征的几个关键指标，从而进一步描述样本数据的特征。调研人员在进行描述分析时应聚焦于三大类别的指标：一是集中趋势指标，用于揭示数据的中心位置，主要包括均值、中位数和众数；二是离散趋势指标，衡量数据围绕中心点的散布程度，常用方差或标准差来表示；三是频数与百分比分布，通过展示数据在不同数值或区间上的出现频次及其占比，详细描绘了数据内部的结构与分布细节。

（2）推理分析

营销调研的目的是获取市场总体的信息，需要依据样本统计量和数字特征推算总体的情况。推理分析就是依据已有样本数据推断出总体特征。

（3）差异分析

营销调研人员需要确定两个主体间或多个主体间是否存在差异。例如，调研人员可能希望了解在使用手机二维码支付习惯方面，中年人（41~65岁）与青年人（18~40岁）是否有所不同。为实现这一目标，调研人员通常会采用 t 检验作为统计工具，以科学验证两个群体间的支付行为是否存在显著性差异。此外，对于三个或三个以上总体均值之间差异的检验，应当采用方差分析方法（ANOVA）。例如，为了调研当地潜在顾客对3种产品广告类型的偏好和满意程度的差异，调研人员需运用方差分析方法来确定不同组别（即不同广告类型）之间的平均评分是否存在统计学上的显著差异。

（4）联合分析

联合分析的核心目标在于探究两个变量间的相关性质及其具体表现形式，即评估当一个变量发生变化时，另一个变量是否随之展现出某种特定的变化趋势。以某类消费品消费量与某个环境因素（如气温、降雨量、降雪天数等）的关系为例，此问题可通过相关分析方法进行解答，旨在验证变量之间是否存在某种关联性。一旦确认了变量间的相关性存在，接下来便可利用回归分析进一步探索这些变量之间是否遵循某种具体的线性关系。然而，值得注意的是，回归分析本质上属于因果推断的范畴，因此，在实施回归分析之前，明确界定两个变量之间的因果方向，是至关重要的一步。

（5）预测分析

预测分析是根据收集到的资料，借助一定的方法和数学模型，帮助营销决策者对未来事件进行预测。其中，时间序列分析或回归分析通常是调研人员使用的预测模型。利用时间序列进行预测分析时，调研人员不仅要准确捕捉并预测时间序列数据中长期存在的变化趋势，还需细致分析这些变化是否受到季节性波动等周期性因素的影响。回归分析法首先要求研究引起变化的原因，然后再确定因果之间的数量关系，最后预测未来结果的变化。

（6）聚类分析

聚类分析的主要作用是将收集到的数据按照一定的标准进行分类，确保同一类别内的数据对象展现出高度的相似性特征，而跨类别的数据对象则呈现出明显的差异性。以某汽车品牌针对其特定汽车产品进行的用户满意度调查为例，聚类分析能够有效辨识出对产品满意度持有高、中、低不同态度的消费群体。随后，通过对这些特定群体实施专项分析，研究者能够挖掘出更具实践指导意义的信息，以助力提升该汽车产品的顾客满意度。聚类分析的应用远不止于对消费者进行分类，它同样适用于产品的分类、各类商店的分类、营销业务人员的分类及广告的分类等方面。

2.非结构化数据的分析

非结构化数据涵盖了文本、图像、声音等多种类型。对于文本数据，通常使用大数据文本分析方法进行处理和分析。至于图像、声音等非结构化数据的分析方法，可以参考相关的专业资料。文本特征提取是大数据文本分析中至关重要的一个环节，核心目标是利用计算机技术识别和提取文本数据中的分散特征信息。在实际应用中，基于文本数据开展的特征工程主要包括三类：词汇特征、主题特征和关系特征。针对各项文本特征学习的目的，下面介绍其含义和技术工具。

（1）词汇特征的学习

文本中词汇的含义和使用习惯可以在一定程度上反映个体的思想、情感、想法和态度等信息。在文本预处理中，将待分析的文本数据拆分为由词汇和词组组成的列表后，通过计算特定类别词汇的数量及其在文本中所占的比例，调研人员能够获得有关文本内容和语言风格的两种特征线索。文本内容主要关注实词的使用情况（如名词、代词和形容词等），计算这些词汇的使用频率可以帮助表征特定的概念。例如，文本的情感倾向可以通过包含情感属性的词汇来反映，如"快乐"表示正向情感，而"悲伤"则指向负向情感。同样地，品牌在线社群内用户负面评论的社会影响也可以通过不同程度的负向情绪词汇来衡量。"愤怒""焦虑""厌恶"表明评论具有高唤醒强度，而"失望"则代表低唤醒强度。企业可以根据这些唤醒强度的差异，采取具有针对性的反馈措施，以降低负面评论的影响[①]。此外，在研究社会舆论时，词汇"支持"和"反对"可以有效揭示公众的态度倾向。语言风格主要关注虚词的使用，这些功能词的使用往往依赖于说话者的习惯和具体的语境，它们可以在一定程度上揭示个体特质的差异，并提供关于语言使用模式的有价值信息，如语言具象化[②]、文本可读性[③]等语言变量。

针对基于词语含义来提炼文本目标特征的方法，其核心原理是通过运用计算机技术，计算特定词语在文本中出现的次数或其占总词汇量的比例，以此来深入分析和探究文本所蕴含的特征。这类方法具有操作简单、可解释性强等特点。在具体的操作实践中，存在较多的词典可供调研人员使用，如 LIWC（Linguistic Inquiry and Word Count，面向英文）、CLIWC（Chinese Linguistic Inquiry and Word Count，面向繁体中文和简体中文）、ANEW（Affective Norms for English Words，面向英文）等。同时，调研人员也可以根据文本数据分析的目标来定义词典，从而构建目标构念的测量指标。

营销实战3-3

运用词频法做一个简单的情感分析

（2）主题特征的学习

在人们进行文本创作时，通常会围绕某一主题组织想法，通过词汇的组合和堆叠，最终形成易于理解的文本。主题特征学习正是基于这一原理，旨在理解文本中的潜在含义。主题特征学习认为，文本中某些词汇集合可以在一定程度上表达共同的主题或相同的概

①　HERHAUSEN D，LUDWIG S，GREWAL D，et al.Detecting，preventing，and mitigating online firestorms in brand communities［J］．Journal of Marketing，2019，83（3）：1–21.
②　PACKARD G，BERGER J.How concrete language shapes customer satisfaction［J］．Journal of Consumer Research，2021，47（5）：787–806.
③　MARKOWITZ D M，SHULMAN H C.The predictive utility of word familiarity for online engagements and funding［J］．Proceedings of the National Academy of Sciences，2021，118（18）：e2026045118.

念。通过学习文本数据的主题特征，调研人员可以更好地理解文本内容，明确该文本数据内含的主题是什么。主题特征通常由主题分布和主题词列表共同描述。在主题学习的基础上，调研人员能够更深入地洞察文本数据的核心信息。例如，在消费者评论的文本内容中，可能识别出的主题包括"产品质量""客户服务"等。在主题特征的学习过程中，每一条文本内容表示为一个K维概率向量，每个维度的概率值表示该文本在相应主题上的相对概率权重。主题模型通过降维方式，将文本内容转化为文本在K个主题上的概率分布，从而实现对文本内容的深度理解。

在具体的操作实践中，文本主题特征的提取主要有LDA（Latent Dirichlet Allocation）[①]和LSA（Latent Semantic Analysis）[②]两种主题模型。下面简单介绍LDA模型，它假设文本中的每篇文章都是由多个主题混合组成的，而每个主题又由一组特定的词语分布构成。LDA通过对文档中的词语频率进行建模，从而推断出每篇文章所包含的主题及其占比。其实现原理是词汇之间存在相似的语义使得词汇在不同的"主题"上聚类，从而形成文本主题分布。

主题特征学习的关键在于主题的确定。这一过程通常遵循以下四个步骤：第一，确定主题数量。进行主题分析时，首先需要确定模型中预设的主题数量（通常记作K），主题的数量和最优数量的确定需要结合调研人员的实践经验。第二，模型训练。在确定主题数量后，需使用主题模型算法（如LDA或LSA）来发现隐藏的主题结构。这些算法会为每个文档分配一个概率分布，表示它在各个主题上的占比。第三，确定主题内容。模型训练完成后，需要对生成的主题进行分析和可视化，以确定每个主题的具体内容。如果某个主题包含"环保""气候变化""可持续发展"等词汇，那么这个主题可能是"环境保护"。第四，主题评估。主题评估是衡量主题模型性能的关键环节，在主题模型的评估中，常用的指标包括困惑度（Perplexity）和一致性（Coherence）。困惑度反映了模型预测新文本数据时的表现，困惑度越低，模型对数据的拟合程度越好，说明模型能够更准确地捕捉文本数据中的主题结构。一致性则衡量主题内部词语的关联性和连贯性，一致性得分越高，说明主题内容越连贯。常用的一致性评估方法包括UMass一致性得分和C_V一致性得分等。

（3）关系特征的学习

关系特征的学习认为，针对于某些词的相似使用以及词的共现分布可以刻画词语、文档和目标主体之间的关系特征。在实践中，调研人员经常采用"词嵌入"这一机器学习技术来挖掘词汇的嵌入型特征。调研人员可以通过运用这一技术来分析词之间、概念之间乃至文档之间的相关性，并进一步运用到概念联想、语义演变、个体判断机制等社会科学研究[③]。

在具体的操作实践中，常用的"词嵌入"模型包括Word2Vec[④]、GloVe[⑤]等。关系特

① BLEI D M，NG A Y，JORDAN M I.Latent dirichlet allocation [J]．Journal of Machine Learning Research，2003，3：993-1022.
② LANDAUER T K，DUMAIS S T.A solution to Plato's problem：The latent semantic analysis theory of acquisition，induction，and representation of knowledge [J]．Psychological Review，1997，104（2）：211-240.
③ 冉雅璇，李志强，刘佳妮，等．大数据时代社会科学研究方法的拓展——基于词嵌入技术的文本分析的应用 [J]．南开管理评论，2022，25（2）：47-58；79.
④ MIKOLOV T，SUTSKEVER I，CHEN K，et al.Distributed representations of words and phrases and their compositionality [J]．Advances in Neural Information Processing Systems，2013，26：3111-3119.
⑤ PENNEBAKER J W，KING L A.Linguistic styles：Language use as an individual differenc [J]．Journal of Personality and Social Psychology，1999，77（6）：1296.

征学习的核心假设是分布式表征，即"词"的语义是通过其嵌入的上下文共同反映的，并以词向量的形式来表征各种语义特征。通过这种方法，可以基于"词"的文本分布模式构建词汇之间的关系。利用这种思想，还可以计算句子、段落甚至文档之间的语义关系，如Doc2Vec[1]。随着深度学习技术和神经网络算法的进步，以BERT[2]、GPT-3[3]等为代表的计算机算法模型在更复杂的文本分析任务上有更好的表现。

五、调研结果报告

调研结果报告是营销调研流程的最后一步，此步骤的核心任务是编写一份高质量的市场调研报告，以书面报告的形式展示营销调研获得的数据资料和分析结果，以供本企业营销管理者作出营销决策。调研结果需要及时地以市场调研报告形式提交给营销管理者，否则调研工作取得的调研结果是毫无意义的。此外，市场调研报告是制定营销决策的重要依据。市场调研报告的质量优劣，决定了企业营销调研活动的成败。因此，市场调研报告必须全面系统地反映调研内容。

通常情况下，市场调研报告的组成部分包括报告函、标题页、授权书、目录、摘要、正文和附录等。作为市场调研报告的核心，正文部分则包括调研背景、调研问题、调研方案、数据资料收集、数据资料处理过程以及结论与建议等。其中，调研建议是衡量调研报告质量的最重要依据，调研人员需基于对调研数据的深入分析，针对企业面临的营销问题提出切实可行的建议，为企业营销决策的制定带来实质性的帮助。

报告撰写应当注重语言的精准性与适切性以及逻辑结构的严谨性，并适当以图表等丰富表达形式。

★ **红色营销**

《寻乌调查》：调查研究的典范

《寻乌调查》[4][5]是毛泽东同志在土地革命战争时期作的最大的一次社会调查，也是他将马克思主义理论与中国实际相结合、对中国土地革命问题进行有益探索的成功实践。正如毛泽东同志所说，一切实际工作者必须向下作调查，对于只懂得理论不懂得实际情况的人，这种调查工作尤有必要，否则他们就不能将理论和实际相联系，没有调查就没有发言权。重读《寻乌调查》以获得启示，学习融注其中的工作态度、工作作风，从而激发调查研究的自觉性、提高调查研究的能力水平。

• 坚持问题导向，确定调查重点

调查研究要坚持以问题为导向，善于发现问题、敢于正视问题，以解决问题为根本目的。寻乌调查的成功，为解决中国革命发展进程中的社会问题提供了很好的实践范例。

20世纪30年代，革命根据地建设有了很大发展。同时，党内仍存在对富农问题、

① LE Q, MIKOLOV T. Distributed representations of sentences and documents [C]. 2014 Proceedings of the 31st International Conference on Machine Learning (ICML). PMLR, 2014, 32（2）: 1188-1196.
② DEVLIN J, CHANG M W, LEE K, et al.Bert: Pre-training of deep bidirectional transformers for language understanding [J]. ArXiv, 2019: arXiv1810.04805.
③ BROWN T, et al.Language models are few-shot learners [J]. ArXiv, 2020: arXiv2005.14165.
④ 中共中央文献研究室. 毛泽东文集（第一卷）[M]. 北京：人民出版社，1996.

工商业状况没有全面了解，对农村和城市的关系没有摸清的情况。毛泽东同志怀揣"富农与地主阶级的区别何在""广大贫农雇农对富农态度如何""当地工商业者具体情况如何"等一系列疑问，以明确的问题意识在繁忙的军政工作中抽出时间进行调研，力求通过实地考察掌握寻乌商业发展现状的第一手信息，搞清楚当时富农、工商业、商业资产阶级以及城市贫民的现状，制定符合中国革命发展需要的土地革命路线。

开展调查研究之前要确定调查地点，地点选得好才有代表性。毛泽东同志作寻乌调查的选址是有代表性的。正如毛泽东同志所说："寻乌这个县，介在闽粤赣三省的交界，明了了这个县的情况，三省交界各县的情况大概相差不远。"寻乌可以看作是20世纪二三十年代中国农村社会的一个缩影，其本身也符合调查对象的典型性特点。寻乌的商业是毛泽东同志这次调查的重点。他特别详细地调查了寻乌县的手工业和商业的状况，向郭友梅等人询问杂货店、裁缝店、钟表店、屠坊等二十个行业所经营的货物品种、生产数量、销售价格等。在调查中，毛泽东同志对有些商品的制作过程了解得极为详细，如"水货"类中的酱油，从其原料加工生产到制出成品，再到销售的数量和价格等都逐一作调查。除调查商品的生产和店铺的生意外，毛泽东同志还具体考察分析了其盛衰兴替的历史，如郭友梅经营的"郭怡和"杂货店有一百年的历史，是寻乌县的第一家大商店，曾积累下不少本钱。但从1928年起，农村灾荒，农民受到重租重利剥削，购买力低，买了东西还不起商家的账，商家又无本钱到梅县、兴宁办货，又遭到抢劫。所以，"郭怡和"杂货店变成了只剩下很少本钱的小店。为了搞清楚寻乌是不是存在卖妻鬻子的状况，毛泽东同志还专门找了三个来自不同村落的贫苦农民开展小型调查会。这几位贫苦农民反映：在封建地主的残酷压迫和剥削下，种田人吃不上饭的在村里要占40%，每年有5%的人家破产，加上债主催租又逼债，使得一些贫困交加的农民在上天无路、入地无门的惨境下不得不忍痛卖妻鬻子。

• 明确调查主体和对象，发挥领导干部的领头羊作用

毛泽东同志在《寻乌调查》中写道："在全部工作上帮助我组织这个调查的，是寻乌党的书记古柏同志。"古柏同志是寻乌县人，相比较毛泽东同志要更了解当地的具体情况。毛泽东同志要召开调查会，古柏同志根据他的计划和调查要求，精心挑选、召集相对了解寻乌具体情况、有代表性的人员参会；开会时，遇到毛泽东同志听不懂的客家话，古柏同志负责作调查记录和翻译；会后，他还协助毛泽东同志整理调查会记录，研究分析调查资料等。毛泽东同志要作大规模的社会调查，古柏就陪着毛泽东同志走街串巷，深入商店、作坊、圩场和田间地头作调查，与店员、手工业工人和农民促膝谈心，广泛接触各行各业人员，了解社会各阶层的生活状况。对于古柏在这次调查中所提供的协助，毛泽东同志给予了高度评价。他高兴地对朱德说，"古柏熟悉情况，他忠厚随和、宽以待人，在寻乌各界都有朋友"。在与毛泽东同志一起调查研究的过程中，古柏同志充分发挥了先锋模范作用，做到了一个领导干部应该尽到的义务。以甘当小学生的态度来了解情况，广泛收集材料；善于驾驭局面，推进调查整体效果的取得；亲自作记录；有吃苦精神。毛泽东同志在一个月的调查中没有一点架子，与调查对象平等、融洽地共处。为了获得第一手资料，只要了解到某人知道某种情况，毛泽东同志便以三顾茅庐的诚心去拜访、询问。有一次，他还帮当地农民插秧，在共同劳动中获得真实材

料。正如毛泽东同志所说，没有满腔的热忱，没有眼睛向下的决心，没有求知的渴望，没有放下臭架子、甘当小学生的精神，是一定不能做，也一定做不好的。必须明白：群众是真正的英雄，而我们自己则往往是幼稚可笑的，不了解这一点，就不能得到起码的知识。

• 由个别到一般，归纳总结规律方法

毛泽东同志在《寻乌调查》中提到，不管是研究农村问题还是城市问题，都要扑下身子、拼着精力地研究透一个地方再着手研究另一个地方，由个别到一般。对于这句话的理解，就是调查研究工作要解剖麻雀、见微知著。

1931年2月，毛泽东同志在江西宁都小布圩，将寻乌调查得到的丰富材料进行分析整理，写成一本八万余字的《寻乌调查》。在文中，毛泽东同志强调了调查研究工作的重要性：我们研究城市问题也是和研究农村问题一样，要拼着精力把一个地方研究透彻，然后再研究别个地方；倘若走马看花，如某同志所谓"到处只问一下子"，那便是一辈子也不能了解问题的深处。经过调查，毛泽东同志懂得了城市商业状况，掌握了分配土地的各种情况，为当时的工农政府制定了正确对待城市贫民和商业资产阶级的政策，为确定土地分配中限制富农的"抽肥补瘦"的原则提供了实际依据。

《寻乌调查》全文八万一千多字，从1930年5月开始调查到初步写好调查材料共一个月时间，是高效率的调查，经过了这么一个过程，即调查中亲手作笔录，调查后亲自整理。毛泽东同志在作寻乌调查时，在调查大中地主的政治思想的过程中已获取了不少材料，并从中归纳出大中地主的政治思想有三种情形。第一种是新的，即接受资本主义影响多的，他们生活比较奢华，看钱看得松，什么洋货也要买，衣服穿的是破胸装，头也要揸一个洋装；第二种是半新不旧的，他们赞成一点"新"，但随即就批评"新"的坏处；第三种人是完全封建思想封建生活的，他们始终希望恢复科举。在分析总结这些材料时，毛泽东同志发现还欠缺对这三种地主态度成因的分析。于是，他又去了解这些地主态度的成因。

选择寻乌作为个别案例调查研究，正是因为可以通过寻乌摸清楚整个中国城乡的基本情况。在对寻乌商业情况的实践调研中，毛泽东同志又仔细考察了门岭、梅县两地的生意往来，安远、梅县的生意往来，以及梅县到信丰的生意，惠州来货、寻乌的出口货，寻乌的重要市场等众多方面，发现寻乌当地存在着家庭手工业和资本主义工商业相互斗争而发展的局面。以小见大、触类旁通，我国与寻乌相同类型的其他城镇的商业全貌也就彰明较著了。

通过阅读上述资料，可以帮助同学们清楚地了解一项完整的调查研究如何开展。第一，《寻乌调查》调研主题是掌握当时中国商业发展现状的第一手信息，搞清楚当时富农、工商业、商业资产阶级以及城市贫民的现状。第二，《寻乌调查》制订了明确的调查方案，选择什么地点，调查对象是谁都有明确方向。第三，《寻乌调查》正式开展数据搜集，调研人员（古柏同志、毛泽东等同志）走街串巷，深入商店、作坊、圩场和田间地头作调查，与店员、手工业工人和农民促膝谈心，广泛接触各行各业人员，了解社会各阶层的生活状况。第四，《寻乌调查》收集到的原始资料由毛泽东同志亲自整理。第五，毛泽东同志在江西宁都小布圩，将寻乌调查得到的丰富材料进行分析整理，写成一本八万余字的《寻乌调查》，形成了最终的调研报告。

资料来源　唐诗源.《寻乌调查》：调查研究的典范［EB/OL］.［2024-04-26］. https：//article.xuexi. cn/articles/index. html? art_id=1358392444364185597&t=1714104091003&showmenu=false&study_style_id=feeds_ default&source=share&share_to=wx_single&item_id=1358392444364185597&ref_read_id=09dd59f4-66ac-4467- ba1d-d3e17a8b6c71_1722561957473. 内容有删改。

第三节　营销预测

一、营销预测的内涵

中国特色社会主义进入新时代，我国社会主要矛盾已经转化为人民日益增长的美好生活需要和不平衡不充分的发展之间的矛盾。习近平总书记强调："必须以满足人民日益增长的美好生活需要为出发点和落脚点，把发展成果不断转化为生活品质，不断增强人民群众的获得感、幸福感、安全感。"[1]党的二十届三中全会提出："在发展中保障和改善民生是中国式现代化的重大任务。"[2]数智时代，消费者的需求呈现多元化和个性化的态势。对于企业而言，满足消费者多元化、个性化的需求是企业创造价值和提升价值的关键。营销预测是企业了解消费者需求的重要手段。

在数智时代，随着大数据处理技术的发展，大数据营销已然成为营销预测的重要手段和工具。党的二十届三中全会提出："在发展中保障和改善民生是中国式现代化的重大任务。"大数据营销[3]指的是营销调研人员运用大数据技术和分析方法，将不同来源和不同类型的消费者数据进行挖掘和分析，探究其中隐藏的模式，如不同消费者群体的用户画像、沟通交互方式以及这些模式是如何影响消费者作出购买决策的，并基于此，有针对性地开展市场营销活动，满足消费者个性化的需求并为其创造更大的价值。

在数智时代，营销预测的重要性和必要性日益凸显，是发挥新质营销力的关键所在。结合时代发展背景，本书认为：营销预测是指根据过去和现在的市场情况，运用科学的预测方法，对与市场有关的未来状况作出判断和估计。营销预测侧重于对市场未来状况进行基本的描述，目的是为企业的营销决策提供几种可以比较选择的初始方案以及实施这些方案的最佳途径。

二、营销预测的流程

为了确保预测结果的质量，营销预测一般包括确定预测目标、搜集和整理资料、选定预测方法、制订营销方案、预测分析与评价以及撰写预测报告六个步骤。以上六个步骤是一个多次循环和逐渐完善的过程，具体如图3-4所示。

---

①　人民日报. 习近平在参加江苏代表团审议时强调 牢牢把握高质量发展这个首要任务［EB/OL］.［2023-03-06］. http：//jhsjk.people.cn/article/32637555.
②　新华社. 中国共产党第二十届中央委员会第三次全体会议公报［EB/OL］.［2024-07-18］. https：//www.gov. cn/yaowen/liebiao/202407/content_6963409.htm.
③　杨扬，刘圣，李宜威，等. 大数据营销：综述与展望［J］. 系统工程理论与实践，2020，40（8）：2150-2158.

```
┌─────────────────┐
│ 1.确定预测目标   │◄─┐
└────────┬────────┘  │
         ▼           │
┌─────────────────┐  │
│ 2.搜集和整理资料 │◄─┤
└────────┬────────┘  │
         ▼           │
┌─────────────────┐  │
│ 3.选定预测方法   │◄─┤
└────────┬────────┘  │
         ▼           │
┌─────────────────┐  │
│ 4.制订营销方案   │◄─┘
└────────┬────────┘
         ▼
┌─────────────────┐
│ 5.预测分析与评价 │
└────────┬────────┘
         ▼
┌─────────────────┐
│ 6.撰写预测报告   │
└─────────────────┘
```

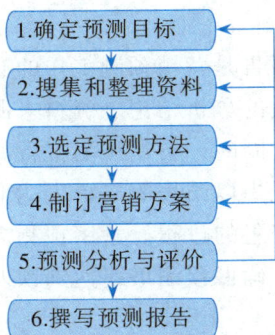

图3-4 营销预测的流程[①]

（一）确定预测目标

开展营销预测工作时，首先，需要明确预测对象，预测对象一定要具体、准确和清晰；其次，需要确定预测类型，例如是短期预测还是长期预测，是需求预测还是销售预测等；最后，需要明确预测要求，如成本效益预期和时间预期等。

确定预测目标是后续营销预测工作开展的基础，只有在确定预测目标后，才能制订预测计划、搜集相关资料、选定预测方法等。

（二）搜集和整理资料

企业需获取充分的数据资料。利用定性和定量的预测方法对市场变动的规律和预测对象的发展趋势进行具体的分析，并为预测模型提供必要的数据。在收集营销资料时，要以预测目标和具体要求为准绳，保证资料可以真实反映市场和消费者的情况，确保预测结果的质量。

（三）选定预测方法

预测方法种类和模型有很多，各种不同的方法和模型都有各自的适用条件。在确定预测方法和模型时，调研人员需综合考虑预测目标的具体要求、所收集到资料的情况（是结构化数据还是非结构化数据）以及预测人员的专业技术水平等多方面因素。在预测实践中，为保证结果的有效性和可靠性，往往是多种方法相互结合使用，互相进行补充。在数智时代，机器学习等计算机方法在营销预测领域的应用大大地提高了预测结果的精准度。

（四）制订营销方案

在正式开展预测时，调研人员往往会采取几种不同的预测方法，以此来确定几种不同的预测方案。预测工作最后阶段的任务是依据预测方案制订几种可行的营销方案，并阐述各种方案的制订依据与优缺点，方便管理层进行比较并作出最终的选择。

（五）预测分析与评价

预测分析与评估阶段的任务是根据最新的市场消息对原来的预测结果进行评估和修正，使营销预测更具科学性和实用性。在实际的操作中，预测结果与实际观察值之间往往会存在一定的偏差，需结合实际的市场表现来对以前的营销预测进行分析和评价，对之前未考虑的因素或新出现的状况进行分析和总结，不断修正和改进预测的方法，提高预测结果的准确性和可靠性。

---

① 罗运鹏. 现代企业营销学 ［M］. 合肥：安徽人民出版社，2004.

（六）撰写预测报告

撰写一份完备、准确的预测报告是营销预测工作的必要步骤。其内容应包括此次工作的预测目标、预测对象和相关因素的分析结论、资料来源、预测方法和预测模型的选择以及预测结论的分析与评估等方面。同时，营销预测报告的撰写应当注重语言的精准性与适切性以及逻辑结构的严谨性，并适当以图表等丰富表达形式。应当强调的是，营销预测工作不是一次性的，而是一个循环完善的过程。营销预测需要依据企业的实际经营状况，加入未考虑的因素和新出现的状况，确保预测最终达到预期的效果，并形成一份详细、准确的预测报告。

三、营销预测的方法

在实践中，可供调研人员使用的营销预测方法较多。各种营销预测方法的出现提高了预测的可靠性，为了获取较为可靠的预测结果，调研人员需要综合运用多个有效的预测方法来开展营销预测工作。调研预测方法可以分为：定性预测方法和定量预测方法。

（一）定性预测方法

定性预测方法是指依靠预测人员的经验、知识和判断，对所预测对象（如市场趋势、消费者行为以及绩效等）未来发展的前景、方向和程度所作出的判断，具有低成本、灵活性高和耗时少等优点。其缺点在于预测结果的主观性较强。在实践中预测人员主要采用的定性预测方法包括以下三种：

1. 推销人员意见综合法

推销人员意见综合法的程序如下：首先，公司要求基层推销人员对预测期的销售量进行评估，每位推销人员需要评估其负责区域内现有客户和潜在客户在预测期内的购买量。其次，将所有推销人员的评估结果汇总，得出预测期内的总销售量。最后，公司根据这一总销售预测量，对生产计划进行相应的调整。

但是每位推销人员的人格特质和经历有所不同，对销售量的评估可能会过于乐观，又或者过于悲观，应减少此类因素所带来的误差。此外，推销人员身居一线，可能对宏观层面营销计划的实施效果缺乏了解，低估了预测期内的市场需求。为了提高预测结果的有效性，公司可以为推销人员提供一定的支持，如推销代表在进行销售量的评估时，公司可以为其提供一份包含公司业务前景、竞争对手情况、营销计划实施方法以及过去一段时间内销售量等信息的手册。

2. 专家预测法

专家预测法是一种利用专家的知识、经验和分析判断能力，对市场未来发展进行预测的方法。通过将多个领域的专家集中起来，对历史信息资料进行综合分析，从而对未来市场的发展趋势作出判断。这种方法操作简便，成本低且周期短。专家预测法要求参与的专家具备丰富的行业经验和良好的声誉。严格的专家预测法还需要专家提前准备，搜集相关数据，并且整个预测往往不是一次性完成的。专家预测法通常适用于新产品或更新换代产品的预测。专家预测法通常包括德尔菲法、头脑风暴法等方法。

德尔菲法是依据系统的程序，采用匿名发表意见的方式，即专家之间不得互相讨论，不发生横向联系，只能与调查人员发生关系，通过多轮次调查专家对问卷所提问题的看法，经过反复征询、归纳、修改，最后汇总成专家基本一致的看法，作为预测的结果。但德尔菲法较为复杂，需反复修正，才能最终达成共识。头脑风暴法主要是指召集专家集体讨论，各自表达意见，取长补短，发挥集体智慧，作出预测，但最终结果容易受到权威的影响。

3. 类推预测法

类推法是一种通过对比分析预测对象与其他类似经济现象或指标，从而推断未来发展趋势的方法。其核心思路是将不同时期或不同地域的类似经济现象进行对比，找出规律，以此推断预测对象的未来变化。该方法通常需要专家的参与，他们负责识别以往的相似情况，并利用这些案例来推测可能的结果。例如，在预测一款新型电子产品的市场表现时，可以通过参考之前推出的类似产品的市场反应和销售数据，来推断新产品的未来销售趋势。

（二）定量预测方法

定量预测方法是指通过利用现有较为完整的历史统计数据，应用统计方法和数学模型来揭示预测对象的数量变化规律，从而预测未来市场的发展趋势。这种方法在历史统计数据系统可靠的情况下尤为适用。其优点在于，数量分析过程较为客观，受主观因素的干扰较少，并且可以借助现代计算机和软件技术进行处理；其缺点在于统计计算过程较为繁琐，需要专门学习专业的数理统计知识才能掌握方法，在实践中预测人员主要采用的定量预测方法包括以下三种：

1. 时间序列分析法

时间序列分析法是一种统计学方法，通过将历史数据按照时间顺序排列，分析其发展过程、方向和趋势，再利用统计分析或数学模型将这一时间序列向未来延伸，从而预测市场未来的可能水平。时间序列分析的基本原理是：趋势反映了时间序列在特定时期内的总体平均运动，并假设经济现象会沿着过去的趋势延续到未来。通过这种方法，企业能够从时间序列数据中识别出事物发展变化的模式，并通过对这些模式的度量和分析，预测某些变量的长期发展方向。常用的时间序列分析法有以下几种：

（1）简单平均法。这种方法预测的期望值等于所有先前观测点的平均值，称为简单平均法。例如，某一商品的价格虽然在一定时期内出现小幅变动，但每个时间段的平均值确实保持不变。这种情况下，可以认为下一个预测期的价格大致和过去的平均价格值一致。这种方法适用于短期预测。

（2）移动平均法。这种方法通过计算连续 n 期观察值的平均数来预测下一期的值。具体而言，移动平均法每期都会将最新一期的观察值纳入计算，同时舍弃最早的一期数据，从而保持计算的时效性。这种"移动"的过程确保了预测模型能够反映近期数据的变化趋势，考虑到近期外部因素变动对未来预测值的影响。移动平均法适用于平稳的时间序列数据，可以有效平滑短期波动。

（3）加权移动平均法。这种方法通过计算连续 n 期观察值的加权平均数来预测下一期的值。加权移动平均法是对移动平均法的一个改进，加权移动平均法为每一期的观察值分配不同的权重，通常越靠近预测期的观察值会被赋予越大的权重。这种权重的分配方式反映了近期数据对未来预测值的重要性。

（4）指数平滑法。其原理是通过赋予历史数据不同的权重，对季节性和周期性波动进行平滑，从而预测将来的趋势，下列是一个指数平滑公式：

$$S_{t+1} = \alpha \cdot Y_t + (1 - \alpha) \cdot S_t$$

其中 S_{t+1} 是下一期的预测值；Y_t 是当期的实际值；S_t 是用指数平滑法得到的当期的预测值；α 是平滑系数，在 0~1 之间取值，通常根据历史销售数据来确定。在指数平滑预测法中，历史数据的重要性随着时间的推移呈指数递减，越接近预测期的数据权重越大。这种方法有效地减少了周期之间的随机波动影响，并可以分别估计趋势和周期。然而对于明显存在上升或下降变动趋势的时间序列的预测，即使 α 取值很大，也会存在滞后偏差问题。为了解决这一问题，二次指数平滑法被提出。二次指数平滑法通过将最新的数据与之前的平滑值和趋势值结合，来预测下一期的值。这种方法能够更准确地预测具有线性趋势的时间序列。

（5）自回归积分移动平均（ARIMA）模型。ARIMA 通过对非平稳时间序列数据进行差分处理，使其达到平稳性，再结合自回归和移动平均成分，实现对非平稳时间序列数据进行建模和预测。

2. 因果分析法

因果分析法是一种通过分析市场变量之间因果关系来预测未来趋势的方法。市场的发展通常是多种因素相互作用的结果，因此，市场变化与各种影响因素之间存在着因果关系。在众多因果分析方法中，最常用的是回归分析法。经济学研究表明，许多经济现象之间存在着明确的因果关系，例如，供求与商品价格之间的关系。回归分析法通过建立回归方程，模拟"导致未来状态变化的各种因素与未来状态"之间的统计关系。

3. 基于人工智能的预测方法

人工智能模型通过学习和识别数据中的模式和关系，能够高效处理复杂的非线性数据，而不需要预先定义输入和输出变量之间的关系。在营销预测中，人工智能模型能够从大量历史数据中自动提取特征，识别影响市场变动趋势的关键因素，生成高精度的预测结果。常用的基于人工智能的预测方法有以下几种：

（1）人工神经网络（ANN）。人工神经网络通过输入层、隐藏层和输出层的层级结构，学习并识别复杂的非线性数据模式。在营销预测中，ANN 模型能从大量历史数据中自动提取特征，捕捉复杂的非线性关系和趋势。研究工作表明，人工神经网络技术是解决复杂的销售预测问题的合适技术之一[①]。例如，为预测某产品在电商平台上的未来销量，调研人员专门收集了亚马逊电商平台上该产品销量数据和顾客对该产品的评价数据（包括评价效价、评价星级等），并利用 ANN 模型成功对该产品下个月在这个平台上的销量进行了预测[②]。

（2）支持向量回归（SVR）。这种方法是支持向量机（SVM）的扩展，用于处理回归问题。SVR 模型通过在高维空间中构造一个最佳的回归超平面或曲面，从而预测连续变量的数值。SVR 模型的核心优势在于其处理非线性数据的能力，特别是在面对复杂的市场数据时，SVR 模型能够精确识别出隐藏在数据中的趋势和模式。在营销预测中，SVR 模型能够有效捕捉销售额、市场需求等变量的变化特征。例如，为了预测未来房地产价格

① FRANK C, GARG A, SZTANDERA L, et al.Forecasting women's apparel sales using mathematical modeling [J]. International Journal of Clothing Science and Technology, 2003, 15（2）：107-125.
② BISWAS B, SANYAL M K, MUKHERJEE T.AI-based sales forecasting model for digital marketing [J]. International Journal of E-Business Research（IJEBR）, 2023, 19（1）：1-14.

的走势，调研人员收集了包括居民可支配收入、居民消费价格指数、真实的房地产开发投资以及贷款利率等相关数据，利用 SVR 模型分析这些指标之间的复杂关系，实现了对真实房地产价格的预测①。

（3）递归神经网络（RNN）。递归神经网络是一种专门用于处理序列数据的神经网络模型，特别擅长处理时间序列数据，能够捕捉时间之间的依赖关系。在实践中，RNN 可用于消费者个性化需求预测②、股票价格预测③等方面。然而，RNN 在处理长序列数据时容易出现梯度消失问题，这限制了其捕捉长时依赖性的能力。为了解决这一问题，长短期记忆网络（LSTM）应运而生，这一模型通过特殊的结构设计，更好地保留和传递长时依赖信息，提升了序列预测的效果。

（4）Transformer 是一种基于自注意力机制的神经网络架构。它能够有效捕捉序列中各元素之间的关系，从而更好地处理长距离依赖问题。这种架构不仅在机器翻译、文本摘要等任务中表现出色，还被应用于时间序列预测。例如，为了实现对某零售商未来产品销量的预测，调研人员利用该零售商的历史销售数据对 Transformer 模型进行了训练。在考虑了季节、假期、促销、城市、门店级别和产品类型等因素的情况下，训练好的 Transformer 模型很好地实现了对产品销量的预测④。

市场洞察3-5
盒马销量预测核心算法的技术演进

本章小结

营销调研是获取企业营销决策所需信息的一项职能活动，其具有科学性、系统性、客观性、针对性、辅助性以及实时性六大特点。营销调研的作用有以下几个方面：市场洞察与需求识别、营销决策支持以及营销策略评估与调整。在数智时代，营销调研的作用愈加重要，是发挥新质营销力的关键所在。

营销调研工作通常包括五个步骤，五个步骤则涵盖了确定调研主题、制订调研方案、数据资料收集、数据资料处理和调研结果报告。为了确保获得有效、准确的市场信息，并达到预期的效果，营销调研工作必须按照这些步骤有计划地进行。

营销预测工作通常包括六个步骤，分别为确定预测目标、搜集和整理资料、选定预测方法、制订营销方案、预测分析和评价以及撰写预测报告。在实践中，常用的预测方法有定性的预测方法和定量的预测方法。

关键概念

营销调研 营销调研流程 观察法 访谈法 问卷法 实验法 行为数据法 文本分析法 营销预测 营销预测流程 定性预测方法 定量预测方法

① LI D Y, XU W, ZHAO H, et al.A SVR based forecasting approach for real estate price prediction［C］. 2009 International Conference on Machine Learning and Cybernetics.IEEE, 2009, 2：970-974.
② CHEN T, KENG B, Moreno J.Multivariate arrival times with recurrent neural networks for personalized demand forecasting［C］. 2018 IEEE International Conference on Data Mining Workshops（ICDMW）. IEEE, 2018：810-819.
③ SHAH D, CAMPBELL W, ZULKERNINE F H.A comparative study of LSTM and DNN for stock market forecasting［C］. 2018 IEEE International Conference on Big Data（big data）. IEEE, 2018：4148-4155.
④ LI Q, YU M.Achieving sales forecasting with higher accuracy and efficiency：A new model based on modified transformer［J］. Journal of Theoretical and Applied Electronic Commerce Research，2023, 18（4）：1990-2006.

案例分析

宁波燕香国际贸易有限公司的大数据营销之路

宁波燕香国际贸易有限公司成立于 2016 年 7 月 4 日，经营范围包括宠物食品、用品批发零售及宠物销售等。公司由阮溢平和李雪洁创立，他们于 2010 年在淘宝开设了"嘟嘟小宠私厨"店铺，最初通过国内外经销商进货。随着销量的增长，2016 年公司注册了自己的猫舍，开始进口并销售纯种猫。除了线上销售外，两个人还积极开拓线下的销售渠道，2017 年 5 月，公司在宁波最大的花鸟市场——天胜花鸟市场开设了一家集宠物用品、宠物活体、宠物食品于一体的大型综合型宠物商场。商场在经营初期由于管理方面的问题遇到了一些困难。

1. 无数据支持瞎子摸鱼

2018 年年初，阮溢平和他的合伙人李雪洁已经在淘宝平台上经营"嘟嘟小宠私厨"店铺近 8 年，同时在天胜花鸟市场的宠物商场也运营了半年。尽管淘宝店铺的年销售额保持着约 10% 的增长，但线上经营始终未有突破，而线下商场的销售也不理想，尽管有不少顾客光顾和咨询，但成交量低且客单价不高。

（1）各平台圈粉

为了拓展客源，两个人通过多种渠道寻找潜在客户。起初，他们在微博和百度贴吧上发表了关于宠物喂养、护理和生活习性的专业文章，吸引了一些宠物爱好者，其中部分"粉丝"转化为客户。然而，随着微博和百度贴吧热度的下降，两个人发现在这两个平台获取的客源越来越少。2018 年 10 月，他们转向流量更大的抖音短视频平台，注册了"宁波宠缘"账号，开始制作与宠物相关的短视频。这些视频最初获得了较高的播放量和点赞数，并被抖音平台推荐为精选视频，吸引了一批新"粉丝"。然而，随着同类视频数量的增加和视频质量的提升，再加上公司缺乏专业的短视频运营团队，短视频在抖音平台上的人气逐渐下滑。在线上拓展客源的同时，两个人还尝试了线下方式，如派发礼物宣传、在广场展示宠物、组织宠物主人聚会等，虽然取得了一些效果，但未能显著提升公司的销售业绩。

（2）专业团队策划

经过多种尝试，虽然公司的销售额没有显著提升，但积累了大量的"粉丝"群体，并建立了十几个百人级的"粉丝"微信群，其中部分"粉丝"成功转化为客户，使公司淘宝店铺成为网红店。加上线下商场积累的会员实名客户，到 2019 年年底，公司客户数量接近 1 万人，客户交易记录达到数十万条，各平台上的评论互动数据也达到了几十万条。这些丰富的数据资源引发了阮溢平的思考：是否可以利用这些数据在客户营销上实现突破？于是，在 2020 年年初，阮溢平联系了一个专业的商务智能团队，希望借助他们的帮助来提升线下商店的销售额。经过沟通，商务智能团队提出了一个利用公司现有大数据资源进行客户营销的执行方案计划，如图 3-5 所示：

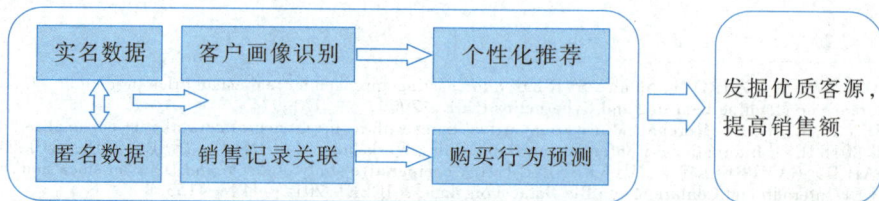

图3-5　利用大数据资源进行客户营销的执行方案

2. 大数据助力策无遗算

（1）客户个性化推荐

商务智能团队梳理了公司的数据来源，发现公司的客户数据主要分为两部分：一部分是线下商场和淘宝会员的实名数据，如购买、支付、配送等信息；另一部分是客户在淘宝、抖音、微博、百度贴吧、小红书上的匿名行为数据，如评价、留言、关注、浏览等。为了整合这些数据，团队首先利用数据爬虫、百度统计、谷歌分析等工具获取匿名客户数据，然后收集淘宝、微信、旺旺等平台上的实名数据，如收货地址、联系方式等。最后，通过关键字匹配、清洗和整合两部分数据。

接着团队将整理好的完整的客户数据从基本情况、行为偏好、购买偏好、客户价值、购买时间以及购买产品类型六个不同的维度添加客户的画像特征，这些特征随着客户活动数据的增加而逐步完善，更接近客户的真实情况。表3-3列举了公司客户数据每个维度下的不同的考察项。

表3-3　　　　　　　　　　　　**客户画像特征维度一览表**

考察维度	考察项目
基本情况	年龄、电话、微信、家庭住址、职业等
行为偏好	线上和线下访问来源、访问次数、收货方式、日常浏览偏好、收藏关注行为等
购买偏好	购买商品的种类、品牌、支付方式、宠物颜色偏好、促销方式偏好等
客户价值	交易商品数量、平均单价、总金额、月支出情况、交易时间间隔等
购买时间	一星期、一个月、三个月、半年等
购买产品类型	龙猫、仓鼠、兔子、豚鼠、猫咪等

公司通过对60%以上的重要客户建立类似上述的客户画像，使公司对这些客户的消费习惯和消费特征更加清晰。公司的售后服务团队也能更有针对性地提供个性化的服务，增加了这些客户的消费黏度。据公司统计，在使用了上述的营销方案后公司的销售额提高了将近20%，公司销售的活体宠物数量和配套商品的销售量双双提高，特别是提高了客户的忠诚度，被公司的销售商品和服务"圈粉"的客户数量大大提高。

（2）客户购买预测推荐

在客户画像识别营销取得良好效果后，阮溢平再次找到商务智能团队，希望能够进一步优化产品推荐。团队仔细分析了公司的销售记录数据，发现可以通过分析客户购买商品之间的先后关系，进行关联推荐，以提高商品的购买率。

在关联规则建模过程中，团队使用Apriori算法，并在选定合适的最小置信度和最小支持度后，得出了若干关联规则。团队在剔除了一些提升度较小的规则后，将这些规则按照商品利润的高低进行了排序。公司据此可以优先关注利润较高的商品关联规则，将关联性强的商品进行联合推荐或捆绑销售，同时将利润较高的商品组合在商场的显眼位置展示。

此外，团队还为商场商品的摆放提供了建议。例如，将关联性高的两类商品由原来的相邻摆放改为分开放置，如将猫咪罐头和零食分别放在商场的两端，这样顾客在购买这两类商品时需要经过中间的宠物用品区，增加了其他商品的曝光率。同时，团队建议将利润最高的商品组合放在一起，促进联合购买。

团队还建议根据商品的利润和销售周期来调整货架摆放位置：在三层货架中，中层摆放高利润商品，因为这层最容易被顾客看到；上层摆放推荐商品，下层则放置销售周期进入衰退期的商品。此外，团队根据类似项目的经验，建议将冲动性购买和购买频次高的商品放在靠近入口的位置，以吸引顾客注意力，提高购买概率。为了进一步吸引顾客进店，团队还建议在商场入口处摆放受欢迎的"网红"猫咪，吸引路过或进店的顾客。

实施这些营销方案后，公司线上和线下商场的商品销售量均有显著提升。许多顾客因受到推荐而立即购买了本来未打算购买的商品，线下商场的顾客流量和消费量也大幅增加，使得原本不景气的线下商场得以复苏，继续维持运营。

（3）精准获客

阮溢平意识到，前期的营销策略主要依赖于现有客户资源，未能充分发掘新的客户，这可能是限制公司快速发展的关键问题之一。虽然公司在抖音、小红书、微信朋友圈等热门平台上持续进行宣传推广，但这种被动等待客户咨询或购买的方式效果有限。因此，公司决定主动出击，特别是寻找需求量较大的批发客户，以开拓新的市场。

为此，公司组建了大数据营销团队，设计了精准获客方案。团队首先对现有客户的群体特征、商品购买情况、消费习惯等进行了深入分析。此外，他们还与中国移动、中国联通和中国电信建立合作，通过这些运营商的强大客户资源，向潜在客户精准发送短信广告，并将投放地域集中在宁波周边。团队还利用购买猫咪活体客户的数据，建立了多元逻辑回归模型，根据模型来定量地分析可能会饲养猫咪的潜在客户特征，从而可以精准地在潜在客户可能出现较多的地方，如高端写字楼、大型商超附近等区域组织一些宠物展示的活动。

同时，团队运用网络爬虫等技术手段，在抖音、小红书、微博、贴吧等流量较大的APP中，寻找曾浏览或访问过与公司商品相关文章、视频或购物页面的用户。他们在淘宝上购买相应的服务来查找到多次搜索公司淘宝店铺的用户，还购买百度等各大搜索网站的服务，寻找多次搜索"宠物食品""宠物用品""宠物饲养知识"等相关关键词的用户。

在投入了一定的获客成本后，公司通过这些主动寻找客户的方式，成功吸引了大量新客源。据统计，客户数量较之前提升了近30%。不仅如此，公司还发掘了一部分优质客户，特别是批发客户，使得公司的销售模式从以个人为主逐渐转向个人和批发并重的发展方向。

3. 大数据营销成效显著

宁波燕香国际贸易有限公司利用线上和线下积累的客户数据、销售数据，以及通过电商、社交、短视频等平台抓取的客户留言、评论、互动等数据，实施了客户个性化推荐、客户购买行为预测和精准获客的基于大数据营销方案，这些营销方案的实施使得公司提供了宠物活体及相关商品的销售量，同时公司的线上和线下平台也收获了更多忠诚的客户，公司在宠物销售市场的知名度也得到了提高。截至2020年年底，公司所有项目的营业收入已经达到近1 000万元，同比增长105%，实现利润总额350万元，同比增长110%。

资料来源：蔡天鸣. 宁波燕香国际贸易公司的大数据营销之路［DB/OL］.［2022-03-14］.中国管理案例共享中心. http://www.cmcc-dlut.cn/Cases/Detail/6113.内容有删改。

问题：

1. 客户大数据的来源有哪些？宁波燕香国际贸易有限公司是如何收集这些客户大数据的？

2. 如何利用客户大数据分析结果进行营销？宁波燕香国际贸易有限公司的营销策略制定和实施过程中是如何利用大数据的？

案例分析答案示例3　　　　　　　　　　　基本训练3

第四章

消费者行为分析

学习目标

1.了解消费者市场的定义及基本构成；

2.理解消费者购买模型；

3.理解影响消费者购买行为的因素；

4.掌握消费者购买行为类型；

5.掌握消费者购买决策的一般过程。

思维导图

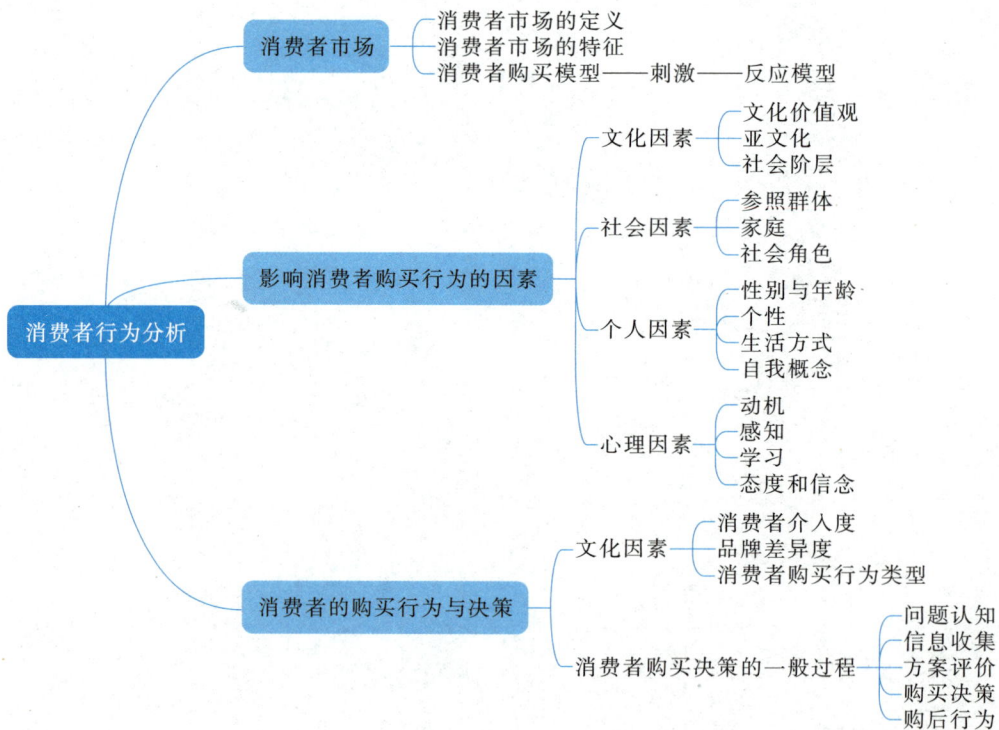

开篇案例

布兰兔的植物庄园——以茶饮魔法展现营销美学

2010年前后，文化旅游行业在国家的支持下展现出强劲的发展势头。此时，四个刚从动漫设计与制作专业毕业的大学生看中了文化旅游行业的市场发展潜力，打算结合自身专业优势，在文化旅游市场开启他们的创业之旅。随后，几个人一头扎进文旅风口，并在此过程中砥砺前行，乘风破浪。2013年年底，几经摸索后的他们终于成功创立了一个新式茶饮品牌——"布兰兔"。"布兰兔"专注经营花果茶，主要面向景区市场，它在浙江嘉兴的西塘古镇开了第一家线下体验店。

2023年，也是中国农历里的"兔年"，"布兰兔"迎来了品牌创立的第十年。在这十年间，品牌不断发展壮大。截至2023年5月，"布兰兔"已有16家线下体验店和2家淘系店，店铺遍及上海、苏州、长沙、成都、重庆等十几个城市。实际上，我国拥有几千年的饮茶文化，茶市场的发展已经相当成熟，"布兰兔"要想在传统茶市场中脱颖而出并非易事。那么，它又是如何破土而出并持续成长的呢？

1.打造IP，拉近距离

也许是因为出身动漫设计专业，创始人们偏好创建IP来传递品牌形象，他们认为建立品牌IP有利于拉近品牌与消费者之间的关系。

花果茶的消费者多为女性。在中国传统文化中，固有属相一说，人们常用十二生肖记录自己的出生年份，而兔子在十二生肖中最贴近女性，且最为温和。并且，创业团队中恰好有三位创始人属兔。于是，创始人们决定把兔子作为IP设计的原型。

在具体设计上，设计团队充分融合动漫设计理念，即以夸张的表现形式和拟人的表现手法呈现兔子形象，将兔子设计成兔子先生。为带给消费者更加温和舒适的服务体验，便于与大众进行交流互动，设计团队将兔子先生定位为一个管家先生，而非高高在上的伯爵。几经打磨，"布兰兔"就这样诞生了。

此外，设计团队还会在保持风格一致的基础上，不断创新。比如，团队以"布兰兔"为主角，打造"爱丽丝系列"主题产品。这个系列以19世纪的故事为背景，以冒险为主题，围绕下午茶设计"布兰兔"的奇妙之旅。收到不错的反响后，团队又从"爱丽丝系列"衍生出"国王系列"，以成年舞会为故事背景进行产品设计。他们不断从童话故事、莎士比亚十四行诗歌等古典文化中去获取创作灵感，并根据具体产品进行品牌设计。

2.回访客户，重新刻画用户画像

在"布兰兔"创立初期，创始人们认为主要购买者是20~30岁的年轻女性。她们不仅追求生活中的仪式感，对美学有一定的鉴赏力，还有消费能力能为自己的喜好买单。但是，随着企业的发展，团队发现顾客实际需求与公司预期有所偏差。于是，公司组织了一次老客户回访。

团队首先通过ERP后台，将顾客按照购买次数或购买金额进行排序，拉出排名前100的回访名单，然后由公司管理层人员按照名单逐一进行电话回访。在回访过程中，团队发现"布兰兔"的消费者不仅仅是20~30岁的年轻女性，一些男性以及年龄较大的女性也是"布兰兔"的顾客。

一名男性顾客在回访时说道："我在上海出差的时候，偶然看到'布兰兔'的线下实体店，店铺的小资装修风格立刻吸引了我。进店体验后发现，'布兰兔'的茶不仅有生活品位，味道也不错。虽然我不会长期饮用，但是在有送礼需求时，就会想到'布兰兔'。"

送礼需求为团队寻找"布兰兔"的潜在客户提供了一个新的线索。一直以来，团队都在思考，"布兰兔"的竞争者到底是谁？"布兰兔"注册了线上天猫店铺后，团队利用插件对淘宝上的评价做了一次词频分析。结果发现，评价中"送""礼物"这些关键词的频率高达11%。将"布兰兔"的词频分析与其他店铺进行匹配后能够知道，像"野兽派"这类具有送礼属性的店铺是"布兰兔"有力的竞争对手。

根据以上发现，团队再结合"天猫"后台数据可以得出，"布兰兔"的主力用户人群为女性，年龄在20~30岁，同时具有送礼需求的潜在用户群体迅速增长。在二三线城市中，女性购买"布兰兔"的数量和频次都有所上升，虽然不像一线城市中的女性偏好去精致的线下实体店，但是她们也乐意邀约三五好友在家里享受生活，为自己制造仪式感。此外，中年女性先前也是被"布兰兔"所忽视的潜在消费群体。

3. 传递态度，创造新的价值主张

"布兰兔"该如何做出自己的特色呢？创始人们认为，女性顾客和礼品市场的顾客都很看重产品是否好喝、好看，而他们最大的优势就是设计。如果"布兰兔"只追求"好看"，那就显得过于浅薄了。对于创始人们来说，"布兰兔"不止于卖花果茶，他们更希望倡导一种精致、有趣的时尚茶生活方式。不同于传统茶的沉闷和古板，花果茶酸甜的口感和跳跃的色彩更加有趣、有味。对于很多忙碌的，没有太多时间享受自己生活的人来说，泡上一杯好看又好喝的花果茶也是一种认真对待生活的处事态度。为了传播这样的茶生活方式，"布兰兔"与颇具英伦轻奢复古风格的LEVC汽车合作，共同打造了一场精致的下午茶会。在茶会上，不仅可以品尝到各种风味的花果茶，还有"布兰兔"高级茶艺师分享下午茶礼仪以及各种有趣的花果茶小知识。为做到品牌Slogan所喊的那样——来杯生活仪式感，团队成员们矢志不渝地努力着。

前路漫漫亦灿灿，笃行步步亦驱驱。在进行市场营销活动时，要将顾客的需求和体验放在首位。这就需要企业从顾客的角度出发，了解他们的喜好、习惯和需求，通过个性化定制产品或服务来满足他们的需求。同时，在营销过程中也要注重与顾客建立良好的沟通和互动关系，倾听他们的反馈意见，并及时做出调整和改进。只有真正关心顾客、尊重顾客、理解顾客，才能长盛不衰。

资料来源：侯旻，乐小英，唐永鹏，等. 布兰兔的植物庄园：以茶饮魔法展现营销美学［EB/OL］.［2023-11-20］. http://www.cmcc-diut.cn/Cases/Detail/7804.内容有删改。

第一节　消费者市场

消费者市场作为最终的产品市场，是一切市场的基础，也是起决定性作用的市场。消费者市场在引导企业创新、提高产品质量和服务水平上起着至关重要的作用，其稳定性与活跃程度直接关系到整个经济运行的稳定性和经济的健康发展。在当前这样一个挑战和机遇并存的市场环境下，企业只有全面考虑消费者市场的特征，才能充分释放新质营销力，不断改进产品质量、提升服务水平，满足人民日益增长的美好生活需要。

一、消费者市场的定义

消费者市场是一个由个人和家庭组成的巨大市场，他们购买各种商品和服务来满足自身的需求，即消费者市场是指为满足自身需要而购买的一切个人和家庭构成的市场。这些

需求涵盖消费者的衣、食、住、行、教育、医疗、休闲等各个领域，覆盖了生活的方方面面。

随着人工智能、云计算、大数据、物联网、虚拟现实、增强现实等数字技术以及移动终端、电子商务平台的快速发展，消费者市场也变得更加多元化和复杂化。消费者对产品和服务的需求日益个性化，交易也不再局限于实体场所，还可以转移至虚拟网络平台。消费者具有更大的灵活性，在任何时间、任何地点都能进行商品与服务的交易。

●价值引领 4-1

我国的超大规模市场优势

回望历史，我国在创造世所罕见的经济快速发展奇迹的同时，培育和形成了全球少有的超大规模内需市场。我国的超大规模市场，是增长潜力大、供求多元、开放度高、具有全球影响力的统一大市场。在世界百年未有之大变局加速演进的大背景下，超大规模市场具有的经济稳定、自立、对外黏合力、竞争力和活力等诸多优势，对不断增强我国经济的生存力、竞争力、发展力、持续力具有重大战略意义。

经济的发展力和持续力，很大程度上取决于经济活力，取决于经济体的市场规模。超大规模市场意味着更多的创新场景、更低的创新成本和更高的创新收益。我国拥有超过4亿且规模仍在快速增长的中等收入群体，拥有全球最具潜力的消费市场，这为各类新技术、新业态、新模式创造了理想试验场，能让新技术、新产品迅速产业化和规模化，使边际成本被快速摊薄，使创新创业者获得更多收益。

总之，强大的国内市场是我国经济发展无可比拟的独特优势。立足新发展阶段、贯彻新发展理念、构建新发展格局，推动高质量发展，我们一定要重视和发挥好这一优势，持续推进超大规模市场建设。

资料来源：毛有佳，赵昌文.充分发挥超大规模市场优势［N］.经济日报.2021-08-18.

二、消费者市场的特征

随着科技的发展和社会结构的变化，市场和行业被不断重塑，消费者市场也在不断演变，因此对消费者变化的认知比以往任何时候都更加重要了。了解消费者的需求、喜好和购物习惯成为企业成功的关键。谁对消费者的认知更深入，谁就能在未来的市场上取胜。

消费者市场具有以下重要特征：

第一，消费者市场上购买人数众多，需求复杂多变。消费者市场上的购买者是个人和家庭，海量消费者意味着海量需求。同时，消费者在文化、社会、个性和心理等方面存在的差异会使得其在购买消费品时表现出各种各样的兴趣和偏好，对品类、功能、价格、渠道、品牌等方面的要求往往具有一定差异。特别是随着互联网平台和人工智能、大数据、物联网等数智技术的发展，消费需求的多元化、个性化、网络化特征得到了进一步强化和更加充分的体现。消费者可以通过互联网平台轻松获取各种产品信息，并且可以根据自己的喜好和需求进行定制化选择。无论是日常生活用品、电子设备还是娱乐产品，消费者通常都能在市场上找到满足自身需求的产品和服务。这种多样性不仅促进了市场竞争，也为消费者提供了更多元化的选择，使得市场变得更加丰富和活跃。

第二，消费者需求具有可诱导性。消费者的需求既因为自身对当前状态的不满足而产生，也有可能受到外界刺激而被唤醒，并常常可能发生变化和转移。从宏观角度来看，经济发展水平、社会文化环境、科技进步等都可能会对消费者需求产生影响。比如，在经济繁荣时期，消费者可能更倾向于追求高品质、高价值的产品和服务；而在经济萧条时期，消费者则可能更注重价格实惠、性价比较高。政府推出的一些促进消费的政策措施，如减税优惠、补贴等，也将直接影响到消费者的购买意愿和行为。从微观角度来看，企业开展的广告投放、产品试用、价格促销等营销活动也能够起到刺激消费者需求、引导消费者购买行为的作用。特别是数智时代，企业能够实现对消费者的全景式定制化广告推送，从而引导、诱发或者刺激消费者的某些需求从原本的无需求转变为有需求，从未来需求转变为近期需求，从潜在需求转变为现实需求。

第三，消费者决策具有非专业性和情感性。大部分消费者是非专家型顾客，对商品的质量、性能，以及市场行情缺乏深刻认识，通常根据自身的好恶和感觉来做出购买决策。这意味着消费者在购买产品或服务时往往会受到个人偏好、情感因素以及周围环境的影响。消费者在进行决策时，依据的往往不是客观的专业知识和全面详尽的市场与产品信息，而在很大程度上受到社交圈偏好、品牌形象等因素的支配，并产生情感上的倾向性选择。因此，在市场营销中需要深入把握消费者的情感诉求和心理需求，从而有效地利用这些非专业性和情感性特点来吸引消费者并促使其购买。

三、消费者购买模型

消费者每天都在制定购买决策，在此过程中产生的消费者行为是回答消费者买什么、在哪里买、如何买、何时买、买多少以及为什么买等问题的答案。

行为心理学的创始人约翰·沃森指出，人类的复杂行为可以分解为两部分：刺激和反应。人的行为是受到刺激的反应，刺激来自身体内部和外部环境，而反应总是随着刺激呈现的。

按照这一原理，从营销者角度出发，企业的许多市场营销活动都可以视作对消费者行为的刺激。外界刺激包括产品、价格、渠道和促销（4P）等企业有意安排的对消费者的营销刺激，以及经济、技术、政治和文化等宏观外部环境刺激。在对刺激做出反应之前，消费者内心会进行一系列的心理活动。由于这一过程对于企业和研究人员来说是看不见、摸不着的，故称为"消费者黑箱"。从营销角度来看，"消费者黑箱"将揭示什么人在什么时间、什么场合，抱着什么目的去消费什么产品。所有刺激进入消费者黑箱后，经过一系列的心理活动，产生人们看得到的购买者反应：购买还是拒绝，或是表现出需要更多的信息。这就是消费者行为的刺激—反应模型（如图4-1所示）。

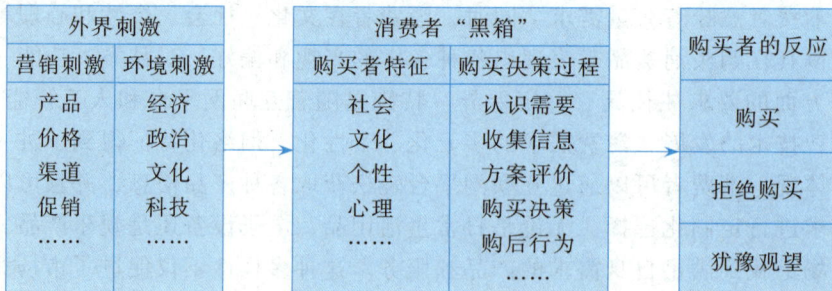

图4-1　刺激—反应模型

第二节　影响消费者购买行为的因素

影响消费者购买行为的因素有很多，它们构成了消费者行为研究的重要支撑。为深入了解消费者的购买行为，有效开展市场营销活动，必须认真分析影响消费者购买行为的若干因素，从而针对不同类型客户采取差异化营销策略来满足其多样化的需求。总体来说，影响消费者行为的因素主要有文化因素、社会因素、个人因素和心理因素，如表4-1所示。

表4-1　　　　　　　　　　　　消费者购买行为的影响因素

文化因素	社会因素	个人因素	心理因素
文化价值观 亚文化 社会阶层	参照群体 家庭 社会角色	性别与年龄 个性 生活方式 自我概念	动机 感知 学习 态度和信念

一、文化因素

文化是在特定的物质、社会和历史传统基础上形成的特定价值观、信仰、思维方式、宗教和习俗的综合体。作为一种抽象概念，"文化"无形且无法触摸，但文化对消费者购买行为具有最广泛和最深远的影响。

在不同文化体系中成长的消费者受到家庭、教育机构以及其他组织和个人的引导，逐渐形成了对生活方式、社会关系、道德观念等方面的认知和态度。这种基本价值观也会影响到他们对产品品质、服务态度以及价格合理性的评判标准。例如，在一些文化中，节俭和勤劳被视为美德，因此消费者可能更倾向于理性消费和储蓄；而在另一些文化中，追求享乐和奢华则被看作是成功与幸福的象征，从而影响着他们的购买行为偏好。这种基本价值观也会影响到他们对产品品质、服务态度以及价格合理性的评判标准。

消费者购买行为受文化因素的影响主要包括文化价值观、亚文化和社会阶层。

(一) 文化价值观

德尔·霍金斯指出，要理解消费者行为中的文化差异，首先需要了解不同文化背景下人们的价值观差异。[1] 价值观是持久信念，影响个体或社会更偏好特定行为模式或终极状态，并引导评价和选择。[2] 文化价值观会促使消费者以与其相似的群体传达的信息作为决策依据，并使其更易受到符合其价值观的产品宣传的影响。进一步而言，文化价值观是社会和个体追求的信仰，在社会生活中直接反映出来，并以语言符号或象征的形式传达给其他成员。

影响消费者行为的文化价值观可分为三种类型：他人导向的文化价值观、环境导向的文化价值观和自我导向的文化价值观[3]（如表4-2所示）。其中，他人导向的文化价值观反

---

① ROKEACH M.The nature of human values [M]. New York：The Free Press，1973.
② 姚山季，张立，王永贵. 消费者行为学 [M]. 天津：南开大学出版社，2009.
③ SOARES A M，FARHANGMEHR M，SHOHAM A.Hofstede's dimensions of culture in international marketing studies [J]. Journal of Business Research，2007，60（3）：277-284.

映了社会对个体与群体关系的观点和看法，涉及个人主义与集体主义、扩展家庭与核心家庭、成人与小孩、男性与女性、竞争与合作、年轻与年长以及多样性与统一性等方面的价值观；环境导向的文化价值观涉及社会与经济、技术和物质环境之间的关系，包括洁净、绩效与等级、传统与变化、风险承担与重视安定、能动解决问题与宿命论、自然界等。自我导向的文化价值观反映了社会认为应追求的生活目标以及实现这些目标的方式和途径，包括主动与被动、物质性与非物质性、勤奋工作与休闲、延迟满足与即时满足、纵欲与节欲、严肃与幽默等方面的价值观。

表4-2 影响消费者行为的文化价值观

他人导向的文化价值观	环境导向的文化价值观	自我导向的文化价值观
1.个人主义与集体主义：社会是重个人活动和个人意见还是重集体活动与群体依从	1.洁净：社会对清洁的追求在何种程度上超过健康所要求的限度	1.主动与被动：更积极主动的生活取向是否更为社会成员所看重
2.扩展家庭与核心家庭：在多大程度上，一个人应该对各种家庭成员承担义务和责任	2.绩效与等级：社会激励系统是建立在绩效的基础上，还是建立在世袭因素（如家庭出身等）的基础上	2.物质性与非物质性：获取物质财富的重要性到底有多强
3.成人与小孩：家庭生活是更多地满足成人的需求与欲望还是满足小孩的需求与欲望	3.传统与变化：现在的行为模式是否被认为优于新的行为模式	3.勤奋工作与休闲：拼命工作是否更为社会所倡导
4.男性与女性：在多大程度上，社会权力的天平自动偏向男性一方	4.承担风险与重视安定：那些勇于承担风险、克服种种困难去达成目标的人是否更受尊重	4.延迟满足与即时满足：人们是鼓励即时享受还是愿意为获得长远利益而牺牲眼前享受
5.竞争与合作：一个人的成功是更多地依赖超越别人还是更多地依赖与他人合作	5.能动解决问题与宿命论：人们是鼓励解决问题，还是鼓励采取一种听天由命的态度	5.纵欲与节欲：感官愉悦的享受（如吃喝玩乐）在多大程度上被接受
6.年轻与年长：荣誉和地位是授予年轻人还是年长者	6.自然界：人们把自然界看成被征服的对象还是令人景仰的圣地	6.严肃与幽默：人们应该视生活为极严肃的事情还是应该轻松面对
7.多样性与统一性：尊重和保护每个文化的独特性和多样性与人类共同的基本权益和价值观念的普遍适用性		

资料来源：龚振，荣晓华，刘志超. 消费者行为学［M］. 大连：东北财经大学出版社，2002.

（二）亚文化

亚文化，又称副文化，指的是某一文化群体中次级成员所共有的信念、习惯和价值观等。[①]作为非主流或局部现象的文化，亚文化不仅包含与主流文化相同的价值观，还具有独特的价值观。在人类社会发展历史中，个体会根据周围环境调整自己的价值观体系，易于达成的价值观变得越来越重要，而难以达成的价值观逐渐丧失重要性。因此，社会成员的价值观反映了所处社会环境的变化。下面重点介绍民族亚文化、宗教亚文化和地理亚文化三种亚文化对消费者购买行为的影响。

1.民族亚文化

世界上几乎每个国家都由不同的民族构成，而每个民族都有其独特的风俗习惯与文化传统，形成了各自的民族亚文化。可以看出，每个民族的亚文化都延续并保留了自身

---

① EGRI C P, RALSTON D A.Generation cohorts and personal values: A comparison of China and the United States ［J］. Organization Science，2004，15（2）：210-220.

的传统信仰、消费习惯、审美意识和生活方式等。因此，民族亚文化对消费者行为会产生深远影响。企业市场营销应当重视并尽量理解目标消费者的民族亚文化。这意味着在推广产品或服务时，企业必须尊重不同民族的文化习俗和价值观念，避免出现冒犯性言论或行为；同时也要寻找共通之处，在产品设计、宣传语言等方面融入当地的特色元素，以更好地吸引目标消费群体。只有真正理解并尊重民族亚文化，企业才能在市场营销中取得成功。

中华民族拥有悠久的历史和灿烂的文化，由大量不同的分支和派别构成，包括但不限于汉族，以及蒙古族、藏族、维吾尔族等各少数民族的文化。这些亚文化在语言、宗教、风俗习惯、服饰等方面都有着独特的表现形式，丰富多彩。例如，汉族的传统节日有春节和端午节；藏族有独具特色的唐卡艺术和藏戏表演；维吾尔族则以其独特的音乐、舞蹈和手工艺闻名。这些多元文化在交融中相互影响，共同构成了中华民族丰富多彩的文化图景。我们应该珍惜并尊重各个民族之间的差异与共通之处，在共同发展进步的道路上团结一致，共同创造美好未来。

可以看出，每个民族的亚文化都延续并保留了自身的传统信仰、消费习惯、审美意识和生活方式等。因此，民族亚文化对消费者行为会产生深远影响。企业市场营销应当重视并尽量理解目标消费者的民族亚文化。这意味着在推广产品或服务时，企业必须尊重不同民族的文化习俗和价值观念，避免出现冒犯性言论或行为；同时也要寻找共通之处，在产品设计、宣传语言等方面融入当地的特色元素，以更好地吸引目标消费群体。只有真正理解并尊重民族亚文化，企业才能在市场营销中取得成功。

2.宗教亚文化

世界上存在多种宗教，如基督教、佛教、伊斯兰教等。不同的宗教具有不同的文化倾向，这影响着人们认识事物的方式、看待客观世界的态度、行为准则以及价值观等。同样，宗教亚文化也在一定程度上影响着消费者的购买行为。比如，在节日庆祝时消费者会选择购买符合自己信仰或符合传统风俗习惯的商品，在饮食方面可能会受到宗教戒律或禁忌而偏好某些类型的食品，甚至在婚礼、葬礼等重要场合也会根据宗教要求进行相关消费。

因此，了解不同宗教对文化、行为准则以及价值观等方面所产生的影响是十分重要的。这样可以更好地理解消费者群体，并针对他们的特定需求实施市场营销策略，满足他们对产品和服务的期望。

3.地理亚文化

地理环境的差异导致了人们消费习俗和特点的多样性。以饮食文化为例，在我国西南地区，由于气候湿润，盛产水稻、辣椒等，因此该地区的菜肴偏重辣味和煮熟的米饭；而在东北地区，则以玉米、小麦为主要粮食作物，因此当地人更喜欢吃面食和粗粮。另外，在一些海岛或沿海城市，由于海洋资源丰富，所以他们有着吃海鲜、腌制海产品等特殊的习惯；而内陆山区则会有更多关于野味和腌制肉类食品的传统。总之，不同地域间的自然环境差异直接影响着当地人对消费方式的选择。

除了上述提到的亚文化，还有许多其他类型的亚文化存在，比如青少年亚文化、职业

市场洞察4-2

喜茶冰箱贴掀起"集贴热"，对品牌在地化营销有何启示？

亚文化、地下音乐亚文化、网络亚文化等。需要强调的是，在研究各种亚文化时，不能忽视主流文化所代表的价值观和行为模式。只有深入探索不同亚文化与主流文化之间的内在联系，才能更好地理解其规律性和特殊性。只有这样，企业才能更有效地制定针对不同群体的营销策略，并更好地满足他们的需求。总之，在进行市场营销活动时，必须充分考虑各种不同族群及其所处环境形成的多元社会现象，并且灵活应用相关知识来指导实际操作。

市场洞察4-3

华为的市场
分层战略

（三）社会阶层

社会阶层是由具有相同或类似社会地位的成员组成的相对稳定持久的群体。处于不同社会阶层的成员，其思想和行为可能表现出明显的不同。例如，皮埃尔·马丁诺（Pierre Martineau）在1958年指出，美国中等阶层和下层群体在时间、理性、现场、选择、自信心、思考以及事件解释等方面存在不同。社会阶层具有同质性，即同一阶层的成员具有相近的经济利益、社会地位、价值观及态度体系，并拥有相似的消费需求。社会阶层也具有多维性，某一具体社会阶层并不由单一参数变量所决定，而是由收入、财产、受教育程度、价值观和生活方式等多种因素综合决定。社会阶层还具有动态性，随着时间的推移，人们所处的社会阶层也可能发生变化，表现为升降和迁移。

值得注意的是，在数智时代，一方面不同社会阶层的收入水平和消费习惯会直接影响消费者的购买能力和购买决策。另一方面，数智时代信息技术的迭代升级和网络媒体的多元化融合式发展，也在很大程度上调节着消费者所处社会阶层对其购买行为的影响。不同社会阶层所关注、参与的网络圈子以及接收到的营销信息都有所不同，并且这种不同很可能被精准推荐算法进一步固化，从而对消费者行为产生更深刻的影响。总之，在数智时代下，社会阶层对消费者行为产生着深远而复杂的影响，并且随着科技的发展和经济的变化，这种影响也将继续演变并呈现出新特点。

二、社会因素

消费者是社会中的重要组成部分。社会因素对塑造和影响消费者行为具有重要作用，因此需要在市场营销策略中加以充分考虑。影响消费者行为的社会因素主要包括参照群体、家庭以及社会角色等。

（一）参照群体

参照群体，又称为相关群体或参考群体，是指在个人形成购买或消费决策时用来作为参照和比较的个人或群体，包括个体实际所属关系或心理所属关系的群体。随着互联网的普及、社交媒体的蓬勃发展以及网红经济的兴起，消费者在购买产品时参照的群体范围逐渐扩大，从过去局限于交际圈内熟人群体向网络平台中的陌生群体延伸。[1]

根据心理学的观点，个体的爱好、习惯、思想及行为准则等并非天生具备，而是在后天的社会生活中逐渐形成并受外界影响。在这种影响下，群体作用不可忽视。事实上，个体通常倾向于选择与自己相似的人作为参照群体。[2]因此，参照群体对消费者品牌态度、

---

① 符国群.消费者行为学［M］.北京：高等教育出版社，2001.
② MUSSWEILER T.Comparison processes in social judgment：Mechanisms and consequences［J］. Psychological Review，2003，110（3）：472-489.

购买行为和购买评价具有重要影响。一方面，消费者希望通过参照群体获取产品详细信息以作出理性决策；另一方面，消费者也希望通过产品向自己的参照群体传递特定信号，从而加强与其之间的联系。

市场洞察4-4

借力王牌IP让品牌"吸睛又吸金"，品销双赢的整合营销到底怎么玩？

在粉丝经济和互联网直播平台迅速发展的背景下，参照群体呈现出新的特征。任何人都可以通过网络平台分享自己的产品购买和使用经验，而消费者可以将自己归入其中的某一群体，并选取愿意相信的分享者所分享的信息作为参照。因此，网络经济赋予了参照群体新的内涵，特别是在网络直播带货兴起后，网络达人成为消费者购买产品时重要的参照群体，其与消费者之间的互动成为影响消费行为的重要力量。

市场洞察4-5

好内容链动家庭营销价值，OTT用户最爱看什么？

（二）家庭

家庭是社会基本单元，由婚姻关系、血缘关系和收养关系构成。家庭对消费者的价值观、审美意识、生活方式和消费观念有着深远影响。具体而言，家庭通过家庭权威中心、家庭成员在购买过程中的角色以及家庭生命周期三个维度影响着消费者的购买行为。

1.家庭权威中心

家庭权威中心指的是在家庭中谁拥有决策权和主导地位。通常，家庭权威中心可以分为四种类型：各自做主型、丈夫支配型、妻子支配型和共同支配型。

（1）各自做主型。各自做主型是指每个家庭成员可以对自己需要的商品独立做出购买决策，其他人不干涉。这种情况下，家庭中各成员的收入由个人自行支配，家庭成员根据自身的需求做出是否购买、购买什么、怎么购买的决策，每个人可以根据自己的需求和喜好进行选择，并且对于个人财务也拥有更多的掌控权。

（2）丈夫支配型。丈夫支配型是指家庭以丈夫为权威中心，家庭最终的购买决策权掌握在丈夫手中。这意味着丈夫会对家庭的经济支出和重要决策进行控制和管理，他可能会承担更多的经济责任，并对家庭财务状况作出最终裁决。这种模式下，妻子可能需要征求丈夫的同意或者接受他的意见，才能进行一些重大消费或投资行为。

（3）妻子支配型。妻子支配型是指家庭以妻子为权威中心，家庭最终的购买决策权掌握在妻子手中。在这种情况下，妻子与丈夫在家庭购买决策中的权力地位与丈夫支配型相比发生对调。

（4）共同支配型。共同支配型是指家庭无固定的单一权威中心，其大部分购买决策由家庭成员协商作出。在这种家庭结构中。每个家庭成员都有发言权，并且他们会尊重彼此的意见和建议。这种方式可以促进家庭成员之间的沟通和合作，也能够更好地满足不同人群的需求。因此，在共同支配型家庭中，购买决策往往更加民主化、多元化，并且更具有包容性。

2.家庭成员在购买过程中的角色

在家庭及其成员的购买活动中，许多产品或服务的购买者和使用者并非同一人，即存在购买者和使用者分离的现象。为了使家庭功能正常发挥，家庭成员在购买过程中需要承担不同的角色。具体来说，在消费决策过程中，家庭成员至少可能扮演倡议者、影响着、决策者、购买者和使用者等角色。

（1）倡议者。家庭成员提议购买某种产品或服务，或者使其他家庭成员对某种产品或服务产生购买兴趣。

（2）影响者。家庭成员为购买活动提供相关信息并对某些产品或服务设定评价标准，进而影响家庭的产品选择。

（3）决策者。家庭成员有权决定购买什么产品或服务以及何时购买。

（4）购买者。家庭成员进行实际的购买活动，必须指出的是，购买者与决策者可能不是同一人。

（5）使用者。家庭成员实际消费产品或服务，购买者和使用者可能不是同一人。

3.家庭生命周期

家庭生命周期是指一个家庭从形成到结束的整个过程。根据传统的家庭生命周期理论，可以将家庭发展大致划分为五个阶段：单身阶段、新婚阶段、满巢阶段、空巢阶段及解体阶段，具体见表4-3。

表4-3 家庭生命周期各阶段

家庭生命周期的各阶段	特征
单身阶段	这一阶段个体成员尚未结婚，消费者的可支配收入相对较高。此时的收入大部分用于支付房租、购买个人护理产品、孝敬父母、社交往来和家居用品以及度假等方面。总体而言，单身阶段的消费者更注重时尚，追求娱乐和休闲
新婚阶段	这一阶段从新婚夫妇正式组建家庭开始，到第一个孩子出生结束。在建立新家庭的过程中，他们需要购买各种家居产品，如家具、床上用品、厨房设备和用具等。由于缺乏购买经验和财富积累，处于新婚阶段的家庭通常会向父母和亲友寻求消费意见和经济支持
满巢阶段	这一阶段从夫妇的第一个孩子出生开始，到所有孩子长大成人结束。根据孩子的年龄大小，可以进一步将其分为满巢Ⅰ、满巢Ⅱ和满巢Ⅲ三个阶段。其中，满巢Ⅰ阶段是指年轻夫妇有了自己的孩子，孩子的年龄比较小（6岁以下），带来与孩子相关的消费大幅度增加。在满巢Ⅱ阶段中，家庭中最小的孩子超过6岁，在上小学或中学，并且家庭消费仍以孩子为中心。而在满巢Ⅲ阶段，家庭由年纪较大的夫妇及其仍未完全独立的孩子所组成，经济状况明显改善，更关注消费质量并更换耐用品
空巢阶段	这一阶段通常从孩子离家独立生活开始，直至夫妇中的一方过世。在这个时期，家庭通常在经济和时间上相对宽裕
解体阶段	夫妇一方过世后，家庭将进入解体阶段。在这个阶段，虽然孩子的支持和照料可以减轻家庭生活压力，但家庭对更多关爱和特殊照顾的需求也会增加

资料来源：SCHIFIMAN L G，KANUK L L.Consumer behavior［M］，New York：Prentice-Hal，1995.

可见，在不同阶段，家庭的生活状态和需求都会发生变化，这些变化会直接影响到消费者的决策。比如，在家庭刚成立时，消费者可能更倾向于购买婴儿用品、家具等与建立家庭相关的产品；而随着孩子的长大，教育支出和休闲娱乐支出可能会成为主要开销。因此，了解家庭生命周期具有重要意义，可以帮助企业更好地定位市场和推出符合消费者需求的产品。

（三）社会角色

社会角色通常指个体在群体、组织或社会中的地位与作用。消费者不是孤立的个体，必然要与各种类型的群体打交道，从而形成了不同类别的社会角色。因此，消费者所扮演的角色差异必然会对其购买行为产生一定影响，往往会购买与其身份地位相符的消费品。随着信用卡、借贷平台的发展以及年轻一代消费欲望的升级，许多消费者无法正确认识自己的身份地位，导致社会角色认知失调，并购买超出自己消费能力范围的产品。

三、个人因素

在相同的社会和文化背景下，人们的购买行为也可能存在着相当大的差异。比如，一个家庭中的成员，有的可能提倡节俭，有的更愿意追求高品质商品和服务，这是因为人们的需求和购买行为受其年龄、性别、个性和生活方式以及自我概念等个人因素的影响。

（一）性别与年龄

性别与年龄是影响消费者行为最基本的个人因素。例如，从性别上看，通常男性在购买电子产品和汽车时更注重功能和性能，而女性则可能更关注外观设计和实用性。此外，在衣着、化妆品等方面也存在明显的差异，女性往往倾向于追求时尚和美观，而男性可能更看重舒适度和耐用性。从年龄上看，青少年可能更加关注时尚潮流、社交娱乐等方面的消费，而成年人可能更加注重家庭用品、教育培训等方面的消费。此外，在不同阶段，个体对健康保健产品、旅游度假服务、金融投资等领域的需求也会有所不同。

随着互联网和移动终端技术的发展，不同年龄层的消费者之间的代际特征更加突显。比如，年轻一代消费者更倾向于使用社交媒体平台进行购物和信息获取，他们更注重个性化定制和品牌形象；而中年消费者更关注产品质量、服务保障以及价格优惠，他们习惯通过线上线下渠道进行比较后再作决策；而老年消费者更倾向于传统的、信誉度高的品牌和实体店面购物体验，在网络购物方面相对谨慎。

（二）个性

个性是一个人在生活过程中逐渐形成的、对现实世界产生较为稳定态度以及与之相适应的习惯性行为的心理特征。个性具有相对稳定性，但也会在社会环境变化时产生一定程度的变化。购买者的个性特征包括信任和猜疑、保守和创新、依赖和独立、领导和追随、沉默寡言和活泼开朗、现实和幻想、慷慨和吝啬等若干类型。

个性对消费需求和市场营销因素的影响是复杂多样的，很多个性特征会影响消费者的购买行为。比如，一些人可能更注重品牌和质量，他们愿意花更多的钱购买高端产品；而另一些人可能更看重价格和实用性，他们更倾向于购买物美价廉的商品。特别是在数字化时代，个性也在不断演变。在社交媒体上展示自己的生活方式、兴趣爱好以及审美观念已经成为一种潮流，这也导致了许多消费者追求与众不同的产品来彰显自己独特的个性。总之，在市场营销中，充分认识并利用消费者个性特征将有助于提高企业竞争力，并满足不同类型消费者日益增长且多样化的需求。

（三）生活方式

生活方式的概念起源于心理学和社会学，是指个人在特定社会、文化条件下表现出来的外在形态。[①]1963年，拉泽（Lazer）首次将生活方式的概念引入市场营销领域，认为生活方式代表某个群体或社会阶层在生活中展现出来的特征。这种特征具体表现在一个动态模式中，包括文化、价值观、人口统计变量、社会地位等。[②]综上所述，消费者的生活方式反映了其心理状态，并涉及消费者的各种活动（工作、购买活动、运动和社会活动）、兴趣领域（食品、服装、家庭、休闲）和看法（关于自身、社会事务、商业和产品）。不同的消费者有不同的生活方式，因此其消费行为也必然存在差异。

市场洞察4-6

"三八"营销再出圈，丸美如何借势"她经济"？

（四）自我概念

自我概念是个体对自身认知、了解和感受的综合[③]，通常在个体的经验和外部环境影响下形成关于自身美丑、胖瘦、能力等方面的看法，从而回答"我是谁"和"我是什么样的人"等问题。消费者的自我概念主要包括五种类型：实际的自我概念，即消费者对自身的实际认知；理想的自我概念，即消费者对自身期望达到的认知；社会的自我概念，即消费者感知到他人对自己的态度；理想的社会自我概念，即消费者希望他人如何看待自己；期待的自我概念，即消费者未来期望达到的状态，这种状态介于实际的自我概念与理想的自我概念之间。

在自我概念的基础上，学者们又逐渐发展出多种理论：自我差异理论（Self-discrepancy Theory）——包括现实自我、理想自我和应该自我，个体基于三种自我间的差异不断成长改进；自我建构理论（Self-construal Theory）——以社会环境为根基，对人们如何看待自我与他人之间的关系进行划分，即西方文化背景下所强调的独立型自我建构（自我与他人的差异）和东方文化背景下所强调的依存性自我建构（自我与他人的联系）；调节定向理论（Regulatory Focus Theory）——个体通过控制自己的思想或反应来不断向自己的目标靠近，主要体现为两种自我调节方式，即促进定向（与促进成功、实现成长相关）和预防定向（与防止损失、保证安全相关）。基于这些理论可知，自我概念能够有意无意地影响消费者的动机和行为。通常，消费者总是会选择那些与自我概念一致的产品或服务，避免选择那些与自我概念相违背的产品或服务。

四、心理因素

消费者的购买行为受其心理活动制约。在进行购买行为之前，消费者会考虑为何购买该产品或服务以及选择哪个品牌。这些心理活动促使了购买行为的发生。要研究购买行为，就必须了解背后可能存在的心理原因。一般来说，消费者的购买行为主要受到动机、感知、学习、信念和态度四种心理因素的影响。

（一）动机

行为受动机支配，而动机源于需求[④]，购买行为也不例外。需要指的是人们感到缺少某种东西并希望获得它们的状态。人通常有多种需要，包括生理需要（如饥饿、口渴、寒冷等）和心理需要（如认可、尊重、归属感）。未被满足的需要会导致内心紧张或不适，在达到一定程度时会驱使人们寻找可以减轻不适或促进满足的外部对象，即产

---

①　ADLER A.Understanding human nature［M］．New York：Garden City Publishing，1927.
②　LAZER W.Life style concepts and marketing［J］．Toward Scientific Marketing，1963：140–151.
③　SIRGY M J.Self-concept in consumer behavior：a critical review［J］．Joumal of consumer Research，1982，9（3）：287–300.
④　HAWKINS，D I，BEST R J，CONEY K A.Consumer behavior：implications for marketing strategy［J］．Business Publications，1988：134.

品或服务。因此，动机作为一种表面上观察不到的内在力量，刺激和支配着行为反应，并决定了行为反应的具体发展方向。动机是推动人们采取行动以实现特定目标的迫切需要，也是行为产生的直接原因。虽然人们有许多需要，但只有其中一些最迫切的需要才会发展成为动机，并且往往是那些最强烈的动机才能引发行为。因此，在消费者购买行为产生过程中，需要和动机同时起着十分重要的作用。消费者的需要、动机和行为之间的关系如图4-2所示。

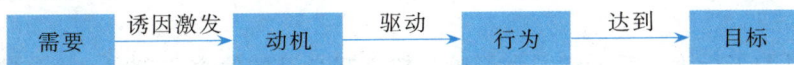

需要 —诱因激发→ 动机 —驱动→ 行为 —达到→ 目标

图4-2　需要、动机和行为的关系

（二）感知

消费者有了购买动机后，就会采取行动以满足需要。至于采取怎样的行动，则会受到感知过程的影响。消费者的感知过程是通过感官接收各类信息并进行初步分析综合，形成整体"图像"的过程。例如，消费者的不同感觉器官分别对产品的颜色、味道、口感及触感等属性产生感觉，而知觉会综合这些感觉信息，并结合经验形成对产品的完整映像。一般而言，消费者希望收集来自不同来源的信息以评估产品和服务，但并非每个消费者都能接触和使用所有信息。同时，消费者受到感官输入信息影响，并且这些信息之间相互影响最终形成感知。因此，感知是一个受到消费者主观感觉和认知影响的非常主观的过程。

由于每个人以独特的方式注意、整理和解释感知到的信息，因此不同消费者对相同刺激物或情境的感知很可能是不同的。这反映了感知具有选择性注意、选择性理解和选择性记忆三个特性：①选择性注意是指人们倾向于注意那些与其当时需要有关的、与众不同的、反复出现的和与一般刺激物相比差异较大的刺激物，即面对外界的大量刺激，人们的知觉只能对其中部分刺激的某些方面做出反应；②选择性理解是指人们倾向于将某些信息加以处理以符合自己的意向，这意味着即使是受到关注的信息也未必能引起购买行为，因为每个人会将接收到的信息按照自己的想法来理解；③选择性记忆是指消费者常常不能记住所获得的所有信息，人们倾向于保留那些与自己的信念和态度一致的信息。

感知的形成是一个复杂而多变的过程，受到消费者个体差异、外部环境等诸多因素的共同作用。营销人员需要深入了解消费者的需求和偏好，精心设计营销方案以打破消费者感知的壁垒，并促进购买行为的产生。在这个过程中，市场调研、产品定位、品牌塑造等都起着至关重要的作用。只有深刻认识、理解和把握消费者对产品或服务所产生感知背后隐藏的规律和原因，才能更好地引导消费者产生积极购买行为，并提升品牌价值和市场竞争力。

（三）学习

学习是指个体在生活中由于经验而产生的行为或行为潜能的比较持久的变化。通过学习，消费者可以更加了解产品，包括产品的制作工艺、原材料、功能特点等方面的信息。此外，消费者还可以通过学习了解市场行情、价格波动趋势以及不同品牌之间的竞争优势和劣势。这些知识将有助于消费者作出更明智的购买决策，并且能够更好地满足自己的需求。

除了学校和家庭等提供的学习体验外，现代科技也为消费者提供了丰富多样的学习途径。例如，通过互联网平台和移动应用程序，消费者可以轻松获取各种商品信息、用户评价、专家建议等。同时，在线教育平台也为消费者提供了关于产品知识和购物技巧方面的培训课程，帮助他们更好地理解市场变化和产品特性。另外，在日常生活中积累起来的个人经验也是影响消费行为的重要因素之一。比如在使用某种产品后产生过好或坏的感受，这些个人经历将直接影响下一次购物时的选择。

（四）信念和态度

人们通过购买行为、后天学习和经验，树立起自己的信念和态度，而这些信念和态度反过来又会影响人们的购买行为。

人们几乎对所有事物都持有态度，这种态度并非天生具备，而是在长期学习和社会交往中逐渐形成的。态度指的是个体对某一事物或观念长期以来持有的正面或负面评价、感受及行为倾向。它使个体在与某一事物亲近或疏远时产生好感或厌恶感。例如，消费者可能会更愿意花费额外的金钱购买高端品牌，因为他们认为这些品牌代表着质量和品位。在选择时，消费者往往会优先考虑自己喜欢的品牌或产品，并且对其他竞争性产品则持有相对保留甚至排斥态度。总之，在购买行为中，持赞赏态度和倾向的消费者往往展现出一种明显而强烈的忠诚度和偏好性。

相对于态度，信念则更为稳定。态度是一个人对待事物的一种倾向性心理状态，它带有浓厚的感情色彩，而信念则是在态度不断强化的基础上形成的既定印象，它通常来源于个人经验、教育背景、社会环境等因素，具有较高的稳定性和持久性。在信念的指导下，人们往往会按照自己已经形成的观念来行事。这种行为方式可能并非总是需要认真思考每一个细节，而更多地依赖于习惯和固有模式。例如，在面对某些特定情况时，人们可能会直接根据自己坚定的信念去决策或采取行动，并不再花费过多时间去重新审视问题。

消费者一旦形成对某个品牌的正面或负面信念，就会在购买时受其影响，并有可能通过口碑传播影响其他人的购买决策。这种信念往往难以改变，因此企业营销活动的重要目标之一就是让消费者对产品或品牌建立良好的信念。

总之，消费行为受多种因素影响，市场营销应当综合考虑消费者的个人喜好、社会文化背景、经济状况等情况。同时，科技的发展也在不断改变消费者的购物习惯和偏好，因此市场营销需要与时俱进，灵活调整策略，并结合产品特点和品质进行精准定位和推广，最终目标是满足消费者需求并提高产品或服务的竞争力。

第三节　消费者的购买行为与决策

随着我国人民生活水平的提高和购买力的增强，消费者对美好生活的向往日益增强，这在他们购买决策中体现为对产品和服务的品质要求不断提升。另外，在互联网、电子商务、新媒体和新技术等因素的影响下，消费者的购买行为呈现出明显的代际差异、线上线下差异和技术依赖差异。然而，无论如何变化，消费者的购买心理必然通过最终的购买决策来表达。消费者的购买决策是一个系统过程，由不同购买阶段组成。因此，有必要围绕消费者在每个购买阶段的行为进行数据收集、分析和引导，以利于更准确地把握其深层次需求，并帮助其作出最优决策，从而实现企业目标。

一、消费者购买行为的类型

消费者购买行为（Consumer Buying Behavior）是指最终消费者（Ultimate Consumer）的购买行为，他们购买产品和服务是为了自身消费、家庭的需求，或者是作为礼物送给朋友。在购买不同商品时，消费者决策的复杂程度有很大区别。一些商品的购买过程很简单，如买一份早餐；一些商品的购买过程则比较复杂，如购买家用汽车。在分析具体购买决策过程之前，首先要对购买行为进行分类。通常，可以根据消费者介入度和品牌差异度两个标准划分消费者的购买行为。

消费者介入度是指购买者在决策购买时进行信息收集、商品了解和品牌比较所耗费的时间、精力和努力程度，也称卷入度或涉入度。消费者的介入度由两方面决定：一方面与购买过程中花费的成本（时间、价格、精力等）和面对的风险（如健康风险）相关；另一方面与参与购买过程的人数多少相关。根据消费者介入度，可以将消费者的购买行为分为高介入行为和低介入行为。

一方面，消费者在购买较昂贵、购买频率较低、风险较高或是彰显个人外在形象的产品时，通常介入度会较高。消费者通过学习大量知识，产生对产品的信念，并形成态度，才能作出审慎的购买选择。比如购买一辆家用汽车时，由于售价高且需长期使用，消费者会收集各种信息来评价不同产品的属性。因此，营销人员需要帮助购买者了解相关信息，并介绍各属性的重要性以影响其购买选择。

另一方面，购买者的介入程度会受到参与购买过程的人数影响。现实中，一些商品由消费者单独完成购买，而有些商品则需要家庭成员、朋友等多人组成的决策群体共同完成。在购买决策过程中，发起者提出要购买某种商品，影响者对最后的购物决策产生影响，决定者最终作出部分或整个购买决策，而实际进行购买和使用该商品的角色也各不相同。参与者越多，则需要考虑的因素就越多，消费者的介入程度也会更高。

品牌差异度是指在消费者眼中不同品牌商品在质量、性能、价格和形象等方面的不同。品牌差异小的商品大多是同质或相似的商品，而品牌差异大的商品则通常在花色品种、款式、型号等方面有较大差异。消费者感知到的品牌差异度，如价格和购买便利度等因素可能会对他们的购买行为产生较大影响。

在考虑消费者的介入度和品牌差异度的情况下，消费者购买行为可以分为复杂型购买行为、减少失调感的购买行为、选择型购买行为和习惯型购买行为四类（见表4-4）。

表4-4　　　　　　　　　　　　消费者购买行为的类型

品牌差异	消费者介入度	
	高	低
大	复杂型购买行为	选择型购买行为
小	减少失调感的购买行为	习惯型购买行为

资料来源：科特勒，阿姆斯特朗.市场营销：原理与实践［M］.楼尊，译.16版.北京：中国人民大学出版社，2015.

1.复杂型购买行为

购买者在介入度较高、品牌差异较大的情况下会展现复杂型购买行为，主要针对购买缺乏知识、价格昂贵、购买频率不高且品牌之间差异大的大件耐用消费品，如汽车、住宅等。由于其价格昂贵且使用周期长，购买者更倾向于通过深入了解不同品牌之间的差异来降低风险，并且希望能够获得最符合自身需求的产品。由于价格昂贵，品牌内涵有较大差别且备受重视，购买者感知的风险也相应增加，因此其购买决策更为谨慎。在这种情况下，消费者会更加谨慎地权衡各方面的利弊，并尽可能寻求专业人士或其他用户的意见和建议。总而言之，在复杂型购买行为中，消费者通常表现出更加理性和审慎的态度，并愿意投入更多资源来获取全面准确的信息以支持其决策。

2.减少失调感的购买行为

减少失调感的购买行为发生在消费者介入度较高和品牌差异度较低的情况下，主要是针对那些购买者不太熟悉、价格昂贵但品牌差异较小的产品。消费者在购买产品时，经常会面临着各种选择和决策。他们可能会花费大量时间收集产品信息，比较不同品牌的优缺点，并最终作出购买决策。然而，即使经过了深思熟虑，一旦购买后发现所选商品存在某些缺陷或者了解到其他商品更具优势，消费者就有可能产生心理上的失调感。这种失调感主要源于对自己购买决策的怀疑和不安。

造成这种行为的原因之一是品牌之间差异不大。当消费者认为各个品牌之间并没有明显区别时，若购买后发现所选商品存在问题或其他品牌更具竞争力，就容易产生心理上的不平衡。另一个原因是价格和代价的差异。由于在不同地点、不同时期购买同一产品所付出的代价可能有所不同，这也会导致消费者在购买后产生失调感。

减少失调感的购买行为对消费者有着负面影响。消费者首先会怀疑自己的购买决策，觉得自己可能作出了错误选择；其次会增加心理负担，在未来进行类似决策时更加谨慎小心。因此，在市场营销中企业需要重视消费者心理状态，并通过提供真实可靠的产品信息以及完善售后服务来减少他们产生失调感的可能性。

3.选择型购买行为

选择型购买行为多发生在消费者介入度较低，品牌差异度较高的情况下，主要是针对那些价格不高但品牌间差异显著的商品。此时，购买者的购买决策有很大的随意性，频繁更换品牌。比如，在选购日常用品时，一些人可能会经常更换洗衣粉、清洁剂等产品的品牌。这类产品种类繁多，各个品牌之间在成分、香味等方面存在明显差异，并且价格相对较低。因此，在没有特别偏好或忠诚于某个特定品牌的情况下，消费者往往会以"试一试"或"尝鲜"的心态进行选择。而导致消费者频繁更换品牌的原因可能并非对先前使用过的产品不满意，而是出于寻求新鲜感和变化、增加自身选择性等目的。同时，在市场营销活动中降价促销、免费试用以及进行新产品推广也会影响消费者的选择。例如，打折促销或是赠送小样都能够刺激消费者更改原有的购买计划。

4.习惯型购买行为

习惯型购买行为是一种在消费者生活中常见的现象，它通常发生消费者介入度不高，品牌差异度较低的情况下。这种行为主要针对价格低廉、品牌间差异不大的商品，如日常生活用品或食品等。人们在进行此类购买时，往往并非出于特别偏爱某个品牌，而是因为长期养成了某种固定的消费习惯。举例来说，在购买醋这一日常调料时，许多人可能会关心产地是否是山西、镇江或岐山等，并不太关心具体是哪个品牌的醋。由于缺少对品牌差异的重视，在消费过程中他们也很少会对不同品牌进行详细评价。除非有意外事件发生，否则他们一般不会改变自己已经形成的购物习惯。然而当被问及某个特定产品为何好时，他们却又难以给出明确答案。

值得注意的是，即使面对同样的产品购买情境，有些消费者的介入度也可能会比其他消费者更高，有些消费者可能认为品牌之间的差异度较大而其他消费者持相反意见。例如，在选择护肤品时，一些年轻女性可能会更加关注产品成分是否温和、是否适合敏感肌肤；而一些中年女性则可能更注重产品的抗衰效果等。因此，在不同年龄段、不同需求背景下，消费者对同一款护肤品所表现出来的介入程度和对品牌差异度的看法也会存在着明显差异。另外，在特定场景下，如选购健康食品时，患有疾病或过敏体质的消费者往往会更加关注产品成分是否符合自身需求，并且倾向于选择知名生产商生产出来具备相关认证标识且口碑良好的商品；而身体健康、追求美味的人群则可能会更多地从口感、包装设计等方面进行考量。

总之，在实际购物过程中，消费者在作出最终决策前通常都会根据自身需求和价值观念去评估商品，并基于个人经验与信息获取能力形成自己独特的视角。实践中，企业在设计和实施营销方案时，应将消费者个人特性、外部刺激特性以及情景特征对消费者介入度和消费者品牌差异感知水平的影响纳入考量范围，并借助数智技术，提高营销活动的覆盖面和靶向性，从而充分释放新质营销力。

二、消费者购买决策的一般过程

尽管消费者不同的购买决策类型使其决策过程呈现出一定的差异性，但是消费者购买决策的具体过程仍有其共性。目前，学界较认可、普遍使用的是消费者购买决策过程的五阶段模型（5 Level-Stage Model of the Consumer Buying Process），如图4-3所示。

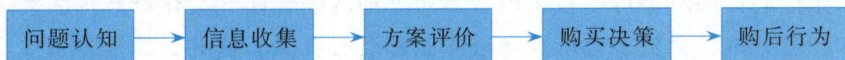

问题认知 → 信息收集 → 方案评价 → 购买决策 → 购后行为

图4-3　消费者购买决策五阶段模型

（一）问题认知

问题认知是消费者购买决策的起点，消费者在这个阶段清楚地知道他们需要什么。只有在需求明确的情况下，消费者才会产生购买动机和购买行为。问题认知可分为主动型和被动型两种，前者指无须他人提醒就能意识到的需求，后者则指只有经过他人提醒才会意识到的购买问题。促使顾客产生问题认知的因素很多，但最关键的是理想状态与现实状态之间的差距及其大小。消费者问题认知的具体过程如图4-4所示。

消费者的主动型问题认知通常源自他们对生活体验的感知，以及与他人的比较。例如，当消费者发现冰箱里的食物储备不足时，就会产生购买食品的需求。随着人工智能、大数据等技术的迅猛发展，企业可以通过分析消费者行为和相关数据来了解时间推移和外部刺激变化条件下消费者需求波动的规律性。企业可以根据消费者日常浏览和购物记录等数据预测其购买行为，并向具有不同特性和产品购买偏好的消费者推送适合的产品，从而引发其被动型问题认知。问题认知的激活主要可以通过以下路径实现：

```
┌─────────────────────────┐      ┌─────────────────────────┐
│   消费者追求的生活方式   │      │  消费者当下所处的现实情境 │
└─────────────────────────┘      └─────────────────────────┘

┌─────────────────────────┐      ┌─────────────────────────┐
│   消费者期待的理想状态   │      │   消费者感知的实际状态   │
└─────────────────────────┘      └─────────────────────────┘

┌───────────────────────────────────────────────────────────┐
│                   消费者期待的理想状态                      │
└───────────────────────────────────────────────────────────┘

┌──────────────┐  ┌──────────────────┐  ┌──────────────────┐
│ 满意（无行动）│  │ 实际状态超过理想状态│  │ 理想状态超过实际状态│
└──────────────┘  └──────────────────┘  └──────────────────┘

┌──────────────┐                 ┌──────────────────────────┐
│ 满意（无行动）│                 │  问题被认知（信息搜寻开始）│
└──────────────┘                 └──────────────────────────┘
```

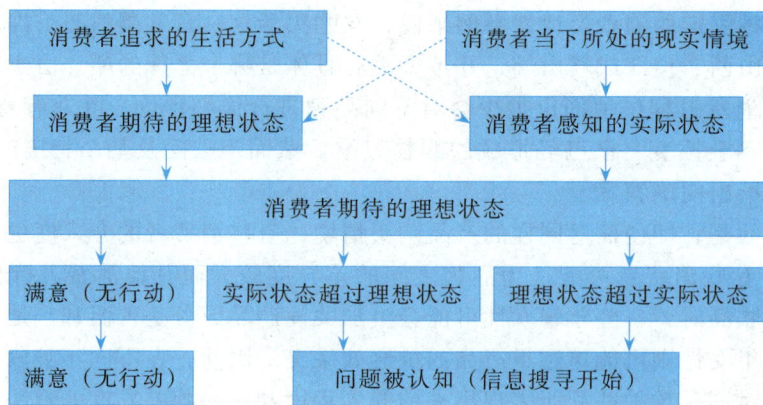

图4-4 消费者问题认知过程

资料来源 MOLTHERSBAUGH D L, HAWKINS D I, UTOMO E P. Consumer bahavior: Building marketing strategy [M]. New York: McGrawhill, 2013.

（1）媒体激发。各种数字媒体与网络广告可以利用其对消费者感官、情感的强大吸引力和影响力，唤醒消费者的需求。通过数字多媒体技术，广告可以以图文融合、音画同步、3D动画等形式展现产品特点和使用场景，从而激发消费者的购买欲望。此外，利用体验式营销，在网页中融入文字、图像、动画和音乐等元素也是增强对消费者吸引力的重要手段。这些元素共同营造出丰富多彩的视听效果，使得广告更加生动有趣，并能够深刻地触及消费者内心深处。数字媒体与网络广告通过丰富的表现形式和即时互动功能，成功地唤醒了消费者对产品或服务的需求，并促进了购买行为，已经成为企业推广产品和服务不可或缺的重要工具之一。

（2）智能推荐。商家可以利用数智技术，根据消费者的历史浏览记录、交易偏好和所处地区等信息，实现个性化的智能推荐，从而呈现出针对不同需求和消费者画像的产品展示页面。例如，根据消费者在网站上浏览过的商品类别和品牌，系统可以自动推荐相似或相关的产品给他们；同时也可以根据消费者所处地区的气候、文化特点等因素进行个性化推荐，比如在北方地区会更多地推荐冬季服装和暖心食品。这种智能推荐主要通过背景筛选和事件触发来唤醒消费者需求。背景筛选是指利用大数据技术精准营销，根据营销策划者设定的条件对目标客户进行筛选。例如，微软和唯品会合作建立的智能化云平台就可以根据产品选择、仓库划分、预调配等信息来实现精准用户推荐，从而提供更加个性化的服务。而事件触发则是在数字消费者生活状况或消费行为发生变化时立即采取相应策略。例如，携程、美团、飞猪等订票软件会根据用户的订票信息来向用户推荐酒店、出租车、当地美食、景点等各种团购券，平台就像一个便携式的"小秘书"，提供个性化的一站式服务。总之，基于大数据的智能推荐已经成为电子商务领域中一种重要且有效的营销手段。随着科技的不断进步，我们相信未来智能推荐将会变得更加精准、便捷，并且真正符合每位消费者的个性化需求。

（3）场景激活。消费者的潜在需求可能在特定场景下被激发。比如，在购物中心看到了一款新型智能家居产品，消费者可能会突然意识到自己对智能家居产品的需求，并且产生购买欲望。又或者是在旅行中体验到了便捷的移动支付方式，消费者也许会开始关注和使用类似的支付工具。特别是，短视频直播的迅猛发展使得边看边买成为场景激发的主要形式。随着直播带货越来越流行，不少网红主播通过直播向观众展示产品使用效果，并提供专属优惠码或折扣链接进行销售，从而促进了实时消费行为；游戏直播中也经常出现赞助商提供礼品、道具等福利以及限时折扣活动来吸引玩家进行虚拟商品交易。总之，在特定场景下，消费者可能因为外部刺激而觉察到自己未曾意识到的需求，并作出相应的消费决策。

（4）社交唤醒。消费者的潜在需求可能会通过社交被唤醒。例如，当消费者在社交媒体上看到朋友推荐或分享了一款新产品时，他们或许会产生对该产品的兴趣，并可能尝试购买。此外，消费者也可能会通过参加各种社交活动和聚会来接触到新的产品或服务，从而激发出他们之前未意识到的需求。数智时代，社交因素包括了消费者在社交平台上关注的人物或账号推荐的产品，以及朋友圈分享的购物经验等信息。当一个用户在社交平台上看到朋友分享了一款新型智能手表的使用体验时，他可能也会因此产生对这款产品的兴趣，并开始寻找相关信息进行比较和研究。又或者，在社交网络上看到某个品牌推出了限量版的商品，引起了其他用户的热议和讨论，也会刺激消费者对该商品的购买欲望。此外，还有通过各种手机用户社区进行线上互动和产品推广；利用内容创作者在小红书平台上分享使用心得来进行内容营销；通过病毒传播式营销，在拼多多等平台上传播商品信息并引发用户转发传播等。总之，随着数字化技术与社交媒体的不断融合，社交网络作为信息传播和互动平台，在满足人们日常沟通需求的同时，也成为了企业了解和激活消费者潜在需求的重要渠道之一。

（二）信息收集

在传统技术背景下，在信息收集阶段，消费者会通过内部和外部两种途径来收集与商品有关的信息。内部信息主要依赖于消费者的记忆，包括既往消费经历、个人经验以及低介入度学习形成的信息；而外部信息依赖于消费者的主动获取，主要源自外部资源，如亲友推荐、商业广告、店员推销等。消费者的信息来源具体如图4-5所示。

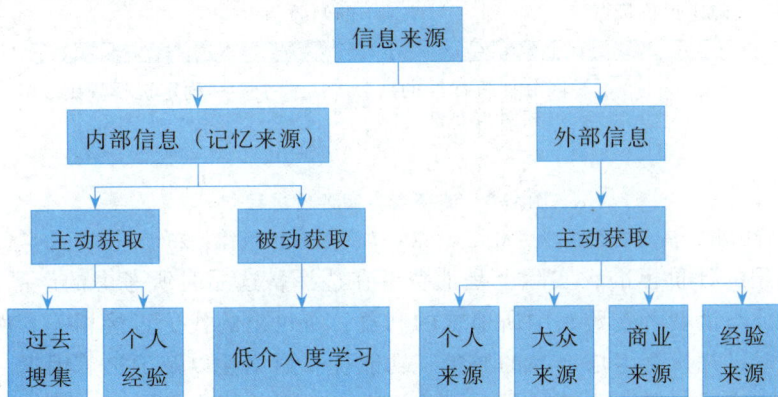

图4-5　消费者的信息来源

资料来源　符国群. 消费者行为学［M］. 北京：高等教育出版社，2001.

在传统市场环境中，高昂的搜索成本通常会限制消费者的搜索行为。然而，在数智时代，消费者的信息获取方式和环境发生了根本性变化。网络提供了各种信息，并极大地提高了信息获取的普遍性、可信度以及速度和效率，从根本上解决了传统交易过程中买卖双方之间存在的信息不对称问题。一旦意识到自己有某种消费需求，消费者会可以即上网查找合适的产品和商品信息。因此，在及时且充分地了解商品信息的基础上作出正确购物决定成为可能。

现代数智技术的迅猛发展使得信息收集活动产生了诸多变化。一方面，生产商和供应商可以利用面部识别、云计算、大数据等技术海量获取消费者的结构化和非结构化数据（如天猫、京东等），并根据这些数据生成与消费者相关联的信息，根据这些信息挖掘消费者偏好，从而"读懂"消费者，实现"想消费者之所想，急消费者之所急"，并制定和实施靶向的广告投放策略。另一方面，在消费者视角下，互联网和移动终端提高了营销信息搜集的时效性和便利性；社交媒体和在线评论降低了信息不对称程度，并增强了透明度及可信度（如大众点评、小红书等）。特别是随着技术的进步，通过网络搜索信息变得越来越智能化。除了网络广告、搜索引擎和门户网站，网络营销者还可以通过操作视频、3D 动画、增强现实（Augmented Reality，AR）、虚拟现实（Virtual Reality，VR）、即时通信（如阿里旺旺、微信等）或社会化网络服务（Social Network Service，SNS）社群、网上虚拟展厅等一系列措施，帮助消费者了解产品信息，促进购买行为的产生。

（三）方案评价

在决定购买什么产品和服务前，顾客通常会形成一个考虑集或被选集，哪些产品或品牌会进入该考虑集，则受品牌知名度、顾客认知和过去购买体验等众多因素的影响。对进入考虑集的产品和服务，消费者需要采用一定的标准对其进行评估，以判断产品和服务能够在多大程度上满足需求和解决问题，从而做出购买决策。

通常，方案评价主要包括以下几个步骤：确定评价标准、区分评价标准的相对重要性、确定备选产品在每一评价标准上的绩效值、确定选择规则。最后，消费者根据上述步骤的结果确定最终购买对象，具体如图4-6所示。

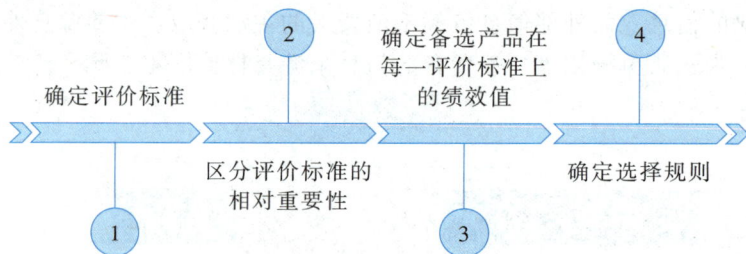

图4-6　消费者方案评价过程

资料来源　符国群. 消费者行为学［M］. 北京：高等教育出版社，2001.

消费者采用的评价标准，实际上是消费者在选择备选品时所考虑的产品属性或特征。这些属性或特征与消费者在购买中所追求的利益、所付出的代价直接相关。例如，当消费者在购买产品时，通常会考虑产品的质量、功能性、耐用性以及价格等因素，并期望能够获得物有所值的商品。需要强调的是，评价标准会因人、因产品、因情境而异。例如，对于一些消费者而言，他们可能更关注产品的性能和质量；而对于另一些消费者来说，外观和品牌可能更为重要。此外，在不同的购买情境下，消费者也会有不同的评价标准。比如在紧急情况下，价格和便利性可能会成为主要考虑因素；而在日常生活中，则更注重产品的持久耐用性和环保程度。

一般来说，消费者评价的内容主要集中在以下几方面：

（1）产品属性。产品是否能满足消费者的实际特定需要。

（2）产品价格/性价比。产品和服务是否超出预算、是否物有所值。

（3）效用要求。产品的效用应达到消费者的要求。

（4）品牌信念。这是指消费者对某种品牌产品的属性和能带来的利益形成的最终认识。实际上，每种品牌的产品都有一定的属性，消费者将对这些属性的评价综合起来就可以得到关于该品牌优劣的看法，即形成对该品牌的信念。对于消费者而言，他们总是倾向于选择那些品牌信念好的产品。

（5）文化价值观契合度。消费者的文化价值观对其购买方案会产生一定影响。比如，消费者在评价标准和品牌选择上存在从众心理。许多消费者乐于向亲朋好友或者同事等熟人打听产品信息，参考他人的评价，购买熟人推荐的产品。在大数据时代，这种现象表现为购买在线好评数多或口碑佳的产品，以及社会形象好的明星代言和网络红人推荐的产品。

消费者通常会利用连接式规则、重点选择规则、按序排除规则、编纂式规则、补偿式选择规则等方法进行方案选择，具体如图4-7所示。

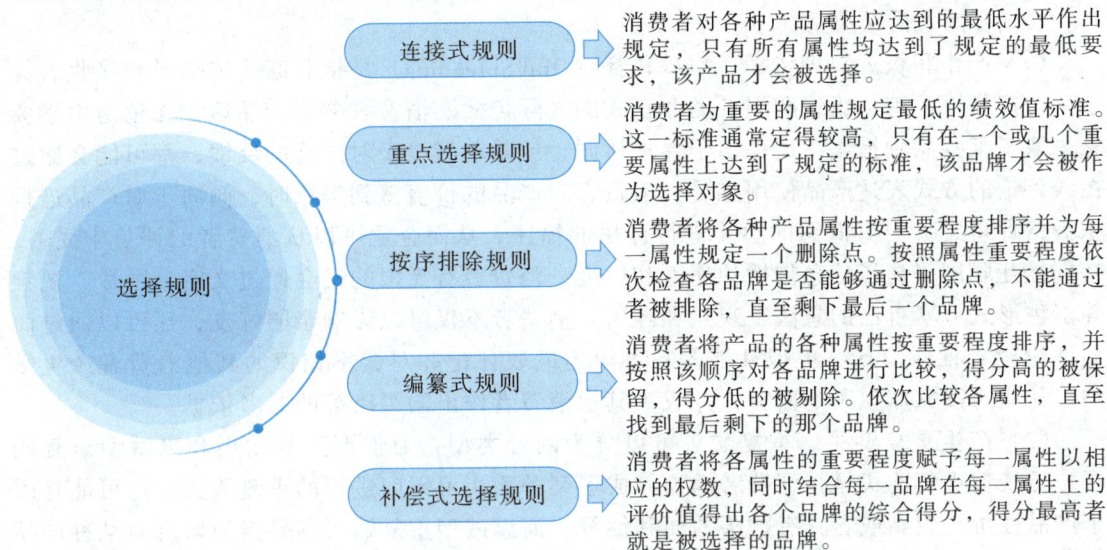

图4-7 选择规则类型

资料来源 符国群. 消费者行为学 [M]. 北京：高等教育出版社，2001.

（四）购买决策

在决定购买具体产品时，消费者会基于问题认知、信息收集和方案评价形成对某品牌或产品的购买意向，最终会根据对被选品的评价来选择最契合的产品或品牌。

导致顾客改变选择的原因可能包括一些情境因素，如店内气氛、产品规格、竞争品牌的促销活动等，也可能涉及支付条件、送货、安装等与顾客价值直接相关的因素。通常，有三类因素会影响消费者购买意向形成之后的最终购买行为。

（1）他人态度。他人的态度对消费者决策有着重要影响，尤其是家人、同事和朋友等重要人物的意见。这种影响取决于其与消费者的亲密程度、其在购买特定产品上的权威性和可信度，以及其对候选品牌的肯定或否定意见。

（2）意外情况。商家开展大力促销活动、推出新产品或采取其他意想不到的营销手段，会显著影响消费者的购买意向；而消费者收入变化、身体状况变化或家庭突发变故等意外情况也会对其购买决策产生影响。

（3）预期风险。消费者在购买商品时，往往会考虑预期的风险。这些风险可能包括产品质量问题、使用效果不如预期、售后服务不完善等。当消费者感知到存在较大的购买风险时，就会产生更多的顾虑。为了规避这些购买风险，消费者通常会采取一些方法来保护自己的利益。比如，在作出购买决策之前，他们可能会选择回避某些产品或品牌，同时也会通过扩大信息收集渠道来获取更多关于产品的信息和评价；此外，他们还可能会倾向于选择名牌产品或是有担保的产品，以确保自己在购买过程中能够获得更好的保障和服务。例如，在线上消费时，一些消费者会优先选择支持"七天无理由退货"并提供运费险的商家进行交易，以减少因为网购带来的不确定性。

（五）购后行为

在使用产品之后，消费者会产生对产品及其品牌满意或不满意的评价，这是消费者对产品或服务的期望水平与使用产品或服务的实际感受比较的结果。

1.顾客满意的结果

（1）产生积极的口碑传播。口碑传播（Oral Spreading）是指非商业传播者和接收者关于一个产品、品牌、组织和服务的非正式的人际传播。消费者购买产品后，无论是由于商家采取了某些激励措施，还是出于寻求认同，或是单纯出于对产品的反馈，都可能会通过在线评论的方式表达产品使用感受。消费者对产品的价值感到满意时，倾向于对产品进行积极的评价，并对其满意的感受进行详尽的描述，从而企业可以从消费者的评价中受益。特别是互联网提高了信息传播的速度和广度，消费者有无限的机会通过文字、图片、视频等多种形式分享自己的想法、观点和经历。消费者不仅可以影响亲朋好友，还可以通过商品评论区、社区论坛、虚拟社群等各种渠道发表评论并对素不相识的其他消费者产生影响，从而对商家产生舆论监督，并成为其他消费者作出购买决策的参考依据。

（2）产生重复购买。重复购买可以分为两种类型：习惯型重复购买和忠诚型重复购买。习惯型重复购买是指消费者因为养成了某种购买习惯而进行的重复购买，这可能是由于产品性价比较高或者具有购买的便利性等。而忠诚型重复购买则是指消费者对某种产品或品牌有特别偏好甚至情感依赖，在相当长时期内持续选择该产品或品牌。对于企业来说，忠诚型重复购买比习惯型重复购买更具有价值，因为忠诚的客户通常会愿意支付更高的价格以获取他们信任和喜爱的产品或品牌，并且他们也更倾向于推荐身边人使用同样的产品或品牌。

（3）产生品牌忠诚。品牌忠诚是指消费者对特定品牌的偏好和重复购买倾向[1]，表现为非随意性的购买行为，并且持续时间较长。根据消费者的品牌忠诚水平差异，可以将消费者分为五种类型，具体如图4-8所示。品牌忠诚通常以个人或家庭为决策单位，可能涉及一个或多个品牌的选择。这种忠诚不仅是消费者对某个品牌的长期偏好，还表现在他们愿意为了选择该品牌而放弃其他竞争对手的品牌。除此之外，品牌忠诚还可以被视作一种消费者与特定品牌之间形成的情感纽带。这种情感连接可能源自产品质量、服务态度、价格优势等多方面因素，在日常生活中逐渐积累并转化为持续的购买行为。虽然我们将品牌忠诚看作个人或家庭决策单位的行为，但实际上它也受到社会环境、文化背景等因素影

---

① JACOBY J, KYNER D B.Brand loyalty versus repeat purchasing behavior［J］. Journal of Marketing Research, 1973, 10（1）: 1-9.

响。比如，在某些地区或群体中存在着对特定知名品牌的偏好和追捧，并且这种趋势往往具有传染性、扩散性和示范效应。总之，要建立真正意义上的品牌忠诚需要企业通过提供高质量的产品和服务来赢得消费者的信任，并且要不断创新以保持其竞争力。同时也需要考虑到市场环境的变化以及潜在客户需求的变化等因素来巩固已有客户群体并吸引更多新客户加入进来。

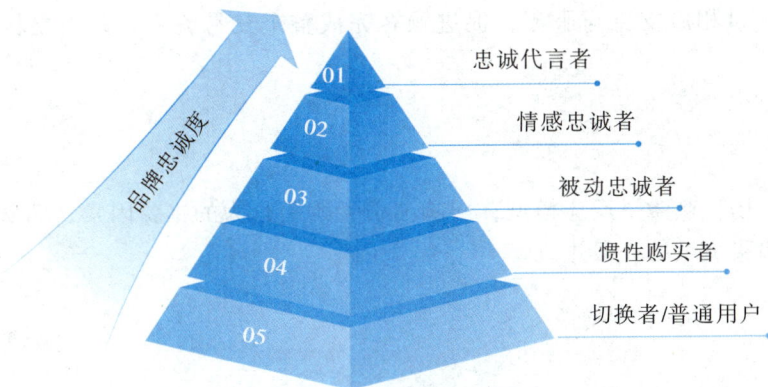

图4-8 消费者品牌忠诚度

资料来源　DAVID A.Managing brand equity：Capitalizing on the value of a brand name［M］．New York：The Free Press，1991.

2.顾客不满意的行为

消费者对某种产品或服务不满，尤其是该产品或服务存在明显问题时，可能会采取以下行为：一是自认倒霉，不表现出任何抱怨；二是私下采取行动，如向他人表达不满或停止购买该产品等，在互联网时代还可能会导致负面的口碑传播；三是向商家、制造商或售后部门提出抗议，并要求进行相应补偿；四是寻求第三方协助。一些消费者会选择直接联系相关部门或机构进行投诉和举报，希望能够引起足够的关注并使问题得到解决。有些消费者甚至会寻求法律援助，通过法律途径来维护自己的权益。比如针对外卖食品卫生问题可选择向美团、饿了么等平台投诉，或者向市场监督管理部门投诉。总之，在面对不满意的产品或服务时，消费者可以通过多种方式来表达自己的诉求。

本章小结

在现代社会中，消费者市场是企业营销活动的重要出发点和归宿点。随着数智技术的不断发展和全球化的加速推进，消费者市场变得更加多元化和复杂。只有准确把握顾客需求并提供满足其需求的产品或服务才能赢得顾客的信任与支持，并在激烈的竞争中脱颖而出。

消费者市场是一个由个人和家庭组成的巨大市场，他们购买各种商品和服务来满足自身的需求。消费者市场是最终产品市场。

研究消费者行为需要回答"消费者买什么、在哪里买、如何买、何时买、买多少以及为什么买"等问题，可以使用"刺激—反应"模型来更好地了解消费者内心深处的"黑箱"。

此外，在复杂多变的市场环境中，文化、社会、个人和心理等多种因素都在一定程度上塑造了消费者对产品或服务的态度和偏好。只有充分认识和理解这些因素，企业才能更好地满足顾客需求，并制定相应的营销策略。

依据消费者介入度和品牌差异度可以将消费者购买行为分为复杂型购买行为、减少失调感的购买行为、选择型购买行为和习惯型购买行为四种类型。消费者的购买行为包括问题认知、信息收集、方案评价、购买决策以及购后行为五个阶段。每一个阶段都需要企业精准把握并提供相应支持与服务，促进顾客完成整个交易流程，并建立长期稳定的合作关系。

关键概念

消费者市场；刺激—反应模型；影响消费者购买行为的主要因素；消费者购买行为类型；消费者购买决策的一般过程

案例分析

郭阳的儿童电动车购买之旅

2021年春天，郭阳和爱人带儿子去游乐场，他们在这个游乐场的儿童电动车项目上办的消费卡也快用完了。这已经不是他们办的第一个儿童电动车消费卡了。儿子是个不折不扣的小车迷，儿童电动车是儿子每次到游乐场必玩的项目，经常会玩好长时间。周边几个游乐场的这个项目，郭阳都办过消费卡，前前后后也办了五六次了。郭阳和爱人看着儿子驾驶着小电动车在广场上游刃有余地穿梭着，脸上洋溢着幸福与自豪的笑容。郭阳夫妇边说边笑："咱儿子下个月要过生日了，今年给他买什么生日礼物啊？"两个人虽然聊着天，但是眼睛一刻也没有离开过儿子。一场20分钟的驾驶时间很快就过去了，两个人把儿子从电动车里抱出来，还没站稳，儿子就跑向另外一辆车了。俩人相视一笑，每次都是这样，不玩个两三场，儿子是不会离开的。郭阳突发奇想地对爱人说："要不给他买个电动车当礼物？这样就不用老出来玩了，自己有了，想去哪里玩就去哪里玩。"爱人回应："也不是不可以啊，是个好主意，咱们在这个游乐项目上前前后后花了也有一千多块钱了，也够买一个电动车了吧。""应该差不多了，哈！""行，那任务就交给你了。"

于是，郭阳就把购买儿童电动车的事情提上了日程。晚上没事，郭阳就先到淘宝上搜了一下"儿童电动车"，郭阳一家现在所需要的东西，基本都在网上买，淘宝是他们最经常使用的平台。淘宝到底是淘宝，这一搜，无数个商品和店家出现在搜索界面，有儿童电动摩托车、卡通电动车、卡丁车、仿真电动车，琳琅满目。卡通电动车有很多不到100元的，考虑到儿子平时玩的都是仿真电动车，郭阳打算只看这种类型的，毕竟外观上看起来和真车是最相似的。价格上，仿真电动车从200元的到七八千元的都有。郭阳想，先看看贵的是什么样的，随手点开了一个6 000多元的奔驰仿真车，产品介绍页面详细展示了产品信息：奔驰官方正版授权（附带授权书）、超大双人座椅、可以坐下一个大人和一个孩子、超高底盘、超威电瓶、便携式拉杆、弹簧避震、四轮驱动、大容量储物箱、环保材质、早教播放等，算是配置高端的儿童电动车了。郭阳接着又点开2 000元左右的一款车，除了没有官方授权，其他也算大同小异。郭阳又看了几款 2 000 元左右的，觉得也差不多。虽然 6 000 多元的自己也支付得起，但是郭阳觉得，产品看起来并没有比 2 000 元左右的好特别多，2 000 元左右的性价比还是更高。自己也不想给儿子买太便宜的东西，儿子自出生以来，全家四个老人加上郭阳夫妇都视其如珍宝，儿子用的东西都是高端的，从奶粉到玩具，所以这一次郭阳决定在 2 000 元左右这个价位段选一个。

第二天中午午休的时候，郭阳又到淘宝上查看，确定了价位段之后，郭阳筛选起来就相对容易一些了，看了几家店之后，郭阳对儿童电动车有了更清晰的认识。隔天，郭阳又去了自己知道的一家玩具店，店里只有两款仿真儿童电动车，郭阳看了一下，功能和网上的差不多，但是价格要贵五六百元。平时上班，碰到孩子年龄差不多的同事，郭阳也会跟他们聊聊，有家里是女孩儿的，对车这类玩具并不感兴趣。有男孩儿的同事也都表示，自己家的孩子喜欢汽车、恐龙、枪炮之类的玩具。经过大约一周的时间，郭阳最终在淘宝上锁定了两款车，一个是仿奔驰的越野吉普车，一个是仿牧马人的越野车。郭阳高兴地向爱人"汇报"自己的劳动成果：

"我查了淘宝，也去了玩具店，最后选了这两个，你看看。"

"嗯，看着都挺帅气的。"

"嗯，这两个车都是双座的，儿子可以和别的小朋友一起玩。四座的我觉得就没有必要了。嗯……都有音乐播放功能。"

"跟游乐场里的一样吗？"

"对，并且这两个速度都是有两档的，游乐场里的可没有，还有遥控功能。"

"遥控？遥控什么呀？有用吗？"

"有用啊，能遥控刹车，这样如果我们跟不上，觉得速度快了，就可以用这个刹车。"

"嗯，这个功能好，保证安全。"

"行，那就这个了。这家店有活动，加上邮费一共 1 800 元，实体店我也去看了，没有这个好呢，还要 2 500 元。下周我出差回来再买，差不多能赶在儿子生日之前到货。"

了了一桩心事，郭阳就到广州出差了。广州的同事家里也有年龄相仿的孩子，闲暇聊天的时候，郭阳就提起儿子生日要买儿童电动车的事。同事是广州本地人，对他说："去一德路的玩具批发市场看看，那里的玩具说不定比网上的还要便宜呢，很多淘宝店都在那里发货的。"周六没事，郭阳想，反正也没什么事，同事这么大力推荐就去看看，说不定能看到其他想买的东西。到了一德路，郭阳震惊了，珠三角的玩具产业真是发达，整整一条街，还有周边的商厦全部都是卖玩具的。郭阳进的第一栋楼，一层是卖毛绒玩具的，他打听了一下，整栋楼都是卖毛绒玩具的。汽车玩具在另外一栋楼，郭阳辗转到了这栋楼，楼里是各种各样的电动车，自己在网上看的卡丁车、摩托车什么的，这里都有，他打听了一下价格，真的比淘宝还便宜。郭阳逛了几个专门卖儿童电动车的店铺，他要买的两款这里都有，价格基本都在 1 000 元左右，如果邮寄，运费和包装费需要 300 元。郭阳比较了一下，选了一个店，最终加运费花了 1 500 元买下了自己查的那款车。给店主留了地址，郭阳心想，以后有机会来这边出差，可以给儿子选几个礼物带回去。完成了任务，郭阳又逛了一下，给儿子买了几个小玩具，心满意足地离开了一德路。

儿子看到生日礼物的时候，开心得直跳，一家人立刻到楼下的小广场，奶奶对郭阳说："现在的孩子真是幸福，什么都有，爸爸妈妈也什么都能给买，哪像我们那会儿，有吃的就不错了，你小时候哪有什么玩具啊。"看着儿子开心地开着他自己的小车子穿来穿去，一家人都很高兴。儿子对自己的电动车爱不释手，几乎每天都要去小广场开一开。每天郭阳下班回家，儿子都兴高采烈地跟爸爸讲今天在广场都和谁一起玩了，爷爷奶奶也说，其他小朋友排着队和他一起玩。就是这台车太重了，每次出门都需要费很大的力气把它挪进电梯，抬出单元门，然后再搬回家、擦干净，有点费劲。到了周末，本来想带儿子去外面找个更大的广场玩，结果发现自家的车装不下儿子的电动车，只能在小区的广场里玩。不到三周，儿子在小区就玩腻了，总是吵着要带电动车去大广场玩。没办法，自己买的电动车搬不出去，郭阳只能又回到游乐场，继续办消费卡，那里电动车样式多、活动空间大，儿子可以任意选择他想玩的车型。就这样，这辆电动车被慢慢淡忘了。

如今，这台车成了角落里放置其他玩具的"收纳箱"，占了近半个阳台的空间。郭阳爱人昨天还在说该怎么把它处理掉。郭阳回想自己购买电动车的经历，觉得自己的决策考虑的还是挺周全的，但还是百密一疏啊。今年又该给儿子买什么生日礼物呢？

资料来源：金玉芳，代海璐. 郭阳的儿童电动车购买之旅［EB/OL］.［2022-12-23］. http：//www.cmcc-diut.cn/Cases/Detail/7207.内容有删改。

问题：

1. 郭阳在购买儿童电动车过程中都做了什么？
2. 郭阳在购买儿童电动车的整个过程中，都受到了哪些因素的影响？

案例分析答案示例4

基本训练4

第五章

市场细分与目标市场选择

学习目标

通过本章学习，学生应达到以下目标：

1. 理解市场细分、目标市场选择的概念及含义；
2. 掌握各个细分变量的含义及分类方法；
3. 掌握基于用户画像进行目标市场营销的框架；
4. 基本了解市场细分、目标市场选择的流程；
5. 基本了解基于用户画像进行目标市场营销的应用。

思维导图

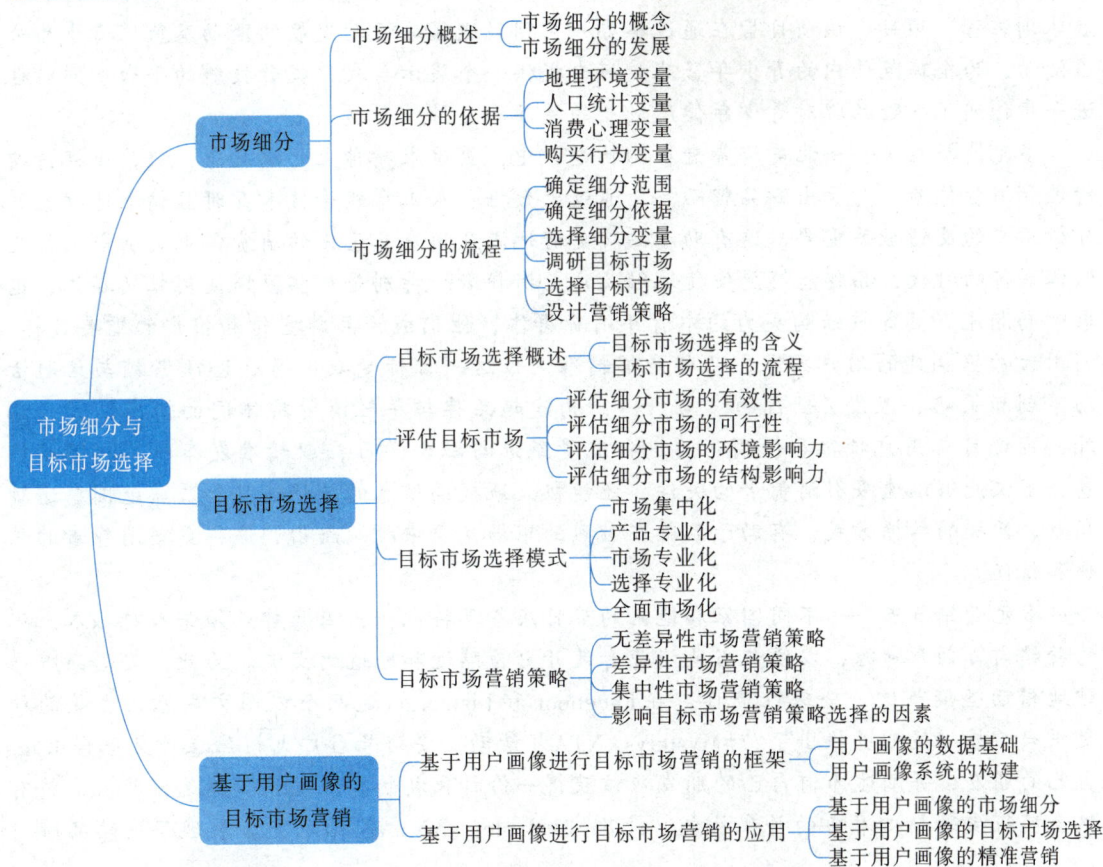

开篇案例

安踏体育北美营销策略

在运动鞋服市场的全球版图中，北美市场无疑扮演着引领潮流的角色。对于寻求品牌价值提升和海外市场长期可持续发展的中国企业而言，北美市场无疑是极具战略意义的市场。安踏通过其精心构建的海外营销策略，得以一窥北美市场的核心特征——用户消费需求的多元化：

多元人群圈层——北美市场消费者群体具有明显的多元化特性，其涵盖的人种差异显著，导致在语言文化、兴趣爱好以及风俗习惯等诸多方面不同。深入了解当地的潮流趋势，才能进一步精准定位并满足各细分人群的需求，制定差异化的内容策略，以契合不同人群的独特喜好和需求。在这方面，安踏巧妙地借助了欧文在美国市场的广泛影响力和丰富资源，为其在美国市场的拓展注入了强大的动力。这一策略不仅提升了安踏品牌的知名度和美誉度，更为其在激烈的市场竞争中赢得了宝贵的市场份额。

多元需求场景——北美消费者的生活场景呈现出多样化的特点，对于出海品牌而言，深入了解当地人群的文化背景、消费习惯以及心理需求显得尤为重要。在此基础上，有针对性地制定营销策略，以精准触达并打动目标消费者，成为品牌成功出海的关键。在北美市场，篮球圈层拥有广泛的受众群体，尤其是以校园篮球为主力的消费群体。为了更好地迎合这一群体的需求场景，安踏品牌积极与知名篮球运动员欧文合作，筹划举办"青少年篮球训练营"项目。该项目旨在通过举办一系列促进篮球运动发展的活动及篮球青少年公益活动，为全球范围内的青少年篮球爱好者提供一个展示自我、提升技能的平台，同时也进一步传递了安踏品牌对青少年健康成长的关注和支持。

多元消费层次——北美消费者在购物过程中，更追求精神上的满足感，极为重视情绪价值和消费体验。对于出海品牌而言，通过大数据、人工智能等技术及时且精准地收集并分析用户的反馈至关重要，这有助于品牌更好地满足用户多元化的消费需求。在当今社交媒体盛行的时代，品牌能够更便捷地触及广大消费者。特别是那些习惯使用社交媒体、追求时尚潮流、具备较强购买力的中青年消费群体，他们成为品牌宣传和推广的重要目标。利用大数据构建的用户画像，品牌能够精准定位这一目标受众，通过KOL营销与话题活动等创新策略，激发Z世代的参与热情，构建起品牌与年轻消费群体间的情感纽带。此外，围绕目标用户特征和使用行为进行流量甄选与融合学习，以精准发布新品和促销信息，不仅能够迅速吸引消费者的关注，还能极大地提高信息的传播速度和覆盖范围。这种高效、便捷的传播方式，有助于品牌在激烈的市场竞争中脱颖而出，赢得更多消费者的青睐和信任。

多元营销节点——不同国家和地区的节日庆各具特色，出海品牌亟须深入挖掘本土化的营销内容创意资源，以便与当地消费者展开更为贴近和地道的交流。为此，安踏品牌巧妙地借助圣诞节这一全球性节日，在Facebook和Instagram这两个以图文内容为主导的社交平台，精心策划并推出了"#MysterysANTA"活动。安踏号召广大粉丝在社交平台上tag自己的朋友，并阐述为何自己的朋友应该获得一份神秘礼物。经过精心筛选，获胜者将有机会获得安踏精心准备的神秘礼包。此次"#MysterysANTA"活动充分展现了安踏品牌对本土文化的尊重和融合，以及其在营销创意方面的独特魅力。

安踏"出海"的成功并非偶然，而是基于对北美市场深刻洞察的战略布局。上述内容深刻描述了安踏如何利用市场细分，识别并服务于具有特定需求和偏好的消费者群体，同时展示了其通过目标市场选择以及用户画像，制定出高度定制化的营销策略。这些策略不仅限于产品设计和服务，还扩展到了情感连接和社会责任领域，体现了品牌对消费者深层次需求的理解和响应。基于此，本章将深入探讨市场细分的艺术，阐述如何通过细致的市场研究来确定目标市场，以及如何利用用户画像进行目标市场营销，帮助读者理解如何在复杂多变的市场环境中找到自己的目标，以及如何有效地与目标受众建立联系，最终实现品牌价值的最大化。

资料来源：烟火传播. 营收有望破千亿，安踏品牌海外营销究竟牛在哪里？［EB/OL］.［2024-06-21］. https：//mp. weixin. qq. com/s？ __biz=MjM5MDcwMzg2NQ== &mid=2653443022&idx=2&sn=23c29f9d914 015bc03a6c79d56d4eaf1&chksm=bc9ae5e068b06076957e8f39d4b33504d3466b148723812e28828 214919d8783c85bb28ec57c&scene=27.内容有删改。

一、市场细分概述

（一）市场细分的概念

市场细分的概念是由美国市场学家温德尔·史密斯（Wendell R.Smith）在20世纪50年代中期首次提出的，并在其关于市场营销理论的研究中进行了详细阐述。市场细分的基本思想是在进行市场调研的基础上，根据消费者在需求、爱好、购买动机、购买行为、购买能力等方面的差别或差异，将整个市场划分为两个或多个不同的消费者群体。这些消费者群体因具有类似的需求或愿望，从而被归类为相应的子市场[①]。这一过程，不仅是对市场复杂性的科学剖析，更是企业社会责任感的深刻体现。在新时代背景下，市场细分已成为企业提升新质营销力，实现精准营销、高效资源配置的关键策略。

市场细分的核心价值在于，其倡导了一种以人为本的营销理念，强调对消费者个体差异的尊重和满足，这与我国倡导的"人民至上"的发展理念不谋而合。通过细分市场，企业能够更好地响应人民群众日益增长的美好生活需要，提供更加丰富多元的产品和服务，促进社会消费的升级和经济结构的优化，为构建社会主义现代化国家贡献积极力量。

（二）市场细分的发展

市场细分主要经历了以下几个发展阶段：大量营销阶段、产品差异化营销阶段、目标营销阶段、超市场营销阶段。

1.大量营销（Mass Marketing）阶段

19世纪末至20世纪初，随着工业化的加速和生产技术的进步，大量营销成为企业扩大市场份额的首选策略。大量营销的核心特征是对所有潜在顾客使用单一的营销组合（产

---

① 科特勒，凯勒，切尔内夫. 营销管理［M］.陆雄文，等译. 16版. 北京：中信出版社，2023.

品、价格、渠道和促销），旨在通过规模经济和成本效益的优势，实现高效的生产和分销。这种方法假设市场中的消费者具有足够相似的需求和偏好，因此可以通过统一的营销信息和方式来满足大多数人的需求。在大量营销阶段，营销传播主要依靠大众媒体如报纸、广播和电视等，通过一致的信息传递来吸引广大消费者的注意力。广告内容通常强调产品的功能性和价格优势，旨在通过激发消费者的普遍需求来驱动销售。福特汽车的Model T 就是采用大量营销策略的典型例子，它通过标准化产品设计和流水线生产方式，实现了低成本和大规模分销，成功地满足了广大消费者对汽车的基本需求[①]。

2. 产品差异化营销（Product Different Marketing）阶段

20世纪30年代，资本主义世界经济危机导致西方企业面临严重的产品过剩问题[②]。这种环境迫使企业转变经营观念，从传统的大量营销模式转向产品差异化营销。这一转变的核心是向市场推出具有不同质量、外观和性能的多样化产品，以适应不同消费者的独特需求和偏好。产品差异化营销阶段标志着企业开始关注如何通过特定的产品特性来吸引和满足目标市场细分。然而，尽管这种策略的理论基础坚实，但是许多企业在实际操作中遇到了挑战。主要的问题是，企业在设计和推出新产品时，往往过于依赖现有的设计和技术能力，而没有进行充分的市场调研来真正理解目标顾客的需求。此外，这一时期的市场细分方法尚不成熟，许多企业缺乏对市场细分的系统理解及实施策略，导致产品定位不精确，无法有效触及或满足特定消费者群体的需求。

3. 目标营销（Target Marketing）阶段

从20世纪50年代开始，随着科学技术的迅猛发展，企业面临的市场环境及其挑战发生了显著变化，仅依靠产品差异化的推销体制已不足以应对日益激烈的市场竞争。因此，西方企业开始从以产品为中心的营销策略转向以市场需求为导向的目标营销。这一转变标志着市场细分战略的兴起，它不仅改变了企业的经营观念和方式，还被视为"市场营销革命"的一部分。目标营销阶段的核心在于企业需要识别并选择那些具有吸引力且最能有效为之服务的细分市场作为其主要市场。这要求企业结合自身的资源与优势，通过细致的市场分析，确定哪些细分市场能够最大化地响应其产品和服务。随后，企业将设计与这些目标市场需求相匹配的营销组合，包括产品策略、定价策略、促销活动和分销渠道，以确保能够精确地满足这些细分市场的具体需求。然而，市场细分理论并非一成不变。最初，营销理论家们认为市场细分越细越好，因为这能更精确地满足顾客的个性化需求，从而获得更大的市场收益。但进入20世纪70年代后，受能源危机和经济不景气的影响，企业开始意识到过度的市场细分可能导致运营成本急剧增加，而这种成本上升可能会抵消由细分带来的增益。因此，西方营销界又提出了一种新的理论：在细分市场时应当从成本效益比的角度进行适度细分。这种思考不仅是对过度细分的一种反思和矫正，也丰富了市场细分理论的内涵，使其更加成熟和实用。

4. 超市场营销（Super Marketing）阶段

随着20世纪90年代信息技术的兴起及其在营销领域的应用，超市场细分迅速成为提升顾客忠诚度和实现市场优势的关键策略。在超市场细分的实践中，企业利用先进的数据

① 瞿宛文. 如何研究中国产业：多种理论资源综论［J］. 人文杂志，2018（12）：1-8.
② 陈云贤、李粤麟."有为政府"的竞争属性——基于中观经济资源生成视角的分析［J］. 经济学家，2023（4）：14-22.

收集和分析技术，如数据挖掘和机器学习，深入分析消费者的行为模式、购买历史和个人偏好。这不仅包括收集传统的消费数据，更包括社交媒体活动、移动设备使用习惯以及实时位置信息等非结构化数据。这些数据的综合分析帮助企业构建起复杂的消费者画像，使得营销活动能够更精准地对接每个顾客的独特需求。例如，通过跟踪用户的在线浏览习惯和购买行为，企业可以个性化地调整网站上的产品推荐，甚至实时更新促销信息以匹配用户的即时兴趣。然而，超市场细分也面临挑战，如数据隐私保护、高成本投入及技术实施复杂性等问题。企业必须在利用客户数据提供个性化服务的同时，严格遵守数据安全和隐私保护的法律法规，确保消费者隐私不受侵犯。此外，高度个性化的服务要求企业在技术和操作上进行大量投资，这可能会提高运营成本，影响长期的盈利能力。

二、市场细分的依据

市场细分依据是指反映需求内在差异，同时能作为市场细分标准的可变因素，主要从消费者市场和组织市场两个维度细分。其中消费者市场由那些购买产品或服务以供个人或家庭使用的最终消费者组成，而组织市场则包括商业、工业和政府机构等，它们采购产品或服务是为了制造或生产其他产品，或为了维持组织的运行[①]，本书主要考虑消费者市场。

消费者市场的需求差异通常由四类核心变量反映：地理环境变量、人口统计变量、消费心理变量以及购买行为变量。

1.地理环境变量

地理细分根据消费者的地理位置、自然环境等地理因素来划分市场。地理变量通常包括国家（例如中国、美国、俄罗斯等）、地区（东北、华北、华南等）、城市（北京、上海、广州等）、气候（如热带气候、亚热带气候和温带气候等）、人口密度、地形特征，以及是否是农村地区或城市区域。地理细分的主要理论基础是，不同地理区域内的消费者由于文化、气候、经济条件和可达性等因素的不同，他们对产品和服务的需求和反应会有显著差异。同时，地理细分允许企业根据特定地理区域内消费者的具体需求来调整其营销策略和产品供应。例如，星巴克在进入中国市场时，考虑到中国茶文化的深厚背景和消费者的口味偏好，推出了一系列适合当地口味的茶饮料和调味咖啡[②]。在北方较冷的地区，星巴克增加了更多保温效果良好的热饮选项，而在南方较热的地区，则推出了更多冰饮产品。此外，地理细分还帮助企业进行有效的市场定位和物流优化。通过了解各地区的交通运输条件和仓储需求，企业可以优化其供应链，降低成本并提高效率。

2.人口统计变量

人口细分变量包括消费者的年龄、性别、收入、职业、家庭规模、家庭生命周期、宗教信仰、民族、社会阶层等。其中最常用的细分变量有：

（1）年龄

年龄是进行人口细分的一项常见而关键的变量，消费者的需求和购买力随着年龄的增长而发生变化。例如，儿童和青少年可能更倾向于购买玩具和电子游戏，年轻人可能更关

① CASSEL E C, GROVE J A, HANKINS F W, et al.Fundamental differences between industrial and consumer marketing: industrial marketing committee review board [J]. Journal of Marketing, 1954, 19 (2): 152-158.
② 刘紫霖. 星巴克：数字化营销的战略分析 [J]. 西部皮革, 2019, 41 (2): 55.

注时尚和技术产品，中年消费者可能更注重购买家居、汽车或健康产品，老年人可能更多地关注药品、健康保健和与退休后生活相关的服务。在进行年龄细分时，重要的不仅是考虑消费者的生理年龄，还要考虑其心理年龄。心理年龄是指个人感受和行为方式与实际年龄不符的现象[1]。例如，随着生活方式和健康意识的提高，许多老年人保持年轻化的活动水平和生活方式，他们可能对时尚服装、旅游和高科技产品的需求与较年轻的消费者相似。

本土创新 5-1

中国移动的
创新实践

（2）性别

由于先天基因的差异和社会角色的不同，男性和女性往往在需求、偏好、购买行为和消费心理上存在差异，在产品选择、购物动机和品牌忠诚度方面常常表现出明显的不同。此外，性别也影响消费者对广告内容的反应，女性可能更喜欢基于情感的广告，而男性可能对直接和事实性的信息更敏感。性别细分的应用可以在各个行业中看到，尤其是在服装、美容、健康产品和消费电子产品等领域。例如，男性和女性在皮肤类型、美容需求和产品偏好上有所不同，因此很多品牌会推出专门针对男性或女性的护肤品和化妆品。

（3）收入

收入水平直接影响消费者的购买力，决定了他们在消费决策时的价格敏感度、品牌偏好，以及对产品质量和服务的需求。如高收入消费者通常寻求高品质、独特性以及高级服务的产品，他们对价格不太敏感，更注重品牌价值和产品的独特性。中等收入群体则可能在价格和质量之间寻求平衡，他们通常追求物有所值的产品。低收入人群往往更加价格敏感，可能更倾向于购买基本和功能性的产品，且更频繁地寻找折扣和促销活动。

（4）职业和教育

职业细分依据消费者的职业类型进行，不同职业群体因其工作性质和收入水平的差异而具有不同的消费模式和偏好[2]。例如，高管和专业人士可能更倾向于购买高端品牌和产品，以符合其社会地位和生活方式；而手工工人或服务行业人员可能更关注产品的功能性和性价比，如针对企业客户和专业人士，联想设计并推广了功能强大、安全性高的笔记本电脑和服务器，这些产品满足了其工作需求和对高效能的追求。对于学生和教育机构，联想则提供了价格适中、易于使用的设备，以及针对教育领域的软件和服务，以支持教育和学习需求。

教育细分则是根据消费者的受教育水平进行细分，因为受教育水平往往影响一个人的信息获取能力和处理复杂信息的能力，从而影响其消费需求、态度和行为。一般而言，受教育程度较高的消费者可能更倾向于理性消费，他们在购买决策时会更多地考虑产品信息和品牌价值；相反，受教育水平较低的消费者可能更依赖直观印象和即时满足。

（5）家庭生命周期

家庭生命周期根据家庭成员的年龄、结婚状态、是否有子女以及子女的年龄来划分不同的家庭阶段[3]。

① 田喜洲. 时间情境中的工作重塑［J］. 经济管理，2024，46（2）：193-208.
② 陈怡秀，孙世敏，屠立鹤. 在职消费经济效应的影响因素——基于高管异质性视角的研究［J］. 经济管理，2017，39（5）：85-100.
③ GLICK P C.The family cycle［J］. American Sociological Review，1947，12（2）：164-174.

单身阶段：这一阶段的消费者通常是年轻的单身人士，他们几乎没有经济负担，因而有较多的自由支配收入。这类消费者往往是新消费观念的带头人，他们的消费模式以娱乐为导向。

新婚阶段：这一阶段包括年轻的已婚夫妇，他们尚无子女，经济条件相对宽裕。这些消费者的购买力较强，由于他们正在建立新家庭，对家具、家电等耐用品和大件商品的需求和欲望较强。

满巢阶段Ⅰ：此阶段的家庭拥有6岁以下的子女，处于家庭用品购买的高峰期。尽管家庭收入增加，但消费者往往不满足现有的经济状况，因而更注重储蓄。儿童用品、教育和安全相关产品的购买显著增加，而对娱乐等非必需品的消费可能减少。

满巢阶段Ⅱ：家庭中的子女年龄在6岁以上且未成年。这些家庭的经济状况通常较好，消费趋势变得更加理智，不再易受广告和市场营销的影响。消费者在这一阶段更加注重购买档次较高的商品，同时也会投资于子女的教育。

满巢阶段Ⅲ：此阶段的家庭成员包括年长的夫妇及尚未独立的成年子女。这些家庭的经济状况很好，购买能力强，但消费行为更加冷静和理智，同时也更注重储蓄和未来的财务安全。

空巢阶段：在这一阶段，子女已经离家自立，夫妇俩通常处于职业生涯的晚期，经济条件稳定。这一时期的消费者购买力达到高峰，但随着时间的推移，进入退休阶段，收入可能减少。这一阶段的消费趋向于医疗保健品、娱乐和服务性消费。

孤独阶段：最后的阶段是孤独阶段，此时消费者为单身老人，可能因丧偶或其他原因独居。这一阶段的消费者收入锐减，他们特别注重情感关注和安全保障的需要。

除了上述方面，经常用于市场细分的人口变数还有家庭规模、国籍、种族、宗教等。实际上，大部分企业通常采用两个或两个以上人口统计变量来细分市场。

3.消费心理变量

消费心理细分是根据消费者的消费理念、生活方式、个性特点、购买动机等心理因素细分市场。它是消费者在购买、使用商品或服务过程中反映出来的心理状态。常见的心理细分变量主要有：

（1）生活方式

生活方式细分涉及个人或群体的活动、兴趣、行为和意见，是反映消费者如何选择生活和消费的重要指标。企业通过分析目标市场的生活方式，可以更准确地定位产品和服务，以适应消费者的日常生活。如苏宁易购针对那些追求高效、便捷生活方式的城市白领群体，提供了一系列智能家居产品。通过整合线上线下购物体验，苏宁易购满足了这一群体对于购物便捷性和效率的需求。

（2）个性特征

个性特征细分依据消费者的性格如自信、保守、冒险等特质，影响他们的品牌选择和消费行为。按照消费者的个性特征，大致可以将消费者分为六种类型，见表5-1。企业可以通过分析目标消费者的个性特征，设计符合其性格倾向的产品和营销活动。如红牛（Red Bull）精准定位于寻求刺激和冒险的消费者，通过赞助极限运动和创作动感的广告，红牛吸引了那些充满活力和挑战极限的年轻人。

表5-1   按照个性特征划分的六类消费者

消费者类型	特征表现
习惯型	品牌忠诚度高，消费习惯及偏好稳定
理智型	购买决策谨慎，深思熟虑
冲动型	没有固定偏好，易受产品外观等方面的影响
情感型	重视产品或服务的象征意义，联想力强
经济型	注重产品或服务的价格，力求物美价廉、物超所值
年轻型	没有形成固定的偏好及消费行为模式，购买行为尚不稳定，易接受新事物

资料来源：樊帅，杜鹏. 营销管理［M］. 北京：清华大学出版社，2023.

（3）购买动机

购买动机细分考虑消费者购买产品或服务的根本原因，如功能需求、情感寻求或社会影响。企业通过了解这些购买动机，可以更好地调整营销信息，以触达和激发目标消费者的购买欲望。如小米科技深刻地挖掘了消费者对于性价比的购买动机，通过提供具有高性能且价格合理的智能手机，小米吸引了大量寻求高性价比和技术创新的消费者。

（4）价值观念

价值观念细分关注消费者的核心信念和道德标准，这些信念影响他们的购买决策和品牌忠诚。在当今社会，随着人们生活水平的提高和对高质量生活的追求，消费者的价值观变得越来越多元化。因此，企业必须深入理解并尊重消费者的价值观，才能更有效地以与其价值观相契合的方式推广自己的产品和服务，从而赢得消费者的信任和支持。例如，在新能源汽车市场中，蔚来汽车通过强调其品牌的环保和创新价值观念，成功吸引了众多注重可持续发展和科技创新的消费者[①]。这不仅与我国倡导的生态文明建设和创新驱动发展战略相契合，同时能够满足消费者的需求，促进社会的可持续发展，实现经济效益与社会效益的双重提升。

4.购买行为变量

购买行为细分是指根据消费者的购买行为和习惯来细分市场。消费行为变量有很多，主要包括购买时机、利益诉求、购买频率和购买量以及品牌忠诚度。由于购买行为变量是购买心理及其他因素的外在表征，处在显性状态，更能直接反映消费者的需求差异，因而成为市场细分常用的标准。

（1）购买时机

购买时机细分侧重于识别何时消费者最有可能进行购买行为，这包括考虑季节性、特定事件或生活中的重要时刻。这种细分有助于企业调整其营销活动的时序，确保在潜在客户最可能需要某个产品或服务时进行有效的营销。如天猫和京东商城的"双11""618"购物节营销策略就是一个明显的购买时机细分应用。二者通过在这些特定的时间点加大促销力度，提供额外的折扣和优惠，成功地吸引了大量寻求优惠和特价商品的消费者。

（2）利益诉求

利益诉求细分侧重于识别消费者购买产品的主要动机，这通常基于他们期望从产品或服务中获得的特定利益。企业可以通过这种细分更准确地设计产品特性和营销信息，以满足不同消费者群体的具体需求。如华为在其手机中加装了先进的摄像头系统，特别是与徕卡合作，提升了手机摄影的品质，满足了那些对摄影有高要求的用户的需求[①]。

（3）购买频率和购买量

购买频率和购买量细分关注消费者购买产品的频次和数量，这有助于企业识别不同的消费者群体，如重度用户、中度用户和轻度用户。了解这些差异使企业能够针对性地设计营销活动，优化库存和生产计划。如星巴克通过其移动应用程序跟踪顾客的购买行为，对于频繁购买且购买量大的顾客，提供更多的积分和奖励，如免费饮料和专享折扣。这种策略不仅增加了消费者的满意度和回购率，也提高了星巴克的整体销售业绩。

（4）品牌忠诚度

品牌忠诚度细分依据消费者对品牌的忠诚程度，包括持续购买同一品牌的产品、对品牌的正面评价及推荐意愿等。通过识别和增强品牌忠诚的消费者，企业可以维持稳定的销售来源并降低营销成本。如小米公司不仅提供性价比高的产品，还积极与消费者互动，通过社区论坛、产品测评和用户反馈等方式，使消费者感觉自己是品牌的一部分。通过真心实意地服务每一位顾客，小米收获了社会的广泛赞誉与支持，强化了企业与消费者之间的和谐共生关系。

- - - - - - - - - - - - ● **价值引领 5-1**

在高质量发展中推进企业品牌文化建设

建设世界一流企业和卓著品牌，是国家推动经济社会高质量发展的重要部署。习近平总书记指出，要"推动中国制造向中国创造转变、中国速度向中国质量转变、中国产品向中国品牌转变"。品牌作为企业精神、文化、信誉的重要载体，是企业竞争力的综合体现。面对全球政治经济格局的深刻变化，企业品牌文化建设必须立足于高质量发展的全局视野，既要着眼于经济效益的持续增长，也要致力于文化效应的深远传播。这一时代使命呼唤企业不仅追求产品工艺的至臻至美，更应致力于铸就一个充满社会责任担当与人文温度的品牌形象，让品牌成为传递中国价值、讲述中国故事、展现中国精神的窗口。

资料来源：编者自撰。

按照消费者行为进行细分的变量还有很多，企业在进行市场细分时，要根据自身产品的特点，选择一个或几个变量进行细分。

- - - - - - - - - - - - ● **学史增智 5-1**

宋朝餐饮行业的市场细分

自古以来，"民以食为天"的观念深入人心。尤其是在两宋经济繁盛的时代，繁华都市中"处处拥门，各有茶坊酒店，勾肆饮食"，市民生活丰富多彩，市场交易活跃。彼时，许多城市居民已习惯于外出就餐，而非在家烹制膳食，这种生活方式的变化极大地推

[①] 快科技. 从"徕卡标"到计算摄影 高端移动影像做成功的为何只有华为？〔EB/OL〕.〔2022-05-24〕. https://baijiahao.baidu.com/s? id=1733692796075961648&wfr=spider&for=pc.

动了宋代餐饮业的蓬勃发展。

遵循市场规律，有需求必有供给，有供给则竞争随之而来。为了在激烈的市场竞争中脱颖而出，宋代的餐饮业者们进行了初步的市场细分，以满足不同层次顾客的需求。当时的餐馆大致可分为"正店"、"脚店"和"分茶"三种类型。"正店"相当于今日的高档餐厅，提供奢华的用餐环境与高品质的服务，人均消费较高，主要服务于收入丰厚、消费力强的社会阶层，同时也能承办各类大型宴席，彰显尊贵。"脚店"则定位于中端市场，以精致的菜品和优雅的装饰吸引"小康人群"，营造出温馨舒适的用餐氛围，消费适中且能享受愉悦的餐饮体验。"分茶"更像是现代街头巷尾的小吃摊，价格亲民，装修虽简朴但各具特色，服务热情周到，充满浓厚的生活气息，是体验地道风土人情的最佳场所。

在这样的市场格局下，每位消费者都能依据个人需求和经济状况，自由选择心仪的餐馆类型，无论是追求奢华体验、寻求舒适享受还是品味地道美食，皆能找到满意之选。而对于餐饮业者而言，通过对市场的详细分析和周密规划，他们可以精准定位，开设符合市场需求的"正店"、"脚店"或"分茶"，从而在竞争激烈的市场中占据一席之地，实现商业成功。这种基于市场细分的策略，不仅丰富了宋代的城市生活，更重要的是，它体现了中国古代商业智慧中的人文关怀和社会责任感，为我们今天的企业经营提供了有益的启示。

资料来源：史料有及. 宋朝的餐饮发展史：皇帝都来点外卖［EB/OL］.［2019-05-30］. https：//www.sohu.com/a/317455275_120151905.内容有删改。

三、市场细分的流程

1.确定细分范围

确定细分范围涉及两方面的核心考量：一是产品或服务类别的界定；二是地理或人口统计学区域的选择。首先，产品或服务类别的界定要求企业明确其市场细分将集中于哪一类具体的产品或服务。其次，地理或人口统计学区域的选择则关乎市场细分的广度与深度。企业需要决定是在局部市场（如特定城市或地区）、全国范围内，还是跨国家或全球市场进行细分。这一步骤需考虑企业资源的分配、目标市场的消费者行为特性、文化差异以及物流和分销网络的可行性等。

2.确定细分依据

确定细分依据是市场细分的关键环节，要求营销决策者具备深刻的市场洞察力、丰富的创造力以及扎实的营销理论基础。细分依据的选择应当基于对消费者需求、行为习惯、生活方式、购买动机等因素的深刻理解，明确到底是哪些因素使消费者对同一产品具有不同的购买欲望与购买行为。

3.选择细分变量

在此步骤中，企业需具体化细分依据，采用如年龄、职业、收入水平、教育背景、地理位置、生活方式、心理特征等变量来描述潜在的细分市场。这些变量的选择基于对目标市场的深入分析，旨在捕捉不同消费者群体之间的本质差异。

4.调研目标市场

对细分市场范围内的消费者或用户进行以需求特征、购买行为、对营销策略的反应模式为主要内容的调查，从而取得有关的第一手数据和资料。企业应当根据细分市场的具体目标以及实施调查的能力来确定调查的具体内容和方式。

5.选择目标市场

尽管选择目标市场是细分过程的后续步骤，但它直接依赖于前面细分工作的成果。企业需基于市场吸引力、自身资源与能力、竞争格局等因素，评估并选择最具潜力的细分市场作为目标市场。这一选择对企业的战略方向、资源配置以及营销策略的制定起着决定性作用。

6.设计营销策略

一旦目标市场确定，企业便需设计一套定制化的营销组合策略，包括产品策略、价格策略、渠道策略和促销策略（即4P策略）。这要求企业不仅要开发满足目标市场特定需求的产品或服务，还要设置合适的价格、选择高效的分销渠道并实施有效的促销活动。同时，企业还需建立机制监控市场反应，根据市场变化适时调整策略，以确保长期的市场适应性和竞争优势。

第二节　目标市场选择

一、目标市场选择概述

1.目标市场选择的含义

目标市场选择是企业在市场细分后，通过对各个细分市场进行系统评估，并结合自身资源和能力，决定以相应的产品和服务满足一个或多个子市场需求的过程。市场细分揭示了企业所面临的市场机会，而目标市场选择则是对这些机会进行评估和锁定的过程。确定目标市场为企业制定下一步的营销组合策略奠定了坚实基础。在STP（细分、目标、定位）战略中，目标市场选择是承上启下的关键环节，与市场细分密不可分。市场细分结束时，正是选择目标市场的开始，目标市场选择的合理性和恰当性直接影响市场定位的准确性。

2.目标市场选择的流程

从目标市场选择的概念来看，这一过程可以分为三个关键阶段：评估目标市场、选择目标市场和确定营销策略。在评估阶段，企业通过系统的评估和筛选，逐步缩小范围，最终确定几个最具潜力的细分市场。在选择阶段，企业结合现有的目标市场覆盖模式，对通过评估后的细分市场进行进一步选择，最终确定最合适的细分市场作为目标市场。在第三阶段，企业根据选择后的细分市场确定目标市场营销策略。

二、评估目标市场

目标市场评估主要是指市场机会的评估，由有效性、可行性、环境吸引力和结构吸引力四个方面的评估组成，如图5-1所示①。可行性评估是以企业的目标和资源为基础来评判企业是否具备了进入细分市场的基本条件。吸引力评估是对细分市场表现出来的客观市场机会进行评判，分析哪些细分市场对企业更具吸引力。吸引力一般包括市场环境吸引力和市场结构吸引力（或称行业竞争吸引力）两个方面。

---

① 徐大佑，吕萍.市场营销学［M］.2版.北京：科学出版社，2016.

| 评估细分市场的有效性 | ↔ | 从市场本身的角度确定细分市场是否具备了企业进入的最基本条件 |

| 评估细分市场的可行性 | ↔ | 从企业目标和资源的角度确定细分市场是否具备了企业进入的最基本条件 |

| 评估细分市场的环境吸引力 | ↔ | 从宏观环境的客观机会角度确定哪些细分市场对企业更有吸引力 |

| 评估细分市场的结构吸引力 | ↔ | 从竞争的客观机会角度确定哪些细分市场对企业更有吸引力 |

目标市场评估是对客观市场机会的评估。通过评估，形成对市场机会的综合判断，为市场目标、市场选择提供依据

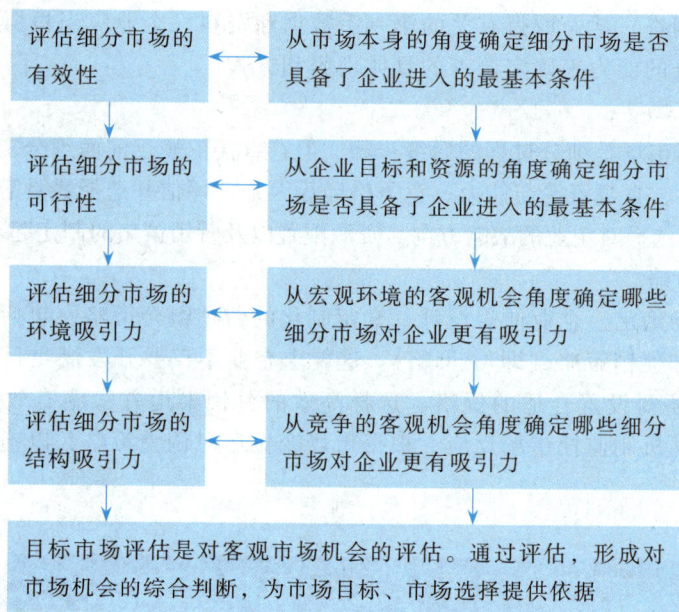

图5-1　目标市场评估

（一）评估细分市场的有效性

评估目标市场的第一个环节是对细分市场有效性的评估。整个评估过程按可衡量性、可进入性、足量性、差异性、相对稳定性和可行动性六个方面分别分析和评估，见表5-2。

表5-2　　　　　　　　　　　　　细分市场有效性评估

特征或条件	解释
可衡量性	用来划分细分市场大小和购买力的特性程度，是能够被测量的
可进入性	能有效地到达细分市场并为之服务的程度
足量性	细分市场的规模大到足够获得的程度
差异性	细分市场可以被区分，并且对不同的营销策略有不同的反应
相对稳定性	细分后的市场在需求量等方面基本保持连续不变或变化不大
可行动性	能够为吸引和服务细分市场而设计有效的营销方案

（二）评估细分市场的可行性

通过对细分市场有效性的评估，企业可以从市场的角度确定哪些细分市场具备了企业进入的最基本条件。至于这些有效的细分市场对企业来讲是否可行，还要进一步分析企业目标的一致性以及企业资源的支撑性（见表5-3），从企业目标和资源的角度出发，来确定企业是否具备了进入细分市场的最基本条件。可行性评估就是对自身条件的评估。

表5-3　　　　　　　　　　　　　细分市场可行性评估

变量	解释
目标一致性	评估细分市场的开发与企业发展的长远目标是否一致
资源支撑性	评估企业是否具备在该细分市场上取胜所必需的技术和资源

1.评估与企业目标的一致性

一致性评估作为一种基于经验判断与宏观视角的主观审视，要求决策者将企业战略蓝图、目标设定与细分市场的具体特征并置考量，凭借其深厚的行业洞察与战略直觉，作出既理性又前瞻的市场抉择。

2.评估企业内部资源的支撑性

理想的细分市场虽与企业长远目标相契合，却不足以独立证明其为最优选择。企业必须深入分析其内部资源是否足以支撑在新细分市场的拓展，这一过程是对企业综合能力的全面审视，旨在确认资源与市场机会的最佳匹配。通常，企业的内部资源表现在其人力资源、物力资源、财务资源和企业文化等方面[①]。企业进行市场细分的根本目的就是要发现与自己的资源优势能够达到最佳结合的市场需求，然后去满足这些需求，以提高销售额和市场占有率，谋求进一步的发展。

（三）评估细分市场的环境影响力

当市场细分的有效性和可行性得到确认后，接下来的关键步骤便是评估细分市场的环境吸引力，重点在于从宏观层面考量其潜在价值。这一评估过程依托于第二章市场营销环境研究的理论知识，结合细分市场的特性，从宏观角度进行全面分析与评判。

企业的宏观环境是指与所有企业的市场营销活动有联系的环境因素。评估细分市场的宏观环境吸引力，实质上是从政治/法律环境、人口统计特征、经济状况、社会文化背景、自然环境以及技术创新等多个维度进行综合分析，见表5-4。

表5-4　　　　　　　　　　　**细分市场环境吸引力评估**

变量	解释
政治/法律	评估政治局势、政府政策、法律制度对开发细分市场的影响
人口统计变量	评估人口性别、年龄、民族、婚姻、职业、居住分布等对细分市场开发的影响
经济	评估经济制度、经济发展水平、产业结构、劳动力结构、物资源状况、消费水平、消费结构对开展细分市场的影响
社会文化	评估价值观念、宗教信仰、风俗习惯、道德规范、生活方式、文化传统等对开发细分市场的影响
自然环境	评估交通运输、环境状态、气候条件等对开发细分市场的影响
技术	评估技术现状和发展趋势等对开发细分市场的影响

（四）评估细分市场的结构影响力

尽管宏观环境的适宜性预示着对企业营销管理的有利条件，然而企业实际运作的舞台始终局限于微观的具体行业环境之中。具体而言，细分市场的有效性意味着其拥有理想的市场规模，而细分市场的可行性则表明了其良好的发展前景。然而，从盈利能力的角度审视，细分市场未必展现出同等的吸引力。这是因为不同行业具有独特的属性与经营模式，即各自处于不同的微观环境之下，企业所面临的经营压力也因此呈现出显著差异。因此，针对细分市场所在行业的竞争吸引力，企业必须通过严谨的评估方能得出结论。

---

① 陈璟. 北京电子商务发展的战略思考［J］. 中国软科学，2002（9）：122-124.

哈佛大学教授迈克尔·波特提出，决定一个市场或其任一分割市场的长期内在吸引力的，是五种力量的共同作用，即同行业竞争者、潜在的新生竞争者、替代品生产商、购买者以及供应商，如图5-2所示①。这五种力量分别代表了五个利益相关群体对企业长期盈利能力的影响，因此，企业有义务对其进行深入评估，以期在复杂的市场环境中寻找到最适合自身发展的路径。

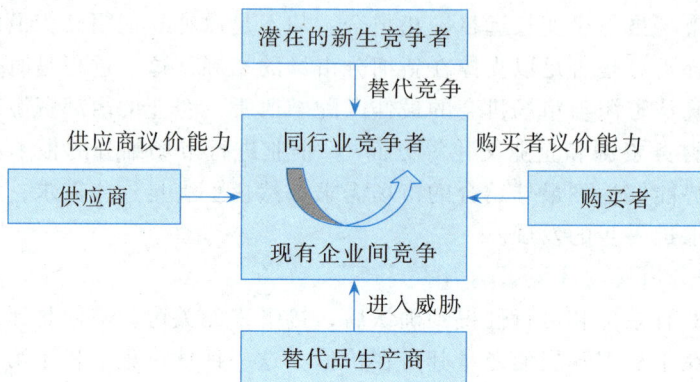

图5-2　波特五力模型

1.同行业竞争者威胁

细分市场的吸引力在很大程度上受到同行业竞争强度的影响。评估时，需细致分析竞争对手的数量、规模、市场占有率以及他们的战略动向，同时考虑行业增长速度、固定成本与库存成本、产品差异化、转换成本、产能扩张能力、进入和退出壁垒等因素。这些因素共同作用，决定了企业在细分市场中的竞争地位和盈利空间。

2.潜在新生竞争者威胁

尽管利润丰厚的细分市场对新竞争者具有天然的吸引力，但真正决定新竞争者能否成功进入的关键在于进入壁垒和现有企业的防御策略。高壁垒包括品牌忠诚度、规模经济、资本密集度、政府法规等，它们能有效阻碍新竞争者的涌入，保护现有企业的市场地位。企业应密切关注这些壁垒的变化，以及市场中任何可能降低进入壁垒的新技术或政策变化。

3.替代品生产商威胁

替代品的存在对细分市场的吸引力构成直接威胁，因为它们限制了企业提价的能力，并可能蚕食市场份额。评估替代品威胁时，需考察替代品的价格、性能、消费者转换成本以及消费者对替代品的接受度。

4.购买者威胁

购买者的议价能力是影响细分市场吸引力的另一重要因素。集中度高的大买家、大量采购、高度价格敏感性以及对供应商的依赖程度低，都会增强购买者的议价能力，从而压低价格，影响企业的盈利水平。企业需要评估购买者的这些特征，以判断其在市场中的谈判地位，并制定相应的策略。

5.供应商威胁

供应商的议价能力同样不可忽视，特别是在供应商集中度高、替代品稀缺、企业对特

① PORTER M E.Competitive strategy［J］．Measuring Business Excellence，1997，1（2）：12-17.

定原材料或服务高度依赖的情况下，供应商的议价能力可能导致企业成本上升，挤压利润空间。企业应分析供应商的行业集中度、替代品的可用性、自己作为供应商客户的重要性、转换成本以及供应链前后一体化的趋势，以评估供应商威胁的严重程度，并考虑建立多元化的供应链体系，减少对单一供应商的依赖。

三、目标市场选择模式

企业在对不同的细分市场评估后，需要决定进入哪些细分市场。这就涉及目标市场模式。目标市场有多种构成方式，如图5-3所示。

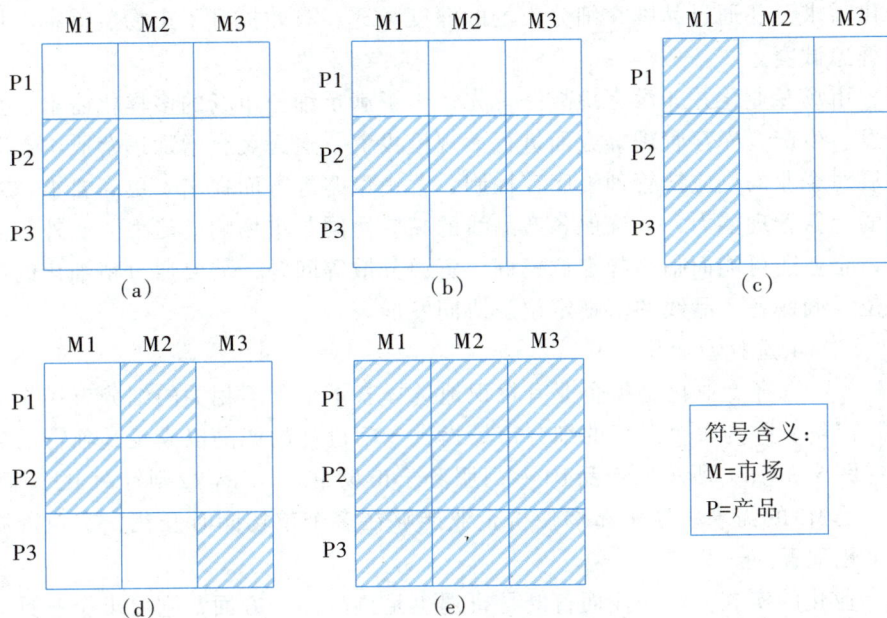

图5-3　五种目标市场选择模式

1.市场集中化

市场集中化策略是指企业专注于单一产品以精准服务一个细分市场，通过集中资源与优势，实现对该市场的深度渗透与服务优化，如图5-3（a）所示。采用此策略，企业通常基于四点考量：首先，企业需在目标细分市场拥有独到的竞争优势或专业能力；其次，鉴于资金规模限制，集中资源深耕单一市场成为务实之选；再次，目标市场呈现竞争蓝海，利于企业迅速站稳脚跟；最后，以此为战略起点，待时机成熟后再逐步拓宽市场版图。集中化营销不仅使企业产品更贴近细分市场需求，强化品牌形象，还能通过生产销售的专业化分工提升效率与经济效益，选准市场即意味着高投资回报。此模式简约直接，尤为适合资源有限、寻求市场突破的小型企业，如专注于儿童服饰生产的服装厂，精准回应儿童群体的穿着需求，借此在细分领域构建起坚实的市场根基。

2.产品专业化

产品专业化是指企业聚焦于单一产品的深度开发与创新，旨在满足某一细分市场的多元化需求，如图5-3（b）所示。产品专业化的核心优势在于，企业能够充分利用其在生产流程、技术研发上的累积经验，通过规模化生产降低成本，提升效率，同时通过品牌专注力建立鲜明的市场形象与高度的品牌识别度。然而，这种策略的单一路线也伴随着显著风险：产品线的单一化意味着企业对市场变化的适应能力较弱，一旦遭遇技术革新或替代产品的出现，企业可能面临市场需求骤降的严峻挑战。

3.市场专业化

市场专业化是指企业聚焦于满足特定细分市场中消费者的多元化需求，开发出一系列能满足不同消费者偏好的产品，从而在不同细分市场中构建起全方位的服务体系，如图5-3（c）所示。例如，家电巨头海尔针对家用电器市场，开发出了涵盖冰箱、电视、洗衣机、空调等在内的全系列家电产品。这种全方位的产品布局，不仅满足了消费者对家电产品的多样化需求，还通过品牌在细分市场的深度渗透，有效提升了市场覆盖率，增强了消费者的品牌忠诚度。

然而，市场专业化并非没有挑战。首先，为了满足细分市场的多样化需求，企业需要在产品研发、生产、库存管理等方面进行大规模投资，这无疑会增加运营成本。其次，产品线的拓展对企业的供应链管理、库存控制、营销策略等方面提出了更高要求，企业必须具备强大的运营管理能力，以确保各产品线的高效协同与市场响应能力。此外，随着产品线的增加，企业还可能面临品牌定位模糊、资源分散等问题，需要通过精细化的品牌管理和市场定位，确保各产品线的清晰定位与协同发展。

市场洞察5-1

蕉下轻量化户外市场专业化策略

4.选择专业化

选择专业化是指企业有意识地选择若干个互不相关的细分市场作为其目标市场，并为每个选定的细分市场提供专门设计的产品以满足其独特的需求。如图5-3（d）所示，产品P1专门服务于市场M2，产品P2则针对M1，而P3则满足M3的需求，这种布局使得企业能够在多个市场同时开花，实现资源的多元化配置。

选择专业化的实施，对企业而言既是机遇也是挑战。一方面，它要求企业具备强大的资源调配能力和市场应变能力，能够根据不同细分市场的特性，灵活调整产品开发、营销策略与供应链管理。通过在多个细分市场的精准布局与精耕细作，企业能够构建起多元化的业务组合，实现长期的稳健发展与市场竞争力的持续提升。另一方面，选择专业化的实施往往伴随着较高的投资成本，需要企业具备雄厚的资金实力与长远的战略眼光，这也是为何这种模式通常为大型企业所青睐。

5.全面市场化

全面市场化是指实力雄厚的大企业通过生产多种产品来满足整个市场的需求，实现市场覆盖的最大化。在这种模式下，企业不仅产品线丰富，且每一产品都针对市场中的不同细分领域，确保了在广泛的市场范围内，能够满足各类消费者的需求。如图5-3（e）所示，产品P1、P2与P3分别在M1、M2、M3三个市场中发挥作用，实现了对整个市场的全面覆盖。以全球零售巨头沃尔玛为例，其不仅商品种类繁多，涵盖了从食品杂货、电子产品、家居用品到服装美妆等几乎所有的消费品领域，而且在不同地区、不同城市甚至不同街区，都能根据当地市场的特点和消费者需求，调整产品组合与服务策略。

全面市场化的实施，要求企业具备强大的供应链管理能力、市场洞察力与资源调配能力。企业必须能够迅速响应市场变化，灵活调整产品线与营销策略，以满足不同细分市场的特定需求。此外，全面市场化往往伴随着较高的运营成本，包括产品研发、市场调研、供应链管理以及品牌推广等，因此，这种模式通常为资金实力雄厚、管理经验丰富的大企业所采用。

四、目标市场营销策略

目标市场营销策略是指企业对客观存在的不同消费者群体，根据不同商品和服务的特点，采取不同的市场营销组合的总称。其具体包含三种：无差异性市场营销策略、差异性市场营销策略与集中性市场营销策略。

1.无差异性市场营销策略

无差异性市场营销策略主张企业将整个市场视为一个同质化的整体，忽略不同消费者群体之间的需求差异，专注于设计、生产和营销单一标准化的产品，以满足市场上最大多数消费者的基本需求，如图5-4所示。

企业营销组合　→　市场

图5-4　无差异性市场营销策略

无差异性市场营销策略的优点在于其成本效率。由于产品线单一，企业能够充分利用规模经济，降低生产、仓储、运输和营销成本，实现成本领先，从而在市场上形成价格优势。此外，简化的产品线也有助于减少市场调研和产品开发的复杂度，使企业能够集中资源，提升运营效率。然而，无差异性营销策略的局限性也不容忽视。当市场需求逐渐多样化、消费者对产品个性化和差异化的需求日益增强时，单一的产品和营销策略可能无法有效满足市场的细分需求，从而影响企业的市场竞争力。尤其是在产品生命周期进入成熟阶段后，面对日趋激烈的市场竞争，无差异性营销策略可能会因缺乏灵活性和应变能力而暴露出劣势，增加企业的经营风险。

因此，无差异性市场营销策略更适合应用于以下几种情形：企业拥有雄厚的资源和大规模生产的能力；产品具有较强的通用性和适应性，差异性较小；市场需求呈现出较高的类似性，且产品需求广泛，不受地域、季节或生活习惯的显著影响，如标准件、基础建材或某些日用消费品。

2.差异性市场营销策略

差异性市场营销策略强调企业通过对整体市场的细分，识别并选择两个或多个细分市场作为目标，针对每个细分市场的需求特点，设计和生产差异化的产品，采取定制化的营销组合策略，以满足不同细分市场顾客的特定需求。如图5-5所示，这种策略要求企业深入理解各个细分市场的消费者偏好、购买行为和需求差异，进而提供量身定制的产品和服务，实现更精准的市场覆盖和顾客满意度提升。

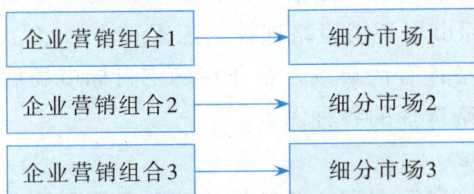

企业营销组合1　→　细分市场1

企业营销组合2　→　细分市场2

企业营销组合3　→　细分市场3

图5-5　差异性市场营销策略

差异性市场营销策略的优点显著：①市场覆盖广泛。通过满足不同细分市场的需求，企业能够触及更广泛的顾客群体，扩大销售规模，提升市场占有率。②增强竞争力。差异化的产品和服务能够突出企业的独特卖点，形成品牌特色，有效区分于竞争对手，增强市场竞争力。③提高市场适应性。多样化的市场布局使企业能够灵活应对市场变化，降低对单一市场的依赖，实现"东方不亮西方亮"的战略弹性。

然而，差异性市场营销策略也面临一些挑战：①成本增加。多样化的产品线和营销策略增加了生产、研发、存货、销售和市场调研的成本，降低了规模经济效应，可能影响经济效益。②管理复杂度提升。差异化的实施要求企业具备较高的经营管理水平，包括精准的市场定位、灵活的供应链管理以及强大的品牌传播能力，这对企业内部管理提出了更高要求。

本土创新 5-2

海尔智家全球创牌的差异化路径

3.集中性市场营销策略

集中性市场营销策略，亦称产品-市场专业化策略，是一种侧重于选择一个或少数几个性质相似的细分市场作为目标市场的战略。在这一策略下，企业通过对整体市场的细分，识别出与其资源和能力最为匹配的细分市场，随后集中所有资源于该目标市场，以实现深度渗透和高度市场占有率。如图 5-6 所示，集中性市场营销策略追求的并非在广阔市场上获取微薄份额，而是力求在一个有限的市场空间内建立稳固的领导地位。

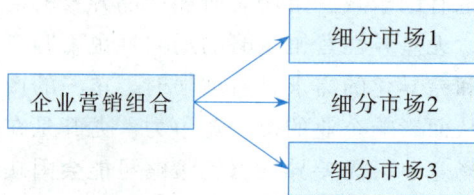

图5-6 集中性市场营销策略

集中性市场营销策略的优势在于：①资源集中。企业能够将有限的资源集中在特定市场，实现专业化的生产和营销，提高效率和效果。②服务优化。通过深入了解目标市场的需求，企业提供更优质、更个性化的服务，增强顾客满意度和忠诚度。③成本节约。集中性市场营销策略有助于企业节省营销费用，提高产品和品牌知名度，特别是在资源有限的小企业或新进入者中，这一优势尤为明显。

市场洞察 5-2

元气森林的集中市场营销策略

然而，集中性市场营销策略也伴随着显著风险：①市场依赖性。过度依赖单一市场或细分市场，一旦目标市场环境突变，如消费者偏好转移、竞争加剧或经济衰退，企业可能面临重大冲击，甚至生存危机。②灵活性受限。集中性市场策略可能限制企业对市场变化的快速响应能力，尤其是在面对多样化和快速变化的市场需求时，可能错失其他市场机会。

4.影响目标市场营销策略选择的因素

三种目标市场营销策略各有优缺点，企业在确定目标市场后，究竟采取哪种策略，取决于下列影响目标市场策略选择的各种因素。

（1）企业资源与实力

若企业在生产、技术、资源调配、营销推广、财务管理及人力资源等方面具备雄厚的实力，足以覆盖广泛的市场层面，那么采用无差异性市场营销策略或差异性市场营销策略将是明智之举。无差异性市场营销策略旨在以统一的产品和营销信息面向整个市场，适用于那些拥有足够资源、能够大规模生产的大型企业。而差异性市场营销策略则允许企业针对不同细分市场的特定需求，设计多样化的产品线和营销方案，适用于资源丰富、能够灵活应对市场变化的企业。然而，倘若企业资源有限，难以兼顾整体市场或多个细分市场，此时，集中性市场营销策略将展现出其独特优势。通过聚焦于特定的细分市场，企业可以集中有限的资源，深入理解并满足这一细分市场的独特需求，从而在小范围内建立强大的市场地位，实现资源的高效利用。

（2）产品性质

产品性质同样是影响目标市场营销策略选择的重要考量。产品是否同质化，即其在性能、特点等方面的差异性大小，将直接影响策略的制定。对于同质性较高的产品，如粮食、食盐、钢铁、普通水泥、标准件等，尽管不同产地和生产商之间可能存在微小的质量差异，但消费者普遍秉持"一分钱一分货"的观念，导致这类产品的竞争焦点往往集中在价格上。因此，无差异性市场营销策略在这种情况下显得尤为适用，企业可以通过规模化生产和低成本策略，迅速占领市场份额。相反，对于差异性较大的产品，诸如家具、服装、化妆品、美食、家用电器、汽车、专用设备等，由于其在设计、功能、品牌形象等方面存在显著区别，故而更适合采用差异性市场营销策略或集中性市场营销策略。

（3）市场性质

这里的市场性质是指市场是否同质，即市场上消费者需求差异性的大小。如果市场是同质的，消费者需求差异性不明显，消费者购买行为基本相似，企业则可选择采用无差异性市场营销策略；反之，企业可选择采用差异性市场营销策略或集中性市场营销策略。

（4）产品生命周期

在产品生命周期的早期阶段，即导入期和成长期初期，新产品通常面临较少的直接竞争，市场品种较为单一，此时，企业的主要营销目标在于探索市场需求，识别潜在消费者。鉴于此，无差异性市场营销策略成为理想选择。企业可以通过广泛传播产品信息，吸引尽可能多的消费者尝试，从而快速建立市场基础。然而，随着产品步入成长期后期乃至成熟期，市场竞争加剧，消费者需求差异性日益凸显，企业为拓展新市场、刺激销售增长，往往会转向差异性市场营销策略或集中性市场营销策略。

（5）竞争者

企业在竞争激烈的市场环境中生存，其营销策略的选择必然受到竞争者的制约。竞争者的数量及所采用的目标市场营销策略都会对企业目标市场营销模式的选择产生影响。企业应当制定与竞争对手不同的目标市场营销策略。如果竞争对手强大并采取无差异性市场营销策略，企业应选择差异性市场营销策略或集中性市场营销策略，以提升产品的市场竞争力；如果竞争对手与企业实力相当或较弱，企业可以选择采用相同的目标市场营销策略；如果竞争对手普遍采用差异性市场营销策略，企业则应进一步细分市场，实施更有效、更深入的差异性市场营销策略或集中性市场营销策略。

------------- ● 学史增智 5-2

知己知彼，百战不殆

在市场营销学领域，企业在制定营销策略、启动营销活动之前，均需全面考量竞争对手的动态，密切关注对手的每一个举动，以便及时采取相应的对策，有效抵御竞争压力，确保自身的市场份额稳固。正如《孙子兵法·谋攻篇》中所阐述的："知己知彼，百战不殆；不知彼而知己，一胜一负；不知彼，不知己，每战必殆。"意即，在深入了解对手的同时，对自己也有深刻认知的企业，能够在商战中屡战屡胜；仅了解自身而不熟悉对手的企业，则胜负难料；若对双方情况均一无所知，则每一次竞争都将面临失败的命运。这句话深刻地揭示了信息对称与战略决策的重要性，强调在竞争中，全面掌握对手及自身的信息是取得胜利的关键。"知己知彼"不仅仅是对对手的战术应对，更是对自我认知与社会责任的深刻反思。在新时代背景下，企业应将《孙子兵法》中的智慧与国家发展战略相结合，以更加开放包容的心态，拥抱变化，引领创新，为加快形成新质营销力，构建更加公平、繁荣的市场环境贡献力量。

资料来源：编者自撰。

企业选择目标市场营销策略时，应综合考虑以上影响因素，权衡利弊，综合决策。目标市场营销策略应保持相对稳定，但当市场营销环境发生重大改变时，企业应当及时改变目标市场营销策略。竞争对手之间没有完全相同的目标市场营销策略，企业也没有一成不变的目标市场营销策略。

第三节 基于用户画像的目标市场营销

一、基于用户画像进行目标市场营销的框架

在市场营销学的前沿探索中，用户画像作为一种关键工具，自20世纪末由被誉为"交互设计之父"的艾伦·库珀（Alan Cooper）提出以来，便在目标市场营销策略中占据了举足轻重的地位。尤其在大数据与人工智能的赋能下，用户画像的构建与应用已经从一种理论上的构想转化为实际操作中精细化营销的关键驱动力，并成为新质营销力的重要组成部分。用户画像，顾名思义，是根据用户社会属性、生活习惯和消费行为等信息抽象出的一个标签化的用户模型，具有多维性、标签化、动态性和时效性特点[1]。大数据时代，企业通过对海量用户数据进行清洗、聚类、分析，抽象成标签，再利用这些标签将用户形象具体化的过程就是用户画像[2]。

在目标市场营销中，用户画像扮演着核心角色。传统的市场细分可能仅仅局限于地理、年龄或性别等表面特征，但随着用户画像的应用，企业开始有能力识别并定位到更加具体的用户群体——从"千人一面"到"千人千面"，甚至达到"一人一面"的高度定制化营销。这种转变不仅提升了营销活动的针对性，激活了消费"一池春水"[3]，同时也增强了消费者体验，促进了品牌忠诚度的提升。基于用户画像进行目标市场营销的框架如图5-7所示，数据基础是用户画像的底盘，构建用户画像需要海量用户数据支撑。企业可以通过搭建客户数据平台（Customer Data Platform，CDP）汇集所有用户数据并将数据打通整

① COOPER A.The inmates are running the asylum [M]. Wiesbaden：Vieweg+teubner Verlag，1999.
② 马海平，于俊，吕昕，等. Spark机器学习进阶实战 [M]. 北京：机械工业出版社，2018.
③ 央视网. 特色小店激活消费"一池春水"90后初创业精准定位"用户画像" [EB/OL]. [2023-05-11]. https://news.cctv.com/2023/05/11/VIDEZh15i5XyN6mF8KJQATne230511.shtml.

合，基于这些数据搭建企业的用户画像系统，将数据应用于目标市场营销过程中以驱动业务，实现业务全链路打通。在这一过程中，企业能够更好地服务于国家大局，满足人民日益增长的美好生活需要，推动经济社会的全面发展，展现新时代市场营销的新气象与新作为。

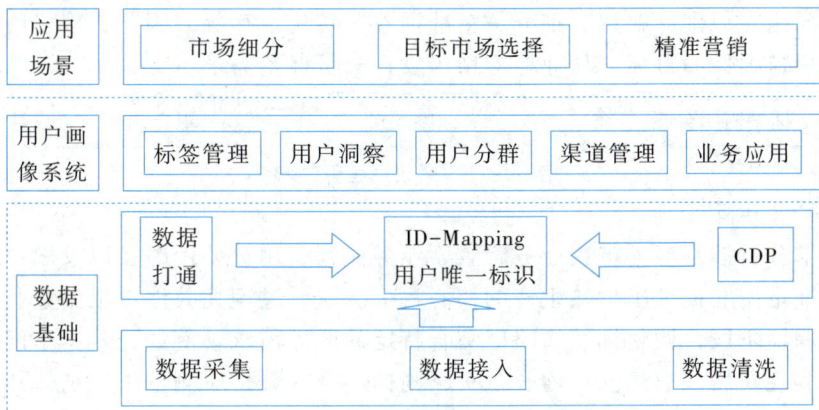

图5-7　基于用户画像进行目标市场营销的框架

资料来源：华迎，马双．大数据营销［M］．北京：中国人民大学出版社，2022.

●价值引领5-2

数智技术助力市场细分发挥新质营销力

随着大数据、人工智能等前沿科技的迅猛发展，市场细分步入了一个前所未有的精准、高效且灵活的新阶段，实现了从部分细分向完全细分转变，并成为新质营销力的重要组成部分。这不仅极大地提升了企业的市场响应速度和个性化服务能力，更重要的是，它更好地满足了人民群众对美好生活日益增长的需求。正如习近平总书记所强调的，"要牵住数字关键核心技术自主创新这个'牛鼻子'"，唯有依托数字科技创新这一强劲引擎，方能驱动经济社会高质量前行，确保科技的成果惠及每一个角落、每一份生活。而数智技术赋能下的新质营销力，正以其独特的魅力，书写着人民幸福生活的崭新篇章，为实现中华民族伟大复兴的中国梦贡献力量。

资料来源：编者自撰。

（一）用户画像的数据基础

在构建用户画像的过程中，数据基础的扎实与否直接决定了画像的精度与实用性。理想的用户画像建立在一个全面且精细的数据集之上，这个数据集不仅包括用户在各种触点上的交互记录，如网站浏览、应用内活动、小程序使用等，还融合了来自客户关系管理（Customer Relationship Management，CRM）系统的深度信息，如购买历史、客户服务互动以及用户反馈等。为了确保数据的连贯性和一致性，首先进行全端用户数据的广泛采集，随后将这些原始数据与历史记录及可靠的第三方数据源进行对接，这一过程涉及数据清洗，剔除冗余与错误信息，确保数据质量。接下来，所有清理后的数据被导入至CDP，在这里，通过ID Mapping技术，即用户唯一标识符的匹配，实现了跨平台用户身份的识别与统一，将分散在各处的用户数据片段拼接成一个完整而立体的视图。这一系列操作不仅联通了不同平台上的同一用户数据，还关联了用户的多元行为与业务活动，从而构建了一个既细致入微又全局化的用户画像数据基础，为后续的目标市场营销制定提供了坚实的信息支撑。

（二）用户画像系统的构建

构建用户画像的流程如图5-8所示，对于不同的业务场景，构建用户画像的目的不尽相同，如实现用户识别、触达、细分、精准推荐、转化留存等。因此，构建用户画像的第一步是明确用户画像的目标，从业务应用出发，分析标签需求。

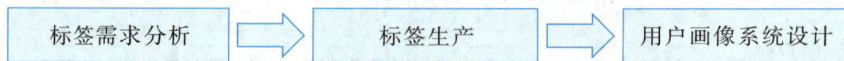

标签需求分析 → 标签生产 → 用户画像系统设计

图5-8　构建用户画像流程

1.标签需求分析

标签需求分析涉及深入审视业务背景、业务流程、用户使用路径以及用户痛点等关键信息，以精准定位并提炼出标签生产的核心目标。这一过程尤其注重根据企业或产品所处的不同生命周期阶段，调整标签策略以契合特定的业务需求。例如，若本季度公司设定的战略目标为实现新用户数量同比增长30%，则标签需求分析应侧重于识别并开发那些能有效促进用户获取、增强初次接触吸引力以及优化潜在客户转化率的标签。分析标签需求的步骤如图5-9所示。

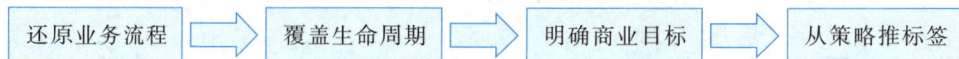

还原业务流程 → 覆盖生命周期 → 明确商业目标 → 从策略推标签

图5-9　分析标签需求的步骤

2.标签生产

了解了基于业务场景的标签需求，接下来就进入标签生产环节。标签生产即通过对用户数据进行挖掘、聚类和分析，产出标签。标签生产包括制定标签生产规则以及明确生产使用的模型和方法，其需包含以下内容：

（1）标签类别

按照标签的变化频率，可分为静态标签和动态标签。静态标签代表了用户与生俱来或长期稳定不变的基本特征，构成了个体身份的核心部分。与静态标签形成鲜明对比的是，动态标签捕捉了用户即时行为与短期偏好，其特点是高度流动性与不确定性。

按照标签的指代和评估指标的不同，可分为定性标签和定量标签。定性标签聚焦于无法直接通过数字衡量的用户属性，其价值在于传达用户的主观偏好、情感倾向与生活方式等非量化信息。与定性标签相反，定量标签强调通过具体数值反映用户特征，便于统计分析与模式识别。此类标签直接关联用户的客观行为与属性。

（2）标签级别

分级有两个层面的含义，其一是指标到最低层级所涵盖的层级；其二是指指标的运算层级。其一非常好理解，这里重点说运算层级。标签从运算层级角度可以分为三层：事实标签、模型标签、预测标签。

事实标签是最基础的一层，直接来源于对原始数据库中的具体事件或属性的统计和记录。这些标签反映了客户或用户的客观行为特征，如"用户投诉次数""交易总额""产品浏览量"等。它们通常通过简单的数据聚合和统计方法生成，如计数、求和或平均值计算。事实标签提供了关于个体或群体的基本事实描述，是构建更高级别标签的基础。模型标签建立在事实标签之上，通过应用统计学、机器学习或其他数据分析技术来揭示隐藏在事实标签背后的模式和关联性。例如，结合用户投诉次数、购买品类、支付金额等事实标签，可以构建一个模型来识别用户投诉倾向的类型。模型标签有助于深化对客户行为的理解，为定制化服务、资源分配和策略制定提供依据。预测标签代表了标签系统的最高抽象层级，它利用模型标签的结果进一步进行预测分析，以预估未来的趋势或事件。例如，基于用户投诉倾向的模型标签，可以开发出预测平台舆情风险指数的算法，提前预警可能的公众情绪波动或品牌危机。

用户标签生产的各个阶段使用的模型和算法如图5-10所示。

①原始数据层。此层级收集的是未经加工的原始数据，包括但不限于用户的基础信息、交互记录、历史交易、社交媒体活动等。这些数据通过文本挖掘技术进行预处理和清洗，以去除噪声、填充缺失值、标准化数据格式，使之适用于后续的分析。算法如词频-逆向文件频率（Term Frequency-Inverse Document Frequency，TF-IDF）用于量化文档中词语的重要性；主题模型（Topic Model）和潜在狄利克雷分配（Latent Dirichlet Allocation，LDA）则用于识别文本数据中潜在的主题结构，有助于理解用户兴趣点和内容偏好。

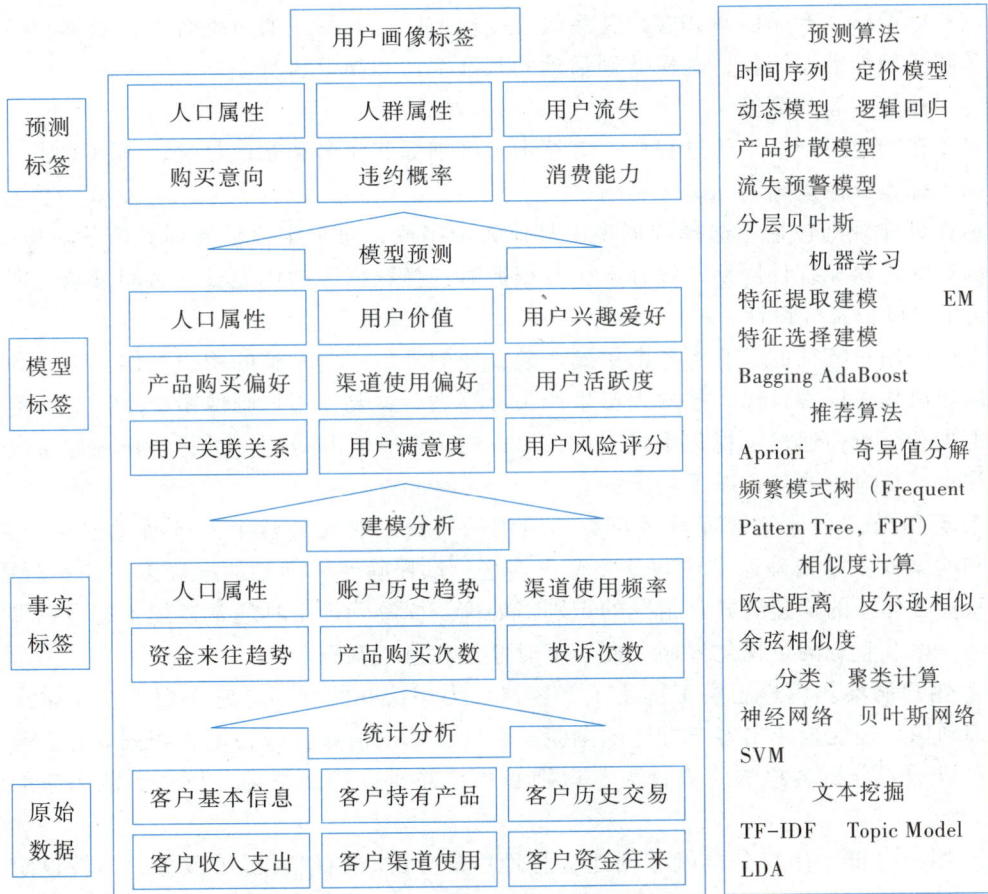

图5-10 用户画像标签各阶段模型及算法

②事实标签层。这一层级基于前一阶段的预处理数据，运用统计和机器学习方法提炼

出具体且可量化的事实标签。这包括人口统计特征（如年龄、性别、地理位置）、行为特

征（如渠道使用频率、浏览习惯）、消费模式（如产品购买次数、资金往来趋势）等。分类算法，如逻辑回归、随机森林，被用于预测未知用户的属性，而聚类算法，如K-均值、基于密度的空间聚类（Density-Based Spatial Clustering of Applications with Noise，DBSCAN），则帮助识别具有相似行为模式的用户群组。此外，相似度计算如余弦相似度、欧几里得距离，用于评估用户间的行为或属性相似性，辅助于更细致的用户分群。

③模型标签层。该层级通过应用更复杂的机器学习和深度学习模型，结合推荐系统算法，构建用户画像的核心部分——模型标签。这里的目标是理解用户行为背后的驱动因素，预测用户可能的需求和反应。常用的算法包括但不限于线性回归、决策树、支持向量机（Support Vector Machine，SVM）、神经网络等，它们能够揭示用户群体特征和个体差异，为用户价值评估、服务优化及满意度提升提供依据。

④预测标签层。作为标签体系的最上层，预测标签层利用高级预测模型，如监督学习中的随机森林、梯度提升树，以及时间序列分析，来预测用户未来的行动，如购买意向、违约概率、消费能力等。这些预测不仅包括用户行为，还涵盖市场趋势和产品需求预测，为制定营销策略、产品创新和客户关系管理提供前瞻性洞察。通过整合历史数据与实时反馈，预测模型能动态调整，确保营销活动的精准定位和高效执行。

（3）标签命名和赋值

只要在构建用户标签的过程中，有意识地区别标签命名和赋值足矣，不再赘述。

（4）标签具体规则

标签具体规则包括：选择数据表中具体哪个字段，每个字段值与标签值的对应关系，具体的算法逻辑和统计周期，设计多个数据源时选择数据源的优先级、时间衰减规则等。

3.用户画像系统设计

把反映用户特征的所有标签汇集到一起，便刻画出一个完整的用户画像。由业务或营销部门提出构建标签目标，技术人员生产出标签之后，要在用户画像系统中，对标签信息进行汇集和分析，通过可视化手段展现，以方便企业查看和应用。进行用户画像系统设计需要注意系统应主要包含以下功能：

① 标签管理。标签管理是客户数据组织的基石，它允许营销人员通过创建、编辑、移除和检索标签来精确地描述和分类客户。这一过程确保了标签的准确无误和及时更新，涵盖从标签体系的构建到异常情况的识别与处理。标签管理工具通常还配备有数据导入导出功能，以及直观的可视化界面，便于实时监控和策略调整。

② 用户洞察。用户洞察工具是了解客户行为和偏好的利器，它不仅能揭示单个客户的详细画像，还能描绘出客户群体的全貌。借助于基础信息、行为模式和偏好标签等，营销者可以深入分析客户的历史行为，识别趋势，并通过特征结构分析来预测未来的消费模式。

③ 用户分群。用户分群能够创建、管理用户分群、相似人群扩散等，即按设定的规则筛选用户，创建用户分群，对用户进行分层管理和运营，进行相似人群扩散。

④ 渠道管理。渠道管理是衡量和改善营销活动效率的关键环节。通过追踪渠道链接、调整配置参数和分析投放数据，营销人员可以评估各个渠道的表现，并使用可视化工具直

观地展示渠道效果，从而作出更明智的决策。

⑤ 业务应用。为了实现跨部门的数据共享和协同工作，业务应用层聚焦于建立统一的接口标准。这确保了用户画像系统能够与推送系统、营销自动化软件、广告平台、推荐引擎和商业智能工具等无缝链接，促进整个营销生态的高效运作。

二、基于用户画像进行目标市场营销的应用

（一）基于用户画像的市场细分

通过构建细致入微的"用户画像"，企业得以洞悉消费者的多维信息，涵盖基本人口统计学特征、消费习惯、兴趣偏好、生活方式乃至心理状态等层面，这一全景式的视角为企业提供了前所未有的深度洞察。

"用户画像"的核心优势之一在于其实现了用户群体的自动化细分。借助先进的算法和机器学习技术，相似的用户标签被高效地归类至同一子集，形成一个个具有高度同质性的细分市场。这一过程不仅极大地简化了企业的决策流程，而且确保了细分市场的精准度和时效性。当个体消费者的行为模式发生变化时，例如偏好转移或购买周期调整，"用户画像"系统能实时响应，自动更新其所属的细分市场，从而避免了因静态细分带来的营销错位，显著提升了营销活动的相关性和效果。

更进一步，"用户画像"赋能企业从海量用户数据中，依据特定的细分变量，如地理位置、年龄层、购买频率等，快速筛选出目标用户群体，这一能力对于市场研究和策略规划至关重要。通过"用户画像"的动态行为标签，企业能够深入挖掘数据背后的行为模式，识别与细分变量强相关的消费行为，如特定时段的活跃度、对某一产品类别的偏好强度等，从而更准确地预测消费者需求，指导产品开发和营销策略的制定。例如，拼多多通过分析用户的社会关系、地理位置以及消费倾向，成功地识别出了对价格敏感且乐于参与团购的消费者群体。基于这一用户画像，拼多多设计了一套独特的社交电商模式，鼓励用户邀请好友一起购买商品以享受更低的价格。

此外，"用户画像"所提供的全样本覆盖和全标签体系，为企业提供了进行市场细分的强大工具箱。不同于传统细分方法受限于样本量和标签维度，"用户画像"允许企业基于所有可得数据，进行更为精细和全面的市场分割，确保每个细分市场都是基于充分信息构建的。这不仅提升了市场细分的科学性和有效性，更为后续的精准定位和个性化促销策略铺平了道路，使企业在激烈的市场竞争中占据有利地位。

（二）基于用户画像的目标市场选择

运用"用户画像"进行目标市场选择，首先依赖于大数据分析的力量，确保所选市场与企业的资源和能力相匹配。通过量化评估目标市场的规模与潜力，企业能够排除那些市场空间过于狭窄或进入成本过高的细分市场，避免资源的无效配置。例如，淘宝平台通过收集和分析海量的购物数据，建立了详尽的用户画像系统，这不仅帮助淘宝识别出了不同的消费者群体，还使得平台能够精准匹配商品推荐，极大地提升了购物体验和转化率。通过大数据分析，淘宝能够确保其目标市场的规模与阿里巴巴的运营能力相匹配，同时剔除那些市场容量过小、边际效益低下的细分市场，从而集中资源服务于最具潜力的消费者群体。

此外，基于用户画像的目标市场选择还能帮助企业实现对市场的实时监控。在动态变

化的市场环境中，企业需要迅速捕捉消费者需求的变化趋势，以便调整产品或服务，保持竞争力。通过持续更新的用户画像，企业可以洞察目标市场的微妙变化，比如新兴的消费潮流、消费者偏好的转移等，从而提前布局，避免因营销策略滞后而导致的客户流失。例如，小米科技在推出智能家电产品线时，就依靠用户画像来预测智能家居市场的潜力。通过对早期智能设备用户的画像分析，小米发现年轻、高收入且对科技有高度兴趣的群体是智能家居的主要潜在消费者。基于这一洞察，小米针对性地开发了一系列智能产品，并通过社交媒体和线上渠道进行推广，成功地在智能家居领域建立了品牌影响力。

（三）基于用户画像的精准营销

用户画像不仅描绘了目标消费者的轮廓，还揭示了其深层需求、偏好及行为模式，从而在三个主要方面助力精准营销推荐：产品设计和创新、精准信息推送以及改善用户体验和忠诚度。

首先，用户画像提供了关于目标市场深度洞察的信息，这有助于企业在产品设计和创新过程中更好地满足消费者的需求。通过对用户画像的分析，企业能够识别不同用户群体的特定需求和痛点，从而针对性地开发功能、设计外观或改进现有产品，确保产品更加贴近市场。例如，小米在推出智能穿戴设备时，通过用户画像了解到年轻用户群体对于健康监测和时尚元素的重视。基于此，小米在产品设计上不仅强调了心率监测、睡眠分析等功能，同时在外观设计上采用了多彩表带和个性化界面，满足了年轻人对科技与时尚结合的需求。这种精细化的产品定位，使小米智能穿戴设备迅速占领市场份额，成为该领域的佼佼者。

其次，用户画像使得企业能够实现个性化营销，通过精准的信息推送提高营销效率。基于用户画像，企业可以了解用户的兴趣爱好、购买历史、地理位置等信息，从而推送更加相关和吸引人的内容，避免无效营销，提升转化率。例如，阿里巴巴利用用户画像和大数据分析，为其电商平台打造了一套先进的个性化推荐系统。该系统能根据每位用户的搜索历史、浏览行为和购买记录，实时调整商品推荐列表，提供个性化购物体验。这种精准推送不仅提升了用户体验，也显著提高了销售转化率。

最后，用户画像帮助企业深入了解用户需求，从而优化服务流程，提升用户体验，增强用户忠诚度。通过分析用户画像，企业可以识别用户在使用产品或服务过程中的痛点，采取措施简化流程、提升服务质量，最终培养长期的忠实客户。例如，美团外卖利用用户画像数据，优化其配送服务。通过分析用户的位置、订单习惯和特殊需求（如送餐时间），美团能够更准确地预测配送需求，合理调度骑手资源，减少等待时间，提升整体配送效率。这种基于用户画像的服务优化，大大提高了用户满意度，促进了用户忠诚度的提升。

本章小结

市场细分是指在进行市场调研的基础上，根据消费者在需求、爱好、购买动机、购买行为、购买能力等方面的差别或差异，将整个市场划分为两个或多个不同的消费者群体的过程。市场细分经历了从大量营销到产品差异化营销以及目标市场营销再到超市场营销四个阶段。市场细分依据是指反映需求内在差异，同时能作为市场细分标准的可变因素，其中消费者市场的需求差异通常由四类核心变量反映，即地理环境变量、人口统计变量、消费心理变量以及购买行为变量。市场细分一般通过确定细分范围、确认细分依据、选择细分变量、调研目标市场、选择目标市场以及设计营销策略六个步骤来完成。

目标市场选择是在企业细分市场后，通过对各个细分市场进行系统评估，并结合自身资源和能力，决定以相应的产品和服务满足一个或多个子市场需求的过程。目标市场选择分为三个关键阶段：评估目标市场、选择目标市场和确定营销策略。在评估阶段，企业从有效性、可行性、环境吸引力和结构吸引力四个方面对细分市场进行评估和筛选，逐步缩小范围，最终确定几个最具潜力的细分市场。在选择阶段，企业需要决定进入哪些细分市场。这就涉及目标市场模式。目标市场模式包括市场集中化、产品专业化、市场专业化、选择专业化、全面市场化。在第三阶段，企业根据选择后的细分市场确定目标市场营销策略，主要包含无差异性市场营销策略、差异性市场营销策略与集中性市场营销策略三种策略。

用户画像是根据用户社会属性、生活习惯和消费行为等信息抽象出的一个标签化的用户模型，具有多维性、标签化、动态性和时效性等特点。基于用户画像的目标市场营销以数据为基础，通过搭建客户数据平台汇集所有用户数据并将数据打通整合，基于这些数据搭建企业的用户画像系统，将数据应用于目标市场营销过程中以驱动业务，实现业务全链路打通。

关键概念

市场细分；目标市场；市场集中化；产品专业化；市场专业化；选择专业化；全面市场化；用户画像

案例分析

解码小米营销：关于智能终端的商业之路

干将之剑，百熟炼厉。作为国内较早布局智能终端营销领域的玩家，小米营销围绕小米集团不断扩张的智能终端产品生态，挖掘建设终端广告资源，迭代更新商业化基础设施，升级终端营销服务理念，驱动小米营销持续进化。

1. 发展历程：从单点发力到全局赋能，终端生态的三重跃变

谈及小米营销的发展历程，小米互联网业务部商业营销品牌部营销策略负责人石永智在采访中将其概括为3个阶段：第一阶段，手机终端作为小米流量获取的起点，坐拥庞大的用户规模和成熟的媒体矩阵，率先揭开小米入局营销服务的序幕。这一阶段小米营销以手机终端的流量广告为主，协助广告主对接小米应用商店和原生应用的广告资源，托起集团早期广告业务收入大盘。第二阶段，小米互联网电视（Over The Top，OTT）终端激活量增长、媒介规模化价值凸显，小米营销顺势拓展终端覆盖维度，将营销业务从手机端延伸至电视大屏，探索广告投放新增量，成为国内OTT营销先行者。第三阶段，小米终端生态日趋成熟，集团将发展战略从"手机+AIoT"升级为"手机×AIoT"，强调AIoT业务作为"小米商业模式护城河"的核心地位。在此背景下，小米营销突破旧有营销媒介边界，开创AIoT营销新模式，以手机、音箱、电视、智能穿戴设备等多样化的智能终端产品搭

载品牌信息，通过多品类、多功能集成的终端生态体系赋能小米营销业务增长。

2.价值主张：从单场景到"全场景"，终端营销理念升级

场景即市场，是智能终端连接特定用户的前提，隐含着品牌撬动消费者需求的营销机会。早在2016年，小米营销就提出"场景营销"价值主张，主要围绕移动端场景洞察用户使用习惯，为品牌提供个性化广告服务。随着集团IoT业务迅速发展，小米营销将"大数据、全场景、参与感"确立为小米终端生态的三重优势，并在此基础上提出了"广告即服务"的营销理念与小米智能生态营销的市场定位，逐步向外拓展广告服务场景。

"当前消费者媒介触点愈发散乱，生活场景也呈现碎片化，在注意力丢失的前提下，营销从认知层面就已经开始失效了。"石永智在采访中表示，"对品牌营销而言，消费是偶然的，品牌和产品的认知积累才是必然的。为了让消费者对品牌产生更强烈的认知感与熟悉感，广告主需要与用户生活全场景都产生连接和触动。"在此背景下，2019年小米营销提出"MOMENT+"全场景智能生态营销体系，首次将"全场景"从小米营销的基础优势升级为核心定位，基于手机、OTT、AIoT终端入口，覆盖用户个人、家庭、公众全场景。2021年小米营销提出"无感式营销"价值主张，致力于让广告在全场景触达的基础上"融入生活、成为服务、直击心智"，以原生内容和创新服务潜移默化地培养用户品牌黏性，为品牌提供"超预期"营销体验，践行广告即服务的营销理念。

从"场景营销"到"全场景营销"，小米营销持续更新终端营销价值主张，帮助广告主拓展与消费者之间的连接广度，塑造自身核心竞争力。

3.商业基建：持续更新数据算法产品，营销技术能力精进

2014年小米营销平台上线。从内部发展来看，集团持续扩张的终端设备规模带来广告业务量和数据量的指数级增长；从外部环境来看，互联网广告市场发展迅速，广告主营销需求日益精细化。种种因素叠加，驱动小米营销不断完善平台商业化基建，为智能终端营销奠定坚实底座。

在数据能力方面，小米营销从单一数据积累升级至全生态、全场景数据融合。早在2012年，小米就成立大数据团队，布局用户画像、知识图谱等通用技术。随着集团终端生态拓展，小米推出"Mi Home Data"数据体系，打通移动端DMP和小米AIoT全生态数据链，在确保用户隐私的前提下，进一步洞察用户场景触点和行为偏好。2019年以来，针对广告主深度转化需求，小米营销上线"商业意图标签"，可以基于特定的广告场景和历史转化行为数据，评估用户商业购买力。通过多维数据交叉匹配，提升广告服务与消费者需求间的契合度。

除此之外，小米营销还适配广告主差异化需求，迭代更新广告产品，提供垂直细分的营销服务。小米互联网业务部商业营销效果部营销策略负责人程明兆表示："小米营销始终致力于为广告主科学控本增效，找到最匹配的获量渠道。为实现这一目标，我们不断锤炼算法体系，强化算法预测能力。"目前小米营销已针对电商、游戏、社交、工具等不同行业搭建独立算法，围绕目标用户特征和使用行为进行流量甄选与融合学习，精准触达用户，放大投放量级，并通过RTA、DPA、oCPX等多种工具产品组合，赋能广告触达后的转化全链路。

资料来源：陈怡君.解码小米营销：关于智能终端的商业之路［J］.国际品牌观察，2022，（22）：26–32.内容有删改。

问题：

1. 针对不同发展阶段，小米是如何进行目标市场选择的？

2. 结合案例与实际情况，说明小米差异化营销策略有哪些。

3. 在实施营销策略时，小米是如何应用数据画像的？

案例分析答案示例5

基本训练5

第六章

市场定位

学习目标

通过本章学习，学生应该达到以下目标：

1. 理解数智时代定位策略的基本逻辑和方法；
2. 掌握定位的内涵与分类；
3. 掌握市场定位的依据、地位与作用；
4. 应用市场定位的典型过程；
5. 应用市场定位的方式。

思维导图

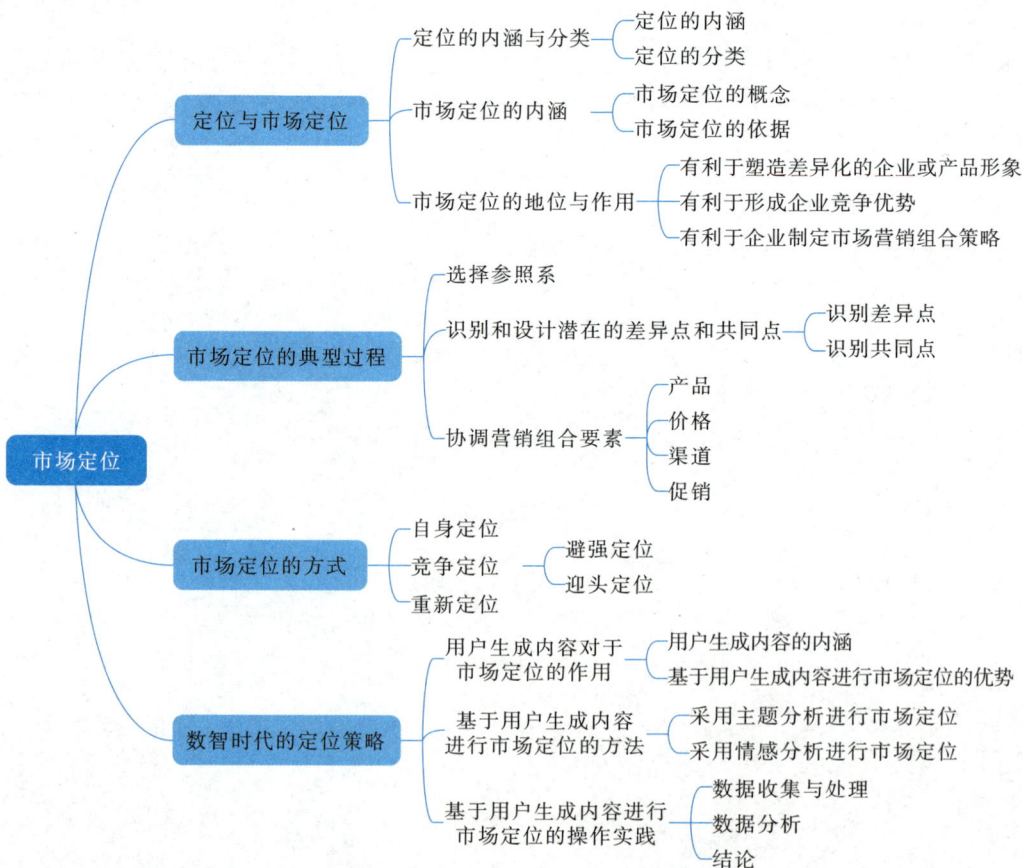

泡泡玛特的品牌IP之路

国家发展改革委等部门发布《关于新时代推进品牌建设的指导意见》，其中提出，鼓励企业推进产品设计、文化创意、技术创新与品牌建设融合发展，建设品牌专业化服务平台，提升品牌营销服务、广告服务等策划设计水平。国产潮玩品牌泡泡玛特正是践行上述意见取得成功的代表。泡泡玛特（POP MART）成立于2010年，发展十余年来，围绕全球艺术家挖掘、IP孵化运营、消费者触达、潮玩文化推广、创新业务孵化与投资五个领域，构建了覆盖潮流玩具全产业链的综合运营平台。财报数据显示，2023年全年泡泡玛特实现营收63亿元，同比增长36.5%，成为国产潮玩品牌的领军企业。

泡泡玛特在初创时期没有明确的品类定位，产品涵盖化妆品、文具、玩具、生活用品，基本就是一个潮流杂货版的10元店。2015年底一款名为Sonny Angel的玩具娃娃销售额持续上升，泡泡玛特立即针对该商品调研进而发现了一个巨大的市场——收藏类潮流玩具。彼时海外已经有成熟的潮流玩具经济，而国内潮流玩具产业还是一片空白，于是泡泡玛特进行战略调整，将品类聚焦在"IP潮流玩具"，寻求运营转型。

如今泡泡玛特将"创造潮流、传递美好"作为自身的品牌定位，展示其年轻化的品牌调性。在市场细分方面，泡泡玛特以15~30岁都市女性作为主要消费客群。在品类战略方面，泡泡玛特作为潮流时尚品牌，选择"手办"切入年轻人市场。"手办"作为一种收藏模型，是兼具空间装饰和社会亚文化内涵的时尚消费品。在该品类下聚集着一大批强势品牌，诸如万代、乐高、哆啦A梦、迪士尼等，但是这些传统品牌的主线业务多不在此。泡泡玛特的差异化之处就在于将"手办"与时尚潮流相结合，以挑战者的姿态进入市场，连续超越万代和乐高等品牌成为行业头部。在品牌形象方面，泡泡玛特拥有完善的识别体系，采用红色作为自身的品牌色，采用暖色调提升消费者好感度，形成统一的视觉体系。从产品层面来看，泡泡玛特以旗舰产品Molly为核心，不断拓展其他IP形象，包括自有IP、独家IP和非独家IP。如今泡泡玛特围绕清晰的市场定位，制定了明确的企业营销策略，如搭建多种线下营销场景、跨界联名、社交化和虚拟化等，在品牌渠道、传播声量、消费者认知度等方面取得了不错的市场业绩。

从玩具零售到潮流IP的合作签约，从线上线下全渠道推广到向主题乐园、游戏等更广泛业务领域布局，泡泡玛特围绕明确且聚焦的市场定位，全方位、多维度塑造品牌营销策略，逐步实现其商业版图的纵深化、广泛化。

资料来源：冉隆楠. 泡泡玛特，走向"大潮玩"时代［EB/OL］.［2024-03-22］. https://www.zgswcn.com/news.html? aid=174073.内容有删改。

第一节　定位与市场定位

一、定位的内涵与分类

（一）定位的内涵

定位理论的基本思想由两位美国的广告学家艾·里斯和杰克·特劳特基于广告层面提

出，后来逐步发展成为系统的市场营销理论。根据两位学者的观点，定位（Positioning）是指对目标受众进行深入研究，从受众的角度进行审视，进而对信息进行有效筛选，集中并持续一致地传播相关信息，从而在目标受众脑海中建立独特记忆的方法①。定位就是"如何让你在潜在客户的心智中与众不同"②。

定位的内涵可以从以下几个方面来理解：

（1）独特性。企业定位的关键在于能否塑造出被消费者高度注意、认同、接受的鲜明形象，以扩大与竞争者之间在目标顾客心目中的差距。良好的定位应该在其含义和执行方面具有独特性。

（2）竞争性。定位的出发点和终极目标均是寻求与造就差别优势以赢得市场竞争。定位要求企业定义并传达其相对于竞争对手的差异化特性。

（3）战略性。定位是一种战略行为。正确有效的市场定位指明了通向目标顾客心灵沟通的正确道路，同时需要企业上下合作，依据定位制定合理可行的市场营销组合策略。

（4）情感性。定位本质上是攻心术，即企业通过恰当的定位触发消费者的情感共鸣，使得目标顾客与品牌之间实现心灵双向沟通，以促成顾客对企业品牌的高度认同，并转化成消费行为。

理论前沿6-1

定位理论为信息爆炸时代迷茫的企业提供战略指引

（5）主动性。定位是企业为获取市场主导权和竞争优势而积极主动实施的战略性市场行动。好的定位需要一定的进取心，品牌才有成长和改进的空间。

（6）前瞻性。优秀的市场定位策略需兼顾当下与未来，它的一端深深扎根于当前的市场环境，确保策略的可行性和实效性；另一端则前瞻未来趋势，赋予策略远见与适应力。

（二）定位的分类

1.按照周期划分定位类型

定位分为长期定位和短期定位。两者相辅相成，共同构建起品牌在市场上的稳固立足点。短期定位着重于凸显产品即时的创新点或设计特色，作为与竞品区隔的鲜明标志。长期定位致力于塑造品牌持久且一致的核心形象，确保品牌在消费者心中占有稳固且独特的位置。

缺乏短期定位支持的长期定位可能会显得僵化，难以适应市场变化；反之，若短期定位缺乏长期定位的指导或与其背道而驰，则可能迷失方向，缺乏连贯性和市场生命力。因此，品牌需巧妙平衡二者，确保短期定位既强化长期定位的核心价值，又不失为市场趋势下的创新尝试，如此才能在瞬息万变的商海中稳健前行，持续吸引并保留消费者。

2.按照范畴划分定位类型

按照范畴一般可将定位类型划分为以下六种：

（1）产品定位。产品定位是指企业根据市场的竞争态势和企业自身条件，确定本企业产品在目标市场的位置及产品特征的过程。产品定位的主要形式包括产品属性定位、产品利益定位、产品情感定位、质量–价格定位等。①产品属性定位，即根据产品与某个产品类别或属性加以联系或区别进行定位，例如"usmile笑容加"依据产品所属的品类属性，

---

① 王永贵.市场营销：理论与中国实践［M］.3版.北京：中国人民大学出版社，2024.
② 里斯，特劳特.定位：有史以来对美国营销影响最大的观念［M］.谢伟山，苑爱冬，译.北京：机械工业出版社，2011.

定位为"专业口腔护理品牌"。②产品利益定位，即根据产品向消费者提供的利益进行定位，例如"王老吉"品牌通过"怕上火就喝王老吉"把凉茶定位成一款功能性饮料，使其从一个区域性品牌，成长为全国知名的凉茶领导品牌。③产品情感定位，即以产品给消费者带来的情感体验为重要诉求点，运用产品直接或间接地冲击消费者的情感体验而进行定位，例如维维豆奶"欢乐开怀"的广告语凸显品牌带来的愉快和轻松的感觉，鸿星尔克的主打广告词"TO BE No.1"体现出产品理念与运动时坚韧拼搏精神的契合。④质量-价格定位，即将产品质量和价格相关联进行定位，例如活力28洗衣液锚定中低端市场，采取"地板价"策略；作为高端厨电的代表，方太采用"优质优价"策略。

（2）竞争定位。竞争定位实质上是企业依据其总体定位及产品定位的方向，确定相应的竞争战略的过程。企业竞争战略包括成本领先战略、差异化战略和集中化战略等。企业需根据自身资源禀赋、市场洞察及外部环境的变化，审慎选择与之相匹配的竞争战略，确保策略执行的一致性与有效性，从而顺利实现预定的竞争目标，包括市场份额的扩大、利润水平的提升以及品牌影响力的增强。

（3）消费者定位。消费者定位主要是指根据消费者的心理与购买动机等进行定位，旨在明确产品或服务最有可能吸引的顾客群体。这一定位过程涉及多维度的考量，包括但不限于年龄层次、性别差异、身份差异、消费层级。

（4）形象定位。企业形象代表着消费者与社会大众对企业的整体认知、对其行为及各项业务成果的综合评价，它是企业宝贵的无形资产与精神财富的体现。形象定位依据企业定位与竞争定位的指导原则，涵盖了企业理念、文化、价值观的传达，还包括视觉标识、品牌故事、社会责任、公共关系等多个层面的构建与传播，旨在向外界展现一个统一、积极且与众不同的企业面貌。

（5）价格定位。在进行价格定位时，企业需考量的不仅仅是当前的成本结构或竞争对手的价格，更重要的是将定价视为一项战略工具，服务于更宏大的市场定位与品牌愿景。这意味着，价格应当反映产品或服务的真正价值，包括但不限于其创新性、品质、品牌声誉、顾客体验及市场稀缺性等因素。企业在设定价格时应考虑其战略定位——是否旨在通过高端定位彰显品牌价值，或是通过成本优势实现市场渗透。

（6）广告定位。广告定位指的是在广告活动中，企业或广告策划者为了在目标消费者心中确立产品或品牌的一种独特形象或地位，而采取的一系列策略和方法。在进行广告定位时，考虑"对谁说""说什么""怎么说"。首先，企业需要识别出最有可能对产品或服务产生兴趣的消费者群体，了解目标顾客的特征、需求、喜好及购买习惯。其次，广告信息应当清晰传达产品的独特卖点、品牌价值或某种情感诉求，并与品牌定位及目标受众的偏好相吻合。最后，需要考虑广告的艺术风格与表现形式，包括选择合适的媒介、视觉与音频元素的设计、文案风格以及广告的整体氛围。

二、市场定位的内涵

（一）市场定位的概念

企业选定目标市场之后，就必须决定其如何提供差异化的产品和服务，即确定希望自己在目标市场占据的位置是什么样的。通过创设独特有效的市场定位，企业不断创新产品和服务，不仅能够满足现有需求，还能够创造新的需求，引领市场潮流。

市场定位是指设计企业的供应品和形象，以在目标市场的心智中占据独特的位置，其目的是将品牌植入消费者的脑海，使企业的潜在利益最大化[①]。市场定位的主要对象是品牌，包括产品品牌、服务品牌、区域品牌和企业或组织品牌等[②]。有效的市场定位能够阐明品牌本质、帮助消费者实现的目标及实现的独特方式，通过使组织中的每个人理解、贯彻、执行以指导营销战略。

在市场营销过程中，市场定位离不开产品和竞争，因此市场定位、产品定位与竞争定位三个概念经常交替使用，但三者之间侧重点略有不同。市场定位强调的是企业考虑满足哪类顾客的需求，使目标消费者对品牌产生何种独特的印象和认识；竞争定位强调与竞争者比较，企业应当处于什么样的竞争位置，采用何种竞争战略；产品定位则强调就产品属性和特征而言，企业与竞争对手的同类产品相比有什么样的特别价值。产品定位往往是其他两种定位的基础，企业通过放大或强化某些产品因素，形成与众不同的品牌形象。

市场洞察6-1

蕉内——科技赋能的新内衣品牌

（二）市场定位的依据

由于各个企业经营的产品的属性、档次、价格，面对的顾客群体特征以及企业所处的竞争环境不同，所以市场定位的依据也有区别。常用的市场定位依据有产品特点、产品使用场合以及用途、顾客利益和使用者类型等。

1.根据具体的产品特点定位

构成产品内在特色的许多因素都可以作为市场定位的依据，如产品独特功能、设计、技术、成分、材料、质量、价格等。例如，华为的智能手机定位为高端、智能、创新的技术产品，华为手机强调其自主研发的芯片、出色的摄影技术以及5G通信技术，面向追求科技前沿和高质量用户体验的消费者；波司登的羽绒服定位为高品质、保暖和时尚的冬季服装，波司登强调其羽绒服的保暖性能、时尚设计和轻薄材质，面向追求保暖和时尚感的消费者；农夫山泉的矿泉水定位为天然、纯净和健康的饮用水，农夫山泉强调其水源的自然环境、水质的纯净和健康饮用理念，吸引注重健康饮食的消费者。

2.根据特定的使用场合及用途定位

根据特定的使用场合及用途定位即基于产品的适用场合或特定用途，满足消费者在特定情境下的需求，如旅行装备、办公用品或家庭装饰。此外，为已有的产品探索并开拓新的应用场景，是重塑其市场定位、激活潜在商业价值的有效途径。例如，探路者的户外装备和服装定位为探险和徒步爱好者的首选，强调其产品的耐用性、功能性以及在极端环境下的保护能力；虎邦辣酱凸显外卖消费场景的适用性，成为外卖佐味第一品牌。

3.根据顾客利益定位

根据顾客利益定位强调产品或服务为顾客带来的具体好处，如节省时间、提高效率、健康促进或情感满足，以此作为定位的核心。例如，早期无糖茶饮料因苦涩的原味茶口感被大众所不喜，近年来随着大众消费者开始重视零糖饮品和食品添加剂问题，饮品的选择也开始从单纯的口感转变为追求健康。正是在这样的背景下，东方树叶定位在0糖、0卡、0脂、0香精和0防腐剂的健康属性，满足了大众对健康饮品的期待，从而占据了无糖饮料的半壁江山。

① 科特勒，凯勒，切尔内夫.营销管理［M］.陆雄文，蒋青云，赵伟韬，等译.16版.北京：中信出版社，2022.
② 庄贵军.营销管理——营销机会的识别、界定与利用［M］.3版.北京：中国人民大学出版社，2021.

4.根据使用者类型定位

根据使用者类型定位是指把产品引导给某一特定顾客群体，这可能涉及年龄、性别、职业、收入水平或生活方式等细分市场，以使产品满足特定人群的偏好。企业常常试图将其产品指向某一类特定的使用者，以便根据这些顾客的看法塑造恰当的形象。例如，江小白开创了青春小酒的新品类，将产品定位设为"小聚，小饮，小时刻，小心情"，正是瞄准了现代人饮酒方式的转变。小米的产品定位为性价比高、智能化和互联网生态链的智能家居设备，吸引追求智能生活和预算敏感的年轻消费者。

三、市场定位的地位与作用

随着我国生产力快速发展，人民群众的生活水平显著提高，对消费产品的需求结构和质量要求不断改变。在发展中保障和改善民生是中国式现代化的重大任务。创造高品质生活是不断实现人民对美好生活向往的必然要求。从企业来看，供给的内涵和外延被打开；从消费者来看，对美好生活的需求更加场景化、细分化、丰富化。这就要求企业根据消费者的需求和偏好，明确自身在市场中的位置和形象，以便更好地提高社会供给与人民美好生活需要的适配性。具体而言，市场定位对企业有如下作用：

（一）有利于塑造差异化的企业或产品形象

市场定位是塑造企业及其产品独特市场身份的关键策略，它为企业在当今激烈的市场竞争中构建核心竞争力提供了强有力的支持。在市场经济迅猛发展的背景下，市场已由卖方主导转向买方主导，供应过剩导致企业间为了争取有限的消费者份额而展开白热化竞争。在这种环境下，企业亟须从多元化的角度构建鲜明的市场差异化形象，力求在消费者心中镌刻下深刻且正面的品牌印记，以激发消费者对品牌的特殊偏好。定位差异一般来自质量、美观、方便、舒适、价格、服务、利益等方面。不论是实体商品的销售、服务项目的提供，还是整体事业的经营，企业唯有通过创新和差异化，才能在消费者心中占据一席之地，成为其心中的首选品牌。

（二）有利于形成企业竞争优势

在定位理论主导的市场环境中，企业核心竞争力的构建在于其产品如何在消费者心中刻画独一无二的形象。明确的市场定位使企业能够更好地理解其竞争对手的优势和劣势，从而制定出更为有效的竞争策略，避免价格战或同质化竞争。在制定市场定位策略前，企业必须深入剖析目标市场的竞争格局，全面掌握竞争对手的定位状态，识别他们在目标市场中的定位，并准确评估对手的潜力及优势所在。基于此，结合对自身在目标市场中的潜在优势的挖掘，企业通过产品特性、服务、品牌形象、价格或其他维度与竞争对手区分开来，有助于吸引特定的消费者群体。

（三）有利于企业制定市场营销组合策略

市场定位如同企业的营销指南针，引领企业营销策略的方向与焦点。企业营销的核心在于巧妙地运用产品、价格、渠道、促销这四大策略及其组合，以全面满足消费者的需求。只有在明确了定位后，企业才能精准定义其产品特性，以及如何通过价格设定、分销渠道选择和促销活动来协同支持这一定位。显而易见，清晰的市场定位有助于确保企业营销体系的内在连贯性，使各项营销举措相互协调、共同作用，从而提升营销活动的整体效能。此外，准确且独特的市场定位有助于企业积累宝贵的无形资产，如品牌认知度、声誉和顾客忠诚度。这不仅为企业奠定了稳固的市场立足点，还为企业后续的产品线拓展、市场领域深化和新兴市场开拓提供了坚实的根基和明晰的战略导向。

第二节　市场定位的典型过程

一、选择参照系

选择参照系是构建品牌/产品定位知觉地图最重要的一项工作。知觉地图（Perceptual Maps），也称定位地图，是消费者感知和偏好的可视化表现形式，提供了市场情况的量化图形，以及消费者在不同维度看待不同产品、服务和品牌的方式，通过同时展现品牌认知和消费者偏好，营销者可以看到"漏洞"或"空缺"，这揭示了未被满足的消费者需要和营销机会。知觉地图旨在确保在既定的目标市场使特定的产品实现有效的市场定位，从而有效传达其独特价值。知觉地图有利于品牌选择特定的利益作为共同点和差异点来定位品牌。

构建知觉地图的首要任务是辨识目标消费群体最为珍视的核心特性，以此洞察消费者如何基于关键属性评估自身产品与对手产品，随后通过定位分析，细致探索产品的差异化要素、品类共性及竞品的共享特质。

参照系（Frame of Reference）为顾客提供了一个衡量标准，据此评估企业所提供的产品与服务的利益[①]。这一体系的选择与目标市场的界定息息相关，因为选定特定类型的消费者群体作为目标，实质上界定了竞争的形态与范围。

依据体现不同特征或优势或消费者利益的坐标轴，各品牌或产品被定位在地图中的相应位置，可以据此发现尚未开发的市场空白点。变量选取的准确性乃知觉地图效用发挥之基石。通常应优先考虑目标顾客群关注且赋予高度价值的变量作为定位坐标。在某些行业领域，坐标系维度可能有多重选择，这就需要企业作出专业慎重的考虑。图6-1展现了依据两种不同维度绘制的汽车品牌的知觉地图。

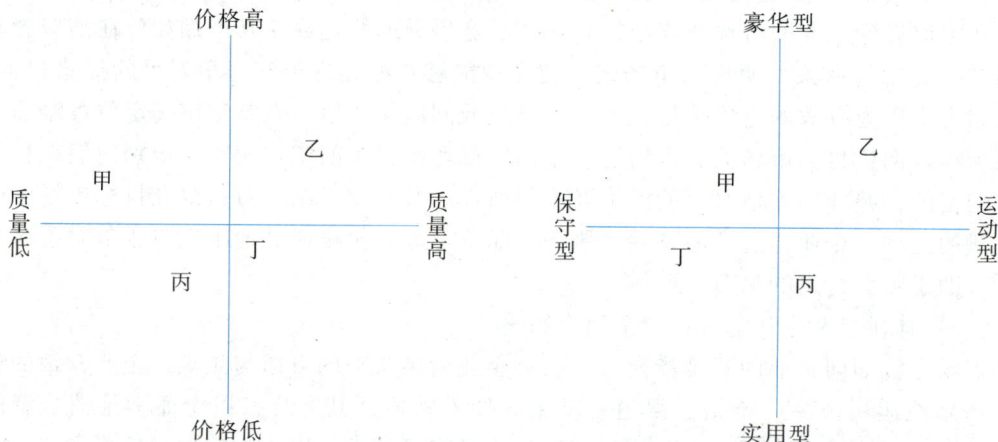

图6-1　据两种参照系绘制的汽车品牌市场定位的知觉地图

甄别并构建知觉地图的维度或属性时，应遵循一套严谨的标准以确保定位策略的有效

① 科特勒，凯勒，切尔内夫.营销管理［M］.陆雄文，蒋青云，赵伟韬，等译.16版.北京：中信出版社，2022.

性，即维度的选择要具备相关性、可行性、区别性、沟通性、可信度、持久性。（1）相关性。首要考量是目标顾客对品牌的差异化主张是否感到切身相关，且认为这一点至关重要。这意味着品牌差异点必须紧紧贴合顾客的核心需求与偏好。（2）可行性。产品设计与市场交付方案必须能够切实支撑起预期的品牌联想或顾客收益。（3）区别性。品牌差异点必须展现其独到之处，令目标顾客感知到该点的独特性和优越性，确保品牌在众多竞争者中脱颖而出。（4）沟通性。企业必须能够清晰、有说服力地向顾客阐述品牌为何能够兑现预期的收益。（5）可信度。品牌定位的差异点必须在顾客心中建立起坚实的信任感，确保让人感觉真实可靠。（6）持久性。品牌需承诺并准备投入必要资源，以维持长期的定位策略。

确定了重要的属性之后就要绘制知觉地图，并标出本企业品牌和竞争者品牌所处的位置。对于企业而言，辨识出自己的竞争者看似是一项直截了当的任务，尤其是在市场环境相对稳定的情况下，锁定一至三位主要竞争对手可能并不复杂。然而，在快速演变的市场环境中，竞争格局可能呈现出多样化的面貌，此时，单一的参照体系可能不足以全面捕捉竞争态势，因而可能需要设定多重参照体系来更准确地反映复杂的竞争生态。

在使用两个变量作为参照体系定位时，可以使用平面图，如图6-1所示。如果存在多个重要属性时，就要用雷达图表示。例如，对华为、爱立信和诺基亚三大5G设备商的设备性能、产品组合完整性、标准贡献、研发投入和交付能力等方面进行全面评估和比较[1]，可以形成三大设备商的市场定位雷达图，如图6-2所示。

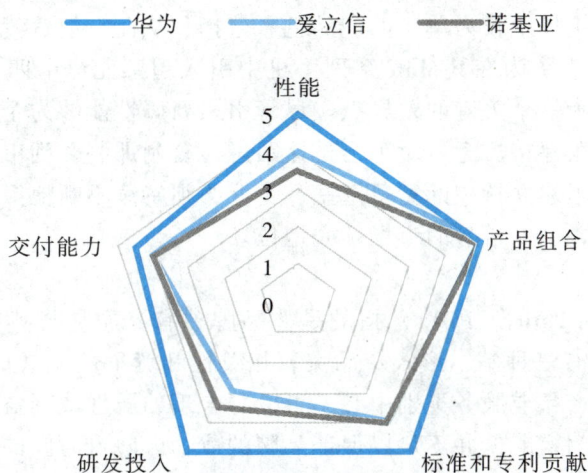

图6-2　通信设备商的市场定位雷达图

二、识别和设计潜在的差异点和共同点

（一）识别差异点

差异点（Points of Difference，PODs）是将企业的供应品与竞争对手的供应品区别开来的属性或利益，消费者将这些属性或利益与品牌紧密地联系在一起，在接触到产品本身或听到产品名称、广告后能够强烈联想到的并给出正面评价的产品属性或利益，并认为竞

---

[1]　SERVICE PROVIDER GROUP.领先5G RAN供应商的能力比较和2023年5G全球市场预测［R］. Boston: Strategy Analytics，2019.

争品牌难出其右①。品牌定位具有竞争力至关重要的是创建强大、有利、独特的品牌联想。好的品牌联想应该是能让消费者先入为主、合乎情理且难以被竞争对手挑战的。强势品牌往往具有多个品牌联想作为差异点。差异点几乎可以建构在任何类型的属性或利益之上。例如，大疆的差异点在于先进稳定的无人机技术和高品质的影像处理能力；比亚迪的差异点在于新能源技术、多样化产品线；小米的差异点在于高性价比、生态系统和年轻化的品牌个性。

决定品牌联想能否作为差异点的标准在于合意性、传达力和区分度。（1）对消费者而言的合意性。作为差异点的品牌联想应能为消费者提供清晰且令人信服的理由，来阐释为什么该品牌能够提供合乎消费者期望的利益，并且提供专利技术、品牌成分或特殊工艺等证据增强这一理由的说服力和可信度。（2）企业传达力。企业必须通过调用内部资源和组织承诺，协调产品设计与营销策略一致地塑造并维护品牌联想。比起改变产品，改变消费者对产品或品牌的观念进而传递合乎期望的品牌联想在某种程度上更为容易。（3）与竞争对手的区分度。归根结底，品牌联想应当具有独特性，并视其为超越同类竞争者的优势所在。这要求品牌联想不仅与众不同，还要在消费者眼中展现出明显且有价值的差异。

企业可以通过引入新颖的、竞争对手尚未涉足的属性来突出其产品的独特性。然而引入新属性并不意味着非要开创前所未有的特性，也可以是重新聚焦于某一被竞争对手忽略或轻视的现有属性，并将其转变为具有竞争力的差异点。例如，国产护肤品牌"完美日记"将个性化和色彩多样性作为其美妆产品的差异化特征，尤其是其推出多款眼影综合盘，打破了传统彩妆市场中较为单一的产品色彩选择，从而在消费者心中树立起鲜明的品牌形象；国内科技巨头华为在其Mate系列手机中引入超感光徕卡四摄系统，在智能手机领域将摄影能力转变为一个关键的差异点。尽管引入新属性能够为企业带来显著的竞争优势，但这往往难以长久保持。竞争对手会迅速跟进，复制那些受到市场欢迎的新属性，从而迅速缩小差距。为了建立持久的竞争壁垒，企业必须持续不断地探索创新路径，以独特的方式创造顾客价值，确保自身的市场领先地位。

（二）识别共同点

共同点（Points of Parity，POPs）指的是非品牌独有，而是与其他品牌共享的属性或利益联想。这类联想有三种基本形式：品类、相关性和竞争性②。（1）品类共同点是消费者普遍认为某一特定产品或服务类别中必不可少且合理的属性或利益。这些共同点构成了品牌进入市场的基本门槛，但并不足以保证品牌的成功。随着时间的推移，品类共同点会因科技进步、法律法规的变化以及消费趋势的演进而发生变化。（2）相关性共同点指的是伴随品牌正面联想而出现的潜在负面联想。营销者面临的挑战之一是，构成其产品或服务的共同点或差异点的某些属性或利益往往是相互排斥的。换言之，如果一个品牌在某个方面表现突出，如低价位，那么消费者可能会认为它在其他方面表现不佳，如产品质量。（3）竞争性共同点指的是针对竞争对手的差异点而设计的品牌联想，旨在克服消费者对自身品牌的潜在负面看法。要找到关键的竞争性共同点，营销者可以尝试站在竞争对手的角度思考，推测他们可能会构建哪些差异点，然后根据这些推测来确定自己的品牌共同点。

① 科特勒，凯勒，切尔内夫.营销管理［M］.陆雄文，蒋青云，赵伟韬，等译.16版.北京：中信出版社，2022.
② 科特勒，凯勒，切尔内夫.营销管理［M］.陆雄文，蒋青云，赵伟韬，等译.16版.北京：中信出版社，2022.

如果在消费者眼里，一个品牌能够在被认为较弱的领域与竞争对手达到相当水平，并在其他领域展现出显著优势，那么这个品牌就能占据一个强势甚至是无可挑剔的竞争地位。为了让一个产品或服务在特定属性或利益上实现共同点，必须有足够的消费者认为该品牌在这方面的表现是"足够好"的。共同点存在一个可接受的范围或阈值。在这个范围内，品牌不必与竞争对手持平，但消费者必须认为品牌在这方面表现良好。只有达到这一标准，消费者才可能根据品牌更突出的方面来进行评估和作出购买决策。在品牌定位的发展过程中，实现共同点往往比实现差异点更为关键。

三、协调营销组合要素

营销组合要素是指企业在营销中可以利用的所有战术要素、工具或手段，包括产品、价格、渠道和促销。只有以定位为制定营销组合要素的依据，才能使其相互整合向消费者传达出产品的定位信息，使产品顺利地击中目标市场。例如，作为中国高端白酒的代表，茅台强调"国酒茅台"的口号，将自身定位为中国高端消费品，在保障传统、复杂的酿造工艺外，还在宣传上强调悠长的文化历史和官方场合的指定用酒、重要庆典的首选礼物等文化地位。茅台之所以能将自身塑造为文化和身份象征的高端品牌，就是因为其通过营销要素组合向消费者传达了高端、一致的品牌信息。

市场定位是营销组合要素的灵魂，而营销组合要素则是定位策略的具象化呈现。唯有在明确市场定位的基础上，营销组合要素才能发挥最大效能，实现营销目标。正确的定位不仅决定了营销组合要素的方向，还确保了要素间的一致性和协同效应，从而提升整体营销活动的效果和效益。

（一）产品

产品指任何能够满足顾客需求的货物、服务、观念或它们的组合。产品又可以划分成很多更小的因素，包括产品的性能、质量、花色品种、规格、型号、品牌或商标、包装、服务等。产品策略的制定需要考虑到企业的市场定位，市场定位决定了产品应该具备哪些特征才能吸引目标客户群。如果一个品牌定位于高端市场，则其产品策略可能会侧重于提供高品质的产品和服务。企业在产品方面的决策，包括以下几个方面：

（1）产品构成要素的整合与抉择。企业需要考虑如何平衡与优化产品性能、质量、设计等各方面的特性，以构建最具吸引力、符合产品定位的产品组合。

（2）服务设计与组合规划。企业需要确保产品附带的服务项目能够增强用户体验，包括售后服务、客户支持等，通过提供独特和额外的服务可以增加品牌附加值和增强区分度。

（3）品牌命名与商标策略。这包含品牌及产品形象的设计，以及品牌故事的构建。例如，蒙牛的商标包含绿色、草原、牛角、河流元素，体现其天然、健康、品质牛奶的品牌定位。

（4）产品差异化要素决策。企业识别并强化那些使产品在同类竞争中脱颖而出的关键特性，无论是技术创新、设计美学还是用户体验，以在消费者心中树立独特形象。

（5）产品组合决策。企业需要考虑如何通过产品线的拓展或精简以及产品生命周期管理，实现最佳的市场覆盖与利润最大化，同时也应注意避免产品组合的调整模糊品牌定位。

整体而言，产品决策是企业营销战略的核心组成部分，它关乎如何设计、定位与推广产品，以确保其在目标市场中获得成功。一款产品是否能满足目标市场的需求，很大程度上取决于其定位是否清晰且与目标顾客的价值观是否吻合。

（二）价格

价格是商品价值的货币表现，承载着双重意义。一方面，它是产品在进入市场时，企业对产品价值的估计或预期；另一方面，它又是顾客获得产品利益而必须支付的货币成本。企业可以在一定程度上控制的价格因素主要有以下几种：

（1）基本价格。这是商品明示的售价，直接反映了企业对产品价值的定价立场。

（2）价格折扣。企业可以通过提供不同的折扣策略来区分自己的产品或服务，但要注意价格折扣不要损害品牌定位，例如提供仅限于特定商品的、临时性的价格折扣。

（3）支付条件。这涉及与消费者约定的支付时间表与结算方式，灵活设置有助于适应不同的市场策略，例如使用区块链技术或数字货币支付可以吸引对新技术感兴趣的消费者。

基本价格的高低受产品设计、营销策略和分销渠道选择的影响，每一环都紧密相连，共同作用于最终价格的形成。而价格折扣与支付条件的灵活运用，则是营销人员实现营销目标的有力工具。

（三）渠道

渠道作为产品从制造商流转至消费者手中的桥梁，涵盖了整个过程中涉及的所有中介环节及参与者。对生产者而言，营销渠道是产品分销的战略通道；而对于消费者，它则象征着便利性，确保在恰当的时机、合适的地点，以消费者偏好的形式，轻松获取所需商品或服务。企业应当根据其市场定位选择合适的渠道，通过精心设计和管理渠道策略，确保产品或服务能够有效地传递给目标消费者，并在竞争中脱颖而出。

（1）渠道的数量与组合。企业需要考虑如何在不同的销售渠道间分配产品，以达到对目标市场覆盖面的最佳平衡。

（2）渠道的架构布局。企业根据定位确定分销层级、每个层级中间商的数量等，例如针对定位高端市场的品牌可能仅选择专卖店或高端百货作为主要销售渠道。

（3）中间商的角色。企业需要明确各类分销商，如批发商、零售商或电商平台，在渠道链条中的定位与功能，中间商的形象和声誉会影响到其所销售的产品或服务的品牌形象。

（4）渠道治理机制。这涵盖企业与渠道合作伙伴之间建立、维护乃至终止合作关系的规则与制度，确保双方合作顺畅且目标一致。

简言之，营销渠道的设计与管理是企业营销策略的关键组成部分，它直接影响到产品市场渗透力与消费者满意度，通过精心规划渠道架构与治理模式，企业能够优化资源配置，提升市场响应速度与竞争力。同时，定位决定了产品销售的渠道选择，确保产品与销售渠道的形象相匹配。

（四）促销

促销指企业向顾客传递信息，激发顾客购买欲望和购买行为的营销信息传播活动。对生产者而言，促销是驱动销售增长的催化剂；而对于消费者，它则构成了获取产品、品牌乃至企业资讯的关键窗口。企业通常可运用的促销工具包罗万象，包括广告、人员销售、销售促进、公共关系等，均在其中发挥着不可替代的作用。定位指导了促销活动的设计，确保其与目标顾客的心理预期和购买动机相契合。广告等促销手段需精准对接目标人群，有效传达品牌定位，激发购买欲望。

（1）平衡促销的创新性和一致性。企业在创造区别于竞争对手的促销概念的同时注重促销信息与自身品牌定位、整体营销策略一致。

（2）促销渠道的选择与协调。企业应根据目标消费者的消费习惯选择最有效的促销信息传播途径，同时注意在实体店、电商平台、社交媒体等各渠道释放统一的促销信息。

此外，诸如产品的外观设计、定价策略、包装风格、色彩选用，甚至销售人员的着装规范，亦在无声中传达着品牌的信息与价值观，无形中促进了营销信息的扩散。

在全渠道营销时代的大背景下，销售渠道与信息传播渠道日益交融。同一渠道，当我们侧重其信息传播效果时，它便扮演着促销的角色；而当我们关注其销售促成作用时，它则自然而然地成为分销或销售的渠道。企业需灵活运用各种渠道，既要确保信息的精准触达，也要促进销售转化，以实现品牌与消费者之间的深层次互动与价值共创。

第三节　市场定位的方式

一、自身定位

自身定位，即企业首次针对选定的目标市场进行的产品定位，这一过程通常被视为产品定位的初始阶段，也称为初次定位。当一家初创企业首次涉足市场，或者现有企业推出新品，乃至既有产品进军新领域时，都需要从零开始规划其市场路径。这一步骤要求企业对市场环境和竞争动态进行全面的战略审视，精心策划市场营销组合，确保产品特性与目标市场的需求相吻合。一般来说，除了新兴行业，企业要进入目标市场时，往往形成了一定的市场竞争格局。因此，企业必须细致入微地分析同类型产品在目标市场中的竞争者，洞察其强项与短板，以此为基础，为自身产品寻找到一个具有竞争优势的市场位置。初次定位特别适用于以下几种情境：初创企业的产品首次亮相、已有产品线中新增的产品首次面世、现有产品向未涉猎的市场拓展，以及新品牌初次登场。初次定位的核心使命在于，在潜在消费者的心智地图上构建起产品或品牌的认知，塑造出企业所期望的品牌印象，这一印象应紧密贴合产品的核心价值和市场定位，从而为后续的市场渗透和品牌建设打下坚实的基础。

需要注意的是，企业在进行定位时应避免定位混乱、定位不足、定位过低、定位过高、定位过于狭窄或定位令人怀疑等问题，服从和服务于企业整体营销的战略目标，采用合适的营销刺激力度给消费者留下独特且深刻的印象。

二、竞争定位

（一）避强定位

避强定位是指企业主动回避与目标市场上的竞争对手的直接对抗，将自身的位置定在市场上的"空白点"，开发并销售目前市场上没有的产品，开拓新的市场领域。避强定位是一种"见缝插针""拾遗补缺"的定位方法。

避强定位的优点是可以迅速在市场上站稳脚跟，并在消费者心中树立起品牌形象。这种定位策略由于市场风险较小、成功率较高，被很多企业采用。但空白的子市场往往也是有一定难度的市场，需要企业在营销技巧和营销努力等各方面比竞争对手投入更多。

一般在以下几种情况下，企业会采用避强定位：市场竞争格局比较稳定，即产品比较成熟，技术更新不快；市场中强者实力强大，地位不可动摇；企业为市场后入者，或实力不够，没有向强者挑战的可能。

例如，德克士在初期并未直接与麦当劳、肯德基等国际快餐巨头在一线城市正面交锋，而是选择在二三线城市和农村市场建立品牌影响力；拼多多通过拼团购物的创新方式，吸引了对价格敏感的消费者，之后再向更高级别的市场发展。

（二）迎头定位

迎头定位，亦称直接定位或对抗定位，是指企业主动选择与市场上的现有竞争者占据相同或极为相近的市场位置，直接争取同一目标顾客群，其在产品特性、定价策略、销售渠道和促销活动等方面与竞争对手相比差异甚微。

迎头定位实质上是市场挑战者的一种大胆策略，旨在与市场领导者或其他强劲对手正面交锋，争夺市场份额。实施迎头定位，企业必须具备深度的自我认知与市场洞察力，首要任务是明确市场是否有足够的容量容纳多个竞争者共存，其次需评估自身是否拥有超越对手的资源与能力，确保有能力提供更优或差异化的产品与服务。若不具备上述条件，迎头定位可能演变成一场高风险博弈，甚至导致企业陷入困境。

尽管如此，许多企业仍视迎头定位为激发内部潜能、提升市场竞争力的有效途径。一旦执行得当，不仅能快速获得显著的市场优势，还能在竞争中产生强烈的市场反响，加速消费者对企业及其产品的认知，有助于迅速树立鲜明的市场形象。然而，迎头定位亦可能引发竞争对手的强烈反击，双方在争夺顾客的过程中，容易陷入恶性竞争与价格战的泥潭，导致利润缩水和品牌价值受损。

鉴于迎头定位的风险与挑战，企业必须预先准备应对策略，例如依托专利保护、技术创新或独到的经营理念，确保在竞争中占据先机。实践中，迎头定位策略更适宜于资金充裕、资源丰富的大中型企业，这类企业具备更强的抗风险能力和市场适应性，能够承受迎头定位带来的不确定性与挑战。

例如，在碳酸饮料市场上，可口可乐与百事进行着持续的竞争；在快餐市场上，肯德基和麦当劳的竞争从未停歇；在电子商务兴起后，淘宝和京东对决；在直播平台的发展中，抖音和快手抢占。迎头定位的目的不是一定要打垮竞争对手，而是以某一产品特性占领消费者心智，能够与竞争对手在市场上平分秋色即可。

三、重新定位

重新定位，亦称二次定位或市场再定位，是指企业调整其产品属性或品牌信息，以重塑目标消费者对产品的原有认知，促使他们对产品形成新的、更有利的市场印象。这一策略通常应用于那些销售低迷、市场反馈不佳的产品，旨在通过转变策略来激发新的市场活力。重新定位对于企业适应不断变化的市场环境和调整营销战略至关重要，有时甚至能带来意外的积极效果。例如，李宁作为中国领先的运动品牌，曾在一段时间内面临销售下滑的困境，通过重新定位，聚焦于中国元素与现代设计的结合，推出了"悟道"等系列，成功吸引了年轻消费者，重塑了品牌活力。再如，长期以儿童饮品为主导产品的娃哈哈集团，通过推出一系列针对成人的健康饮品，如营养快线和茶饮料，重新定位进入成人市场，拓宽了市场覆盖面。

即便企业原先的市场定位相当精准，但在以下情形下，企业应审慎考量是否需要启动重新定位程序：（1）竞争加剧，当竞争对手的产品定位接近本企业产品，侵蚀了一部分市场份额，导致自身产品市场占有率下滑时；（2）消费者偏好转移，如果观察到消费者喜好从本企业产品转向竞争对手的产品，表明市场偏好发生了变化；（3）定位失误，产品初次定位失败，市场表现未达预期，需要重新评估和调整定位策略；（4）战略调整，企业营销目标或目标市场发生变化。

重新定位对于企业适应市场环境、调整市场营销战略是必不可少的，可以视为企业的战略转移。然而，重新定位并非万能药，它潜藏巨大风险，一旦操作不当，可能导致彻底的市场失败。重新定位可能导致产品的名称、价格、包装和品牌的更改，也可能导致产品用途和功能上的变动，因此，在决定重新定位前，企业需综合考虑以下几个关键因素：（1）成本考量，评估从一个细分市场转向另一细分市场所需的整体成本，包括营销、产品调整、渠道重构等费用；（2）市场潜力，分析目标细分市场的消费者购买力，确保新的定位策略具有盈利的可能性。

重新定位要求企业具备深刻的市场洞察力、灵活的战略调整能力和承担风险的勇气。成功实施重新定位，企业不仅能恢复原有的市场地位，甚至可能开辟全新的市场机遇。但这一过程复杂且充满挑战，需要周密的计划和精准的执行。

第四节　数智时代的定位策略

一、用户生成内容对于市场定位的作用

（一）用户生成内容的内涵

用户生成内容是Web2.0环境的产物。2005年，摩根士丹利首席分析师Mary Meeker首次提出用户生成内容（User-generated Content，UGC）这一术语，并逐渐得到广泛认可。OECD（经济合作与发展组织）在2007年将用户生成内容定义为被用来描述在线的、可公开获得的、由最终用户创造的各种形式的媒体内容，主要涉及个人对产品、服务或品牌的体验性评价[1]。消费者识别和回忆品牌的过程取决于消费者联想记忆中节点的扩散激活，这些信息可以通过用户生成内容呈现并反馈出来。运用大数据、人工智能对用户生成内容进行数据挖掘，为企业提升和改造品牌提供了更多可能。基于用户生成内容进行定位有助于企业更有针对性地为目标消费者设计、提供、改善产品和服务[2]，实时追踪竞争对手态势，这也是发挥新质营销力的重要体现，如图6-3所示。

---

① OECD.Participative web：User-created content working party on the information economy［R］. Paris：Organisation for Economic Cooperation and Development，2007：8-9.
② 王安宁，张强，彭张林，等. 在线评论的行为影响与价值应用研究综述［J］. 中国管理科学，2021，29（12）：191-202.

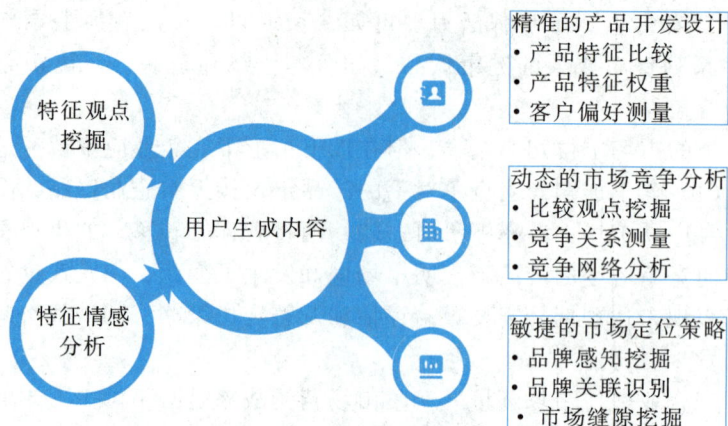

精准的产品开发设计
• 产品特征比较
• 产品特征权重
• 客户偏好测量

动态的市场竞争分析
• 比较观点挖掘
• 竞争关系测量
• 竞争网络分析

敏捷的市场定位策略
• 品牌感知挖掘
• 品牌关联识别
• 市场缝隙挖掘

图6-3　用户生成内容对于品牌的价值应用

⬤ 价值引领6-1

基于用户生成内容进行数据挖掘有助于推动数字经济与实体经济融合发展

习近平总书记指出："要推动数字经济和实体经济融合发展，把握数字化、网络化、智能化方向，推动制造业、服务业、农业等产业数字化"。数字技术是数字经济的核心推手，数字技术助力新产业、新模式、新动能加速壮大，是支撑我国经济长期向好的重要力量。利用大数据、人工智能等对用户生成内容进行数据挖掘，可以充分发挥我国海量数据和丰富应用场景优势，促进数字技术和实体经济深度融合，推进数字产业化、产业数字化，全面赋能经济社会发展。

资料来源：编者自撰。

用户生成内容本质上是消费者与品牌价值共创的工具，成为消费者决策的主要驱动力[①]。用户生成内容是由真实消费者创造的，具有较高的可信度，消费者更愿意相信其他消费者的推荐和评价。关注同一品牌或产品的用户在线上聚集，彼此分享品牌信息、使用体验等以影响志同道合的人，可以形成病毒式传播效应，有助于扩大品牌的影响力。品牌用户和潜在用户之间基于有趣丰富的用户生成内容形成共鸣，又进一步增进品牌与消费者的互动。用户生成内容则可以为品牌提供用户对产品和服务的使用反馈，激发品牌创新产品和服务的灵感。打造优质用户生成内容不仅可以提升营销表现，也可以让品牌和消费者建立更深的联系，如图6-4所示。越来越多的大品牌都强调用户生成内容的重要性，并且经常把用户生成内容呈现在品牌官网，这也是数智时代营销价值共创化的具体体现。

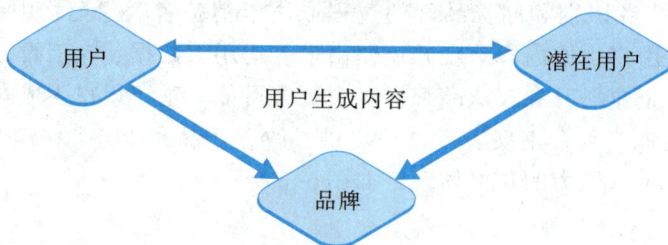

图6-4　用户生成内容对品牌作用的机制

① 王淑翠，宣峥楠，孙兰，等. 基于用户生成内容的社交电商品牌权益价值共创机制研究［J］. 科学学与科学技术管理，2021，42（7）：35-52.

（二）基于用户生成内容进行市场定位的优势

理论前沿6-2

用户生成内容
的范畴拓展

用户生成内容与独特有效的市场定位是互相促进的。一方面，明确的市场定位可以促进社交媒体上消费者与品牌之间的互动，品牌的市场定位需要借助多平台的社交媒体引流和多媒介的内容形态创新提升品牌知名度和讨论度；另一方面，消费者在营销传播和渠道转化环节与品牌互动的行为数据又反哺市场定位的精准优化。市场上即便品牌泛滥也不等同于没有插足余地，基于用户生成内容生成知觉地图可以找出被忽略的市场空白。对于营销人员来说，了解如何通过组合最合适的资源并传达能与特定消费者群体产生共鸣的信息来实现独特的品牌定位非常重要。用户生成内容反映了消费者对于品牌定位的理解，消费者的理解不一定与企业所确立的定位相符，其中的偏差意味着企业的营销沟通有所欠缺。因此，有必要从消费者的角度审视品牌定位，并考察市场上各竞争品牌的表现，从而获得具有强烈市场导向的明确定位。

用户生成内容作为社交倾听手段有助于理解客户需求、意见和动机。用户生成内容因其具备动态更新、成本较低、易用便捷、获取广泛等特点，比传统的商业调研方法更高效、开放、客观。用户生成内容也更容易被企业测量和监控。实时动态更新的用户生成内容让反馈及时化、决策前瞻化具备了实现基础，基于此对品牌定位进行决策形塑企业的新质营销力。

◯ 价值引领6-2

数智技术有助于企业高效定位发挥新质营销力

习近平总书记指出："谁能把握大数据、人工智能等新经济发展机遇，谁就把准了时代脉搏。"积极推动互联网、大数据、人工智能和实体经济深度融合，培育壮大智能产业，加快发展新质生产力，为高质量发展提供新动能。了解消费者如何看待品牌是许多营销策略的基础。随着品牌和消费者对于社交媒体使用激增，基于用户生成内容进行消费者品牌感知的信息挖掘，进而优化品牌定位策略成为一种可行且流行的操作方法。数智时代的企业营销必须以新质营销力为支撑，品牌定位既不能随心所欲，也不能一成不变，依托数智技术对用户生成内容进行搜集、分析，既有助于在瞬息万变的竞争局势中保持营销创意的高效化，更有助于在市场定位的执行过程中保障决策前瞻化、实施共创化、控制全链化。

资料来源：编者自撰。

市场洞察6-2

基于用户生成
内容生成汽车
品牌的消费者
知觉评分

基于用户生成内容进行数据挖掘，了解消费者对某一产品或品类的普遍看法，包括正面评价和负面反馈，可以从诸多方面支持企业的定位决策，具体而言：（1）洞察用户的品牌感知，验证品牌定位的有效性；（2）揭示品牌可能存在的问题或负面关联，避免潜在的品牌危机，维护品牌定位的稳定性；（3）识别消费者在不同场景下对产品或服务的具体需求和偏好，精确定位产品或服务的独特卖点，以满足目标市场的特定需求；（4）基于品牌共现频率，利用社会标签数据构建的品牌关联，从中挖掘品牌之间合作或寻求产品创新的机会；（5）进一步通过情感分析理解和量化消费者对品牌、产品或服务的情感反应，识别消费者对品牌的情感倾向；（6）了解消费者对特定品牌元素的情感反应，创建更具针对性的品牌营销活动；（7）应用于竞争对手的评估，了解竞争品牌在市场上的情感接受程度，为自己的品牌定位找到差异化的机会；（8）更好地塑造品牌故事，确保它与目标受众的情感共鸣，

理论前沿6-3

通过对用户生
成内容进行主
题建模识别新
的产品机会

理论前沿6-4

基于用户生
成内容形成
词云图考察
品牌形象

从而加强品牌记忆和情感联系。

需要注意的是，使用社交媒体数据也可能存在偏差，数据可能偏向某类消费者，无法反馈广泛的目标受众的想法；通过用户生成内容进行市场定位可能存在"平台偏见"，即忽略了那些不使用平台的人①。此外，不同平台的信息反馈也可能存在不同。

二、基于用户生成内容进行市场定位的方法

以往从用户生成内容中提取对品牌管理有价值的信息存在一定难度。用户生成的内容数量过于庞大，包含了文字、图片、音频和视频等各种形式，其非结构化数据或半结构化数据中的潜在信息难以提取。随着数智技术的不断发展，大数据、人工智能、云计算为从用户生成内容中提取品牌信息提供了可能。通过主题分析和情感分析对文字形式的内容进行分析，是目前广泛使用的基于用户生成内容进行市场定位的方法。随着技术的进步和研究的深入，未来将越来越多地采用无监督机器学习与有监督的方法结合，基于视觉图像等广泛类型的用户生成内容进行数据挖掘，增进对品牌形象的洞察②。

（一）采用主题分析进行市场定位

主题分析是一种文本分析方法，旨在从大量文本数据中提取和识别出潜在的主题或话题，发现文本数据中的深层语义信息③。常见主题分析方法包含了文本聚类、潜在语义分析、隐含狄利克雷分布三种。相比较而言，聚类分析比较容易获取每条文本信息的主题和情感，但不适合处理大规模数据和长文本数据，而主题模型适合大规模文本数据的处理，却难以准确追溯具体文本信息的主题和情感。基于主题分析可以提取出产品维度和效价方面的信息，构建品牌知觉地图，对品牌定位进行动态调整④。

对用户生成内容进行主题分析进而对品牌进行市场定位的基本流程（如图6-5所示）：（1）利用网络爬虫收集关于品牌的用户生成内容并形成数据库；（2）对数据进行预处理，包括利用分词、去停用词、数据清洗等手段去除文本中的噪声；（3）绘制词云图查看分词效果；（4）利用LDA主题模型对数据进行主题分析；（5）采用主成分分析进行数据降维和信息浓缩；（6）根据对品牌定位关注的焦点进行不同的后续分析，如根据主题与品牌关联性构建知觉地图、根据主题概率评估市场定位等。

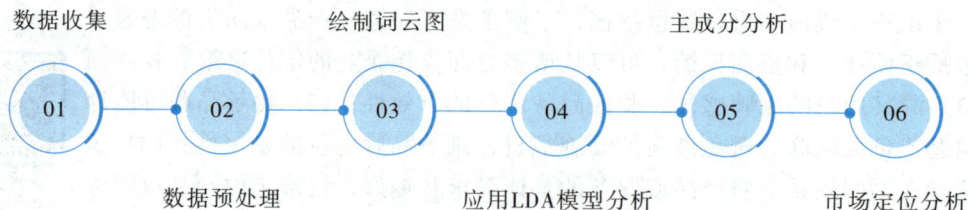

数据收集　　　　绘制词云图　　　　主成分分析

01 —— 02 —— 03 —— 04 —— 05 —— 06

数据预处理　　　应用LDA模型分析　　　市场定位分析

图6-5　对用户生成内容进行主题分析辅助市场定位的基本流程

① TAECHARUNGROJ V.Experiential brand positioning：Developing positioning strategies for beach destinations using online reviews [J]. Journal of Vacation Marketing，2022（29）：313-330.
② SWAMINATHAN V，SCHWARTZ H A，MENEZES R，et al.The language of brands in social media：Using topic modeling on social media conversations to drive brand strategy [J]. Journal of Interactive Marketing，2022，57（2）：255-277.
③ 王浩伟，汪璠，王秉琰. 主题视角下生成式人工智能生成内容与用户生成内容的比较 [J]. 情报理论与实践，2023，46（10）：200-207；199.
④ TIRUNILLAI S，TELLIS G J.Mining marketing meaning from online chatter：strategic brand analysis of big data using latent dirichlet allocation [J]. Journal of Marketing Research，2014，51（4）：463-479.

（二）采用情感分析进行市场定位

情感是消费者内心思想的主观反映，可以直接反映消费者的喜恶。针对用户生成内容的情感分析在品牌定位中扮演着关键角色，它帮助品牌了解消费者对其产品、服务和整体形象的情感反应，及时发现品牌在公众中的正面或负面情感趋势，帮助企业洞察产品成功或失败的原因。

虽然现在的数据挖掘技术可以基于文本、图片乃至视频素材进行情感分析，但目前应用最为广泛也相对易于开展的还是基于在线评论或在线社区的用户分享中的文本内容开展的情感分析，同时这也是与企业品牌和产品关联最紧密的用户生成内容。情感分析一般包括情感极性和情感强度两方面的识别。情感分析的方法一般可分为基于情感词典和基于机器学习两类方法。

情感词典方法主要是根据带有情感倾向的词语识别产品特征的情感极性和强度。对于存在产品特征的语句，根据正面情感词典和负面情感词典，识别在线评论中带有情感极性的词语，作为产品特征的预定情感极性。

机器学习方法是将特征情感分析作为一个分类问题处理，情感极性识别属于两元分类，情感强度识别则属于多元分类。因此，必须对在线评论语句样本进行标注，构建训练集和测试集。情感极性分类标注为正面和负面；情感强度分类标注通常包括正面弱情感、正面中等情感、正面强情感、负面弱情感、负面中等情感和负面强情感六类。基于标注数据，通常采用朴素贝叶斯、支持向量机和深度学习等方法训练模型，最终选择准确率最高的分类模型。

深度学习是机器学习的一种特殊方法，是利用神经网络的强大功能来解析文本数据，以识别和分类其中的情感倾向。这种分析方法能够自动学习和提取特征，无须手动设计并选择特定的特征来描述数据，尤其适合处理长文本和理解上下文。

比较而言，情感词典跨产品领域适用性强，但难以识别复杂语句，而且对于不同的领域，构建情感词典的难度是不一样的，精准构建成本较高；机器学习准确性高，易于理解和解释，但需要大量人工标注；深度学习在处理大规模数据集和理解复杂的语言结构时表现优秀，但相较于机器学习更为复杂，需要大量的标注数据和计算资源来训练，模型的可解释性较差。

1.基于情感词典对用户生成内容进行情感分析

基于情感词典对用户生成内容进行情感分析以辅助市场定位决策的基本流程如下（如图6-6所示）：

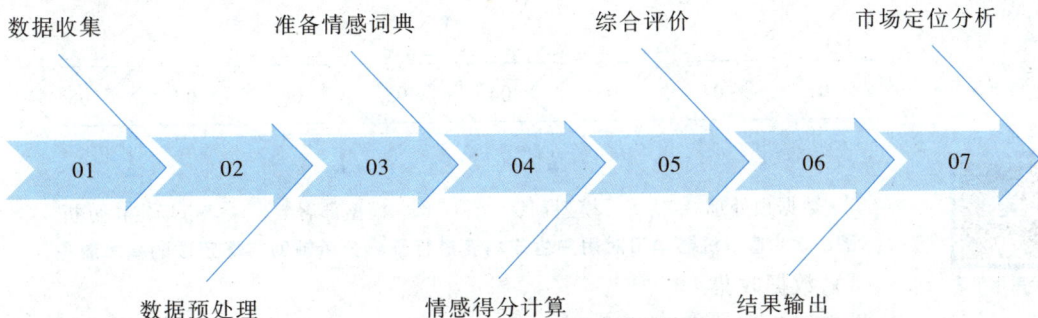

图6-6　基于用户生成内容进行情感分析辅助品牌定位的一般流程

（1）数据收集

通过网络爬虫收集关于品牌或产品的用户生成内容，如在线评论等。

（2）数据预处理

文本清洗：去除 HTML 标签、标点符号、数字和特殊字符等非文字信息。

分词：将文本拆分成单词或词组，这是情感分析的基础。

词干提取/词形还原：英文内容需将单词转换为其基本形式，以便匹配情感词典中的词条。

（3）准备情感词典

积极情感词典：包含已知的积极情感词汇及其情感强度。

消极情感词典：包含已知的消极情感词汇及其情感强度。

否定词词典：包含否定词汇，如"不""没"等，用于调整情感得分。

程度副词词典：包含表示情感强度的程度副词，如"非常""极其"等，用于增强或减弱情感得分。

（4）情感得分计算

匹配词典：检查文本中的每个词语是否出现在情感词典中。

计算情感得分：对于每个匹配到的情感词，根据其在词典中的情感强度加上相应的得分。

处理否定词和程度副词：如果情感词前面有否定词，可能需要反转情感得分；如果前面有程度副词，则可能需要增强或减弱情感得分。

（5）综合评价

总得分汇总：将文本中所有情感词的得分相加得到总的情感得分。

判断情感倾向：根据总得分的正负来判断文本的情感倾向，一般而言，正得分表示积极情感，负得分表示消极情感，接近零的得分可能表示中性情感。

（6）结果输出

输出文本的情感倾向（积极、消极或中性）以及情感强度的得分。

（7）市场定位分析

结合情感分析的结果寻找市场机会，对品牌的市场定位进行决策。

2. 基于机器学习对用户生成内容进行情感分析

基于机器学习对用户生成内容进行情感分析以辅助市场定位决策的基本流程如下（如图6-7所示）：

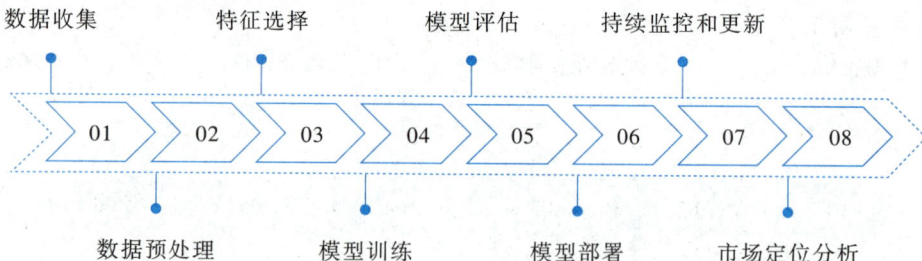

创新实验室6-1

数据挖掘中常用的中英文情感词典

创新实验室6-2

基于 Snow NLP 对文本进行分词和情感分析的代码示例

市场洞察6-3

基于图像等多模态用户生成内容辅助市场定位决策

数据收集	特征选择	模型评估	持续监控和更新
01 → 02 → 03 → 04 → 05 → 06 → 07 → 08			
数据预处理	模型训练	模型部署	市场定位分析

图6-7　基于机器学习对用户生成内容进行情感分析辅助市场定位的基本流程

（1）数据收集

收集用于训练和测试模型的大量文本数据。这些数据可以从社交媒体、在线评论、新闻文章等来源获取。

（2）数据预处理

文本清洗：去除无关字符、标点、数字和特殊符号。

去除停用词：去掉常见的不携带太多意义的词汇，如"的""和""在"等。在这之后，根据语种不同，数据预处理步骤不同，比如中文需要分词，即将文本分解成单词或短语，而英文需要词干化或词形还原，即将单词转换为其基本形式，以减少词汇的多样性。

词向量化：将文本转换为数值向量，例如使用词袋模型、TF-IDF或词嵌入（如Word2Vec、GloVe）。

（3）特征选择

选择最能代表情感的特征，这可能涉及从词向量中挑选重要的特征，或使用主成分分析、LDA模型等降维技术减少特征空间的维度。

（4）模型训练

使用预处理后的数据集来训练机器学习模型。常用的模型包括：朴素贝叶斯分类器、支持向量机（SVM）、决策树或随机森林、神经网络（虽然更常归类为深度学习，但在机器学习框架下也可适用）。

（5）模型评估

选取一组未在模型训练中使用的数据，用来评估模型的性能。可以利用交叉验证、混淆矩阵、准确率、召回率、F1分数等指标来评估。

（6）模型部署

将训练好的模型部署到实际应用中，如实时的情感分析系统或产品反馈分析。

（7）持续监控和更新

监测模型的性能，随着新数据的出现和语言的演变，定期更新和再训练模型以保持其准确性。

（8）市场定位分析

结合机器学习方法得出的情感分析的结果，对品牌的市场定位进行评估和决策。

深度学习主要在模型构建、训练和评估环节有相应的调整，常用的深度学习模型包括卷积神经网络（CNN）、循环神经网络（RNN）、长短期记忆网络（LSTM）或门控循环单元（GRU）、变换器（Transformer）。

三、基于用户生成内容进行市场定位的操作实践

了解消费者如何看待品牌是许多营销策略的基础，运用大数据工具，综合主题分析和情感分析，能让品牌更好地跟进消费需求动态、及时回应市场声音、调整品牌发展方向。以京东商城为例，使用LDA模型对17余万条跑鞋在线评论进行文本挖掘，对商品评论数据进行词频共现分析、主题聚类与情感分析，为跑鞋品牌的市场定位和产品战略决策提供参考。

（一）数据收集与处理

1.数据采集

京东平台提供了丰富的API服务，支持获取评论数据和商品数据等，方便进行大规模

的数据采集和分析。使用网络爬虫工具于2024年7月收集京东商城跑鞋销售特征数据和用户评论数据。

2.数据预处理

由于用户评论文本属于非结构化数据，其中存在大量无关词汇、表情符号和无效评论，直接进行文本挖掘分析可能会导致效果不佳，因此需进行文本预处理。首先，需进行数据去重，去重后包括40个品牌300个鞋款的用户评论数据共计177 073条；接着，进行设置自定义词库、文本分词和去除停用词等预处理，以提高文本挖掘的准确性和有效性。通过Jieba库中文分词系统中的精确模式，对在线评论文本进行分词处理。

（1）代码实现

导入库：

```
1.import jieba
2.from sklearn.feature_extraction.text import Tfidf Vectorizer
3.from wordcloud import WordCloud
4.import matplotlib.pyplot as plt
5.import pandas as pd
```

读取数据：

```
1.data=pd.read_excel（r"京东销量前300跑鞋评论．xlsx"）
2.data = data.drop_duplicates（keep=False，subset=［"content"］）
3.documents=data［'content'］
```

使用Jieba进行分词，同时去除停用词：

```
1.def load_stopwords（filepath）：
2.    with open（filepath，'r'，encoding='utf-8'）as f：
3.        stopwords = set（f.read（）.strip（）.split（'\n'））
4.    return stopwords
5.
6.stopwords_path = 'stopword.txt'
7.stopwords = load_stopwords（stopwords_path）
8.
9.def preprocess_text（documents，stopwords）：
10.    processed_docs = ［］
11.    for doc in documents：
12.        words = jieba.lcut（doc）
13.        words = ［word for word in words if word not in stopwords and len（word）＞1］
14.        processed_docs.append（words）
15.    return processed_docs
16.
17.processed_docs = preprocess_text（documents，stopwords）
```

（2）结果展示

对评论内容进行分词处理的结果示例展示见表6-1。

表6-1		对跑鞋在线评论进行分词处理的结果展示示例

评论内容	结果
这双361°运动鞋太让我惊喜了！穿上后感觉特别舒适，仿佛脚被温柔地包裹着。鞋底的减震效果很棒，走路和跑步时都能明显减轻对膝盖的冲击。而且款式时尚，颜色搭配也很亮眼，无论是运动还是日常穿着都非常合适。做工精细，没有任何瑕疵，质量上乘。总之，非常满意，性价比超高！	361 运动鞋 惊喜 感觉 特别 舒适 仿佛 温柔 包裹 鞋底 减震 效果 很棒 走路 跑步 减轻 膝盖 冲击 款式 时尚 颜色 搭配 亮眼 无论是 运动 日常 穿着 合适 做工 精细 瑕疵 质量上乘 满意 性价比 超高

（二）数据分析

首先，对跑鞋的价格信息进行品牌定位分析。之后，采用词频分析、主题聚类、情感分析考察消费者对现有跑鞋商品的满意度，探索消费者对跑鞋的关注重点。

1.价格定位分析

根据收集的跑鞋商品详情数据对各品牌的价格信息进行统计分析，据此绘制品牌价格定位图，如图6-8所示。为了使统计结果更具代表性，对于销售鞋款低于2款，且销量排名靠后的较为冷门的鞋款不纳入品牌统计。

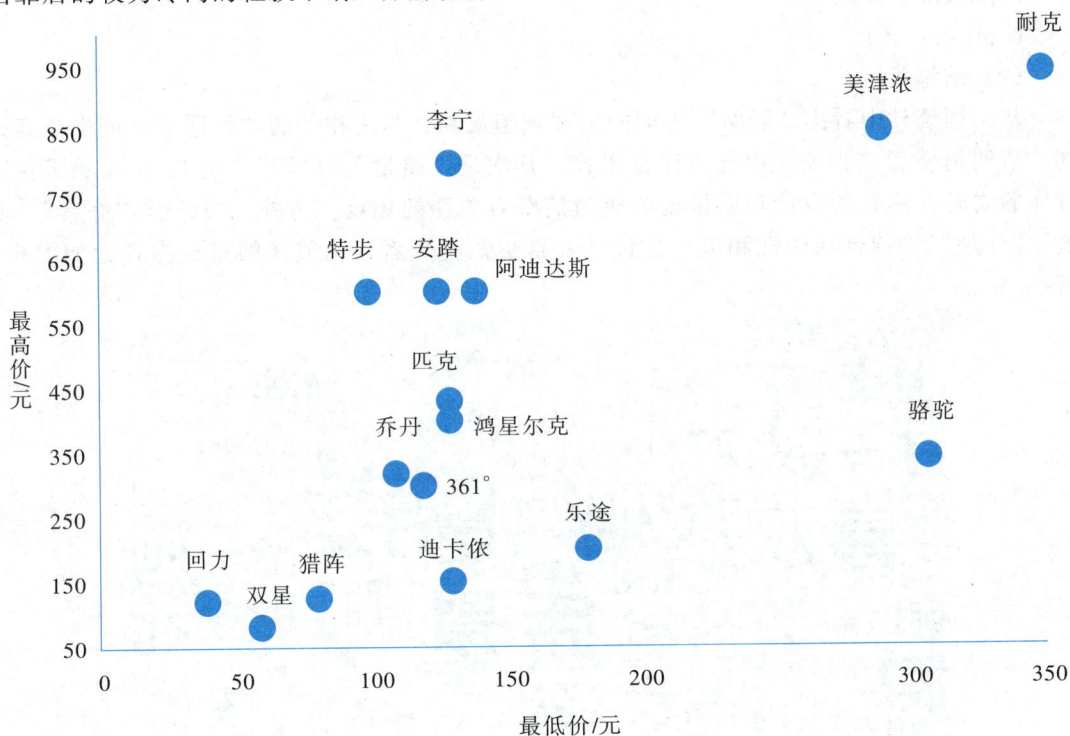

图6-8　跑鞋品牌价格定位

2.词频分析

评论数据分词后存在一些与商品本身相关属性无关的重复词汇，如"好评""很好"等，因此需要进行数据清洗，剔除与商品属性无关的评论信息并设置停用词表。采用词频-逆文本频率（Term Frequency-Inverse Document Frequency，TF-IDF）算法提取评论文本的特征关键词后基于分词结果绘制词云图。

（1）代码实现

采用TF-IDF计算词语的重要度：

```
1.processed_docs_str = ["".join (doc) for doc in processed_docs]
2.vectorizer = TfidfVectorizer ()
3.tfidf_matrix = vectorizer.fit_transform (processed_docs_str)
4.feature_names = vectorizer.get_feature_names_out ()
5.tfidf_scores = tfidf_matrix.toarray (). sum (axis=0)
6.word_freq = {word: score for word, score in zip (feature_names, tfidf_scores)}
```

绘制词云图：

```
1. wordcloud = WordCloud (font_path=font_path, width=800, height=400, background_color='white'). generate_from_frequencies (word_freq)
2.
3. plt.figure (figsize= (10, 5))
4. plt.imshow (wordcloud, interpolation='bilinear')
5. plt.axis ('off')
6. plt.show ()
```

（2）结果展示

从词频统计中看出"舒服"一词的出现频率最高，与之相关的"舒适"一词也是高频词，表明消费者尤为关注跑鞋的穿着体验。其次是"质量""尺码""做工"，反映了在穿着体验之外，跑鞋的设计和质量也会成为消费者关注的焦点。另外，"透气""好看""颜值""外观"等跑鞋功能性和审美性设计要素也是消费者评论关注的重点内容，如图6-9所示。

图6-9　根据跑鞋在线评论生成的词云图

3.聚类分析——LDA模型

（1）代码实现

导入库：

```
1.import gensim
2.from gensim import corpora
```

建立LDA模型：

1. dictionary = corpora.Dictionary（processed_docs）

2. corpus = ［dictionary.doc2bow（doc）for doc in processed_docs］

3. lda_model = gensim.models.LdaModel（corpus，num_topics=3，id2word=dictionary，passes=15，random_state=100，update_every=1，chunksize=100，alpha='auto'，per_word_topics=True）

4.

5. for idx，topic in lda_model.print_topics（num_words=20）：

6. 　　print（f"Topic：｛idx｝ \nWords：｛topic｝ \n"）

（2）结果展示

通过对每类主题热点词的对比筛选，按照热度排序总结出3个关于跑鞋本身相关主题的名称，分别是工艺设计、质量体验、功能属性，见表6-2。

表6-2　　　　　　　　对跑鞋在线评论进行主题分析得到的主题和关键词

序号	主题排序	特征词排序
1	工艺设计	尺码 做工 大小 外观 颜值 舒适度 透气性 细节 合适 购物
2	质量体验	鞋子 舒服 不错 穿着 质量 喜欢 好看 舒适 值得 价格
3	功能属性	鞋底 跑步 适合 柔软 感觉 防滑 夏天 弹性 透气 运动

例如工艺设计，可以看出消费者首先关注尺码契合度，反复提及"大小""合适"等，消费者也比较在意跑鞋呈现的整体视觉效果，包括外观、颜值、细节等，反映了广大跑鞋消费群体除了关注跑鞋穿着感受的功能属性，也注重跑鞋的外观特征反映的社会属性，此外，舒适性、透气性是消费者最关心的工艺属性，并且对跑鞋的细节功能非常在意。

4.情感分析

（1）代码实现

导入库：

1.from snownlp import SnowNLP

2.import csv

使用SnowNLP进行情感分析：

1.sentiments = ［］

2.D= ［］

3.for doc in documents：

4. 　s = SnowNLP（doc）

5. 　sentiment_score = s.sentiments

6. 　sentiments.append（sentiment_score）

7.

8. 　a= ［doc，sentiment_score］

9.D.append（a）

保存结果并进行可视化：

```
1.with open（'snownlp结果．csv'，'a'，encoding='gb18030'，newline=''）as f1:
2.    write=csv.writer（f1）
3.write.writerows（D）
```

（2）结果展示

使用Python中的SnowNLP情感语料库将跑鞋用户评论数据划分成了积极和消极评论，在此基础上，利用LDA主题模型对潜在的主题、主题下的关键词进行数据挖掘并确定最优主题数，最终生成产品好评、差评的关键词列表。通过计算LDA各主题之间的平均余弦距离判断主题相似度，相似度最小时的主题个数为最优主题数，最终生成正面和负面的主题聚类可视化文档。表6-3和图6-10为对在线评论的情感分析评分示例。

表6-3　　　　　　　　　　　对跑鞋在线评论进行情感分析的分数示例

序号	评论	情感得分
1	外观质量：外观很漂亮；透气性：网状结构，透气性很不错；包裹性：包裹性很不错，保护脚关节；抗震动性：鞋很轻巧，抗震设计；618购买，性价比很高	1
2	它非常柔软，很舒服，非常透气，质感非常好。它的底盘儿一按回弹，跑10km也不会觉得累	0.987436163
3	物流超快的，鞋子是正版的，跟专卖店的一模一样，店家服务态度也非常好，鞋子穿上超级舒服，没有异味，祝店家生意兴隆呦，下次还会再复购	0.672366698
4	给媳妇买的，工作需要穿一双全黑的鞋，找了半天，终于找到这一款鞋子，就下单啦，到目前已经穿了一个月啦，穿起来挺舒服的，非常值得购买	0.32032202205077

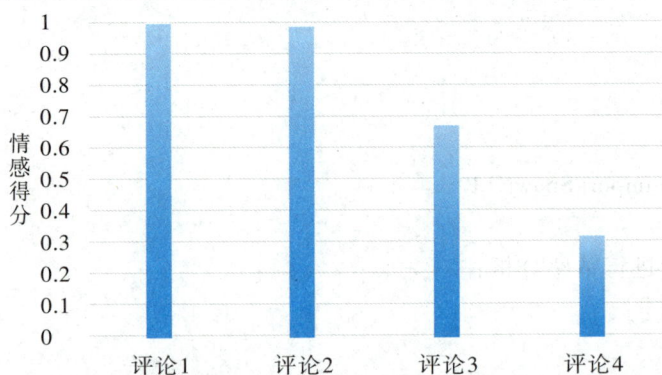

图6-10　根据跑鞋在线评论生成的情感得分柱状图

表6-4和表6-5分别列出了正面评价和负面评价3个主题及对应关键词。对正面评价的主题和关键词分析后可以发现，作出满意评价的消费者对于跑鞋的穿着体验和性价比较为认可，之后是对尺码工艺的舒适度和透气性满意度较高，最后是对平台服务表达较多好评。与之对应，作出不满意评价的消费者最为不满的是穿着体验的负面感受，首当其冲表现为舒适度和透气性较差，第二类不满主要是由于平台服务导致的，第三类不满主要是由

于质量工艺上出现开胶、臭脚、太硬等问题。

表6-4 对跑鞋在线评论进行情感分析得到的正面评价的主题和关键词

序号	主题排序	特征词排序
1	质量体验	舒服 鞋子 不错 穿着 质量 喜欢 好看 轻便 价格 值得
2	尺码工艺	尺码 做工 舒适 大小 外观 合适 颜值 透气 细节 鞋底
3	平台服务	物流 京东 很快 喜欢 购物 质量 速度 包装 发货 快递

表6-5 对跑鞋在线评论进行情感分析得到的负面评价的主题和关键词

序号	主题排序	特征词排序
1	体验感受	舒服 感觉 透气 跑步 尺码 适合 价格 合脚 合适 夏天
2	平台服务	客服 京东 快递 商家 退货 售后 物流 服务 换货 态度
3	质量工艺	鞋底 质量 开胶 鞋垫 臭脚 垃圾 做工 防滑 鞋带 太硬

（三）结论

依据品牌价格定位的知觉地图可以发现，虽然国产跑鞋从入门市场到高端市场具有完整的产品布局，但是由于品牌效应、技术积累和用户口碑，国产品牌跑鞋在中高端品牌市场仍然不如国外品牌突出。对在线评论的内容进行分析可以发现，消费者购买跑鞋主要关注功能属性、外观设计，此外性价比、商家服务也是重要影响因素，因此国产跑鞋品牌要进军中高端市场领域需要在以上几个方面有所提升，在中高端跑鞋市场生产优质产品为品牌定位打下基础，才能保障品牌为消费者营造良好体验，在市场稳步立足。

本章小结

市场定位是企业战略中至关重要的环节，它关乎品牌在目标市场中的独特地位与价值传递。市场定位不仅有助于企业在竞争激烈的市场中脱颖而出，还能够精准地满足目标消费者的需求与期望，从而增强品牌忠诚度和提高市场份额。

市场定位的依据可以基于产品特点、使用场合、顾客利益、顾客类型等多维度，企业需通过参照系的选择和构建，设计差异点和考察共同点，识别并分析自身和竞争对手的定位，并以此指导营销组合策略的制定和实施。企业可以依据不同时机和竞争环境情形进行自身定位、竞争定位或重新定位。市场定位应紧密结合目标市场的特征、消费者偏好、品牌自身优势及市场趋势，因此数智时代的企业要善于运用大数据、人工智能等数字技术对丰富的用户生成内容进行数据挖掘，以此优化定位策略，确保定位的准确性和有效性。

关键概念

市场定位；知觉地图；参照系；差异点；共同点；自身定位；竞争定位；重新定位

案例分析

小熊电器："小而美"定位撬动长尾市场

2006年，随着小熊酸奶机爆红网络，小熊品牌成了人们心中小家电的代名词。随着"小家电第一股"之称的小熊电器迎来18岁生日，纵观其定位战略，看小家电如何夹缝"称雄"。

一、精准定位，完成心智占位

小熊电器，总部位于中国家电之都——广东顺德，是一家集研发、生产、销售为一体的创意小家电企业。小家电行业是一个充分竞争行业，头部企业主要是美的、九阳、苏泊尔三家。面对家电大品牌"大而全"的竞争优势，小熊电器敲定了"小而美"的定位和路线。小熊电器将目标用户群体设定在年轻群体，依据不同发展时期消费者习惯和需求的变动，适时升级品牌定位。如今小熊电器以"年轻人喜爱的小家电"为品牌战略定位，目标是成为全球小家电领先企业，打造创新多元、精致时尚、小巧好用、轻松可及四大产品策略。品牌识别体系方面，从品牌符号、品牌色、品牌名称、品牌对外形象，小熊展现温暖、治愈的品牌风格，与外观亲和、可爱、小巧好用的产品形象完美贴合，深受年轻群体的喜爱。在成立18年之际，小熊电器推出全新IP花耳熊，并打造了一部寓意深厚的IP动画广告，以表达品牌的亲和力、年轻感以及倾听用户心声的使命与愿景。

二、品类聚焦，切中细分需求

小熊电器成立之时，"小而精致"的酸奶机是红海市场中的罕见"蓝海"，小熊电器由此推出了适合中国家庭的酸奶机，还与乳酸菌发酵剂企业合作，推出了与酸奶机适配的制酸奶材料，切中了当时消费者对于健康自制酸奶制品的关注，迅速火遍市场。依托酸奶机这一超级单品，小熊电器成功撬动小家电"长尾市场"，核心品类酸奶机、电炖盅、养生壶、煮蛋器等长期占据市场重要地位。小熊电器坚持做强大众品类，做大新兴品类，覆盖全场景需求，创建多产品矩阵，以确保更好地满足年轻一代消费群对产品品质化、多元化、精致化的升级需求。目前产品主要是厨房小家电、生活小家电、个人护理小家电、婴童小家电四大品类，细分品类超过60个，产品500多款，全方位覆盖消费者的日常生活。小熊电器主打萌系、小清新的产品设计风格，让其产品具备了区别其他品牌的显著标志，高颜值的外观为产品和品牌带来了超高的曝光率。

三、注重研发，持续迭代产品

小熊电器每年推出的新产品就超过了100个，几乎3天就推出一款新产品，为年轻用户持续不断带来新鲜体验，也使得品牌对用户产生了持久的吸引力。小熊电器坚持自研、自制，获得多个发明专利奖项，在2023年获评国家知识产权示范企业，企业研发费用逐年提升，近三年研发费用过亿元。小熊电器大力推动全链路向智能化、数字化转型升级，用"智造"夯实品牌护城河，已建立起五大智能制造工厂、一个核心零部件制造中心、一个运营基地、十几个专业实验室，逐步构建起数智制造壁垒。小熊电器善用大数据赋能，密切关注用户需求，通过多年积累的用户数据，对用户进行人群属性、生活方式和产品属性偏好等多维度分析，有效指导企业新品研发、产品推广和改进。小熊电器还推出"用户共创计划"，将每天从各方收集的数万条信息和反馈，进行分类管理和划分，以持续进化的用户洞察能力反哺研发创新。

四、创意营销，布局全渠道推广

小熊电器创业伊始以电商渠道为主，避免被传统家电巨头的渠道壁垒所限。小熊电器坚持互联网思维，与主流电商平台均建立了良好的合作关系。小熊电器持续聚焦场景化营销，搭建线上线下全链路闭环营销矩阵。线下通过"小熊治愈角落"快闪巡游、上海地铁布展的用户告白仪式，实现了品牌和用户之间的大型内容共创，增强与用户的情感共鸣；线上通过持续重点布局新媒体，在小红书、抖音、快手、B站等社交平台全面开花，结合各大KOL的影响力传播品牌。小熊电器选择年轻、时尚的艺人作为代言人，经常性开展以跨界营销方式为主、以裂变社群流量为目标的内容营销。

五、用户为王，优化体验供给

小熊电器将消费体验放在首位，坚持"以用户为中心"的服务理念，构建完善的售后服务体系，如以换代修、以旧换新、延保服务等。小熊电器还提供上门清洗家电的服务，让用户家里的电器更"健康"、更"长寿"。在日常运营上，小熊电器通过公众号、微博进行内容输出，为消费者提供品质生活指南，包括从产品使用到烹饪教程的一系列攻略，小熊电器各个平台的官号，都在向消费者传递着美好生活的愿景。

习近平总书记指出，"推动中国制造向中国创造转变、中国速度向中国质量转变、中国产品向中国品牌转变""实现技术自立自强，做强做大民族品牌"，为加强品牌建设指明了方向。小熊电器的18年奋斗历程展现了民族品牌发展的强劲实力。小熊电器不仅在国内市场上广受欢迎，还将国内积累的品牌力、产品力、制造力优势拓展至海外市场。小熊电器的发展历程不只塑造了一部小家电潮流史，更是印证了一家围绕用户价值发展的企业穿越行业周期的坚韧成长力与鲜活生命力。

资料来源：江西网络广播电视台. 从小熊电器，看到中国制造的"少年气"［EB/OL］.［2024-03-25］. https://cn.chinadaily.com.cn/a/202403/25/WS66014c1ca3109f7860dd6e56.html.内容有删改。

问题：

1. 小熊电器的市场定位如何取得成功？
2. 如果小熊电器想维持定位优势，还可以从哪些方面着手？

案例分析答案示例6　　　　　　　　　　　基本训练6

第七章

产品设计与品牌管理

学习目标

通过本章学习，学生应达到以下目标：

1. 理解产品的相关概念；

2. 熟悉产品组合管理的主要内容；

3. 掌握产品生命周期各阶段的特点及营销策略；

4. 理解新产品开发流程；

5. 熟悉品牌的含义、分类和作用；

6. 掌握企业的主要品牌决策。

思维导图

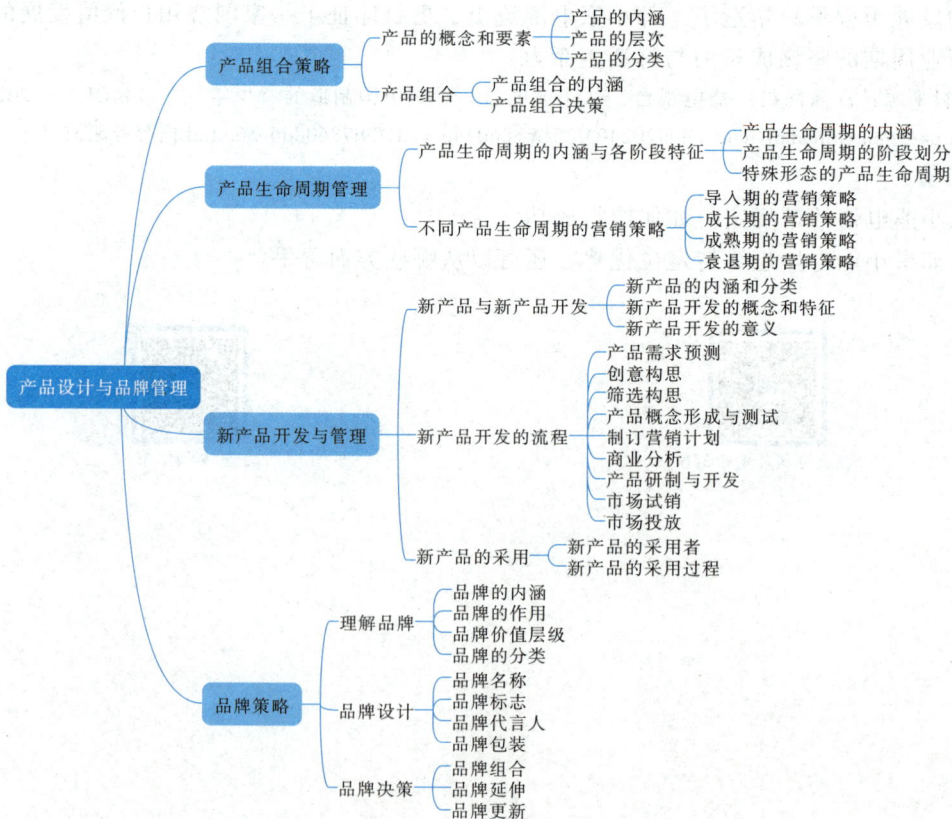

开篇案例

"冰喉30分钟克刻糖"的研发和推广

"冰喉30分钟克刻糖"是贵州益佰制药股份有限公司（以下简称益佰）推出的一款润喉糖产品，目前在润喉糖市场中占据了重要地位。尽管产品本身的用料、工艺等是保障润喉糖获得消费者青睐的重要因素，但厂商在产品开发和推广阶段采取的众多策略同样值得考究。

通过对市场进行调研，益佰发现在当时的润喉糖市场中主要存在三类产品：第一类是将保健品和药品食品化后的产品，由药企和保健品企业共同开发，代表品牌有金嗓子喉宝、慢严舒柠好爽糖、江中亮嗓等；第二类是传统润喉糖，以枇杷、罗汉果、金银花等中药材为配料，代表品牌有京都念慈庵枇杷糖、藏秘庵枇杷糖、怡爽枇杷糖等；第三类是以清凉薄荷糖为代表的产品，以天然薄荷脑为主要成分，辅以各种食品添加剂形成不同口味的产品系列，代表品牌有荷氏、渔夫之宝、瑞怡乐、Whisper等。在进军润喉糖市场时，益佰便立足于充分利用自身在"克刻家族"和"专业镇咳"领域积累的品牌资产，将目标定准了第一类产品类型。

益佰在市场调研中发现，对润喉有需求的重度消费者（如教师、烟民等）都反复表达了一个共同诉求："喉糖含一会儿就没了，不够爽。"虽然喉糖在刚入口时的确能带来一定的舒适感，但这种效果很快消退，使得"润喉"体验大打折扣。通过街头访谈还了解到，大多数喉糖的效果持续时间通常不超过30分钟，远低于消费者理想中的持久效果。显然，消费者渴望喉糖带来的清爽感能持续更长时间。基于这一发现，技术人员确定了产品研发的方向：开发一款能够持续冰爽30分钟的润喉糖。

在开发产品时，益佰致力于解决的核心问题是"小小的一颗喉糖如何做到冰爽持续30分钟"。为此，益佰给出了几种可能的方向，如把糖做得更硬，让其溶解更慢，或者把糖粒做得更大，包含更多有效成分。

在对产品进行精心设计后，接下来便是构思产品名称。考虑到当产品被摆放在货架上时，消费者与其接触的时间通常只有1~2秒，如果产品名称不能在这一瞬间引起消费者的兴趣，那么90%的消费者可能会在短暂的接触后将视线移开。因此，益佰直接将消费者购买产品的最大理由作为产品名称，这也是"冰喉30分钟"这个名字的由来。同时，"克刻"这一名称不仅谐音"KEKE"，巧妙地模拟了咳嗽的声音，还蕴含了"克制咳嗽"的含义，潜移默化地强化了消费者对其止咳功效的认知，极大地提升了产品的辨识度和传播力。

在设计润喉糖的包装时，益佰巧妙地选择了蓝色作为主色调，并在其中融入了"冰山"的图像元素（如图7-1所示），这在视觉上强化了产品的清凉感，通过冰山意象传达出产品持久冰爽的效果，还在包装设计中特别突出了数字"30"，用于明确传递产品的核心卖点——"持续30分钟的冰爽体验"，极大地符合了当前市场的需求。

最终，在没有投入大广告的前提下，"冰喉30分钟克刻糖"仅凭借产品本身的使用体验、包装，以及厂商强大的推广渠道，便实现了上市3年累计销量达到了2个亿的成就。

图7-1　克刻润喉糖的产品包装

资料来源：华杉. 无广告，一颗糖上市三年卖2亿？［EB/OL］.［2016-06-21］. https：//mp.weixin.qq.com/s/5JAej7VvxyhmJNu6hs8iNA.内容有删改。

第一节　产品组合策略

一、产品的概念和要素

（一）产品的内涵

广义上，产品是企业提供给市场可以满足消费者需求和欲望的任何东西，是产品质量、物理特征、价格、品牌、包装等在内的一系列属性的集合（如图7-2所示），既包括有形物品，又包括无形服务和体验[①]。现实中，某类产品可能完全由有形商品组成，如香皂、牙膏、食盐等；也可能完全由无形服务组成，如金融服务、法律咨询、教育培训等；还可能同时由有形商品和无形服务组合而成，如旅游产品既包括机票、住宿等有形物品，又包括导游服务、交通接送服务。随着消费的不断升级，越来越多的企业将有形商品和无形服务有机融合在一起。一方面，有形商品的制造商开始越来越多地提供配套服务，如华为不仅销售智能手机，还为消费者提供一站式售后服务；另一方面，无形服务的提供商也越来越多地在提供服务的同时，销售有形商品，如迪士尼主题公园在为游客提供游玩体验的同时，销售周边产品（如玩具、纪念品等）。

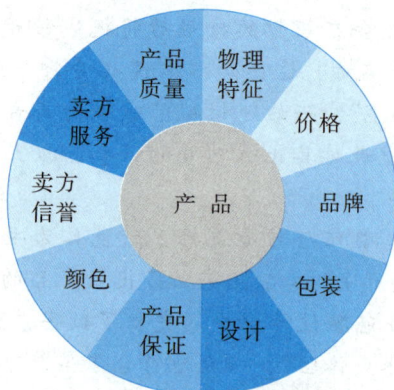

图7-2　产品的基本属性

资料来源：王永贵，贾鹤. 产品开发与管理：案例·点评·分析［M］. 北京：北京师范大学出版社，2008.

[①] 符国群，费显政. 市场营销学［M］. 北京：清华大学出版社，2023.

（二）产品的层次

早期的研究中，产品被划分为三个层次，即核心产品、形式产品和附加产品。随着企业产品外延的不断拓展，产品被进一步划分为五个层次[①]（如图7-3所示）。

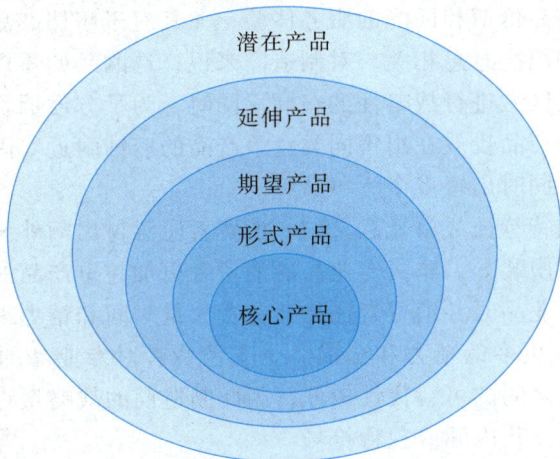

图7-3　产品的五个层次

核心产品是产品提供的最核心利益。消费者购买产品的最终目的是满足特定的需求，而非获得产品本身。形式产品是核心产品实现基本效用的具体表现形式。消费者购买产品是为了获得产品提供的核心利益，但是产品的核心利益通常需要依附于一定的实体才能实现，如产品的结构、功能、外观等。期望产品是消费者在购买产品时期望得到的与产品密切相关的属性和条件，不仅包括产品本身的技术性能和功能特点，还包括使用过程中所需的支持和保障。延伸产品是消费者在购买形式产品和期望产品时附带的各种利益的总和，包括送货、安装、维修等。虽然延伸产品并不一定包含在消费者的基础期望中，但是对提高消费者的满意度至关重要。潜在产品是现有产品可能发展成为未来最终产品的潜在状态的产品，代表了现有产品的演变趋势和未来前景。

（三）产品的分类

产品存在多种分类方法。此处列举几种常见的分类方式。

1. 根据消费者的购买方式和习惯分类

根据消费者的购买方式和习惯，产品可分为便利品、选购品、专业品和非渴求品。

便利品是指消费者频繁购买或需要随时购买的产品，通常具有单价低、体积小、使用频率高等特点，包括日常消费品（如牙膏）、冲动购买品（如饮料）和应急品（如药品）。由于购买频率较高，消费者对便利品的品牌、价格、销售地点等较为熟悉，因此更倾向于根据购买的便利性来决定是否购买，并且在购买之前通常不会花费太多时间和精力进行对比。为了及时满足消费者对便利品的需求，制造商必须确保产品的市场覆盖率。由于大多数零售商规模有限，制造商通常难以直接将便利品销售给所有的零售商，因此通常依赖总分销商代为销售。随着电子商务模式的兴起，越来越多的制造商在电商平台开设官方直营店，大大减少了对零售商的依赖。

市场洞察7-1

华为Mate 60的
成功之道

[①]　科特勒，凯勒. 营销管理［M］. 何佳讯，等译. 15版. 上海：格致出版社，2016.

　　选购品是指消费者在购买时会仔细比较性能、质量、价格等要素的消费品，如贵重服饰、家具、汽车等。消费者在挑选选购品时，通常会在不同品牌和零售渠道之间进行深入比较。同时，在决策过程中，消费者除了关注产品本身的质量和功能外，还期望在购买和使用过程中享受到与产品价值相匹配的服务体验。尤其对于高档产品的消费，优质的服务态度往往与产品的感知档次息息相关。对制造商来说，选购品的零售端不需要过分追求市场覆盖率，仅需在关键区域进行战略性的布局。同时，为了方便消费者比较和购买，制造商或零售商通常可以将产品投放在出售同类竞争产品的店铺附近。因此，出售选购品的零售店常常彼此相邻，并同时出售多个竞争品牌。

　　专业品是指具有独特特征或象征意义的、消费者愿意付出额外努力以获取的产品或服务，如古玩字画、定制服装等。购买专业品的消费者更加注重产品的象征意义而非实际使用价值。因此在购买专业品时，消费者往往会花费大量时间和精力来搜寻相关信息，并且愿意在购买过程中投入更多的精力和金钱。由于消费者对专业品的独特价值有较高的追求，这也导致不同产品之间的可替代性较低，因此制造商的战略重点是丰富品牌的文化内涵及象征意义，突出其文化内涵或独特符号。

　　非渴求品是指消费者不了解或即便了解也不想购买的产品，如墓地、紧急备用发电机等。由于消费者可能尚未意识到这类产品的重要性，或者尽管听说过但暂时未有需求，导致制造商在产品推广方面常常面临挑战，因此制造商的最佳策略是不断提醒消费者这种产品和制造商自身的存在，逐渐形成消费记忆。这样，一旦消费者产生需求，就很可能会选择该制造商的产品。随着社交媒体和视频平台的兴起，越来越多的制造商选择通过内容营销的方式，结合热点事件来突出产品的重要性。例如，通过火灾事件来推广家用灭火器，这不仅是提高产品销量的有力抓手，也是制造商履行社会责任的有效措施。

　　2.根据产品的用途分类

　　根据产品的用途，产品可分为功能性产品、象征性产品和体验性产品。功能性产品主要满足消费者的基本需求，如食品和服装，强调实用性和功能性。对制造商来说，功能性产品的重点在于优化生产流程、控制成本并确保产品质量，以满足消费者对产品的品质、价格等各方面基本需求。象征性产品侧重于表达消费者的身份、个性或地位，如奢侈品和名牌服饰。对于象征性产品，制造商不仅要关注产品品质，还要重视品牌形象的塑造。体验性产品主要为消费者提供感官享受，如旅游和娱乐设施。体验性产品的生产和运营方需特别关注自身服务质量以及消费者的切身体验，确保消费者在消费服务的过程中享受愉悦感。

　　3.根据产品的耐用性分类

　　根据产品的耐用性，产品可分为耐用品和非耐用品。耐用品是指能够长期反复使用且价值较高的产品。其主要特点包括：第一，耐用品通常具有较长的使用寿命，消费者购买后可以使用较长时间；第二，耐用品的价格通常较高，消费者在购买时会进行较多的考虑和比较；第三，耐用品通常需要定期维护和维修，以确保其使用效果。非耐用品通常是指低值易耗品。与耐用品相比，非耐用品不仅使用寿命较短，通常在一次或几次使用后即被消耗。非耐用品通常无须维护，因其会在短时间内被使用完毕。

　　4.根据载体分类

　　随着互联网的迅猛发展，网上购物逐渐成为消费者的重要消费方式，各大电子商务平台在当今市场中占据着愈发重要的地位。与之对应的，市场中的产品也可分为实体产品和虚拟产品两类。其中，实体产品主要是指衣服、家电、日用品等实物商品。在电子商务环境下，尽管实体产品的展示和订单获取均在网络平台上完成，但产品的交付仍然需要依赖现实的物流系统，并产生相应的物流成本。虚拟产品是指数字化的产品或相关服务，其销售流程可以完全在网络平台上进行，无需物流配送，因此不会产生运输和库存成本。虚拟产品不仅包括智能手机应用程序、在线折扣礼品卡等，还包括付费下载的电子书、音乐、影视等数字内容。

理论前沿 7-1

虚拟藏品

二、产品组合

现实中，许多企业往往生产和经营多种产品。为了对产品进行有效管理，企业需要确定生产和经营多少种产品、哪些产品应重点发展、哪些产品需要淘汰，以及如何协调不同产品之间的关系等，这就产生了产品组合问题。

（一）产品组合的内涵

产品组合是企业向市场提供的所有产品线和产品项目的组合或结构。产品线是指在技术和结构上密切相关，具有相似的使用功能、能满足同类消费者需求的一组产品项目，也称产品系列或大类。产品项目是指具有特定型号、款式、品牌质量和价格的产品，能够作为单独的销售单位，是构成产品线的基本元素[①]。

产品组合可以通过广度、长度、深度和关联度四个方面来衡量。产品组合的广度是指企业所拥有的产品线的数目，代表了企业产品线的多样性。例如，可口可乐的产品线包括碳酸饮料、果汁饮料、纯净水和咖啡饮料，那么其产品组合的广度为4。产品组合的长度是指企业产品组合中所有产品线包含的产品项目总数。例如，某企业共有5条产品线，共生产20种产品，那么其产品组合的总长度为20，平均每条产品线的长度为4。产品组合的深度是指企业在每条产品线中所提供的产品项目的品种和规格数量。产品组合的深度越大，意味着企业在特定产品线中能够满足更多细分市场的需求。例如，可口可乐推出330毫升罐装、500毫升瓶装、1.25升和2升大瓶装的产品。产品的关联度，也称产品组合的密度，是指各产品线之间的关联性，代表了产品组合内部的协同效应。例如，在可口可乐的各个产品线中，无论是可乐、果汁，还是瓶装水，都通过同样的生产工艺和瓶装线制造，采用相同的供应链和分销渠道，因此产品组合的关联度较高。

（二）产品组合决策

产品组合决策是企业根据市场变化，对产品组合进行优化的过程。其目的是通过调整现有产品组合的结构，实现经济效益的最大化。随着时间的推移，尽管企业的产品线可能逐步扩展，但产品线过长并不一定总是有益的。随着产品种类的增加，企业各项运营成本也会随之上升。因此，管理者必须制定科学合理的产品组合决策。实践中，产品组合决策可分为扩张产品组合、收缩产品组合和改进产品组合。

1.扩张产品组合

扩张产品组合是指企业通过扩大其产品组合的范围来增强市场竞争力。实践中，企业可以通过三种途径实现这一目标：一是延伸产品组合的长度，即通过引入更多的产品项目

---

① 符国群，费显政．市场营销学［M］．北京：清华大学出版社，2023．

丰富现有产品线；二是拓展产品组合的宽度，即增加产品线的种类；三是增加产品组合的深度，即在每条产品线中增加更多的规格、配方或功能。

（1）延伸产品组合的长度

延伸产品组合的长度是指通过为消费者提供同一产品线上的更多选择，吸引更多细分市场的消费者群体。实践中，延伸产品组合的长度可以通过三种方式来实现，即向上延伸、向下延伸和双向延伸。

向上延伸是指原本定位于低档市场的企业，通过在现有产品线中增加高档产品项目来提升品牌形象。向上延伸的主要优势在于通过提高品牌形象，吸引高收入消费者群体，进而提高品牌的附加值。然而，向上延伸存在一定的风险。企业不仅需要在全新领域投入大量研发和推广资源，还要面临消费者因对品牌抱有既定印象而无法接受新产品的可能性，尤其是当品牌在低端市场已经形成固定认知时，如何改变消费者固有认知将成为巨大挑战。向下延伸是指企业充分利用品牌在中高端市场所积累的声誉和影响力，推出低端产品并以此来吸引市场中数量更多的低收入消费者。向下延伸的最大优势在于能够使品牌形象更加亲民，提高了品牌的市场接受度。但是，向下延伸同样存在一定风险。低端产品由于成本和定位的限制，通常在用户体验上难以与高端产品相媲美。如果低端产品的质量和体验不佳，可能削弱品牌在消费者心中的高端定位，进而影响高端产品的市场地位。双向延伸是指企业在低端和高端市场同时推出新产品。与向下延伸相似，双向延伸面临的挑战同样在于低端产品可能对高端产品甚至是整个品牌的形象产生负面影响。

（2）拓展产品组合的宽度

拓展产品组合的宽度是指企业通过增加新的产品线来扩大其产品组合的范围，其目的在于开辟新的市场。理论上，企业既可以增加与原产品线相关的产品线来拓展产品组合的宽度，也可以增加与原产品线无关的产品线来拓展产品组合的宽度。但在实际操作中，企业通常更倾向于前者，这是因为更为相关的产品线可以共享企业已有的品牌知名度、生产技术、营销渠道等，从而在降低新产品的开发和推广成本的同时，提高了消费者接受新产品的可能性和速度。

（3）增加产品组合的深度

增加产品组合的深度是指在现有产品线中引入新的产品项目，以满足消费者的多样化需求，占领更多细分市场。增加产品组合深度的具体做法是：首先，企业可以开发多样化的产品版本，针对不同消费者群体推出不同风格、材质和功能的产品。企业还可以引入产品定制化服务，允许消费者根据个人需求和偏好自由选择产品配置、外观或功能，满足个性化需求。其次，企业可以推出限量版或季节性的产品，利用稀缺性和时效性增强品牌吸引力，激发市场热度、保持市场活力。当前，越来越多的企业选择通过与其他品牌或知名IP合作，在原有产品线中推出多样化的联名产品，满足不同消费者的偏好和需求。联名产品能够带来更高的消费者关注度，推动产品销量的增长。最后，企业可以推出与核心产品相关的配件、附件或增值服务。例如，手机制造商可以提供多种类型的保护壳、耳机、智能手表等配套产品，丰富用户的整体体验。

2.收缩产品组合

产品组合的收缩是指企业削减产品线或减少产品种类，剔除其中利润较低或无法获利的产品。收缩产品组合的战略意义在于，通过放弃不具备市场竞争力或盈利能力的产品线，使企业更加专注于核心业务和高潜力产品。例如，万达集团将其酒店和旅游资产出售给融创中国和富力地产后，集中力量发展商业地产和文化产业。另外，收缩产品组合还能够帮助企业有效减少库存积压，降低运营成本。应当指出的是，削减产品线中的某些产品项目不应仅以单个项目的盈利能力为取舍标准。尽管某些项目利润微薄，甚至面临亏损，但它们在整个产品线中可能扮演着重要的填充角色。在决策时，企业还应综合考虑产品线的整体战略价值。

3.改进产品组合

在某些情况下，尽管产品组合的广度、长度和深度无明显问题，但陈旧的生产工艺限制了产品的生产效率和质量。此时，企业通过改进产品线来升级现有工艺，进而提升生产效率或优化产品质量。在改进产品线时，企业通常需要在两种策略间作出权衡：一是逐步改造技术；二是快速更换设备。虽然逐步改造技术能缓解资金压力、降低财务风险，但渐进式的升级模式可能会导致企业在市场上暴露过久，增加了被竞争对手模仿的风险，从而削弱了其竞争优势。相比之下，快速更换设备能够在短期内快速提高生产效率和产品质量，占领市场先机，并对竞争对手形成有力的威胁。然而，快速更换设备则伴随着较高的成本压力，要求企业具备充足的资金储备和应对市场不确定性的能力。

第二节　产品生命周期管理

一、产品生命周期的内涵与各阶段特征

（一）产品生命周期的内涵

产品生命周期是产品从进入市场到退出市场的过程，通常包括导入期、成长期、成熟期和衰退期四个阶段。其中，导入期是企业将新产品推向市场的阶段；成长期是产品被市场广泛接受的阶段；成熟期是产品市场趋于稳定的阶段；衰退期是产品销售额下降、最终退出市场的阶段。各阶段的产品销售变动如图7-4所示。

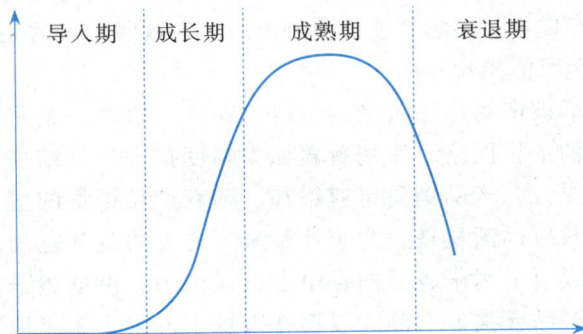

图7-4　产品生命周期各阶段的产品销售变动

需要注意的是，产品生命周期指的是产品市场寿命，而非产品使用寿命。产品生命周期通常是由满足特定需求的技术发展所驱动的。虽然消费者的需求有时在较长时间内都能保持稳定，但随着科技进步，满足消费者需求的产品形式则可能不断发生变化。例如，人类对通信的需求始终存在，早期人们通过书信实现了长距离通信，后来又通过电话和电子

邮件使得通信过程更加高效。随着社交媒体的发展，微信、WhatsApp、Skype 等社交 APP 因其汇集了文本交流、语音和视频通话、移动支付等多种功能，成为人们必不可少的通信工具。这说明每一种产品形式都有其生命周期，如果企业过分依赖现有产品形式而忽视了必要的技术研发，那么其产品可能很快被更具竞争力的替代品淘汰，最终失去市场地位。

数智时代下，产品的生命周期大大缩短。对于过去需要几年时间才能经历的产品生命周期，现在可能在短短几个月内就结束。例如，一些产品能够在短时间内迅速走红，但可能在尚未步入成熟期时，就被市场所淘汰。从技术发展的角度来看，当前市场环境下，新技术和新业态不断涌现，导致现有产品迅速被更为先进的替代品所取代。当具备更高性能和更优用户体验的新产品进入市场时，旧产品的竞争力迅速削弱，消费者也会迅速转向这些更具吸引力的产品。以智能手机行业为例，随着技术更新速度越来越快，智能手机几乎每隔几个月就会有性能更强、功能更丰富的新产品上市，导致该行业产品的换代速度不断加快，甚至同一企业的产品也不例外。从消费者需求的角度来看，互联网的快速发展使得消费者的需求和偏好也在经历着快速变化。随着互联网的普及，人们的信息获取渠道变得愈发多样化和全球化，消费者能够更快地接触到新产品和新趋势，导致他们对品牌的忠诚度普遍降低，更容易被新产品和新品牌所吸引。同时，随着融媒体和互联网文化的兴起，消费者对产品的要求变得更加多样化和个性化。这种变化意味着，新产品可以通过社交媒体和互联网的快速传播，在短期内迅速获得市场关注。然而，这种关注往往是暂时的，如果产品无法持续引领潮流，很快就会被其他更具吸引力的产品所取代。

（二）产品生命周期的阶段划分

一般而言，产品从进入市场到退出市场的整个过程可分为导入期、成长期、成熟期和衰退期四个阶段。

导入期是企业将新产品推向市场的阶段。在这一阶段，企业尚未完全建立起理想的营销渠道和分销模式，市场覆盖率有限。由于对产品缺乏了解，大多数顾客不会轻易改变他们长期以来的消费习惯，这就使得产品销售量较少。其结果是，生产规模尚未达到可以降低成本的规模效应，导致单位产品成本较高。除此之外，导入期产品的价格决策也面临一定难题。企业定价过高，则可能会抑制消费者的购买意愿；而企业定价过低，则可能难以收回前期的研发和生产成本，影响企业的盈利能力。在这些因素的相互作用下，企业的利润空间非常有限，甚至可能出现亏损。

成长期是产品逐渐被市场广泛接受的阶段。在这一阶段，企业不断优化和扩展营销渠道，建立较为完善的销售网络，市场覆盖面大幅度扩大。其结果是，消费者对产品的认知度和接受度明显提升，产品销量迅速增加。随着产品销量的增长，企业的单位生产成本逐步下降，规模效应逐渐显现，为企业带来了更大的盈利空间。与此同时，产品的市场潜力逐渐显现，吸引了越来越多的竞争者进入市场，市场竞争变得愈发激烈。各类企业纷纷推出改良的产品或类似产品，以期在市场中占据一席之地。随着市场竞争不断加剧，产品价格开始逐步下降，吸引了更多价格相对敏感的消费者，产品的市场渗透率随之提升。

成熟期是市场逐渐趋于稳定的阶段。在这一阶段，市场通常经历三个不同的发展阶段。首先是成长成熟期。市场经过快速增长阶段后，逐渐趋于饱和，各销售渠道基本达到最大承载能力。虽然市场增长率相比之前有所放缓，但仍有少量后续购买者进入市场，推动产品销量略有上升。其次是稳定成熟期。这一阶段标志着市场的完全饱和，产品销售进入相对稳定的状态。市场增长主要依赖于现有用户的重复购买，市场增长率通常与购买者数量直接相关。如果市场中没有新的购买者加入，市场增长率可能会停滞，甚至出现下降。最后是衰退成熟期。在这个阶段，产品销量明显下降，原有用户的兴趣逐渐转向性能更优的产品及替代品。随着市场需求的减少，全行业产品出现供过于求的局面，竞争进一步加剧。一些缺乏竞争力的企业在这一阶段往往面临较大压力，逐步被淘汰出局，新进入的竞争者也明显减少。在这种情况下，市场份额的变化变得更加困难，竞争者之间的市场格局趋于固化，各自占据特定的目标客户群体。

衰退期是产品销售额减少、利润下滑的阶段。在产品衰退期，市场呈现出明显的萎缩特征，各种迹象表明产品正在逐步退出主流市场。首先，产品销量由前期的缓慢下降迅速转为急剧下滑。随着市场上不断涌现出的更新产品和替代品，消费者的兴趣已经完全转移，他们更倾向于选择新技术或更符合当前需求的产品，这导致原有的市场需求大幅度减少，产品销量大幅度下降，难以挽回。其次，随着市场需求的持续萎缩，产品价格被迫下降，最终降至最低水平。通常，企业通过降价来清理库存，希望减少损失。然而，即使价格大幅度下调，也难以重新激发消费者的兴趣，降价只能在短期内缓解企业的库存压力，但无法扭转整体市场的衰退趋势。最终，由于市场需求的枯竭和价格的不断下降，许多企业在这一阶段面临严重的利润压力，甚至出现亏损。大多数企业因无利可图而被迫退出市场，只有少数具备特殊优势或差异化定位的企业能够勉强维持运营。这些企业可能通过细分市场或提供特殊用途的产品来维持生存，但整体市场已进入不可逆转的衰退阶段，产品生命周期接近终点，行业格局也随之发生变化。

（三）特殊形态的产品生命周期

现实中，并非所有产品都会经历完整的生命周期。有些产品可能表现为以下几种生命周期形态。

1.快速凋零型产品

正如前文所述，在数智时代，随着科技的不断发展以及文化潮流的频繁更替，产品的生命周期大大缩短，有些产品甚至还没有进入成熟期就迅速退出了市场。因此，这类产品的导入期和成长期较短，但增长速度极快。同时，产品的成熟期也非常短暂，有时在成长期尚未完全结束时就立刻进入衰退期，然后退出市场。快速凋零型产品的生命周期曲线如图7-5所示。

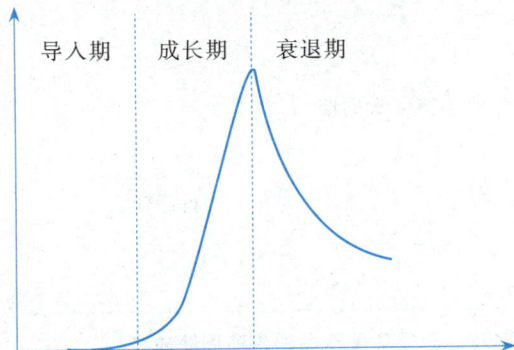

理论前沿7-2

产品生命周期缩短与全球分工

图7-5 快速凋零型产品的生命周期曲线

2.缓慢进入型产品

对部分颠覆性的高科技产品来说，其核心技术的开发周期较长，并且用户的接受速度较慢。因此，这类产品的导入期通常较长。例如，电动汽车刚刚进入市场时，由于技术尚未成熟，消费者在经历了较长时间后才逐渐接受了它。与此同时，高科技产品能够依托高昂的研发成本来建立技术壁垒，使得竞争对手难以在短时间内进行模仿。因此，这类产品一旦进入市场，通常不会迅速退出，这意味着其成熟期相对较长。同样以电动汽车为例，随着核心技术的不断完善，加之人们环保意识日益增强，电动汽车市场正进入快速增长阶段。特斯拉作为行业的先行者，在当前电动汽车市场中占据绝对的主导地位。从上述分析中不难看出，缓慢进入型产品的生命周期曲线通常表现为较长的导入期和成熟期，如图7-6所示。

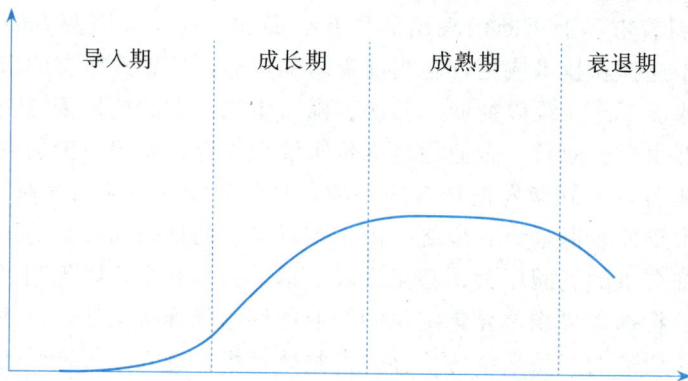

图7-6 缓慢进入产品的生命周期曲线

3.循环型产品

（1）再循环形态

再循环形态是指产品在经历衰退期后，因外部环境或技术创新等因素重新焕发市场活力。例如，智能手表在最初上市时因其新颖性受到消费者追捧，短期内销量迅速攀升。但是，随着消费者新鲜感的消退，智能手表的销量进入了衰退期。与此同时，随着技术的不断升级，厂商为智能手表增加了健康监测、APP支持等功能，再次激发了消费者对智能手表的兴趣，成功实现了产品销量的再次增长。再循环型产品的生命周期曲线如图7-7所示。

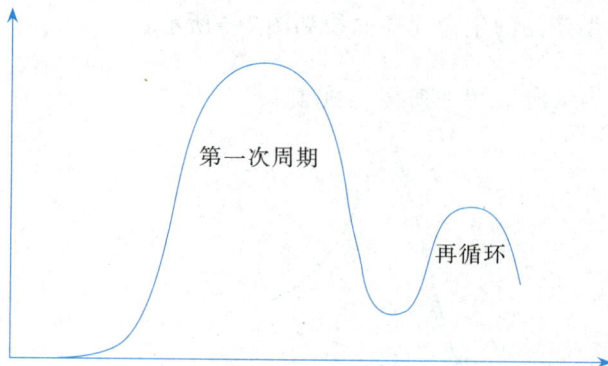

图7-7 再循环型产品的生命周期曲线

（2）多循环形态

多形循环形态是指产品每次在进入成熟期后，厂商会采取一系列的有效策略，使产品销量不断达到新的高峰。以可口可乐为例，在其百年历史中，可口可乐多次通过推出新产品、采用新的推广策略，成功推动产品销量的多次攀升，目前其产品仍在激烈的市场竞争中保持绝对的市场占有率。多循环型产品的生命周期曲线如图7-8所示。

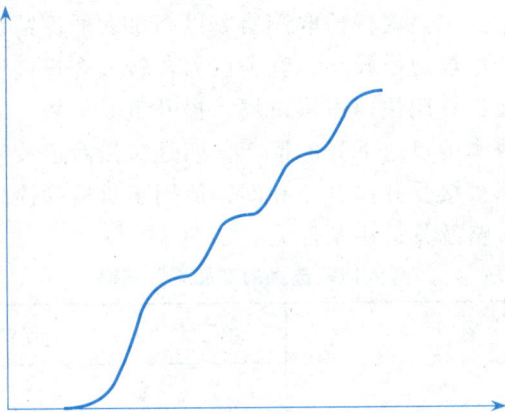

图7-8　多循环型产品的生命周期曲线

（3）非连续循环形态

对某些时髦产品来说，一旦上市，往往能够在短时间内实现热销。但随着潮流的消退，这类产品通常也会迅速退出市场。然而，这并不意味着产品的彻底消失。许多潮流元素在经历一段时间的沉寂后，往往会以新的形式或在新的背景下再次兴起。与此同时，部分流行文化的承载产品并不与文化本身绑定，因此在新的潮流来临时，厂商只要根据热点内容进行产品调整，便可推出新的产品。例如，盲盒的开发商通过紧跟最新的影视IP、宣传角色或流行明星，开发出符合市场需求的新产品，就能够不断激发消费者的兴趣和购买欲望。非连续循环型产品的生命周期曲线如图7-9所示。

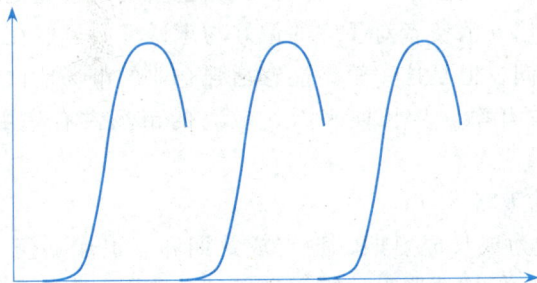

图7-9　非连续循环型产品的生命周期曲线

二、不同产品生命周期的营销策略

本节将针对产品生命周期的四个阶段提供一些具体的营销管理策略。

（一）导入期的营销策略

在导入期，企业通常需要大量的投资来进行产品的市场推广。在产品的市场推广过程中，部分厂商可能选择与第三方平台合作，以应对用户不足的问题。例如，越来越多的国内游戏厂商选择在bilibili、TapTap等平台发布新游戏或进行产品介绍。部分厂商则会在产品正式推出前通过提前发布产品概念，来试图培养用户兴趣。但是，如果最终产品并未达到用户预期，过高的市场期待可能迅速转化为失望，产品无法被消费者接受，最终导致失败。

在产品导入策略上，企业可选择以下四种方式：一是快速掠取策略。以高价和高促销费用迅速推出新产品，最大化利润并加快市场渗透，适用于需求潜力大、客户接受高价且企业面临竞争威胁的情景。二是缓慢掠取策略。以高价和低促销费用进入市场，降低推广成本，提高利润，适用于市场规模较小、竞争压力较轻、客户接受高价的情境。三是快速渗透策略。以低价和高促销费用快速占领市场，提升市场份额，适用于市场容量大、价格敏感、竞争激烈且制造成本能迅速下降的情境。四是缓慢渗透策略。以低价和低促销费用进入市场，促进产品快速被接受并提升净利润，适用于价格弹性高、促销弹性小且市场容量大的情境。以上四种策略及其适用条件见表7-1。

表7-1 　　　　　　　　　　　　导入期可选择的产品导入策略

适用条件		促销力度	
		高	低
产品价格	高	快速掠取策略	缓慢掠取策略
	低	快速渗透策略	缓慢渗透策略

（二）成长期的营销策略

在成长期，早期消费者带动了其他潜在消费者开始尝试接受产品，此时产品的销量快速增长，利润也随之提升。成长期的战略核心在于维持产品的市场表现以及应对新的竞争者。一方面，企业应加快对产品进行优化升级，可以通过优化产品质量、增加新的功能来防止竞争者占据市场，或者通过引入新款式或推出不同规格的产品来满足多样化的市场需求；另一方面，企业应积极调整推广策略，扩大分销渠道的覆盖范围，或将广告宣传的重点从广泛覆盖转向深入培养消费者对品牌的偏好与忠诚度。虽然在成长期推行市场扩张策略可能在短期内减少利润，但是这一策略能够增强企业的市场地位和竞争力，助力企业维持并扩大产品的市场占有率。从长期来看，较高的市场占有率更有利于企业的可持续发展。

（三）成熟期的营销策略

成熟期通常可细分为成长成熟期、稳定成熟期和衰退成熟期三个阶段。在成长成熟期，产品销量继续增长，但增速明显放缓；在稳定成熟期，市场逐渐饱和，大多数消费者已购买了产品，未来产品销量主要依赖于人口增长和替代需求的变化；在衰退成熟期，随着市场竞争的加剧和消费者需求的变化，产品销量开始逐步下降，一些竞争力较弱的企业将被迫退出市场。因此，在成熟期，企业必须积极应对，通过延伸产品线和改进现有产品以维持市场活力。同时，企业还需要设计新的促销策略，如打折优惠、现金折扣等，以刺激消费，延长产品生命周期。

（四）衰退期的营销策略

在衰退期，产品销量逐渐下降，企业也越来越难以盈利。在这一阶段，一部分企业不得不退出市场，一部分企业则可能选择逐步从细分市场中撤出，并削减促销预算。面对这一局面，企业通常可采取三种策略：一是集中策略，通过将资源集中于最畅销的产品，来缩短战线，专注于最具盈利潜力的市场；二是维持策略，保持原有的细分市场和营销组合策略，将销售费用维持在较低水平，并在适当时机逐步退出市场；三是榨取策略，大幅度削减销售费用，如取消广告支出、精简推销团队等，尽管此举可能导致产品销量迅速下滑，但在短期内企业利润不会受到较大影响。

营销实战7-1

如何判断产品在生命周期中的位置

第三节　新产品开发与管理

新产品开发是企业的生命源泉。随着消费者的需求不断变化，企业也需要积极寻找、发展新产品，以保持自身的长久活力。

一、新产品与新产品开发

（一）新产品的内涵和分类

狭义上，新产品是指市场上前所未有的产品；广义上，凡是产品在功能或形态上有所改进，与原有产品产生差异，并能为消费者带来新的利益，都可视为新产品。

根据新颖程度，新产品可分为以下四类：一是完全创新产品。它是指采用新原理、新技术或新材料研制而成的、市场上前所未有的产品。例如，传统手机的诞生标志着人类首次进入移动通信时代。二是换代新产品。它是指通过使用新材料、新元件或新技术，使原有产品的质量、性能或用户体验等得到了飞跃性的提升，从而实现产品的更新换代。例如，智能手机在传统手机的基础上，融合了互联网、触控技术、多媒体等新功能，使通信设备从单一功能的工具变成了多功能的智能终端。三是改革新产品。它是指从不同侧面对原有产品进行改革创新的产品。改革创新的内容可能包括：通过使用新设计、新材料来提升产品品质或降低生产成本，但产品的核心用途保持不变；通过新式样、新包装、新商标来改变产品外观，增强产品的市场吸引力；通过将原有产品与其他产品或原材料结合，增加新功能；通过新设计、新结构、新零件赋予产品新的用途。例如，手机在不断迭代的过程中，实现了摄像头升级、处理器强化等创新，使得产品更好地满足市场需求。四是仿制新产品。它是指企业模仿市场上已有的成功产品来制造的仿制品。尽管仿制新产品并未使用新的技术或设计，但通过仿制市场中已有的成功产品，企业能够快速进入市场，降低研发风险，并满足市场对类似产品的需求。

（二）新产品开发的概念和特征

1.新产品开发的概念

新产品开发是指企业从产品构思、筛选、试销到正式投产所进行的一系列活动。在数智时代，企业借助大数据分析深入洞察消费者需求，精准定位目标人群，并借助各大社交媒体和视频平台缩短与用户的距离，实现产品的快速迭代，从而大大提高了新产品被市场接受的可能性。

2.新产品开发的特征

新产品开发具有以下四个特征：不确定性、变革性、机遇性和高成本性。首先，在新产品开发过程中，市场需求、技术、管理流程等方面都存在不确定性，增加了产品开发的风险。其次，新产品开发通常伴随新的理念或工作方式的引入，可能打破现有利益格局，挑战企业内部的传统结构。再次，在新产品开发过程中，企业可能会发现新的工艺或生产方法，这将为企业带来持续的机遇和竞争优势。最后，尽管新产品开发有助于企业扩大市场份额和提升利润收益，但由于不确定因素的存在，企业仍需承担较高的开发成本和投资风险。

（三）新产品开发的意义

从企业层面来看，新产品开发是企业实现持续增长的关键途径。在新产品开发和推广过程中，企业不仅可以通过扩展现有市场或进入新市场来开辟新的增长空间，还可以更好地适应不断变化的市场环境。随着消费升级，市场中不断催生新的消费者需求，企业如果不主动拥抱新技术和新知识，将面临被市场淘汰的风险。例如，智能手机的迅速崛起对传统手机制造商构成了严峻挑战。如果这些企业不能及时开发出智能手机，无论过去的业绩多么辉煌，最终都难逃被市场淘汰的命运。

从国家层面来看，新产品开发是加快建设科技强国、推动高质量发展的必然路径。当下，我国社会主要矛盾已经转化为人民日益增长的美好生活需要和不平衡不充分的发展之间的矛盾。特别是在经济发展质量不高、创新能力不足、传统动能减弱的新形势下，经济社会发展对科技创新的需求变得愈发迫切。新产品开发不仅是提升科技创新能力的核心手段，还是推动经济社会高质量发展的关键环节。只有加快推进科技创新，在经济社会发展的各个领域贯彻创新、协调、绿色、开放、共享的新发展理念，才能实现从要素驱动向创新驱动的根本性转变，增强发展的内生动力与活力，推动经济社会高质量发展，为解决新时代社会主要矛盾提供坚实的支撑。

从人类社会层面来看，产品创新是推动社会进步的核心动力。创新不仅提升了社会生产力，推动经济增长，还在满足人民日益增长的美好生活需要中发挥了关键作用，为实现高质量发展提供了重要保障。通过不断推进产品创新，社会经济得以焕发新的活力，民生福祉得到切实改善，社会和谐也得以进一步巩固。同时，创新带来的新产品和新技术能有效减少环境污染，助力绿色可持续发展，为社会的全面进步奠定了坚实的基础。

○ 价值引领7-1

以产品创新推动新质生产力加快形成

中央经济工作会议明确提出，要以科技创新推动产业创新，特别是以颠覆性技术和前沿技术催生新产业、新模式、新动能，发展新质生产力。推动新质生产力的形成，关键在于加快产品创新的步伐。产品创新不仅是企业增强竞争力的核心动力，也是国家实现高质量发展的重要抓手。以产品创新为引领，通过整合先进技术、优化资源配置，能够有效推动产业结构升级，提升生产效率，促使新质生产力的加快形成。特别是在当前全球科技竞争加剧、经济形势复杂多变的背景下，我们必须牢牢把握创新驱动这一战略基点，以市场需求为导向，不断推出符合时代要求的创新产品，增强我国经济发展的内生动力，推动经济社会的可持续发展。唯有如此，才能在新一轮科技革命和产业变革中赢得先机，夯实经济高质量发展的基础，确保我国在国际竞争中立于不败之地。

资料来源：编者自撰。

二、新产品开发的流程

一般而言，完整的新产品开发流程应包括产品需求预测、创意构思、筛选构思、产品概念形成与测试、制订营销计划、商业分析、产品研制与开发、市场试销和市场投放九个阶段（如图7-10所示）。

产品需求预测　→　创意构思　→　筛选构思　→　产品概念形成与测试　→　制订营销计划　→　商业分析　→　产品研制与开发　→　市场试销　→　市场投放

图7-10　新产品开发的流程

（一）产品需求预测

在开发新产品之前，企业应通过产品需求预测，来深入了解市场需求。在数智时代，企业可以利用大数据技术全面掌握消费者行为模式，并借助机器学习和人工智能算法，精准预测消费者的偏好。利用大数据技术进行产品需求预测的四个步骤为：

第一步，通过爬取社交媒体上的评论和消费者生成的内容，深入了解消费者对现有产品的评价及对新产品的期待。例如，通过监测微博、微信、知乎等平台上的相关话题和关键词，捕捉消费者的即时反馈和潜在需求。第二步，对市场历史数据和趋势进行深度挖掘，通过大数据分析揭示隐藏的市场规律和消费者行为模式，识别潜在的市场需求和市场空白。例如，通过分析某类产品过去几年的销售数据，揭示其销售的季节性变化和购买频率，进而预测未来的市场需求。同时，利用机器学习算法对消费者数据进行分类和聚类，识别具有相似需求的消费者群体，为新产品的市场定位提供科学依据。第三步，密切关注行业动态和竞争对手动向，通过分析竞争对手的产品线、市场策略和销售表现，预判市场发展方向及潜在竞争压力。第四步，通过内部研讨会和专家评估，综合多方信息，对新产品开发的可行性、市场前景和潜在风险进行全面评估。

营销实战7-2

利用人工智能算法对相似产品未来市场销售趋势进行判断

（二）创意构思

创意构思是为满足新需求而提出的有关新产品的一系列设想。创意构思阶段，营销部门的责任主要是在不同环境中寻找好的产品构思，并将收集的产品构思转交相关部门。

1.创意构思的主体

新产品创意既可能来自企业外部，也可能来自企业内部，具体包括以下三个方面：

（1）用户

作为产品的直接使用者，用户在使用过程中对产品的建议甚至是抱怨，都是新产品创意的重要灵感来源。相较于其他群体，用户创意具有独特优势。首先，用户基于实际使用体验提出的创意更具实用性，通常更贴近市场需求。其次，用户的创意往往反映了他们尚未被满足的个性化需求，有利于企业打造差异化竞争优势。从这一角度来看，用户创意为生产商提供了隐藏的市场机遇。最后，用户在提出创新建议时通常伴随情感上的投入，这意味着优化产品不仅能够提升用户体验，还能与用户建立情感连接，有效增强品牌忠诚度。

作为用户创意收集的载体，创意众包平台近年来越来越受到企业的关注。通常情况下，创意众包任务由个人独立完成，但在需要多人协作的情况下，也可以通过开源合作的方式进行，如维基百科的内容编辑。创意众包的应用形式越来越多样化，如在华为的"花粉俱乐部"，用户分享使用体验，提出改进建议和创意想法，相关部门会根据用户建议选取其中有价值的部分对产品进行改进。这种以用户为中心的开放式创新模式，已成为华为在激烈市场竞争中脱颖而出的关键因素之一。

为鼓励用户提出创意，企业可以采用物质激励与情感激励相结合的策略。在物质激励方面，企业可以通过提供销售分成、现金奖励或积分兑换等方式，让用户在创新中获得实质性收益。在情感激励方面，企业应注重增强用户的参与感和归属感。例如，通过公开认可用户的创意、展示用户的设计作品、邀请用户参与产品发布会等方式，让他们感受到其贡献得到了充分的尊重和重视。研究表明，在用户参与设计的过程中，企业应提供专业的引导，帮助用户建立更强的能力感知。例如，为用户设计适当的创新形成计划，企业可以帮助用户节省自我学习和规则制定的时间与精力，从而提高创意设计的效率和效果[1]。

市场洞察7-2

创意众包，Nextbuy希望"和用户一起创造产品"

（2）竞争对手

通过研究竞争对手当前的产品开发或推广策略，企业同样可以获得新产品的开发思路。相较于用户，竞争对手通常对市场环境和行业趋势有着更为深刻的理解，能够真正找到具有盈利潜力的创意。同时，竞争对手往往具有相似的资源和技术背景，其创意对企业来说更具有可操作性、更容易落地实施。

企业可以通过多种途径从竞争对手那里获取创意，关键在于对竞争对手的产品、市场策略和用户反馈进行观察。一方面，企业可以密切关注竞争对手的新产品发布和营销活动，从中发现优势和不足；另一方面，通过逆向工程或市场调研，深入了解竞争对手的产品设计和功能，并在此基础上实现创新改进。在借鉴竞争对手创意的过程中，企业需要注意避免侵犯知识产权，确保在合法合规的框架内进行操作。同时，企业应保持自身的独立创新能力，避免盲目模仿，以建立和巩固自身的竞争优势。

（3）员工

理论前沿7-3

生成式人工智能在创意构思中的潜力

作为企业内部的重要群体，员工对企业的技术水平和各类资源的储备有着更深入的了解，因此员工提出的创意往往更具有可行性。在日常工作中，员工可以直接接触产品的生产流程或客户反馈，能够敏锐地识别产品改进的机会，提出切实可行的创新方案。同时，员工对企业的文化和战略目标有着深入理解，能够提出与公司整体发展方向高度契合的创新建议。为了充分挖掘员工的创意潜力，企业应建立有效的机制，鼓励员工定期提交建议或产品创意，并通过适当的奖励机制激励员工积极参与创新。这样不仅能够激发员工的创造力，还能够增强员工对企业的归属感和责任感，从而推动企业的持续创新和长远发展。目前，许多企业已经成功开发了内部社交网络和名为"内部企业家"的项目，以鼓励员工积极思考，提出产品的创意构思。

① DAHL D W, MOREAU C P.Thinking inside the box: why consumers enjoy constrained creative experiences [J]. Journal of Marketing Research, 2007, 44（3）：357-369.

2.创意构思的方法

产生产品创意可以采用多种方法，以下是几种常见的方法：一是属性列举法，即通过列举出产品的各种属性，并对每一项属性进行调整或改进，来激发新的创意。例如，在开发智能手表时，可以先列举出智能手表的尺寸、显示屏类型、材质等属性，再逐一进行修改或创新，就可得到不同的产品设计方案。二是强制关联法，即通过将几个不同的事物并列，并考虑它们之间的联系，来激发创意。例如，将智能手机、日历和社交媒体平台关联起来，设想一种能够根据用户日程自动更新社交状态的应用程序。三是物型分析法，即通过自由联想，来探索各种可能的解决方案和组合。例如，在开发新型环保包装时，可以首先列出当前包装的缺陷，然后联想不同材料和功能的组合，寻找更具有可持续性的包装方案。四是反转假设分析法，即通过列举出所有的常规假设，然后反转它们以产生创意。比如，传统的餐厅模式是消费者到店点餐，反转这一假设后，可以设想通过无人机直接将食物配送到消费者家中的无接触服务模式。五是新情景分析法，即通过列举熟悉的情境或过程，并对其进行创新改造。例如，针对银行服务，可以设想消费者在进店前通过手机完成大部分手续，进店后只要核验身份即可，无须排队等候。六是想象图法，即先从一个核心概念（如"智能城市"）出发，再通过联想，如"无人驾驶""大数据分析"等，逐步扩展想象，最终构思出全新的智能交通管理系统。

（三）筛选构思

在产品开发过程中，尽管一些产品构思可能非常出色，但在现实中却可能面临资源不足、不符合企业战略目标或缺乏开发可行性等问题。因此，对产品构思进行严格的筛选，选择最合理、最可行的构思，是确保企业成功推出新产品的关键。

在筛选产品构思时，企业可以从以下三个方面进行评估：一是产品是否具有良好的市场前景。一方面，如果产品无法满足市场需求，即便技术再先进、设计再独特，也很难获得市场认可；另一方面，如果市场竞争激烈，企业在进入市场时将会面临更大挑战，产品成功的概率也会因此降低。二是产品是否符合企业的技术条件及管理水平。如果企业尚未掌握新产品的开发和生产需要的能力，那么产品开发的成本和风险将大大增加。同样，管理水平也是决定产品成功的关键因素之一，企业必须确保能够有效组织和管理新产品的开发过程。三是新产品是否符合企业的产品战略。产品战略是企业长期发展的核心指导方针，决定了产品研发的方向和市场定位。一方面，如果新产品与企业的整体产品战略不符，不仅可能导致生产计划杂乱，还可能颠覆企业现有的品牌形象，导致消费者对品牌定位产生混淆，削弱品牌的整体价值；另一方面，如果新产品在功能或定位上与现有产品存在重叠，还可能对现有产品的销售造成冲击。

产品创意的筛选可以从企业和市场两个层面进行分析。在企业层面，创意的筛选主要关注产品创意与企业战略的契合度，因此需要由相关的内部人员进行评估，以确保新产品符合企业的长期发展目标和品牌战略。在市场层面，创意的筛选侧重于评估产品的市场需求和用户偏好。因此，除了内部评估外，还可以借助市场调研团队，甚至用户本身的参与，通过市场调研和用户反馈等方式，评估产品的市场潜力和受欢迎程度，以帮助企业作出更加全面的决策。

随着创意众包模式日益流行，企业面临的创意数量将呈几何倍数增长，筛选最佳创意的过程也变得更加复杂。在此背景下，"众筹投票"的做法越来越受到关注。在某些创意众包社区中，用户不仅可以贡献创意，还可以对其他创意进行评价和选择。尽管用户数量众多，能够更好地发挥集体智慧，但由于用户的专业水平相对较低，在评价过程中容易受到"羊群效应"和情绪感染等非理性因素的影响，单个用户的决策质量往往不及专家[1]。同时，用户常常会过于依赖当前的消费习惯，在预测和塑造未来产品方面存在局限[2]。因此，企业在利用用户进行创意筛选时，需要加以引导，或及时向用户传达产品的未来发展方向。有研究表明，在用户参与创意筛选时，企业适当限制其选择范围，可以有效减少用户的选择压力和焦虑，帮助他们更好地完成任务[3]。值得一提的是，众筹投票模式同样存在风险，当用户期望他们的选择被企业采纳时，如果企业未能满足这种期望，就可能引发用户的不满，进而影响用户的忠诚度。

（四）产品概念形成与测试

1.概念形成

产品概念是指已经成型的产品构思，即用文字、图像、模型等予以清晰阐述，使之在消费者心目中形成一种潜在的产品形象[4]。产品创意往往缺乏具体的细节，而产品概念形成是将构思创意与消费者需求相结合的过程，是新产品开发过程中至关重要的阶段。好的创意通常是通过回答以下关键问题，进而逐步演化为产品概念：产品的主要功能是什么？目标用户是谁？目标用户会在什么时间和场景下使用该产品？通过这些问题，企业通常会形成多个产品概念，并从中选择最具发展潜力的概念。

以智能家居设备为例，企业在设计过程中需要考虑以下问题：该产品面向的用户群体是家庭用户还是企业用户？产品的主要功能是什么？是自动化控制、节能管理，还是提升安全性？通过深入思考这些问题，可以形成以下三个产品概念：一是专为家庭设计的家庭智能控制系统，通过手机应用远程管理家中的电器和安全设施；二是专为企业设计的智能能源管理系统，实时监控和优化能耗；三是专供老年人使用的智能健康监测系统，实时监控健康数据并提供紧急救援服务。

2.概念测试

概念测试是指在潜在消费者中对产品的初步概念进行测试，并收集他们对该产品概念的反应。概念测试的核心在于通过直观的方式将产品概念呈现给消费者，将抽象的构思形象化，使消费者能够全面、深入地理解产品的功能与特点。因此，如何有效帮助用户感知和评价产品，是概念测试中的关键环节。随着计算机技术的迅猛发展，概念测试方法也在不断演变。如今，许多企业利用快速成型技术（3D打印）或虚拟现实技术（AR）将产品概念制成模型并展示给用户。随着元宇宙技术的发展，企业能够在虚拟环境中模拟真实的使用场景，更加直观地展示产品的功能与特点。用户可以通过身临其境的体验，提供更为准确和全面的反馈。

① 郝晓玲，陈晓梦.体验型产品消费行为的羊群效应及机理研究——基于电影行业消费行为的实证解释 [J].中国管理科学，2019，27（11）：176-188；杜建刚，范秀成.服务消费中多次情绪感染对消费者负面情绪的动态影响机制 [J].心理学报，2009，41（4）：346-356.
② LEONARD D，RAYPORT J F.Spark innovation through empathic design [J].Harvard Business Review，1997，75（6）：102-113.
③ SELLIER A L，DAHL D W.Focus! Creative success is enjoyed through restricted choice [J].Journal of Marketing Research，2011，48（6）：996-1007.
④ 吴健安，聂元昆.市场营销学 [M].7版.北京：高等教育出版社，2022.

在向消费者展示产品概念后，企业下一步便是获取他们的反馈。由于大多数消费者缺乏专业知识，难以在专业框架下提供深度评价，因此企业在收集反馈时需要进行适当引导。在这一过程中，企业预设的产品属性就成为引导消费者评价的重要工具。例如，企业可以引导消费者关注产品的美观性、产品功能的便利性、产品价格的合理性等属性，并通过打分或排序的方式来表达他们对产品概念的评价。

创新实验室
7-1

元宇宙赋能
产品概念测试

（五）制订营销计划

在新产品概念形成并通过测试后，企业必须制订初步的营销计划。该计划通常涵盖三个关键部分：第一部分是确定目标市场、盈利方式以及制定前期的销售目标；第二部分是制定产品的定价策略、分销方案和营销预算，确保产品顺利进入市场并有效覆盖目标消费者；第三部分是制定长期的销售目标。

（六）商业分析

商业分析是指通过预测新产品的潜在销量或利润，评估其是否能够实现企业盈利目标的过程[1]。现实中，最能吸引消费者的产品未必是企业利润最高的产品。因此，在管理层确定了产品概念并为其制定相应的营销战略后，就需要对该产品的商业潜力进行全面评估，以确定该产品是否符合企业的战略目标，是否具备推向市场的商业价值。如果评估结果符合要求，产品概念便可进入研发阶段。商业分析通常包括两个关键步骤：一是销售额预测；二是成本和利润推算。

1.销售额预测

在预测新产品的销售额时，应收集市场上类似产品的历史销售数据，然后结合新产品的特点以及当前的市场环境进行评估。需要注意的是，对于购买频率不同的产品，其销售曲线可能存在明显差异。因此，在进行销售额预测时，可以将产品按照购买频率分为一次性购买产品、低频重复购买产品和高频重复购买产品，并分别进行销售额预测，这样有利于充分把握不同种类产品的特性，大大提高预测准确率。

从内涵来看，一次性购买产品是指消费者通常只需购买一次，或在较长时间内无须再次购买的产品，如房屋、汽车、大型家电等。一次性购买产品的销售额通常会随着市场渗透率的上升而逐渐达到顶峰，随后因潜在购买人数的减少而逐渐下降直至趋近于零。低频重复购买产品是指消费者在间隔较长时间后才会再次购买的产品，如手机、电脑和衣物等。由于低频重复购买产品的使用寿命较长，购买频率较低，其销售额通常呈现出周期性波动，因此在对这类产品进行销售额预测时，需要分别估计首次购买量和更新购买量。高频重复购买产品是指消费者在短时间内频繁购买的产品，如食品、日用品和个人护理品。由于高频重复购买产品的使用周期短、消耗速度快，消费者会在短时间内频繁购买，因此这类产品的销售额通常在初期因首次购买者与重复购买者的叠加而达到峰值，随后随着首次购买者的减少，销售额逐渐由重复购买者贡献，最终趋于一个稳定水平。

2.成本和利润推算

一旦确立了产品概念并制定了相应的营销战略，管理层就需要对该创意的商业吸引力进行全面评估。具体来说，管理层应对预期的销售额、成本和利润进行详细估算，以判断

---

① 阿姆斯特朗，科特勒.市场营销学［M］.赵占波，等译.13版.北京：机械工业出版社，2019.

该产品是否符合企业的整体目标，及其是否具备推向市场的商业价值。商业分析的核心在于识别最具吸引力的产品概念及其最佳营销组合，并预测企业可能获得的市场份额和利润。需要注意的是，最能吸引消费者的产品并不一定是能为企业带来最大利润的产品，这要求企业在决策过程中平衡市场需求与盈利能力之间的关系。

（七）产品研制与开发

在新产品开发阶段，企业的主要任务是将产品构思转化为在技术和商业上都可行的实际产品。在这一过程中，产品概念需要进一步被转化为产品模型或样品，并经过严格的功能测试与用户测试。功能测试主要在实验室和现场进行，旨在验证产品的技术可行性；而用户测试是指通过将样品交给用户试用，来收集他们对新产品的反馈，以确保产品在市场上具备竞争力。

（八）市场试销

经过严格测试并获得正面反馈的样品可转化为正式产品，并进入市场试销阶段。在试销过程中，企业应选择具有代表性的区域进行投放。此外，企业需要收集消费者反馈的信息，为后续的市场策略调整提供科学依据。

（九）市场投放

新产品在试销阶段取得预期效果后，企业可以正式启动批量生产，并做好以下四项关键的前期工作：首先，企业需要深入分析市场需求的变化趋势以及竞争环境，选定新产品投放市场的最佳时机；其次，企业应对各地区的市场潜力进行全面评估，选择最具推广潜力的区域进行产品投放；再次，企业要进一步明确目标市场，深入了解目标用户的需求特点和购买偏好；最后，企业需要制定全方位营销组合策略，明确产品的目标定位、定价策略、渠道选择和促销活动。

理论前沿7-4

新产品开发
成功的影响
因素

三、新产品的采用

新产品的采用是指消费者采纳新产品的过程；而新产品的推广是指新产品在市场中随时间传播的过程。通过明确新产品的采用与推广过程，企业可以更好地明确哪些消费者会购买产品，以及如何让更多消费者购买产品。

（一）新产品的采用者

新产品的采用者可分为五类：一是创新采用者。作为"消费先驱"，创新采用者通常个性独特、勇于创新冒险、活跃、不依赖他人意见。这类人群的典型特征在于经济状况宽裕、社会地位较高、受过高等教育，容易受到广告等促销手段的影响，是新产品投放的理想目标群体。二是早期采用者。这类人群往往年轻、富有探索精神、适应性强，尽管他们较为谨慎，但仍愿意尝试新产品，并对广告和传播渠道的信息反应敏锐。三是早期大众。这类人群通常接受过一定的教育、有稳定收入，他们倾向于模仿"舆论领袖"的消费行为，通常会在征询早期采用者意见后才决定购买。四是晚期大众。这类人群的受教育程度相对较低，对新事物持怀疑态度，通常在产品进入成熟阶段时才开始购买。五是落后购买者。这类人群思想保守，深受传统观念束缚，对新事物持反对态度，通常在产品进入成熟期末端，甚至衰退期时才会购买产品。

（二）新产品的采用过程

消费者对新产品的采用过程通常表现为五个阶段：一是认知阶段。消费者通过广告、社交媒体或商品说明书等渠道初步了解新产品。此时，企业应通过有效宣传来提高新产品的知名度，使潜在消费者意识到产品的存在和特性。二是兴趣阶段。消费者产生兴趣并主动寻找更多信息，对产品功能和用途进行对比分析。三是评价阶段。消费者权衡新产品的边际价值、咨询朋友、查阅专业评论，或联系企业获取更多信息。四是试用阶段。消费者通过小规模的试用，来评估产品的性能和质量。五是采用阶段。消费者会完全接受使用效果理想的新产品，并开始正式购买和重复购买。

第四节　品牌策略

一、理解品牌

（一）品牌的内涵

品牌是由文字、字母、图形、颜色、包装或者由它们的组合所构成的、用以区分产品来源的符号或标记，消费者或社会赋予它们某些含义[①]。在现代社会，品牌不仅是产品或服务的识别标记，还是消费者对品牌背后的产品、企业和营销活动的特定认知。

品牌作为企业与消费者之间的重要纽带，承载了多层次的含义：第一，品牌代表着特定的商品属性，这是品牌的基础。例如，海尔电器卓越的产品质量、优良的售后服务等属性都是海尔长期以来着重宣传的核心内容，体现了其追求优质制造的品牌定位。第二，品牌体现了消费者所追求的特定利益。消费者购买商品的本质是为了获得某种功能性或情感性利益，而品牌的属性常常会转化为这些利益。例如，茅台酒的"传统工艺"和"优质原料"属性转化为"高档次和文化传承"的情感性利益；茅台酒的"昂贵"属性则赋予消费者一种"社会地位和品位"的情感体验；茅台酒的"珍藏价值"属性则满足了消费者长期投资与传承的功能性需求。第三，品牌传递了企业的价值观。例如，华为的科技创新、坚韧不拔、追求卓越等的企业价值观吸引了重视技术进步、安全性和国家自豪感的消费者群体。第四，品牌承载着特定的文化内涵。故宫文创所传递的"传承与创新"文化内涵，深植于中国的历史与传统文化中，代表了对历史文化的尊重与现代艺术的结合。第五，品牌体现出特定的个性。如果将品牌比作一个人或一种动物，不同的品牌会引发不同的个性联想。例如，李宁品牌让人联想到一位充满活力的运动员，或一只敏捷的猎豹，传递出活力、坚韧与挑战自我的品牌个性。第六，品牌暗示了产品的典型用户群体。例如，小鹏汽车的品牌形象通常与年轻的科技爱好者或环保主义者联系在一起，如果看到一位年长人士驾驶小鹏汽车，则可能会让人感到意外。

（二）品牌的作用

对消费者来说，品牌代表着企业的经营特色和产品形象，使消费者能够准确识别商品的来源，并感受到产品的地域和文化背景。品牌也是一种合同与承诺，当品牌在消费者中形成良好口碑和声誉时，消费者无须花费过多精力和时间进行比较即可放心购买。在服装、汽车等被视为社会地位象征的产品领域，优秀的品牌不仅能够传递特定的身份信息，还能够提升使用者的社会地位，带来精神上的满足感。

---

① 符国群，费显政. 市场营销学［M］. 北京：清华大学出版社，2023.

对企业来说，品牌不仅是宝贵的无形资产，还是企业在市场中立足的重要保障。在广告宣传和商品推销过程中，优秀的品牌能够有效建立产品声誉，吸引消费者，从而提高市场占有率。品牌通过长期的市场运作和宣传，建立了消费者的信任感和认知度，消费者愿意为这种信任支付溢价。因此，即使是相同的产品，品牌的附加值也会导致价格的显著差异。在企业产品日趋同质化的背景下，品牌赋予企业和产品独特的个性和文化内涵，成为区别于竞争对手的重要标志。随着品牌声誉的提升，企业的整体形象也逐步确立。同时，商标作为品牌的重要组成部分，一旦注册便具有法律效力，受到法律保护。当品牌权益受到侵犯时，企业可以通过法律途径进行维权。

⭐ **牢记嘱托**

推动品牌建设，助力中国式现代化

品牌建设事关高质量发展，是一项长期的战略性任务，也是一项系统工程。2022年2月，习近平总书记在中央全面深化改革委员会第二十四次会议上强调："加快建设一批产品卓越、品牌卓著、创新领先、治理现代的世界一流企业，在全面建设社会主义现代化国家、实现第二个百年奋斗目标进程中实现更大发展、发挥更大作用。"知名品牌的数量和影响力不仅反映了一国经济实力的综合水平，还体现了其文化软实力的强弱。过去，"Made in China"因其价格低廉和产量巨大在全球市场上广受欢迎，但缺乏强有力的品牌支撑，难以在国际市场上建立持久的品牌影响力。近年来，我国积极推进品牌建设，通过制定品牌发展战略和提供政策支持，举办各类品牌推介活动和参展国际博览会，大大提升了中国品牌在国际市场上的知名度和美誉度，并涌现出一批具有国际影响力的知名品牌，如华为、海尔、青岛啤酒等（如图7-11所示）。这些品牌不仅展现了中国制造的实力，也提升了国家的国际形象和文化影响力。

图7-11 中国知名国际品牌

（三）品牌价值层级

1. 产品事实

产品事实是品牌所提供的具体特性和功能。一个成功的品牌必须确保产品在质量、功能和性能上达到甚至超越市场的期望。产品事实是品牌价值的基础，没有可靠的产品事实，品牌价值层级将失去支撑。

2. 理性价值

理性价值是品牌在功能、实用性和经济效益等方面的表现。消费者在选择品牌时，通常会理性评估产品的性价比、耐用性和功能优势。品牌通过提供高质量、高性能的产品或服务，满足消费者的理性需求。

3.情感价值

情感价值是指品牌能够引发消费者的情感共鸣。一个成功的品牌不仅提供优质的产品或服务，还通过品牌故事、品牌文化和品牌体验与消费者建立深厚的情感联系。

4.品牌信念

品牌信念是指消费者对品牌核心价值、品牌理念的认同和信任。这种信念不仅来源于产品的实际表现和情感体验，还来源于品牌所代表的文化、社会责任和价值观。

（四）品牌的分类

品牌分类具有重要意义。一方面，品牌分类能够帮助企业系统地设计和优化品牌形象，提升品牌的辨识度和市场竞争力；另一方面，品牌分类有助于商标管理机关在商标登记、注册和保护过程中，更准确地对品牌进行归类和管理，避免品牌标志的雷同，保护品牌资产的独特性和合法权益。

1.根据品牌营销范围分类

根据品牌营销范围的不同，品牌可分为地区品牌、国内品牌和国际品牌。地区品牌是指主要在特定地区或地方市场传播和经营的品牌，通常在所在地区拥有较高的知名度和市场占有率，但在其他地区的影响力较小。例如，六味斋是一家在山西省及周边地区广为人知的老字号食品品牌，主要经营传统中式熟食，在当地拥有较高的知名度和市场占有率，但在全国其他地区的影响力较小。国内品牌是指在全国范围内传播和经营的品牌，通常在全国范围内拥有广泛的品牌认知度和较大的市场份额。例如，伊利作为国内领先的乳制品企业，在全国范围内具有很高的知名度，但尚未在其他国家具备较大影响力。国际品牌是指在全球范围内传播和经营的品牌，通常具备较高的国际知名度，如耐克、迪士尼等。

2.根据品牌使用者分类

根据品牌使用者的不同，品牌可分为生产者品牌、服务商品牌、中间商品牌和集体品牌。生产者品牌是指由生产、加工、制造或组装产品的企业所使用的品牌。例如，华为、小米和海尔等均属于生产者品牌。服务商品牌是指提供某种服务的企业所拥有和使用的品牌。例如，中国银行、京东、顺丰和携程等。中间商品牌，也称自有品牌，是指零售商使用自己的品牌进行产品营销。例如，沃尔玛的 Great Value（中文名称"惠宜"）。相比于西方国家，我国自有品牌在零售总额中的占比较低，未来有较大的发展空间[①]。集体品牌是指由多家企业或多个组织共同使用的品牌，包括地理区域品牌和产业集群品牌。例如，景德镇瓷器品牌由多家景德镇当地的陶瓷企业共同使用。

3.根据品牌统分分类

根据品牌统分的不同，品牌可分为个别品牌和统一品牌。个别品牌是指企业为某个产品或产品线创建独立的品牌。个别品牌的优势在于，如果某个品牌的市场表现不佳，对企业的整体形象或其他品牌的市场表现产生的影响较小。个别品牌策略特别适用于产品种类丰富、市场细分明显的企业。例如，宝洁公司旗下的海飞丝、潘婷等品牌各自独立运作。统一品牌是指企业所有产品或产品线使用同一个品牌，所有产品共享统一的品牌形象和价值。统一品牌的优势在于可以通过统一品牌的知名度和美誉度，降低新产品进入市场的风

---

① 符国群.西方零售商品牌给制造商带来的机会和挑战［J］.南开管理评论，2001，4（2）：48-50.

险，减少品牌推广的费用。例如，三星旗下的电子产品、家电、手机等都统一归属于三星品牌，并以三星品牌的知名度和市场信任度为新产品的推出提供有力支持。

二、品牌设计

（一）品牌名称

1.品牌名称的内涵和分类

品牌名称是品牌构成中可以用文字表述并用语言进行传播与交流的部分。在设计品牌名称时，可以从以下三个视角进行考虑：

一是以品牌的文字类型命名。品牌可以采用汉字、字母或数字来命名，以便在不同市场中建立起品牌认知。在国内市场上，普遍使用汉字命名品牌，如"华为手机""联想笔记本电脑"等，采用汉字命名的方式有助于增强品牌的本土认同感。国际品牌和进军国际市场的中国品牌则倾向于采用字母命名，如"Häagen-Dazs（哈根达斯）冰淇淋""OPPO手机"等。有的品牌以数字来命名，其最大优势在于通用性强，如"7-11便利店""361°服装"等。

二是以品牌的关键利益命名。其特点在于能够直观地传达产品的优势或所带给顾客的体验。其中，功效性品牌通过突出产品的功能来吸引顾客，如"舒肤佳香皂"，其名称直接表达了洁肤的效果；情感性品牌则通过唤起顾客的情感共鸣来建立品牌认同，如"好利来蛋糕"，这个名字让人联想到温馨和舒适。一些品牌选择中性命名，尽管名称本身没有明确的含义，但通过品牌建设仍可获得广泛的市场认同，如"海信家电""比亚迪汽车"等。

三是以品牌的来源渠道命名。其优势在于能够突出品牌的独特性，企业可以选择使用人名、地名、物名或自创词汇为品牌命名。以人名命名的方式能够有效地与品牌创始人或其历史渊源相联系，如"李宁体育用品""小鹏汽车"等；以地名命名的方式能够有效利用地理文化背景，增强品牌的独特性，如"洪泽湖大闸蟹""西湖龙井"等；以物名命名的方式能够通过具象化的形象来传达品牌内涵，如"红牛功能饮料""小天鹅洗衣机"等；以自创词汇命名的方式则通过独特的构思来增强消费者的记忆，如"百度搜索引擎""可口可乐"等。

2.品牌名称的命名原则

在品牌命名过程中，企业应遵循以下原则：一是品牌名称应简洁醒目，易读易记，以便迅速吸引消费者的注意并在其心中留下深刻印象；二是品牌名称应能够暗示产品的属性或用途，使消费者在初次接触时即可迅速理解产品的特性和优势；三是品牌名称应具有寓意，以引发消费者的联想，传递企业或产品的核心价值，增强品牌的吸引力；四是品牌名称必须充分考虑目标市场的文化背景，避免因文化差异引发负面联想或产生不良影响；五是品牌名称必须符合法律规范，避免侵犯现有品牌的商标权，并确保能够顺利注册，从而获得法律保护。

（二）品牌标志

1.品牌标志

品牌标志是运用特定的图案、文字、色彩等元素来表达或象征某一产品外在形象的品牌要素，是品牌要素中可以识别但不能用语言表达的部分。它与品牌名称一起构成完整的品牌概念①。

2.品牌标志的设计原则

品牌标志的设计应遵循简洁易记、传达象征意义和新颖独特三大原则。首先，品牌标志应简洁易记，避免复杂图案和烦琐细节，以确保在各种媒介中清晰呈现，便于消费者识别和记忆。例如，苹果公司的"咬了一口的苹果"标志和麦当劳的金色拱门"M"标志都是通过简洁的设计迅速在消费者心中留下深刻印象。其次，品牌标志应传达象征意义，反映出品牌的行业特性、企业文化和价值观。例如，华夏银行的龙形标志不仅展示了中华文化的深厚底蕴，还传递了企业的雄心壮志。最后，品牌标志应新颖独特，使其在众多品牌中脱颖而出，并与产品功能紧密结合，形成独特的品牌形象，如"OIC"眼镜公司的品牌标志，不仅巧妙地构成了眼镜的形象，还通过创意传达了产品的功能性（如图7-12所示）。

图7-12　苹果、麦当劳、华夏银行和"OIC"眼镜公司的品牌标志

（三）品牌代言人

品牌代言人是企业选定的公众人物、虚构角色或动漫形象，用于代表品牌进行宣传和推广。通过代言人的个人影响力，品牌能够在增强市场知名度的同时，与目标消费者建立情感联结。例如，著名演员胡歌出任阿玛尼第一位"全球代言人"，属于公众人物类型的品牌代言人；麦当劳风靡全球的形象——传统马戏小丑打扮的麦当劳叔叔，属于虚拟角色类型的品牌代言人；日本某品牌联合TV动画《进击的巨人》推出角色"利威尔兵长"主题包装洗衣液，属于动漫形象类型的品牌代言人（如图7-13所示）。虚拟代言人与动漫代言人的主要区别在于，动漫代言人通常具备更为丰富的故事背景和角色设定，使其能够与产品内涵进行更深度的融合。动漫代言人通过其在作品中塑造的性格特征、情感纽带和故事情节，与消费者建立了更强的情感联结。例如，动漫角色"利威尔兵长"因其对洁净的执着而广受欢迎，这一特质与洗衣液产品的核心价值高度契合，精准传达出产品的洁净功能，并在市场中引发强烈共鸣。相较而言，虽然虚拟代言人可以根据品牌需求进行定制和塑造，但在与产品内涵的结合深度和市场共鸣度上通常不及动漫代言人。品牌代言人通常具备鲜明的个性特征，尽管不专指某一特定产品，但能够使品牌跨越多个产品类别进行传播。因此，企业在使用品牌代言人时应避免过度曝光。因为过度曝光可能导致消费者对其他品牌元素的认知减弱，从而削弱了品牌的整体效果。

---

① 王永贵.市场营销［M］.2版.北京：中国人民大学出版社，2022.

图7-13　阿玛尼、麦当劳和某洗衣液的代言人

（四）品牌包装

品牌包装不仅包括产品的物理包装材料，还包括色彩、图案、字体和标志等设计元素。独特的包装或产品造型不仅可以提升产品的识别度，还可以作为品牌或商标的一部分获得法律保护。例如，茅台的经典瓶型、椰树的产品外观（如图7-14所示）都已注册为商标，其他企业和个人未经许可不得随意使用。包装不但能为产品创造差异化，更是一种重要的沟通媒介。在琳琅满目的商品货架上，只有新颖独特的包装，才能迅速吸引消费者的注意力并激发购买欲望。

图7-14　茅台和椰树的包装

三、品牌决策

（一）品牌组合

当企业产品单一、规模较小时，通常会使用一个品牌，甚至不使用自己的品牌。然而，随着企业的成长，产品的业务和种类越来越多，服务的顾客和地域越来越广。此时，企业就需要考虑品牌组合问题。因此，品牌组合是指企业的品牌架构，主要用于决定企业拥有多少个品牌及各品牌之间具有何种关系。而品牌组合策略是指企业如何设计品牌架构，如何平衡各品牌之间的关系。

1.品牌归属策略

当企业决定为产品建立品牌时，首先要考虑的问题是品牌归属的选择。现实中，品牌归属主要包括三种类型：一是自有品牌，即品牌由产品的制造商自行拥有或管理，也被称为企业品牌或生产者品牌。二是制造商使用他人品牌。根据品牌提供方企业的类型，又可进一步细分为两类：一类是制造商将产品交由中间商销售，由中间商贴上其自身品牌进行销售，即中间商品牌；另一类是制造商为其他品牌代工生产，产品以其他生产者品牌进入市场，即贴牌生产。三是混合模式，即制造商在部分产品上使用自有品牌，而在其他产品上则采用中间商品牌或贴牌生产。

在选择使用自有品牌还是中间商品牌时，企业需要综合考虑制造商和中间商在市场中的地位、品牌声誉等各种因素。一般而言，当制造商的品牌影响力更强或者市场占有率更高时，采用自有品牌更为合适。同样，在制造商资金有限、营销能力薄弱、产品声誉不足的情况下，选择中间商品牌或贴牌生产可能更为明智。如果中间商在某个市场中拥有较高的品牌忠诚度或者广泛的销售网络，即使制造商有能力推出自有品牌，也应考虑与中间商合作，采用中间商品牌。这一策略在企业开拓海外市场时尤为常见。

2.品牌统分策略

无论是使用自有品牌，还是使用中间商品牌，企业接下来都应考虑品牌数量问题。也就是说，是所有产品都使用同一个品牌，还是各种产品分别使用不同的品牌。实践中，营销人员针对这一问题提出了三种品牌使用方式：

（1）统一品牌策略

统一品牌策略是指无论产品的种类和功能如何，企业都选择使用同一个品牌。统一品牌策略的主要优势在于可以最大化品牌的市场认知度，降低新产品进入市场时的推广成本。由于消费者对该品牌已建立了信任，这使得企业可以借助已建立的品牌信誉，更加顺利地将新产品推向市场。例如，飞利浦和佳能分别通过"Philips"和"Canon"品牌覆盖了从家用电器到电子设备的广泛产品线。然而，统一品牌策略也存在风险，即任何一款产品的质量问题都可能波及整个品牌的声誉。同时，这种策略可能导致消费者难以区分不同档次的产品，从而影响他们的购买决策。

（2）个别品牌策略与多品牌策略

个别品牌策略是指企业为每一种产品单独创建品牌，以确保每个品牌能够精准定位特定市场和消费者需求。多品牌策略是指企业通过为同类产品创建多个互相竞争品牌的做法，其目的在于使产品能够覆盖更广泛的市场。这类策略的最大优势在于企业可以分散风险，避免因为个别产品出现问题而损害整个品牌的声誉。多品牌策略还允许企业在销售渠道中占据更多的货架空间，从而挤压竞争对手的市场份额。针对不同的消费者群体，多品牌策略还可以满足多样化的需求，进而提升市场占有率。然而，这一策略也要求企业在品牌管理和市场推广上投入更多资源，并需要持续监控各品牌的市场表现，以便在必要时优化品牌组合，避免品牌之间的内部竞争。

（3）分类品牌策略

分类品牌策略是结合统一品牌策略和个别品牌策略的优点的折中方案。企业根据产品类别进行品牌划分，为不同类别的产品赋予独立的品牌名称。通过这种方式，企业既能保持各产品线的品牌独立性，又能在特定市场中发挥分类品牌的优势。例如，一家企业可以将产品划分为家用电器、服装和生活用品等类别，并为每个类别创建独立的品牌名称和形象。这种策略不仅有助于企业分散风险，还有助于企业通过差异化的品牌定位，增强消费者对各产品线的认知度和忠诚度。分类品牌策略的优势在于，它既避免了统一品牌策略可能带来的负面影响，又使各品牌能够根据市场需求灵活调整，定位不同的消费者群体。

3.复合品牌策略

复合品牌策略指的是在同一产品上同时赋予两个或多个品牌的做法。这一策略不仅继承了统一品牌策略的优势，还提升了宣传效果。根据品牌的地位或从属关系，复合品牌策略可分为主副品牌策略和品牌联合策略两种形式。

（1）主副品牌策略

主副品牌策略是指对同一产品使用一个主品牌和一个副品牌的做法。通常企业会将覆盖了多个产品的品牌作为主品牌，借助品牌已建立起的市场声誉和知名度来帮助新产品或市场表现不佳的产品打开市场。同时，企业还会为每个产品配以独立的副品牌，以突出该产品的独特性。例如，宝洁公司以"P&G"作为主品牌，而旗下的洗发水产品以"潘婷"和"海飞丝"作为副品牌，分别定位于不同的消费者群体。主副品牌策略的优势在于不仅能够像统一品牌策略那样共享品牌优势，还能够通过副品牌明确产品之间的差异，避免因个别产品表现不佳而影响整个品牌声誉。

主副品牌策略特别适合同时生产多种性质不同或质量层次不一的产品的企业，尤其是在主品牌已经具有较高市场知名度的情况下。主品牌能够为各个副品牌提供强有力的市场背书，使得副品牌在市场中更容易被接受和认可；反之，主品牌在市场中的知名度不高，或者市场声誉不佳，那么主副品牌策略的效果可能会大打折扣。

（2）品牌联合策略

品牌联合策略是指在同一产品上同时使用两个或多个地位平等的品牌，通过品牌之间的协同效应，提升产品的市场影响力。品牌联合策略的核心在于，通过共享资源、协同宣传，使整体品牌的效果远远超出单一品牌的效果。代表性案例是英特尔（Intel）与电脑制造商联想（Lenovo）、戴尔（Dell）等品牌的合作。英特尔作为全球领先的半导体芯片制造商，通过与联想、戴尔等品牌合作，在其产品上标注"Intel Inside"的标识，表明该电脑内部使用的是英特尔的处理器。这一做法不仅提高了英特尔本身的知名度，联想、戴尔等品牌的电脑也随着英特尔品牌声誉的提高而成为高质量产品的代表。

根据联合品牌的归属来分类，品牌联合策略可分为自有品牌联合和自有品牌与他人品牌联合两类。例如，可口可乐和Coke的联合就属于前者，而三菱重工与海尔的联合则属于后者。品牌联合策略不只局限于品牌名称的共享，还涉及更深层次的合作，如联合营销活动、资源共享以及共同开发新产品等。

（二）品牌延伸

当品牌在市场上已经积累了良好的声誉并获得了市场忠诚度时，企业是否可以将该品牌延伸到其他新产品上，以便进一步增强品牌价值？这就涉及品牌延伸的问题。品牌延伸是指企业将已经成功并具备市场影响力的品牌应用于与原有产品不同的新产品上，通过利用品牌的知名度和声誉度来促进新产品的推广。举例来说，三星起初以电子产品闻名，后来通过品牌延伸，成功进入了家电、智能手机、医疗设备等领域，大大提高了品牌的市场影响力。耐克最初以运动鞋起家，同样通过品牌延伸，成功进入了运动服装、运动器材和健身配件等市场。

1.品牌延伸与品牌价值提升

品牌延伸的最大优势在于能够在仅略微增加推广成本的情况下，最大化品牌的市场价值。品牌的声誉可以降低新产品进入市场的阻力，从而带来推广成本的下降。同时，消费者的品牌忠诚度往往具有传递性，这种"品牌光环效应"能够有效缩短新产品的市场接受周期。例如，可口可乐通过将品牌延伸至瓶装水、果汁和功能饮料等领域，成功保持了品牌在饮料行业的领导地位。同时，消费者出于对可口可乐品牌的信任，更容易接受其新推出的饮料产品，这进一步提高了品牌延伸的成功率。也就是说，当新产品通过品牌在消费者心中建立良好声誉时，企业同样通过品牌延伸将新产品的市场接受度转化为消费者对品牌信任的强化。例如，亚马逊最初以电子商务起步，但后来成功扩展到云计算、视频融媒体服务等领域，每一次扩展都得益于亚马逊原有品牌的市场信誉，并通过新产品的品质和体验保障，进一步提高了品牌的影响力。然而，品牌延伸也伴随着风险。如果新产品表现不佳，甚至质量低劣，那么原有的品牌声誉会受到严重损害。消费者往往会将对新产品的负面体验与整个品牌联系在一起，从而削弱对品牌的信任度和忠诚度。

2.品牌延伸与风险规避

品牌延伸是一种潜力巨大但伴随风险的策略。尽管它可以通过借助现有品牌的市场影响力，迅速提升新产品的知名度和市场接受度，但如果新产品未能达到消费者的期望，不仅会削弱其自身的市场表现，还可能损害品牌的整体形象和声誉。因此，在实施品牌延伸之前，企业必须深入评估潜在风险，并采取有效的预防措施，以确保品牌延伸的成功。

首先，在推进品牌延伸时，企业应充分评估现有品牌与新产品之间的契合度。如果品牌的核心价值与新产品紧密契合，品牌延伸的成功概率将大大提高。如果二者缺乏明确的关联性，强行推进品牌延伸可能导致品牌形象的模糊化，从而引发消费者的困惑，甚至负面反应。例如，将一个以环保理念为核心的品牌延伸至非环保领域，就可能会削弱品牌的原有形象，进而降低消费者的信任度。

其次，针对那些个性鲜明、市场定位明确的品牌，企业在进行品牌延伸时更需谨慎。如果随意将这些品牌应用于不相关的产品类别中，则可能会稀释品牌的独特性，甚至动摇其在市场中的地位和消费者的忠诚度。例如，如果一个以高端定位著称的品牌突然推出价格低廉的产品，就可能会导致消费者对品牌质量产生疑虑，从而影响品牌的整体形象。

再次，品牌延伸还需慎重考虑产品所处的生命周期。如果市场上的产品已处于成熟期后期或衰退期，那么品牌延伸的风险将大幅度增加。在竞争激烈的市场中，产品的生命周期往往较短，因此企业在决定进行品牌延伸时，应避免选择已趋于饱和或开始衰退的市场，以降低失败的可能性。

最后，企业必须特别警惕"连带效应"。如果新产品在市场上遭遇失败，不仅会影响其自身的销售，还可能波及原有品牌的声誉，从而削弱品牌的整体价值。为降低这一风险，企业应确保新产品在质量和市场竞争力方面具有明显优势。另外，采用主副品牌策略也是一种有效的风险规避方法。通过将新产品置于副品牌之下，即使其表现不佳，也能降低对主品牌的负面影响，从而保护品牌的长期价值。

（三）品牌更新

品牌更新是指通过重新定义品牌定位和重塑品牌形象，增强品牌在市场中的竞争力和吸引力的做法。品牌更新的本质在于为品牌注入新的活力，使其能够更好地适应不断变化的市场环境和消费者需求。因此，品牌更新可以视为品牌管理中的关键措施。现实中，尽管品牌本身并没有固定的生命周期，但这并不意味着品牌能够凭借初期的成功永远维持市场地位。随着市场竞争的日益激烈以及消费者偏好的改变，即使早期定位十分成功的品牌，也需要不断调整以保持与市场的相关性。一方面，竞争对手的品牌定位与本企业品牌相似而侵蚀市场份额；另一方面，随着时间的推移，消费者的需求和认知也在不断变化，这可能导致消费者转向更符合当前需求的品牌。因此，企业及时进行品牌更新不仅能够帮助品牌适应新的市场环境，还能够纠正早期定位中的不足之处。

品牌的长期成功不仅依赖于初始的市场定位和品牌设计，还取决于品牌能否根据市场环境的变化进行灵活调整。例如，"星巴克"最初是一家专注于销售咖啡豆和咖啡器材的零售商，通过品牌更新和定位转变，它逐步发展成为全球领先的咖啡连锁店，成功将品牌打造成"第三空间"的象征。品牌更新不仅包括重新定位，还包括品牌名称或标志的调整。例如，耐克（Nike）的前身是"Blue Ribbon Sports"，随着品牌的发展壮大，最终更名为"Nike"，以致敬胜利女神，同时通过简洁有力的"对勾（Swoosh）"标志提高了市场传播力。又如，雀巢（Nestlé）通过多次更新品牌标志，从最初复杂的图案简化为如今更具现代感和全球辨识度的品牌标志。

本章小结

产品是企业提供给市场、可以满足消费需求和欲望的任何东西，既包括有形物品，也包括无形服务和体验，常被划分为五个层次，即核心产品、形式产品、期望产品、延伸产品和潜在产品。产品组合是企业向市场提供的所有产品线和产品项目的组合或结构，可以通过长度、广度、深度和关联度四个方面来衡量。随着市场不断变化，企业可以采用三种不同的产品组合决策，即扩张产品组合、收缩产品组合、改进产品组合。

产品生命周期是产品从进入市场到退出市场的过程，通常包括导入期、成长期、成熟期和衰退期四个阶段。现实中，并非所有产品都会经历完整的生命周期。尤其是在数智时代，随着技术的飞速发展和消费者需求的快速变化，产品生命周期大大缩短。许多产品尽管在短期内实现了爆红，但很快就可能因为技术换代或消费者不再关注而退出市场。

新产品开发是企业的生命源泉。凡是产品在功能或形态上有所改进，与原有产品产生差异并能为消费者带来新的利益的产品，都可视为新产品。新产品开发是指企业从产品构思、筛选、试销到正式投产所进行的一系列活动。新产品开发流程包括产品需求预测、创意构思、筛选构思、产品概念形成与测试、制定营销战略、商业分析、产品研制与开发、市场试销和市场投放。

品牌是由文字、字母、图形、颜色、包装或者由它们的组合所构成的、用以区分产品来源的符号或标记，消费者或社会赋予它们某些含义。在现代社会，品牌不仅是产品或服务的识别标记，还是消费者对品牌背后的产品、企业和营销活动的特定认知。在设计品牌时，企业需要从产品的名称、品牌标志、代言人、包装等方面进行全方位设计。在进行品牌决策时，企业需要考虑如何通过品牌组合和品牌延伸，有效实现企业利润的最大化。

关键概念

产品；产品组合；产品生命周期；新产品；新产品开发；品牌；品牌标志；品牌策略

案例分析

洪泽湖大闸蟹：重新定义好蟹，大闸蟹的品牌创新

作为中国优质淡水蟹的代表，洪泽湖大闸蟹以其肉质鲜美、蟹黄饱满而闻名。洪泽湖地处江苏省，水质清澈，环境优越，独特的地理条件造就了洪泽湖大闸蟹卓越的品质。近年来，洪泽湖大闸蟹品牌通过深入挖掘产品的地域特色与文化内涵，逐渐在激烈的市场竞争中崭露头角，成为高端蟹类市场的佼佼者。纵观洪泽湖大闸蟹的品牌建设历程，其多样化的创新举措值得深思。

组建高效团队，推动产业升级。洪泽湖大闸蟹以区域品牌为核心，成立产业联盟和渔业协会等专业组织，整合企业、地方和产业品牌资源。通过建立由政府、海关、省洪泽湖渔业管理办公室及农业农村局组成的"四方联席会议机制"，共同签署《洪泽湖大闸蟹出口合作备忘录》，以强化区域品牌的核心竞争力。突出规模化发展，构建"养殖户—企业—基地—园区"一体化发展模式。

健全管理体系，巩固制度基础。洪泽湖大闸蟹通过构建区域公用品牌使用规范、标准体系和决策规则，完善监控、预警、检验检测、安全追溯、养殖管理与基地建设等九大制度，发布养殖技术规程与产品质量标准，确保生产全过程受到制度的有效监管。为规范地理标志的使用，制定了《洪泽湖大闸蟹地理标志使用管理办法》《大闸蟹商品原产地品质服务电商销售标准》。同时，与企业签订《洪泽湖大闸蟹质量安全承诺书》，开展企业信用评级，指导并督促企业在生产中科学化、规范化，守法与诚信并行。

推进追溯管理，确保产品质量。坚持全程溯源，采用"人放天养"增殖法与生态绿色养殖模式，全面打造景观化基地、规范化布局、标准化设施、生态化生产、质量可追溯的生产体系。建立质量追溯平台，布设20个追溯点，并通过二维码实现流通环节的溯源。坚持多层次监管，统一生产模式、养殖规模、生产标准、销售备案和地标使用，规范苗种投放、饵料管理及药物使用，加强对养殖投入品的监管和水环境的监测，并形成了"药残检测、病害预警、环境监测、海关监管、产品溯源"五位一体的质量控制体系，确保所有上市产品的合格率达到100%。

加强品牌推广，提升品牌知名度。聚焦关键区域，在核心销售市场投放广告，并通过央视、《人民日报》、《农民日报》和《学习强国》等知名媒体进行广泛宣传，营造强大的品牌声势。抓住热点机遇，策划并举办大闸蟹节、开捕节、蟹王蟹后争霸赛及十佳渔业品牌评选等活动，积极参与全国农交会、渔博会和展销会，将品牌形象深植于产品包装、店铺宣传、节庆活动、宴会餐饮中。同时，开发带有品牌标志的摆件、挂饰、美食等文创产品，深化品牌内涵并加强推广力度。通过原创内容、短视频、直播带货等多元形式，展现大湖美景和产品品质，提高在抖音、西瓜视频、bilibili等新媒体和电商平台上的曝光率，进一步增强品牌影响力。

推动产品上市，拓展消费市场。借助大闸蟹节、"苏韵乡情"推介会和放鱼节等活动，与各类企事业单位及高端平台合作，将洪泽湖大闸蟹推向更高层次、更广市场和更高平台。联合天猫、美团等电商平台，打造产业发展基地，实施产品分级销售，并推出蟹黄汤包、蟹黄鱼圆、蟹黄鱼酱等特色产品，提升产品附加值。围绕"洪泽湖大闸蟹"品牌，

组织微视频大赛和商标名称征集活动，推出一批网红景点、餐厅、美食和名人，进一步扩大产品知名度。

经过不懈努力，洪泽湖大闸蟹产业实现了质的飞跃。"洪泽湖大闸蟹"品牌影响力显著提升，排名全国区域品牌百强榜第37位，品牌价值达154.28亿元。绿色发展模式提升了产品品质，改善了水域生态，使"绿色""优质"成为品牌标志。地标产品价格和出口价格均高于同类产品，企业利润增长超过30%，带动近万户渔民增收。同时，洪泽湖大闸蟹还充分利用已经建立起的市场地位，成功带动了餐饮、物流、旅游等多个相关产业的发展。例如，利用大闸蟹的品牌影响力，开发了特色旅游线路和文化体验项目，吸引游客前来品蟹赏景，不仅提升了洪泽湖大闸蟹的品牌影响力，还推动了区域经济的整体繁荣，形成了"品牌引领、多业齐发展"的良好局面。洪泽湖大闸蟹的品牌标志如图7-15所示。

图7-15 洪泽湖大闸蟹的品牌标志

资料来源：高晓川. 洪泽湖大闸蟹：绿色打底 品牌赋能 协同推进产业高质量发展［EB/OL］.［2023-06-12］. https://mp.weixin.qq.com/s/iAhk7uLbhW9C9NxGH8fUng.

问题：

1.请你试着分析一下洪泽湖大闸蟹的产品层次，并指出该品牌围绕五个产品层次都作出了哪些有利决策。

2.请结合产品组合策略，对洪泽湖大闸蟹品牌在其产品线扩展中的做法进行评价。

3.洪泽湖大闸蟹是如何进行品牌建设的？其背后的营销学原理是什么？

案例分析答案示例7

基本训练7

第八章

价格策略

学习目标

通过本章学习，学生应达到以下目标：

1. 了解价格的构成、职能和影响因素；

2. 掌握定价的一般步骤、方法及基本定价策略，包括心理定价策略、新产品定价策略、折扣与让价策略和产品组合定价策略；

3. 理解价格的定义、定价的目标及个性化定价策略和动态敏捷定价策略；

4. 能够将所学的定价方法和策略应用于实际案例分析中，解决企业在不同市场环境下的定价问题。

思维导图

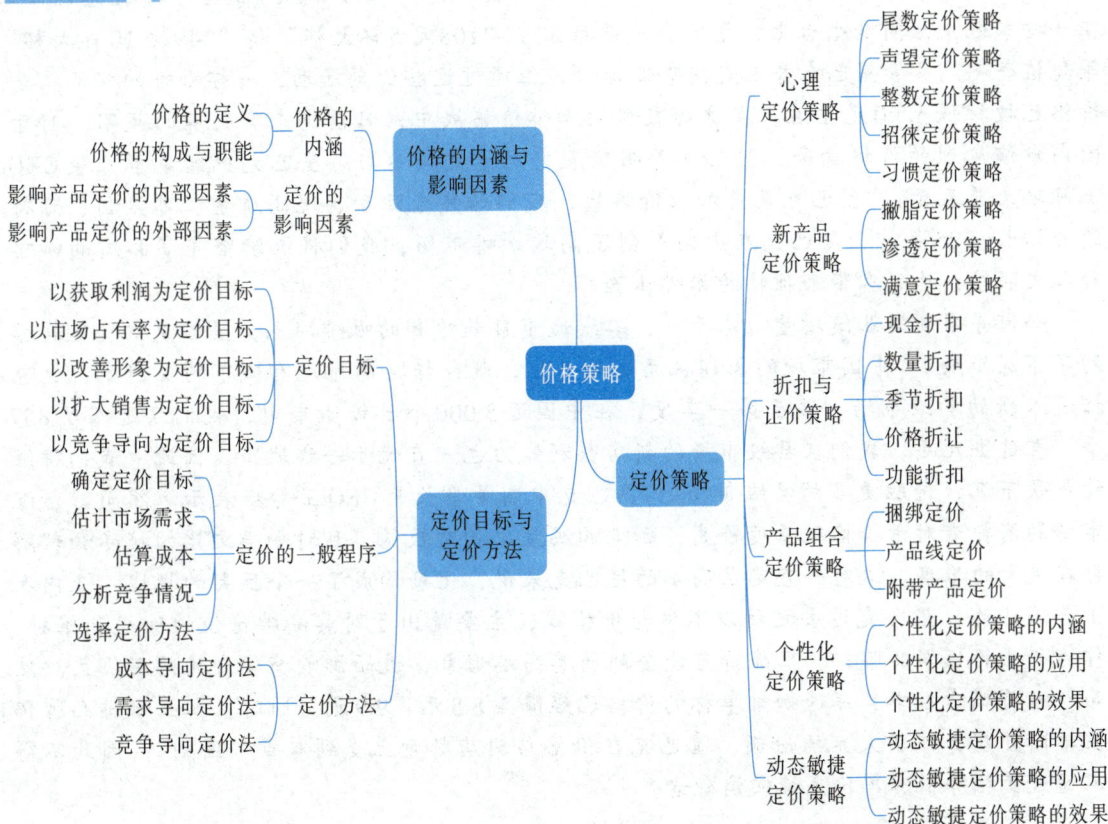

开篇案例

9.9元价格战，"卷"痛星巴克？

近年来，随着中国消费市场的升级和咖啡文化的深入人心，咖啡市场迎来了前所未有的繁荣与增长。本土品牌如库迪咖啡、幸运咖等凭借激进的低价策略，迅速崭露头角。与此同时，瑞幸咖啡凭借其独到的商业模式和迅猛的扩张势头，成为星巴克在中国市场的重要竞争对手。星巴克在中国市场正面临营收增长的压力，急需寻找新的增长点以维持其市场地位。一方面，星巴克的门店渗透率已被瑞幸咖啡超越，市场份额受到挤压；另一方面，库迪咖啡等品牌的紧追不舍，甚至有可能实现反超，给星巴克带来了更大的压力。在如此激烈竞争的中国咖啡市场中，星巴克亟须探寻新的突破策略，以打破当前的困局。

咖啡行业的价格战给星巴克带来了不小的冲击。2023年，瑞幸咖啡和库迪咖啡之间展开了激烈的8.8元和9.9元的咖啡价格战，这一价格战迅速引发了行业的连锁反应。幸运咖等品牌也紧随其后，推出了2杯9.9元的促销活动，使得"9.9元"活动成为了行业的标配。虽然星巴克声称不直接参与价格战，但实则通过向会员发放优惠券，在美团、饿了么等平台推出优惠套餐等形式，间接地进行了价格调整，以吸引更多消费者的目光。星巴克原本的咖啡价格区间稳定在30元至45元之间，如大杯美式、拿铁和比利时黑巧星冰乐的售价分别为30、33和41元。若选择超大杯，每杯的售价将在原有基础上增加3元。为了应对市场日益激烈的竞争，星巴克近期推出了多样化的优惠活动，如"满60元立减10元""满50元立减6元""49.9元三杯""39.9元双杯""咖啡拿铁7折券"等优惠活动。在一些本地生活团购平台上，星巴克更是推出了"108元5杯大杯"和"249元10杯大杯"等超值套餐。尽管星巴克并未直接降低标价，但通过这些优惠活动，一杯咖啡的实际消费价格已被拉低至20元左右。在这场激烈的咖啡价格战中，目前尚未有明确的赢家。对于国内愈演愈烈的价格竞争，星巴克曾明确表态无意直接参与。星巴克中国董事长兼CEO王静瑛此前表示："星巴克无意加入价格战，我们始终专注于实现高质量、可盈利、可持续的增长。25年前，星巴克在中国开创了高端咖啡市场，我们将继续坚守高品质的咖啡和人文联结，为顾客带来独特的咖啡体验。"

如何寻求新的业绩增量？基于一、二线城市日趋饱和的咖啡网点，星巴克把目光转移到了下沉市场。"中国市场的长期机遇显而易见，既包括提高对现有城市的渗透率，也包括进入新的县级市场。截至第一季度，在中国近3 000个县级城市中，我们只进入了857个。在过去几年，我们在县级市场的新店盈利能力也一直优于一线城市。因此，我们将继续加快下沉，进驻更多的县级市场。"星巴克中国董事长兼CEO王静瑛表示。然而，下沉市场的消费者对于价格敏感度较高，咖啡购买频次相对较低，且对咖啡文化的接受和理解存在更大的难度。这对一直定位高端的星巴克来说，无疑构成了一个巨大的挑战。业内人士普遍认为，星巴克过去之所以不参与价格战，主要是出于对其品牌价值的珍视和维护。作为行业的领军品牌，一旦降价可能会削弱其高端形象，进而影响消费者的购买决策。然而，当前瑞幸咖啡、库迪咖啡单杯的价格已经降至8.8元、9.9元。同时，本土咖啡品牌仍在不断开店，以扩大市场份额。星巴克在价格与门店数量上受到双重"围剿"，因此不得不通过变相降低客单价来挽回消费者。

事实上，在当前中国咖啡市场的激烈竞争中，星巴克面临的挑战不仅仅是市场份额的争夺，还涉及如何在保持品牌价值的同时，适应中国市场的特殊需求和消费者行为。这不只是一场商业竞争，也是对星巴克品牌策略创新的考验。

资料来源：贺阳. 星巴克下场 连锁咖啡市场竞争升级［N］. 中国商报，2024-06-04（006）. 内容有删改。

第一节　价格的内涵与影响因素

一、价格的内涵

（一）价格的定义

价格作为一个高度敏感且不断变化的要素，其设定不仅深刻影响着消费者的购买决策，还直接关系到企业的盈利状况及市场地位。营销领域的权威菲利普·科特勒曾强调："对于一家公司来说，最难办的事情之一就是给一种产品或服务制定适当的价格。"这凸显了价格在市场营销组合中的核心地位，因为它不仅是企业获取收入的关键，还承载并传达了企业对产品或品牌的价值定位[①]。一个明智且精准的价格策略，不仅能使产品更具吸引力，还能在激烈的市场竞争中为企业带来可观的利润。因此，对任何企业来说，制定一个既能反映产品价值又能满足市场需求的价格，无疑是一项需要深思熟虑的决策。

现实中，价格并非仅仅是商品标签上的一个数字，它具有多种形式并发挥着多重功能。在消费者购买产品或服务的过程中，租金、学费、交通费、定金、佣金等都可能是所支付的价格的不同表现。狭义上的价格是为产品或服务收取的货币总额。广义上的价格是顾客为获得、拥有或使用某种产品或服务的利益而支付的价值[②]。长期以来，价格一直是影响购买决策的重要因素。然而，随着数字经济时代的到来，非价格因素在消费者决策中占据了越来越重要的地位，促使许多消费者重新评估他们所愿意支付的产品或服务的价格。相应地，企业也不得不深入审视和调整自身的定价策略，以适应这一变化。

数字技术作为数字经济的核心驱动力深刻改变了消费者和企业的交互方式，进一步印证了习近平总书记在2021年世界互联网大会乌镇峰会上所强调的"数字技术正以新理念、新业态、新模式全面融入人类经济、政治、文化、社会、生态文明建设各领域和全过程，给人类生产生活带来广泛而深刻的影响"。如今，消费者只需轻触手机屏幕就能轻松从海量供应商中实时比较价格，获取大量关于商家的产品信息、价格及用户评论，从而作出明智的购买决策。而企业则能够借助先进的数据分析工具，以客户需求为导向为不同消费者提供个性化的定价策略，甚至通过在线拍卖和交易系统灵活议价，从而通过精准定位客户需求和市场趋势，构建企业新质营销力。同时，租赁、借贷和共享经济的兴起，也给传统定价环境带来了颠覆性的变化。因此，在这一背景下，企业需要在不断变化的市场环境中灵活调整定价策略，确保自身的竞争力和可持续发展。

---

① 科特勒，凯勒. 营销管理［M］. 何佳讯，等译. 15版. 上海：格致出版社，2016.
② 李亚斌，周霞霞，辛志成. 市场营销实务［M］. 2版. 重庆：重庆大学出版社，2021.

（二）价格的构成与职能

1.价格结构

一般而言，产品价格主要由生产成本、流通费用、税金和利润四个方面构成。生产成本是指生产者在制造过程中为获取产品所需付出的各项费用总和，这些费用涵盖了原材料成本、劳动力成本和设备折旧等生产要素的消耗。生产成本在产品价格中占据着核心地位，其比重较大，是产品价格的主要组成部分。产品的生产成本有两种基本形态，即个别生产成本和社会生产成本。按照社会必要劳动量决定价值量的原理，在制定和调整价格时必须以社会生产成本为依据，而不是以企业的个别生产成本为依据。流通费用是指产品在从生产环节流转至最终消费环节的过程中，所涉及的各种物资和劳务的货币化支出。流通费用主要包括运输和杂项费用（如装卸、保险等）、仓储保管费用以及产品包装所需的费用。税金是指生产和经营单位依照国家税法规定，应当计入其产品或服务销售价格中的应缴税额。税金通常与产品价格直接相关，主要包括增值税、消费税以及基于产品或服务流转额征收的各类附加税等。利润是指产品销售收入减去产品成本和税金之后所剩余的金额。利润水平的高低直接反映了企业的经营管理能力和效率，是企业经济效益的重要体现，并与个人的经济利益息息相关。

2.价格的职能

价格的职能是价格内在所具备的功能，主要包括表现产品价值、经济核算、反映信息和调节经济职能。随着数智时代的到来，新质营销力的崛起为价格的职能注入了新的活力和意义，极大地拓宽了企业在定价策略上的灵活性与创造性。

（1）表现产品价值

价格必须能够反映产品的价值，这是价格的基本职能。新质营销力的提升促进了产品的差异化发展，使得企业能够开发出具有独特卖点和竞争优势的产品。这种差异化不仅满足了消费者的多样化需求，还为企业提供了制定差异化定价策略的机会。高价策略能够体现产品的高端品质和独特价值，而低价策略则能够迅速占领市场份额。这种差异化定价策略正是价格表现产品价值职能的具体体现，有助于企业树立品牌形象，提升市场竞争力。

（2）经济核算

价格的经济核算职能要求企业准确核算成本，以制定合理的价格。新质营销力的提升能够通过技术创新和管理优化等手段有效降低生产成本，这不仅提高了企业的经济效益，还为企业提供了更广阔的空间制定灵活的定价策略。企业可以基于降低后的成本来制定更具竞争力的价格，或者保持价格不变以获取更高的利润率。这种成本降低直接支持了价格的经济核算职能，使得企业能够更精准地进行成本管理和定价决策。

（3）反映信息和调节经济

价格的反映信息和调节经济职能体现在价格能够反映消费者需求强度以及市场供求状况，并引导资源配置和调节市场供求关系。新质营销力的提升增强了企业对市场变化的反应能力，使企业能够迅速捕捉到市场信号并作出相应的调整。当市场环境发生变化时，如消费者需求变化、竞争对手策略调整等，企业可以迅速通过新质营销力调整生产流程和产品结构来适应市场变化，并根据市场的反馈来调整定价策略。在这一过程中，价格作为市场信息的直接反馈机制，不仅充分反映了消费者对产品的接受程度与支付意愿，还指引着企业实现资源的优化配置，即价格的反映信息和调节经济职能得到充分发挥。

二、定价的影响因素

定价作为市场营销策略中的关键环节，其制定过程深受多重复杂因素的影响，直接关系到企业的盈利能力、市场竞争力和顾客满意度。影响产品定价的因素具体可分为内部因素和外部因素。内部因素主要有企业经营状况、企业产品成本、企业营销策略、企业产品特征和企业数据分析能力等；外部因素主要有市场竞争情况、市场需求、消费者的行为和心理以及政府干预程度[①]。企业在确定产品价格时，必须对这些因素进行系统分析，并在此基础上选择定价方法和策略。

（一）影响产品定价的内部因素

1.企业经营状况

在制定价格策略时，企业应充分考虑自身的生产经营能力、销售渠道、信息沟通方式等因素，选择最适合的定价策略。例如，在生产经营能力方面，资金实力雄厚、技术力量强大且装备精良的企业，在定价过程中明显拥有显著优势。这些企业不仅拥有更广阔的市场操作空间，还能更加灵活地应对市场变化，从而在竞争中保持领先地位。相比之下，实力不足的企业在设定价格时需要采取更为稳健与审慎的态度，力求在吸引顾客与保障企业稳健运营之间找到最佳平衡点，避免因过度追求市场份额而损害企业的长期发展潜力。在销售渠道方面，企业需要根据渠道成员的实力与控制能力来制定价格策略。拥有强大且可控的销售渠道网络，意味着企业在价格制定上能够享有更高的自主性与灵活性，从而更有效地推动销售策略的实施；反之，当渠道控制力较弱或渠道成员间关系不够稳固时，企业则需要采取更为稳定的价格策略，以减少因渠道变动带来的不确定性风险。在信息沟通方面，有效的信息沟通是企业运营成功的关键要素之一，主要涵盖了企业内部的信息控制以及与消费者之间的关系维护两个方面。有效的信息控制机制能够确保企业内部各个部门之间信息传递的及时性和准确性，从而使企业能够迅速捕捉市场动态，并据此作出相应的价格调整决策。而与消费者之间良好的关系则是企业成功实施价格策略的重要保障。通过积极的沟通和互动，企业能够更好地理解消费者的需求和期望，从而在制定价格时能够充分考虑到消费者的利益并赢得消费者的理解和认可。

2.企业产品成本

成本是构成产品价格的主要部分。为确保市场营销活动的稳定与持续发展，企业必须通过市场销售实现成本回收，并在此基础上获得一定的利润。在竞争激烈的市场环境中，产品成本较低的企业往往拥有更大的定价灵活性，能够有效应对市场波动和竞争压力，从而获得更好的经济效益和竞争优势；相反，产品成本较高的企业则可能面临定价被动、市场竞争力不足等挑战。因此，有效控制成本、提高生产效率、优化供应链管理，对于企业在市场竞争中保持领先地位至关重要。

3.企业营销策略

价格只是企业达到营销目标时所使用的营销组合要素之一。在制定价格决策时，企业还需要确保其与产品设计、销售策略和促销手段等营销组合要素紧密配合，以形成一个连贯、高效且协同的整体营销方案。顾客不仅根据价格进行购买，他们更期望获得具有最高

① SHANKAR V，BOLTON R N. An empirical analysis of determinants of retailer pricing strategy ［J］. Marketing Science，2004，23（1）：28-49.

价值的产品。因此，在定价过程中，企业既要确保定价策略能够支持市场营销战略目标的实现，又要确保其与产品策略、销售渠道策略等其他关键决策相互协调、相互促进。这样的定价策略能够更全面地满足顾客需求，提升顾客满意度，进而增强企业的市场竞争力，实现长期稳健的发展。

4.企业产品特征

在制定定价策略时，企业必须综合考虑产品的多重特征。这些特征具体涵盖了产品的种类多样性、标准化程度、易腐蚀和易毁坏的程度，以及产品的季节性、时尚性和需求弹性等多个方面。此外，产品的生命周期也是定价决策中不容忽视的要素。

5.企业数据分析能力

随着大数据时代的到来，数据已成为驱动经济社会发展的核心生产要素之一。企业在新时代的竞争舞台上，其核心竞争力已经向更深层次的数据获取、整合与应用能力的构建转变，使得产品定价策略更加综合，并且这一转变不仅是企业构建新质营销力的关键所在，还是积极响应中共二十届三中全会关于加快数字经济发展、推动产业转型升级战略部署的具体实践。通过数据分析，企业不仅能够了解市场和消费者的实时信息，还能够找准自身的地位，实现更加灵活和动态的定价机制。同时，基于数据的反馈循环，企业能够及时调整策略，优化产品组合，确保定价策略始终与市场趋势和消费者期望保持高度契合，从而在激烈的市场竞争中稳固并扩大其市场份额。

市场洞察8-1

轻食真的"轻"吗？

（二）影响产品定价的外部因素

1.市场竞争情况

企业在实施定价策略时往往会受到市场竞争情况的影响。此时，企业不仅需要精准把握自身的产品库存及市场需求动态，还需要敏锐洞察竞争对手的定价策略对自身收益产生的影响，以规避潜在的市场风险并确保收益最大化。研究显示，如果企业在实施定价时忽视了市场竞争的因素，未能将竞争对手的定价行为纳入考虑范围，那么其收益可能会遭受显著损失，幅度高达10%~50%[1]。在数字化背景下，企业可以发挥新质营销力优势，借助人工智能大模型，如网络爬虫、图像识别、文本生成等技术，对竞争对手数据进行深度的获取和分析，从而生成竞争对手的概况、优缺点、策略等，为产品经理和运营人员提供有关竞争对手的全面、客观的描述和评价。

2.市场需求

市场需求是影响企业定价最主要的因素。企业每制定一种价格，都要深入研究价格变动对需求变动的影响程度，以及这些变动对企业的营销目标的影响。随着数字化时代的到来，越来越多的企业开始借助新兴的数据分析工具和技术，如自然语言处理、知识图谱、生成式人工智能等技术进行自动化和智能化的数据分析，以便更好地了解客户需求和市场趋势。例如，企业借助生成式人工智能技术在智能化解读图表数据方面的强大功能，不仅可以实现数据处理的可视化与深度挖掘，还可以极大地增强对市场需求及其动态变化的洞察与预见能力。

3.消费者的行为和心理

消费者的行为和心理既是企业在制定价格时最不易被考察的因素，也是企业定价时必

---

① ALDERIGHI M，NAVA C R，CALABRESE M，et al.Consumer perception of price fairness and dynamic pricing: Evidence from Booking.com [J]. Journal of Business Research，2022（145）：769-783.

须考虑的重要因素。在数字经济时代，拥有强大大数据分析能力的企业可以通过仔细检查消费者的数字足迹，毫不费力地识别和分析特定消费者群体的行为偏好，从而为消费者提供个性化价格。例如，在零售领域，企业根据消费者以前的购物行为定制个性化优惠券；在旅游和酒店业，企业通过监控消费者在线浏览活动来进行定价。当前，随着数字化的快速发展，消费者数据的使用范围已经从在线卖家扩展到实体零售商。例如，亚马逊的无人便利店"Amazon Go"使用摄像头和传感器来识别和监控消费者，观察他们在店内的动作，跟踪他们与产品的互动，从而提供量身定制的优惠券。

此外，定价的成功实施还需要考虑消费者之间存在的差异化支付意愿。由于这种支付意愿往往难以直接量化，企业必须依赖多元化的数据指标来间接衡量并预测消费者的支付潜力。为此，企业需要借助大数据收集工具，收集与分析大量关于消费者行为、社会人口统计及地理位置等多维度的数据，来精准划分细分市场。例如，在行为方面，企业可以考察消费者的购买历史、品牌忠诚度、购买频率及数量等关键指标。在心理方面，消费者的生活方式、风险承受能力、对产品质量的期待等都深刻影响着消费者的购买决策与支付意愿。通过综合运用上述各类数据指标，企业不仅能够构建起一个立体、全面的消费者画像，而且增强了营销活动的针对性与有效性，为企业在数智时代打造新质营销力奠定了坚实基础。

4.政府干预程度

除了市场竞争情况外，政府政策和法律法规也会直接影响企业的价格决策。随着市场经济的发展，价值规律、供求规律和竞争规律的自发作用，都会产生某些无法自我完善的弊端。为维护市场的稳定和公平，政府制定一系列的政策和法律法规，对市场价格进行管理，并采取各种改革措施，建立与市场经济相适应的管理机制和限制性的政策，以确保市场价格的合理性和公正性。这些措施在市场经济活动中扮演着至关重要的角色，已经成为各类企业制定价格策略的重要依据。因此，企业在日常经营和定价过程中，必须密切关注政府的货币政策、财政政策、贸易政策等经济调控手段，以及法律和行政调控体系对市场流通和价格的管制措施。

市场洞察 8-2

钟薛高的
沉与浮

第二节　定价目标与定价方法

一、定价目标

企业在制定产品价格之前，必须确立明确的定价目标。定价目标通常建立在企业的整体营销目标之上，是企业选择定价方法和制定价格策略的核心依据。鉴于企业资源的有限性和管理方法的差异性，企业可以从不同的角度选择定价目标。

（一）以获取利润为定价目标

以获取最大利润为导向的定价目标，是指企业在综合分析市场竞争、产品研发、消费者需求、费用开支等因素后，以总收入减去总成本的差额最大化为定价基点，从而确定单位产品价格，争取最大利润。在企业的日常运营中，确保价格覆盖成本并产生盈利是维持其生存与发展的基石。而成功实现这一目标，关键在于企业精准设定销售价格，使之既能吸引消费者，又能保证企业达到预期的利润水平。因此，追求利润最大化，成为众多企业最为常见的定价目标。

（二）以市场占有率为定价目标

企业在明确定价目标时，通常会从占领市场的角度进行考量。市场占有率的高低对产品价格具有显著影响，它是衡量企业市场地位的重要指标，直接影响企业的盈利能力。当企业在同类产品中拥有较高的市场地位时，这意味着企业在竞争环境下具备了一定的优势。这种优势表现在生产和销售规模上，即使单位利润水平不高，企业也能凭借庞大的销售规模保持较强的盈利能力。相反，如果市场占有率很低，则可能表明企业在竞争中缺乏明显优势，甚至可能处于岌岌可危的地位。因此，许多企业经常运用价格策略来努力维持或扩大其市场占有率。

（三）以改善形象为定价目标

企业在明确定价目标时，往往会将确立和改善企业形象作为重要考量。价格不仅是消费者评估企业行为及其产品价值的关键因素，还是企业塑造形象的重要工具。当企业的定价与其向消费者提供的服务价值相协调时，消费者更容易对企业产生诚实可信的印象。相反，如果企业的定价策略仅以追求利润为目的，导致产品质量与价格不匹配，或者出现质次价高的情况，就难以在消费者心中树立良好的形象。在市场竞争日益激烈的今天，品牌形象也是企业新质营销力的重要组成部分，企业需要通过合理的定价塑造具有辨识度和美誉度的品牌形象，这有助于企业在消费者心中建立起独特的价值地位，形成差异化竞争优势。

（四）以扩大销售为定价目标

部分企业会将定价目标主要聚焦于产品销售量的扩大上。特别是在新产品刚进入市场的初期，为了迅速形成规模效应，企业通常不会将利润目标设定得过高，而是采用市场能够接受的价格策略，以便快速打开市场并吸引消费者。此外，在产品进入成熟期甚至衰退期时，为了迅速清空库存、调整产品结构，企业常常会采取有利于销售的定价策略，以吸引消费者并维持市场份额。这种定价策略旨在通过增加销售量来保持企业的市场竞争力和持续发展的动力。

（五）以竞争导向为定价目标

在竞争激烈的市场中，生产同类产品的企业往往更倾向于采用竞争导向的定价策略，即企业会密切关注并分析竞争对手的定价策略，以此为基础来设定和调整自己的产品价格。具体而言，行业内的大部分企业都会对竞争对手的定价保持高度敏感性，在决定产品价格前广泛收集并深入分析资料。不同于以往，数字技术的发展已经使得大数据分析技术逐渐成为企业从海量数据中挖掘竞争对手在市场布局、营销策略、技术创新、客户需求等方面优劣势的首选工具。因此，借助大数据分析技术的力量，企业能够在定价决策中融入关于对竞争对手更多维度的考量，从而制定出既具竞争力又符合自身长远发展的价格。

二、定价的一般程序

对追求卓越和可持续发展的企业来说，合理定价不仅是企业商业道德和社会责任感的体现，还是构建强大市场地位与战略蓝图的关键环节。由于价格的制定需要综合考虑多方面的因素，因此企业必须遵循一套严谨的程序来确保定价的准确性和有效性[①]。

(一) 确定定价目标

企业进行产品定价前，必须先明确定价目标，这取决于企业的市场环境、产品的独特性和消费者需求等多重因素。企业的定价目标主要涵盖维持生存、追求利润最大化、扩大市场份额、维持品牌形象、灵活应对市场竞争等多个方面。明确的定价目标能够为企业制定科学合理的价格打下坚实基础，有力保障企业的可持续发展。

(二) 估计市场需求

在当今快速变化的市场环境中，精准预测市场趋势和客户需求已成为企业成功的关键因素。大数据分析技术的发展为企业提供了强大的工具，它不仅能够帮助企业构建起全面而细致的市场画像，还能够精准刻画出客户的个性化需求与行为模式，使企业在快速变化的市场环境中拥有更加敏锐的洞察力、应变能力以及更加强大的新质营销力。例如，某电商企业通过对用户数据的分析，发现某一类产品的搜索量、购买率、退货率等指标有所上升，这可能意味着该产品的市场需求正在增长。基于这些精准的数据洞察，企业可以灵活地调整库存结构，确保热门产品的充足供应，以适应市场需求的变化。

(三) 估算成本

成本是价格构成的主要部分。从长远视角来审视，任何产品的定价都必须高于成本，以确保企业能够实现盈利。企业的总成本包括固定成本和变动成本。固定成本是指在一定时期内不随企业产量变化而变化的成本。例如，固定资产（如厂房、机器设备等）的折旧费、产品设计费、租金、利息、管理费用等。变动成本是指随着企业产量变化而变化的成本，如原材料、辅助材料、销售费用、员工工资等。因此，产品产量越大，变动成本就越大。企业产品的价格上限受市场需求及相关限制因素的制约，而价格的下限则由产品的成本费用所决定。这一下限能够确保企业的基本运营和再生产能够持续进行，若价格跌破此下限，企业的日常运营将受到威胁，进而损害其长期发展能力。

(四) 分析竞争情况

市场竞争环境是企业产品定价策略的关键影响因素。当前，在数字化环境下，企业纷纷将大数据技术与人工智能算法作为分析工具。企业利用大数据技术与人工智能算法对竞争对手的数据进行全方位的收集、处理和分析，以便挖掘出竞争对手在战略意图、核心能力、市场表现、客户需求、创新动向等方面的信息，为企业制定相应的竞争策略、推动自身新质营销力的发展奠定基础。

(五) 选择定价方法

在选择定价方法时，企业需要基于明确的定价目标，深入剖析产品成本、市场需求和供给状况，并运用价格决策理论来确定产品的价格。常用的定价方法有成本导向定价法、需求导向定价法和竞争导向定价法三种。

---

① LUSCH R F, JAWORSKI B J, GOURLEY D.Book review: The strategy and tactics of pricing [J]. Journal of Marketing, 1988, 52 (3): 133-134.

三、定价方法

（一）成本导向定价法

成本导向定价法是以产品成本为依据，分别从不同的角度制定对企业最有利的价格定价方法，具体可分为成本加成定价法、盈亏平衡定价法、目标收益定价法和边际贡献定价法。

1.成本加成定价法

成本加成定价法是按产品单位成本加上一定比例的利润和税金来制定产品价格的方法。加成的含义实际上是一定比率的利润。成本加成定价法的计算公式为：

$$单位价格 = 单位成本 \times (1 + 成本加成率) \tag{8-1}$$

$$成本加成率 = 单位利润 \div 单位成本 \tag{8-2}$$

例如，某电器经销商对新进电器 A 采用成本加成定价法，该经销商的成本、预期销售量和成本加成率见表8-1。

表8-1　　　　　　　　　某电器经销商的成本、预期销售量和成本加成率

项目类别	具体参数
变动成本	1 020元
进价	1 000元
其他费用	100元
固定成本	20 000元
预期销售量	2 000台
成本加成率	30%

通过计算可得：

$$单位成本 = 变动成本 + \frac{固定成本}{预期销售量} = 1\,020 + \frac{20\,000}{2\,000} = 1\,030（元）$$

$$单位价格 = 单位成本 \times (1 + 成本加成率) = 1\,030 \times (1 + 30\%) = 1\,339（元）$$

在采用成本加成定价法时，确定成本利润率无疑是一个核心问题。成本利润率的设定需要综合考虑市场环境、竞争态势、行业特性等诸多因素。成本加成定价法应用范围广泛，生产者、中间商以及建筑业、科研部门、农业部门经常使用这种定价方法。成本加成定价法的优点在于计算简便，成本资料可以直接获得，便于核算，计算出来的价格能够保证获得的预期利润，产品价格水平在一定时期内较为稳定。但这种定价法的缺点是，定价所依据的成本是个别生产成本，不是社会生产成本或行业生产成本，所制定的价格可能与市场价格有一定的偏离，价格难以反映市场供求状况和竞争状况。另外，成本加成率是一个估计数，缺乏科学性。

2.盈亏平衡定价法

企业盈亏平衡点的销售量是指收入正好等于成本时的销售量。在销售量既定的条件

下，企业产品的价格必须达到一定的水平才能做到盈亏平衡、收支相抵，如图8-1所示。盈亏平衡定价法的计算公式为：

单位价格＝（固定成本＋变动成本）÷总产量　　　　　　　　　　　　　　　　（8-3）

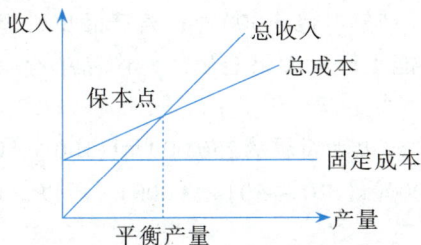

图8-1　盈亏平衡定价法

例如，某电器经销商生产产品B的固定成本为50万元，单位变动成本为80元，预期销量会达到5万件，则保本单位价格为90元（500 000÷50 000+80）。

科学地预测销售量、固定成本和变动成本是盈亏平衡定价法的前提。盈亏平衡定价法就是运用盈亏平衡分析原理来确定产品价格的方法。盈亏平衡分析的核心在于确定盈亏平衡点，即企业收支相抵、利润为零时的状态。以盈亏平衡点为基础确定价格，其实质是确保企业的生产耗费得到全额补偿，但并不产生额外的收益。这种定价策略通常被视为企业在面临销售困境、市场竞争激烈或为避免进一步损失时的保本策略。通过设定这一价格水平，企业能够在艰难的市场环境中维持运营，确保不会因价格过低而进一步侵蚀利润，也为后续的市场调整和策略转型提供了缓冲空间。

3.目标收益定价法

目标收益定价法，又称投资收益率定价法，实际上它是盈亏平衡定价法的一种延伸和深化，是基于产品总成本，并结合预期的目标成本利润率来确定产品的定价。目标收益定价法的计算公式为：

$$单位价格＝单位成本+\frac{总成本×目标成本利润率}{预计销售量}　　　　　（8-4）$$

例如，某电器经销商年生产能力为15万个电饭煲，估计未来市场可接受量为10万个，总成本为2 000万元，企业的目标成本利润率为20%。

通过计算可得：

$$单位价格＝单位成本+\frac{总成本×目标成本利润率}{预计销售量}=(2\,000÷10)+\frac{2\,000×20\%}{10}=240（元）$$

目标收益定价法简便易行，综合考量了企业资本投资的经济回报率。然而，此定价法高度依赖于对销售量的预先估计。事实上，价格与销售量之间存在复杂的相互作用关系。这意味着，如果销售量的预估不够精准，将直接影响定价策略在市场中的最终表现。因此，企业在采用目标收益定价法时，必须谨慎权衡价格与销售量之间的关系。

4.边际贡献定价法

边际贡献定价法是根据产品的单位变动成本，再加上产品的边际收益来确定价格的一种定价方法。边际贡献定价法仅计算变动成本，暂不计算固定成本，即按变动成本加预期的边际贡献来确定产品价格。边际贡献是产品销售收入与变动成本的差额。当边际贡献>0时，边际成本弥补固定成本后的剩余资金形成了企业利润；当边际贡献<0时，企业产生

亏损。边际贡献定价法的计算公式为：

$$单位价格 = （总的变动成本+边际贡献）÷总产量 \tag{8-5}$$

例如，某电器经销商生产电器C的固定成本为20万元，单位变动成本50元。据预测，若产品单价为100元，则可以销售产品5 000件；若产品单价超过120元，则可以销售产品3 000件。那么，电器C是否能生产？如果能生产，产品单价应是多少时最合适生产？

通过计算可得：

当产品单价为100元时，边际贡献为250 000元（（100 - 50）× 5 000）；当产品单价为110元时，边际贡献为210 000元（（120 - 50）× 3 000）。所以，电器C可以生产，产品单价为100元时最合适生产。

边际贡献定价法适用于以下三种情况：首先，当企业生产能力显著超出市场需求时，该定价法尤为适用。虽然在这种情况下企业具备额外生产的能力，但新增的生产活动主要产生的是变动费用，而非固定费用。因此，只要新产品的销售价格能够覆盖这些新增的变动费用，企业的整体利润就会有所提升。其次，该定价法也适用于企业希望通过降价策略来战胜竞争对手并赢得更多市场份额的情况。尽管在这种策略下企业可能会牺牲部分单位利润，但增加的销售量和市场份额能够为企业带来更大的总体收益。最后，在市场不景气且行业竞争激烈的环境下，企业可以利用边际贡献定价法来部分补偿企业的固定费用，减少亏损。

市场洞察8-3

小米SU7的
定价策略

（二）需求导向定价法

需求导向定价法，又称顾客导向定价法，是指企业以市场需求状况和消费者对产品价值的理解及需求强度为依据进行定价的方式，主要包括理解价值定价法、区分需求定价法和反向定价法。

1.理解价值定价法

理解价值，又称感受价值、认知价值，指的是消费者对某种产品的主观评判。理解价值定价法是指企业不以生产产品的实际价值作为定价依据，而是将消费者对产品价值的认可和接受度作为定价的关键。因此，理解价值定价法的核心在于获得消费者对有关产品价值理解的准确资料。当企业过高估计消费者对产品的理解价值时，定价往往会偏高，导致消费者对产品产生抵触心理，从而影响产品的销量和市场接受度。相反，当企业低估消费者的理解价值时，定价可能过于保守，从而错失更大的利润空间，导致利润减少。因此，企业在定价前应该做好营销调研，准确把握消费者对产品的理解价值。

2.区分需求定价法

区分需求定价法是根据需求的差异，对同种产品或服务制定不同价格的方法，主要包括以下几种形式：

（1）因顾客而异的差异定价

同种产品或服务，对不同职业、收入、阶层或年龄的消费者制定不同的价格，企业可根据上述差异在定价时给予相应的优惠或提高价格。例如，旅游景区针对1.3米以下的小孩、60岁以上的老年人给予票价折扣。

（2）因时间而异的差异定价

根据产品季节、日期的需求差异，对同一种产品或服务制定不同的价格。例如，宾馆在旅游旺季和淡季的收费标准不同。

（3）因地点而异的差异定价

企业根据产品销售区域的空间位置来确定产品的价格，即使产品之间的成本费用没有任何差异。例如，影剧院、演唱会中前排和后排的票价就不相同。

（4）因产品而异的差异定价

同一种产品的不同款式、包装、颜色等，消费者的偏好程度不同，需求量也就不同。比如，一些知名汽车制造商推出的限量版车型，会因为其独特的设计而价格大涨。

3.反向定价法

反向定价法主要是根据市场可接受的价位来进行定价。反向定价法不考虑产品的生产成本，而是在充分考虑了市场竞争和需求状况后，先确定产品的最终零售价格，再由此倒推出产品的出厂价格。反向定价法的计算公式为：

出厂价格=市场可销零售价格×（1-批零差率）×（1-销进差率）　　　　　　（8-6）

反向定价法的优点是价格灵活，反映市场需求，具有可操作性，有利于加强与中间商的联系，使得产品能够迅速向市场渗透。企业通常在以下两种情境中采用反向定价法：一是在面临激烈的价格竞争时，企业运用此定价法设计出在价格方面可参与竞争的产品；二是在推出新产品时，企业通过市场调查来了解潜在消费者对新产品价格的接受度和期望水平，并基于市场的反馈来反向推算产品的出厂价格，以确保产品定价能够符合消费者预期，进而保证企业的利润空间。

（三）竞争导向定价法

竞争导向定价法是一种紧密围绕竞争对手的同类产品价格来设定价格，并根据竞争态势的波动灵活调整价格的方法。竞争导向定价法的主要特点是产品的价格不与产品成本或需求发生直接关系，而是随着竞争对手的价格变动而改变。常见的竞争导向定价法有随行就市定价法、投标定价法和拍卖定价法。

1.随行就市定价法

随行就市定价法是企业根据同行业企业的平均价格水平制定价格的方法。随行就市定价法的主要形式有两种：一是参考在本行业中占据垄断地位的企业的产品价格进行定价，可稍高或稍低于垄断价格；二是以本行业的平均价格水平作为企业的定价标准。

适用随行就市定价法的产品，一般需求弹性小、供求基本平衡、市场竞争比较激烈。例如，有色金属材料、化工原料、纺织面料，以及木材、水泥、棉花、药物、玻璃等产品，无论它们由谁生产，其质量基本上都是相同的。如果市场竞争比较充分，均质产品价格一般应采取此方法定价。随行就市定价法的优点是既可以避免挑起价格竞争，有利于与同行和平相处，规避市场风险，又可以补偿平均成本，获得适度利润，易被消费者所接受。

2.投标定价法

投标定价法是以投标竞争的方式确定产品价格的方法，具体操作是在投标交易中，招标人发布招标公告，由多家卖主或承包者在同意招标人所提出条件的前提下，对招标项目提出报价，招标者从中择优选定。许多大宗产品、原材料、成套设备和建筑工程项目的买卖和承包，以及出售小型企业等，往往采用发包人招标、承包人投标的方式来选择承包者，确定最终承包价格。企业参与投标的目的在于成功赢得合同，因此其报价策

略至关重要。报价的高低直接关联到企业的利润和中标概率。高报价意味着较高的利润空间，但中标的概率也会降低；而低报价虽能增加中标的概率，但利润可能会受到压缩，甚至可能无法覆盖成本。因此，企业在制定投标报价时，需要权衡目标利润和中标概率，制定出一个既能保证一定利润，又能提高中标概率的最佳报价策略。

3.拍卖定价法

拍卖定价法是由卖方事先发布公告，明确告知拍卖的时间、地点、拍卖物品的具体信息以及拍卖的起始价格，在买方亲自检视货物之后，卖方会通过拍卖市场以公开、公正、竞争的叫价方式把物品出售给出价最高者的一种定价法。拍卖定价法主要用于品质不易标准化的产品定价，如各类藏品、土地、房屋、企业，或不能长期保存、季节性强、淘汰周期短的产品。

第三节　定价策略

一、心理定价策略

心理定价策略主要利用顾客的购买行为和心理等方面的特征进行产品定价，通常包括尾数定价策略、声望定价策略、整数定价策略、招徕定价策略和习惯定价策略。

（一）尾数定价策略

尾数定价策略，又称奇数定价策略、非整数定价策略。这种定价策略巧妙地利用了消费者在日常购物中对价格敏感的心理特点，尤其是在选购日用品或低价产品时，消费者往往会对价格的细微变动格外留意。针对这一特性，商家通常采用尾数定价策略，将产品价格设定为带有尾数的数字（如8.98元，而非9.00元），即便这一差异微不足道，却能在心理上给消费者带来显著的"便宜感"。此外，这种定价策略还会给人一种价格经过精确计算和细致考虑的感觉，从而增强了消费者对产品性价比的信任。

（二）声望定价策略

声望定价策略是指利用消费者对于高品质与高价格成正相关的心理认知，以显著高于普通产品的价格推向市场，从而迎合某些消费者对地位、财富、身份、名望等方面的心理需求的策略。例如，企业在确定名烟名酒的定价时常采用声望定价策略。

（三）整数定价策略

整数定价策略是利用消费者对于价格计算和结算的简便性，将产品或服务的价格设定为整数的定价策略。这种定价策略旨在减少消费者在购物过程中的认知负担，使价格看起来更加清晰、直接，从而促进消费者的购买决策。例如，原本定价为99.99元的商品，采用整数定价策略后被调整为100元，从而避免了消费者在心理上对小数点后面数字的过度关注，减少了"找零"或"凑整"的麻烦。

（四）招徕定价策略

招徕定价策略是指企业利用消费者的求廉心理，通过在特定时期内对部分产品实施大幅度降价，以吸引顾客流量，进而带动并促进店内其他正常价格产品销售的策略。这种定价策略在节假日、季节更替等消费高峰期尤为常见，是商家提升顾客进店率、增强品牌曝光度的有效手段。需要注意的是，企业所选的特价产品应广泛满足大多数消费者的日常需求，其市场价格应为广大消费者所熟知，且应适当控制供应量，供应量过多可能导致企业利润受损，供应量过少则难以满足消费者的需求，影响招徕效果。因此，企业应根据销售预测和库存情况合理安排供应量，确保特价活动既能达到预期的促销效果，又能维持企业的正常运营。

（五）习惯定价策略

对在市场上长期销售、已在消费者心中形成一种习惯性价格标准的产品而言，符合这一标准的价格往往能够获得消费者的认可，而偏离这一标准的价格则可能引起消费者的疑虑。因此，当企业为这类产品定价时，应充分尊重并顺应市场中的习惯价格水平。产品的轻易涨价，可能会触动消费者的敏感神经，引发不满情绪；而产品的贸然降价，则可能让消费者误以为产品质量有所下降，从而损害企业的品牌形象与消费者对企业的信任度。

二、新产品定价策略

市场洞察 8-5

春秋航空何以盈利？

新产品定价策略是企业战略规划中的关键环节，其合理性直接关系到产品市场导入的成败、市场份额的争夺以及企业长期经济效益的实现，因此企业往往采用撇脂定价策略、渗透定价策略和满意定价策略来确定新产品的价格。

（一）撇脂定价策略

撇脂定价策略是企业在追求最大化利润目标的驱动下，在新产品上市初期采取相对高价的策略。其核心目的是在短期内迅速收回全部固定成本，并实现可观的利润回报。随着市场饱和度提升和销售量逐渐放缓，企业开始采取降价策略，将目标市场转向对价格更为敏感的消费者群体，从而延续了产品的市场生命力。撇脂定价策略的优势在于能够迅速帮助企业达成预期的盈利目标，为企业的初期发展注入强劲动力。然而，这种策略下的高额利润往往容易吸引竞争对手的注意，从而加剧市场竞争的激烈程度。因此，撇脂定价策略适用于收入水平较高且具有强烈的求新动机、对新产品保持着高度兴趣的消费者，以及在高价销售的情况下市场缺乏强有力竞争者的情况。

（二）渗透定价策略

相比于撇脂定价策略，渗透定价策略是在新产品上市初期利用消费者的求廉心理，采取低价迅速渗透市场的策略。渗透定价策略旨在通过低价吸引大量消费者，快速提升市场占有率。一般而言，渗透定价策略适用于以下三种情况：（1）产品价格需求弹性大。采用低价渗透策略能够迅速吸引消费者，扩大销量，并有效提升市场占有率，如有线电视服务、银行服务、机票或酒店服务等。（2）市场已被竞争者领先占据。在面临已有竞争者占据市场的情况下，为了有效挤进市场并争夺份额，企业可采用渗透定价策略。（3）潜在市场大且对竞争者具有吸引力。当市场潜力巨大且对竞争者构成明显吸引力时，实行渗透定价策略能够有效排斥潜在竞争者，确保企业在市场中的领先地位。

市场洞察8-6

"便宜"的名创优品如何逆袭成功？

（三）满意定价策略

满意定价策略，又称温和价格策略，是介于撇脂定价与渗透定价之间的策略。满意定价策略的核心在于设定一个适中的价格水平，同时满足生产者、中间商和消费者的利益需求，确保各方均能感受到满意与平衡。满意定价策略的优势在于其价格体系具有稳定性，有助于在正常市场环境下顺利实现企业的盈利目标。然而，满意定价策略也面临一定的挑战，其应变能力相对较弱，不适用于快速变化、竞争激烈的市场环境。

三、折扣与让价策略

折扣与让价策略是企业为了激励消费者尽早付清货款、大量采购及淡季消费等，而在产品或服务的基础定价上灵活给予的价格减让策略，其主要类型包括现金折扣、数量折扣、季节折扣、价格折让和功能折扣等。

（一）现金折扣

现金折扣旨在通过为在规定时间内提前付款或使用现金结算的消费者提供价格上的优惠，来激励他们尽早完成支付。现金折扣的核心在于加速企业的资金周转流程，减少因应收账款积压而产生的销售费用和潜在的财务风险。折扣幅度主要根据付款期间内可能产生的利息成本及因延期付款而增加的风险成本等因素来确定。

（二）数量折扣

数量折扣是根据消费者购买产品的数量多少，来提供不同幅度价格优惠的策略。数量折扣主要分为累计数量折扣和非累计数量折扣两种形式。累计数量折扣要求消费者在一定的时间范围内，如一个季度、半年或一年内累计达到特定的购买数量后，方可享受相应的折扣优惠。与累计数量折扣不同，非累计数量折扣是基于单次购买数量来计算的，即消费者只要在单次购买中达到预设的数量要求，便可立即享受相应的折扣优惠。

（三）季节折扣

针对消费需求呈现鲜明季节性特征的产品，企业为确保生产与销售的平稳运行，往往采取季节折扣。季节折扣的核心在于针对在销售淡季购买产品的消费者，提供显著的价格优惠，以此激发市场需求，使企业的生产和销售活动能够在全年范围内保持相对稳定的水平，如羽绒服生产企业为在淡季购买产品的消费者提供季节性折扣。在设定季节折扣时，企业应综合考虑生产成本、产品储存费用、基础定价和资金利息等因素，从而有效降低因季节需求变化所带来的市场风险，增强企业的市场竞争力。

（四）价格折让

价格折让主要包括两种形式：一是以旧换新折让，如在消费者购买手机时，开展以旧换新业务，将旧货折算成一定的金额；二是促销折让，如超市常见的"买一赠一"活动。

（五）功能折扣

市场洞察8-7

双十一背后的打折机制

功能折扣是指企业根据各类中间商所扮演的不同角色和承担的功能差异，而给予的不同程度的价格优惠。例如，某生产厂家对某产品的标准报价为1 000元，为零售商提供40%的折扣，即零售商需要支付的价格为600元；而对于批发商，厂家在给予零售商折扣的基础上再额外提供10%的折扣，即批发商需要支付的价格为540元（即零售商折扣后的价格600元再减去10%）。

四、产品组合定价策略

对生产经营多种产品的企业来说，定价必然着眼于整个产品组合而不是单个产品的利润最大化。产品组合定价策略主要包括捆绑定价、产品线定价和附带产品定价。

（一）捆绑定价

捆绑定价是指企业将两个或两个以上的产品或服务，以不高于单品售价之和的价格进行打包出售。例如，在中国足球超级联赛中，主办方会推出创新的票务销售策略，不局限于单场比赛的售卖，而是将整个赛季的主场比赛门票打包成一套年度会员套票，供球迷选择。又如，在餐饮住宿领域，一些酒店也采取了类似的一站式服务模式，它们不再单独出租客房，而是将客房住宿、精致膳食与丰富的娱乐休闲项目融为一体，打造全方位的住宿体验套餐。

（二）产品线定价

产品线定价是指企业基于整个产品系列而非单一产品的成本或市场定位来设定价格区间的策略。例如，松下电器公司向市场推出了功能各异、层次分明的多款摄影机产品，从基础款的简易摄影机，到集自动定焦、感光控制器及双速变焦镜头于一身的高端复杂摄影机，其价格从低到高，满足了不同消费者群体的需求与预算。

（三）附带产品定价

附带产品指的是那些与主要产品紧密关联、通常在使用或功能实现上不可或缺的辅助产品，如剃须刀与刀片、计算机硬件与软件等。针对这类产品组合，企业常常采用"低价载体，高价附加"的定价模式，即将作为主要载体的产品价格设置得相对较低，以吸引消费者购买并快速占领市场份额，而将与之紧密相关的附带产品价格设置得较高，以弥补主要载体产品低价销售所带来的利润损失。

五、个性化定价策略

（一）个性化定价策略的内涵

近年来，随着我国数字经济发展驶入快车道，生产要素、组织形态、生产范式、商业模式发生了全方位变革，大数据、云计算、人工智能等高新技术正在融入人们的日常生产生活，助力各行各业的高质量发展[①]。2023年，习近平主席在亚太经合组织工商领导人峰会上也明确指出："面对新一轮科技革命和产业变革浪潮，我们要着眼长远、把握机遇、乘势而上，推进数字化、智能化、绿色化转型发展，共同强化科技创新和成果转化，推进数字经济和实体经济深度融合。"在此背景下，个性化定价策略借大数据、云计算和人工智能等数字技术，通过实现精准营销、满足消费者个性化需求以及提升企业市场竞争力等，已逐渐成为企业打造新质营销力的重要支撑。个性化定价是基于数据收集和数据分析工具，根据个体差异对购买相同产品的不同客户采取不同价格的差异化定价策略[②]。当

---

① 喻玲. 算法消费者价格歧视反垄断法属性的误读及辨明 [J]. 法学，2020（9）：83-99.
② PADE R，FEURER S. The mitigating role of nostalgia for consumer price unfairness perceptions in response to disadvantageous personalized pricing [J]. Journal of Business Research，2022（145）：277-287.

前，在数字经济背景下，随着智能设备的迅猛发展和数据分析技术的不断革新，企业已经能够通过使用Cookie和消费者个人IP等标识符，收集到更为详尽丰富的个人数据，并进一步将消费者数据与机器学习和其他优化工具相结合，对每一个消费者的支付意愿进行精准评估和预测，从而设置个性化定价[1]。

（二）个性化定价策略的应用

个性化定价策略的运用已成为许多企业实现销售利润最大化的关键之一。金融服务行业利用大数据和AI技术进行个性化定价便是这一趋势的生动例证。中国平安旗下的产品——平安财产保险将AI技术应用于车险理赔的全流程，根据客户驾驶习惯、违章与出险次数、车辆维修记录、消费信用等的内外部数据，对客户进行智能画像评分，并授予不同的信用额度，以此优化用户体验。又如，蚂蚁金服推出的定价产品车险分，主要通过人工智能技术对驾驶员的风险偏好和信用体系进行风险分析和精准画像，计算出不同的车险标准分，从而不再对所有驾驶员采用统一费率，打破了旧有的一口价定价模式，实现了以大数据配合用户画像为基础的个性化定价。

理论前沿8-3
个性化定价策略的含义辨析

（三）个性化定价策略的效果

个性化定价策略对社会福利、消费者福利及企业福利等具有多方面的影响。对社会来说，个性化定价策略在增进社会福利方面具有显著优势，通过精准定价激发低支付意愿消费者的参与度，实现市场扩张和资源优化。然而，个性化定价策略的实施也可能会因增强企业市场力量而损害市场竞争，从而对社会福利的增长构成潜在限制[2]。对消费者来说，虽然个性化定价策略为更多的低支付意愿的消费者提供了可负担产品，但也可能使高支付意愿的消费者面临更高的价格，进而影响其经济利益。因此，消费者福利的最终增减取决于个性化定价策略对高支付意愿的消费者与低支付意愿的消费者产生的双重影响[3]。对企业来说，个性化定价策略无疑是企业提升利润的新途径，能够增强市场竞争力并优化资源配置，但企业仍需要注意市场反馈和消费者需求的变化，以免引发消费者的不满和抵制，进而损害企业的品牌形象和市场份额。

六、动态敏捷定价策略

（一）动态敏捷定价策略的内涵

动态敏捷定价策略是指企业基于机器学习和人工智能技术，根据时间、空间和消费者的不同，不断改变产品价格来达到收益最大化的策略[4]。动态敏捷定价策略的核心在于通过利用库存优化、竞争敏捷性、客户行为洞察等诸多优势，使得企业能够满足实时市场需求，并在不断变化的市场中保持竞争力[5]。具体而言，随着大数据的增长及人工智能和机器学习技术的发展，企业可将收集的海量数据，如日期、季节、地理位置、消费者在线评

---

① HUFNAGEL G, SCHWAIGER M, WERITZ L.Seeking the perfect price: consumer responses to personalized price discrimination in e-commerce [J]. Journal of Business Research, 2022 (143): 346-365.
② LI X, WANG X, NAULT B R.Is personalized pricing profitable when firms can differentiate? [J]. Management Science, 2024, 70 (7): 4184-4199.
③ 喻玲, 兰江华. 算法个性化定价的反垄断法规制: 基于消费者细分的视角 [J]. 社会科学, 2021 (1): 77-88.
④ YAVUZ T, KAYA O.Deep reinforcement learning algorithms for dynamic pricing and inventory management of perishable products [J]. Applied Soft Computing, 2024 (163): 111-864.
⑤ KOPALLE P K, PAUWELS K, AKELLA L Y, et al.Dynamic pricing: definition, implications for managers, and future research directions [J]. Journal of Retailing, 2023, 99 (4): 580-593.

论、搜索率等作为定价模型的参数，并进一步利用人工智能和机器学习技术实现最优的产品或服务定价[①]，具体如图8-2所示。

企业产品 销售量	企业产品 销售额	企业产品 销售周期	消费者在 线评论
消费者购 买历史	在线产品 搜索率	消费者浏 览记录	竞争对手 价格
市场趋势	地理位置	气候	……

图8-2　动态敏捷定价策略采用的相关数据

（二）动态敏捷定价策略的应用

动态敏捷定价策略凭借其高度灵活性和敏捷性等优势，已经在交通出行与酒店业领域等被深度应用。2023年3月，滴滴出行宣布在全国范围内40个城市试点"实时计价"模式，即根据乘客所在位置、目的地、车型、时间、里程等的情况，通过大数据分析，得出一个合理的价格。调整后的出租车服务费将更加细化，形成多个不同的收费档次，以此更好地满足用户需求和提高服务质量。2024年5月，深与黑（深圳）科技有限公司基于文心大模型正式推出AI"收益精灵"，通过将酒店历史定价、竞对酒店定价、同比环比销售情况、天气季节变化、重大社会活动等700余项价格影响因素的实时数据纳入分析范围，向酒店收益部门给出客房定价建议和原因分析。可见，在数智时代，基于机器学习和人工智能技术的动态敏捷定价策略已成为企业提升新质营销力，实现市场竞争力跨越的重要工具。

（三）动态敏捷定价策略的效果

在现代商业环境中，动态敏捷定价策略凭借高度的灵活性和敏锐的市场洞察力，展现出其独特的优势。动态敏捷定价策略通过借助详尽的消费者行为、市场需求等相关数据，能够帮助企业深入洞察市场趋势与客户需求，科学分析价格敏感度，灵活调整定价策略，推动销售额稳步增长。同时，动态敏捷定价策略还促进了企业资源的优化配置与库存管理的精细化，依据实时销售反馈与市场预测，灵活调整价格策略以加速库存周转，减少积压风险。然而，该策略的实施也伴随着一些局限性。实施动态敏捷定价策略对于企业的技术支撑能力和数据处理能力要求较高，需要企业投入大量的人力和物力资源。此外，企业频繁的价格调整若缺乏透明度和合理解释，则可能招致消费者的不满与信任危机。因此，企业在追求动态敏捷定价策略带来的市场优势时，还需要审慎评估其潜在风险与挑战。

本章小结

从狭义的角度来看，价格是为产品或服务收取的货币总额。而从广义的角度来看，价格是顾客为获得、拥有或使用某种产品或服务的利益而支付的价值。一般而言，产品价格主要由生产成本、流通费用、利润和税金四个方面构

市场洞察 8-9

美国第二大
汉堡连锁将
推出"动态
敏捷定价"

[①] YU M，DEBO L，KAPUSCINSKI R.Strategic waiting for consumer-generated quality information：dynamic pricing of new experience goods [J]. Management Science，2015，62（2）：410-435.

成。影响产品定价的因素主要可分为内部因素和外部因素。内部因素主要包括企业经营状况、企业产品成本、企业营销策略、企业产品特征和企业数据分析能力等；外部因素主要包括市场竞争情况、市场需求、消费者行为和心理以及政府干预程度等。企业的定价目标主要包括获取利润、提高市场占有率、改善形象、扩大销售和提高竞争力五个方面。定价过程则系统性地包含确定定价目标、市场需求预估、成本估算、竞争环境分析和定价方法选择五大环节。其中，定价方法依据不同导向可分为成本导向定价法、需求导向定价法与竞争导向定价法三类。

定价策略通常包括心理定价策略、新产品定价策略、折扣与让价策略、产品组合定价策略、个性化定价策略及动态敏捷定价策略。心理定价策略重点阐述了尾数定价策略、声望定价策略、整数定价策略、招徕定价策略和习惯定价策略。新产品定价策略重点介绍了撇脂定价策略、渗透定价策略和满意定价策略。折扣与让价策略则聚焦于现金、数量、季节、价格、功能五个方面。产品组合定价策略重点介绍了捆绑定价、产品线定价和附带产品定价三种策略。个性化定价策略和动态敏捷定价策略则重点阐述了其定价的内涵、应用和效果。

关键概念

成本导向定价法；需求导向定价法；竞争导向定价法；心理定价策略；新产品定价策略；折扣与让价策略；产品组合定价策略；个性化定价策略；动态敏捷定价策略

案例分析

无糖茶打响"价格战"

近年来，随着消费者在健康管理、营养管理、体重管理、颜值管理等方面的需求日益增长，"0糖、0脂肪、0卡路里"的无糖茶饮料市场经历了爆发式的增长。尼尔森发布的2024年中国饮料行业趋势与展望报告显示，在2023年，无糖饮料市场的规模达到了241亿元人民币。其中，无糖汽水占比为38%，无糖茶的市场份额高达49%，年增长率飙升至110%。这一显著的增长势头吸引了众多品牌的目光，纷纷加入竞争。除了三得利、东方树叶等老牌无糖茶品牌外，康师傅、可口可乐、统一、元气森林、娃哈哈等传统饮料巨头也纷纷推出无糖茶新品，试图分一杯羹，甚至碳酸饮料品牌大窑也推出了自有无糖茶品牌"查元香"。东鹏饮料也在今年下半年推出"鹏友上茶"系列首款"乌龙上茶"。无糖茶市场日益壮大，吸引一众茶饮品牌入局。在赛道拥挤、同质化严重的情况下，各品牌卷工艺、卷原料、卷产地、卷口味、卷包装……可谓无所不卷。无糖茶下一步将何去何从？

1.价格战开打

相关数据显示，2022年全国无糖茶新上市的单品数为93个，2023年增加了60多个新无糖茶单品，无糖茶单品总数达到157个。业内人士认为，无糖茶市场的价格战源于行业特点和消费者偏好的变化。一方面，无糖茶的技术和生产门槛较低，各品牌产品差异不大；另一方面，当前消费者注重产品的性价比，精打细选，能省则省，更倾向于选择价格便宜、质量高的产品。在价格上，无糖茶产品已经从6~8元价格带下移至3元水平。在线下超市，虽然各大品牌无糖茶产品零售价仍在5元左右，但相关产品促销优惠力度较强。

以可口可乐的"淳茶舍"为例，货柜上标明单瓶售价6元，而购买第二瓶只需加1元，照此计算单瓶售价为3.5元。农夫山泉"东方树叶"标准500毫升装价格为5.5元，900毫升装则打出了12元两瓶的促销政策。这样的优惠模式在各大超市无糖茶产品中比比皆是。此外，在口味上，除了一般能想到的乌龙、普洱、茉莉花、绿茶、红茶、大麦茶等品类外，甚至红豆薏米、红枣桂圆和绿豆汤等品类也加入了无糖茶饮的"大乱斗"。业内人士指出，随着大量新品牌在短时间内涌入市场，并试图迅速扩大市场份额，价格战和促销战成为各大品牌最有效的营销策略。面对无糖茶市场中的同质化和价格竞争等问题，各大品牌需要寻找独特的差异化定位，以在竞争激烈的市场中脱颖而出。

2. "千茶大战"

价格战是众多茶饮品牌在明面上的直接较量，而在其背后，产品的品质、茶种的选择、渠道的拓展乃至品牌形象的塑造等方面的深层次较量，才是真正考验各大品牌耐心和持久力的关键所在。早在20世纪90年代，三得利进入中国市场，靠着一款乌龙茶探索茶饮市场。随后，统一、康师傅等品牌通过推出带有甜味的含糖茶饮料，成功占领了市场，引领了含糖茶市场的发展长达十多年。2011年，农夫山泉推陈出新，推出"东方树叶"新品，开始深耕无糖茶领域，直到2023年才迎来了爆发式的增长。农夫山泉也率先从这一趋势中受益。截至2023年，农夫山泉茶饮料业务的收入高达126.59亿元，同比增长83.3%，占到总收入的29.7%。"东方树叶"的成功引来了其他品牌的羡慕，纷纷加入竞争。例如，康师傅、元气森林等仅仅通过对含糖的经典款茶饮料进行无糖化升级；达利新则推出了朝菓无糖茶，延续跟随战略，而更多的品牌则选择全新入局。

在激烈的千茶大战中，茶叶品种成为各大品牌争夺的焦点。尽管目前无糖茶市场仍以乌龙茶为主，茉莉花茶、绿茶、普洱以及铁观音紧随其后，而凤凰单枞、鸭屎香等一批小众茶叶也相继被挖掘出来。鸭屎香已成为广东无糖茶品牌"有丛气"的主打产品。随着产品同质化问题日益严重，茶叶原产地、茶园海拔等元素成为了营销噱头。一些品牌开始在生产工艺上寻找差异化。东鹏饮料利用加工工艺作为卖点，推出了"上茶"。农夫山泉凭借乌龙、小青柑普洱、茉莉花茶三大产品强势霸占市场，产品虽不多，但足以称霸。2024年，农夫山泉推出的季节性产品"明前龙井新茶"，335毫升单瓶售价8元，竟然供不应求。在闲鱼等"二级市场"，价格甚至被炒到40元一瓶，足见其在市场上的强大影响力。

3. 无糖茶能否避免气泡水的命运？

根据中国知名茶文化产业公共服务平台《说茶》的不完全统计，从2024年1月初至4月底，已有32个品牌陆续推出了全新的无糖茶产品。截至2024年6月中旬，市场上已有超过300款不同单品的无糖茶饮。无糖茶市场的蓬勃发展，让人联想到几年前风靡一时的无糖气泡水。无糖气泡水曾短暂成为饮料市场的风向标，吸引了众多品牌的加入，但最终只有少数品牌能够长期在市场中生存。

从消费者的角度来看，这么多的无糖茶产品是否都值得尝试呢？或者说，这些不同产品之间是否存在显著的差异化特性？遗憾的是，目前国内的无糖茶市场已经趋于规模化和成熟化，各大品牌之间的生产技术和原料并没有太大的差异。因此，大部分产品的口感、包装甚至品牌形象都难以在消费者心中形成显著的差异化。最终，品类市场"水大鱼多"的同质化营销趋势，加剧了新老玩家在旺季到来时争抢终端、争抢消费者的焦虑心态。业内人士指出，无糖茶市场中各大品牌能否保持竞争力，关键在于能否树立自身的差异化优势，这将是决定其能否长期立足市场的关键因素。各大品牌应重视产品质量，满足消费者需求，而不是过分依赖价格竞争，唯有不断进行研发创新、提升产品竞争力，才能在激烈的市场竞争中脱颖而出。

资料来源：栾立. 今夏可乐忙涨价 无糖茶却在打价格战 [N]. 第一财经日报，2024-06-13（A04）. 内容有删改。

问题：

1.无糖茶打响价格战背后的原因有哪些？

2.在数字化背景下，如果无糖茶品牌要保持客户忠诚度，应该从哪些方面着手？

案例分析答案示例8　　　　　　　　　　　基本训练8

第九章

渠道策略

学习目标

通过本章学习，学生应该达到以下目标：

1. 了解营销渠道的内涵；
2. 理解营销渠道设计的流程；
3. 掌握营销渠道冲突与治理。

思维导图

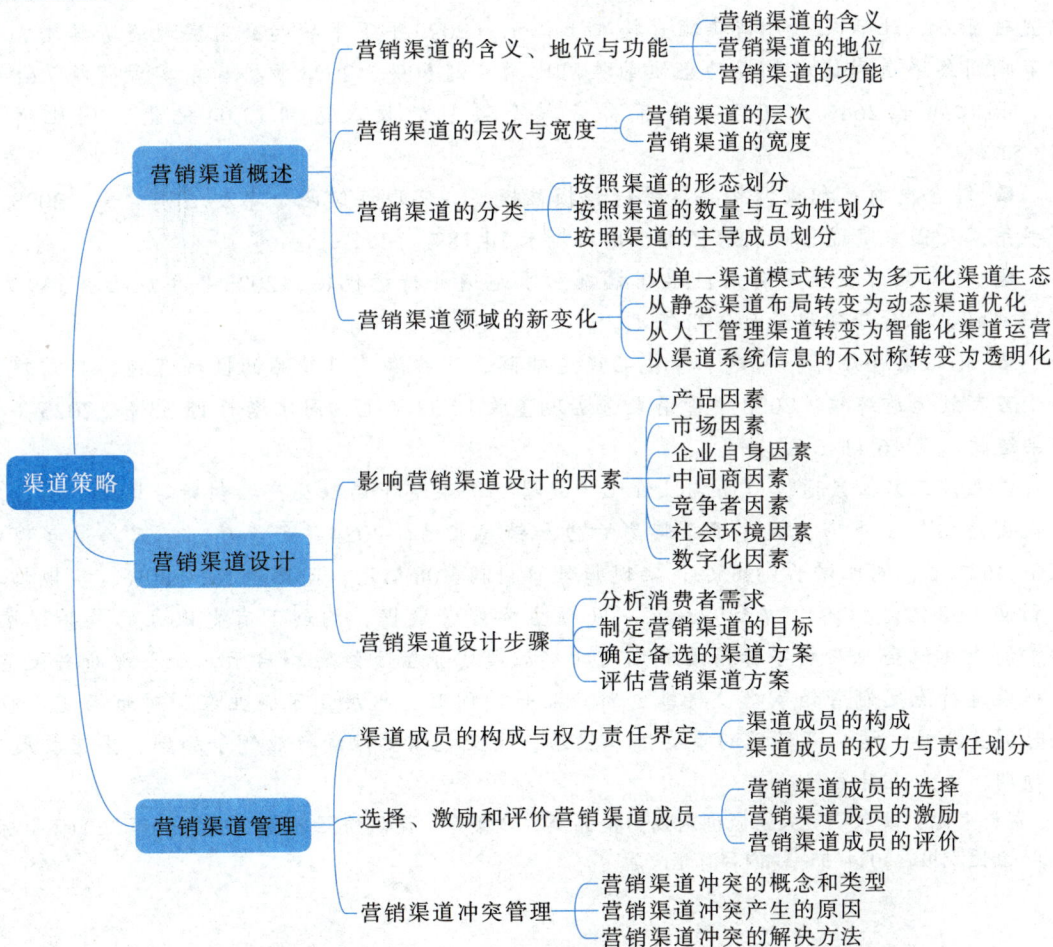

- 渠道策略
  - 营销渠道概述
    - 营销渠道的含义、地位与功能
      - 营销渠道的含义
      - 营销渠道的地位
      - 营销渠道的功能
    - 营销渠道的层次与宽度
      - 营销渠道的层次
      - 营销渠道的宽度
    - 营销渠道的分类
      - 按照渠道的形态划分
      - 按照渠道的数量与互动性划分
      - 按照渠道的主导成员划分
    - 营销渠道领域的新变化
      - 从单一渠道模式转变为多元化渠道生态
      - 从静态渠道布局转变为动态渠道优化
      - 从人工管理渠道转变为智能化渠道运营
      - 从渠道系统信息的不对称转变为透明化
  - 营销渠道设计
    - 影响营销渠道设计的因素
      - 产品因素
      - 市场因素
      - 企业自身因素
      - 中间商因素
      - 竞争者因素
      - 社会环境因素
      - 数字化因素
    - 营销渠道设计步骤
      - 分析消费者需求
      - 制定营销渠道的目标
      - 确定备选的渠道方案
      - 评估营销渠道方案
  - 营销渠道管理
    - 渠道成员的构成与权力责任界定
      - 渠道成员的构成
      - 渠道成员的权力与责任划分
    - 选择、激励和评价营销渠道成员
      - 营销渠道成员的选择
      - 营销渠道成员的激励
      - 营销渠道成员的评价
    - 营销渠道冲突管理
      - 营销渠道冲突的概念和类型
      - 营销渠道冲突产生的原因
      - 营销渠道冲突的解决方法

开篇案例

三只松鼠：数字营销渠道的创新之路

三只松鼠是一家在休闲零食领域取得巨大成功的企业。2022年，电商红利退去，平台竞争激烈，三只松鼠业绩遭遇"瓶颈"。于是在2022年4月，公司宣布全面推进战略转型，结束以电商为核心的创业时代，开启以坚果供应链为核心的全渠道、多品牌布局时代。

2023年，三只松鼠在行业内率先提出"高端性价比"战略，通过对全链路、全要素的整合重组，实现交易全链路总成本领先。公司建设了全球规模领先的坚果分装工厂，其设备自动化率高、规模领先，每日坚果、夏威夷果、碧根果、开心果四大核心坚果品类制造工厂正式投产，坚定地走制造型自有品牌零售商道路。

在渠道方面，三只松鼠逐渐形成了"抖+n"的全渠道协同体系：

● 抖音：2023年，三只松鼠在抖音渠道的表现尤为突出。其通过商品与运营的匹配，快速建立规模优势，从而牵引供应链全链路、全要素成本优化，提升产品竞争力。同时利用短视频的内容属性，不断打造大单品并赋能全渠道。例如，三只松鼠推出19.9元/10包的360g夏威夷果产品，该款原本属于高端干果的产品以低价策略短时间内销量就突破百万，此后几个月销售额直接冲上亿元。2023年下半年起公司实现逆势转增，年货节期间各渠道高速增长带动整体营收同比增长超60%。2023年抖音系实现营收7.68亿元，同比增长264%；2023年全年抖音单个渠道的收入达到12.04亿元，同比增长118.51%。

● 综合电商：积极调整品类结构和损益模型，实现连续两个季度逆势增长。2023年下半年，天猫系实现营收8.94亿元，同比增长14.18%。

● 自有品牌社区零食店：单店模型初步跑通并持续优化，2023年年底已有149家，2023年社区零食店实现营收0.92亿元。

● 礼品渠道矩阵：构建三节礼品渠道矩阵，同步渗透日销品的区域营销，目前覆盖超十万有效优质终端。2023年营销渠道实现营收12.33亿元，同比增长18.33%；2023年营销渠道收入为16.41亿元。

综上，三只松鼠通过"高端性价比"战略、全渠道布局以及产品创新等举措，在数字时代成功拓展了市场，提升了品牌影响力和销售业绩。2024年一季度，三只松鼠实现营收36.46亿元，同比增长91.83%；实现归母净利润3.08亿元，同比增长60.80%；实现扣非净利润2.63亿元，同比增长92.84%。几项主要经营数据，均创下有史以来的最高增幅。其案例为其他企业在数字营销渠道方面的拓展提供了宝贵经验和启示，如重视新兴渠道、根据渠道特点定制营销策略、持续创新产品等。同时，也展示了企业在面对市场变化时，及时调整战略、适应新环境的重要性。然而，企业也需要注意行业竞争加剧、渠道拓展不及预期、成本上升等风险。

资料来源：佚名.三只松鼠创新发力全品类、全渠道、全域协同平台，冲击三年"200亿目标"[N].新民晚报，2024-05-31.内容有删改。

第一节 营销渠道概述

一、营销渠道的含义、地位与功能

(一)营销渠道的含义

营销学之父菲利普·科特勒认为,营销渠道是为使产品或服务能够被使用或消费而形成的一系列独立组织的集合。营销渠道的概念包含四个关键点:(1)营销渠道是一系列组织的集合。从生产商开始,产品或服务经过众多的代理商与中间商,最终到达顾客手中,这条路径上的参与者都属于营销渠道的成员。(2)这一系列组织存在的目的是促使产品或服务顺利被使用或消费。(3)营销渠道需要管理。即使不能实现对外部渠道成员的完全控制,也不能任其自由运作。(4)通过渠道,产品及产品的所有权、相关信息与风险等一起流向最终顾客[①]。

(二)营销渠道的地位

营销渠道在经济社会发展中具有不可替代的地位,它不仅是连接生产与消费的桥梁,也是优化资源配置、实现公平正义、满足人民需求的重要途径,对于推动经济发展、社会进步和人的全面发展具有重要意义,可以为中国式现代化提供强大动力。

1.从马克思主义政治经济学的观点来看,营销渠道是社会再生产过程中的重要环节。社会再生产包括生产、分配、交换和消费四个环节,营销渠道在交换环节发挥着关键作用。它连接了生产与消费,促进了商品和服务的流通,实现了商品的价值和使用价值。通过有效的营销渠道,生产者能够将产品推向市场,满足消费者的需求,从而推动社会生产的持续进行,激发和增强社会活力,促进经济的发展和社会财富的增加。

2.从中国特色社会主义市场经济的理论视角分析,营销渠道是优化资源配置的重要手段。在市场经济中,资源的合理配置是提高经济效益和社会效益的关键。良好的营销渠道能够准确地传递市场信息,引导生产者根据市场需求调整生产结构和规模,提高生产效率,减少资源浪费。同时,它也有助于促进市场竞争,推动企业不断创新和改进产品与服务,提高市场竞争力,从而实现资源的优化配置和经济的高质量发展,为中国式现代化提供强大动力。

3.从社会主义核心价值观的层面考量,营销渠道有助于实现公平正义和诚信经营。公平竞争的营销渠道环境能够保障各类企业,无论规模大小、性质如何,都有平等的机会参与市场竞争,展示自身产品和服务的优势。同时,诚信经营在营销渠道中至关重要,只有建立诚信的渠道关系,遵守法律法规和商业道德规范,才能赢得消费者的信任和支持,维护市场秩序和社会稳定。

4.从以人为本的发展理念出发,营销渠道的作用在于满足人民日益增长的美好生活需要。通过不断拓展和优化营销渠道,能够让消费者更便捷地获取丰富多样、品质优良的产品和服务,提高消费者的生活质量和满意度。同时,营销渠道的发展也能够创造更多的就业机会,促进劳动者的就业和增收,实现人的全面发展。

[①] 王永贵.市场营销:理论与中国实践(数字教材版)[M].3版.北京:中国人民大学出版社,2024.

（三）营销渠道的功能

市场营销把商品从生产者手中转移给消费者，它疏通了生产企业与消费者的关系，避免了产品与使用者之间的分离。这是营销渠道的基本功能，除此之外，还包括以下功能[①]：

1.搜集信息。各成员搜集和分发关于市场中现有和潜在消费者、竞争者及其他影响者或影响力量的信息。

2.促销支持。发布和传播有关为吸引消费者而设计的产品和服务的富有说服力的信息。

3.商务谈判。努力达成有关产品的价格和其他条件的最终协议，以实现所有权转移。

4.沟通订购。通过市场营销渠道中的各成员将消费者的购买意愿传递给企业。

5.互助融资。收集和分配资金，供市场营销渠道不同层次成员的营销所需。

6.风险共担。渠道各成员各自分担着市场风险，由此形成紧密的合作关系。

7.物流协调。从原材料采购到最终产品销售的一系列商品实体的运输、储藏和保管。

8.货款结算。购买者通过银行或其他金融机构向商品出售者付款，并制定相关规则。

9.转移所有权。商品所有权从一个组织向其他组织转移，以货币交换的方式实现商品实体的流动。

二、营销渠道的层次与宽度

（一）营销渠道的层次

在产品从生产者（制造商）转移到消费者的过程中，任何一个对产品拥有所有权或承担销售职能的机构，都被称作一个渠道层次。由于生产者和消费者都参与了将产品及其所有权转移到消费地点的工作，因此，他们都被列入每一渠道中。中间机构层次的数目可用来描述渠道的长度（如图9-1所示）。其中，零层渠道最短，三层渠道最长，然而实际上还存在更多层级的营销渠道，但更多的渠道层级也使得管理的难度变大、向消费者传递信息的透明度与精准性降低，因此更多层次的营销渠道也并不常见。

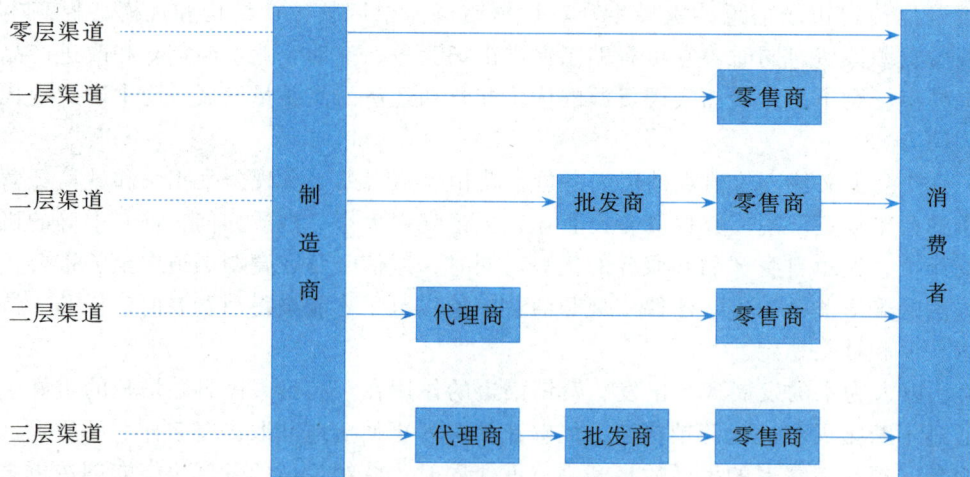

图9-1 营销渠道的层次

---

① 苏艳林.市场营销学［M］.秦皇岛：燕山大学出版社，2022.

一般地，零层渠道被称为直接渠道；一层渠道，即制造商只通过一个中间环节零售商，将产品在较小空间范围内销售的渠道，被称为短渠道；二、三层渠道，即制造商通过两个及以上中间环节，将产品在较大空间范围内销售的渠道，被称为长渠道。从制造商的角度看，越长的渠道意味着更弱的渠道控制力与更复杂的渠道结构。

(二) 营销渠道的宽度

理论前沿 9-1

营销渠道的宽度是指渠道的每个层次拥有同种类型中间商数目的多少，它与企业的营销策略密切相关。企业的营销策略通常可分为三种，即密集分销、选择分销和独家分销。

去中心化——
重塑供应链的
未来

密集分销是指生产者尽可能地通过许多负责任的、适当的批发商、零售商推销其产品。消费品中的便利品和产业用品中的供应品通常采取密集营销，使广大消费者和用户能随时随地买到这些日用品。

选择分销是指生产者在某一地区仅仅通过少数几个精心挑选的、最合适的中间商推销其产品。选择营销适用于所有产品，但相对而言，消费品中的选购品和特殊品最适合采取选择营销。

独家分销是指生产者在某一地区仅选择一家中间商推销其产品。通常双方协商签订独家经销合同，规定经销商不得经营竞争者的产品，以便控制经销商的业务经营，调动其经营积极性，占领市场[①]。

三、营销渠道的分类

在现实的商业活动中，企业的营销渠道是相当复杂的，不同的分类方法会产生不同的营销渠道。

(一) 按照渠道的形态划分

1. 实体渠道

实体渠道是指具有实际物理存在形式的销售或服务途径。比如实体店、专柜、线下营业厅等，顾客可以亲自前往这些场所，直接与产品或服务进行接触、体验和购买。实体渠道的优势在于能够提供真实的产品体验、面对面的客户服务，增强消费者的信任感。但受到地理位置和营业时间的限制，运营成本相对较高。

2. 虚拟渠道

虚拟渠道是基于互联网和数字技术构建的销售或服务途径，没有实际的物理场所，例如电子商务网站、手机应用程序、在线客服等。消费者通过虚拟渠道获取产品或服务的信息，并完成交易或获得支持。虚拟渠道具有不受时间和空间限制、运营成本较低、能够快速覆盖广泛的客户群体等优点。但在产品体验和即时服务方面可能存在一定不足。

(二) 按照渠道的数量与互动性划分

1. 单渠道（Single-channel）

单渠道营销是指通过一条渠道，如实体店铺、电视、App商城等，将产品或服务从某一营销渠道转移到顾客手中的行为。

---

① 郭国庆. 市场营销学通论 [M]. 9 版. 北京：中国人民大学出版社，2022.

2.多渠道（Multi-channel）

多渠道是指企业通过两种或两种以上的渠道，将产品或服务转移到顾客手中的行为，然而，企业在多个渠道之间没有进行渠道整合，顾客也无法进行跨渠道购买活动。

3.跨渠道（Cross-channel）

跨渠道是指企业通过两种或两种以上的渠道，将产品或服务转移到顾客手中的行为，而且，企业能进行部分的渠道整合，消费者能够进行不完整的跨渠道交互购买行为[①]。跨渠道的本质是指企业采用多条拼接的渠道进行商品或服务的传递，其中，每条渠道仅完成部分零售的功能，如顾客在线上挑选商品完成支付，线下提取商品。因此，跨渠道战略的各个渠道之间存在着交互作用[②]。

4.全渠道（Omni-channel）

全渠道是指企业通过多渠道整合协同，在不同渠道传递相同的品牌形象、价值与标准化服务，向顾客提供超越时间和地点束缚、可使用任何技术进行交流传播的渠道，最终为顾客带来多渠道无缝对接的一体化体验的行为[③]，如图9-2所示。渠道类型包括有形店铺（实体店铺、服务网点）和无形店铺（上门直销、直邮和目录、电话购物、电视商场、网店、手机商店），以及信息媒体（网站、呼叫中心、社交媒体、电子邮件、微博、微信、抖音、小红书）等。全渠道营销涉及多种销售形态，发展全渠道营销能使企业通过系统管理现有渠道和客户触点，提升顾客消费体验。由此可见，全渠道营销是单渠道、多渠道和跨渠道营销发展的结果，全渠道营销可以实现各类营销渠道协同并存、融合互通。

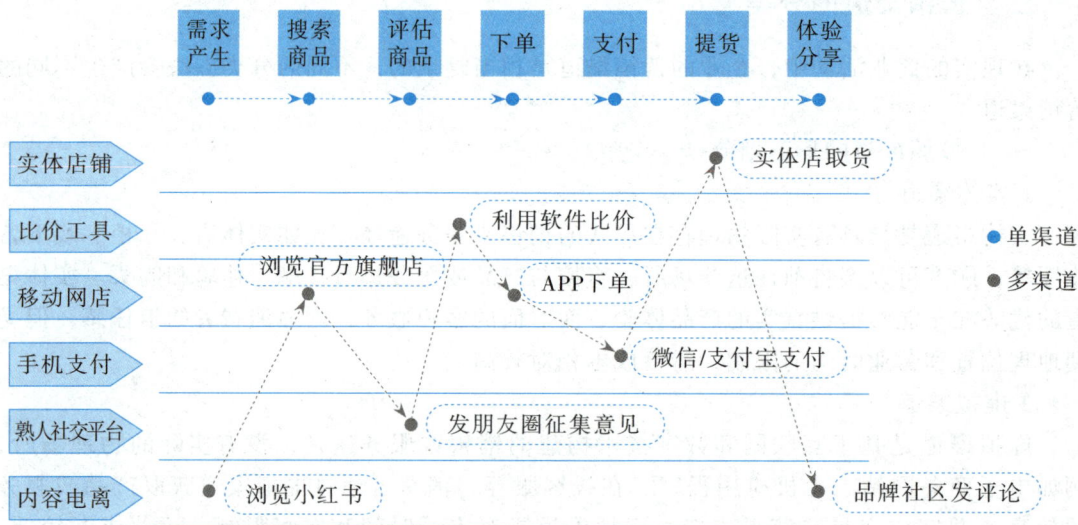

图9-2　消费者全渠道购物流程

（三）按照渠道的主导成员划分

1.以生产制造商为主导的直销渠道

以生产制造商为主导的直销渠道是指"生产制造商→消费者"与"生产制造商→用户"，产品是由生产制造商的推销人员、销售部门或代理商从生产制造商的仓库直接提供

① BECK N，RYGL D.Categorization of multiple channel retailing in multi-，cross-，and omni-channel retailing for retailers and retailing [J]. Journal of Retailing and Consumer Services，2015（27）：170-178.
② 张沛然，黄蕾，卢向华，等. 互联网环境下的多渠道管理研究：一个综述 [J]. 经济管理，2017（1）：134-146.
③ 周高云，齐建明，方水耀. 共享新零售：消费升级时代的零售创新路径 [M]. 北京：中国商业出版社，2019.

给消费者或用户。这种渠道有时也通过批发商这个媒介交换，不过产品是直接从生产制造商的仓库提出来的。

2.以零售商为主导的营销渠道

零售商的各种主流业务所构成的营销渠道包括诸如百货店、超级市场、便利店、各种各样的专卖店等，另外，还主要包含零售商特许渠道、采购俱乐部渠道、仓储式零售或批发俱乐部、零售商的连锁经营渠道等。

3.以服务提供者为主导的营销渠道

在这种营销渠道中，服务提供者处于核心和主导地位。服务提供者是整个渠道的关键推动者，它不仅提供具体的服务产品，还负责渠道的规划、组织和管理，包括仓储运营商（Contract Warehousing）、交叉转运运营商（Cross Docking）、联运商、采购商、直邮广告商、易货商、增值再售商（Value-added Reseller）、金融服务提供商等[①]。

四、营销渠道领域的新变化

（一）从单一渠道模式转变为多元化渠道生态

企业的传统营销渠道布局相对简单且局限，通常依赖于少数几种固定的路径将产品或服务传递给消费者。这些传统渠道主要包括实体店铺、电话营销、电视购物以及通过销售人员面对面直接与客户进行交易等分销方式。然而，这种单一或少数渠道模式在产品的市场覆盖范围、渠道效率以及客户获取和留存方面存在显著的局限性。随着市场环境的变化，依赖单一或有限的分销渠道已经难以满足消费者日益多元化的需求，企业需要通过拓展和整合多种渠道形式，构建更加广泛和高效的渠道网络，以更好地覆盖市场并满足消费者的购买习惯和期望。

随着数智时代的到来，科技飞速发展、消费者行为发生深刻变化，企业开始意识到多元化渠道生态的重要性。技术的革新，特别是互联网、移动互联网、大数据、人工智能等技术的广泛应用，为企业提供了前所未有的营销渠道选择。企业不再受限于传统渠道，而是积极拥抱新兴渠道，以构建更加全面、立体、高效的营销网络。具体地，多元化渠道生态的构建主要体现在以下几个方面：

1.线下渠道的创新。虽然线上渠道发展迅速，但线下渠道仍然具有不可替代的作用。企业开始在传统实体店的基础上进行创新，如开设体验店、快闪店等新型门店形式。这些门店不仅提供产品展示和购买服务，还注重消费者的体验和互动，通过举办主题活动、提供个性化服务等方式吸引消费者前来参观和体验。

2.线上渠道的拓展。企业纷纷入驻电商平台，如淘宝、京东、天猫等，通过线上商城展示和销售产品。同时，社交电商成为企业营销的新阵地，企业通过小红书、微信、抖音等平台发布多样化的内容，为消费者提供了多触点的购物体验，最终引导消费者通过线上渠道完成购买。通过这些线上渠道，企业能够更广泛地覆盖目标市场，并利用即时互动和内容营销推动实际销售。此外，直播带货作为一种新兴的线上销售渠道也迅速崛起。企业通过在各类电商平台上进行直播，实时展示产品的功能和特点，解答消费者的疑问，并提供即时购买的机会。这种形式不仅打破了传

[①] 周峰，杨春富，高凤荣. 营销渠道管理［M］. 2版. 南京：东南大学出版社，2012.

本土创新9-1

传统零售企业
全渠道转型升
级路径

理论前沿9-2

社交电子商务

统销售的时间和空间限制，还通过即时互动增强了消费者的购买体验，显著提高了转化率。

3.渠道的相互补充与协同。在多元化渠道生态中，各个渠道之间不再是孤立存在，而是相互补充、协同作战。线上渠道可以为企业带来广泛的曝光和流量，而线下渠道则能够提供更加真实、直观的购物体验和服务。通过线上线下融合的方式，企业可以实现全渠道营销，为消费者提供更加便捷、个性化的购物体验。

综上所述，从单一渠道模式转变为多元化渠道生态是数智时代企业营销渠道领域的重要变化之一。这一转变不仅拓宽了企业的营销渠道选择范围，还提升了企业的市场覆盖能力和消费者互动水平，为企业实现可持续发展奠定了坚实基础。

市场洞察9-1

王老吉药业开建数字化元宇宙展示厅，构建多元化渠道生态

（二）从静态渠道布局转变为动态渠道优化

在过去的商业环境中，企业在规划渠道布局时，通常会依据相对固定不变的市场划分方式以及对未来市场的预测来进行安排。这种方式虽然曾经有效，但在一个快速变化的市场中，它的局限性日益显现。市场需求、消费者行为以及竞争态势都在不断变化，而传统的静态渠道布局无法灵活应对这些变化，导致企业资源的利用效率不高，市场覆盖不全面。

随着数智时代的到来，企业获得了大数据和人工智能等先进技术的支持，这些工具为渠道优化带来了革命性的变革。例如，借助大数据，企业能够收集到海量的关于渠道表现以及市场动态的信息；通过人工智能技术，企业对这些数据进行深度分析和处理。基于实时监测和数据分析的结果，企业能够清晰地辨别出不同渠道的实际表现情况。那些表现出色的渠道，可以得到更多的资源支持和进一步的发展；而对于那些表现不佳、无法满足企业业务需求或者与市场趋势不匹配的渠道，企业则能够及时作出调整，甚至将其淘汰。这样的动态优化过程，能最大限度地保证企业投入在渠道方面的资源得到高效的利用，避免浪费。同时，通过不断调整和优化渠道布局，企业能够更全面、更精准地覆盖市场，满足不同地区、不同客户群体的需求，从而在激烈的市场竞争中占据更有利的地位，实现更好的发展。

（三）从人工管理渠道转变为智能化渠道运营

在传统的渠道管理中，企业通常依赖于人工管理和经验决策。渠道的选择、维护、资源分配以及绩效评估等环节，往往依靠渠道经理的个人经验和直觉来进行。这种管理方式在一定时期内发挥了作用，但随着科技的进步，尤其是智能化技术的飞速发展，传统的渠道运营管理方式已经无法满足现代企业对效率、精确度以及数据驱动决策的需求。在这样的背景下，企业纷纷开始探索和采用智能化的手段来进行渠道运营。通过构建一套智能化的渠道管理系统，企业能够实现对渠道流程的自动化处理，大幅提高工作效率，减少人为错误。同时，系统能够实时监控渠道数据，进行深入的分析和处理，帮助企业及时发现问题和机遇。此外，智能化系统还能够对渠道绩效进行精准评估，不仅包括传统的业绩指标，还能根据企业的战略目标，形成多维度、个性化的评估体系。

这种智能化运营方式，其优势在于不仅极大提升了渠道运营的效率和管理水平，而且还为企业带来了前所未有的全面和深入的洞察能力。企业能够通过智能化系统，实时捕捉市场变化，精准把握客户需求，从而更好地指导渠道策略的制定和执行。这种转型，对于企业来说，无疑是一次质的飞跃，它标志着企业运营管理进入了一个全新的智能化时代。

（四）从渠道系统信息的不对称转变为透明化

在传统的渠道管理中，信息的不对称性是一个常见且棘手的问题。营销渠道通常由多个层级构成，包括总经销商、分销商、零售商等，这种多层次结构不仅增加了产品的流通成本，还可能导致信息传递的延迟和失真，使得企业难以准确掌握市场需求的变化和消费者日益多样化和个性化的需求。然而，在数智时代，随着大数据、云计算、人工智能等先进技术的广泛应用，企业能够更精准地捕捉市场需求变化，实时分析消费者行为数据，从而制定出更加精准和高效的营销策略。同时，数字化平台的建设和发展也使得企业能够直接与消费者进行互动和沟通，减少了中间环节，提高了信息传递的效率和透明度。这种转变不仅提高了市场响应速度和信息传递效率，还促进了企业与消费者之间的互动和沟通，为企业带来了更多的商业机会和发展空间。

市场洞察9-2

东鹏特饮的数字化开放渠道管理

营销渠道经历了从复杂、多层次且信息不透明向更加直接、扁平化和透明化的转变。这种转变是数字化和智能化技术深入应用的必然结果，也是市场环境和消费者需求变化的直接反映。

第二节　营销渠道设计

一、影响营销渠道设计的因素

在数智时代，影响营销渠道设计的因素除了传统的六类，即产品因素、市场因素、企业自身因素、中间商因素、竞争者因素、社会环境因素外[①]，主要还增加了数字化因素，具体见表9-1。

表9-1　　　　　　　　　　　　　影响营销渠道设计的因素

产品因素	市场因素	企业自身因素	中间商因素	竞争者因素	社会环境因素	数字化因素
价值大小；体积与重量；时尚性；技术性和售后服务；产品数量；产品市场生命周期；新产品	潜在顾客的状况；市场的地区性；消费者购买习惯；商品的季节性；竞争性商品的营销路线；销售量的大小	企业资金实力；企业销售能力；企业服务能力；企业对渠道的控制能力	执行运输、广告、储存及接纳顾客的能力；信用条件；退货特权；人员训练；送货频率	销售地点；产品与服务的特性；市场规模；顾客特征；营销渠道的密度、性质、类型、成员以及结构等	社会经济形势；法律法规；国家政策	数据分析技术；营销渠道数字化；数字化实时互动

（一）产品因素

产品因素主要涉及的内容包含以下几个方面：

① 邱雪峰，倪斯铌. 市场营销理论与实践［M］. 北京：北京理工大学出版社，2021.

1.价值大小。一般而言，商品价值越小，营销渠道越多，路线越长。反之，单价越高，路线越短，渠道越少。

2.体积与重量。体积过大或过重的商品应选择直接或中间商较少的间接渠道。

3.时尚性。对式样、款式变化快的商品，应多利用直接营销渠道，避免不必要的损失。

4.技术性和售后服务。具有高度技术性或需要经常服务与保养的商品，营销渠道要短。

5.产品数量。产品数量多往往要通过中间商销售，以扩大销售面。

6.产品市场寿命周期。产品在市场寿命周期的不同阶段，对营销渠道的选择是不同的，如在衰退期的产品就要压缩营销渠道。

7.新产品。为了较快地把新产品投入市场、占领市场，生产企业应组织推销力量，直接向消费者推销或利用原有营销路线展销。

（二）市场因素

市场因素主要涉及的内容包含以下几个方面：

1.潜在顾客的状况。如果潜在顾客分布面广、市场范围大，就要利用长渠道，广泛推销。

2.市场的地区性。国际市场聚集的地区，营销渠道的结构可以短些，一般地区则采用传统性营销路线即经批发与零售商销售。

3.消费者购买习惯。顾客对各类消费品购买习惯，如最易接受的价格、购买场所的偏好、对服务的要求等均直接影响营销路线。

4.商品的季节性。具有季节性的商品应采取长的营销路线，要充分发挥批发商的作用，则渠道便长些。

5.竞争。出于竞争需要，企业有时需要避开竞争者常用的渠道，开辟出新的渠道。

6.销售量的大小。如果一次销售量大，可以直接供货，营销渠道就短；一次销售量少就要多次批售，渠道则会长些，在研究市场因素时，还要注意商品的用途、商品的定位，这对选择营销渠道都是重要的。

（三）企业自身因素

企业自身因素主要涉及的内容包含以下几个方面：

1.企业如果资金实力雄厚，可以自由选择营销途径；如果资金实力较为薄弱，则一般选择间接销售。

2.企业如果销售能力强，或者不能有效控制中间商，则多采用直接销售；如果企业销售能力弱，或者与中间商合作良好，则可以采用间接销售。

3.企业的服务能力强，易于与中间商达成合作，则采用间接销售；如果企业服务能力弱，难以满足中间商要求，则适宜直接销售。

4.企业对渠道的控制能力强，可自由选择营销途径；如果对渠道的话语权弱，控制能力薄弱，则建议直接销售。

（四）中间商因素

设计渠道时，还必须考虑执行不同任务的市场营销中介机构的优缺点。例如，由制造商代表与顾客接触，花在每一位顾客身上的成本比较低，因为总成本由若干个顾客共同分摊。但制造商代表对顾客所付出的努力不如中间商的推销员，因为制造商代表可能需要兼顾多个顾客，难以对单个顾客投入过多的时间和精力，对于顾客的个性化需求，制造商代表可能无法及时响应和满足。此外，中间商在执行运输、广告、储存及接纳顾客等职能方面，以及在信用条件、退货特权、人员训练和送货频率方面，都有不同的特点和要求，这些都影响着渠道设计。以送货频率为例，有的中间商能够做到每天送货，满足顾客对货物的及时性需求；而有的中间商可能送货周期较长，无法满足部分顾客的紧急需求。因此，企业可以根据顾客需要产品的紧急程度选择销售渠道。

（五）竞争者因素

营销渠道设计有必要将竞争者的渠道策略纳入考量范畴。对于市场竞争对手的销售地点、产品与服务的特性、市场规模、顾客特征，还有竞争对手营销渠道的密度、性质、类型、成员以及结构等要素，都应当进行详尽地剖析。如此一来，制造商就能全面知晓竞争者的渠道状况，进而规划出渠道竞争的策略。

（六）社会环境因素

整个社会经济形势好、发展快，营销渠道的选择余地较大；而经济萧条衰退时，市场需求下降，企业就必须减少不必要的流通环节，使用较短渠道。另外还需要考虑有关法律法规、国家政策，如专卖制度、反垄断法规、进出口规定、税法等都会影响营销渠道选择。就专卖制度而言，比如在某些国家和地区，盐业实行专卖制度，这意味着只有获得特定许可的企业才能从事盐业的生产和销售，从而限制了其他企业进入这一领域，营销渠道也就被严格限定在特定的许可企业之间。

（七）数字化因素

传统渠道设计时，企业对市场和消费者的了解往往较为笼统和模糊，营销决策更多依赖经验和直觉。然而，随着数字化技术的深入应用，企业现在能够通过强大的数据分析技术，收集、整理和分析海量用户数据，构建详尽的用户画像。这些画像涵盖了消费者的年龄、性别、地域、消费习惯、兴趣爱好等多个维度，为企业在渠道设计中提供了高度精准的依据。数智化时代下，在渠道设计层面，数字技术带来了更为丰富和多样的选择。互联网和移动互联网的普及使得传统线下渠道不再是企业的唯一选择，企业可以通过自建官方网站、入驻电商平台等方式，直接面向全球消费者销售产品和服务。同时，移动互联网的广泛应用使得消费者能够随时随地进行购物和获取服务，促使企业开发专属的移动应用或优化移动端网页体验，从而构建更加灵活和便利的销售渠道。

二、营销渠道设计步骤

（一）分析消费者需求

营销渠道作为顾客价值传递体系的关键一环，各渠道成员与层级都在为顾客创造并增添价值。企业在设计渠道时，通常首先明确目标顾客对渠道的期望与需求。然而，传统渠道的管理方式往往依赖经验和线性思维来满足顾客的基本需求，这种方式在面对当今消费者多元化和个性化需求时，显得愈发不足。在数智时代，随着科技的飞速发展，消费者对于渠道的要求愈发多元化和个性化。具体从以下几个方面来评估渠道服务水平（如图9-3所示）：

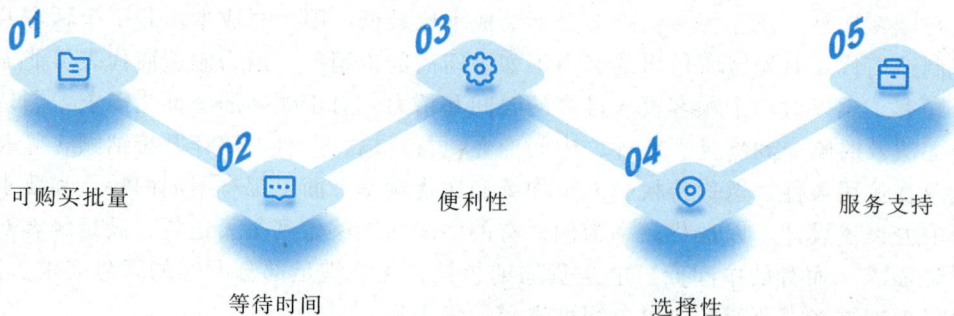

图9-3 评估渠道服务水平的因素

（1）可购买批量。批量指的是消费者在一次购买中，营销渠道所能提供的产品单位数量。以购买电子产品为例，像京东等电商平台上的品牌直营店，倾向于能大批量供货的渠道（生产厂商）；而普通消费者可能只需要能购买单个产品的渠道（个体店铺）。

（2）等待时间。在当下快节奏的生活中，营销渠道的响应速度至关重要。消费者越来越青睐那些能够迅速满足其需求的渠道。比如，京东通过其高效的物流配送大大缩短了消费者等待商品的时间。

（3）便利性。这是指营销渠道在空间上为消费者获取产品提供的便利程度。例如，美团外卖凭借其密集的配送网络和广泛的合作商家，让消费者能够轻松便捷地获取各类餐饮美食。

（4）选择性。营销渠道应具备丰富的产品种类，即更宽的产品组合，从而为消费者提供更多的选择余地。例如，抖音电商平台通过短视频和直播等形式，展示了海量的商品，满足了不同消费者的多样化购买需求。

（5）服务支持。营销渠道能够提供配套服务或增值服务，如分期付款、即时配送、上门安装、售后保修等。然而，渠道提供的服务支持越全面，其运营成本往往也越高。

（二）制定营销渠道的目标

企业需依据明确的目标顾客服务水平来确立营销渠道目标。这些渠道目标作为渠道设计的基石，决定了企业如何为特定的细分市场提供服务。渠道目标通常受到多种因素的影响，包括企业的性质、产品特性、营销中介的情况、竞争对手的策略以及所处的市场环境。在竞争激烈的市场中，营销渠道的有效性不仅体现在能否达成预定的功能和服务水平，还在于能否在满足这些目标的同时，将渠道运营成本控制在最优水平。随着数智时代的到来，企业在渠道管理中面临的挑战和机遇发生了深刻变化。数字化技术为企业设定和优化渠道目标提供了全新的工具和方法，显著提升了渠道管理的精准性和效率。因此，在设定渠道目标时，应当着重考虑以下三个方面：

（1）营销渠道的效率。以直播带货为例，许多品牌通过与头部主播合作，能够在短时间内实现大量产品的销售。但如果不能有效地管理库存和物流，则可能导致效率低下。

（2）营销渠道的控制程度。如一些品牌自主开发线上销售平台，以更好地掌控产品展示、价格策略和客户数据，从而增强对营销渠道的控制。

（3）财务开支。例如，小红书作为一个重要的数字化渠道，品牌在上面进行布局需要投入一定的资源。企业需要仔细权衡渠道资源的投入与预期的渠道效益，以确保在小红书上的渠道运营能够带来合理的回报。

此外，经济形势的变化、法律约束等环境因素也可能对营销渠道目标的设定产生影响。比如在经济下行期间，企业可能会更注重控制财务开支，选择成本较低的营销渠道；而随着相关法律法规的完善，企业在制定渠道目标时，也必须确保符合法律要求。

（三）确定备选的渠道方案

渠道方案的确定主要涉及三个关键方面：一是中间商的类型；二是营销中介的数量；三是渠道成员的责任。这些因素共同决定了企业的产品或服务如何从生产者传递到消费者手中。随着数智时代的到来，数字化技术赋予企业更大的灵活性和精准性，使其能够更有效地确定和优化渠道方案。

（1）中间商的类型。中间商的类型主要涵盖零售商、批发商和后勤组织这三类。企业应当明晰能够承担其营销渠道工作的中间商类型。如今，特定的企业类型或产品类型在很大程度上决定了中间商的类型，但也有不少创新之举。例如，原本主要在数码专卖店销售的智能手表，如今在一些时尚精品店中也有出售，并吸引了众多消费者的目光。某些新兴品牌由于成本或其他因素，无法依赖传统主流渠道，转而选择非传统的渠道，如通过社交媒体平台上的小众博主推荐，反而在竞争较小的环境中获得了发展机遇。

（2）营销中介的数量。企业还必须明确营销渠道的每个层级所采用的中间机构数量，明确营销渠道的宽度。在数智时代，企业可以通过数字技术实时监控和分析各个营销中介的表现，动态调整中介数量。相比传统固定数量的中介配置，企业现在能够更灵活地增加或减少中介，以适应市场需求的变化，确保渠道的高效运作。

（3）渠道成员的责任。制造商和中间商需要就合作条款以及每个渠道成员的责任达成一致，涵盖各方遵循的价格政策、销售条件、区域特权以及具体服务等内容。制造商应为中间商提供清晰的价格清单和折扣政策，并明确渠道成员的经营区域。对于所有渠道成员的责任与义务，特别是在特许经营和独家分销等模式中，应以书面形式详细规定，以确保产品和服务的质量。在数智时代，数字化平台的广泛应用使得渠道成员之间的责任划分更加清晰和透明，企业可以通过智能系统实时追踪每个渠道成员的表现，确保各成员履行其责任。

（四）评估营销渠道方案

企业对精心设计的多种渠道方案进行全面、深入且客观的评估，这在数智时代尤为关键。评估指标不仅包括传统的成本效益、销售效果、市场覆盖范围、客户满意度、渠道的可控性和适应性，还应纳入数字化相关的指标，如数据利用效率、流量获取成本、用户活跃度等。

成本效益指标要精确核算渠道建设和运营中的数字化投入与预期销售收益；销售效果指标需密切关注数字化渠道带来的销售额增长、市场份额变化以及线上线下融合的协同效果；市场覆盖范围指标着重考察渠道在数字空间和实体空间的有效触达能力；客户满意度指标则通过数字化的反馈机制和用户评价体系来衡量；渠道的可控性指标涉及企业对数字渠道的管理权限和数据安全保障；渠道的适应性指标主要评估借助数据分析和技术创新应对市场变化和竞争挑战的能力。

综合运用这些评估指标，借助大数据分析和智能决策工具，对各个方案进行详尽的对比分析，筛选出最契合企业战略目标和市场需求的方案予以实施。在实施进程中，依托实时的数据监测和智能分析，持续优化调整，确保营销渠道在数智时代的复杂环境中始终保持高效和竞争力。

第三节 营销渠道管理

一、渠道成员的构成与权力责任界定

（一）渠道成员的构成

在营销渠道这一复杂的商业生态系统中，各个成员都扮演着至关重要的角色，他们共同构成了一个环环相扣的链条，将产品或服务从概念转化为消费者手中的实物（如图9-4所示）。

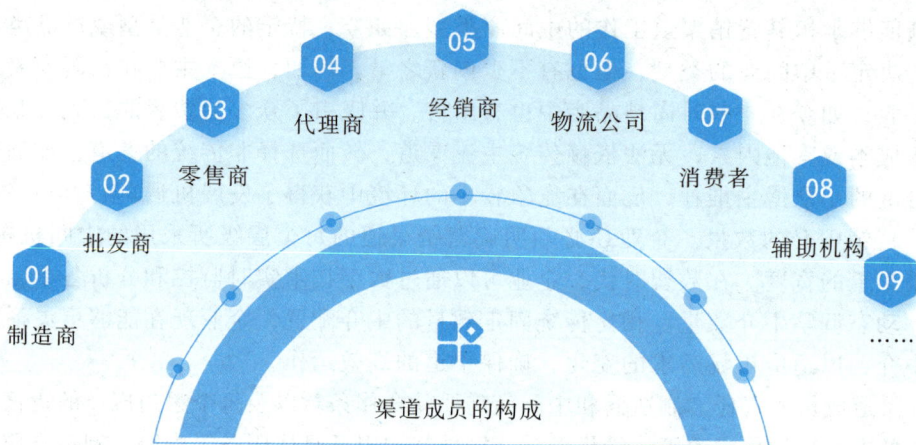

图9-4 渠道成员的构成

1.制造商（或称生产商）。作为渠道的源头，肩负着产品研发和生产的重任。他们需要运用先进的技术和严谨的工艺，将原材料转化为质量优良、满足消费者需求的产品。在这一过程中，制造商还必须关注市场动态，进行市场调研，以便更好地了解消费者需求，从而研发出更符合市场口味的产品。同时，他们还需要与上下游伙伴保持紧密的合作关系，确保生产流程的顺畅。

2.批发商。他们在商品流通中起到了一个承前启后的关键作用。批发商通常会从生产商那里大量采购商品，然后将其转售给零售商或其他批发商。在这个过程中，批发商不仅要负责货物的集中、分配和存储，还需要对市场进行深入分析，以合理的价格和数量进行采购，从而在确保供应链稳定的同时，实现自身利益的最大化。

3.零售商。他们是直接面对消费者的环节，是消费者购买产品或服务的最后一站。零售商包括实体店如超市、专卖店、便利店等，以及线上零售商如电商平台。随着科技的发展，线上线下融合的趋势日益明显，零售商需要不断创新销售模式，提升消费者购物体验，以吸引更多的消费者。

4.代理商。他们是代表生产商进行销售和推广活动的重要力量，虽然不拥有产品的所有权，但他们的销售能力和专业知识对于产品的市场推广起到了至关重要的作用。代理商通常会根据销售额或其他约定方式获取佣金，因此他们需要具备较强的销售技巧和市场分析能力，以实现自身利益的最大化。

5.经销商。他们是在一定区域内销售产品的关键角色，从生产商处购买产品，拥有产品的所有权，并负责在该区域内进行销售。经销商需要深入了解当地市场，建立良好的销售网络，以提升产品的市场占有率。

6.物流公司。他们在营销渠道中负责产品的运输、仓储和配送，是确保产品能够及时、准确地到达消费者手中的关键。随着电子商务的快速发展，物流公司的作用越来越重要，他们需要不断提升服务质量，以满足消费者对快速、高效物流服务的需求。

7.消费者。他们是营销渠道的终端，是购买和使用产品或服务的人。消费者的需求和喜好直接影响产品的销售和市场表现，因此生产商和零售商需要密切关注消费者的需求，以满足他们的期望。

8.辅助机构。他们为营销渠道成员提供专业的服务和支持，包括广告公司、市场调研公司、营销咨询公司等。他们通过市场调研、广告推广、营销策略等方式，帮助生产商和零售商提升品牌知名度，提高产品销量。

这些成员相互合作，共同构成了产品或服务从生产到消费的全过程，形成了一个完整的营销渠道体系。不同行业和产品因其特性、市场需求、竞争环境等因素的不同，会有不同的渠道成员组合和结构。例如，对于高价值、高技术含量的产品，可能会更加注重与代理商和经销商的合作；而对于快消品或电商产品，则可能更倾向于直接与零售商或消费者对接。此外，随着数字化技术的发展和消费者购物习惯的变化，线上渠道和新型渠道成员（如社交媒体影响者、直播带货主播等）的作用也日益凸显。因此，构建高效、灵活的营销渠道体系对于企业的成功至关重要。

（二）渠道成员的权力与责任划分

营销渠道中不同成员的权力与责任划分通常基于以下几个方面：

1.角色与功能

一般来讲，制造商通常拥有产品设计、生产、品牌推广和质量控制的权力与责任。他们决定产品的特性、规格和定价策略，并对产品质量负责；批发商主要承担货物的大量采购、存储和分销给零售商等责任，在价格谈判和物流安排方面有一定权力；零售商侧重于直接面向消费者的销售和服务，包括店面布局、促销活动和客户关系管理，同时对店内库存管理和销售业绩负责（如图9-5所示）。

制造商
通常拥有产品设计、生产、品牌推广和质量控制的权力与责任，他们决定产品的特性、规格和定价策略，并对产品质量负责。

批发商
主要承担货物的大量采购、存储和分销给零售商等责任，在价格谈判和物流安排方面有一定权力。

零售商
直接面向消费者的销售和服务，包括店面布局、促销活动和客户关系管理，同时对店内库存管理和销售业绩负责。

角色与功能

图9-5　渠道成员的角色与功能

2.合同与协议

在现代商业活动中，为了确保交易的公平性、透明度以及各方的权益得到保障，各方通常会通过签订详尽的合同和协议来明确彼此之间的权力与责任。这些合同和协议不仅涵盖双方的基本信息，如名称、地址、联系方式等，还包括具体的交易条款和条件，以及违约责任等关键内容。

以制造商与批发商之间的合作为例，合同中会详细规定生产商对批发商的供货条件，包括但不限于供货的时间、频率、数量、质量标准等。此外，还会约定价格政策，明确产品销售的定价权、价格调整机制、促销活动等。在市场支持方面，制造商可能需要提供广告支持、市场推广、销售培训等服务，以帮助批发商更好地销售产品。

同样，批发商与零售商之间的协议也会规定各项具体的条款。例如，供货方式可能会明确是直接送货上门还是由批发商负责发货，以及货物的包装标准等。退换货政策则会详细说明在何种情况下零售商可以退货或换货，以及相关的责任和补偿措施。

通过这些详细的合同和协议，各方可以在开始合作之初就明确各自的权利和义务，减少日后的纠纷和误解，从而有利于建立长期稳定的合作关系，推动业务的顺利开展。

3.市场地位和资源

在一般情况下，那些拥有强大品牌和市场份额的生产商在渠道中可能会拥有更大的话语权，他们能够决定渠道的策略并要求其他成员遵守相关规定；而那些具有广泛销售网络和客户资源的大型零售商，在与生产商的合作中可能会争取到更有利的条件，如更低的采购价格、更多的促销支持等。

4.行业惯例

某些行业存在普遍认可的权力与责任划分方式。新进入的成员通常会遵循这些惯例来建立自己在渠道中的地位。这些行业惯例不仅为新加入的成员提供了明确的行为指南，而且还帮助他们更好地理解并适应所在渠道的运作模式和规则。对于新成员而言，遵循这些普遍接受的行业惯例是建立自己在渠道中地位的重要步骤，也是获得其他成员信任和尊重的必要条件。通过这种方式，他们可以更快速地融入行业，有效地开展业务，并在激烈的市场竞争中稳步发展。同时，这些行业惯例也有助于维护整个行业的稳定性和健康发展，确保各成员在合作与竞争中找到平衡，共同推动行业的繁荣。

5.法律法规

在法律法规的框架下，渠道成员的权力与责任被明确规定，以确保市场的公平性和对消费者权益的保护。例如，制造商在进行产品的设计、生产和质量控制时，必须确保产品符合相关法律法规，如产品质量安全法和环保法规。制造商还需遵守广告法，避免虚假宣传。批发商在采购和分销过程中，需确保所交易的产品符合质量标准，并对供应链的合规性负责，遵守反垄断法，防止价格操纵。零售商直接面向消费者，需遵守消费者权益保护法，确保销售的产品质量合格，并提供必要的售后服务，还需确保价格透明，避免欺诈行为，并遵守广告法，确保宣传内容真实可靠。

总之，营销渠道成员之间的权力与责任划分是一个复杂而动态的过程，需要综合考虑角色与功能、合同与协议、市场地位和资源、行业惯例以及法律法规等多个因素。通过合理的划分，实现渠道的高效运作、各方的利益平衡以及消费者的满意度提升，从而促进整个市场的健康发展。

二、选择、激励和评价营销渠道成员

（一）营销渠道成员的选择

管理营销渠道的首要任务是选择适合企业渠道结构并且能够有效完成销售任务的渠道成员，因此，企业在选择营销渠道成员时需要设定一系列完善的评价标准作为渠道成员选择的依据（如图9-6所示），如从业年限、财务状况、声誉状况和合作意愿等。但在当今复杂且快速变化的市场环境中，这种评估方式已显得不足。面对数智时代的市场环境，企业在选择营销渠道成员时，应更加注重数据驱动与智能化评估。除了以上传统考量因素还需引入大数据分析中间商的历史销售数据、顾客反馈、线上活跃度及社交媒体影响力等指标。利用AI算法预测中间商的市场潜力与未来增长趋势，精准识别那些能够快速适应市场变化、具备数字化营销能力的优质中间商。同时，关注中间商是否拥有成熟的电商平台运营能力、数据分析能力以及对新兴技术（如区块链、物联网）的接受度，以确保双方能够共同探索数智化转型路径。

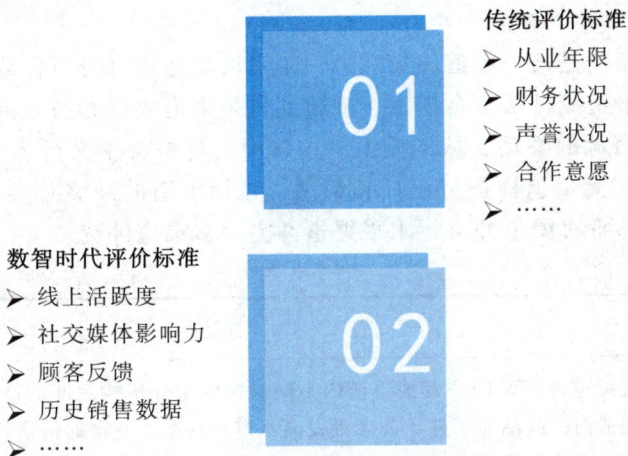

01

传统评价标准
➢ 从业年限
➢ 财务状况
➢ 声誉状况
➢ 合作意愿
➢ ……

数智时代评价标准
➢ 线上活跃度
➢ 社交媒体影响力
➢ 顾客反馈
➢ 历史销售数据
➢ ……

02

图9-6　渠道成员选择评价标准

（二）营销渠道成员的激励

为达成更优的营销目标，企业需施行各类举措持续对中间商予以激励，从而调动中间商销售其产品的主动性，并借此和中间商构建良好关系。激励渠道成员的相关工作能够从明晰中间商的需求、选择激励方式、建立伙伴关系等层面来开展。

数智时代强调个性化与精准营销，企业可以在激励渠道成员时运用先进的软件、技术等，采取更加灵活多变的策略。首先，通过先进的客户关系管理（CRM）软件系统与高科技的渠道伙伴关系管理系统（PRM）深度分析中间商的需求与偏好，实现一对一的定制化激励方案。例如，根据中间商的销售业绩、顾客群体特征，提供定制化的产品折扣、营销资源支持或专属培训服务。其次，利用大数据与AI技术优化激励效果评估机制，实时监测激励措施对中间商销售行为及业绩的影响，及时调整激励策略以保持最佳效果。此外，企业还可以构建开放的合作平台，鼓励中间商提出创新建议与解决方案，共同探索数智化营销新模式，实现双赢发展。

（三）营销渠道成员的评价

企业需要定时依照特定标准去衡量中间商的绩效，一般包括销售指标的达成状况、营销的积极程度和态度、为顾客提供服务的水平；平均存货量、交货的时效、损毁与丢失物品的处置、对促销及培训计划的配合程度等。而在数智时代，基于大数据与AI等先进技术，企业可以在上述指标的基础上建立起一套更加智能的评价体系，对渠道成员进行全方位、多维度的绩效评估。除了上述传统的销售指标的达成状况、为顾客提供服务的水平等评价维度外，还可以纳入数字化营销能力、数据共享与协同效率等新兴指标。通过智能分析工具，实时跟踪中间商的表现，及时发现潜在问题并预警。对于表现优异的中间商，企业应给予充分的认可与奖励，如增加合作机会、提供更高层次的资源支持等；而对于表现不佳的中间商，则应利用智能分析找出问题根源，提供有针对性的帮助与指导，必要时考虑调整合作策略或进行替换。同时，企业应持续优化渠道结构与管理流程，利用数智技术提升渠道整体的协同效率与响应速度，以更好地适应市场变化与顾客需求。

三、营销渠道冲突管理

（一）营销渠道冲突的概念和类型

营销渠道冲突指的是某一渠道成员对另一渠道成员达成自身目标或有效运转加以阻碍或干扰，或者某一渠道成员从事会损害、威胁到另一渠道成员利益，抑或以损害对方利益为代价来获取稀缺资源的举动，从本质上讲这属于一种机会主义行为[1]。由于独立的企业之间利益的不一致，无论怎样进行设计和管理，营销渠道的冲突总会发生[2]。表9-2总结了三种渠道冲突，即垂直渠道冲突、水平渠道冲突、多渠道冲突。

表9-2 渠道冲突的类型

类型	描述
垂直渠道冲突	垂直渠道冲突是同一营销渠道内不同层次的中介机构之间的冲突。比如，零售商抱怨制造商产品品质不好，或者批发商不遵守制造商制定的价格政策等
水平渠道冲突	水平渠道冲突是同一营销渠道内同一层次的中介机构之间的冲突。比如，制造商的一些批发商可能投诉同地区的另一些批发商随意降低价格，扰乱市场
多渠道冲突	多渠道冲突是指一个制造商建立了两个或两个以上的营销渠道，这些营销渠道在向同一市场销售产品时所产生的冲突。比如，某制造商决定通过大型综合商店出售产品，这会招致原有独立专卖店的不满

资料来源：孟韬. 市场营销：课程思政与互联网创新［M］. 2版. 北京：中国人民大学出版社，2021.

（二）营销渠道冲突产生的原因

营销渠道冲突产生的原因主要有两大类，即根本原因和直接原因[3]。

1.营销渠道冲突的根本原因

营销渠道冲突产生的根本原因主要有以下7点（如图9-7所示）：

① RAMBOCAS M，MENESES R，MONTEIRO C，et al.Direct or indirect channel structures.Evaluating the impact of channel governance structure on export performance ［J］. International Business Review，2015，24（1）：124-132.
② 李丹，周小波，余敏. 现代市场营销理论与案例分析［M］. 长春：吉林科学技术出版社，2022.
③ 万华，卢晶，王剑平，等. 新编市场营销学［M］. 沈阳：东北大学出版社，2020.

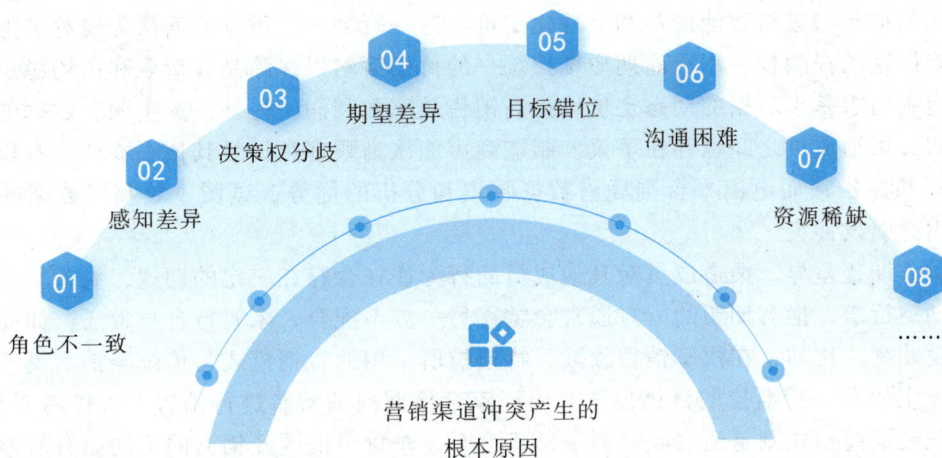

图9-7　营销渠道冲突产生的根本原因

（1）角色不一致。在渠道当中，每个成员所承担的角色各异，角色乃是对各个渠道成员所需发挥的功能以及活动范围的明确界定，涵盖"应当做什么"以及"应当怎样做"的问题。倘若角色的界定不够清晰，冲突便会应运而生。比如，零售商的管辖权频繁在制造商与批发商之间诱发冲突，制造商或许觉得向零售商阐释相关政策属于批发商的职责，然而批发商却持有相反的观点。

随着大数据和人工智能技术的广泛应用，渠道成员之间的信息流通更加迅速和透明，这在一定程度上有助于明确角色界定，但同时也带来了新的挑战。比如，线上销售渠道的快速崛起，使得传统的制造商、批发商和零售商的角色需要重新定义和整合。智能算法的运用在精准营销的同时，也可能因数据分配和使用权限的不明确，导致渠道成员之间对角色和责任的认知偏差，从而引发新的冲突。

（2）感知差异。即人们针对相同的外部刺激给出的相异反应。鉴于个性、背景、态度以及敏感程度等方面的差别，面对同一种刺激，不同个体的感知各不相同。比如，制造商觉得在卖场布置POP广告属于有效的促销手段，然而零售商却觉得现场的POP宣传对销售起不到多大作用，反倒占用了卖场的空间，从而不予采用。这种感知上的差异无疑会引发渠道冲突。

随着数字化营销手段的丰富，新的感知差异也随之出现。比如，制造商通过大数据分析认为在社交媒体上投放个性化广告能够精准触达目标客户，提升品牌知名度和产品销量。但零售商依据其线下门店的销售数据和顾客反馈，认为这种线上广告投入成本高，效果难以评估，且可能分散消费者对线下门店活动的关注，双方在数字化营销资源的分配和效果评估上产生分歧，从而导致渠道冲突。

（3）决策权分歧。由于渠道成员于渠道系统内均肩负着特定的职能，所以每一个渠道成员均拥有一个归属于自身的决策范畴。而当某个渠道成员觉得其他渠道成员侵入了原本应当由其进行决策的范畴时，冲突便会产生。比如，就渠道里的商品定价权来说，零售商或许认为这是他们的决策范畴，而制造者则认定唯有自己才拥有商品的定价权，这种分歧就会致使渠道冲突。

随着电商平台和智能算法的广泛运用，新的决策领域冲突不断涌现。比如，电商平台通过大数据算法进行智能推荐和个性化定价，这一行为可能被制造商认为侵犯了他们对产品价格体系的控制权。制造商期望维持统一的价格策略以保障品牌形象和市场稳定，而电商平台则追求基于数据的动态定价以提高销售效率和利润。另外，关于顾客数据的使用和所有权，渠道成员之间也存在争议。制造商可能认为顾客数据是其核心资产，有权决定如何利用和保护；而电商平台则凭借数据收集和分析的优势，试图主导基于数据的营销决策，由此引发冲突。

（4）期望差异。渠道成员对其他成员的行为往往会存在一定的期望，倘若其他成员未依其期望行事，抱有期望的一方通常会觉得另一方不配合，未履行自身责任，如此便有可能引发冲突。比如，在汽车销售领域，特斯拉所采用的直销模式与传统经销商模式之间就可能产生矛盾。特斯拉的直销模式是由厂家直接面向消费者进行销售，价格透明且统一。而传统经销商模式则是通过经销商来销售汽车，车价可能因经销商的不同而有所差异。传统经销商往往认为以他们在市场的影响力和销售经验，特斯拉应该会采取与他们合作的方式，借助他们的渠道来销售车辆。然而，特斯拉坚持采用直销模式，通过自己的门店和线上平台直接向消费者销售，掌握车源和价格的控制权。这可能令传统经销商觉得自身利益受损，因为他们无法像以往那样在车价上有较大的操作空间以获取利润，从而引发了两者之间的冲突。

随着人工智能和大数据技术在营销中的深入应用，期望差异带来的冲突有了新的表现。比如，企业通过大数据预测市场需求和消费者偏好，对合作伙伴的销售策略和推广力度有了更高的期望。然而，合作伙伴可能由于数据处理能力和分析方法的不同，无法达到企业的预期效果。同时，在智能物流和供应链管理方面，一方期望实现即时配送和零库存，而另一方可能由于技术设备和管理水平的限制无法达成，从而导致冲突的产生。

（5）目标错位。在渠道系统之中，各渠道成员均为独立的经济实体，故而都拥有自身相对独立的组织目标。一旦各渠道成员的目标呈现出不一致的情况，冲突便会产生。目标的不一致乃是引发渠道冲突的关键因素。

随着信息技术的飞速发展和数字化转型的推进，这种因目标不一致导致的渠道冲突有了新的变化。比如，线上渠道凭借大数据和人工智能技术，能够更精准地定位目标客户，并追求快速增长和市场份额的最大化。而传统线下渠道则更注重客户的现场体验和长期关系的维护，目标是维护稳定的利润和进行品牌形象的塑造。当企业试图整合线上线下渠道，实现全渠道营销时，由于两者目标侧重点的不同，可能会在资源分配、营销策略制定等方面产生冲突。此外，在数智时代，新兴的社交电商、直播带货等渠道模式不断涌现，它们的目标可能更侧重于短期的销售爆发和流量获取。这与传统渠道相对稳健和长期的发展目标形成差异，进一步加剧了渠道目标不一致所引发的冲突。同时，数据的所有权和使用方式也成为影响渠道成员目标的新因素。不同渠道可能对数据驱动决策的重视程度和应用能力不同，导致在基于数据制定目标和策略时产生分歧。

（6）沟通困难。倘若渠道成员之间缺乏沟通、存在沟通障碍或者沟通成效不佳，就有可能致使成员间信息传递出现延误、失实的情况，进而引发误会，导致冲突。在数智时代，信息传播的速度和量级都大幅提升，新的沟通问题和冲突也随之而来。例如，海量的数据和复杂的信息系统可能使渠道成员在筛选和处理关键信息时面临困难，导致重要信息被遗漏或误判。同时，线上沟通渠道的多元化，如即时通信工具、视频会议等，虽然提高了沟通的便捷性，但也可能因信息过载或沟通方式不规范，造成信息传递的不准确和理解偏差。另外，随着人工智能和自动化技术在渠道管理中的应用，一些智能化的沟通辅助工具可能因算法偏差或缺乏人性化考量，无法准确传达情感和意图，从而影响沟通效果，引发渠道成员之间的误解和冲突。而且，在跨境电商等全球化业务中，不同国家和地区的文化、语言差异也会在数字化沟通中放大，增加沟通误解和冲突的风险。

（7）资源稀缺。任何渠道组织的存续都依赖于外部环境所供给的资源。鉴于资源具备稀缺性这一特性，当两个及以上的渠道成员同时仰仗渠道的有限资源时，彼此之间就很可能围绕资源的分配方式产生冲突。在数智时代，资源的范畴和形式发生了显著变化，新的资源稀缺问题和冲突也随之出现。例如，数据成为一种关键资源，海量的数据存储和处理能力有限，不同渠道成员在争夺数据中心的算力、存储空间以及数据的优先使用权时可能产生冲突。云计算服务资源的分配也可能引发矛盾，多个渠道成员都希望获得更多的云服务资源来支持其业务运营。

2.营销渠道冲突的直接原因

营销渠道冲突的直接原因有以下 6 点（如图 9-8 所示）：

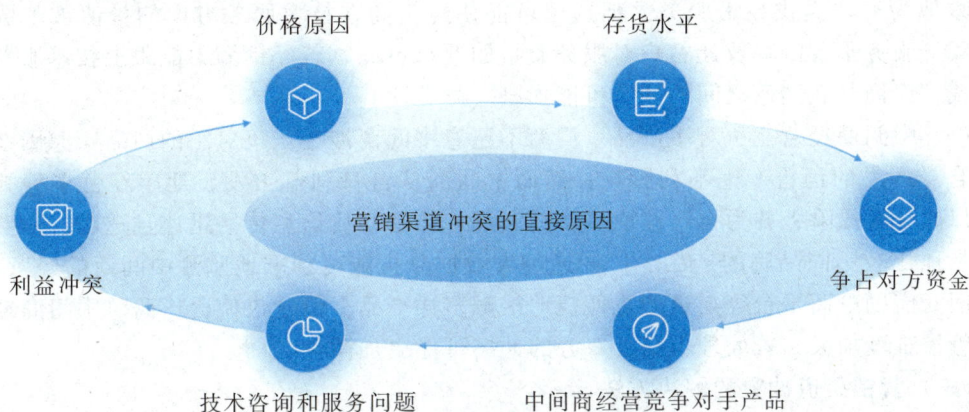

图9-8　营销渠道冲突的直接原因

（1）价格原因。各级批发价格之间的差异往往成为引发渠道矛盾的因素。厂商担忧经销商定价过高致使产品在市场中丧失竞争优势，而经销商则埋怨厂商给予的折扣过高，导致自身难以获取利润，这是过往厂商和经销商出现冲突的原因。数智时代价格导致的渠道冲突呈现新特点。例如，线上线下价格差异易引发冲突，大数据精准定价使部分传统经销商难以适应；智能算法调控价格若不合理，可能加剧厂商与渠道商的矛盾；价格信息透明化，让渠道各方对价格的敏感度提升，增加冲突可能性。

（2）存货水平。厂商与经销商均期望将自身的存货数量维持在最低限度。厂商期望经销商大量采购，以清理自身库存；而经销商则期望厂商能够随时供应货物，不想在存货方面占用过多资金和库存空间。数智时代，存货水平引发的渠道冲突依然存在。例如，智能预测若不准确，厂商可能过度生产致库存积压；经销商依赖数据进货，若数据有误易缺货；双方数据共享与协同不足，也会导致存货决策冲突。

（3）利益冲突。当下，越来越多的厂商直接向大客户提供货物，经销商忧虑自己所掌握的大客户会绕过自己直接从厂商进货，从而对自身的存续构成威胁，此类忧虑容易引发渠道冲突。数智时代，通过大数据和客户关系管理系统，厂商能更精准地识别和服务大客户。但这也可能导致经销商客户信息泄露，加剧双方竞争。同时，线上交易平台的普及，使大客户有更多选择渠道，厂商和经销商为争夺大客户资源，冲突可能进一步升级。

（4）争占对方资金。厂商与经销商均期望自身拥有充裕的流动资金，故而厂商倾向于让经销商先付款再发货，而经销商则希望厂商先发货，待货物售出后再付款。这种状况容易引发冲突。数智时代，借助金融科技手段，如供应链金融，能为双方提供更灵活的资金解决方案。同时，线上支付和信用评估体系的完善，使资金流转更加透明和便捷，但也可能因数据安全和信用风险评估的差异，导致新的矛盾产生。例如，厂商依据大数据收紧对经销商的信用额度，使得经销商资金周转紧张；或者供应链金融服务中的某些条款对一方更有利，引发双方在利益分配上的冲突。

（5）技术咨询和服务问题。倘若经销商无法给顾客提供优质的技术咨询及服务，厂商将会采用直销模式，绕过经销商直接为终端客户提供服务，如此便会对经销商的利益造成影响，进而遭到经销商的抵制。数智时代，借助远程技术支持和智能客服系统，厂商能够更高效地为客户提供技术服务。但这也可能使经销商在技术服务方面的价值被削弱。同时，线上服务平台的普及让客户对服务质量的要求更高，若经销商不能跟上技术服务的发展步伐，厂商与经销商之间的冲突可能加剧。

（6）中间商经营竞争对手产品。厂商不愿意中间商涉足竞争对手的产品，原因在于这会对自身产品的销售产生不利影响；然而中间商从自身利益出发，期望经营多种类的产品，以此分散风险，并为自己谋取更多的利润。数智时代信息传播迅速且透明，消费者能更轻易地比较不同品牌的产品。厂商通过大数据分析能更精准地监测中间商的经营动态，而中间商借助电商平台等渠道能更便捷地接触多样产品。但这也使得厂商对中间商经营竞品的管控难度加大，若处理不当，双方的冲突可能更加激化。

（三）营销渠道冲突的解决方法

企业应该在分析冲突原因的基础上，找到合适的解决方法。营销渠道冲突的解决方法主要有如下几种（如图9-9所示）：

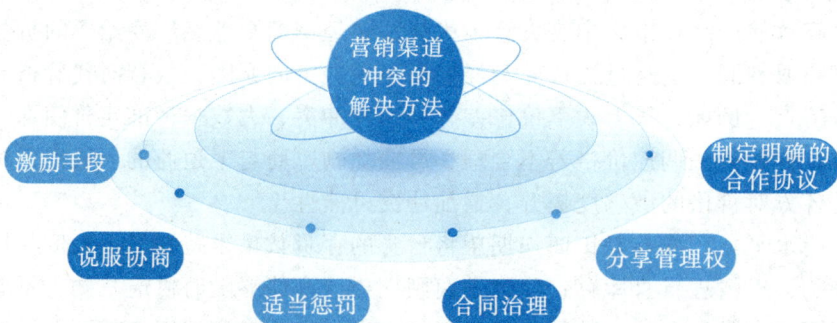

图9-9 营销渠道冲突的解决方法

（1）激励手段。对渠道成员予以激励，能够在一定程度上化解渠道冲突。企业针对较为懈怠的渠道成员，能够通过提升利润、提供补贴与津贴，举办销售竞赛，给予销售奖赏等手段，来达成缓和并解决渠道冲突的目标。数智时代，利用数字化工具，企业能更精准地评估渠道成员的表现，并根据数据制定个性化的激励方案。例如，基于大数据分析为渠道成员提供精准的销售建议，以提高其销售业绩从而获得更高激励；借助线上平台实时公布激励政策和竞赛排名，增强激励的透明度和及时性；利用虚拟现实技术开展线上销售培训和竞赛，提升激励的趣味性和参与度。

（2）说服协商。促使分销渠道成员将问题呈现出来，一同协商并交流看法，探寻各方普遍认可的冲突解决办法。而在数智时代，借助在线会议软件和即时通信工具，渠道成员可以更便捷地进行实时沟通。例如，利用大数据分析，可以提前梳理出冲突的关键问题和各方关注点，提高协商效率；通过云端共享文档，能同步记录协商过程和结果，确保信息准确和透明。

（3）适当惩罚。当激励与协商均无法奏效时，能够凭借团体准则，采用警告、削减服务与协助，乃至解除合作等方式，迫使冲突中的一方摒弃不合作的举动。数智时代借助数字化的监控系统和数据分析，能够更准确地判断冲突方的不合作行为及程度。例如，通过社交媒体和行业网络平台，对不合作行为的曝光和警示作用更强；在实施惩罚措施时，利用电子合同和线上流程，能使相关操作更规范、透明和高效。

（4）合同治理。详尽的合同为交易双方搭建起清晰的合作架构，能够保障交易不受投机之举的干扰。第一，详尽的合同明确了交易双方的行为界限，切实降低了环境和行为的不确定性，大幅压缩了渠道成员实施投机的空间。第二，详尽的合同提高了交易的透明度，交易双方能够把合同条款当作基准，对合作伙伴展开有效的监管，并及时察觉交易里产生的偏差。第三，详尽的合同能够针对违规乃至不法行为实施经济或法律方面的惩处，借此达成威慑合作伙伴的效果，减少对方的投机行为。尤其在数智时代，智能合同（例如区块链上的智能合约）与极度精细化的传统合同相互配合，一同为交易双方塑造出更为透明、高效且安全的合作框架，有力地抵御投机行为，推动交易的诚信开展与可持续进步。

（5）分享管理权。借由构建合同式的垂直分销渠道体系，让制造商、批发商与零售商凭借契约的形式加以联合，推行有规划的管理，从而降低成员之间的冲突；或者设立分销渠道管理委员会，定期研讨并决策分销渠道内部的管理事务，以增进彼此的理解，减少冲突的产生。数智时代，利用数字化平台实现信息的实时共享和协同管理，各方能够更及时地掌握渠道动态。例如，通过大数据分析，精准预测市场需求和潜在风险，为管理决策提供科学依据；基于人工智能的智能决策辅助系统，能够快速生成优化的管理方案，提高管理效率；运用虚拟现实技术开展线上委员会会议，增强渠道成员之间的互动和沟通效果。

（6）制定明确的合作协议。制定详细的合作协议，明确双方的权利和责任，规范渠道成员的行为和合作方式。协议中应包括定价、促销、市场支持等方面的规定，确保各方利益的平衡，以防止冲突发生。制造商通过开发符合市场需求的产品、加强广告宣传、延长付款期限等手段，主动与中间商合作，减少冲突可能性。中间商应认真做好市场调研和预测工作，并通过有效的促销手段推动销售，并将市场信息及时反馈给制造商。在数智时代，制造商和中间商可以借助大数据和人工智能优化市场预测，开发精准的营销策略，并通过云计算平台实现数据共享与信息无缝对接。通过明确的合作协议和数字化工具的应用，渠道成员能够有效预防和减少冲突，确保市场的稳定与合作的持续。

本章小结

营销渠道是为使产品或服务能够被使用或消费而形成的一系列独立组织的集合。按照渠道的形态，分为实体渠道与虚拟渠道；按照渠道的数量与互动性，分为单渠道、多渠道、跨渠道与全渠道；按照渠道的主导成员，分为以生产制造商为主导的直销渠道、以零售商为主导的营销渠道与以服务提供者为主导的营销渠道。随着数智时代的到来，营销渠道领域发生了新的变化，企业在设计营销渠道时不仅要考虑传统的产品、市场、企业自身、中间商、竞争者与社会环境六类因素外，还需考虑新增的数字化因素，以对消费者的需求进行分析，从而制定营销渠道的目标，确定备选的渠道方案，评估精心设计的多种渠道方案。而企业还需对渠道成员进行权力与责任的划分，选择适合的渠道成员，并对其采取一定的激励手段，不断筛选出表现优异、对企业发展有利的渠道成员；同时也需要注意渠道冲突的产生，并熟练掌握数智技能及时解决渠道冲突，最终保障营销渠道方案的顺利实施。

关键概念

实体渠道；虚拟渠道；单渠道；多渠道；跨渠道；全渠道；以生产制造商为主导的直销渠道；以零售商为主导的营销渠道；以服务提供者为主导的营销渠道；营销渠道冲突。

案例分析

小米：利用互联网和社交电商实现销售奇迹

在科技飞速发展的当下，智能电子产品市场竞争激烈。小米公司，这家由雷军带领创立的企业，从诞生起就立志于创新科技、变革行业，为用户提供性能卓越、价格亲民的智能产品。一路走来，小米凭借其独特的商业模式和营销策略，成功在市场中占据一席之地。其中，互联网直销与社交媒体的运用是小米发展历程中的关键策略。互联网直销打破了传统销售的藩篱，让产品直达消费者；社交媒体营销则搭建起了企业与用户之间紧密沟通的桥梁，增强了用户粘性和品牌认知度。二者相互融合，为小米的销售增长注入了强大动力。

小米的互联网直销模式

小米官网作为小米公司的官方网站，不仅是公司信息、产品资讯、品牌文化的展示窗口，更是产品销售和服务的重要平台。在小米官网上，消费者可以清晰地了解到小米公司的发展历程、企业文化、最新产品动态等信息。对于产品销售，官网详细展示了每一款产品的参数、功能、外观设计等，并且提供了丰富的产品图片和视频，让消费者能够全方位地了解产品。在购买环节，官网提供了安全、便捷的支付方式，支持多种银行卡、支付宝、微信支付等常见的支付手段，同时还提供了详细的配送和售后服务说明，让消费者无后顾之忧。

小米商城APP则是小米为了满足移动互联网时代消费者的购物需求而推出的应用程序。通过小米商城APP，消费者可以随时随地在手机上浏览和购买小米的产品。APP具有简洁明了的界面设计和流畅的操作体验，消费者可以轻松地查找自己需要的产品，并查看产品的详细信息、用户评价、购买攻略等。此外，小米商城APP还经常推出专属的优惠活动、限时折扣、会员福利等，吸引消费者购买。除了销售产品，APP还集成了售后服务功能，消费者可以在线申请售后维修、退换货、查询维修进度等，为消费者提供了一站式的购物和服务体验。

除了自身的官网和商城APP，小米还积极与各大第三方电商平台合作，进一步拓展了直销渠道。在国内，小米与京东、天猫、苏宁易购等知名电商平台建立了长期稳定的合作关系。这些电商平台拥有庞大的用户流量和成熟的物流配送体系，能够帮助小米快速触达更广泛的消费者群体。在京东平台上，小米开设了官方旗舰店，消费者可以在这里购买到小米的各类产品，并且享受到京东的优质物流配送和售后服务。天猫平台上的小米官方旗舰店同样人气颇高，借助天猫的平台优势和营销资源，小米能够更好地开展各类促销活动，吸引消费者购买。苏宁易购平台上的小米产品也备受消费者关注，通过与苏宁易购的线下门店资源相结合，小米实现了线上线下融合的销售模式，为消费者提供了更加便捷的购物体验。

通过互联网直销，小米手机能够以更低的价格提供给消费者更高配置的产品，打破了传统手机品牌的价格垄断，推动了智能手机的普及和发展。

小米的社交电商营销模式

在当今数字化时代，社交电商已成为企业销售策略中不可或缺的一部分。它不仅仅是人们交流、分享和获取信息的平台，更是企业与消费者建立紧密联系、塑造品牌形象、推广产品和服务以及促进销售的重要渠道。小米高度重视社交电商渠道的建设，在多个国内外主流社交媒体平台上积极布局，以拓展其产品销售网络。

在国内，抖音平台不仅是小米进行品牌推广的场所，也是重要的销售渠道之一。在抖音平台上，小米利用短视频的形式展示产品，通过创意内容吸引用户关注，并引导他们通过平台内的购物链接直接购买。小米官方旗舰店还经常在抖音平台上进行直播带货，实时与观众互动，展示产品功能并解答疑问，从而将观看直播的用户流量迅速转化为实际销售。此外，小米通过在抖音平台发布产品相关的挑战和话题，如"#小米新品发布会#""#小米××手机#"等，进一步扩大品牌影响力，并吸引更多用户参与和购买。

除了国内平台，小米还在国际社交电商平台上积极拓展。在Facebook上，小米通过该平台直接面向全球用户销售产品，并通过多语言支持和定制化内容，针对不同市场进行精准销售。这些国际社交平台不仅帮助小米提升品牌在全球市场的知名度，更重要的是，它们已成为小米开拓海外市场、实现跨境销售的重要渠道。

直销与社交电商的多渠道融合

在当今数字化商业环境中，多渠道融合已成为企业实现营销目标和提升销售业绩的关键策略。对于小米而言，将互联网直销与社交电商进行有机结合，构建起一个无缝衔接、相互促进的多渠道营销体系，是其取得销售奇迹的重要举措。小米充分利用了互联网直销平台的交易功能和社交电商的传播与互动功能，实现了销售流程的优化和客户体验的提升。

在产品推广阶段，小米首先利用互联网直销平台（如小米官网和淘宝平台）作为主要的销售渠道，直接面向消费者进行产品的展示和销售。这些平台为消费者提供了便捷的购物体验，用户可以通过浏览详细的产品信息、查看产品演示视频和客户评价，直接在线下单购买。同时，小米通过这些平台提供了多样化的支付方式和灵活的物流服务，确保产品能够快速、安全地送达消费者手中。与此同时，小米还将社交电商作为重要的补充渠道，通过抖音、快手等平台进行产品销售。借助这些平台的直播带货和短视频内容，小米能够在用户日常浏览社交媒体时，将产品直接推送给潜在消费者，并通过平台内的购物链接实现即时购买。这种即时性和互动性使得用户在观看产品演示和了解产品特点的同时，可以立刻下单，极大地提升了转化率。

在购买完成后，小米利用社交媒体平台与用户保持沟通和互动，提供售后服务、收集用户评价、促进用户口碑传播等。例如，用户可以在社交媒体上向小米官方账号反馈产品使用过程中遇到的问题和建议，小米会及时回复和解决用户的问题，提升用户满意度。同时，用户还可以在社交媒体上分享自己的购买体验和使用心得，这些用户生成内容（UGC）又会成为新的营销素材，吸引更多潜在用户的关注和购买。

通过这种多渠道融合的策略，小米实现了互联网直销与社交媒体营销的优势互补，形成了一个完整的营销闭环。一方面，互联网直销平台为用户提供了便捷、高效的购买渠道和优质的售后服务，提升了用户的购买体验和满意度；另一方面，社交媒体平台为产品推广、品牌传播、用户互动提供了广阔的空间和强大的传播力，提高了品牌知名度和产品曝光度。两者相互配合、相互促进，共同推动了小米产品的销售和品牌的发展。

综上，小米的销售模式和发展路径为电子产品行业提供了宝贵的借鉴。企业应紧跟时代潮流，把握互联网和社交媒体带来的机遇，以用户为中心，不断创新渠道与渠道策略，方能在激烈的市场竞争中立足并实现可持续发展。

资料来源：佚名. 从直销到社交：小米如何利用互联网和社交媒体实现销售奇迹［EB/OL］.［2024-07-15］. https://new.qq.com/rain/a/20240715A01VEL00.内容有删改。

问题：

1.在本案例中，小米采取的营销渠道有哪几种？

2.小米成功的营销渠道策略为其他电子产品企业提供了哪些有益启示？

案例分析答案示例9   基本训练9

第十章

促销策略

学习目标

通过本章学习，学生应该达到以下目标：

1.了解促销组合基本概念及其在现代营销中的重要性、整合营销传播的定义及其在现代营销中的应用；

2.理解各种促销手段的特点和作用、整合营销传播的核心思想及诚信促销和情怀促销的重要性；

3.掌握整合营销传播的设计流程、整合营销传播的管理原则及诚信促销和情怀促销的具体做法。

思维导图

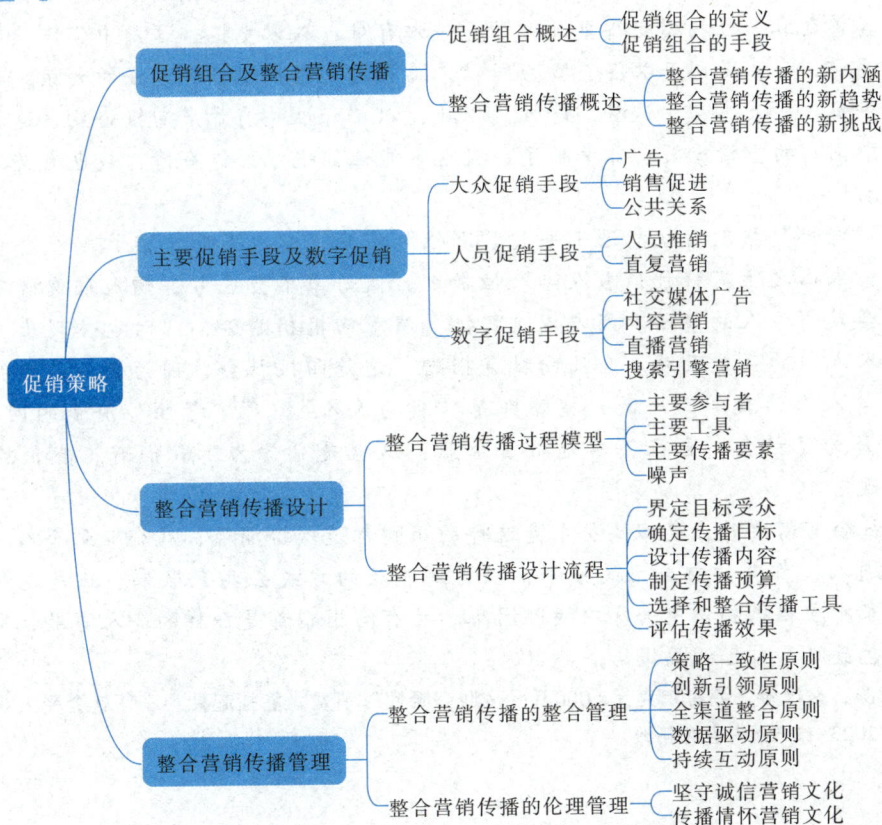

开篇案例

鸿星尔克的故事

2023年12月甘肃临夏州积石山县发生地震后，国货品牌鸿星尔克发文宣布向甘肃受灾地区捐赠2 000万元物资。网友投桃报李，鸿星尔克的直播间被下单者挤爆，迎来"野性"消费的场面。网友们留言不断，"支持国货，良心国货""无脑买，冲啊……"

鸿星尔克多次因倾尽家底式的慷慨捐赠而引发关注。2021年7月，鸿星尔克宣布向受灾的河南"驰援5 000万元物资"，被意外送上热搜而"一鸣惊人"。原因是鸿星尔克虽然曾经风光过，但近年来似乎已不显山露水。在网友心目中，鸿星尔克自己的日子过得并不宽裕，却能大手笔捐赠，如此"克己复礼"令人动容，称之为"破产式捐款"。一时间，网友纷纷跑到鸿星尔克直播间下单，为帮助鸿星尔克冲业绩尽自己的力量。接下来，鸿星尔克依然捐赠不断，2021年10月，鸿星尔克宣布捐赠2 000万物资驰援山西；2022年3月，鸿星尔克向吉林壹基金会捐赠价值500万元的物资；2022年3月，鸿星尔克向泉州红十字会捐赠总价值500万元的物资；2022年7月，鸿星尔克向福建省残疾人福利基金会捐赠1亿元款物。此次甘肃地震，鸿星尔克又捐出2 000万元，表示"甘肃灾情紧急，公司昨晚就行动起来了，准备了一晚，物资今天下午就会抵达灾区"。

鸿星尔克的举动屡屡打动人心，就在于他扛起了企业的社会责任，虽然自己并不是家大业大的那种"大户人家"，捐起款来却毫不含糊，网友说，"你把挣的钱全捐了……"慈善不分大小，爱心都是一样的无价，相对而言，倾尽自己所能的捐赠令人感动，就在于其心之诚，其善之真，让捐赠变得更加可贵。一方有难，八方支援，这是中华民族的传统美德。救灾面前，一向是同舟共济、勠力同心，鸿星尔克能扛起社会责任的大旗，让自己也显得光芒夺目。网友感动于这种"野性"捐款，以"野性"消费来回报企业，这种双向奔赴体现了中国人的重情重义：你奉献了，我也不能让你吃亏；你有情，我也有义。这真是温暖的互动！

每次"野性"捐款后就能迎来一波"野性"消费，这也表明，能扛起社会责任就会受人尊敬，人心之上有杆秤，敬人者人恒敬之，做好事不会吃亏，赠人玫瑰者不仅手有余香，也会获得他人的馈赠。网友以"野性"消费回报捐赠者，同时也体现出"人人为我，我为人人"的互帮互助。企业向社会捐赠，这是回报社会，因为企业的盈利来自社会，有着"人人为我"的一面，捐赠即是"我为人人"。对"野性"消费的网友来说，企业捐赠是为了社会，自己下单是帮了企业，这也是"你为了我们好，我们就要为你好"的体现。

每当社会有需要时，类似鸿星尔克这样的捐赠都是纷纷涌现，从企业到个人，从公众人物到普通人，都会伸出自己的援手，以力所能及的方式去共克艰难。正是这种守望相助，让大家能在相携相扶中一次次战胜困难。所有的捐赠都是一样的令人尊敬，所有对社会的奉献也最终是自己的福报。

资料来源：徐汉雄. 鸿星尔克捐2 000万后又迎"野性"消费，能扛起社会责任就会受人尊敬［N］.极目新闻，2023-12-20.内容有删改。

第一节 促销组合及整合营销传播

一、促销组合概述

（一）促销组合的定义

在市场营销学中，促销组合是一个核心且多维度的概念。促销组合（Promotion Mix）是指企业为实现其市场营销目标，通过策划和执行一系列有针对性的活动，旨在刺激消费者的购买欲望，增强品牌影响力，并最终促成交易行为的综合策略。促销策略的内涵远超过简单的价格优惠或赠品促销等单一手段。它涵盖了广告、销售促进、公共关系、人员推销、直复营销以及数字营销等多个层面[1]，每个层面都需要企业经过深思熟虑和精细操作，以确保各项促销活动能够形成合力，共同推动市场营销目标的实现。

在市场营销的宏观框架中，促销组合作为市场营销学的核心概念之一，占据着举足轻重的地位。它不仅是企业与消费者之间沟通的重要桥梁，更是塑造和提升品牌形象、增强市场竞争力的关键手段。通过精心设计的促销活动，企业能够有效地传递品牌价值，引导消费者形成积极的品牌态度和购买意向。此外，促销策略还承担着加速产品流通、扩大市场份额的重要职能。通过灵活运用各种促销手段，企业可以迅速捕捉市场动态，及时满足消费者多样化的需求，从而在激烈的市场竞争中脱颖而出。

（二）促销组合的手段

1.广告

广告是企业通过支付费用，借助多元化的媒介平台，以非人员直接沟通的手段将产品信息精准传达给目标受众的一种营销方式。其核心目的在于通过精心设计的广告内容，激发潜在消费者的购买欲望，从而有效推动本企业产品的销售。广告的形式多样，可以涵盖电视、广播、报纸、杂志、网络等各种传播渠道，确保信息能够广泛而精准地触达目标市场。

2.销售促进

销售促进是企业采纳的一系列短期激励手段，旨在迅速吸引消费者的注意力并激发其购买行为。这些销售促进活动可能包括限时折扣、买赠活动、优惠券发放等，旨在通过创造紧迫感或增加产品附加值来促进销量的提升。销售促进活动通常具有时效性，能够在短时间内显著提升产品的市场渗透率。

3.公共关系

公共关系侧重于通过非直接付费的方式与公众、媒体、政府机构以及其他企业建立并维持正面的关系。这种策略的目的是通过积极的社会责任实践、透明的信息传播和危机管理，来塑造和提升企业及产品的品牌形象。通过建立良好的公共关系，企业不仅能够增强社会信任，还能够在面临挑战时获得更多的支持和理解，从而间接促进产品的销售。

4.人员推销

人员推销是企业为促进产品销售而专门建立的销售团队与顾客之间的直接互动。通过

---

[1] 李桂华，卢宏亮.营销管理［M］.北京：清华大学出版社，2020.

专业的销售人员与顾客进行面对面的沟通，深入了解顾客需求，提供个性化的产品推荐和解决方案。这种推销方式不仅能够建立稳固的客户关系，还能够通过即时的反馈来不断优化销售策略。

5.直复营销

直复营销强调与消费者之间建立精准且直接的沟通渠道。通过电子邮件、短信推送、电话营销等方式，企业能够将定制化的信息快速传达给特定的消费群体，并收集到即时的反馈。

二、整合营销传播概述

（一）整合营销传播的新内涵

整合营销传播（Integrated Marketing Communication，IMC）是一个经过策略性规划的营销传播计划。它要求企业在制定综合营销计划时，必须全面认识和利用多种能够带来附加值的传播手段，包括广告、人员推销、销售促进活动以及公共关系策略等，这些手段有机地结合起来，形成一个统一、协调的传播体系[①]。整合营销传播的核心在于提供具有高度清晰度和连贯性的信息，以确保传播效果的最大化。[②]这意味着企业所传递的每一条信息都应该与整体品牌策略保持一致，共同构建和维护一个统一、鲜明的品牌形象。通过这种方式，企业能够在激烈的市场竞争中脱颖而出，与消费者建立深厚的情感联系。

在数字化时代，整合营销传播已经远远超越了其传统的定义。它不再仅仅是多种营销传播工具的简单叠加，而是涵盖了策略、创意、渠道与技术的全方位融合。整合营销传播的新内涵在于其强大的整合能力，即将所有与品牌形象和信息传播相关的元素，包括广告、公关、促销、直销、企业识别、产品包装等进行一元化的整合重组（如图10-1所示），让消费者从不同的信息渠道获得对某一品牌的一致信息，以增强品牌诉求的一致性和完整性。

在数字化背景下，整合营销传播更加注重与消费者的互动与沟通，强调以消费者为核心，通过多种渠道和方式传递一致、清晰、协调的品牌信息，进而实现品牌与消费者之间深度、长期的连接。这种连接不仅仅是信息的传递，更包括情感的共鸣和价值的认同。

图10-1　整合营销传播的整合元素

① 李桂华，卢宏亮.营销管理［M］.北京：清华大学出版社，2020.
② 王永贵.市场营销［M］.2版.北京：中国人民大学出版社，2022.

（二）整合营销传播的新趋势

整合营销传播是随着营销实践的发展而产生的一种概念，正随着社会与经济环境的变迁而持续进化。在当今的营销环境中，整合营销传播正展现出三大新趋势：

（1）创意高效化。随着市场竞争的加剧，整合营销传播越来越注重创新和效率。创意成为吸引消费者眼球的关键，品牌纷纷寻求独特的传播内容和形式，以求在繁杂的信息中脱颖而出。同时，高效利用营销资源也显得尤为重要。品牌不仅追求传播效果的最大化，还关注投入与产出的比例，力求在有限的预算内实现最佳的营销效果。

（2）全员互动化。整合营销传播正逐渐强调与消费者的双向沟通。这种沟通不仅存在于品牌与消费者之间，还扩展到了消费者与消费者之间。全员互动化有助于构建充满活力的品牌社区，使消费者更加深入地参与到品牌活动中，从而增强其对品牌的归属感和忠诚度。品牌通过社交媒体、线上论坛等渠道，积极促进消费者之间的互动，有助于进一步巩固品牌形象。

（3）触达广泛化。在数字化时代背景下，整合营销传播的触达范围正日益广泛。品牌通过多种渠道的组合，如传统媒体、数字媒体、社交媒体等，力求覆盖更广泛的潜在消费者群体。这种多渠道、多元化的传播策略不仅提高了品牌的市场占有率，还显著提升了品牌的知名度。品牌不再局限于特定的传播渠道，而是积极探索并整合各种资源，以实现更广泛的品牌曝光。正如大众营销曾推动大众媒体的繁荣一样，新兴的数字工具和平台也正在催生出全新的营销传播范式。在这个多变且充满挑战的新时代，整合营销传播正以前所未有的速度进行着自我更新与迭代。

（三）整合营销传播的新挑战

在数字化、网络化的时代背景下，信息传播和接收模式均发生了翻天覆地的变化。这一变革为企业营销传播带来了新的挑战与机遇，使得整合营销传播策略的制定与执行变得至关重要。随着信息传播渠道的日益多样化，传统媒体已不再是唯一的信息源。社交媒体、自媒体等新兴平台的崛起，极大地加速了信息的流动，并使其呈现多元化的趋势。在这样的环境下，消费者能够从多个维度和层面接触并感知品牌信息。因此，企业实施整合营销传播策略时，将面临来自两个方面的挑战：一是如何根据不同的传播渠道特性定制内容，同时保持品牌形象和信息的一致性；二是如何精准把握日益多样化和个性化的消费者需求，提供有针对性的传播内容。为了有效实施整合营销传播，企业需要对各种传播渠道进行深入分析和精准定位。不同的渠道在信息传播速度、覆盖范围、受众特征等方面存在差异，因此，企业需要根据各渠道的特点，有针对性地设计传播内容，以确保信息的一致性和精准性。同时，企业还需关注消费者在信息接收过程中的心理和行为变化，以便及时调整传播策略，增强信息的吸引力和说服力。

整合营销传播强调的是各种传播手段之间的协同与互补。传统媒体与新媒体并非相互替代，而是可以相互补充，共同构成一个全方位、多层次的传播体系。例如，通过电视广告提升品牌知名度，利用社交媒体与消费者进行实时互动，再通过线下活动深化消费者对品牌的认知和情感联系。这种多元化的传播方式，有助于企业在激烈的市场竞争中脱颖而出，形成独特的品牌魅力。

本土创新 10-1

小米的营销创新

第二节　主要促销手段及数字促销

一、大众促销手段

大众促销手段指的是无须人员直接接触即可进行信息传播的方式，它通常表现为一种单向的沟通手段（见表10-1）。

（一）广告

广告（Adevertisement）是一种以增加销售为目的，以一定的费用为代价，向消费者传递企业及产品信息的营销传播方式。对大多数企业来说，广告是传统上企业与目标受众沟通的主要手段，是一种大众传播手段。无论是在建立品牌偏好还是引导消费者方面，广告都是传播消息的一种经济、有效的方式，即使在当今充满挑战的媒体环境中，优质的广告也可以带来回报。

广告的形式包括：电视广告、广播广告、户外广告、公共空间广告、植入式广告、物料广告、互联网广告等。

（1）电视广告。电视广告凭借其强大的视觉和听觉冲击力，已成为公认的高效广告媒介。它能够通过动态的画面、声音以及情节，以较低的曝光成本触及广大消费者群体。其显著优点在于融合了视觉、声音与动作，从而深度吸引观众的感官，实现广泛的传播效果。然而，电视广告也存在局限性，如制作和播放成本高、信息量大可能导致混乱、曝光时间短暂以及观众选择有限等。

（2）广播广告。广播广告作为一种经典且有效的传播手段，能够帮助企业将传播信息覆盖本地乃至全国市场。其优势在于高度的灵活性，能够精准定位目标受众，并且广告的制作与投放成本较低。但是，缺乏视觉元素可能使得信息传达不够直观，增加了消费者处理信息的难度。当前，在新媒体不断涌现的环境下，广播行业虽然受到了一定的冲击，但其独特的传播价值依然不容忽视。

（3）户外广告。户外广告以其独特的创意和视觉冲击力，在城市的各个角落吸引着消费者的目光。常见的户外广告形式包括广告牌、道旗、路牌以及墙体广告等。其形式灵活多变，高度可控，能够精准地传递品牌信息。然而，如果户外广告过度投放，可能会导致成本上升，且过度的视觉刺激可能引起公众的反感。

（4）公共空间广告。公共空间广告是广告商选择在室内公共场所，如机场、火车站、购物中心和健身俱乐部等进行的广告投放。这类广告的优点在于能够覆盖广泛的受众群体，海报式的广告牌随处可见，有效地提升了品牌曝光度。然而，其缺点在于投放成本相对较高，且需要精心策划以确保广告内容与公共空间的环境相协调。

（5）植入式广告。植入式广告巧妙地将产品融入影视作品之中，通过故事情节的展开，给观众留下深刻印象，从而达到营销的目的。其优势在于能够触及庞大的受众群体，产生光晕效应，提升品牌影响力。但需要注意的是，这种广告形式的品牌适用性有限，过度植入可能引起观众的反感。

（6）物料广告。物料广告是通过实体物料来传递广告信息的广告形式。这类广告以其实体存在和可触感给消费者留下深刻印象。物料广告的优点在于持久性强，能够长时间存在于消费者生活环境中，如宣传册、海报、传单等。但缺点在于制作和分发成本相对较高，且可能受到地域和环境限制。此外，如何巧妙地将广告内容融入物料设计，提高受众的接受度和互动性，也是物料广告面临的挑战。

（7）互联网广告。互联网广告是利用网络平台进行的广告投放形式，具有极高的灵活性和互动性。其主要优点在于能够精确定位目标受众，实现个性化推送，同时成本相对较低，效果可追踪。然而，互联网广告的缺点也显而易见，如信息过载可能导致用户忽略广告内容，以及网络安全和隐私问题等。常见的互联网广告形式包括搜索引擎广告、社交媒体广告、电子邮件营销等。

广告具有以下优点：（1）能有效地与大量受众沟通。黄金时段的广告能够有效到达近千万个家庭。（2）人均费用相对较低。广告的单次费用虽较高，但因向大量受众传播，单位成本相对较低。（3）能为公司的品牌或产品塑造个性与形象。广告能够通过图像、声音或文字等手段，创造品牌或产品的独特个性，赢得消费者的认同与喜爱。

广告也存在一些缺陷：（1）需要花费巨额资金。虽然广告受众的单位成本很低，但广告的总体费用非常高，这使得某些小企业不得不放弃电视、户外广告等媒体。（2）缺乏灵活性和针对性。广告面对的大众参差不齐，但信息是标准化的，所以广告只能解决一般性的大众问题，无法解决少部分人的问题。（3）容易造成浪费。广告追求尽量多的受众，而许多观众或读者并不是目标消费群，会造成广告的浪费。（4）限制信息和反馈。广告成本高导致信息简明扼要，多数广告提供的信息有限。而且，广告是单向传播，很难获得消费者的反馈信息。因此，某些企业拒绝支付高昂的广告费用，转而创新性地寻求其他成本相对较低的营销传播手段。

（二）销售促进

销售促进（Sales Promotion）是营销活动的重要组成部分，由一系列激励工具（大部分是短期的）组成，为销售人员、分销商和最终消费者提供一种额外价值或激励的营销活动，旨在刺激消费者更快或更大量地购买特定产品或服务。

销售促进的形式包括：消费者促销、贸易促销、推销人员促销、现场促销和会员促销等。

（1）消费者促销。消费者促销是直接面向终端消费者的营销活动，通过提供优惠券、赠品、免费样品或限时特价等手段，激发消费者的购买欲望，促使其进行购买。这种促销方式旨在增强消费者对产品的认知和兴趣，同时提供额外的购买激励。

（2）贸易促销。贸易促销是针对分销渠道中的中间商（如批发商、零售商等）进行的促销活动。通过提供购买折扣、推广津贴或合作广告等方式，激励中间商更多地采购和销售特定产品。这种促销方式旨在加强与中间商的合作关系，提高产品在分销渠道中的流通效率。

（3）推销人员促销。推销人员促销是通过激励和奖励销售人员来提高销售业绩的营销活动。这种促销方式通常包括销售竞赛和销售提成等手段，旨在激发销售人员的积极性和创造力，促使其更积极地推销产品，从而增加销量。

（4）现场促销。现场促销是在特定的实体场所（如商场、超市、展览会等）或线上平台进行的即时营销活动。通过路演、展示活动、主题活动等方式，直接与消费者互动，展示产品特点和优势，吸引消费者的注意力和兴趣。这种促销方式旨在创造独特的购物体验，提升品牌形象，并促成现场购买行为。

（5）会员促销。会员促销是针对已注册会员进行的营销活动。通过提供会员专属折扣、积分兑换、推荐奖励等方式，增强会员的忠诚度和归属感，促使其更频繁地购买和消费。这种促销方式旨在巩固与会员的关系，提高会员的复购率和客户满意度。

销售促进的优点主要表现在：①能够吸引和维系顾客。销售促进能够通过新品试用吸引消费者，通过优惠券和赠品吸引消费者重复购买，建立品牌忠诚度。②能够快速见效。如橱窗陈列、赠品、优惠价格能激发消费者冲动购买。③一般在销售中占有固定的比例。销售促进在买卖成交之前成本较低，这样可降低投资的风险性。

销售促进的缺点主要表现在：①可能会损害企业的形象。人们可能认为折扣代表产品质量下降，频繁的促销会使消费者认为正常的价格是涨价。销售促进没有体现出与品牌、产品相关的优势，从长远看对品牌形象和销售有负面影响。②在成熟的市场上不能产生新的长期购买者，它主要吸引有优惠倾向的消费者。③有时对实际销售帮助不大。如果一些销售促进活动举办不当，可能会使中间商和消费者在活动期间囤积产品，在活动过后减少购买，使生产者整体销售增长幅度不大。

近年来，销售促进在营销传播支出中的占比不断上升，甚至已经超过了单纯的媒体广告费用。这一现象的背后有多重原因。首先，随着市场竞争的日益激烈，销售促进因其能迅速产生效果而成为企业占有和保持市场份额的有力工具。其次，消费者对从销售促进中获得更多实惠的期望，以及经销商对进一步让利的要求，都推动了销售促进的广泛应用。此外，媒体广告成本的上升和媒体多元化导致的广告边际效应下降，也使得企业越来越倾向于选择销售促进作为其主要的营销策略之一。销售促进策略的应用逻辑应着眼于短期销售提升与长期品牌建设的平衡。通过策略性地使用销售促进工具，再配合其他营销手段，企业可以在保持品牌形象的同时，有效地提升销售业绩。

（三）公共关系

公共关系（Public Relations），又称公众关系，简称"公关"，是指企业不仅需要与消费者、供应商和经销商建立、保持并加强关系，而且还需要与众多感兴趣的公众建立联系。公共关系中的传播是指组织通过传播媒介向公众进行信息或观点的传递和交流。其手段包括在媒体版面上安排企业经营活动等方面的信息和新闻，或者通过其他形式，目的是使企业或者产品（品牌）获得有利展示，树立企业形象，增强企业的社会影响力，以与现有顾客或潜在顾客沟通，进而帮助企业实现特定的营销目标。它通过多种方式与目标公众建立良好关系。

常见的公共关系形式有：出版物、事件、赞助活动、新闻宣传、演讲交流、公益活动、身份媒体等。

（1）出版物。企业利用年度报告、宣传册、专业文章、新闻稿、企业杂志以及音频视频材料等出版物，广泛传递企业信息，影响目标市场和公众。这些出版物不仅展示了企业的业绩和成就，还有利于增强公众对企业的了解和信任。

（2）事件。企业通过策划、组织和利用具有名人效应、新闻价值以及社会影响的业务或事件，引起媒体、社会团体和消费者的兴趣与关注，以提高企业或产品的知名度、美誉度，树立良好品牌形象，并最终达到产品或服务的销售目的。

（3）赞助活动。通过赞助体育、文化活动或社会公益项目，企业能够与公众建立更紧密的联系。这种策略不仅提升了企业的社会责任感，还扩大了品牌的影响力，增加了企业的曝光度。

（4）新闻宣传。企业积极寻找或创造与企业、产品及员工相关的正面新闻点，通过媒体报道或新闻发布会进行广泛传播。这种手段有助于塑造企业的良好形象，增强公众对企业的认知和好感。

（5）演讲交流。企业高层管理人员通过解答媒体问题、在行业协会或销售会议上发表演讲等方式，积极传播企业理念、展示企业实力。这不仅有助于树立企业形象，还能促进与行业内外的交流与合作。

（6）公益活动。企业通过参与或组织公益活动，如捐赠、志愿服务等，展示其社会责任感和公民意识。这种策略能够提升企业在公众心目中的形象和地位，增强公众对企业的信任和好感。

（7）身份媒体。企业通过建立独特的视觉标识系统，包括企业标识、文具、宣传册、标志、商业表格、名片等，以及统一的建筑物风格和制服着装规范，来传达企业的专业形象和品牌价值。这种手段有助于提升企业的辨识度和品牌的忠诚度。

公共关系具有以下优点：①可信度较高，成本较低。公共关系传播不像广告易于察觉，公众对它有更高的信任度，且成本比广告低廉。②易吸引关注。经由公共关系渠道发布的消息，如关于新产品上市或重大技术突破的报道，一般被看作新闻，更容易引起人们的注意。③能够到达特定群体。有些产品仅立足于很小的细分市场，这时使用广告或促销很难触及这些目标市场，通过公共关系可与这些群体进行沟通。④树立形象。成功的公共关系可以帮助企业树立正面形象。

公共关系也存在自身的固有缺陷，主要表现在：①沟通有一定局限性。企业与消费者之间的沟通是复杂且多方面的，公共关系并不能覆盖所有沟通需求。例如，销售咨询、售后服务等更直接和个性化的沟通往往需要通过其他渠道。②部门协同难。公共关系部门与营销部门之间的紧密合作是实现公关目标的关键。然而，由于两个部门的工作重点和KPI可能存在差异，加之可能的管理不善或沟通不畅，可能导致公关活动难以达到预期效果。③重复营销。如果营销部门与公关部门各自为政、缺乏有效的内部沟通机制，不仅可能导致信息传递不畅，还可能出现活动策划和执行上的重复劳动，造成资源浪费。

二、人员促销手段

人员促销手段指的是通过直接交流来传递信息的手段，其最大特点是双向性，能够迅速获取双方的反馈，并且有利于情感的沟通和渗透（见表10-1）。

（一）人员推销

人员推销（Personal Selling）是营销传播的一种最直接的人际传播方式，是企业运用推销人员直接向消费者推销产品或服务的一种促销活动。人员推销与其他传播方式最显著的区别在于信息直接从发送者流向接收者，不经过媒介。

人员推销的具体形式包括：

（1）坐销。坐销模式下，销售人员主要在固定的销售场所（如门店）进行工作，等待客户主动上门咨询和购买。

（2）行销。行销，即走动式营销，是一种更为主动的销售模式，销售人员需要主动出击，寻找和开发新客户，并通过直接的交流和演示来促成交易。

人员推销的优点有：①推销人员与顾客能够双向互动。推销人员向顾客介绍企业的产品和信息，顾客直接将自己的意见告诉推销人员，推销人员根据顾客的理解度、满意度调整下一步的行动，或者有针对性地向顾客传递信息。②人员推销尤其适合技术要求比较高或者性能较为复杂的产品的推销活动，当销售活动需要更多地解决问题和进行说服工作时，人员推销是最佳选择方式。③人员推销可以帮助企业建立、维持、加强与顾客的长期关系。④人员推销是一对一的展示，可以避免其他因素的干扰。

人员推销的缺点有：①成本太高。推销人员与顾客沟通需要耗费时间成本、电话成本或差旅费用等，这种费用远远高于大众传播的人均成本。②接触面窄。一个推销人员只能与一个顾客进行有效沟通。③优秀的推销人员缺乏，且难以培养。

人员推销不仅仅是一种商业行为，更是一种综合艺术，它要求销售人员不仅掌握精湛的销售技巧，还需具备深入的分析能力和出色的顾客管理能力。这样的转变意味着销售人员需要从传统的被动订单接收者转变为主动的销售机会创造者。一个有效的销售过程通常包含以下六个步骤：①潜在客户寻找与定位。销售流程的首要环节是精确地识别和定位潜在客户。这不仅要求销售人员具备敏锐的市场洞察力，还需要他们能够有效地利用时间，专注于最具潜力的客户群。销售人员应通过市场分析、数据挖掘和精准营销等手段，主动出击，寻找并锁定那些最有可能转化为实际购买的潜在客户。②前期准备。在进入正式的销售环节之前，销售人员必须进行充分的前期准备。这包括对自家企业的战略方向、市场定位、产品优势与不足等方面的深入了解。同时，销售人员还需要研究目标客户的个人背景、购买习惯、消费心理等信息，以便在后续的交流中能够更精准地把握客户需求，提供个性化的解决方案。③产品介绍和演示。在销售过程中，如何生动、形象地展示产品特点与价值是至关重要的。销售人员应从产品的功能性、创新性、实用性等多个角度出发，结合具体的应用场景，为客户描绘出使用产品后的美好愿景。此外，通过讲述品牌故事、展示产品背后的研发理念等方式，销售人员可以进一步增强客户对产品的情感认同和信任感。④异议处理与转化。在销售过程中，客户提出异议是不可避免的。这些异议可能源于客户内心的疑虑、对产品的误解，或是外部因素的干扰。销售人员需要保持冷静、专业的态度，认真倾听客户的反馈，并有针对性地提供解决方案。通过有效的沟通与协商，销售人员不仅可以化解客户的疑虑，还可能将潜在的负面评价转化为正面的购买动力。⑤促成交易与增值服务。当客户对产品表示出浓厚的兴趣并准备下单时，销售人员应抓住时机，积极主动地协助客户完成购买流程。这包括提供详细的合同条款解释、帮助填写订单信息、确认产品选择等。为了进一步提升客户满意度和忠诚度，销售人员还可以适时地提供一些额外的增值服务或优惠条件，如延长保修期、赠送相关配件等。⑥后续回访与客户关系维护。销售行为的结束并不意味着服务的终止。为了确保客户的持续满意并促进二次购买，销售人员应定期进行回访，了解客户对产品的使用情况和反馈意见。通过持续的沟通与关怀，销售人员可以与客户建立起长期稳定的合作关系，从而实现销售业绩的持续增长。同时，这也是企业品牌形象塑造和口碑传播的重要途径。

（二）直复营销

直复营销（Direct Marketing）是一种通过直接与消费者进行沟通来推广产品或服务的

促销手段，它利用直接渠道与顾客进行沟通，无须经过营销中间人，直接向顾客提供产品或服务。通过多元化的营销渠道，如邮件、电话、网络等，直复营销能够精准地接触并挖掘个人顾客与潜在顾客，同时从多个维度对顾客信息进行分析与衡量，以优化营销效果。

直复营销的形式包括：直邮营销、目录营销、电话营销、电视购物等。

（1）直邮营销。直邮营销是通过向潜在或现有消费者发送邮件来进行产品或服务的推广。这种营销方式的优势在于能够精确地定位目标受众，提供个性化的推广信息，并进行效果衡量。直邮营销不仅限于传统的纸质邮件，还包括电子邮件营销。通过邮件自动化工具，营销人员可以高效地管理并发送数百万封邮件，大大提高了营销效率。然而，直邮营销也需注意避免过度发送，以免引发消费者的反感和不满。

（2）目录营销。目录营销涉及向潜在消费者发送产品目录，以展示企业的产品或服务。这些目录可以是印刷版，也可以是多媒体电子版，甚至可以是线上的产品目录或网店。目录营销的优势在于能够为消费者提供一个清晰、全面的产品概览，便于他们作出购买决策。此外，将目录与线上平台相结合，可以进一步拓宽销售渠道，提高销售效果。

（3）电话营销。电话营销是通过电话与潜在或现有消费者进行沟通，以推销产品或提供服务。这种营销方式具有高度的互动性和即时性，能够让销售人员及时了解消费者的需求和反馈。电话营销不仅限于呼出电话，还包括接听来自消费者的咨询和订单电话。通过建立呼叫中心，企业可以高效地管理电话营销活动，提高销售效率和服务质量。

（4）电视购物。电视购物是通过电视节目或广告来推广产品或服务。与传统的电视广告不同，电视购物和互动电视营销更注重与消费者的互动和即时反馈。例如，通过购物频道或互动电视平台，消费者可以直接购买节目中展示的产品或参与相关的营销活动。这种营销方式结合了电视媒体的广泛覆盖性和互动性的优势，有助于提高品牌知名度和销售额。

直复营销的优点主要体现在：①精准定位与个性化沟通。直复营销能够精确地定位目标顾客，根据顾客的需求和偏好进行个性化的推广，提高营销活动的针对性和效果。②成本效益与可衡量性。直复营销允许营销人员尝试不同的沟通渠道，并通过数据分析找到最具成本效益的方法。同时，它可以准确地衡量营销活动的反应和效果，有助于优化策略。③建立长期顾客关系。通过持续的直接沟通，直复营销有助于与顾客建立长期、稳定的关系。这种关系能够增加顾客的忠诚度和回购率，从而提高企业的市场份额和盈利能力。④隐私保护与策略灵活性。直复营销的策略和动向相对不易被竞争对手直观洞察，这在一定程度上保护了企业的营销策略。同时，它还能够根据市场变化和顾客反馈灵活调整策略。

直复营销也有一定的自身局限性：①依赖顾客数据。直复营销的成功高度依赖于准确、完整的顾客数据。如果数据质量不高或过时，可能导致营销活动的效果不佳。②可能引起顾客反感。如果直复营销活动过于频繁或内容不相关，可能会引起顾客的反感和抵触情绪，甚至导致顾客关系的恶化。③技术要求较高。有效的直复营销需要先进的数据分析技术和营销自动化工具来支持。这可能需要企业投入较多的技术和资金资源。④法规与隐私限制。随着数据保护和隐私法规的加强，直复营销在收集和使用顾客数据时需要遵守严格的法律和道德规范，否则可能面临法律风险和声誉损害。

直复营销作为一种直接面向消费者的营销方式，虽然具有诸多优势，但在实际操作中也存在一些伦理问题。这些问题不仅可能损害消费者的利益，也可能对企业的声誉和长期发展造成负面影响：①强行推销与硬性推销。强行推销指的是企业采用高压销售策略，迫使消费者在不完全了解产品或服务的情况下作出购买决定。这种行为剥夺了消费者的选择权，违背了公平交易的原则。硬性推销则是通过不断重复、强调或夸大产品的优点来诱导消费者购买，而忽略了产品的潜在缺点或风险。这种推销方式可能导致消费者作出不理智的购买决策。②骚扰与过度沟通。在直复营销过程中，如果企业不顾消费者的意愿和感受，频繁地进行电话或网络沟通，就可能构成骚扰。例如，过度的电话直销不仅打扰了消费者的日常生活，还可能引发消费者的反感和抵触情绪。此外，不恰当的沟通时机、频率或内容也可能被视为骚扰，如在消费者明确表示不感兴趣后仍然持续推销。③侵犯隐私。在直复营销过程中，企业往往需要收集和使用消费者的个人信息。然而，如果这些信息被滥用或泄露，就可能侵犯消费者的隐私权。例如，未经消费者同意就将其个人信息用于其他商业目的，或未采取足够的安全措施保护这些信息的安全。此外，一些直销商可能通过非法手段获取消费者信息，如购买黑市数据或进行不当网络爬虫等行为，这也严重侵犯了消费者的隐私权。

表10-1 主要促销手段的类型

主要手段	大众促销手段			人员促销手段	
	广告	销售促进	公共关系	人员推销	直复营销
主要形式	电视广告 广播广告 户外广告 公共空间广告 植入式广告 物料广告 互联网广告	消费者促销 贸易促销 推销人员促销 现场促销 会员促销	出版物 事件 赞助活动 新闻宣传 演讲交流 公益活动 身份媒体	坐销 行销	直邮营销 目录营销 电话营销 电视购物
优点	能有效地与大量受众沟通 人均费用相对较低 能为公司的品牌或产品塑造个性与形象	能够吸引和维系顾客 能够快速见效 一般在销售中占有固定的比例	可信度较高，成本较低 易吸引关注 能够到达特定群体树立形象	与顾客能够双向互动 适合技术要求高和性能复杂的产品 易与顾客建立长期关系避免过度干扰	精准定位与个性化沟通 成本效益与可衡量性 建立长期顾客关系 隐私保护与策略灵活性
缺点	需要花费巨额资金 缺乏灵活性和针对性 容易造成浪费 限制信息和反馈	可能会损害企业的形象 在成熟的市场上不能产生新的长期购买者 有时对实际销售帮助不大	沟通有一定局限性 部门协调难 重复营销	成本太高 接触面窄 优秀的推销人员缺乏，且难以培养	依赖顾客数据 可能引起顾客反感 技术要求较高 法规与隐私限制

资料来源：王永贵.市场营销 [M] .2版.北京：中国人民大学出版社，2022.

三、数字促销手段

数字促销手段是指利用数字技术和网络平台进行信息传播的现代化手段。数字促销是现代营销传播中不可或缺的一部分。

（一）社交媒体广告

社交媒体广告是利用社交媒体平台作为传播渠道，通过创意内容和定向投放，向目标受众推广产品或服务的数字促销手段。它结合了社交媒体的互动性和广告的传播性，旨在提高品牌知名度、激发消费者兴趣并促成购买行为。其主要形式包括：（1）动态广告。以动态的形式出现在用户的社交媒体信息流中，内容灵活多变，可以是图片、视频或图文结合的形式，具有较高的互动性和用户参与度。（2）视频广告。通过短视频或直播的形式，在社交媒体上进行产品展示和推广。视频广告能够更直观地展现产品特点，吸引用户的注意力。（3）品牌页面。在社交媒体上创建专属的品牌页面，集中展示产品信息、优惠活动、品牌故事等，增强品牌与消费者的连接。（4）推广帖子。将特定的帖子或内容进行付费推广，以增加曝光率和用户互动。（5）影响者合作。与社交媒体上的意见领袖或网红合作，通过他们的影响力和粉丝基础来推广产品。

社交媒体广告以其精准定位和高度互动性显著提升了营销效率，通过利用平台丰富的用户数据，广告可以直达目标受众，大大提高了转化率，同时降低了广告成本。此外，多样的广告形式和实时的数据监测让广告主能够灵活调整策略，实现广告效果的最大化。然而，社交媒体广告也存在一些挑战。用户常常因广告过载而感到疲劳，导致广告效果减弱。同时，对用户数据的依赖也引发了隐私保护的担忧。此外，广告质量的参差不齐和平台算法的潜在问题也可能影响投放效果。在激烈的竞争环境下，广告主需要不断创新和调整策略以适应市场变化。

（二）内容营销

内容营销是一种综合性的促销手段。它通过创造、分发和促进有价值的、与品牌相关的内容来吸引、获取和保持目标受众。这种策略的核心不仅仅是品牌发布的内容，更重要的是用户的参与和生成的内容。它是一个由品牌和用户共同构建的内容生态。在这个生态中，品牌通过精心策划的内容吸引用户，而用户则通过参与、分享和创作内容来丰富这个生态，形成一个互动性强、充满活力的社区。这种营销方式侧重于提供有用、富有吸引力的信息来激发消费者的兴趣，而不是直接推销产品或服务。

内容营销的形式包含品牌发布的内容，也包括用户的参与和生成的内容。

品牌发布内容的主要形式有：（1）文章营销。通过撰写高质量的博客文章或专栏，提供行业洞察、实用建议或故事叙述，以吸引并维系目标受众。（2）短视频营销。利用视频平台制作和发布教程、产品评测、背后故事等视频内容，增强观众的参与感和沉浸体验。（3）社交媒体故事。在社交媒体上分享品牌故事、用户案例或行业趋势分析，以建立品牌形象并增强与消费者的情感连接。（4）在线课程和研讨会。提供与教育相关的内容，如在线课程、网络研讨会等，以建立专业权威并吸引潜在客户。

用户生成内容的主要形式有：（1）真实反馈与评价。用户的评论、评分和反馈是内容营销中不可或缺的部分，它们为潜在消费者提供了真实的参考。（2）用户创作与分享。用户分享使用心得、创意搭配或改造等，这些内容不仅展示了产品的多样性，还增强了用户的归属感。（3）社区互动与影响。用户之间的互动，如点赞、评论和转发，形成了一个活跃的社区氛围，放大了品牌的影响力。

内容营销通过提供有价值的信息来增强品牌认知度、建立品牌信誉、丰富品牌形象、获得消费者信任，从而促进长期客户关系的建立。然而，内容营销也存在一些挑战。首先，创造高质量、有趣且有用的内容需要大量的时间和资源投入。其次，由于内容营销的效果往往不是立竿见影的，因此需要长期的承诺和耐心。此外，衡量内容营销的投资回报率（ROI）可能较为困难，尤其是当效果不仅仅是直接销售增长时。最后，随着内容营销的普及，竞争也日益激烈，这要求品牌不断创新以保持受众的关注和兴趣。

（三）直播营销

直播营销作为一种新兴的促销手段，不仅仅是利用在线直播平台进行产品推介，它实质上是将实时互动、深入的产品展示、品牌推广以及销售转化融为一体的高效营销手段。在现代互联网技术，尤其是移动互联网技术的推动下，直播营销已经演变成为商家与消费者之间实时沟通的纽带。通过直播，商家能够即时传递产品信息，营造购买的紧迫感，并借助主播的个人魅力和专业知识，有效激发消费者的购买欲望。在直播营销中，主播的作用举足轻重。他们不仅负责全面展示产品特性，更是品牌形象的代表，通过与观众进行实时交流互动，逐渐建立起牢固的信任基础，进而推动交易的达成。同时，直播营销还巧妙利用了社交媒体平台的分享和传播机制，使直播内容能够迅速扩散，从而吸引更多潜在消费者的关注。

直播营销的内容形式，实际上是一个多层次、多维度的展示与推广过程。具体形式包括：（1）直播带货与产品深度解析。直播带货远不止于产品的简单展示，它更侧重于对产品细节的深入挖掘与呈现。例如，在展示服装时，主播会详细介绍面料质地、制作工艺和穿搭效果；对于电子产品，则可能会拆解产品以展示其内部结构，并详细解释技术特性。此外，主播还会现场试用产品，并分享真实的使用体验，以便让消费者更直观地感受产品的实际效果，通过与其他品牌或型号的产品进行对比，帮助消费者作出更为明智的购买选择。（2）品牌叙事与文化传播。直播营销为品牌提供了一个讲述自身发展历程、阐述创立理念和核心价值的平台。通过这些叙事，不仅增强了消费者对品牌的认同感，同时也展示了企业的工作文化、团队氛围以及承担的社会责任，从而加深了消费者对品牌的信任。（3）专业知识分享与教育型直播。直播营销还常常邀请行业专家或设计师，为消费者提供深入的产品技术解析、设计理念分享以及市场趋势分析。对于功能复杂的产品，直播中还会提供详细的使用教程，旨在帮助消费者更好地理解和使用产品。（4）娱乐互动。娱乐互动是直播营销中不可或缺的一环，它通过设计各种有趣的互动环节，如抽奖、答题、投票等，为观众带来轻松愉快的体验。这种互动不仅能够吸引观众的注意力，提升直播间的活跃度，还能有效增强观众的参与感和归属感。在娱乐互动中，观众不再是被动的接受者，而是成为直播内容的一部分，他们的参与和反馈直接影响着直播的走向和氛围。通过娱乐互动，直播营销能够打破传统营销的刻板印象，让消费者在享受娱乐的同时，潜移默化地接受品牌信息和产品推介。（5）明星、网红直播带货。明星、网红直播带货则是直播营销中的一大亮点。借助明星和网红的影响力及粉丝基础，直播带货能够迅速聚集大量人气，提升直播间的曝光度和关注度。明星和网红在直播中不仅展示和推介产品，更通过自身的魅力和专业性，为消费者提供购买建议和使用心得。他们的加入使得直播带货更具可信度和吸引力，有效促进了销售转化。同时，明星、网红与观众的实时互动也进一步拉近了品牌与消费者的距离，为品牌形象的塑造和传播提供了有力支持。

直播营销的优势和价值显而易见，它提供了无与伦比的实时互动体验，允许消费者直接提问并获得即时回应，从而极大增强了消费者的参与感和归属感。直播的真实性有效减少了消费者对产品质量的疑虑，而主播的个人魅力和专业知识则进一步提升了产品的可信度。通过直播间的便捷购买链接，消费者能够一键下单，大大提高了销售转化的效率。更重要的是，借助互联网的力量，直播营销能够轻松触及全球范围内的潜在消费者，为商家带来前所未有的商业机遇。此外，直播营销还能够通过持续的互动和内容输出增强消费者的粘性，提高消费者的忠诚度和复购意愿。直播过程中收集的大量消费者数据和反馈，则为商家提供了精准洞察市场需求和消费者喜好的宝贵资源，有助于产品和营销策略的优化。直播营销不仅搭建了品牌与消费者直接沟通的桥梁，更使得品牌能够快速响应市场变化和消费者需求。同时，通过直播传播积极的社会价值观和影响力，如环保理念或公益支持，还能够有效提升品牌的社会责任感和公众形象。

（四）搜索引擎营销

搜索引擎营销（Search Engine Marketing，SEM）是一种将搜索引擎作为营销平台，通过提高网站在搜索引擎中的可见性来吸引更多的潜在客户，从而实现营销目标的促销手段。

搜索引擎营销的主要形式包括：（1）关键词优化与广告。针对目标受众的搜索习惯，选择和优化相关的关键词，使网站在搜索引擎中获得更高的排名。同时，可以投放关键词广告，当用户搜索相关词汇时，广告会展示在搜索结果页面上。（2）着陆页优化。设计与广告或搜索结果高度相关的着陆页，以提高用户点击后的转化率。着陆页应包含吸引人的标题、清晰的产品或服务介绍、显眼的呼叫行动按钮等元素。（3）内容营销整合。结合内容营销策略，创建高质量、有价值的内容（如文章、视频、教程等），以吸引用户点击并提高网站在搜索引擎中的位次。（4）本地搜索引擎优化。针对本地市场进行优化，包括在网站上添加地理位置信息、获取本地评价和评论等，以提高在本地搜索结果中的排名。

搜索引擎营销是一种有效的在线营销策略，通过合理利用和优化关键词、广告和内容等元素，可以提高品牌在搜索引擎中的可见性和吸引力，从而实现营销目标。搜索引擎营销也存在一定的局限性，诸如热门关键词的广告位有限、竞争激烈，可能导致广告费用上升，并且搜索引擎营销需要一定的技术知识和经验，同时，搜索引擎的算法和规则不断变化，需要持续关注并调整策略以适应这些变化。此外，可能存在恶意点击或无效点击的风险，可能导致广告费用的浪费。

市场洞察 10-1
元气森林6年百亿的饮品黑马成功之道

第三节 整合营销传播设计

一、整合营销传播过程模型

整合营销传播过程模型是一个全面、系统的框架，它详细阐述了信息从发送者传递到接收者的整个过程，并强调了在这个过程中各个关键要素的作用和相互影响①（如图10-2所示）。这个模型不仅揭示了传播的基本机制，还为企业营销人员提供了一套实用的操作指南，以帮助他们更有效地进行信息传播，达到预期的营销目标②。

① 王永贵.市场营销［M］.2版.北京：中国人民大学出版社，2022.
② 腾乐法等.市场营销学［M］.北京：清华大学出版社，2020.

在这个模型中，两个主要参与者——发送者和接收者，构成了传播过程的两端。发送者，通常是企业或品牌负责产生并发送信息；而接收者，即目标受众，是信息的最终接收者和解读者。这两者之间的互动构成了传播过程的基础。

两个主要工具——信息和媒介，在传播过程中发挥着至关重要的作用。信息是发送者想要传达给接收者的内容，它可以是文字、图像、声音等多种形式。而媒介则是信息传递的桥梁，它决定了信息以何种方式、在何时何地到达接收者。不同的媒介具有不同的特点和覆盖范围，选择合适的媒介对于确保信息的有效传递至关重要。

四个主要传播要素——编码、解码、反应和反馈，构成了传播过程的核心环节。编码是发送者将原始信息转化为可被传输的符号或代码的过程。这一过程需要确保信息能够被接收者正确解码，即还原为原始信息。解码是接收者对接收到的符号或代码进行解读的过程，它需要接收者具备一定的知识和能力。反应是接收者在解码信息后产生的心理或行为上的变化，这是传播效果的重要体现。反馈则是接收者向发送者传递的反应信息，它有助于发送者了解传播效果，以便对后续的传播策略进行调整。

此外，噪声也是传播过程中的一个不可忽视的因素。它可能来自于环境、竞争对手或其他干扰源，会对信息的传递造成干扰或扭曲。因此，在传播过程中需要采取相应的措施来减少噪声的影响，确保信息的准确传递。

整合营销传播过程模型是一个动态、互动的系统，它强调了信息传播过程中的各个关键要素及其相互作用。企业营销人员需要深入理解这一模型，以便更好地制定和执行有效的营销策略，实现与目标受众的有效沟通。通过精心策划的信息内容、选择合适的媒介渠道、优化编码和解码过程、积极回应受众反应并收集反馈，以及有效管理噪声干扰，企业可以大大提升营销传播的效果和效率。

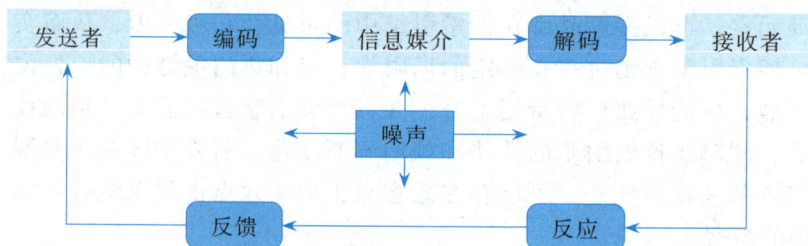

图10-2　整合营销传播过程模型

二、整合营销传播设计流程

（一）界定目标受众

设计有效的整合营销传播计划的第一步，是准确地界定目标受众，他们是潜在购买者还是现有用户，是决策者还是有影响力的人，抑或是个人、团队、特定公众或一般公众。界定目标受众是传播沟通的基础，它对企业传播信息应该"说什么、怎么说、何时说、何地说和由谁说"以及"对谁说"有关键影响。

尽管企业可以根据市场细分法区分目标受众，但通常来说，根据使用情况和忠诚度进行区分更加有用。目标受众是产品类别的新用户还是现有用户？目标受众是忠于该品牌，还是忠于竞争者，抑或会在品牌之间进行转换？根据不同的答案，传播策略的设计也会有所不同。企业还可以根据品牌知识区分目标受众，进行形象分析。

（二）确定传播目标

确定传播目标就是确定传播所希望得到的反应。传播者应明确目标受众处于购买过程的哪个阶段，并将促使消费者进入购买过程的下一个阶段作为传播沟通的目标[①]。营销人员可以根据消费者购买过程设定整合营销传播的目标（如图10-3所示），具体如下：

（1）知晓。当目标受众还不了解产品时，传播沟通的首要任务是引起消费者的注意并使其知晓。这时沟通的简单方法是反复重复企业或产品的名称。

（2）认知。当消费者对企业和产品已经知晓但所知不多时，企业应将建立消费者对企业或产品的清晰认知作为沟通目标。

（3）喜欢。当消费者对企业或产品的感觉不深刻或印象不佳时，传播沟通的目标就是着重宣传企业或产品的特色和优势，使之产生好感。

（4）偏好。当消费者对企业或产品已比较喜欢但还没有特殊的偏好时，传播沟通的目标是建立受众对本企业或产品的偏好，这是形成顾客忠诚的前提。这需要特别宣传企业或产品较其他同类企业或产品的优越性。

（5）确信。消费者对企业或产品已经形成偏好，但还没有发展到购买它的信念，这时传播沟通的目标就是促使他们作出或强化购买决策，并确信这种决策是最佳决策。

（6）购买。当消费者已决定购买但还没有立即购买时，传播沟通的目的就是促进购买行为的实现。

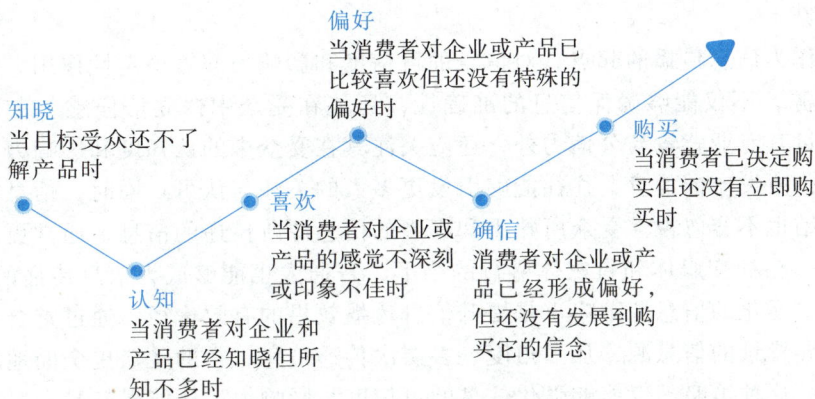

偏好 当消费者对企业或产品已比较喜欢但还没有特殊的偏好时

知晓 当目标受众还不了解产品时

喜欢 当消费者对企业或产品的感觉不深刻或印象不佳时

认知 当消费者对企业和产品已经知晓但所知不多时

确信 消费者对企业或产品已经形成偏好，但还没有发展到购买它的信念

购买 当消费者已决定购买但还没有立即购买时

图10-3 设定整合营销传播的目标

（三）设计传播内容

为了获得预期的传播反应，需要解决三个核心问题：想要传达什么信息？这是信息策略的内容部分。应该如何传达这条信息？这涉及信息的表现形式，也就是创意策略。由谁来传达这条信息最为合适？这关乎信息源的选择。

1.信息内容

信息内容是传播的核心，也被称为信息的诉求点。其目的在于激发消费者作出对企业有利的响应。常见的诉求方式有以下三种：（1）理性诉求。这种方式直接针对消费者的实际需求，强调产品所能提供的实用功能和为消费者带来的具体利益。例如，宣传洗衣粉的强大去污能力、空调的优异制冷效果或冰箱的卓越保鲜功能。通常，工业产品的消费者对理性诉求的反应最为敏锐，而生活用品的消费者在购买高价物品时，也会对质量、价格、

[①] 秦陇一.市场营销学［M］.2版.北京：清华大学出版社，2017.

性能等诉求点给予高度关注。（2）情感诉求。此方式通过触发消费者的正面或负面情感来激励其购买行为。例如，利用幽默、喜爱或欢乐等情感来促进购买和消费，或者通过引发恐惧、羞耻等情感来促使人们采取积极行动（如定期刷牙、进行体检等）或放弃不良习惯（如吸烟、过量饮酒等）。（3）道德诉求。这种方式诉诸人们内心的道德规范，引导人们明辨是非、选择善行，如遵守交通法规、保护自然环境、尊老爱幼等。此类诉求在企业形象宣传中尤为常见且效果显著。

2.信息形式

信息形式是信息传播中的关键环节，它直接决定了受众如何接收和解读信息。一个恰当的信息形式，不仅能够吸引受众的注意力，更能有效地传达信息的核心要点，从而在受众心中留下深刻印象。在设计信息形式时，多媒体元素的结合成为一种趋势。单纯的文字描述可能难以充分展现信息的全部内容，而图像、音频、视频等多媒体元素的融入，可以使信息更加生动且具象。例如，在广告领域，动态视频广告相较于静态图片广告，往往更能吸引消费者的目光。同时，设计信息形式时还需充分考虑受众的文化背景、年龄层次及兴趣爱好。不同的受众群体对信息形式的偏好和接受度存在差异，因此，在选择信息形式时，应深入了解目标受众的特点，挑选最适合他们的信息呈现方式。此外，交互性也是现代信息传播的重要特征。设计具有交互性的信息形式，如问卷调查、在线互动游戏、虚拟现实体验等，能够让受众更加主动地参与到信息的接收过程中，进而提高信息传播的效果。

3.信息源

信息源作为信息传播的起点，对信息的可信度和影响力起着决定性作用。一个可靠且权威的信息源，不仅能够确保信息的准确性，还能在受众中树立信任感。在选择信息源时，除了考量其专业背景与公信力外，还应关注其在受众中的认知度和影响力，广为人知的专家或机构所发布的信息，往往能够引发更多人的关注与认可。同时，信息源与受众之间的情感联结也不容忽视。受众所熟悉和喜爱的信息源所传递的信息，通常更易被接受与认同。此外，在社交媒体和自媒体盛行的当下，普通人也能够成为信息传播的关键角色。因此，采用多元化的信息源策略也是提升信息传播效果的有效途径。通过整合来自不同领域、具备各异背景的信息源，从多角度、多层次传递信息，帮助受众更全面地理解信息的内涵与意义。这种策略不仅能够强化信息的可信度与影响力，还能提升受众对信息的接受度与认同感。

（四）制定传播预算

整合营销传播预算是企业面临的最难作出的营销决策之一。行业之间、企业之间的传播预算差别相当大。在化妆品行业，传播费用可能达到销售额的20%~30%，甚至30%~50%，而在机械制造业中仅为10%~20%[①]。企业制定传播预算常用的方法有以下几种：

（1）量力支出法。这是一种量力而行的预算方法，即企业以本身的支付能力为基础，确定传播活动的费用。这种方法简单易行，但忽略了传播与销量的因果关系，而且企业每年财力不一样，因而传播预算也随之经常波动。

（2）销售额百分比法。这是依照销售额的一定百分比来制定传播预算。例如，企业今年实现销售额1 000万元，如果将今年销售额的10%作为明年的营销传播费用，则明年的

---

① 秦陇一.市场营销学［M］.2版.北京：清华大学出版社，2017.

传播费用为100万元。

（3）竞争对等法。这一方法主要根据竞争者的传播费用来确定企业自身的传播预算。这种方法类似于标杆管理，其优点是可以找到一个市场占有率与预算参照点，但由于每个公司的情况不同，制定的营销目标必然有所差异，因而有时候很难找到一个现成的参照点。

（4）目标任务法。在确定传播目标后，企业确定达到目标所需要完成的任务，最后估算完成这些任务所需的费用，这种预算方法即为目标任务法。

（五）选择和整合传播工具

在传统的营销传播中，营销人员通常只依赖一种或两种传播手段完成任务，而现在营销领域正在发生变化，如大市场被细分成了许多小的子市场、消费者需求日益复杂化、新媒体不断涌现等。这要求营销管理人员学会使用多种促销手段，根据细分市场选择合适的促销手段。并且，营销传播工具必须进行整合，才能传递一致的信息，并最终实现战略定位。

（六）评估传播效果

整合营销传播方案实施后，企业还需要评价其效果（如图10-4所示）。信息传播者需要目标顾客回答下列问题：是否接触到所传播的信息？是否能够识别或记住该信息？接触该信息的次数是多少？记住的内容是什么？对信息的感觉如何？对企业和产品的态度如何？等等。信息传播者需要收集受众反应的行为数据，如多少人购买了产品、多少人喜爱并乐意与别人谈论该产品等。

营销实战10-1

整合营销传播方案的效果评估

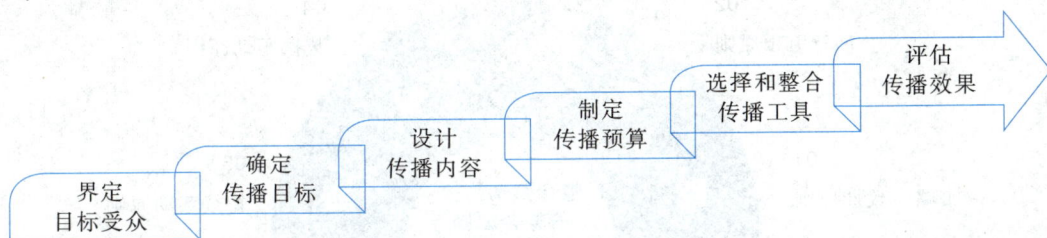

图10-4 整合营销传播的设计流程

第四节 整合营销传播管理

一、整合营销传播的整合管理

（一）策略一致性原则

在整合营销传播的过程管理中，首要原则是确保所有营销活动和传播手段都服务于统一的品牌战略和目标。这意味着，从市场调研、目标设定到执行和评估，每一步都必须与整体策略保持一致。

（二）创意引领原则

创意是整合营销传播的灵魂。在过程管理中，应鼓励创新思维，通过独特的创意内容和形式吸引消费者的注意，提升品牌形象。同时，创意需要与实际执行紧密结合，确保其既具有吸引力又具备可行性。

（三）全渠道整合原则

在数字化时代，消费者接触信息的渠道日益多样化。整合营销传播过程管理需要充分利用各种渠道——线上和线下、传统和数字——以统一的品牌形象和信息触达消费者。这要求团队具备跨渠道整合的能力，确保信息的一致性和协同性。

（四）数据驱动原则

数据在整合营销传播中扮演着越来越重要的角色。通过收集和分析消费者数据，团队可以更深入地了解消费者需求和行为，从而优化营销策略。在过程管理中，应建立数据收集、分析和反馈的机制，以数据为依据进行决策和调整。

（五）持续互动原则

与消费者的持续互动是整合营销传播过程管理中的重要环节。通过社交媒体、客户服务、用户社区等方式，企业可以与消费者建立长期、稳定的互动关系。这不仅有助于收集反馈、改进产品和服务，还能增强消费者对品牌的忠诚度和归属感。

整合营销传播过程强调策略一致性、创意引领、全渠道整合、数据驱动和持续互动等原则。这些原则共同构成了整合营销传播过程管理的核心框架，指导营销团队在复杂多变的市场环境中实现有效的品牌传播和消费者连接（如图10-5所示）。

图10-5　整合营销传播的整合管理

二、整合营销传播的伦理管理

（一）坚守诚信营销文化

1.诚信营销文化

俗话说"诚招天下客，誉从信中来"，诚信既是中华民族的传统美德，也是现代市场经济的道德基础。诚信是市场的黄金规则，是市场经济条件下企业的通行证，是企业生存发展的保证，是企业参与市场竞争的有力武器，是企业自我创造、建设、形成的强大的无形资产。市场经济愈发达愈要讲求诚信，这是市场经济的内在要求，也是文明的基石和标志。诚信营销文化在中国商业发展历史中具有重要地位。诚信营销文化是商业信任的基础，它能够帮助企业建立良好的品牌形象，有助于企业提升市场竞争力，对于整个商业环境的建设和发展也会起到积极作用。在新发展格局下的商业环境中，诚信营销文化仍将继续发挥重要作用。

因此，在诚信营销思想的指导下，建立诚信营销文化体系、制定企业营销策略、执行营销活动，是企业应对激烈市场竞争的明智战略选择。

价值引领 10-1

中华民族的文化自信

文化是一个国家、一个民族的灵魂。

文化自信，是更基础、更广泛、更深厚的自信，是更基本、更深沉、更持久的力量。

中华文明5 000多年绵延不断、经久不衰，在长期演进过程中，形成了中国人看待世界、看待社会、看待人生的独特价值体系、文化内涵和精神品质，这是我们区别于其他国家和民族的根本特征，也铸就了中华民族博采众长的文化自信。

资料来源：编者自撰。

2.诚信促销

营销传播推广是企业树立品牌形象、扩大产品知名度，提高企业销售业绩的有效手段。诚信促销则要求企业在营销推广过程中应坚持实事求是的诚信态度，通过真实的营销手段来建立消费者信任、增强品牌忠诚度，避免使用极端营销手法。

然而，近年来，借助淘宝、微博、微信、小红书、直播电商等互联网新媒体，品牌商家推广手段变得异常丰富，但是商家夸大宣传、虚假宣传、悲情营销、蓄意制造假象，甚至打擦边球等恶意推广手段也屡屡出现，逾越了企业经营的诚信道德底线，长久以往只会割断买卖双方的信任纽带。

市场洞察 10-2

商海浩瀚，舟楫津情，真金不怕火炼

（二）传播情怀营销文化

1.情怀营销文化

情怀是文化沉淀凝结的产物，可以升华为更具价值的硬核文化传统。情怀的内在支点和外在诉求都是以特定的情感为基础的，这种情感融合了个体与群体、过去与当下的经历处境。情怀常常带有非常浓厚的文化记忆，这种记忆融汇渗透到日常生活中，形成审美不可或缺的部分。情怀虽然是个人化的内蕴情感和精神，但实际表达过程天然地被纳入群体观念的框架内，可以说，社会大众生活经历和文化情感是孕育情怀的土壤。小情怀，于个体而言，可提供精神自洽的空间。大情怀，于群体而言，是家国责任与人文关怀的体现，情怀价值内蕴着"性、心、意、志、情"的整体统一。情怀真正的力量不在于简单的文化反刍，而是在面向未来的文化反思和文化重构。在新时代文化自信背景下的商业市场环境中，个人情怀与时代话语叠加而成的情怀营销作为传统商业营销文化的创新内涵将发挥更为重要的作用。

2.情怀促销的类型

（1）家国情怀促销。家国情怀是在家国认同的基础上产生的浓烈情感和强烈意志力，由认同心出发，体现为悲悯心和仁爱之情，它强调个人修身、重视亲情、心怀天下，它体现了中国人与自己国家的情感连接和对祖国的热爱，以及对民族精神的追求。"天下之本在国，国之本在家，家之本在身"，在中国人的精神谱系里，国家与家庭、社会与个人，都是密不可分的整体。家国情怀在增强民族凝聚力、建设幸福家庭、提高公民意识等方面都有重要的时代价值。如今，中华民族整体的自信心在增强，民族实力更不容小觑。因此，本土企业可以借助时代之势，采用能够引起共鸣、凝聚人心的家国情怀促销方式，树立国民品牌的同时，聚拢新的消费群体，团结国货品牌，增强国民品牌力量，在促进消费市场发展的同时传播我国优秀传统文化精神。

（2）匠人情怀促销。匠人情怀是指一种对工艺、技艺和专业的热爱和追求，以及对自己所从事的工作的专注和执着。它不仅是一种理念，更像是一种信仰，是一种对工艺所蕴含智慧和历史的敬畏和尊重，是一种追求卓越和完美的态度，是一种不断精进的自我超越。匠人们的手，有毫厘千钧之力；匠人们的眼，有秋毫不放之功。匠人精神所代表的专注和极致是世代相传的一份伟大的传承。在当前居民消费升级的背景下，居民品质消费需求日益增强，匠心就是最大的诚意。在匠人情怀促销思想的指导下，诸如茶叶、白酒、非遗手工艺品等具有中国文化特色的商品企业，以及秉承着匠心品质打造的本土品牌，他们在宣传自身品牌品质的同时，还会为新时代发出国货匠心品质的强音贡献力量。

（3）人文情怀促销。人文情怀是指对于人类文化、历史、传统、情感等方面的关注、理解和感受，表现出对人文价值的关心和热爱，它是人们内心深处的一种情感态度，涵盖了对人类文明和情感共鸣的感悟和认同。中国的"文"以"人"为本，"人"以"文"为内质，人文情怀通过人与自然、社会和心灵等诸关系的调节而生发，它强调人与人、人与自然以及人与社会之间的关系，也体现了人的尊严、价值和情感。在居民消费升级的背景下，居民精神消费需求日益增长，在人文情怀促销思想的指导下，诸如地方特产、民俗商品等特色民族或地区品牌企业，他们可以在营销自身特色商品的同时，兼顾品牌基因，升华品牌精神理念，传播我国丰富多彩的特色民俗文化，增强民族自信心。

（4）国风情怀促销。国风情怀注重对中国传统文化的传承和发扬，强调对中国传统文化的尊重和保护，包括对经典文化的学习和理解，对传统价值观的坚守和发扬，以及对传统艺术形式的传承和创新。回望过去，"韩流""日系""欧风"等国外文化形态长期占据着中国的文化市场，给本土文化的继承传播带来了不小冲击，也对我们的生活方式和思想观念造成了潜移默化的影响。当下，得益于互联网技术的迅猛发展和新时代艺术的创新创造，热爱传统文化的创作者们勇于打破思维定势，灵活运用各种载体，催生了一系列文化表达新形式，那便是植根于中国传统文化、创新表现形式的国风文化。在文化产业高速发展的时代背景下，国风承载着这一代年轻人深层的文化认同感和民族自豪感，应是本土企业推崇的流行和时尚。由此，本土企业品牌可以采用国风情怀促销方式，加强自身品牌与中国优秀传统文化的结合，进一步拓展品牌深度和宽度，以国风文化丰富商品表现形式，从而在消费市场中赢得更多的信任和认可。与此同时，国风商品销售和推广也为深度挖掘我国优秀传统文化内涵和传播传统文化助力，增强文化认同感和归属感。

市场洞察 10-3

"商战"的火爆是消费者观念和情怀在融合

随着国际竞争日益激烈，文化在综合国力竞争中的重要地位和作用不可小觑。"国之大美，今人共守。"在这一代年轻人的助推下，融进中华儿女血液和精神中的传统文化，在历经了千载的沉淀后，正于这个最好的时代焕发着新的生机与活力，绽放出更加夺目的光彩。可以说，崇尚家国情怀、匠人情怀、人文情怀和国风情怀也是年轻一代爱国精神的具体表现形式之一。因此，实施情怀促销是国内企业营销传播的一种创新选择。

本章小结

促销策略是企业市场营销策略中的关键环节，它旨在通过各种激励手段来刺激消费者购买，增强品牌知名度，以及提升销售业绩。在竞争日益激烈的市场环境中，一个有效的促销策略能够帮助企业在众多竞争者中脱颖而出，吸引并留住顾客。促销手段多种多样，包括传统的大众促销和人员促销，以及数字促销。企业应根据自身情况和目标受众的喜好，选择合适的营销组合。

整合营销传播在促销策略中扮演着重要角色，通过秉承策略一致性原则、创新引领原则、全渠道整合原则、数据驱动原则和持续互动原则，企业能够确保传播信息的一致性和连贯性，并加强消费者与品牌之间的情感联系。在整合营销传播的框架下，促销策略不再仅仅是短期的销售刺激手段，而是成为塑造品牌形象、提升顾客忠诚度的重要工具。同时，坚守诚信营销文化和传播正面情怀文化，对于树立良好的企业形象、赢得消费者信任与支持具有至关重要的意义。

关键概念

促销组合；整合营销传播；大众促销；人员促销；数字促销；整合营销传播过程模型；诚信促销；情怀促销

案例分析

小米汽车：从官宣造车到正式上市

小米汽车自雷军于2021年3月30日公开宣布造车以来，经过三年的精心筹备与营销推广，终于在2024年正式上市并取得了显著的市场反响。在这一过程中，小米汽车凭借其独特的营销策略和创新的推广手段，为汽车行业的营销实践提供了宝贵的经验和启示。以下是对小米汽车这三年来的营销推广历程的回顾：

1.官宣造车阶段：奠定品牌基础

（1）公开承诺，制造事件。雷军在公开宣布造车时，以"人生最后一次重大创业项目"的深情告白，引发了广泛的关注和讨论。这种公开承诺不仅展现了小米造车的决心，也为品牌奠定了深厚的情感基础。为了进一步制造话题，雷军还在多个公开场合接受采访，分享造车理念，不断强调小米汽车的重要性和自己在其中的角色，从而引发了媒体和公众的持续关注。

（2）社交媒体造势。小米汽车通过微博、微信等社交媒体平台发布官方消息，并利用雷军个人IP的影响力，迅速吸引了大量关注和讨论。在这一阶段，小米汽车主要通过情感营销和话题制造，如"雷军造车""小米汽车未来"，为后续的营销推广打下良好的舆论基础。具体来说，小米汽车在微博和微信上开设了官方账号，定期发布造车进展、技术突破、团队动态等内容，同时邀请雷军亲自撰写或转发相关文章，以增加曝光度和互动性。此外，小米汽车还利用社交媒体平台上的广告投放功能，精准定位潜在用户群体，推送个性化的造车宣传内容。

2.预热与宣传阶段：构建品牌形象

（1）技术发布会与工厂揭秘。在正式上市前，小米汽车举办了多次技术发布会和工厂揭秘活动，向公众展示了其先进的技术实力和生产能力。这些活动不仅增强了消费者对小米汽车的信心，也提升了品牌的科技感和专业形象。在技术发布会上，小米汽车详细介绍了智能驾驶、电池续航、车载系统等核心技术，并通过现场演示和互动体验，让消费者亲身感受到小米汽车的科技魅力。同时，小米汽车还邀请了行业专家、意见领袖等参与发布会，以提升技术发布的权威性和影响力。在工厂揭秘活动中，小米汽车通过视频、图片等形式展示了工厂的生产流程、质量控制等环节，让消费者更加了解小米汽车的制造实力和品质保障。

（2）社交媒体与数字传播。小米汽车充分利用社交媒体和数字传播渠道，发布了一系列创意广告和互动内容。通过与KOL、网红合作，以及举办线上问答、话题挑战等活动，小米汽车成功吸引了大量年轻消费者的关注，并构建了积极、活跃的品牌形象。具体来说，小米汽车在抖音、B站等年轻人聚集的平台上开设了官方账号，发布了一系列有趣、有料的短视频和直播内容，如造车背后的故事、技术团队的日常、智能驾驶的演示等。同时，小米汽车还与多位知名KOL和网红进行合作，通过他们的影响力将小米汽车的品牌形象传播给更多年轻消费者。例如，与知名科技博主合作，进行小米汽车智能驾驶系统的深度体验分享，吸引了大量科技爱好者的关注。

（3）情感营销与品牌联动。小米汽车还通过情感营销和品牌联动的方式，增强与消费者的情感连接。例如，雷军在多个场合分享自己的创业故事和企业理念，激发了消费者的共鸣；同时，小米汽车还与其他品牌进行跨界合作，共同推广智能出行理念。

3.正式上市阶段：引爆市场热潮

（1）发布会造势。在小米汽车正式上市前，小米通过盛大的发布会造势，吸引了全球媒体和消费者的关注。发布会上，雷军亲自揭晓了小米汽车的价格、配置等关键信息，并通过精彩的演讲和现场演示，展现了小米汽车的独特魅力和技术优势。为了增加发布会的吸引力和影响力，小米汽车还邀请了多位行业专家、意见领袖和知名媒体人参与发布会，共同见证小米汽车的上市时刻。同时，发布会还通过线上直播的方式向全球观众实时传播，进一步扩大了品牌的影响力和知名度。

（2）限时优惠与抢购活动。为了刺激消费者的购买意愿，小米汽车在上市初期确实推出了限时优惠和抢购活动。顾客在购车支付定金后，可享受特定时间段内的购车优惠，包括现金折扣、赠品（如真皮座椅）、服务升级（增强智驾功能）等。

（3）口碑营销与用户反馈。小米汽车注重口碑营销和用户反馈的收集。通过邀请首批车主分享用车体验、组织试驾活动等方式，小米汽车收集了大量宝贵的用户反馈，并不断优化产品和服务。同时，这些正面口碑也进一步推动了市场的热销。

4.后续维护阶段：持续品牌提升

（1）售后服务与用户体验。小米汽车注重售后服务和用户体验的提升。通过建立完善的售后服务体系、提供便捷的充电解决方案等方式，小米汽车努力提升用户的满意度和忠诚度。具体来说，小米汽车在全国范围内建立了多家售后服务网点，提供专业的维修保养服务。同时，小米汽车还与多家充电设施运营商进行合作，为用户提供便捷的充电解决方案。此外，小米汽车还通过定期回访、用户调查等方式了解用户的需求和意见，不断优化产品和服务质量。

（2）社交媒体互动与品牌传播。小米汽车继续在社交媒体上与消费者保持互动，通过发布有趣的内容、回应用户关切等方式，增强品牌的亲和力和影响力。同时，小米汽车还通过参与各类行业活动，如车展等，持续传播品牌理念和文化。

（3）经典事件。雷军亲自交付第一批车主。在小米汽车正式上市后，雷军亲自参与了第一批车主的交付仪式，这一经典事件进一步加深了消费者对小米汽车品牌的认知和情感连接。雷军与车主们亲切交流，听取他们的意见和建议，并亲自将车钥匙交给车主，表达了小米汽车对用户的重视和关怀。这一举动不仅彰显了雷军作为企业家的亲和力和责任感，也进一步提升了小米汽车的品牌形象和用户体验。

小米汽车从官宣造车到正式上市销售的三年营销推广历程，通过情感营销、技术展示、社交媒体互动等多种手段的综合运用，成功构建了积极、活跃的品牌形象，引发了市场的热烈反响。

问题：

1.在小米汽车的营销推广历程中，运用了哪些具体的促销手段？请结合实例进行说明。

2.小米汽车如何运用整合营销传播策略来构建品牌形象？请结合具体营销举措进行分析。

案例分析答案示例10 基本训练10

第十一章

营销管理

通过本章学习，学生应该达到以下目标：

1. 掌握营销计划的内涵及内容；
2. 了解营销组织的概念、设计及管理措施；
3. 理解营销计划实施的内涵与过程；
4. 掌握营销计划实施的问题与改进；
5. 掌握营销控制的方法和流程。

思维导图

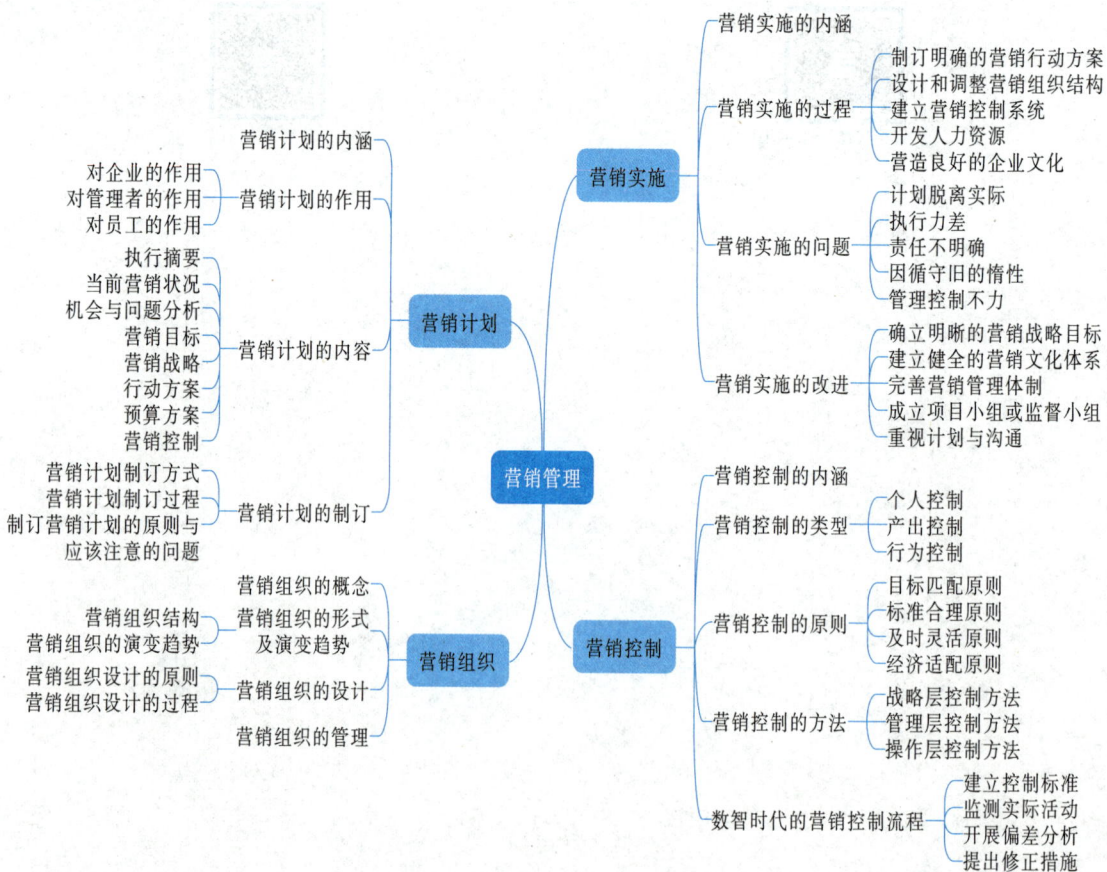

华为的成功之道——从战略到执行的全面营销管理

在竞争日益加剧的市场环境中，战略的重要性愈发凸显。如果缺乏远见卓识的战略，企业就难以在风云变幻的市场中立足。然而，战略的成功不仅依赖于精心的设计，更在于其有效的执行。正如俗话所说："战略只占一成，执行占九成。"华为通过一系列组织结构改革和经营责任中心的建立，确保其战略在各个层面都能够得到高效的落实。

一、华为的组织结构演变

初创时期：直线式管理架构

华为初创时采用直线式管理架构，权力集中在几个高层手中，这种架构推动华为在初期得到快速发展。这种紧凑的组织结构使各系统主管在各自领域内享有充分的决策权。然而，随着企业规模的不断扩张，权力的过度集中增加了决策风险，抑制了企业的创新和灵活性。

1998年：IPD与ISC引领矩阵结构变革

1998年，华为实施了IPD（Integrated Product Development，集成产品开发）、ISC（Integrated Supply Chain，集成供应链）等变革项目，走出了组织结构转型的关键一步。这些变革打破了传统的集权管理模式，引进了事业部机制。公司根据产品、地区及顾客（市场）等维度重新划分部门，设立多个业务集团（Business Group，BG），实现了管理职能的分散化与专业化。同时，华为还在各地区布局全资或控股的子公司，确保各区域市场由专业团队独立运营，总公司及事业部则采取协同或支持策略，共同推动业务发展。

华为的组织架构逐渐转向矩阵结构，既有按战略性事业划分的业务集团，又有按地区划分的公司。在此架构下，华为能够迅速响应市场变化，针对关键业务和新兴增长点迅速组建专项团队，精准出击，把握市场机遇。虽然核心流程保持不变，但组织间的联系更为紧密，能够适应不同阶段的任务需求。任务完成后，组织回归常态，展现出高度的灵活性与适应性。

2009年："铁三角"作战单元模式

随着企业的不断壮大，流程控制体系越发复杂，华为创新性地推出了"铁三角"作战单元模式，由客户经理、解决方案专家及交付专家紧密协作，形成面向客户的作战小分队。这一模式打破了部门壁垒，形成以项目为中心的团队运作模式，使一线作战从客户经理的单兵作战转变为小团队作战，客户经理则要加强营销四要素（客户关系、解决方案、融资和回款条件及交付）的综合能力。

2014年：权力重塑与持续发展

2014年，任正非在内部会议上再次强调"让听得见炮声的人来呼唤炮火，未来的战争是'班长'战争"，即通过现代化的小单位作战部队在前方发现战略机会，迅速向后方请求大火力实施精准打击。同年11月，华为发布了组织变革高阶方案，宣布将公司组织架构调整为基于客户、产品和区域三个维度的组织架构。这次变革赋予了一线主动决策权，总部成为支持角色，为前线提供资源和配套设施。总部依靠战略导向和实施监控权，确保一线权力不被滥用或无效使用。

二、经营责任中心体系的确立

华为通过明晰责权利分配，提升组织活力，降低成本，支撑战略目标的达成。华为的研发部门作为利润中心，全面负责产品的商业成功和市场竞争力。通过划小经营责任单元，华为调动每个组织和个体的积极性。企业内部设立了最小的经营单元——销售铁三角利润中心。华为还制定了严格的计划体系，成立了三级计划委员会，对经营计划进行协调和控制，确保每个经营单元都能达成预期目标。

华为的绩效管理与组织活力体系通过严格的赛马机制、末位淘汰机制、绩效结果ABCD强制正态分布等方式，激发员工的奋斗精神。华为以奋斗者为本、财散人聚和全员持股的机制，进一步增强了员工的归属感和工作积极性。

通过这些措施，华为不仅实现了战略目标，还大幅度提升了组织效率和市场竞争力，确保在全球市场中保持领先地位。华为的成功不仅在于其卓越的战略定位，更在于其卓越的战略执行。依托"铁三角"组织结构和经营责任中心体系的双重保障，华为在激烈的市场竞争中始终占据有利位置。

资料来源：胡左浩．华为铁三角：聚焦客户需求的一线共同作战单元［J］．清华管理评论，2015（11）：84-91。林少刚．华为战略执行的三把刀：价值工程、流程型组织、经营责任中心体系［EB/OL］．［2024-07-18］．https：//mp.weixin.qq.com/s/9sSqzhBNHTk_QMHOboRbFQ.内容有删改。

第一节　营销计划

一、营销计划的内涵

计划是管理的第一职能，营销计划是营销管理的开端。营销计划（Marketing Plan）是总结营销者对市场的认识，并帮助企业协调外部环境和内部资源，达到营销目标的一系列过程或活动。通过这一系列过程和活动，企业能够更加理性、科学和有目的性地进行营销决策，从而使资源配置更加合理，进而提升营销绩效。缺乏计划的营销活动可能导致企业行动混乱、成本增加，甚至使企业面临竞争对手的攻击，从而有被市场淘汰的风险。因此，营销计划是每个企业在激烈竞争环境中生存和发展的必需品。[1]任何希望改进营销效率和效果的企业都必须学会如何制订和实施完善的营销计划。

营销计划为品牌、产品或公司的发展提供了方向和重要指导。它明确了营销目标及其实现方法，并向企业内外部的关键机构传达这些信息，激励它们努力实现目标。非营利组织利用营销计划来指导筹款和宣传工作，而政府机构则用它来建立公众信任、推进政策实施和促进整体社会发展等。

营销计划可以按照时间范围分为长期计划和短期计划。长期计划提供了全面的战略方向，通常较为宏观和概括；短期计划更为具体，通常用来指导营销团队的日常活动。典型

---

① DIBB S，SIMKIN L，WILSON D.Diagnosing and treating operational and implementation barriers in synoptic marketing planning［J］．Industrial Marketing Management，2008，37（5）：539-553.

的长期计划可能涵盖三到五年的时间，而短期计划的时间期限则可能是一周、一个月或一个季度。长期计划更能识别品牌建设、产品性能增强，以及客户服务改进等活动的影响，这些活动对产品的绩效有延迟效应。如果没有长期计划，管理者很可能只关注有直接影响的短期计划。例如，以季度为基础衡量绩效的经理可能会参与导致短期结果的活动，如促销活动，而不太可能投资于具有长期回报的活动，如品牌建设。

二、营销计划的作用

（一）对企业的作用

对于企业来说，一个好的营销计划可以帮助企业更从容地应对复杂的环境、激烈的竞争以及迅速变化的技术。[①]它能够帮助企业确定实现计划所需的资源，识别竞争优势，并据此评估企业承担的成本，有助于进一步节约费用和开支。

（二）对管理者的作用

对于管理者来说，营销计划设定了在一定时间内必须实现的目标、重点和策略，可以帮助管理者及时评估计划的实施情况和目标的达成情况，以适应不断变化的环境，并利用变化带来的机会采取正确的行动，实现预期目标，从而达到事半功倍的效果。

（三）对员工的作用

对于员工来说，营销计划描述了其将要进行的任务和采取的行动，使员工更加清楚自己的工作职责，并鼓励员工认真承担责任和相互配合，有目标、有步骤地完成各项任务。此外，营销计划有助于员工内部达成共识，从而更有效地提高整合传播的效果。

三、营销计划的内容

商业计划提供了关于整个企业的组织使命、目标、战略和资源分配的整体框架，而营销计划则更加专注和具体。尽管范围较窄，营销计划对实现企业战略目标至关重要，特别是在提升营销效率方面。一个科学且全面的营销计划应能够回答以下三个核心问题：

（1）"我们现在在哪里？"这个问题要求对企业当前的营销状况进行深入分析，描述现有的营销环境。通过这一分析，营销管理者可以识别和理解影响企业营销的关键因素，从而为制订计划提供依据。

（2）"我们想到哪里去？"这个问题明确了企业的营销目标，包括市场占有率、市场份额增长、销售收入和增长率、品牌资产价值、顾客资产价值、营销投资回报率以及顾客满意度等指标。

（3）"我们怎样到那里？"这个问题集中体现在制订具体的行动计划过程中，包括营销战略和详细的行动计划。这些计划应明确如何实现目标、设定实现目标的时间表、指派责任人，并估算所需成本等。

针对以上三个基本问题，表11-1列示了营销计划包含的基本内容。下面对这些内容进行详细介绍。

---

① MC DONALD M H B.Ten barriers to marketing planning ［J］. Journal of Services Marketing，1990，4（2）：5-18.

表11-1 营销计划的内容

内容	目的
执行摘要	提供计划的摘要
当前营销状况	分析市场、竞争、产品、分销和宏观环境现状
机会与问题分析	识别外部机会和威胁以及内部优势和劣势
营销目标	设定财务和市场目标
营销战略	描述为实现营销目标必须采用的主要营销战略
行动方案	具体化营销战略，回答应该做什么、谁来做、如何做等问题
预算方案	概述计划所预期的财务收益情况
营销控制	说明如何监督计划进程，确保目标实现

（一）执行摘要

营销计划的开头部分应该有一个关于主要目标和措施的概要性说明，简要概述公司的目标和拟订的行动方案。执行摘要可以将计划的核心内容描述出来，便于上级主管在审核时迅速了解并把握计划的要点。

（二）当前营销状况

营销计划要对某项产品的当前营销状况进行简要明确的分析和概括。它包括市场状况、竞争状况、产品状况、分销状况、宏观环境等。

1.市场状况

提供有关目标市场的主要数据，包括市场规模和增长方式。通常分析若干年的总销售量及各细分市场、各区域市场的需求数据。这些数据应反映顾客需求、观念和购买行为的发展趋势。

2.竞争状况

识别主要竞争对手，包括他们的规模、目标、市场份额、产品质量等，分析其营销战略，了解其发展意图、行动方向和具体的竞争行为。通过分析市场竞争状况，为企业制定相应策略打下基础。

3.产品状况

反映过去若干年中主要产品的销售量、价格、边际收益和净利润，从中找到顾客在产品性能、款式、外观、结构及象征意义等方面的新变化与新趋势。

4.分销状况

描述企业销售渠道和物流的规模、地位、策略及管理能力现状。

5.宏观环境

分析影响企业产品前景的各种宏观因素，包括人口、经济、技术、政治、法律、社会和文化的影响。

（三）机会与问题分析

通过对外部环境的分析，识别企业可能出现的机遇和面临的危机；同时，通过对企业内部条件的分析，明确企业的主要优势和不足，为后期确定营销目标做好准备，指明方向。

（四）营销目标

通过营销现状分析和机会与问题分析，企业可以对营销计划的目标作出决策，这通常包括财务目标和市场目标。财务目标一般用投资收益率、利润和现金流量等指标来表示。由于企业的产品只有在市场上实现销售后才能转化为货币，进而实现财务目标，因此企业必须首先将财务目标转化为具体的市场目标，才能具备可操作性。在实践中，常见的市场目标可以表现为销售收入、市场占有率、品牌知名度和分销网点数目等。市场目标应尽量具体化和数量化，并且各个目标之间必须一致。

（五）营销战略

营销战略是企业为达到上述营销目标的基本途径或手段，主要内容包括：目标市场、市场定位、营销组合（4P）、营销费用水平以及整合营销传播。

（六）行动方案

营销战略说明了企业营销管理人员为了实现业务目标所采取的主要营销行动的总体内容，但这种总体安排必须具体化才能操作，形成配套的战术或具体行动。因此，企业需要将营销战略转化为具体的活动与程序，主要解决以下问题：

（1）应该做什么？
（2）谁来做？
（3）如何做？
（4）何时开始？
（5）何时结束？
（6）需要多少成本？

（七）预算方案

营销计划需要根据目标、战略和行动方案编制出各项活动收支的预算。具体来说，在收入方面，需要说明预算的销售量及平均单价；在支出方面，需要说明研发成本、生产成本、分销成本、物流成本、管理成本和各项营销活动费用。收入与成本之间的差额即为预计的利润。这种预算一旦得到批准，就成为制订营销计划和确定材料采购、生产调度、人力补充与营销活动安排的基本依据。

（八）营销控制

营销控制是营销计划的最后一个环节，是指用以监督计划进程的工具和手段。典型做法是，将计划规定的目标和预算按季度进行分解，以便企业上级管理部门进行有效监督和检查，督促未完成任务的部门进行改进，确保营销计划顺利完成。

四、营销计划的制订

（一）营销计划制订方式

营销计划存在两种主要的制订方式：自上而下和自下而上。

自上而下的方式是指营销战略和营销计划由企业中高层主导制订，相关职能机构如市场营销或产品管理人员在信息提供等方面予以支持和协助，基层业务部门负责营销战略与营销计划的实施。这种方式的最大优点在于企业高层视野开阔，对企业或业务面临的主要问题或挑战有全面理解和把握，在此基础上形成的营销战略和营销计划，真正体现企业高层的意图，同时有助于将营销战略融入公司战略中。然而，不足之处在于，企业高层可能对实施中遇到的问题考虑相对较少，给战略和计划的实施留下隐患。

自下而上的方式是由企业中负责业务运营的基层部门如市场部或企业营销中心参与到市场营销计划制订过程中，基层部门在搜集市场信息和对市场进行预测的基础上形成初步的营销战略思路或方案，经企业高层审定和批准后予以实施。在这种方式下，基层业务部门在营销战略或营销计划制订中扮演关键角色。其优点在于，营销战略或营销计划较多地触及真实的顾客或竞争问题，负责实施人员的深度介入有助于制定出来的战略和计划更加具有可操作性和可实施性。不足之处在于，规划人员可能囿于视野和局部利益，遗漏重大的市场机会。

上述两种计划制订方式各有优势，也各有局限。理想的做法是两者兼顾，即尽量做到两种计划制订方式的融合。

（二）营销计划制订过程

营销计划的制订始于市场数据的搜集和分析，继而形成营销战略与策略，进行财务分析与计划，最后是计划实施进展的追踪与评价。[①]具体如下：

1.市场数据搜集与分析

首先，搜集和更新企业或业务运行的数据。由于数据搜集的延滞性，当年已经发生的事实数据尚未收集上来，因此，在制订下一年度计划时，通常依据上一年的数据。为此，需要进行两方面的工作：通过现代信息技术建立企业内部信息管理系统，实时采集企业运行数据；当最新数据出来后，及时更新到当前的营销规划中。

其次，搜集市场情景或市场环境数据，包括行业、品类、竞争对手、顾客需求等方面的数据。这些数据不一定都是以数字方式表现，也可以通过访谈、观察等方式获得文字、图片、音像数据。

最后，对企业内外数据进行分析，识别关键的市场机会和威胁。

2.发展营销战略与策略

形成营销战略和策略是营销规划中最关键的活动，一方面需要基于掌握的事实和数据，另一方面需要考虑公司战略、资源、政策等方面的限制。这一阶段通常包括如下几个流程：设定营销目标；确定达成营销目标的战略与策略；基于公司资源和能力比较各种达成营销目标的方案或项目的优势等。传统的营销决策更多依赖于经验判断，而数智技术的发展使得企业能够通过大数据和人工智能技术，更快速、准确地进行市场预测，帮助企业从经验决策向预见决策转变。

3.财务分析与计划磋商

财务分析通常涉及两个关键部分，一是估算计划实施所需的费用，二是进行损益分析或投资回报分析。

计划磋商则涉及与财务部门和企业高层的谈判与协商，最终确定哪些部分需要调整，哪些部分需要细化，哪些措施需要完善，以形成最终的营销计划。规划过程也是企业资源配置的过程，因此营销计划在企业内部通常会经过多轮的讨价还价、上下讨论才能敲定。

---

① 符国群. 市场营销学［M］. 北京：清华大学出版社，2023.

4.实施进展追踪与评价

为了使计划与环境变化相适应，在规划期内需要跟踪目标的达成情况。为此，需要通过市场调查或其他方式获取相关信息，如产品销售数据、市场份额数据、顾客满意度或顾客投诉数据等。随着数智技术的发展，企业在实施进展追踪与评价过程中，逐渐从以往的被动、滞后、片段化的状态，转变为主动、即时、全链条的智能监控。

另外，在计划实施一段时间后，还需要考察执行情况与计划情况的差距，并通过审计方式获得引起差距的"诊断"信息，为下一阶段的营销规划提供决策支撑。

（三）制订营销计划的原则与应该注意的问题

首先，在制订营销计划时，精准把握全面且真实的市场营销活动信息是基石，这些信息源广泛分布于企业的内部和外部。内部信息汇聚自销售人员、市场分析专家、中高层管理者、股东以及记录市场交易的部门，他们共同构成了企业内部洞察力的核心。而外部信息则主要源自顾客的直接反馈、经销商与代理商的市场动态、竞争对手的策略动向、供应商的供应情况及各类外部信息提供者，这些构成了企业外部环境感知的关键。

其次，营销计划的制订必须紧贴企业实际，符合客观要求。企业应基于自身的独特性与行业特性，有针对性地选择与确定营销计划的核心内容，避免盲目跟风或生搬硬套。同时，营销计划应聚焦于清晰描绘企业的发展机遇，以此激发员工的积极性与创造力，鼓励员工为实现预期目标而努力奋斗。

市场洞察 11-1

大数据背景下的新挑战——"谷歌浏览趋势"产品

再次，在设定营销目标时，应确保目标是可以通过努力实现的。营销人员应避免好高骛远，基于市场细分确定目标市场，并科学合理地进行产品定位。营销目标设定应关注五个方面：可衡量性，即目标是否能够被衡量；可实现性，即通过努力实现目标的可能性；可盈利性，即实现目标是否能为企业带来收益；可行性，即目标的可操作程度；激励性，即目标在多大程度上能够激励员工。

最后，在制订营销计划的过程中，企业应充分利用环境分析工具，客观分析内部与外部营销环境。营销管理者需具备分析环境、改造环境、利用环境乃至创造环境的能力，时刻保持敏锐的市场洞察力，善于在营销环境的微妙变化中捕捉市场机遇，为企业的持续发展注入不竭动力。

第二节　营销组织

一、营销组织的概念

营销组织作为企业组织体系的重要组成部分，它的设计在复杂且难以预测的现代营销环境中显得尤为重要。一个灵活且富有创造性的营销组织设计能够显著提高营销效率，降低管理成本，并对企业的经济效益和发展潜力产生直接影响。因此，营销组织的设计不仅关系到企业的日常运营效率，还对其长期发展和市场竞争力起着关键作用。在不同类型的企业以及同一企业的不同发展阶段中，营销职能的地位和作用存在显著差异。这不仅影响到营销部门的设置，还会影响营销部门内部各职能机构之间的关系。国内外对营销组织概念的研究经历了五个阶段①，下面对这些阶段的定义进行简要阐述。

第一阶段，营销组织往往等同于销售部门（如图 11-1（a）所示）。20 世纪 30 年代以前，西方企业主要以生产观念作为指导思想。由于企业规模较小、业务相对简单，通常设置生产、销售、财务与会计等基本职能部门，这也是营销组织发展的初级阶段。此时的销售部门通常由总经理或分管副总经理直接领导，主要负责产品销售，任务是被动地推销生产部门生产出来的产品并收回货款，对于产品种类和数量的决策权有限。销售人员的主要工作包括与客户接洽、沟通、签订合同、按要求发货、催收货款以及促销等，市场调研和广告促销等少量的营销职能归于此时的销售部门。

第二阶段，营销组织等同于兼具其他营销职能的销售部门（如图 11-1（b）所示）。20 世纪 30 年代经济大萧条以后，市场竞争日趋激烈，企业大多以推销观念为指导思想，市场调查、广告、定价、新产品开发等非直接销售方面的工作不断增多。为了适应营销职能的扩张，销售部门内部开始设置专门的机构来处理这些事务。一些企业在销售部门下设市场调查、广告等职能机构，并由专门的营销主任来统筹、协调这些工作。此时，企业一方面仍然需要借助外部力量来完成非销售方面的营销职能，另一方面也开始有意识地培养和招揽营销方面的专门人才，旨在积累营销专门技能并更好地服务顾客。

在第三阶段，营销组织发展为独立的营销部门（如图 11-1（c）所示）。随着企业规模和业务范围的进一步扩大，销售部门的重心通常是完成季度或年度销售指标，因此那些不能在较短时间内直接带来销售业绩的活动常常被轻视或忽视。在这种情况下，非销售的营销职能在"销售职能居支配地位"的体制下得不到应有的重视。与此同时，企业在市场传播、市场调查、客户关系建设等方面的投入日益加大，营销中的"市场"作用逐步彰显。在此背景下，专门的营销部门在企业中成立，与销售部门平行运作。这一机构在一些公司中被称为营销部门，而在另一些公司中则被称为市场部。作为营销部门负责人的营销副总经理同销售副总经理一样直接受总经理领导。营销部门的职能通常包括两大部分：一部分与公司战略的制定与执行相关，例如整理和分析市场信息以供高层决策之用，制定市场营销战略和进行市场营销规划，确定目标市场和进行市场定位等；另一部分职能则与营销战略和营销计划的实施相关，如定价、分销、传播以及开发新产品与新包装等。

在第四阶段，营销组织发展为现代营销部门（如图 11-1（d）所示）。当营销职能独立出来并成立营销部门之后，营销部门需要与企业的战略规划、制造、财务、人力资源等部门共同协商制订营销计划，甚至参与公司战略的制定。然而，营销部门在扩充权力的过程中，往往会遇到其他部门包括销售部门的怀疑和抵制。销售副总经理倾向于短期行为，侧重于眼前的销售量；而营销副总经理着眼于长期效果，侧重于制订适当的产品计划和营销战略。为了协调营销部门和销售部门的关系，一些企业会设置营销副总经理这一职位，由其统一管理这两个部门。这两个部门的矛盾冲突解决过程，形成了现代营销部门的基础。

---

① 符国群. 市场营销学［M］. 北京：清华大学出版社，2023.

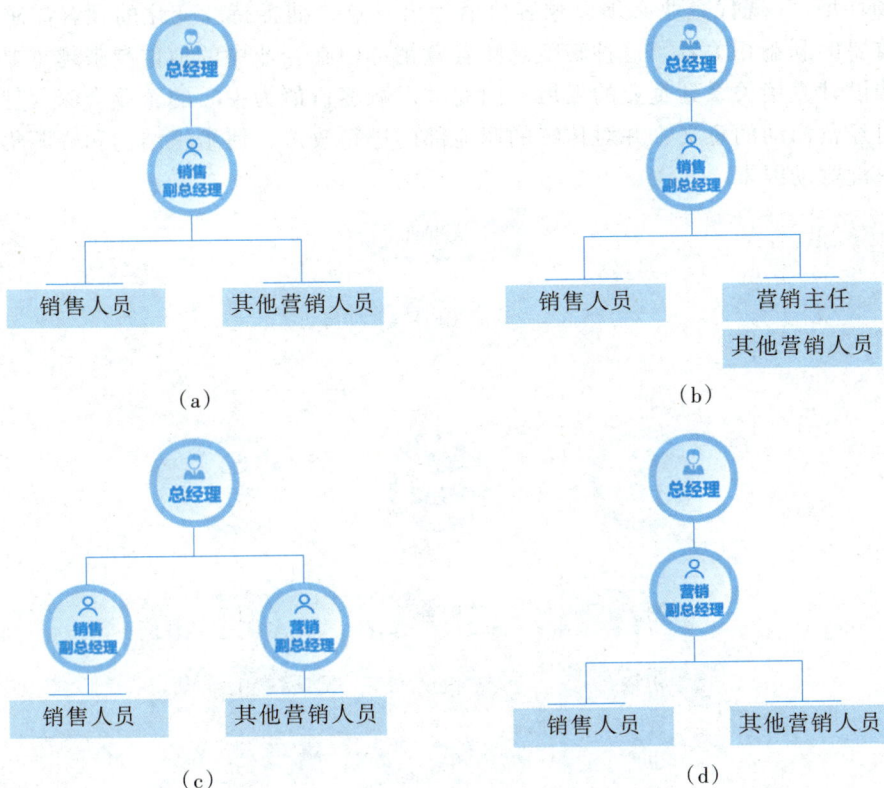

图11-1 营销组织的演变

资料来源：郭国庆. 市场营销学通论 [M]. 8版. 北京：中国人民大学出版社，2020.

在第五阶段，营销组织发展为整个企业组织，即现代营销型企业。在这种模式下，营销不仅是一种职能，更是一种经营哲学。企业在这种哲学指导下，将服务顾客和创造顾客价值的理念贯穿于所有业务环节，渗透到每个员工的思维与行动中。企业不再满足于仅在内部建立现代的营销部门，而是推动整个组织成为以市场为导向的企业。在这种企业中，全体员工都意识到"他们的就业岗位是由选择本企业产品的顾客创造的"，这一理念使企业成功转型为真正的市场导向组织。这类企业通常会根据订单来协调生产和交付活动，而顾客获取和挽留等流程涉及企业所有职能部门，而不仅仅是营销部门。这种方式大大改变了传统上按职能划分营销人员和销售人员的组织方式，强调全员参与和跨部门协作，以更好地满足顾客需求和提升顾客价值。

总体来说，在当今时代，营销组织是综合开展经营决策、计划实施以及管理控制营销活动的组织。

二、营销组织的形式及演变趋势

（一）营销组织结构

目前，企业组织已经从传统的以产品为导向逐步转变为以顾客为导向。[①]在这种转变过程中，传统的以产品为中心的组织结构（如图11-2所示）已无法有效适应当前不断变

---

① HOMBURG C，WORKMAN J P，JENSEN O.Fundamental changes in marketing organization：the movement toward a customer-focused organizational structure [J]. Journal of the Academy of Marketing Science，2000（28）：459-478.

化的市场环境。①现代企业必须以顾客价值为出发点，捕捉持续变化的顾客需求，将顾客视为最重要的利益相关者。这种转变意味着营销部门在企业中的地位越来越重要，营销部门的结构设计直接关系到企业的发展。因此，以顾客价值为中心的企业会深入理解顾客价值及其对经营活动的意义，并对传统的职能部门进行改造，使组织结构和资源集中于顾客价值的关键驱动因素。

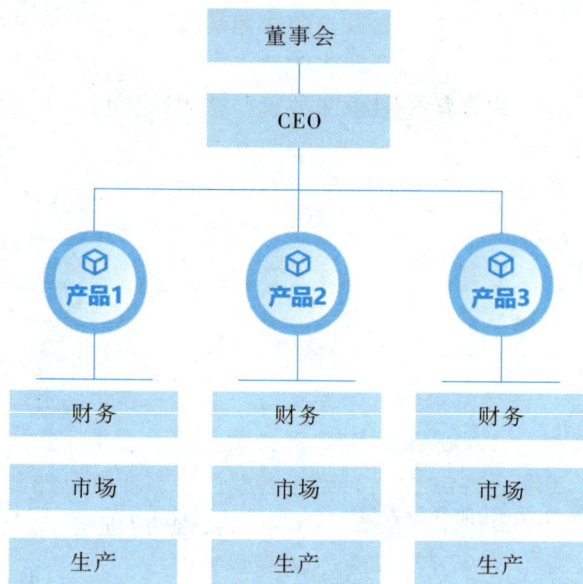

图11-2 以产品为中心的组织架构

资料来源：覃蓉芳，武振业. 一个以顾客价值为中心的组织结构框架［J］. 世界科技研究与发展，2001（2）：86-89.

现代的营销组织结构主要按照六种方式进行设计，分别是以职能为基础的组织结构、以产品（品牌）为基础的组织结构、以地区为基础的组织架构、以市场（客户）为基础的组织结构、矩阵型组织结构和事业部型营销组织。②

1.职能组织

职能型组织是按照职能来组织部门和分工的，即企业将承担相同或类似任务的业务及人员组合在一起，设置相应的部门和职位。这种组织形式在企业内部通常设有销售和营销两个部门。销售部门主要负责与客户达成交易并完成交付，营销部门则负责营销战略规划、品牌形象建设和维护以及客户行为分析等任务。在销售部门或销售中心下，通常会设有大客户部、渠道部、电商部，并根据产品类别设置若干子销售部门，专注于特定类别产品的销售。营销部门则设有市场研究、新产品开发、市场传播与策划、大数据营销等部门。

市场洞察11-2

[二维码]

宝洁的职能型
组织结构

2.产品（品牌）组织

产品（品牌）组织是指按产品类别或品牌设立专门的经理人员和团队，由他们全面负责这些产品的营销活动，并对品牌或产品类别的盈亏承担责任。如果企业的产品种类繁多且差异较大，这种组织形式尤为适合。

---

① 王永贵. 市场营销：理论与中国实践［M］. 3版. 北京：中国人民大学出版社，2024.
② 庄贵军. 营销管理：营销机会的识别、界定与利用［M］. 3版. 北京：中国人民大学出版社，2021.

3.地区组织

地区组织是按地理区域设立营销机构。例如，将销售团队按大区或省级行政区划分，在各地设立销售分公司或销售代表处，由这些地区销售机构负责销售任务和销售收入、费用管理。

4.市场（客户）组织

一些组织在构建营销团队时，会根据特定的市场或顾客群体组建专门的团队。例如，提供办公软件服务的公司可以针对企业、政府机构、金融机构和学术单位分别组建营销团队。这种组织形式通常由客户经理牵头，团队成员来自技术、交付、财务等部门，共同服务于某类客户。通过专注于特定的顾客群，产品团队可以为特定群体设计产品，营销人员可以策划（制作）引起这些顾客共鸣的信息和广告，从而使销售人员更有效地推销产品。

5.矩阵组织

当企业服务的市场和销售的产品种类繁多时，单纯采用职能型、产品型或客户型组织可能不够有效。这时，企业需要结合多种组织形式的特点，创建矩阵型组织。典型的矩阵型组织是产品-市场（客户）型组织。例如，三星电子生产智能手机、家电、半导体等多种产品，这些产品既有销售给个体消费者的，也有销售给企业和机构的，其销售渠道包括在线平台、零售店和批发商等。为此，三星在设计其组织结构时，一方面按产品线设立管理职位，另一方面按销售渠道或销售地区设立组织机构和职位，形成产品-渠道（市场）型组织结构。

6.事业部型营销组织

在一些业务多元化程度较高的大型企业中，通常会根据产品或服务类别设立独立的事业部或业务部（Strategic Business Unit，SBU），例如华润集团的消费品事业部、城市建设事业部、能源事业部等。每个事业部都拥有完全的自主经营权，为了有效开展营销活动，企业通常在事业部内建立专门的营销组织。在这种情况下，总公司营销部门与各事业部的营销部门之间可能存在以下四种关系：第一，总公司将所有营销职能下放至各事业部，不再设立独立的公司层面的营销部门；第二，总公司保留一个小规模的营销部门，主要负责资源整合、咨询指导和协助高层决策，而不直接参与各事业部的实际营销活动；第三，总公司的营销部门规模适中，除了前述职能外，还为总公司和各事业部提供市场调研、广告宣传、人员培训等服务；第四，总公司设有一个规模庞大的营销部门，深度参与各事业部的营销活动，包括计划、执行和控制，并对营销策划的执行拥有最终审批权。

这些营销组织设计方式各有优缺点（见表11-2），企业可以根据自身的特点和市场环境选择最适合的结构，以确保其能够灵活、高效地响应市场需求，强化竞争优势。

（二）营销组织的演变趋势

随着数智技术的快速发展，企业的技术环境、业务模式和组织结构正经历深刻的变革。这些技术不仅改变了企业的运营方式，也对市场营销战略的理论和实践提出了新的挑战。数字技术与市场营销战略的融合使得企业能够更迅速地感知外部环境的变化，并对营销业务流程及组织架构进行动态调整，以实现数字化、生态化、柔性化和赋能化的全过程管理。在这种背景下，企业的营销组织正在经历以下几个主要的演变趋势：

表11-2 营销组织结构的优缺点

组织类型	优点	缺点
职能组织	专业分工明确； 快速响应并高效开展工作； 有利于培训和积累专门知识和技能； 便于高层集中管理	无人对某个产品或品牌专门负责； 可能出现部门间相互推诿的情况； 职能部门可能更多地考虑自身利益； 沟通不畅可能导致营销活动不一致或冗余
产品（品牌）组织	每个产品或品牌都有专属资源和责任人； 促进内部良性竞争； 有助于培养综合性管理人才	产品经理放权不足可能导致业绩未达预期； 产品经理离职率较高，难以建立长期优势； 产品之间协同效用未能发挥，可能增加成本； 不容易在特定营销领域形成专门知识积累
地区组织	适应当地市场，优化和本土化营销策略； 销售人员与当地客户联系紧密，效率高； 本地团队拥有更大自主决策权，快速行动	增加垂直管理的复杂性； 当地销售人员可能采取短期行为； 需要频繁调整产品或包装时可能遇到困难； 更适合产品标准化程度高的行业
市场（客户）组织	更好地适应顾客需求，提高顾客服务水平； 积累不同类型用户的知识，深入销售工作； 开拓市场更有效	服务顾客的成本可能会提高； 需要地区和公司产品平台的支持； 依赖具有较强协调能力的客户经理； 权责划分不清可能引发管理上的矛盾和冲突
矩阵组织	有效协调和整合各方面资源； 结合产品经理、客户经理和区域经理的优势； 确保产品开发和市场推广相互配合； 最大限度满足客户需求，保持竞争优势	可能缺乏明确的重点和问责机制； 复杂的管理结构可能导致决策过程缓慢； 多头领导可能引发管理上的矛盾和冲突
事业部型营销组织	自主决策，提高市场响应速度； 专业化管理，增强产品线的竞争力； 责任明确，提升经营透明度与管理效率； 集中资源，专注特定市场与客户需求； 激励机制清晰，推动创新与绩效提升	资源重复配置，增加运营成本； 内部协调难度大，影响整体协作效应； 战略整合困难，削弱公司整体战略一致性； 信息沟通不畅，总公司难以实时掌握经营状况

资料来源：编者自撰。

1.营销组织的职能边界模糊化

在传统的营销组织结构中，各职能部门如销售、市场、客户服务等，通常各自拥有明确的职能和任务，并具备一定的自主权。然而，随着数字技术的广泛应用和发展，这些职能部门的边界、角色和流程发生了显著的变化。这一变化促使企业重新审视并优化其营销组织结构，要求更多的职能部门参与到营销活动中，从而实现企业的共同目标和提升客户体验。

当前，营销组织的结构已不再是传统的自上而下的层级模式，取而代之的是一种跨越职能边界、强调部门间相互依赖的新型组织架构。这种结构使得各个部门能够更紧密地协作，模糊各部门间的界限。客户体验管理不再是单一部门的任务，而是全公司共同的目标。不同部门将共同努力，确保客户在整个购买周期中每一个接触点都能获得优质的服务。

2.营销数据管理职能的再定位

在传统的市场导向营销组织中，营销部门是外部市场信息的主要获取者和分析者，也是数据驱动决策的核心。然而，随着数字技术的发展和数据在商业中重要性的上升，数据已经成为企业战略的关键资产。数据驱动的决策不仅局限于营销部门，还扩展到其他职能部门，因此，企业对数据的依赖程度日益上升，数据管理职能也发生了变化。

为了应对这一挑战，营销组织必须具备更强的数据分析技术和能力，推动个性化的营销策略实施。这就要求营销部门与其他部门紧密合作，利用先进的数据分析工具和技术，以预测市场趋势和客户行为，从而提升营销效果。为了更高效地管理和利用数据，许多企业已经设立了专门的数据管理部门。这些独立机构负责数据的采集、处理和使用，确保数据在企业内部的流通和整合。这种做法不仅有助于优化数据管理流程，还能提高整体决策质量和业务效率。[①]

3.以客户为中心的组织转型

随着新质营销力的崛起，企业必须转型为以客户为中心的组织，以不断满足人民日益增长的美好生活需要。这一转型要求企业将客户体验置于首位，以算力、算法和数据作为底层逻辑，运用数字技术和创新手段来提升客户满意度和忠诚度。具体而言，企业需要设立专门的客户体验团队，专注于优化客户的购买流程和售后服务。该团队主要负责整合客户反馈，识别痛点，并提出改进方案。此外，在全渠道整合过程中，企业应确保线上和线下渠道的无缝衔接，提供一致且优质的客户体验。

为实现这一目标，企业在设计营销组织结构时，必须提升数字技术水平，确保实际运营中的高效和精准。通过实现全渠道的客户互动和服务，企业能够持续改善顾客购物体验。在新时代的市场竞争中，只有通过这些措施，企业才能立于不败之地，充分发挥新质营销力带来的优势和发展潜力。

三、营销组织的设计

（一）营销组织设计的原则

在设计营销组织时，应遵循以下三大基本原则：战略主导原则、高效可控原则和整体协调原则。[②]这些原则有助于确保营销组织能够有效支持企业的发展战略，实现高效运营，并与内部和外部环境协调运作。

1.战略主导原则

战略主导原则要求企业营销组织的设计必须以企业的发展战略为核心，确保其有助于战略的实施和实现。企业的发展战略直接决定其组织结构。例如，小型单一业务企业的组织结构通常较为简单，采用职能型组织即可，各职能部门集中服务于一项业务。而大型企业，特别是跨国零售企业，则需要更复杂的组织结构，如地区组织，以适应不同市场的需求。对于多元化的大公司，其组织结构会更加复杂。因此，企业的营销组织设计和选择必须以发展战略为导向，适应企业的总体组织结构及其变化，以更好地支持企业战略的实施。

① 胡斌，王莉丽.物联网环境下的企业组织结构变革［J］.管理世界，2020，36（8）：202-210.
② 庄贵军.营销管理：营销机会的识别、界定与利用［M］.3版.北京：中国人民大学出版社，2021.

2.高效可控原则

高效可控原则强调组织效率和控制力的重要性。高效的营销组织在一定时间和资源投入下，能够完成更多的工作。为实现高效率，营销部门需具备以下基本条件：

（1）权力匹配：营销部门应拥有与其任务相一致的权力，包括人力资源、物资、财务、决策和事务处理权。

（2）畅通沟通：需有顺畅的内外部信息沟通渠道，以确保高效的营销管理。

（3）高素质管理人员：要有高素质的管理人员，明确责权利，分工明确，各司其职。

3.整体协调原则

整体协调原则涉及营销部门与外部环境、内部其他职能部门及部门内部不同岗位人员之间的协调关系。具体而言：

（1）对外协调：营销部门要积极协调企业与顾客的关系，创造顾客价值，满足顾客需求，确保企业的生存和发展。

（2）对内协调：营销部门需与其他职能部门紧密协作，共同实现企业目标。营销部门掌握市场需求动态，引导生产经营活动；研发部门根据市场需求设计产品；生产部门负责生产管理；财务部门保障资金；人力资源部门开发和管理人员。

（3）内部协调：营销部门内部不同岗位人员需相互协调，发挥每个人的积极性和创造力，增强营销部门的活力和适应能力。

总之，营销部门应在面对顾客时代表企业，在面对内部职能部门和员工时代表顾客，同时具备足够的弹性，灵活应对市场环境的变化。

（二）营销组织设计的过程

营销组织设计是营销战略规划中的关键环节。无论战略、策略、计划和人员如何出色，都需要通过一个平台来整合，以实现最佳的效果。营销组织是团队发挥最佳能力的核心基础。企业在进行营销组织设计时，通常需要以下几个步骤：分析组织内外部环境、确定组织内部活动、确立组织职位、设计组织结构、配备组织人员，以及进行组织评价与调整。[①]

1.分析组织内外部环境

企业营销组织运行在一个不断变化的社会经济环境中，并受到这些环境因素的深刻影响。由于外部环境的不可控性，营销组织必须灵活调整，适应环境的变化。主要的外部影响因素包括市场状况和竞争者状况。其中，市场状况对营销组织的影响主要来源于市场产品结构、产品生命周期和购买行为类型。具体而言，市场的不稳定性要求营销组织能够灵活应对。随着产品处于生命周期的不同阶段，企业的市场营销战略和营销组织也需随之调整。企业为市场提供的产品类型不同，则它所具有的营销组织类型就有所不同。不同类型的购买者对产品和服务有不同的要求，企业需建立适应不同购买行为类型的组织结构，以满足多样化的顾客需求。

除了市场状况外，竞争者的动态也是企业在设计营销组织时必须重点考虑的外部因素。企业需要深入分析竞争者的身份及其行为，并制定有效的应对策略，以便在激烈的市场竞争中保持优势地位。

---

① 焦胜利，朱李明. 市场营销学：迈向数字化的中国营销［M］. 北京：清华大学出版社，2021.

在分析组织环境时，内部环境因素同样至关重要，这些因素会对营销组织模式的设计产生显著影响。主要的内部因素包括企业的经营战略、规模、技术条件以及产品或服务的复杂程度等。企业的经营战略决定了市场定位和竞争策略，从而影响营销组织的结构。企业规模直接影响营销组织的复杂性，规模较大、用户广泛且产品复杂的企业通常需要更为复杂的组织结构，以应对广泛的市场需求和复杂的业务环境；相对而言，小型企业则适合采用更加简单和灵活的组织结构。此外，技术条件的限制可能对企业的营销组织提出更高的要求，促使其寻求更具创新性和高效的解决方案。

2.确定组织内部活动

营销组织的内部活动分为职能性活动和管理性活动。职能性活动涵盖营销组织的各个部门，涉及广泛的业务领域，如市场调研、广告宣传、售后服务等。管理性活动则包括计划、协调和控制等管理任务。企业在分析市场机会、制定市场营销战略后，需确定相应的市场营销活动和组织专业化类型。

3.确立组织职位

企业需要根据营销组织的需求和内部条件，分析和设立组织职位。职位分析涉及职位类型、职位层次和职位数量三个方面。

（1）职位类型：职位类型的划分方法有三种。一是直线型和参谋型。直线职位人员行使指挥权，领导、监督和管理下属；参谋职位人员拥有辅助性职权，包括提供咨询和建议等。二是专业型和协调型。专业型职位强调专业技能，而协调型职位负责整体协调和平衡。三是永久型和临时型。永久型职位相对稳定，临时型职位则因短期任务需要设立。

（2）职位层次：职位层次指职位在组织中的地位高低，取决于职位在市场营销战略中的重要性。例如，公共关系经理和广告经理的职位层次在不同企业中可能有所不同。

（3）职位数量：职位数量是指企业设立组织职位的合理数量。职位数量与职位层次密切相关。一般而言，职位层次越高，辅助性职位数量越多。核心活动是企业市场营销战略的重点，因此首先应根据核心活动确定相应职位数量，其他职位则依次排定。

职位设计的最终结果是形成工作说明书。工作说明书规定了职位的名称、主要职能、职责、职权及其在组织中的关系。企业在设立新职位时，需根据工作说明书进行人员考核和挑选。

4.设计组织结构

在确定组织职位之后，企业还需设计适宜的组织结构。组织结构类型多种多样，各有其优缺点。在设计组织结构时，企业应特别关注两个关键问题：分权程度和管理幅度。分权程度越高，管理幅度越大，通常能够提升组织效率。此外，在设计组织结构时，还应考虑其未来调整的灵活性，以便能够有效应对市场变化和企业目标的转变。

5.配备组织人员

企业在配备组织人员时，需制定详细的工作说明书，全面考察人员的教育背景、工作经验、个性特征及身体状况。对于再造组织，还需重新评估现有员工的水平，以确定其在新组织中的职位。再造组织的人员配备较为复杂，涉及员工习惯和社会安定等因素，企业需慎重对待。此外，小组的人员配备也需重视，以确保其有效运作。

6.组织评价与调整

营销组织需要不断进行评价与调整，以适应外部环境的变化和组织主管人员的变动。

外部环境的变化，包括商业循环、竞争加剧、新生产技术的出现、工会政策、政府法规和财政政策的变化，都会影响营销组织的运行。新的主管人员通过改组体现其管理思想和方法。改组也可证明现存组织结构的缺陷，如管理幅度过小、层次太多、信息沟通困难、部门协调不够、决策缓慢等。通过调整，企业可以解决内部主管人员之间的矛盾，保持组织结构的灵活性和高效性。

综上所述，企业营销组织的设计和发展需遵循以上六个步骤。这些步骤相互联系、相互作用，形成一个动态有序的过程。市场营销经理需要根据这一过程进行有效决策，以保持营销组织的生机和活力。

四、营销组织的管理

在当今复杂且变化多端的市场环境中，有效管理营销组织不仅具有挑战性，还需要确保组织具备高度的适应性和灵活性。实际上，优化营销组织结构的过程往往伴随着营销组织再造，即通过调整企业原有的营销结构和流程，以实现营销主体与市场环境之间的动态平衡。为实现这一目标，可以采取以下具体措施[①]：

1.选拔与培养营销人才

企业应重视选拔和培养高素质的营销人才，这些人才应具备战略眼光和实践经验。建立有效的培训和发展体系，使营销部门能在不断变化的市场中提供战略性指导，增强其在企业营销活动中的作用。

2.提升销售人员的综合素质

通过强化销售部门的管理，提高销售人员的综合素质，包括推销技巧、市场洞察力和信息收集能力。定期进行培训和评估，确保销售团队能够应对市场的动态变化和客户需求的多样化。

3.优化渠道设计与建设

设计和建设高效的销售渠道，关注渠道成员之间的关系，确保渠道的畅通性。企业应定期评估渠道的表现，调整渠道策略，以提升产品的市场覆盖率和销售效率。

4.加强营销信息和顾客关系管理系统

建立和优化营销信息管理系统及顾客关系管理系统，以提高营销决策的准确性和效率。通过数据分析和客户反馈，及时调整营销策略，提升客户满意度和忠诚度。

5.实施营销组织的整合与创新

在营销环境发生显著变化时，企业应根据自身条件及时调整营销策略和组织结构。实施动态设计，进行组织再造，以确保营销组织能够灵活应对市场的变化和挑战。

- - - - - - - - - ● **价值引领 11-1**
创新驱动下的营销组织管理

2024年7月，中国共产党第二十届中央委员会第三次全体会议指出："教育、科技、人才是中国式现代化的基础性、战略性支撑。必须深入实施科教兴国战略、人才强国战略、创新驱动发展战略，统筹推进教育科技人才体制机制一体改革，健全新型举国体制，

---

① 王永贵. 市场营销：理论与中国实践［M］. 3版. 北京：中国人民大学出版社，2024.

提升国家创新体系整体效能。"这一重要论述为企业实施营销组织的管理提供了重要的方向性指导。

创新是引领发展的第一动力。在营销组织的整合与创新过程中，企业必须把创新放在核心位置，积极探索和应用新技术、新方法，推动营销活动的不断进步和优化。人才是企业创新的关键资源。习近平总书记强调，把人才作为支撑发展的第一资源，企业在进行营销组织整合与创新时，必须重视人才的培养和引进。企业可以通过内部培训、外部招聘、合作培养等多种方式，提升营销团队的专业素质和创新能力。同时，企业应建立激励机制，鼓励员工发挥创造力，提出新的营销思路和方案，以实现营销组织的持续创新和发展。

资料来源：编者自撰。

第三节 营销实施

一、营销实施的内涵

营销实施是指将营销计划转化为具体行动和任务的部署过程，即对企业组织在达到营销计划目标过程中所有影响最终效果的因素进行规范、控制及整合的过程，最终目的是实现营销目标。提升企业的营销执行能力不仅仅局限于实施环节，还涉及组织、流程、绩效考评与领导力等管理要素，需通过科学的结构、流程和机制设计来确保目标的实现。

具体而言，营销实施包括建立科学的运作流程，设立目标与评估标准，明确奖惩规则，通过组织结构内外部的检查互动，推进人员的奖优罚劣及优胜劣汰，营造良好的企业文化，以确保营销目标得以实现。营销实施解决了"谁去做"和"怎么做"的问题，而营销计划解决了"做什么"和"为什么做"的问题。如果营销仅停留在计划层面而不付诸实际行动，就只能是"纸上谈兵"，难以实现营销目标。

二、营销实施的过程

营销计划的实施过程如图11-3所示。

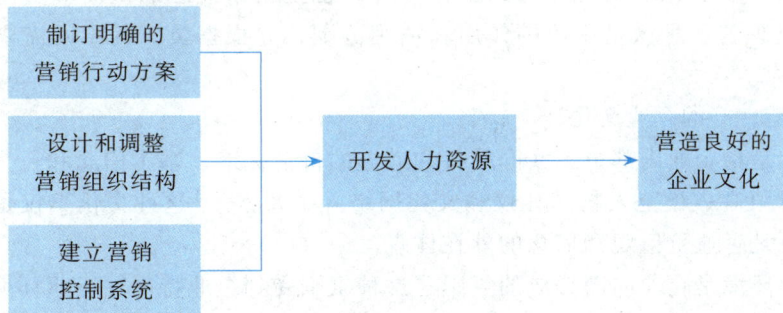

图11-3 营销计划实施过程[1]

---

[1] 符国群. 市场营销学［M］. 北京：清华大学出版社，2023.

（一）制订明确的营销行动方案

营销行动方案将营销计划中的关键任务落实到团队或个人，并配备必要的资源和激励措施，确保执行者在规定时间内完成任务并取得预期的业绩。首先，需要把营销目标和任务具体分解并落实到人。其次，为营销人员提供必要的资源和后勤支持。最后，建立评价和反馈机制，将营销业绩与人员提升和激励挂钩。例如，一家医疗器械公司每年年底会将下一年度的销售指标下达给各个部门，这些部门再分别制订详细的销售行动计划，同时限定费用和设定销售目标，将销售业绩与年终奖金直接挂钩。制订详细的行动方案是实施营销战略和计划的关键，它侧重于"战术"层面，提供详细和具体的指引，明确关键决策和任务，并进一步细化分解任务，落实到个人、团队或部门，确保实施措施、完成时间和阶段目标的明晰，以便对计划实施效果进行检查和控制。

（二）设计和调整营销组织结构

营销组织结构在营销计划实施过程中起着关键作用，缺乏适宜的组织结构将难以顺利开展营销活动。不同的企业战略需要相应的组织结构来匹配，并且需适应外部环境和企业自身特点。组织结构不是一成不变的，在实施营销计划时，企业可能需要调整和优化其组织结构，以灵活应对营销活动的开展。

（三）建立营销控制系统

营销控制的目标是确保营销机构和人员按照计划执行活动并取得预期绩效。为此，企业通过营销审计和上下级面对面交流等方式，对营销战略和计划的执行情况进行检查和监督，以确保达成营销目标。

建立营销控制系统需要较长时间和大量资源投入。例如，要在公司、业务、地区和销售团队层面对销售业绩进行评价，企业需要建立销售信息系统，要求每个销售人员和团队及时准确地输入销售数据，同时财务部门也需实时输入销售机构和人员产生的费用，包括销售管理费用、营销费用和退货费用等。构建这样一个系统不仅需要高层的统筹协调，还需要IT、财务和物流等部门的支持与协作。

（四）开发人力资源

营销计划的实施不仅依赖于营销人员，还离不开企业其他部门及外部机构的协作与支持。为此，营销经理需要与人力资源部门紧密合作，在招聘、培训、晋升、薪酬和奖励等方面制定符合营销需求的政策。提升自身在资源配置、组织与监控以及沟通方面的能力，营造公平、公正、奖惩分明的工作环境，也是营销经理的重要职责。同时，营销经理需要深刻理解各种激励手段的作用和适用范围，并根据员工的不同需求灵活运用这些手段。

（五）营造良好的企业文化

企业文化是指企业内部员工共同秉持和遵循的价值标准、基本信念和行为准则，包括企业环境、价值观、模范人物、礼仪和文化网络五个要素。[①]这种文化不仅是企业内部运作的核心，更是企业价值观和信念的外在体现。

（1）企业环境是企业内部形成的氛围，这种氛围受到企业特征、行业环境和领导风格等因素的影响。一个健康的企业环境应包含对社会责任的认同和对员工的关怀。例如，通

---

① 郭国庆. 市场营销学通论［M］. 8版. 北京：中国人民大学出版社，2020.

过绿色办公和节能减排措施，营造一个环保友好的工作环境，培养员工的环保意识和社会责任感。

（2）价值观是企业管理者和员工所共同拥有的对事物的价值判断标准。良好的企业价值观应当包含诚信、公平、责任和创新等核心要素。在企业运作中，强调诚信经营的重要性，培养员工的职业道德和社会责任感显得尤为必要。通过开展道德讲堂和社会公益活动，可以增强员工的道德意识和社会责任感，推动企业价值观的深度融入。

◉ 价值引领11-2
践行社会责任——新时代企业发展的必然要求

企业是社会中的企业，社会是企业发展的舞台，企业发展与社会责任履行相辅相成。习近平总书记高度重视企业社会责任工作，指出"一个企业既有经济责任、法律责任，也有社会责任、道德责任"，强调"只有真诚回报社会、切实履行社会责任的企业家，才能真正得到社会认可，才是符合时代要求的企业家"，为企业履行社会责任指明了方向，提出了明确要求。党的二十大擘画了全面建设社会主义现代化强国、以中国式现代化全面推进中华民族伟大复兴的宏伟蓝图。强国建设、民族复兴，需要我们共同为之付出辛劳和智慧，离不开广大企业担当作为。

在向第二个百年奋斗目标进军的征程上，我们要有更加强烈的担当精神，知责于心、担责于身、履责于行。对于企业来说，践行社会责任要以推动高质量发展为主题，努力实现质量更好、效益更高、竞争力更强、影响力更大的发展。以弘扬企业家精神为支撑，将社会责任理念融入企业战略、愿景、组织、制度、文化、传播等方面，全方位树立负责任的企业形象。以建设世界一流企业为目标，进一步推动企业履行社会责任的理念深化、机制完善、实践丰富。

资料来源：徐立京. 为企业履行社会责任提供更有力舆论支持［EB/OL］.［2024-08-11］. http：//paper.people.com.cn/rmrbwap/html/2023-05/15/nw.D110000renmrb_20230515_1-14.htm.内容有删改。

（3）模范人物是在某些方面作出突出成绩并在员工中起到模范作用的典型人物。这些人物不仅是企业的楷模，更是社会责任和职业道德的践行者。通过表彰和宣传模范人物的事迹，可以激励员工学习他们的优秀品质和行为，树立正确的价值观和职业道德。

（4）礼仪是企业内部约定俗成的一系列例行活动，如纪念大事记和节日庆祝活动。企业礼仪活动应当注重传统文化和现代企业文化的结合，通过这些活动弘扬优秀传统文化和企业文化，增强员工的文化认同感和归属感。例如，在春节、中秋节等传统节日，组织文化活动，让员工感受企业的关怀和文化氛围，增强团队凝聚力。

（5）文化网络是企业内部的非正式传播渠道，通过这些渠道，企业可以宣传价值观和树立典范人物。文化一经形成，会对认同该文化的个体产生吸引力。随着越来越多的员工持有相似的文化价值观，人员之间越来越相似，组织逐渐具有自己的个性或独特性。文化不仅增强了组织的凝聚力，还使组织内的协调变得更加容易和顺畅。

三、营销实施的问题

营销计划在实施过程中可能会出现很多问题，阻碍营销方案的落实。常见的问题主要来自计划本身和执行人员。[①]

（一）计划脱离实际

企业的营销战略和营销计划通常由上层的专业计划人员制订，但这些人员往往不了解计划实施过程中遇到的具体问题，导致所制订的计划脱离实际，存在诸多问题。主要表现如下：

1. 缺乏执行细节

计划制订人员可能只考虑总体战略，而忽视了执行中的细节问题。这种情况会导致制订的计划过于笼统，缺乏明确而具体的实施方案，从而流于形式，难以在实际操作中落实。执行细节的缺乏，使得基层员工在实施过程中无所适从，影响了计划的有效性。

2. 目标和条件不切实际

在制订营销计划时，如果未能从客观实际出发，计划就会变得不可行。例如，设定的指标过高，超出了企业的实际能力；或者计划的前提条件与企业的实际情况不符。这些问题会导致制订的方案脱离企业的客观基础，使得计划无法顺利实施。目标和条件的不切实际，不仅会打击员工的积极性，还可能浪费企业资源。

3. 长期计划与短期计划脱节

企业的长期计划与短期计划缺乏连贯性，是一个常见的问题。这种脱节会导致计划缺乏可操作性，使企业在实际操作中难以统一步调。长期计划和短期计划的脱节，不仅会影响企业的战略实施，还会导致资源分配不合理，无法有效达成预期目标。

（二）执行力差

营销实施过程中的一个问题是执行力差。执行力的强弱对营销方案的实施结果有着决定性的影响。营销的执行力涉及多个层次，包括营销部门、各职能部门（如市场调研部、广告部、销售部、公关部等）、营销管理者和具体岗位员工的执行力。任何一个层次的执行力出现问题，都会导致整体营销执行力的降低，影响计划的有效实施。企业内部的信息沟通不畅、营销人员的素质不高、积极性不足等问题，都会使计划得不到有效贯彻和执行。此外，营销执行力降低的原因还包括缺乏必要的能力培训、现有激励制度难以调动员工积极性、营销管理人员对目标及计划理解偏差、新旧战略差异导致的阻力等。提升营销执行力需要明确任务、迅速行动、及时汇报和复盘总结，确保各层次的执行力得到充分发挥。

此外，企业上层与营销管理人员之间缺乏沟通和协调，培训流于形式，管理人员对目标和计划的理解偏差也会导致执行走样。营销人员常因短期绩效考核倾向于短期行为，当新的营销计划危害既得利益时，可能会选择性执行或消极应付，从而影响营销计划的有效落实。

（三）责任不明确

在营销计划的制订和执行过程中，企业内部各个层次的管理人员承担着不同的职责。高层管理者负责制定正确的政策和制度，为企业的营销活动提供正确的营销观念和战略方向。营销部门的管理者根据公司的整体计划和基本的指导思想，制订科学的营销计划，并在实施过程中发挥组织、领导和协调作用。基层营销管理人员则根据企业整体的营销计

[①] 滕乐法，李峰，吴媛媛，等．市场营销学［M］．北京：清华大学出版社，2020．

划，负责制订本职能部门的营销活动方案，并负责具体的执行工作。当各个层次的管理人员责任不明确时，可能导致营销方案的实施出现混乱。为确保营销活动顺利进行，营销管理者需要有效地分配和组织资源，明确每个营销活动参与者的职责和任务，促使每个责任人在执行过程中能够清楚地知道自己的工作职责，从而提高执行效率和实施的成功率。

（四）因循守旧的惰性

在营销活动实施过程中，因循守旧的惰性是一个突出的问题。新的营销计划如果不符合企业的传统和习惯，往往会面临抵制。首先，新的营销计划可能与企业已有的传统和习惯背道而驰，导致部门或员工对其持怀疑态度或直接抵制。特别是当新计划可能损害到个别人员的既得利益时，他们可能会选择不执行或仅执行对自身有利的部分。上级强制执行时，可能引发消极应对或混乱执行的情况。其次，企业内部已有的营销习惯和惯性往往使得新计划的执行面临困难。新旧营销计划之间的差异越大，实施过程中遇到的阻碍可能就越多。例如，企业要将营销重心从传统的线下转向线上，需要重新配置人力、技术资源，以及改变传统的分销渠道。这种变革通常会受到过去惯性思维和操作模式的限制。因此，要成功实施新的营销计划，企业需要认识并克服因循守旧的惰性问题，可能需要重新调整组织结构、培训员工，以及引导整体文化转变，以便更好地适应新的市场和技术环境。

（五）管理控制不力

在营销计划执行过程中，管理者常常因为各种原因导致管控不到位。这包括管控力度时紧时松，不能持续不断地进行管理，甚至管理者自身也不能做到良好的表率。具体来说，管理者在营销计划执行中，如果管控力度时紧时松，执行就会出现虎头蛇尾的情况。持续的执行力是成功实施计划的关键。管理者需要始终如一地坚持政策执行，确保执行策略和行动计划的连贯性和持久性。在具体操作层面，管理者如果不能做好自己的表率，例如在工作布置和检查中表现出"宽以待己、严于律人"的态度，就难以有效地推动团队执行营销计划。管理者应该率先示范，以身作则，树立良好的执行榜样，激励团队成员积极参与和执行计划。

因此，为了强化营销计划的执行力，企业必须确保每个计划出台时管理者高度重视，并且管理者需要在行动上率先示范执行，成为团队的表率。这种一以贯之的领导风格和严格的自律，对于确保营销计划顺利实施和取得预期成果至关重要。

四、营销实施的改进

为了不断提升企业的营销实施能力，企业可以借鉴成功企业的实践经验，从以下五个方面着手。

（一）确立明晰的营销战略目标

明晰的战略目标是营销实施的指路明灯，能够为执行层面的人员提供明确的行动方向。确保营销实施能力的有效性，首先就需要确定清晰的营销战略目标，并确保这些目标与企业的总体战略目标一致。接下来，将战略目标合理地分解，实施有效的营销目标管理，以确保每个环节都能朝着既定方向前进。

（二）建立健全的营销文化体系

企业文化是组织的灵魂和精神支柱，决定着营销实施能力的强弱。企业内部应形成一种在行动中培养执行能力的文化氛围。在提高营销实施能力的过程中，关键在于员工心态和观念的转变。通常情况下，如果员工不愿意做某件事，会找各种借口。只有当员工发自内心地想完成某项工作时，才会克服种种困难。因此，培养和建立有执行能力的企业文化，使每个成员都充满激情地工作，是非常重要的。

（三）完善营销管理体制

完善的营销管理体制要求企业的营销管理系统全面、系统、控制力强且操作性强。其中，完善的营销激励机制是一个重要环节。合理的薪酬体系、公平的考核机制和适当的奖惩制度，可以激励员工以饱满的热情投入工作，提高企业的营销实施能力。

（四）成立项目小组或监督小组

成立项目小组后，项目的进度及结果通常由项目小组成员全权负责。他们通过各种手段与渠道，对各地的项目执行情况进行指导和跟踪，监测项目的进度和质量，及时解决项目中出现的问题，并与总部人员保持沟通，必要时对项目进行调整。国内许多企业采用督导制度，由高层领导组成督导小组，以提高执行能力。

（五）重视计划与沟通

许多企业没有制订详细的年度战略计划方案，只是初步确定大致的行动思路，并在进入某一时点后进行产品、市场、广告方面的策划活动。如果遇到突发事件，这些企业往往会手忙脚乱。因此，企业必须提前制订详细的营销计划，并准备备用方案。如果某种方案在特殊情况下不能使用，企业可以启用备用方案，以确保目标顺利实现。

通过这五个方面的改进，企业可以显著提升其营销实施能力，使营销计划得到有效贯彻和执行，从而在市场竞争中取得更大的成功。

第四节　营销控制

一、营销控制的内涵

营销控制是指营销管理者对营销计划执行情况进行检查，确保计划与实际执行一致。如果发现不一致或未完成计划，就需要找出原因，并采取适当措施和行动，以确保营销计划的顺利完成。营销控制在企业营销实施中至关重要，一方面能帮助管理者及时发现和解决营销活动中的问题，提升计划实施效率；另一方面，能够在快速变化的市场环境中灵活调整营销方案，应对环境挑战。

营销控制系统的发展程度通常取决于组织的性质。一种常见的实践是将任务分配给管理小组和执行小组两个工作组。管理小组负责长远规划，并制定能够在未来几年内有效运作的政策和计划；执行小组则负责执行管理小组制定的政策和计划，确保组织能够成功实现目标。

二、营销控制的类型

（一）个人控制

个人控制通过面对面的交流方式，监督和促进营销计划的实施，通常由上级营销经理对下属营销经理或营销人员进行督导，确保计划中的营销任务得以落实和完成。在团队层面，团队成员之间也会相互提醒、监督和制约，以保证团队目标的达成。面对面的个人控制有利于信息的准确传递，降低信息失真的可能性，同时也能有效减少逃避责任的现象。

（二）产出控制

产出控制是针对营销部门或营销人员在销售任务、营销效率、服务水平和客户响应等方面设定绩效目标，并根据这些目标进行考核和奖励。这种控制方式能够激励组织和个人的表现，但若使用不当，可能导致与预期效果相悖的后果。例如，过分依赖财务指标可能会减少销售人员在市场信息获取、新产品推广和新客户拓展等方面的积极性，从而可能导致销售部门与营销部门之间的冲突与矛盾。

（三）行为控制

行为控制通过预算控制、建立规章制度和程序来指导营销部门、团队或个人的行为，使其按照预定的目标和方法行动。预算控制规定了营销部门或经理可以使用的资源类型、数量和使用方式。例如，限定营销费用不得超过销售收入的一定比例，并要求某些营销活动和支出必须事先按照规定程序报批。标准化制度和程序则规定了员工在投入、产出和活动过程中需要遵循的准则和标准，以确保员工行为的可预期性和一致性。规章制度和程序能够推动标准化、可预期的行为，但需要定期审查和更新，以确保其适应公司营销目标和新的市场形势。

三、营销控制的原则

（一）目标匹配原则

目标匹配在营销控制中至关重要，主要体现为确保营销活动与设定的营销目标紧密契合。企业会在不同阶段和层次上设定营销目标，以有序推进营销计划和活动。这些目标包括短期和长期目标，涵盖个人和团队在不同层次上的目标设定。营销控制的最终目标是有效实施营销计划或战略，关键在于顺利达成各阶段的营销目标。如果营销控制活动与营销目标不一致，可能导致企业资源浪费和营销计划失败。由于营销活动的复杂性，对应的营销目标也多种多样，因此很难对每一个活动和任务都进行全面控制。在这种情况下，管理者需要在多样化的营销目标中进行权衡和评估，识别关键的营销目标，并对营销活动进行有效控制。

（二）标准合理原则

标准在营销控制中扮演关键角色，直接影响管理和评估的实施效果。营销控制标准的合理设定要求营销人员经过适当努力能够达成。若标准设定过高，将加重营销人员的工作压力，增加他们的职业挫败感，从而可能削弱工作的积极性和主动性。相反，若标准设定过低，难以激发营销人员的动力和创新力。此外，企业应采用多元化的控制标准。仅依赖销售业绩作为唯一标准可能会导致营销人员为了完成目标而采取不当手段，如欺骗消费者，这显然不符合长远的营销战略。因此，企业应综合考虑销售业绩、顾客满意度等多方面因素，全面评估和管理营销人员的绩效表现。总体而言，企业在设定营销控制标准时需考虑员工的实际工作情况、企业的发展战略以及资源基础等因素，确保标准具有一定的挑战性和适应性。

（三）及时灵活原则

营销活动是动态变化的，必须随着市场环境的变化进行调整。因此，相应的营销控制活动也需要不断更新。发现营销活动存在偏差并对其进行调整和纠正通常需要一段时间。在这期间，由于市场环境发生变化，先前提出的改进方案可能已不再适用，这就要求企业在营销控制时务必注重及时性，提高信息的收集、传递和反馈效率，避免因信息滞后而导致损失。为了防患于未然，企业可以采取预防性的控制措施。此外，营销控制过程应避免过度刚性，而是需要根据实际情况保持一定的灵活性。

（四）经济适配原则

营销控制活动需要企业投入大量人力、物力和财力等资源，这些资源投入形成了营销控制的成本。在决定如何控制营销活动以及控制的程度时，企业必须慎重考虑成本的问题，并在预期收益与支出成本之间进行精确的权衡。如果为了控制某项营销活动而大量消耗资源，但最终的营销绩效未达预期，企业就需要重新评估资源的分配和使用情况。因此，营销控制活动应当与企业当前的经济实力和资源基础相适应，合理控制支出，以达到最大化的控制效果。

四、营销控制的方法

根据控制的内容、控制的客体以及营销管理各个层次涉及的具体管理活动的控制任务，可以把营销控制的方法分为三种，战略层控制方法、管理层控制方法和操作层控制方法。[①]

（一）战略层控制方法

战略层控制是市场营销管理者采取的一系列行动，旨在确保实际市场营销工作与公司的战略规划尽可能一致。这种控制涵盖对公司目标、战略和制度的最大限度适应和对未来营销环境进行预测的能力。其核心在于通过持续的评审和信息反馈，对战略进行灵活的调整和修正，以应对市场条件和新兴机会的变化。其关键在于确保企业在整体战略上采取正确的行动，这要求战略控制能够有效应对未来可能发生的事件和市场环境的演变。营销审计在这一过程中扮演重要角色，通过定期、独立、系统和全面的审查，识别新的市场机会，发现营销计划执行中的重大问题，并为企业的战略性营销决策提供支持和指导。

（二）管理层控制方法

管理层控制是为了确保整体目标能够进一步分解，落实部门目标和日常任务，并确保所有组织成员以一种合作的形式执行计划，以最终实现组织的营销战略目标的控制方法。这一层次的控制方法以分析为主，通过对各地区或各部门营销数据的统计与分析，对各种营销活动及其关键因素进行控制，达到分解整体营销目标的目的。具体而言，管理层控制方法包括：

1.销售分析
分析不同销售区域或部门的销售数据，评估销售业绩与目标的达成情况。

2.市场占有率分析
跟踪和分析公司在市场中的份额变化，评估市场占有率的增长或下降趋势。

3.营销费用与销售额分析
对营销投入与相应的销售额进行比较分析，评估营销投入的回报情况。

---

① 焦胜利，朱李明. 市场营销学：迈向数字化的中国营销［M］. 北京：清华大学出版社，2021.

4.实时的顾客态度追踪

基于自然语言处理技术，对大量的消费者评论和反馈进行情感分析，实时了解顾客对产品和服务的态度和满意度。例如，通过实时分析社交媒体网站上的用户生成内容，企业可以迅速把握消费者的情感变化，调整营销策略。

（三）操作层控制方法

操作层控制是为了确保营销作业和营销任务的可靠执行，主要对从事具体营销工作的人员和最基层的营销工作过程进行控制，以效率控制为主，具体包括工作表现控制与效率控制。其中，工作表现控制是指设立和运用工作表现管理系统，评估和提高销售队伍的工作效率和表现。其标准可以包括销售技巧、产品知识和区域管理等方面。效率控制是指分析和优化销售人员、广告、促销和分销等的管理效率，确保资源的高效利用和成本的有效控制。这些操作层控制方法旨在通过具体的管理和操作手段，确保营销任务和工作能够按照计划顺利执行，从而支持和实现公司的整体营销战略目标。

市场洞察11-3

蒙牛在线店铺的营销控制

五、数智时代的营销控制流程

数智时代，有效开展营销控制可分为以下四个步骤，如图11-4所示：

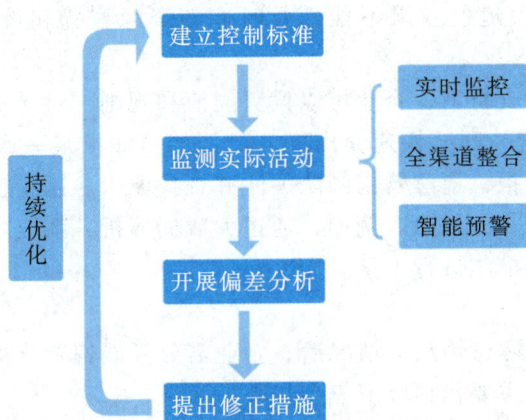

持续优化

建立控制标准 → 监测实际活动 → 开展偏差分析 → 提出修正措施

实时监控
全渠道整合
智能预警

图11-4 营销控制流程图[①]

（一）建立控制标准

有效的控制标准为营销控制提供了基础和方向。如果控制标准不明确，营销控制过程将会混乱无序。控制标准通常与企业的营销目标相匹配，反映了营销管理者希望企业的营销活动达到的效果或实现的绩效。根据营销活动的不同，控制标准也有所不同。对于销售、分销等活动，企业可以依据财务目标中的业绩指标，如毛利、产品销量、渠道销量等作为控制标准。而对于广告宣传、渠道管理等难以制定明确业绩指标的活动，企业通常会采用非财务目标，如渠道关系、顾客忠诚度和满意度等作为控制标准。需要注意的是，即使是非财务目标，企业也应尽可能予以量化。

（二）监测实际活动

在明确控制标准后，企业需要深入了解营销活动的具体情况，对营销活动进行实际监

---

① 庄贵军.营销管理：营销机会的识别、界定与利用［M］.3版.北京：中国人民大学出版社，2021.

督和考评，以便将结果用于后续的偏差分析。企业可以通过收集营销实施过程中的相关数据和信息，客观评估营销目标的完成情况。传统的监测方法包括：按地区、按产品线、按品牌类别等维度细化统计销售人员的销售业绩；向顾客发放问卷、开展调研，测算顾客满意度或忠诚度的综合评分；向经销商调研，评估渠道关系的优劣；鼓励员工开展自我评价等。

随着数智技术的发展，营销活动的监测逐渐全链化，主要表现在实时监控、全渠道整合和智能预警。具体而言，企业可以通过实时的数据收集和处理，在营销活动过程中进行实时的监控，快速调整策略。这种实时监控不仅限于传统的销售和广告活动，还包括对社交媒体互动、线上线下消费者行为等各方面的跟踪和分析。例如，通过社交媒体监控工具，企业可以实时了解消费者的反馈和情感倾向，及时回应消费者的需求和问题，从而提高客户满意度和品牌忠诚度。

数智技术能够追踪全渠道的消费者行为，所有的营销触点都可以被统一监测，企业能够更加全面地了解消费者行为。这包括从消费者首次接触广告，到访问企业官网、咨询客服、购买产品、售后服务等各个环节的数据整合与分析。通过这种全渠道整合，企业可以绘制出详细的消费者旅程图，识别出消费者在各个环节的行为模式和痛点，进而优化营销策略，提高营销活动的整体效果。例如，通过分析消费者在不同渠道的互动数据，企业可以发现某一渠道的效果不佳，及时调整资源配置和策略，提升营销活动的效果。

此外，在数智技术的支持下，企业可以设置阈值和规则，对异常数据或不利趋势自动发出警报，从而有助于营销团队快速作出反应。例如，如果某一产品的销售数据突然下降，系统可以立即发出警报，提醒营销团队关注并查找原因。这些智能预警系统不仅可以发现问题，还可以预测潜在的风险。例如，通过大数据分析，系统可以识别出某一类消费者的流失风险，提前采取措施进行干预。

（三）开展偏差分析

在明确控制标准和实际营销活动情况后，企业需要开展偏差分析，明确实际绩效结果与控制标准之间的差距，主要包括以下三个步骤：

第一步：识别偏差出现的环节。通过实际情况与控制标准的对比，识别偏差出现的具体环节，如广告宣传效率不高或渠道管理合作水平较低等。

第二步：明确偏差的方向和大小。偏差可能为正向（实际效果高于控制标准）或负向（实际效果低于控制标准），偏差大小也可能不同。企业应设立容忍范围，超过该范围的偏差需要引起重视。

第三步：分析偏差出现的原因。对于显著的正向或负向偏差，企业应深入分析其原因，以修正负向偏差，总结正向偏差经验，进行方向引导。要深入本质，寻找内在的真实原因，如销售业绩问题可能是广告宣传不到位所致，渠道成员合作问题可能是渠道政策有漏洞所致。企业应进行充分调研，找到"症结所在"，进而"对症下药"。

（四）提出修正措施

在明确偏差原因后，企业需要提出修正措施，以达到营销控制的目的。如果偏差原因在于营销战略或目标不适应当前市场环境，企业需要重新制定营销目标，调整控制标准。如果偏差原因是营销人员行为不当或工作效率低下，企业应针对具体问题，在组织结构、人员配备、激励奖惩和技术手段等方面进行修正和调整，提高营销活动的效率，确保实现营销目标。

此外，数智技术在修正措施中发挥着关键作用。运用数智技术不仅能够进行深入的消费者行为分析和情绪分析，还能对营销活动的表现进行持续监测和优化。通过数据分析工具，企业可以深入挖掘消费者行为背后的动机和偏好，从而制定更加精准的营销策略。例如，利用机器学习算法，企业可以分析消费者的购买历史、浏览记录、社交媒体互动等数据，预测消费者的需求和兴趣，从而提供个性化的产品推荐和定制化的营销内容，提高消费者的满意度和转化率。运用数智技术还可以实现营销活动的自动调整和优化。通过实时监测和数据分析，系统可以自动识别营销活动中的异常情况和趋势变化，及时发出警报并建议实施相应的调整措施。例如，如果某一广告活动的点击率突然下降，系统可以自动分析原因并建议调整广告投放策略或修改广告内容。企业可以根据这些建议，迅速调整营销策略，避免更大的损失。

◦ **价值引领 11-3**

数智技术赋能营销控制

2022 年 1 月，习近平总书记在发表的重要文章《不断做强做优做大我国数字经济》中提到："充分发挥海量数据和丰富应用场景优势，促进数字技术和实体经济深度融合，赋能传统产业转型升级，催生新产业新业态新模式，不断做强做优做大我国数字经济。"这一指导思想为我们理解和应用数智技术在营销控制中的作用提供了重要启示。

习近平总书记指出，要充分发挥海量数据的优势。这意味着在营销控制中，企业应当利用现代技术手段，收集和分析大量的消费者数据和市场数据。这些数据不仅包括传统的销售数据和市场调研数据，还涵盖了社交媒体互动数据、线上浏览行为数据、客户反馈数据等。通过对这些数据的深度挖掘和分析，企业可以更全面地了解消费者的需求和市场趋势，从而制定更精准的营销策略，进行有效的偏差分析和修正措施。

丰富的应用场景为数字技术的应用提供了广阔的空间。在营销控制中，企业可以利用各种数字化工具和平台，实现全方位的营销活动监控。例如，利用实时监控系统和数据分析工具，企业可以在营销活动的每一个环节进行实时数据采集和分析，快速识别并预防潜在问题。此外，通过全渠道整合，企业能够在不同的消费场景中全面捕捉和分析消费者的行为数据，确保营销活动的协调和优化。

资料来源：编者自撰。

理论前沿 11-1

数智时代营销管理之变

🔷 **本章小结**

营销管理包括四个关键过程：营销计划—营销组织—营销实施—营销控制。

营销计划是总结营销者对市场的认识，并帮助企业协调外部环境和内部资源，达到营销目标的一系列过程或活动。营销计划通常涵盖执行摘要、当前营销状况、机会与问题分析、营销目标、营销战略、行动方案、预算方案和营销控制。营销计划的制订通常采用自上而下和自下而上的方式，始于市场数据的搜集和分析，继而形成营销战略与策略，经过财务分析与计划，最后实施进展追踪与评价。

营销组织经过了五个发展阶段，从早期的销售部门到现代营销型企业，组织结构也相应演变为职能型、产品（品牌）型、地区型、市场（客户）型、矩阵型和事业部型六种主要模式。随着数智技术的进步，企业的营销组织正经历职能边界的模糊化、营销数据管理职能的重新定位，以及向以客户为中心的组织转型。在设计营销组织时，应遵循战略主导、高效可控和整体协调的原则，并按分析组织环境、确定组织内部活动、确立组织职位、设计组织结构、配备组织人员，以及进行组织评价与调整的步骤进行。

营销实施是指将营销计划转化为具体行动和任务的部署过程，即对企业组织在达到营销计划目标过程中所有影响最终效果的因素进行规范、控制及整合的过程，最终目的是实现营销目标。为此，企业需要制订明确的营销行动方案，设计和调整营销组织结构，建立营销控制系统，开发人力资源，营造良好的企业文化。在营销计划的实施过程中，企业会面临计划脱离实际、执行力差和责任不明确等问题。通过确立明晰的营销战略目标、建立健全的营销文化体系、完善营销管理体制、成立项目小组或监督小组和重视计划与沟通，企业可以有效提升营销实施能力。

营销控制是指营销管理者对营销计划执行情况进行检查，确保计划与实际执行一致。它包括个人控制、产出控制和行为控制。企业在进行营销控制时，应遵循目标匹配原则、标准合理原则、及时灵活原则和经济适配原则。营销控制的方法分为三种：战略层控制方法、管理层控制方法和操作层控制方法。企业开展营销控制分为以下四个步骤：建立控制标准、监测实际活动、开展偏差分析和提出修正措施。在数智时代，通过运用数智技术，企业可以实现实时控制、全渠道数据整合和智能预警，从而更高效地调整营销策略，确保营销目标的达成。

关键概念

营销计划；营销组织；职能组织；产品（品牌）组织；地区组织；市场（客户）组织；矩阵组织；事业部型营销组织；营销实施；营销控制

案例分析

RX 科技公司的隐忧

李石是 RX 公司的创始人，10 多年前，他从一家世界 500 强企业辞职，毅然成立了 RX 公司。凭借在 500 强企业积累的人脉和经验，RX 公司初期主要从事贸易业务，代理国际知名品牌，为西安周边的工业企业提供嵌入式计算机及相关设备。

经过 10 余年的发展，RX 公司从年销售额 200 万元的贸易公司成长为年销售额突破 5 000 万元的高新技术企业，集销售、研发和生产于一体。公司拥有一支由 40 多位工程师组成的技术研发团队，特别是在嵌入式办公系统（OS）和软件服务方面，能够提供从 kernel 层到 APK 层的全方位服务。其产品广泛应用于智慧城市智能终端、工业智能、智能交通和智能仪器设备等领域。在销售方面，RX 公司以创业初期的核心销售人员为基础，建立了一支能吃苦耐劳的销售队伍，并在多个城市设立办事处和销售服务机构。

RX 公司与西安多所高校合作，在智能工业、智能物流、智能交通和智能医疗等方面提供专业解决方案。例如，在智能工业方面，提供控制系统软硬件产品；在智能物流方面，提供智能快递柜、信息亭、分拣机器人等；在智能交通方面，提供地铁售检票系统和轨道智能监控系统等；在智能医疗方面，为检查机器、血液分析仪和生命体征检测设备等提供计算机控制系统产品。

RX 公司的客户主要为各行业的大型企业。为了更好地服务这些客户，RX 公司采用"销售+研发+服务一体化"的营销模式，实行全员营销，研发人员也参与销售决策，研发部和销售部之间联系紧密。图 11-5 显示了公司的组织结构。

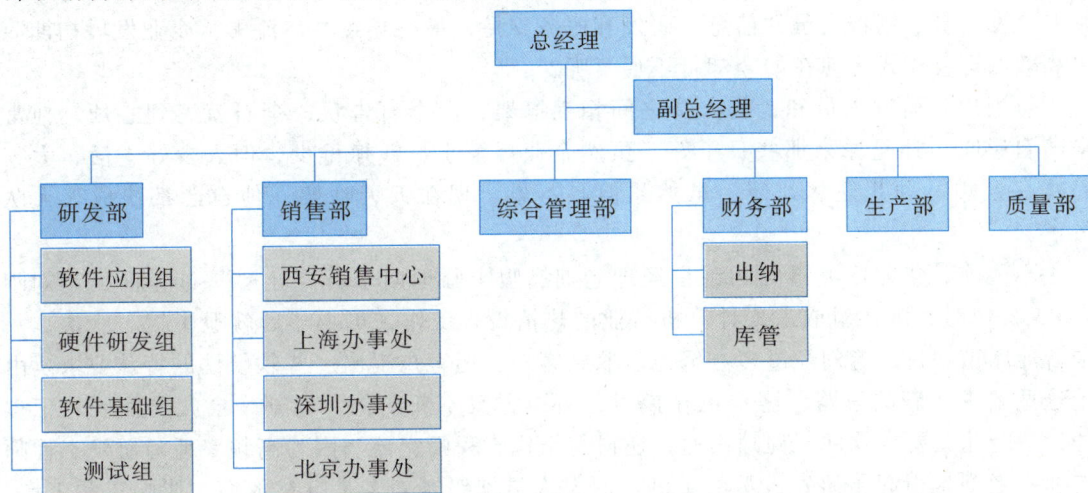

图11-5　RX公司组织架构

从图中可以看出，虽然 RX 公司由多个职能部门组成，但研发部和销售部是两个结构最为复杂的部门。研发部根据技术特点分设几个组别，销售部则根据销售区域分设多个办事处。研发部由项目组组成，销售部由办事处组成；研发部的多个项目组和销售部的多个办事处之间并没有隶属关系。研发部主要负责嵌入式计算机的软硬开发，协助销售人员在产品交付及后续进行安装、调试、维护和培训。销售人员则负责市场开发和获取订单，处理产品销售和客户使用产品时出现的问题，并提供售后服务和反馈。这种销售、研发和服务紧密结合的营销模式使 RX 公司的营业收入稳中有升，客户口碑好于同行业其他企业。

然而，RX 公司也面临一些隐忧。随着公司订单增加，研发部和销售部迅速扩编。在公司发展初期，研发部和销售部人数并不多，占公司总人数不到30%。但随着公司规模扩大，到2016年研发部和销售部人数已占到公司总人数的50%以上，2017年这一比例更是接近80%。尽管如此，销售部和研发部的人员扩编并未带来应有的规模效益，人均利润率反而下降，从2014年的人均10.1万元下降到2017年的人均7.2万元。

从2014年到2017年，销售人员对项目的跟踪数量大幅上升，表明市场对公司产品和服务需求旺盛。虽然发样数量和成单数量没有同比例上升，但还算正常。然而，销售人员和研发人员发生冲突的次数却从3起上升到43起。

由于嵌入式计算机的特点，从销售人员接触潜在客户到最终成交，需要经过客户跟踪、发样、成交和售后服务等流程，这需要销售人员和研发人员之间密切合作。RX 公司的工作流程大致如下：第一，销售部门的销售人员接触潜在客户，了解客户需求，向研发部门报告或反馈客户需求；第二，研发部门集中讨论项目方案，指定主要研发负责人；第三，研发负责人直接与销售人员对接和沟通，确定方案框架和报价；第四，销售人员向客户反馈方案框架和报价，如果客户接受，研发部门启动研发工作；第五，在研发过程中，销售人员和研发人员保持联系，确保项目进程，遇到问题及时向客户解释和沟通；第六，交付使用时，销售人员和研发人员反复沟通项目细节，包括产品完善、服务补救或需求延伸等。

如果销售人员和研发人员之间矛盾过大，既会影响销售人员争取客户的积极性，也会影响研发人员对销售人员的信息、研发和服务支持，最终导致客户流失。企业发展初期简单高效的运营模式为何在如今却行不通了呢？

每当想到研发人员和销售人员之间相互掐架，向李石告状，李石就感到心烦。他常常暗自感叹，还是原来那些日子好，虽然企业规模小、钱挣得少，但人少好干活，大家心往一处想、劲儿往一处使，虽然累但心不累。现在天天吵架，他自己都快成灭火队员了！

不久前，华北区办事处的销售经理老刘满腹牢骚地向李石"吐槽"。1年前，老刘刚来 RX 公司时，满怀对嵌入式计算机行业的热情投入工作，可半年后就泄了气。一次，一个智能冰箱项目，老刘经过多方努力争取到客户，但客户提出一些软硬件的特殊要求。由于这些要求是新的思路，客户也在摸索，解决方案不断变化。老刘一会儿要找硬件工程师，一会儿又要找软件工程师沟通，还得与结构工程师交流。因为高频率地与研发工程师沟通，老刘也引起了研发人员的不满。研发人员抱怨老刘老是打扰他们，影响正常工作，拖延项目进度。老刘两头受气，"再这样下去，我可没法干啦！你得想办法！"老刘一脸无奈地说。

王志则从研发人员的角度反映了类似的问题。王志是资深的软件工程师，工作以来，常常帮助业务人员与客户沟通技术问题，但他是典型的"宅男"，不愿和人打交道。上周，杭州办事处的小赵交给他一个咖啡机项目，碰到一些技术问题，小赵请他解答，但客户冷嘲热讽，让王志气愤不已。"以后这种破事别再找我！"王志撂下一句话。

王志虽然出手帮助销售人员，但这并非他职责内的工作。随着公司业务暴增，王志的脾气越来越大，常常发火。客户提出不合理要求，王志直接关手机，拒绝沟通，"我自己的工作还做不了了？"王志冷冷地对李石说。

当然，小赵也有话说："老板，王志的脾气太大了。以前找他什么都好说，现在要么不干，要么干了却把客户得罪了。要不是我，很多客户早跑了！现在干活太累了！"

更严重的是，几个销售的得力干将已经产生了离职意愿。两周以前，华南办事处的美女经理童桐，已经提过一次离职申请了。她加入公司不到一年时间，对商机很敏感，而且善于沟通，把握项目的能力强。不过，她对与项目相关的技术知识缺乏了解，对于客户提出的技术问题，常常说不清楚。当然，让她最苦恼的是，很多客户的问题她不知道该向谁请教、找谁解决，常常是一个问题问了一圈，也无法落实。她感觉自己一身的能耐使不出来，相当的气馁。这样的事情最近越来越多，一幕一幕像过电影一样浮现在李石的眼前。

李石对此感到忧虑。研发人员和销售人员之间的冲突不断增加，使他不得不频繁介入协调。销售经理老刘抱怨研发部门对项目的响应速度慢，导致客户不满；研发工程师王志则对销售人员频繁干扰工作表达了不满，影响了项目进度。此外，销售人员童桐也因为无法顺利解决客户问题，感到工作压力大，萌生了离职的念头。

资料来源：庄贵军，丰超，王少峰.RX 科技公司的隐忧［DB/OL］.［2024-07-18］.中国管理案例共享中心.内容有删改。

问题：

1.RX 公司存在哪些隐忧？到底遇到了什么问题？问题产生的根源是什么？

2.如何解决 RX 公司的问题？对 RX 公司组织结构的调整你有什么更好的建议？

案例分析答案示例 11

基本训练 11

第十二章

平台营销

学习目标

通过本章学习，学生应该达到以下目标：

1.理解平台营销的内涵；

2.掌握平台营销的战略；

3.能够应用平台营销的策略。

思维导图

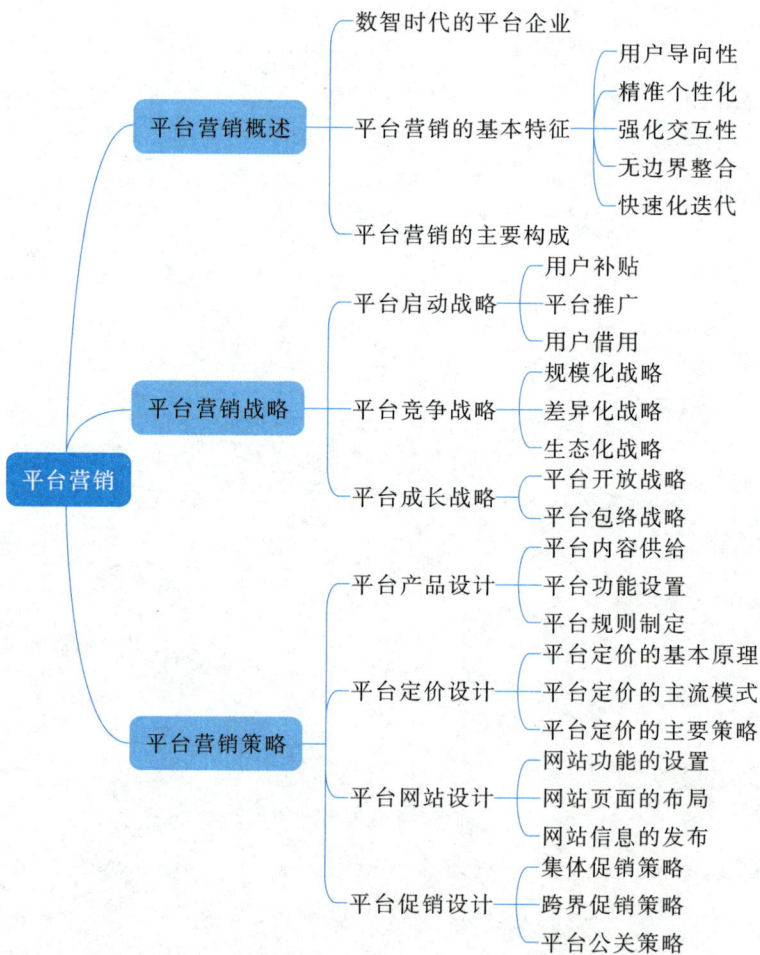

开篇案例

拼多多的奇迹

拼多多，这家成立于2015年9月的电商平台，在短短几年时间内便成就了电商行业的传奇。拼多多从创立到上市仅用了3年时间，4年后市值便超越了京东，成为电商领域的新势力。而在其成立8年后，更是超越了阿里巴巴，一度成为美股市值最大的中概股，其成长速度令人瞩目。在拼多多成功的背后，我们不难发现如下几个因素：

一、网络效应：双边用户正反馈

拼多多通过独特的商业模式，成功激发了双边用户的正反馈机制。在卖家端，拼多多提供了低门槛的入驻条件和优惠的佣金政策，吸引了大量卖家入驻。这些卖家带来了丰富的商品，满足了买家的多样化需求。在买家端，拼多多通过拼团、优惠券等营销策略，降低了商品价格，吸引了大量价格敏感型买家。这些买家通过社交分享，邀请亲朋好友一起购物，进一步扩大了买家规模。随着卖家规模和买家规模的扩大，拼多多的网络效应逐渐显现，即更多的买家意味着更大的市场需求，从而吸引了更多卖家入驻，而更多卖家的加入，又带来了更丰富的商品和更具竞争力的价格，进一步吸引了买家。这种买卖双方之间的正反馈机制，为拼多多的快速发展提供了强大动力。

二、社交营销：提高买家黏性

在拼多多的营销策略中，社交营销占据了核心地位。拼多多充分利用了社交媒体的力量，通过拼团、分享红包、邀请好友等互动方式，激发了买家的参与热情，形成了强大的裂变效应。这种基于社交关系的购物模式，不仅降低了买家的购物门槛，还增强了买家之间的连接和信任，从而构建了高黏性的买家社区。这种社区氛围使得买家更愿意在拼多多上购物，并自发地推广给身边的亲朋好友，进一步推动了买家增长。

三、低价策略：满足性价比需求

拼多多的一大营销利器是低价策略。在电商竞争日益激烈的今天，买家对于性价比的追求愈发强烈。拼多多通过大量引入厂家直供、源头好货等优质商品，结合平台补贴和优惠券等手段，实现了商品价格的显著降低。这种低价策略不仅吸引了大量价格敏感型买家，还满足了广大买家对性价比的追求。同时，拼多多还通过整合供应链资源，提高了商品流通效率，降低了运营成本，从而保证了低价策略的可持续性。

四、精准营销：提升转化效率

拼多多在营销过程中还特别注重精准营销的运用。通过大数据分析和人工智能技术，拼多多对买家的购物行为和偏好进行深度挖掘，为买家提供个性化的商品推荐和购物体验。这种精准营销的方式不仅提高了买家的购物满意度和转化率，还降低了卖家的营销成本，提升了整体运营效率。此外，拼多多还通过定期举办限时抢购、秒杀等活动，进一步刺激了买家的购买欲望，提升了平台的销售额和市场份额。

五、流量扶持：助力卖家成长

拼多多还注重对新卖家和新品牌的扶持。通过提供免费的流量支持、降低入驻门槛等方式，拼多多吸引了大量卖家入驻。这些卖家在拼多多的平台上获得了更多的曝光机会和销售机会，从而实现了快速成长。同时，拼多多还通过定期举办各种促销活动、提供营销工具等方式，帮助卖家提升销售业绩和品牌影响力。这种流量扶持策略不仅促进了卖家的成长和发展，还进一步丰富了平台的商品种类。

可以看出，拼多多的成功在很大程度上得益于其所采取的平台商业模式和平台营销策略。那么，在平台经济快速崛起的当下，理解平台企业的战略取向与营销策略成为建立竞争优势的关键。如此，才能发现甚至创建下一个"拼多多"。

资料来源：编者自撰。

第一节　平台营销概述

一、数智时代的平台企业

随着信息技术的飞速发展和网络经济的全面渗透，平台企业作为一种新兴的组织形态逐渐崭露头角并受到广泛关注。平台企业是指连接了两个或多个特定群体，通过一系列机制不断激发网络效应（network effects），在满足各群体需求的前提下，巧妙地从中获利的组织。[①]平台企业打破了传统企业的边界，形成了一个基于平台的生态系统，各参与者在其中相互作用、相互依赖，共同推动平台的持续发展和繁荣。

- - - - - - - - - - ○ **价值引领 12-1**

大力发展平台经济，铸牢经济发展基础

平台企业的快速发展催生了平台经济，成为经济发展的重要支撑力量。2021年，习近平总书记主持召开中央财经委员会第九次会议。会议指出，近年来我国平台经济快速发展，在经济社会发展全局中的地位和作用日益突显。平台经济有利于提高全社会资源配置效率，推动技术和产业变革朝着信息化、数字化、智能化方向加速演进，有助于贯通国民经济循环各环节，也有利于提高国家治理的智能化、全域化、个性化、精细化水平。由此可见，了解平台企业的运作规律，大力发展平台经济，有助于铸牢经济发展的基础，具有较大的实践价值。

资料来源：编者自撰。

目前，常见的平台企业主要包括如下几种：

一是电子商务平台。电子商务平台是一个为买卖双方提供在线交易的平台，其利用互联网将交易活动的各个环节电子化、网络化，如广告宣传、咨询洽谈、网上订购、网上支付、电子账户、服务传递、意见征询、交易管理等，从而帮助买卖双方建立起一种高效、便捷、低成本的交易模式。国内知名的电子商务平台主要有淘宝网、拼多多、京东商城、SHEIN等（如图12-1所示）。

图12-1　国内知名的电子商务平台

---

① 李雷，赵先德，简兆权. 网络环境下平台企业的运营策略研究 [J]. 管理科学学报，2016，19（3）：15-33.

二是社交媒体平台。社交媒体平台是允许用户生成、分享和交流内容的在线平台，鼓励用户之间通过互动形成紧密的社交网络。用户可以通过点赞、评论、转发等功能，轻松参与讨论，分享生活点滴。社交媒体平台打破了传统媒体的界限，提供了即时、个性化的信息获取和交流方式。国内知名的社交媒体平台包括微博、微信、百度贴吧等（如图12-2所示）。

图12-2 国内知名的社交媒体平台

三是搜索引擎平台。搜索引擎平台利用复杂的算法和技术，快速检索并排序与查询相关的网页、图片、视频等内容，为用户提供准确的搜索结果。搜索引擎平台极大地简化了信息获取的过程，使用户能够快速、方便地找到所需的知识、产品和服务。国内知名的搜索引擎平台包括百度、搜狗、有道、360搜索等（如图12-3所示）。

图12-3 国内知名的搜索引擎平台

四是视频网站平台。视频网站平台允许用户在线发布、浏览和分享视频内容，通过提供丰富的视频资源，满足用户多样化的观看需求。视频网站平台通过先进的技术支持，确保用户能够流畅地观看高清视频，并享受便捷的搜索、推荐和互动服务。随着移动互联网的普及，视频网站平台已成为人们日常生活中不可或缺的一部分，为人们提供了丰富的娱乐和学习资源。国内知名的视频网站平台包括抖音、快手、爱奇艺、B站等（如图12-4所示）。

图12-4 国内知名的视频网站平台

五是网络游戏平台。网络游戏平台是一个集中了多种在线游戏并提供给玩家进行互动娱乐的虚拟环境。这类平台不仅提供了丰富的游戏选择，还通过服务器技术实现了玩家之间的实时对战、合作与交流。网络游戏平台让玩家能够跨越地理界限，与全球玩家共同享受游戏的乐趣，旨在为玩家打造一个沉浸式的游戏世界。国内知名的网络游戏平台包括腾讯游戏、网易游戏等（如图12-5所示）。

图12-5　国内知名的网络游戏平台

不同于传统的工业企业，平台企业具有自己的特征：一是开放性。平台企业通过开放接口、共享资源等方式，吸引各类参与者加入平台生态系统，实现资源的广泛连接和高效利用。二是跨界性。平台企业通过跨界整合的方式，不断拓展业务范围和领域。它通过与其他行业、领域的企业和机构建立合作关系，实现资源共享和优势互补。三是生态性。平台企业构建了一个复杂的生态系统，各参与者在其中相互依存、相互促进，实现各自的价值追求和利益最大化。同时，生态系统中的各个主体也相互制约、相互平衡，共同维护着平台的稳定和发展。

当下，经典的营销理论与实践研究主要针对传统的工业企业，平台企业的特殊性导致这些结论在平台经济领域遭遇"水土不服"。具体来说，工业企业往往以产品或服务为主导，通过适当的定价、便利的渠道和精准的促销等手段推动产品或服务的销售；平台企业则致力于构建一个以用户为中心、多方共赢的商业生态系统，通过合作伙伴之间的价值共创实现平台的发展与壮大。这种差异导致平台企业的营销战略、营销策略与工业企业存在显著的差别。因此，本书在介绍完基于工业企业的营销理论与实践之后，将围绕平台企业的相关营销问题展开分析。

市场洞察 12-1

微信的护城河

二、平台营销的基本特征

平台营销是指平台企业整合多种营销资源和手段，进行全方位、多渠道的营销活动。换言之，平台营销就是指平台企业开展的营销活动。如前面所说，平台企业与工业企业存在诸多差异，使得两者的营销活动也必然存在差别。本部分重点介绍平台营销的基本特征。

（一）用户导向性

平台营销的目的在于吸引更多的用户加入平台企业构建的生态系统，既依托供给端用户丰富平台生态系统的功能，也依托需求端用户扩大平台生态系统的规模，以此实现平台生态系统的快速成长与稳健发展。基于这样的目的，平台营销呈现出典型的用户导向性特征，即平台企业会积极了解用户的需求，并通过各种方式满足用户的需求，以此达到吸引用户进驻平台并留在平台的目的。

（二）精准个性化

平台企业利用大数据和人工智能技术，能够精准分析用户的兴趣偏好、消费习惯等信息，从而实现对目标受众的精准定位。在营销活动中，平台企业可以根据用户的个性化需求提供定制化的产品和服务，提高营销活动的针对性和有效性。例如，电子商务平台可以根据用户的浏览历史和购买记录，为其推荐相关商品或优惠活动；社交媒体平台则可以根据用户的兴趣爱好，为其推送感兴趣的内容或广告。

（三）强化交互性

平台企业的发展与盈利依赖各方参与主体的价值共创，因此，平台营销特别注重用户的参与性和互动性。通常来说，平台企业可以通过社交媒体、在线论坛、评论专区等渠道，激励用户之间实时互动，同时，还会举办各种线上线下的互动活动，如抽奖、问答、挑战赛等，以吸引用户参与和互动。这种交互性使得平台营销更加生动有趣，也更容易引起用户的共鸣和关注。

本土创新12-1

电子商务平台
的价值共创

（四）无边界整合

平台营销突破了时间和空间的限制，可以实现跨时空的营销传播，在很大程度上扩大了营销活动的覆盖范围。同时，平台营销可以充分利用文字、图片、音频、视频等多种形式进行宣传推广，不仅丰富了营销内容的表现形式，也提高了信息的吸引力和传播效果。此外，平台营销具有多渠道整合的特点，平台企业可以通过自有或合作的社交媒体、视频平台、游戏论坛等多种渠道进行营销传播，形成协同效应。

（五）快速化迭代

平台营销具有实时反馈的特点，平台企业可以通过数据分析工具实时监测营销活动的效果和用户反馈。这种实时反馈机制使得平台企业能够及时调整营销策略和优化营销活动方案。例如，如果某个营销活动的用户参与度不高或反馈不佳，平台企业可以迅速分析原因并采取措施进行调整；如果某个营销活动的效果显著且用户反馈积极，平台企业则可以加大投入并扩大其影响范围。

三、平台营销的主要构成

与工业企业类似，平台企业的营销活动主要包括营销战略和营销策略的制定。考虑到平台企业的特殊性，本书主要介绍如下内容（如图12-6所示）。

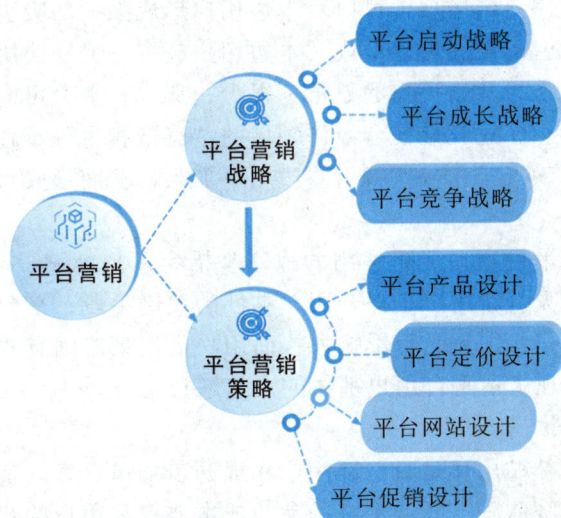

图12-6 平台营销的基本构成

　　一是平台营销的战略。根据平台发展的一般逻辑，本书提出平台营销的三大战略，即平台启动战略、平台竞争战略和平台成长战略。其中，平台启动战略是指平台企业通过有效的市场定位、资源调配、用户吸引和留存等手段，激活平台的网络效应，为平台的发展奠定基础。平台竞争战略是指平台企业为了应对其他平台的竞争而推出的一系列举措，旨在建立自己的"护城河"。平台成长战略是指平台企业在实现稳定运营的基础上，通过各种手段推动平台在市场规模、用户数量、品牌影响力等方面实现快速成长。

　　二是平台营销的策略。与工业企业类似，平台企业也要制定自己的营销策略，内容包括产品、价格、渠道、促销等。其中，平台产品设计是指平台企业可以为用户提供哪些功能或内容，以及为了维持平台生态的有效运转而制定哪些规则。平台定价设计是指平台企业如何向多边用户制定价格，据此获得相应的利润。平台企业搭建的网站就是平台企业向平台用户传递产品或服务的渠道，因此，平台渠道策略主要介绍平台网站的设计。平台促销设计是指平台企业如何吸引用户了解或试用平台企业推出的产品或业务。

第二节　平台营销战略

一、平台启动战略

　　平台启动战略是指平台企业通过有效的市场定位、资源调配、用户吸引和留存等手段，激活平台的网络效应，为平台的发展奠定基础。平台启动战略决定了平台企业如何吸引用户采用平台产品或服务，以达到临界规模，从而推动平台发展走向双边用户良性互动的正循环。

　　实际上，平台启动战略主要解决平台经济领域的"鸡蛋相生"难题。作为一种典型的双边市场，平台具有交叉网络效应，即平台对一边用户的价值取决于另一边用户的数量。那么，如果平台一边用户数量较多，则可以对另一边用户形成强大的吸引力，使之主动进驻平台；同时，另一边用户的增多则可以对本边用户形成强大的吸引力，从而吸引本边用户进驻平台。据此，平台的发展可以形成"本边用户越多—另一边用户越多—本边用户越多"的正反馈。但是，如果两边用户的数量都很少，那么，平台可能无法提供足够的吸引力来推动双边用户的参与，这就是平台经济领域的"鸡蛋相生"难题。因此，平台启动战略主要是通过一系列活动安排，快速吸引双边用户加入，从而形成双边用户相互促进的正反馈。

理论前沿12-1

网络效应

　　目前，平台启动战略常用的战略举措有用户补贴、平台推广与用户借用。用户补贴是吸引新用户、提升用户黏性的关键手段；平台推广则通过线上线下相结合的方式，扩大品牌影响力；而用户借用策略则有效利用了其他平台的用户基础，实现了本平台用户基数的快速增长。

（一）用户补贴

　　在平台发展初期，补贴用户是吸引新用户和提升市场占有率的常见策略。这一策略的核心在于通过直接的经济激励，降低用户的参与成本或提高用户的获得感，从而迅速扩大用户基础。具体而言，平台企业会根据自身的业务模式和目标用户，设计合理的补贴方案。这些补贴可能以多种形式出现，常见的形式包括现金返还、折扣券、免费试用期、积分奖励等。例如，在共享单车平台，新注册用户可以获得免费骑行次数或高额的骑行折扣；在电商平台，新用户首次购物可享受满减优惠或获得购物券等。

用户补贴往往会面临补贴B端用户还是C端用户或是同时补贴双边用户的抉择。在实际操作过程中，平台企业往往会考虑如下几个方面的因素：一是哪端用户更难获得。双边用户入驻平台的意愿往往是不对称的，例如，对于滴滴平台来说，司机的入驻意愿相对比较低；而对于美团外卖来说，消费者的入驻意愿相对比较低。那么，平台企业往往会选择入驻意愿比较低的用户进行补贴。二是哪端用户更为忠诚。用户既可以选择入驻一个平台（单栖行为，较为忠诚），也可以选择入驻多个平台（多栖行为，不够忠诚）。那么，平台企业往往选择补贴采取多栖行为的用户，以更好地维护平台的稳定。三是平台企业的资本实力。如果平台企业资本实力比较强，可以同时补贴双边用户；反之，补贴一边用户，利用交叉网络效应吸引另一边用户的加入是更为合适的选择。

在具体实施过程中，平台企业还需要建立科学的补贴预算和效果评估机制，确保补贴成本在可控范围内，并能够通过用户增长和活跃度提升带来足够的回报。另外，补贴用户策略也需要与其他营销策略相结合，形成协同效应。例如，平台企业可以结合社交媒体推广、线下活动等方式，提高补贴政策的曝光度和影响力，进一步吸引用户关注和参与。

市场洞察12-2

滴滴与快的的"烧钱大战"

（二）平台推广

在平台发展初期，宣传推广策略是建立品牌知名度以快速吸引用户的关键。通常情况下，平台企业可以通过精心策划的优质内容，如行业洞察、用户指南或独家故事，展现平台的独特魅力和专业价值。这些内容需要精准触达目标用户群体，解决他们的实际需求，从而在用户心中建立起积极的品牌形象。同时，平台企业还要积极寻求与行业内外的合作伙伴建立联系，通过互推、联名活动等方式，扩大用户基础。此外，还可以通过数据分析精准定位目标用户群体，并采用搜索引擎优化（SEO）、搜索引擎营销（SEM）及定向广告投放等手段，提高平台在目标用户中的可见度。

在平台推广策略实施过程中，平台企业也会面临B端用户和C端用户的差异化营销问题。在实际操作过程中，平台企业大都会通过人员推广等方式说服B端用户进驻平台；同时，通过定向广告投放、用户口碑传播等方式鼓励C端用户积极采用平台的产品或服务。例如，淘宝网在发展初期建立了强大的地推队伍（阿里铁军），用于B端用户的推销；同时，在电视上投放了大量的广告，用于C端用户的推广。

尽管平台推广是一个非常有效的措施，可以快速提高平台的品牌知名度，但是，如何确保用户真正试用或持续使用平台的产品或服务是后续应该进一步关注的问题。在平台宣传推广的效果评估中，用户行为追踪扮演着至关重要的角色。通过追踪用户在平台上的行为，如注册、点击、浏览、停留时间、购买转化率等，可以深入了解推广活动的实际效果。通过持续追踪用户行为，平台企业能够不断调整和优化推广方案，以获得更好的宣传效果和更高的用户满意度。

（三）用户借用

用户借用是指平台在启动过程中，可以通过从另一个发展成熟的平台借用用户，以充实本平台的用户基础。例如，阿里巴巴为了推广支付宝，鼓励在淘宝网和天猫商城的交易双方采用支付宝进行支付，从而将淘宝网和天猫商城的流量导入支付宝，以推动支付宝的快速成长。通过有机整合成熟平台与新推出平台，平台企业可以将成熟平台的用户引导至新推出平台，不仅可以迅速扩大新推出平台的用户规模，而且有助于巩固成熟平台的用户基础。正因为如此，用户借用已经成为平台启动的常用手段，得到了各大平台企业的青睐。

在用户借用过程中，平台企业既可以选择本公司的其他平台，也可以选择其他公司的平台。但是，由于用户是一种非常稀缺的资源，不同平台企业之间的用户借用实践往往非常少。现实中，腾讯在完成对拼多多的收购程序后才正式开放了对拼多多的流量注入，即允许用户通过微信将拼多多推出的"砍一刀"链接分享给好友或微信群，邀请他们助力。因此，用户借用策略更多发生在同一平台企业的不同平台之间（如淘宝网和支付宝）或者有股权关联的不同平台之间（如新浪微博与淘宝网、微信与拼多多等）。

理论前沿 12-2

平台自我优待

尽管用户借用策略具有诸多优势，但是，在执行过程中却面临诸多困境。一是不同平台之间的用户诉求或文化背景差异较大，导致用户借用过程中可能产生摩擦和冲突。二是不同平台需要彼此独立核算收支，导致双方容易因收益分配不均而爆发冲突。三是同一平台企业的不同平台之间实施用户借用容易诱发反垄断的风险，典型的如平台自我优待。

二、平台竞争战略

平台竞争战略是指平台企业为了应对其他平台的竞争而推出的一系列举措，旨在建立自己的"护城河"。尽管平台的发展通常会形成"赢者通吃"的格局，但是，占据垄断地位的平台依然会面临来自其他竞争对手甚至是跨界竞争对手的威胁。在实践中，曾经占据中国电商市场超过70%的eBay被淘宝网打败，而曾经一度占据80%市场份额的淘宝网和天猫商城却被后来居上的拼多多逆风翻盘。因此，如何建立有效的平台竞争战略是平台企业需要解决的问题。目前，广泛采用的平台竞争战略主要包括规模化战略、差异化战略和生态化战略。

（一）规模化战略

规模化战略是指平台企业通过吸引和留住大量的用户，强化平台的网络效应，以此为基础建立自己的"护城河"。在平台经济中，规模化战略最受推崇，因为平台的价值主要取决于其所连接的用户数量和质量。为此，平台企业大都致力于通过扩大用户规模、增强用户互动来巩固和扩大市场地位。

为了获得大量的用户，平台企业需要制定有效的营销策略，通过广告宣传、人员推广、合作协议等多种方式吸引用户入驻。同时，通过优化用户体验、提供个性化服务、建立用户社区等手段提高用户留存率，形成稳定的用户基础。在此基础上，平台企业还要鼓励用户之间的互动和协作，如沟通、评论、分享、点赞等，以增加用户黏性和活跃度。

规模化战略具有较大的优势。一是规模化战略的核心在于通过扩大用户规模来提升产品或服务的价值，从而形成强大的竞争优势。这种竞争优势对于新进入者来说是难以逾越的障碍，因为新平台需要花费大量时间和资源来积累用户基础，而已经具备规模基础的平台则可以通过持续优化用户体验来保持领先地位。二是随着用户规模的扩大，平台企业可以分摊固定成本，降低边际成本，从而提高整体盈利能力。而且，大规模的用户基础还可以为平台带来更多的商业机会和收入来源，如广告费、会员费、增值服务费等。三是随着用户数量的增加，平台积累了大量用户行为数据，这些数据可以通过先进的数据分析技术转化为有价值的市场洞察。平台企业可以利用这些数据来优化产品功能、提升用户体验，甚至为用户提供更加个性化的服务。

规模化战略也存在一定的不足。一是初始投资大。规模化战略需要平台企业在初期投入大量资金来建立用户基础和相应的基础设施，这种高额的初始投资对于初创企业来说是一个巨大的挑战。而且，网络效应的形成需要一定的时间积累和用户增长，如果平台企业无法成功吸引足够数量的用户入驻平台或用户增长速度低于预期，则其可能会面临资金链断裂或被市场淘汰的风险。二是灵活性不足。规模化战略可能导致平台企业在市场变化时缺乏足够的灵活性。由于平台已经形成了强大的网络效应和用户基础，平台企业可能过于依赖现有业务模式和用户群体而忽视了市场变化和新兴需求。这种惯性思维可能使得平台企业在面对新技术、新竞争对手或新市场需求时无法迅速作出反应和调整，从而错失发展机遇或陷入困境。三是反垄断压力。随着网络效应的增强和市场地位的提升，平台企业可能面临垄断风险和监管压力。一些大型平台企业凭借其庞大的用户基础和市场份额，可能滥用市场支配地位进行不公平竞争或损害消费者权益。这种行为不仅会引发公众不满和舆论谴责，还可能面临政府监管部门的调查和处罚。

市场洞察12-3

微信的规模化
战略

（二）差异化战略

差异化战略是指平台企业通过提供独特的产品或服务来区别竞争对手，从而吸引并留住用户。在平台经济中，由于用户需求的多样性和个性化趋势日益明显，差异化战略将会越来越重要。在实践中可以发现，尽管微信在即时通信领域占据了绝对的市场支配地位，但是，YY语音依然依靠自己的独特优势在游戏语音通信领域站稳了脚跟。目前，差异化战略已经成为后发平台企业挑战在位平台企业的重要战略选择。

为了达到差异化效果，平台企业需要不断关注用户需求的变化，通过技术创新和产品迭代来推出具有差异化的产品和服务。例如，电子商务平台可以推出定制化商品、智能推荐等来满足用户的个性化需求；社交媒体平台可以引入新的交互方式和内容形式来提升用户体验。而且，平台企业还要注重提升服务质量，如提供快速响应的客服支持、便捷的支付体验、完善的售后服务等。通过不断优化服务流程和服务质量，平台企业可以不断提升用户的整体满意度和忠诚度。

差异化战略具有自己的优势。一是增强用户黏性。通过提供独特的产品、服务或用户体验，平台企业能够吸引并留住用户。二是抵御竞争威胁。在竞争激烈的市场环境中，差异化是抵御竞争对手模仿和进攻的有效手段。当平台企业成功建立起差异化优势时，竞争对手很难在短时间内复制或超越，从而为平台企业赢得宝贵的时间和空间来巩固市场地位。三是满足多元需求。差异化战略有助于平台企业更好地满足用户的多元化需求，而且，通过提供个性化的产品、服务或解决方案，平台企业可以提升用户体验和满意度。

差异化战略也存在一定的不足。一是成本高昂。实现差异化需要平台企业在产品研发、市场推广、客户服务等方面投入大量资源，这可能导致运营成本上升。如果差异化带来的收益无法覆盖这些成本，那么平台企业可能会面临盈利压力。二是需求变化。市场需求是不断变化的，如果平台企业过度追求差异化而忽视了市场需求的变化，可能会导致产品或服务与市场需求相脱节。三是竞争对手模仿。尽管差异化可以为平台企业带来竞争优势，但竞争对手仍然有可能通过模仿或创新来缩小甚至消除这种差异。如果竞争对手成功模仿了平台企业的差异化特征，那么平台企业将面临市场竞争加剧和竞争优势丧失的风险。

市场洞察12-4

唯品会的差异化战略

（三）生态化战略

生态化战略是指平台企业通过构建完整的生态系统来整合多方资源，实现价值的共创与共享，从而形成强大的网络效应和竞争优势。目前，百度、阿里巴巴、腾讯在各大生活应用场景均有布局，旨在建立一个完整的生态系统，以建立和维持自己的竞争优势，如图12-7所示。

图12-7 BAT的战略布局

为了构建完整的生态系统，平台企业需要秉持开放的心态和合作的精神，积极寻求与合作伙伴的共赢合作。具体来说，平台企业可以通过开放API接口、提供开发工具和技术支持等方式，吸引更多的开发者和小微企业入驻平台，共同构建繁荣的生态系统。同时，随着生态系统的不断壮大，平台企业还需要加强生态治理，确保生态系统的健康稳定发展。具体来说，生态治理包括制定完善的规则和政策、加强知识产权保护、打击假冒伪劣产品等。此外，平台企业还需要建立有效的用户反馈和投诉机制，及时解决用户问题并优化用户体验。

生态化战略能够帮助平台企业建立独特的优势。一是生态化战略能够吸引更多的成员加入，使得平台的吸引力和价值也随之增加，从而形成良性循环。二是通过构建开放、包容的生态系统，平台企业能够满足用户的多样化需求，为其提供便捷、高效的服务，从而提升用户的满意度和忠诚度，进而促进平台生态系统的长期稳健发展。三是平台企业可以通过生态化战略整合各类供给方和需求方，形成强大的协同效应。这种协同效应不仅促进了资源的有效配置和共享，还使得平台内的参与者能够共享技术、市场、信息等多方面的资源。通过共享资源，各个参与者可以降低运营成本，提高生产效率，进而提升整个生态系统的竞争力。

生态化战略也存在一定的不足。一是协调难度大。生态化战略需要多个参与者之间的紧密协作和配合。然而，由于不同参与者之间的利益诉求、文化背景和管理风格等存在差异，平台企业的协调难度将会大大提高。二是依赖性较强。生态系统中的成员之间往往存在相互依赖关系，一旦某个关键环节出现问题或某个重要成员退出生态系统，可能会对整个生态系统造成较大影响。三是标准不统一。在生态系统构建过程中，不同参与者可能遵循不同的标准和规范，这可能导致生态系统内部出现信息孤岛、技术壁垒等问题，影响生态系统的整体效能和协同效率。

市场洞察12-5
字节跳动的
生态化战略

三、平台成长战略

平台成长战略是指平台企业在实现稳定运营的基础上，通过各种手段推动平台在市场规模、用户数量、品牌影响力等方面实现快速成长。平台成长战略可以有多种选择，既可以沿着平台成立初期的发展路径不断扩大规模，也可以通过平台开放和平台包络实现平台的非线性成长。

（一）平台开放战略

平台开放战略是指平台企业通过开放自身的接口、数据、资源等，允许外部合作伙伴基于这些基础进行应用开发、服务创新，从而构建一个更加开放、协同、创新的生态系统。这种战略不仅有助于企业拓展业务范围，还能通过合作伙伴的参与提升用户体验，增强用户黏性，进而实现多方共赢。

平台开放战略可以从四个维度进行：一是市场开放。市场开放是将平台的市场资源、用户数据、销售渠道等向外部合作伙伴或商家开放，以实现资源共享和市场共赢。二是技术开放。技术开放是将平台的核心技术、API接口、开发工具等向外部开发者、合作伙伴或用户开放，以促进技术创新和生态繁荣。三是制度开放。制度开放是指允许用户参与平台规则的制定，是提升平台治理水平、增强用户参与感和归属感的重要举措。四是生态开放。生态开放是平台开放战略的高级维度，是指平台企业将整个生态系统向外部开放，包括平台上的用户、开发者、合作伙伴、服务提供商等各方参与者。生态开放旨在构建一个开放、协同、共赢的生态系统，促进各方之间的深度互动和资源共享。

平台开放战略的实施主要考虑如何在开放和封闭之间进行抉择。开放战略能吸引更多合作伙伴，促进创新，扩大市场，但可能面临管理复杂、安全风险等问题。封闭战略则有利于控制用户体验、保护品牌，但可能限制市场规模和技术创新。因此，平台企业在选择开放与封闭战略时，需要综合考虑多个方面的因素，包括市场需求、技术趋势、盈利诉求、平台能力、现实挑战等。

1.市场需求

平台企业需要评估用户需求的多样性和变化性。如果用户需求多样且变化迅速，开放战略可能更为合适，因为它能够吸引更多的开发者和服务提供商，满足用户多样化的需求；相反，如果用户需求相对固定，且平台能够提供稳定、高质量的服务，那么，封闭战略可能更为合适。同时，平台企业还需要分析目标市场的规模和增长潜力。开放战略有助于平台快速扩大市场规模，吸引更多用户。然而，在市场规模有限的情况下，封闭战略可能更有助于平台企业通过控制质量和体验来建立竞争优势。

2.技术趋势

技术迭代较快的行业，如移动互联网、人工智能等，更适合采用开放战略，因为开放平台能够吸引更多的开发者参与技术创新，推动平台技术的不断迭代和升级。如果平台的技术门槛较高，需要特定的技术能力和接口，那么封闭战略可能更有助于平台企业控制技术和维护品牌形象。然而，随着技术的普及和标准化，开放战略将会逐渐成为趋势。

3.盈利诉求

封闭平台通常通过向用户收费或提供增值服务来获取直接收入，这对于需要快速盈利的平台来说可能更具吸引力。然而，开放平台通过吸引更多的用户和开发者，可以形成更强大的网络效应和规模效应，从而在长期内获得更高的盈利。

4.平台能力

开放战略需要平台企业具备较强的资源整合能力和管理能力，以应对更复杂的生态系统和更多的合作伙伴。而封闭战略则可能更适合资源相对有限，但能够专注于核心竞争力的平台企业。

市场洞察12-6

iOS向左，
安卓向右

5.现实挑战

开放平台面临更多的安全挑战，如数据泄露、恶意攻击等。如果平台企业具备较强的安全管控能力和较高的风险管理水平，可以采用开放战略；反之，封闭战略是更为适当的选择。

（二）平台包络战略

平台包络战略是指平台企业基于现有的用户基础和技术架构，通过整合相邻平台的功能和服务，以增强自身竞争优势并拓展市场边界的过程。这种战略的实施，既可以是主导平台的边界扩展行为，也可以是新平台挑战主导平台的竞争行为。平台包络战略的核心在于通过跨生态系统的协同成长，实现用户价值的提升和市场份额的扩大。

平台包络战略多种多样，可以分为水平包络和垂直包络两种类型。（1）水平包络。水平包络是指平台企业在同一市场或相邻市场中，通过整合不同平台的功能和服务，实现市场份额的扩大和用户资源的共享。水平包络主要是为现有用户提供更加多样化的选择，同时吸引新的用户加入生态系统。（2）垂直包络。垂直包络是指平台企业在产业链上下游进行整合，通过控制关键资源和环节，实现产业链的延伸和价值链的提升。垂直包络主要是通过控制产业链的关键环节，降低交易成本、提高运营效率，从而增强平台的竞争力。

平台包络战略可以为平台企业带来诸多优势。一是增强竞争优势。通过整合不同平台的功能和服务，平台企业能够提供更加完善、多样化的产品和服务，从而增强自身的竞争优势。二是扩大市场份额。平台包络战略有助于平台企业拓展市场份额，吸引更多的用户加入生态系统，进一步提升市场地位。三是改善用户体验。通过共享用户资源和优化生态系统布局，平台企业能够提升用户体验和满意度，增强用户黏性。

平台包络战略也会面临诸多挑战。一是整合难度大。不同平台之间的整合涉及技术、管理、文化等多个层面的深度融合，这些差异可能导致整合过程复杂且耗时。二是市场竞争激烈。平台包络战略的实施往往意味着进入新的市场或领域，这将引发与现有市场主导者的直接竞争。三是反垄断风险。平台包络战略在扩大企业规模和市场份额的同时，也可能引起反垄断监管机构的关注。如果平台企业通过平台包络战略获得了市场支配地位，可能会面临反垄断调查或处罚，这将对企业的正常运营和声誉造成不利影响。

第三节　平台营销策略

一、平台产品设计

平台企业为用户提供的产品主要包括三大类：一是提供内容供用户消费；二是提供功能供用户使用；三是提供规则供用户遵守。其中，平台内容的形式比较丰富，如电商平台提供的内容主要是各类产品，视频平台提供的内容主要是影视作品等；平台功能决定了用户可以做什么和如何做；平台规则旨在保证参与各方按照既定的秩序开展互动。

（一）平台内容供给

1.平台自制内容

平台自制内容是平台内容供给的重要组成部分，可以帮助平台树立独特的品牌形象，还能满足用户对高质量、独家内容的需求，从而增强用户黏性，提升平台竞争力。平台自制内容涵盖广泛，如商品、影视剧、综艺节目、纪录片、短视频等。平台企业需根据市场需求、用户偏好及自身定位，确定自制内容的类型和方向。例如，视频平台可能倾向于投资制作热门 IP 改编的影视剧，以吸引大量观众；而知识分享平台则可能更注重制作高质量的教育课程或讲座。为了保持内容的新鲜度和吸引力，平台企业需要不断创新自制内容的形式和题材，包括引入新技术（如 VR、AR）来提升观看体验，尝试新的叙事手法和表现形式，以及跨界合作以拓宽内容边界等。

市场洞察12-7

爱奇艺的
自制剧

2.激励用户提供

用户供给内容作为平台内容的重要补充，具有多样性、大量性等特点。通过激励用户提供内容，平台企业可以丰富内容库，增强用户参与感，并借助用户的口碑传播提升品牌影响力。平台企业可以采用多种方式来激励用户提供内容。例如，向用户进行补贴，为提供内容的用户提供经济激励；建立积分或勋章系统，用户提供内容可获得积分或勋章以兑换奖励等等。为了保持用户的供给热情，平台企业需要积极与用户互动并提供及时反馈，包括及时审核并发布用户提交的内容，对优秀内容进行推荐和展示；设置评论区或反馈渠道，鼓励用户之间及用户与平台之间的交流和讨论等等。

3.合作伙伴提供

合作伙伴作为平台内容供给的重要来源之一，能够为平台提供丰富多样的内容资源。通过与合作伙伴建立稳定的合作关系，平台企业可以拓宽内容渠道，提升内容质量和数量。平台企业可采用多种合作模式来鼓励合作伙伴提供内容。例如，版权合作模式允许合作伙伴将其拥有的内容授权给平台使用；联合制作模式则允许平台与合作伙伴共同投资制作内容并共享收益；内容分销模式则允许平台将合作伙伴的内容推广至更广泛的受众群体。为了吸引和留住合作伙伴，平台企业需制定有效的激励措施，包括提供具有竞争力的收益分配方案，为合作伙伴提供曝光机会、品牌推广支持、技术支持和培训等。

（二）平台功能设置

1.信息发布功能

信息发布是平台与用户之间沟通的第一道桥梁，它决定了平台内容的丰富度、多样性和时效性。在功能设计上，平台企业需要确保信息发布既高效又灵活，以满足不同用户群体的需求。

（1）多样化内容支持。平台企业应支持多种类型的内容发布，包括文字、图片、视频、音频等，以及可能的组合形式，如图文混排、视频直播等。这种多样化的支持能够吸引不同喜好的用户，并提升内容的吸引力。

（2）审核与过滤机制。为了确保平台信息的质量，平台企业需要建立严格的审核与过滤机制，包括对敏感词汇、违法内容的自动识别和人工审核，以及对低质量、重复内容的过滤。同时，平台企业还应提供举报和反馈渠道，让用户参与到内容质量的监督中来。

（3）内容分类与标签。为了方便用户查找和浏览内容，平台企业需要对发布的内容进行分类和标签化。合理的分类和标签系统有助于用户快速定位到自己感兴趣的内容，提高内容的可发现性与可访问性。

2.用户互动功能

用户互动是平台活力的源泉，它促进了用户之间的交流与合作，增强了平台的社交属性。在功能设计上，平台企业需要注重用户互动的便捷性和深度。

（1）实时通信。平台企业应提供实时通信工具，如私信、群聊等，让用户能够随时随地进行交流和互动。这些通信工具应具备丰富的功能，如文字、语音、视频聊天，以及文件传输、表情包等，以满足用户多样化的沟通需求。

（2）评论与点赞。评论与点赞是用户互动的基本形式之一。平台企业应允许用户对发布的内容进行评论和点赞，并展示这些互动信息，以便其他用户参考和互动。同时，平台企业还可以设计一些激励机制，如积分、勋章等，鼓励用户积极参与互动。

（3）社区与论坛。为了进一步促进用户之间的互动和交流，平台企业可以建立社区或论坛等版块。在这些版块，用户可以围绕共同的兴趣或话题展开讨论和分享，形成紧密的社群关系。平台企业还可以为这些社群提供定制化的服务和支持，如专属活动、优惠等。

（4）反馈与投诉。平台企业应建立用户反馈和投诉机制，让用户能够方便地表达自己的意见和建议。这些反馈和投诉不仅有助于平台企业了解用户需求和市场变化，还能够提升平台的服务质量与用户满意度。

3.用户匹配功能

双边用户匹配是平台企业实现供需对接的关键环节，它决定了平台上交易或合作的成功率和效率。在功能设计上，平台企业需要注重匹配的准确性和高效性。

（1）智能匹配算法。平台企业应设计智能匹配算法，根据需求侧的诉求和供给侧的条件进行自动匹配。这些算法可以基于用户的历史行为、偏好、地理位置等多种因素进行综合评估，以找到最合适的匹配对象。

（2）人工审核与干预。虽然智能匹配算法能够提高匹配的效率和准确性，但在某些情况下仍然需要人工的审核与干预。例如，在一些需要高度信任和专业技能的领域（如医疗、法律等），平台企业可能需要通过人工审核来确保匹配的合理性与合法性。

（3）双向选择机制。为了确保匹配的双方都能够满意，平台企业可以设计双向选择机制。在这种机制下，匹配的双方都可以查看对方的信息并决定是否接受匹配。这种双向选择不仅提高了匹配的满意度，还增强了用户的自主权和参与感。

（三）平台规则制定

平台规则是指导和管理平台内所有参与者行为的一系列规范与准则。它们旨在维护平台秩序、保障用户权益、促进公平竞争，并确保平台生态的健康与可持续发展。平台规则涵盖了注册登录、内容发布、交易行为、版权保护、隐私安全、违规处罚等多个方面，为平台运营提供了法律基础和操作框架。通过明确界定哪些行为被允许，哪些行为被禁止，平台规则有效降低了纠纷发生的可能性，提升了用户体验，并为平台的长远发展奠定了坚实基础。

1.平台企业自制平台规则

平台企业自制平台规则是其实施自主管理、维护平台秩序、保障用户权益的重要手段。这些规则通常由平台企业根据自身业务特点、市场需求、法律法规等因素制定，并经过内部审核、公示等程序后正式实施。平台企业在自制规则时，面临着如何平衡自身利益与公共利益这一核心挑战。首先，平台企业需坚守法律法规的底线，确保所有规则均不违背国家法律法规，这是维护公共利益的首要前提。其次，平台企业应秉持公正公平的原则，充分考虑并保护各方用户的合法权益。这意味着平台规则不应偏袒平台企业自身，而是要在保障平台正常运营的基础上，合理设置权利与义务，确保各方利益得到均衡考虑。再者，平台企业应注重增强规则的透明度和可参与性。通过公开规则制定过程、征求各方意见等方式，让公众更好地了解规则背后的逻辑和目的，从而提高规则的接受度和执行力。最后，平台企业应持续关注市场变化和技术发展趋势，不断优化和完善规则体系，从而更好地适应市场需求的变化，实现自身利益与公共利益的动态平衡。

2.平台用户共创平台规则

平台用户参与平台规则的制定是提升平台透明度、增强用户信任感、促进社区共同治理的重要途径。当平台企业积极邀请并鼓励用户参与到规则制定的过程中时，不仅能够使规则更加贴近用户的实际需求，还能增强用户对平台的归属感和责任感。为了确保平台用户共创平台规则落到实处，平台企业可以采取如下措施：首先，平台企业应建立用户反馈机制，确保用户的声音能够被及时、有效地收集。这可以通过设置专门的用户意见箱、在线调查问卷、用户论坛或社交媒体群组等方式实现。平台企业应定期分析用户反馈，将合理的建议纳入规则修订的考虑范围。其次，平台企业可以组织用户代表会议或工作坊，邀请不同背景、不同需求的用户直接参与规则制定的讨论。在会议中，平台企业可以详细介绍当前规则的框架、存在的问题及拟议的修改方案，并鼓励用户提出自己的观点和建议。这种面对面的交流方式有助于增进平台与用户之间的理解和信任，使规则制定过程更加民主、开放。再次，平台企业还可以利用技术手段，如投票系统或区块链技术，让用户对规则草案进行投票或评论。通过收集和分析用户的投票结果和评论内容，平台企业可以更加准确地把握用户的意见和偏好，从而制定出更加符合用户期望的规则。最后，平台企业应建立规则执行的监督机制，确保用户参与制定的规则得到有效执行。当用户看到自己的意见和建议被认真考虑并付诸实践时，他们会更加积极地参与到平台治理中来，共同维护平台的良好秩序，促进其健康发展。

二、平台定价设计

（一）平台定价的基本原理

平台企业打造的平台是一个典型的双边市场，即两个互相提供网络收益的独立用户群体所构成的经济网络。因此，平台企业在定价过程中需要将两组用户的定价同时考虑其中，即平台企业的定价策略是一种双边定价，具体如图12-8所示。平台企业的双边定价策略是一个复杂而精细的决策过程，旨在平衡平台上两组主要用户（如供应商与消费者）的利益，同时实现平台的最大化盈利。特别是，作为一种双边市场，平台连接了两组或多组用户，这些用户之间存在相互依赖性和交叉网络效应。因此，平台企业在制定定价策略时，必须充分考虑这些特性。

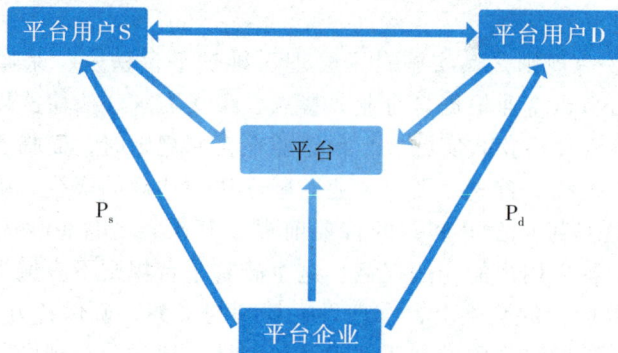

图12-8　平台企业的双边定价

理论前沿12-3

双边市场

通常情况下，平台企业在定价时主要考虑双方用户的需求弹性，对需求弹性较大的用户制定较低的价格，以吸引其加入平台；而对需求弹性较小的用户制定较高的价格，以获取更多的利润。例如，天猫商城对需求弹性较大的买家采取了免费策略，而对于需求弹性较小的卖家采取了收费策略。

此外，平台定价策略还需要考虑平台自身的成本、竞争环境、市场需求以及政策法规等因素。举例来说，当平台企业具有较强的市场优势时，它可能通过提高服务质量或产品差异化来制定更高的价格；而当市场竞争激烈时，平台企业可能更倾向通过价格竞争来吸引用户。

（二）平台定价的主流模式

目前，主流的平台定价采用了如下三种模式：

1.单边收费

单边收费是指平台企业通过向一边用户提供免费服务或产品来建立用户基础，同时向另一边用户提供收费服务或产品以获取收入。这种策略充分利用了用户之间的交叉网络效应和互补性需求，有助于实现平台的盈利最大化。例如，社交媒体平台向普通用户提供免费的社交互动功能，同时向企业用户提供广告投放服务。该定价模式有利于快速吸引用户进驻，形成规模效应；通过差异化服务满足不同用户需求，提高用户满意度和忠诚度；利用免费用户产生的数据优化平台服务，提升用户体验。但是，该定价模式需要平衡免费用户和收费用户之间的利益，避免引起不满或流失；而且，过度依赖单一收入来源可能导致风险集中，过度追求短期利润还可能损害用户体验和长期发展。

2.双边收费

双边收费是指平台企业同时向买方和卖方（或类似的双边用户）收取费用，以覆盖平台的运营成本并获取利润。这种策略充分考虑了双边市场的特性，即平台双边用户之间的互补性和相互依赖性，通过合理的定价机制促进交易量的增加和平台价值的提升。通常情况下，平台企业可以向用户收取注册费用，作为使用平台服务的基本门槛。这种费用通常较低，旨在筛选潜在用户并降低恶意注册的风险。同时，平台企业可以根据用户在平台上的交易金额或交易量收取一定比例的费用，这是双边收费平台的主要收入来源之一，能够直接反映平台的交易活跃度和商业价值。此外，平台企业还可以向用户提供额外的增值服务（如数据分析、营销推广、定制化解决方案等），并收取相应的费用。该定价模式有利于平台企业覆盖运营成本并实现盈利；通过向两边用户同时收费，能够平衡不同用户群体的利益，促进交易的公平性和透明度；有助于提升平台的交易活跃度和商业价值，增强平台的竞争力和市场地位。但是，该定价模式需要制定合理的定价策略，避免过高或过低的费用导致用户流失或交易量下降；需要关注市场竞争态势和用户需求变化，及时调整定价策略以适应市场变化；需要加强平台的管理和服务水平，提升用户体验和满意度，以维护用户群体的稳定和增长。

3.双边免费

双边免费是指平台企业不直接向用户收取费用，而是通过其他方式（如广告收入、增值服务、数据变现等）来获取盈利。这种策略旨在通过提供免费服务吸引大量用户，进而形成庞大的用户基数和活跃的交易量，最终为平台企业创造商业价值。这种定价模式有利于快速吸引和积累用户，形成规模效应，同时，可以提升用户黏性和活跃度，并且多元化盈利渠道有助于降低经营风险。但是，这种定价模式需要找到有效的盈利模式，以确保平台的长期可持续发展，还需要平衡免费用户和增值服务用户之间的利益，避免引起不满或流失。

（三）平台定价的主要策略

目前，常用的平台定价策略主要包括如下几种：

1.直接交叉补贴

直接交叉补贴是平台企业常用的一种定价策略，旨在通过有意识地以优惠甚至亏本的价格出售一种产品（优惠产品），以促进销售盈利更多的产品（盈利产品）。这种策略的核心在于利用不同产品之间的互补性，实现整体盈利最大化。在直接交叉补贴定价中，平台企业会将某些产品作为"诱饵"，以低于成本或零利润的价格销售，以此吸引大量用户进入平台。这些优惠产品往往具有较高的市场吸引力，能够迅速增加用户黏性和活跃度。同时，平台企业会通过销售其他高利润产品（盈利产品）来弥补优惠产品的损失，并实现整体盈利。直接交叉补贴定价的优势在于能够快速扩大用户规模和提高市场份额，但同时也需要平台企业具备强大的资金实力和市场洞察力，以确保策略的有效实施和盈利目标的实现。

市场洞察 12-8

充话费送手机

2.第三方付费

第三方付费是指平台企业不直接向最终用户收取费用，而是通过吸引广告主、赞助商或其他第三方来支付费用。这种策略的优势在于能够降低用户的进入门槛，提高产品的普及率和用户黏性，能够为平台企业带来稳定的收入来源。目前，许多社交媒体平台、视频媒体平台等均采用第三方付费策略。它们通过提供高质量的内容和良好的用户体验来吸引用户，进而吸引广告主在平台上投放广告，从而覆盖运营成本并实现盈利。在这个过程中，用户无须直接支付费用即可享受平台提供的服务，而广告主则通过支付广告费用来获取品牌曝光和用户关注。可以看出，第三方付费能够平衡用户、平台和第三方之间的利益关系，实现共赢的局面。然而，这种策略也要求平台企业具备强大的用户基础、高质量的内容和服务以及有效的广告策略等条件。

市场洞察12-9
360杀毒的免费定价

3.基础服务免费+增值服务收费

基础服务免费+增值服务收费是一种广泛应用的平台定价策略，其核心在于通过提供免费的基础服务来吸引用户，并通过增值服务来实现盈利。平台企业会向用户免费提供一些基础性的功能或服务，这些服务通常具备基本的价值，能够满足用户的基本需求。通过这种方式，平台能够迅速吸引大量用户，建立庞大的用户基础，提高品牌知名度和市场占有率。增值服务是在基础服务之上的扩展或增强，旨在满足用户更高级、更个性化的需求。这些服务往往需要用户支付一定的费用才能享受。增值服务的内容多种多样，可能包括去除广告、提供更多存储空间、高级功能、专属客服、个性化定制等。通过提供这些有吸引力的增值服务，平台企业能够引导部分免费用户转化为付费用户，从而实现盈利。该策略的优势在于能够有效地吸引和留住用户，通过免费服务降低用户进入门槛，提高用户黏性。同时，通过增值服务实现盈利，为平台企业提供稳定的收入来源。然而，该策略也面临一些挑战，如需要平衡免费服务与增值服务之间的关系，以及需要设计具有吸引力的增值服务以激发用户的付费意愿等。

市场洞察12-10
腾讯的定价

三、平台网站设计

平台企业提供的平台可能是一个网站，也可能是一个App，本书统一用网站指代。平台网站设计是一个系统性工程，涵盖了从用户体验、功能实现到视觉呈现等多个方面。本书将从网站功能的设置、网站页面的布局、网站信息的发布三个方面阐述平台网站设计的一般内容与基本手段。

（一）网站功能的设置

1.明确的导航与搜索

网站应当设置清晰的导航栏和搜索框，帮助用户快速找到所需信息。导航栏应当包含网站的主要栏目和页面链接，而搜索框则应当支持关键词搜索和模糊匹配等功能，提高用户的搜索效率。

2.多样化的交互方式

网站应当提供多样化的交互方式，以满足不同用户的需求。例如，可以设置在线客服、留言板、评论区等交互功能，方便用户与网站进行实时沟通和反馈。同时，还可以设置会员系统等功能，方便用户进行相关操作。

3.数据分析与反馈

网站应当具备数据分析与反馈功能，以便对用户的操作行为进行跟踪和分析。通过数据分析，平台企业可以了解用户的兴趣偏好、使用习惯等信息，为网站的优化和改进提供有力支持。同时，网站还可以设置用户反馈渠道，及时收集用户的意见和建议，提升用户体验和满意度。

（二）网站页面的布局

1.清晰的层次结构

网站页面的布局应当具有清晰的层次结构，将信息按照重要性和关联性进行分组和排列。一般来说，可以将页面分为头部、主体和底部三个部分。头部包含网站的logo、导航栏等关键元素；主体则展示主要内容和功能；底部则包含版权信息、联系方式等辅助信息。

2.合理的版面划分

版面划分是网站页面布局的重要环节。设计者应当根据内容的多少和重要性，合理划分版面空间，确保信息的展示效果，提升用户体验。一般来说，可以采用网格系统或分栏布局等方式进行版面划分，使页面看起来整齐有序。

3.视觉元素的运用

视觉元素在网站页面布局中起着至关重要的作用。设计者可以通过色彩、图片、图标等视觉元素来增强页面的吸引力和可读性。例如，可以使用醒目的色彩来突出重要信息；使用高清的图片来展示产品或服务；使用简洁明了的图标来辅助导航和说明等。

（三）网站信息的发布

1.列表模式

列表模式是指将平台上的各类信息（如新闻、商品、服务、用户评论等）以列表的形式进行展示，每个列表项通常包含标题、简介、图片等关键信息，以便用户快速浏览和比较。该模式具有内容全面、分类清晰、便于比较等特点。目前，列表模式广泛应用于电商平台的商品列表页、新闻网站的分类列表页、社交媒体的内容展示页等场景中。这些场景通常需要展示大量的信息，而列表模式能够以一种简洁明了的方式呈现这些信息，提高用户的浏览效率和满意度。

2.网格/卡片模式

网格/卡片模式将页面划分为多个等宽或不等宽的网格单元（即卡片），每个卡片内包含图片、标题、简介等关键信息，以直观、美观的方式呈现给用户。这种模式的特点在于高度的模块化和灵活性，允许用户根据内容的重要性和优先级进行自由布局和排版。目前，网格/卡片模式广泛应用于新闻网站、电商平台等。在新闻资讯平台，网格/卡片模式能够清晰展示多条新闻标题和图片，方便用户快速浏览；在电商平台，该模式则能够展示多个商品信息，提高用户购买效率。

3.动态信息流模式

动态信息流模式是指信息像流水一样源源不断地、动态地展示给用户。该模式利用大数据分析和人工智能算法，根据用户的历史浏览记录、点击行为、兴趣爱好等信息，智能推荐相关内容，实现千人千面的信息展示效果。同时，动态信息流模式还支持实时更新，确保用户能够第一时间获取到最新的信息。目前，动态信息流模式广泛应用于社交媒体、新闻聚合网站、电商平台等。在社交媒体上，动态信息流模式能够实时展示用户的关注动态、好友发布的内容等；在新闻聚合网站上，它能够根据用户的阅读兴趣推送相关的新闻资讯；在电商平台上，它能够根据用户的购物历史和浏览行为推荐商品。

四、平台促销设计

（一）集体促销策略

集体促销是指平台企业通过集合多个企业用户的商品或服务，以组合优惠、折减、满减等形式进行推广，旨在提高整体销售量和用户购买意愿。通过集体促销，平台企业可以吸引用户购买更多商品，也可以增强用户对平台的依赖性和忠诚度。此外，集体促销还可以提升品牌知名度和影响力。目前，常用的集体促销策略包括跨店满减、平台造节和促销专区等。

1.跨店满减

跨店满减是指消费者在参与活动的不同商户中消费，当购物金额累计达到一定数额时，可以享受相应的减免优惠。这种促销活动的主要特点包括：一是跨店合作。多个店铺共同参与活动，通过联合营销提升整体销售额。二是购物金额条件。消费者需满足一定的购物金额条件，如"满200元减50元"，才能享受减免优惠。三是广泛适用性。跨店满减活动适用于多个行业和商户类型，如电商平台、游戏平台等。四是时间限定。活动通常在一定时间范围内进行，消费者需在规定时间内完成购物才能享受优惠。

2.平台造节

平台造节是指平台企业为了提升用户活跃度、促进商品或服务的销售，自发地将非传统或非约定俗成的日子打造成特定的购物节日，并围绕这些节日开展一系列的营销活动。平台造节的主要目的是提升用户活跃度、促进商品销售、增强品牌影响力。平台造节起源于2009年，阿里巴巴旗下的淘宝商城（后更名为天猫商城）率先将11月11日这一原本被戏称为"光棍节"的日子，打造为"双11购物狂欢节"。这一举措不仅开启了电商造节的

市场洞察12-11

"双11"的成功

先河，也极大地推动了网络购物的普及和发展。随后，京东、苏宁易购等电商平台纷纷效仿，推出了自己的购物节，如京东的"618年中大促"、苏宁易购的"818发烧购物节"等。这些购物节逐渐形成了固定的时间节点和营销模式，成为电商平台吸引用户、提升销量的重要手段。

3.促销专区

促销专区是平台上集中展示优惠商品和促销活动的特定版块，旨在通过提供价格优惠、限时折扣、满减优惠等多种促销手段，吸引用户浏览和购买商品或服务，从而提升平台的销售额和用户活跃度。促销专区常见的促销形式包括以下几种：①直降优惠。商品或服务直接降价销售，用户购买即可享受优惠。②满减优惠。用户购物满一定金额后，可享受相应的减免优惠。③折扣券/优惠券。平台发放折扣券或优惠券，用户领取后可用于购买指定商品或服务时抵扣现金。④秒杀活动。在特定时间段内，以极低的价格出售部分商品或服务，数量有限，先到先得。⑤组合套餐。将多个商品或服务组合成一个套餐进行销售，套餐价格低于单独购买这些商品或服务的总价。

（二）跨界促销策略

跨界促销策略是指平台企业通过与不同行业、不同品牌或不同服务领域的合作伙伴进行深度合作，共同设计并实施一系列促销活动。这些活动旨在通过资源共享、优势互补，实现品牌联合、用户共享和市场共赢。跨界促销的意义在于它能够打破传统营销模式的束缚，创造出新颖、独特的营销体验，从而吸引更多用户的关注和参与，提升品牌知名度和

用户忠诚度。

跨界促销的优势在于：一是拓宽用户基础。通过跨界合作，平台企业可以接触到更多潜在用户，从而拓宽用户基础。二是提升品牌影响力。与知名品牌合作可以提升平台企业的品牌形象和知名度。三是创新营销体验。跨界促销能够创造出新颖、独特的营销体验，吸引用户的关注和参与。四是资源共享与优势互补。通过跨界合作实现资源的有效整合和共享，可以提升促销活动的执行效率和效果。

但是，跨界促销在执行过程中也面临一系列挑战。一是合作难度大。寻找合适的合作伙伴并达成合作协议需要一定的时间和精力。二是协调成本高。跨界合作涉及多个方面的协调和沟通，可能增加管理成本和时间成本。三是不确定性高。跨界促销的效果受到多种因素的影响，存在一定的风险和不确定性。

市场洞察12-12

京东和新浪微博的跨界营销如何起舞

（三）平台公关策略

平台公关策略是指平台企业通过精准定位市场与受众，运用多元化的沟通渠道（如社交媒体、行业活动、媒体合作等），有效传递企业价值观、产品优势与社会责任。平台公关策略强调与利益相关者（用户、合作伙伴、政府等）建立互信与共赢关系，促进正面口碑传播，最终实现品牌影响力的持续提升与市场份额的稳步增长。目前，常见的平台公关策略包括品牌塑造策略、危机管理策略、联盟建设策略和社会责任策略。

1.品牌塑造策略

平台企业可以通过精心设计的品牌故事、视觉识别系统和内容营销，向目标受众传递品牌的独特价值和理念。平台企业通常利用多渠道传播平台，如社交媒体、官方网站、行业论坛等，结合线上线下活动，如新品发布会、品牌体验日等，来增强品牌知名度和美誉度。品牌塑造与传播策略注重情感共鸣和故事讲述，旨在建立品牌与消费者之间的深厚情感连接。

2.危机管理策略

面对突发的负面事件或舆论风波，平台企业需要迅速启动危机管理策略，包括建立快速反应机制，及时收集和分析信息，公布应对措施和声明，通过官方渠道向公众传达清晰、透明的信息等。同时，还要加强与媒体、政府及关键意见领袖的沟通，争取理解和支持。危机管理策略的核心在于控制事态发展，保护品牌形象，恢复公众信任。

3.联盟建设策略

平台企业往往需要与众多合作伙伴共同推动业务发展，因此构建和维护良好的合作伙伴关系至关重要。此策略强调通过互利共赢的合作模式，吸引并留住优质合作伙伴。平台企业可以提供技术支持、资源共享、市场推广等，帮助合作伙伴提升竞争力。同时，定期举办合作伙伴大会、交流研讨会等活动，增进相互了解和信任，共同推动行业发展。

4.社会责任策略

随着社会对可持续发展的关注度日益提高，平台企业越来越注重履行社会责任。此策略强调将可持续发展理念融入企业运营和公关活动中，通过节能减排、环保创新、公益慈善等方式展现企业的社会责任感。同时，加强与政府、非政府组织及公众的沟通合作，共同推动社会问题的解决。可持续发展与社会责任策略有助于提升企业的社会形象和品牌价值，吸引更多关注和支持。

绿色营销

阿里巴巴的蚂蚁森林

本章小结

平台企业是指连接了两个或多个特定群体，通过一系列机制不断激发网络效应，在满足各群体需求的前提下，巧妙地从中获利的组织。平台企业具有开放性、跨界性、生态性等特征。常见的平台企业包括电子商务平台、社交媒体平台、搜索引擎平台、视频网站平台、网络游戏平台。

平台营销是指平台企业整合多种营销资源和手段，进行全方位、多渠道的营销活动。平台营销具有用户导向性、精准个性化、强化交互性、无边界整合、快速化迭代等特征。

平台营销战略包括平台启动战略、平台竞争战略和平台成长战略。其中，平台启动战略是指平台企业通过有效的市场定位、资源调配、用户吸引和留存等手段，激活平台的网络效应，为平台的发展奠定基础。平台竞争战略是指平台企业为了应对其他平台的竞争而推出的一系列举措，旨在建立自己的"护城河"。平台成长战略是指平台企业在实现稳定运营的基础上，通过各种手段推动平台在市场规模、用户数量、品牌影响力等方面实现快速成长。

平台营销策略包括平台产品设计、平台定价设计、平台网站设计、平台促销设计。其中，平台产品设计是指平台企业可以为用户提供哪些功能或内容，以及为了维持平台生态的有效运转而制定哪些规则。平台定价设计是指平台企业如何向多边用户制定价格，据此获得相应的利润。平台网站设计是指平台企业如何搭建网站或 App，以更好地向平台用户传递产品或服务。平台促销设计是指平台企业如何吸引用户了解或试用平台企业推出的产品或业务。

关键概念

平台企业；平台营销；平台启动战略；平台竞争战略；平台成长战略；规模化战略；差异化战略；生态化战略；平台开放战略；平台包络战略

案例分析

"淘宝"号游轮的寻"宝"之旅

如今的淘宝网俨然已成为国内网络零售的领航者，它不断寻求自身的创新，在寻"宝"的旅程中，每一次探索都会掀起惊涛骇浪。那么，淘宝网是怎样摸索前进的呢？

1.顺风扬帆

新千年伊始，互联网在中国落地生根，中国电子商务市场也逐渐起步。在这样的背景下，淘宝网正式扬帆起航，向中国电子商务市场发起了冲击。彼时，中国电子商务市场被eBay牢牢掌控，其在 2003 年的网上交易额就超过了 10 亿元，占据了中国 C2C 市场超过 70% 的份额，成为当之无愧的市场领导者。面对这样一个强劲的竞争对手，淘宝网没有退缩，而是积极迎战。

为了扼杀淘宝网，eBay首先采取了行动——在三大门户网站和搜索引擎上封杀淘宝网。它先在百度和谷歌搜索引擎上发布"想圆淘宝之梦？来eBay吧"之类的误导性广告，然后和三大门户网站签订了排挤淘宝网的协议。三大门户网站从自身的利益出发选择合作，淘宝网一度在这些门户网站上销声匿迹。由此，淘宝网失去了在最具影响力的互联网渠道上吸引中国网民的绝佳机会。为了应对挑战，淘宝网采用报纸、公交车、火车站、电视等传统媒体进行推广。尽管当时中国互联网正处于迅速发展时期，但传统媒体依然是人们获取信息的主要渠道，那时eBay对传统的宣传推广方式却不屑一顾。正因为如此，淘宝网准确地把握住了机会，突破围攻，逆流而上，出现在大家的视野中。

为了打败强大的eBay，淘宝网选择了免费策略来吸引卖家入驻，多次在媒体上宣称淘宝网在三年内免费。马云说："对于淘宝来讲，我们希望通过三年的免费服务来了解客户的需求，怎么样能够做好服务，所以淘宝没有压力。淘宝人都明白一点，好好做好服务，三年以内不要考虑赚钱问题，重要的是，考虑怎样让客户开心。"

在eBay坚持收费的情况下，淘宝网的免费举措迅速吸引了大量卖家入驻淘宝，因为免费开店降低了创业门槛，使得更多中小商家能够参与到电商市场中来。随着卖家数量的激增，淘宝网的商品种类也日益丰富，买家也因此被吸引而来，形成了良性循环。正是这种免费策略最终让淘宝网在激烈的市场竞争中脱颖而出，成功打败了eBay，成为中国电商市场的领头羊。

2.暗礁重重

在"免费"旗帜的指引下，淘宝网这艘游轮在寻"宝"的航程中越驶越远。然而，如何盈利始终是摆在管理层面前的一个亟待解决的难题。在经营的前五年，淘宝网一直处于亏损状态，直至2008年8月，才首次实现了当月收支平衡。长期以来，公司通过其他业务的盈利来弥补淘宝网的亏损。随着市场份额的逐步提升，淘宝网开始考虑自身盈利模式的创新，真正开始了寻"宝"之旅的探索。

（1）"招财进宝"计划：初步涉水，无功而返

成立初期，为了应对eBay的打压，淘宝网提出了三年内不收费的策略。然而，三年期限还没到，在2006年淘宝网就筹备推出"招财进宝"计划。这个计划类似于搜索竞价排名，根据卖家出价的多寡来决定其店铺在搜索中的排名。这个计划遭到了淘宝卖家的一致反对，而此时其竞争对手拍拍网则宣称至少免费三年。鉴于此，淘宝网第一次探索盈利的计划只能被迫中止。

（2）"直通车"业务：精心设计，初尝胜果

2010年7月8日，淘宝网开通直通车业务。卖家先设定特定关键词的扣费额度，当消费者搜索该关键词时，淘宝网会根据卖家所设定的扣费额将其产品广告发布在搜索页面的右侧和下端。卖家设定的扣费额越高，广告就越靠前。淘宝网根据广告的点击量扣除相应的服务费，广告被点击的次数越多，扣费就越多。只有设定的扣费额比同类竞争产品高，广告才能出现在显眼位置，而显眼的广告可以为卖家带来大量有购买意向的客户，大大提高销售机会。因此，越是热门的关键词，越是显眼的广告位，竞争者越多，扣费额度越高，对商家财力的要求也越高。加之每日用户大规模的点击量，直通车变成了大卖家才玩得起的烧钱游戏。这样一来，众多中小卖家由于自身实力的限制，只能眼睁睁地看着业务流向大卖家。虽然避免不了遭到众多小卖家的声讨，但淘宝网这次探索盈利的尝试终于获得了成功。

（3）"2011年新规"：旅途触礁，激起巨浪

2011年10月10日，淘宝网发布新规，引发了一系列争论。新规规定，从2012年起，淘宝商城向商家收取的技术服务年费将从现行的每年6 000元调整到3万元和6万元两个档次，大部分商家的消费者保证金（用作服务信誉押金）将从现行的1万元调整到1万元至15万元不等。淘宝商城称，将实行有条件的技术服务年费年终返还制度，根据商家的经营规模、服务质量等指标的达标情况进行部分乃至全额返还。而一旦商家出现违约行为，将被扣除至少1万元的保证金并将其存入消费者保障基金。对于暂时还达不到服务水平和经营规模的商城卖家，淘宝网将从技术层面做好协助商家从商城转移到淘宝集市的准备。然而，此规定一出就引发了中小卖家对大卖家的攻击事件。最终，在商务部的斡旋下，淘宝网调整了新规，并与中小卖家达成和解。

3.航母远行

早在2008年9月，马云就宣布了"大淘宝"计划，公司将注资50亿元支持这个计划。马云解释："'大淘宝'就是要做电子商务的服务提供商，为所有参与者提供'水、电、气'等基础服务。好比一些地方在招商引资前首先要做到'三通一平'，提供良好的生产生活环境，然后方能引凤入巢，繁荣一方。"

大淘宝的定位在于为电子商务平台提供配套服务，使交易过程中的营销、支付、物流能够更有效率地进行。大淘宝主要是将阿里巴巴B2B与淘宝网全面融合，消费者通过B2C平台向网络卖家订购商品，卖家通过B2B平台找到网络供应商并下订单。除了支付系统、信用评级和少量核心软件由阿里巴巴直接控制外，金融、物流、软件等所有配套服务均由大淘宝这个"生态系统"自发生成。

在大淘宝战略的指引下，淘宝网这艘巨轮在旅途中尽管遇到了较大的风浪，但也收获颇丰，一路上不断寻找新的发展机遇。随着电子商务如火如荼地发展，越来越多的传统企业把绣球抛向了电子商务，纷纷涉足互联网经营。阿里巴巴集团敏锐地捕捉到这一趋势，并开始调整企业战略。2011年6月16日，阿里巴巴集团宣布将淘宝网拆分为一淘网、淘宝网和淘宝商城三家独立的公司，并将大淘宝战略提升为大阿里战略。

与大淘宝战略不同，大阿里战略不仅要建立以消费者为中心的网购生态系统，而且要搭建与所有电子商务参与者共享资源的供需双赢平台。阿里巴巴集团旗下的一淘网、"淘里淘外"和"阿里阿外"等业务就体现了大阿里共享资源的特点。一淘网通过强大的全网购物搜索功能让合作商家得以共享其庞大的用户群体；与中国万网合作的"淘里淘外"和"阿里阿外"业务，通过"标准建站"服务让淘宝卖家、工厂和贸易企业客户共享阿里巴巴B2B、淘宝网、淘宝商城的消费者群体、商户、数据、软件等资源。大阿里继承了大淘宝开放性的平台理念和电子商务服务提供商的定位，带着阿里巴巴的平台梦逐渐驶向远方。

淘宝网是中国最具代表性的电子商务企业，它始终站在中国电子商务发展潮流的最前端。在充满艰险的寻"宝"之旅中，在关键的时刻，它总能出其不意地作出果断的决定，调整航线继续前行。淘宝网已经看到了未来的方向，但旅途依然布满艰难险阻。在下一段旅程中，这艘巨轮会遇到怎样的惊涛骇浪，我们拭目以待！

资料来源：王玮，徐梦熙，陈蕊，等．"淘宝"号游轮的寻"宝"之旅——基于商业模式的视角[DB/OL]．[2024-08-11]．中国管理案例共享中心．内容有删改。

问题：

淘宝网在不同发展阶段采取了哪些措施？为什么？

案例分析答案示例12

基本训练12

第十三章

新科技营销

思维导图

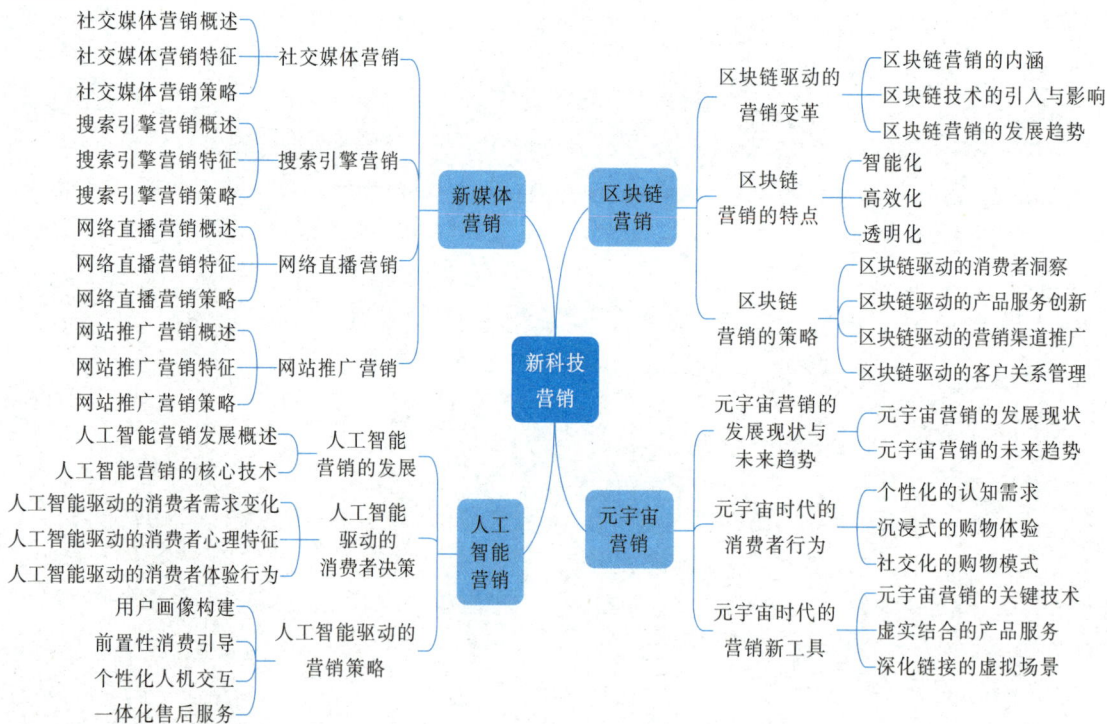

开篇案例

比亚迪"广撒网"构建矩阵式新科技营销策略

随着全球对环保和可持续发展的重视，新能源汽车市场迎来了前所未有的发展和机遇。比亚迪作为中国新能源汽车行业的领军者，不仅承载着技术创新的重任，还面临着来自国内外众多品牌的激烈竞争。为了巩固市场地位并持续引领行业潮流，比亚迪精心策划并实施了一套"广撒网"矩阵式营销策略，旨在通过全方位、多层次的新媒体布局和沉浸式、数字化的体验场景，精准触达目标消费者，提升品牌影响力和市场份额。

比亚迪认识到，企业在各类新媒体平台上难以用单一账号全面覆盖潜在用户群体，因此，精心构建了一个由企业官方账号、经销商账号、员工账号及外部合作账号共同组成的庞大矩阵体系。每个账号均根据自身特点进行精准定位，如企业官方账号负责发布重大新闻、品牌故事及核心产品信息；经销商账号则侧重于本地市场活动、优惠信息及用户服务；员工账号通过分享工作日常、技术见解等方式，增强品牌亲和力和可信度；外部合作账号则通过跨界合作、KOL推荐等方式，拓宽品牌传播渠道。这种多层次的新媒体账号体系，形成了强大的传播合力，有效提升了品牌曝光度和用户触达率。通过全平台多账号的广撒网式营销，比亚迪有效扩大了市场覆盖和品牌传播范围。

比亚迪注重精准营销，明确每个销售环节的定位和职责，使各个环节形成互补，提高了企业的资源整合优势，充分满足了用户个性化需求。比亚迪充分利用大数据和人工智能技术，对用户行为数据进行深度挖掘和分析。通过构建用户画像，了解用户的兴趣偏好、购车意向及购买决策过程等关键信息；同时，利用智能推荐系统，向用户推送个性化、精准化的营销信息，提高营销效率和用户转化率。

通过全平台覆盖和精准营销，比亚迪的品牌影响力得到了显著提升，更多消费者开始关注和认可比亚迪品牌。多样化的内容和互动活动吸引了大量潜在消费者的关注，大大提高了消费者的门店到访率。比亚迪巧妙运用其对新技术与新趋势的敏锐洞察，精心打造了元宇宙内的沉浸式体验场景，包括虚拟展厅与虚拟试驾等，旨在更高效地吸引潜在消费者的目光并延长他们的驻足时间。比亚迪始终将消费者体验与售后服务视为重中之重，凭借卓越的服务质量、积极的口碑传播以及健全的消费者反馈机制，成功增强了消费者的品牌忠诚度，为品牌的长期繁荣与发展奠定了坚不可摧的基石。

在数智时代，借助丰富的新科技构建矩阵式营销策略是提升品牌影响力和销售转化率的有效手段。通过数据分析了解用户需求和市场变化，比亚迪得以及时调整和优化营销策略，提高营销效率和效果。比亚迪在新科技营销领域的创新和突破，无疑为其他中国企业树立了榜样，提供了宝贵的借鉴与启示。

资料来源：编者自撰。（基础信息参考：https://www.bilibili.com/read/cv35353516/）

第一节　新媒体营销

一、社交媒体营销

（一）社交媒体营销概述

1.社交媒体的定义与发展

社交媒体是指允许用户创作、分享、交流信息、观点、图片、视频等内容，并与其他用户形成互动关系的在线平台[①]，包括微博、微信、抖音等虚拟社区和网络内容平台。随着移动互联网技术的飞速发展和智能手机的普及，社交媒体的用户规模不断扩大，影响力日益增强，用户在社交媒体上可以进行社交互动、信息获取、娱乐消遣、品牌关注和参与等多方面的活动（如图13-1所示）。

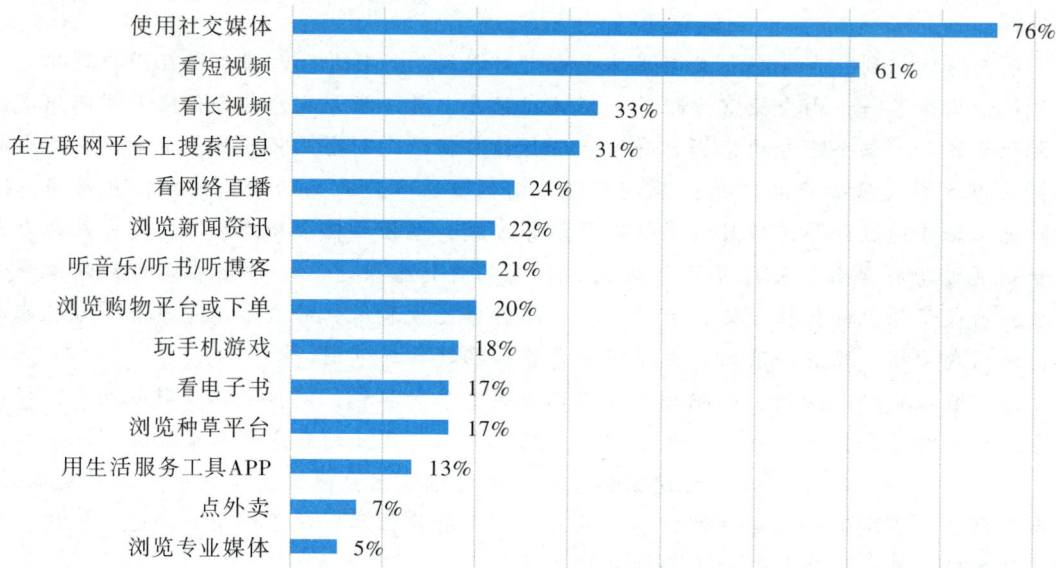

使用社交媒体	76%
看短视频	61%
看长视频	33%
在互联网平台上搜索信息	31%
看网络直播	24%
浏览新闻资讯	22%
听音乐/听书/听博客	21%
浏览购物平台或下单	20%
玩手机游戏	18%
看电子书	17%
浏览种草平台	17%
用生活服务工具APP	13%
点外卖	7%
浏览专业媒体	5%

图13-1　用户社交媒体到达率

资料来源：秒针系统. 2024年Social & KOL营销趋势报告［R］. 北京：中国广告协会，2024.

社交媒体的发展历程可以追溯到早期的论坛、博客等形态，但真正进入大众视野并迅速普及，则是在Web 2.0时代。Web 2.0强调用户的参与和内容的生成，为社交媒体的兴起提供了技术支撑和理念支持。近年来，随着大数据、云计算、人工智能等技术的不断应用，社交媒体的功能更加完善，用户体验更加优化，进一步推动了其在全球范围内的普及和应用。

2.社交媒体营销的内涵与应用价值

社交媒体营销是指企业利用社交媒体平台进行内容分享、互动交流、社群运营等活动，吸引目标受众关注，提升品牌知名度、美誉度和忠诚度，进而实现企业品牌推广、产品促销、用户互动等营销目标的营销策略[②]。它充分利用了社交媒体的广泛覆盖性、高度互动性和丰富的用户数据资源，为企业提供了全新的营销渠道和机会。

社交媒体营销在数智时代焕发新生，通过社交媒体平台，结合大数据、人工智能与云计算技术，精准描绘目标受众画像，实现个性化内容推送与定制化服务。这种深度融合技术的营销策略，为企业带来了前所未有的营销机遇与增长点，引领营销行业迈向更加智能化、个性化的未来。具体而言，社交媒体营销的应用价值体现在以下几个方面：

（1）提升品牌知名度与品牌美誉度。社交媒体为企业提供了一个直接面向消费者的展示窗口。通过发布高质量的内容、参与热门话题讨论、举办线上线下互动活动等方式，企

① ASHLEY C，TUTEN T.Creative strategies in social media marketing：An exploratory study of branded social content and consumer engagement［J］.Psychology and Marketing，2015，32（1）：15-27.
② LI F，LARIMO J，LEONIDOU L C .Social media marketing strategy：Definition，conceptualization，taxonomy，validation，and future agenda［J］.Journal of the Academy of Marketing Science，2021（49）：51-70.

业可以迅速提升品牌的知名度和美誉度。这些积极的信息在社交媒体上广泛传播，有助于塑造企业的良好形象，增强消费者的信任感和归属感。

（2）促进产品销售与转化。社交媒体不仅是品牌宣传的阵地，也是产品推广和销售的重要渠道。企业可以在社交媒体平台上直接展示产品特点、使用场景和用户评价等信息，激发消费者的购买欲望。同时，通过社交媒体广告、发放优惠券、限时折扣等营销手段，可以进一步促进产品销售和转化。

（3）增强用户黏性与忠诚度[①]。社交媒体营销强调与用户的互动和沟通。企业可以通过定期发布有价值的内容、回复用户留言、组织社群活动等方式，增强与用户的联系和互动。这种紧密的联系有助于提升用户的黏性和忠诚度，使消费者更加愿意为企业品牌和产品发声、推荐和复购。

（4）监测竞争对手与市场动态。社交媒体平台上的海量信息为企业提供了丰富的市场情报来源。企业可以通过监测社交媒体平台上的用户反馈、行业趋势、竞争对手动态等信息，及时调整营销策略和产品方向。这种实时、全面的市场监测有助于企业保持竞争优势。

本土创新 13-1

抖音是爱奇艺的朋友还是敌人？

（二）社交媒体营销特征

社交媒体营销的特征主要包括对关系网络的深度挖掘、高度个性化的用户互动，以及强化的精准营销能力。

1.关系网络的深度挖掘

社交媒体营销不仅仅依赖于平台本身的传播力，更重视通过用户间的关系网络进行深度挖掘[②]。它利用社交网络中的好友、关注、群组等关系链条，构建出一张错综复杂的用户关系网。企业通过精心策划的营销活动，能够激发用户的自发传播，使得信息在关系网络中迅速扩散，形成强大的口碑效应。

2.高度个性化的用户互动

社交媒体平台提供了丰富的互动工具，如评论、点赞、分享等，使用户能够积极参与品牌活动，实现高频次、高质量的互动。大数据技术的应用，使得企业能够实时监测互动数据，快速响应用户反馈，提升互动效率和用户体验。这种个性化的互动方式不仅提升了用户体验，也增强了用户与品牌之间的情感连接。

3.强化的精准营销能力

社交媒体平台积累了大量的用户数据，包括用户行为、兴趣偏好、地理位置等。企业可以利用这些数据，通过数据分析工具进行深度挖掘，从而精准地定位目标市场。这种基于数据的精准定位，使得营销信息能够更准确地传达给潜在客户，提高营销效率[③]。结合人工智能技术，社交媒体可以实现个性化内容的推送。通过分析用户的兴趣和行为模式，系统能够自动为用户推荐符合其偏好的内容和产品，提升用户体验和满意度。

①　袁登华，高丽丹.社交媒体中的准社会互动与营销效能研究［J］.外国经济与管理，2020，42（7）：21-35.
②　LIADELI，SOTGIU F，VERLEGH W J.A meta-analysis of the effects of brands' owned social media on social media engagement and sales［J］.Journal of Marketing，2023，87（3）：406-427.
③　王永贵，王皓月，杨江琳，等.社交媒体营销研究与展望——基于 Web of Science 核心数据库和 CNKI 数据库的综合分析［J］.管理评论，2024，36（8）：146-160.

（三）社交媒体营销策略

社交媒体营销策略主要包括内容营销、互动营销、事件营销和跨界营销

1.内容营销

内容营销是一种通过创造和分发有价值、相关性强的内容来吸引、获取和保留目标受众，并最终推动有利于商业行为的营销策略。在社交媒体平台上，内容营销体现在利用文字、图片、视频、直播等多种形式的内容，围绕品牌的核心价值、产品特点或行业趋势，为用户提供有价值的信息和解决方案。这些内容不仅提升了用户的参与度和忠诚度，还通过持续更新和优化，建立了品牌的权威性和信任度。企业应根据目标受众的需求和兴趣，制定有针对性的内容营销策略，包括确定内容主题、选择发布形式（如文字、图片、视频等）、制定发布计划等。同时，企业还应注重内容的创新性和价值性，以吸引消费者的关注和兴趣。

2.互动营销

互动营销是一种通过促进企业与消费者之间的双向交流和互动，增强品牌认知并提升用户参与度的营销策略。互动营销的核心在于企业通过社交媒体建立一个与消费者直接沟通的渠道，收集消费者的意见和建议，为产品改进和营销优化提供依据。在社交媒体平台上，互动营销表现为积极回复用户评论、私信，举办线上活动，如问答、抽奖、挑战赛等，以及鼓励用户生成内容并分享。这种策略不仅有助于提升品牌形象，还能根据消费者的实时反馈调整产品或服务，以满足市场需求。例如，小米汽车通过开通官方微博等社交媒体账号，直接与目标消费者进行互动，及时了解市场需求和消费者反馈。这不仅保持了产品的热度，还为产品研发和营销策略提供了有力的支持。此外，通过各大短视频平台的广泛传播，小米汽车成功地吸引了大量潜在消费者的关注，为产品的成功推广打下了坚实的基础。

3.事件营销

事件营销是企业通过策划、组织和利用具有新闻价值、社会影响以及名人效应的人物或事件，吸引媒体、社会团体和消费者的兴趣与关注，以提高企业或产品的知名度和美誉度，并最终促成产品或服务销售目的的一种营销策略。在社交媒体平台上，事件营销可能涉及利用热点事件进行创意营销，或自主策划具有话题性的活动，如新品发布会、品牌庆典等。通过社交媒体平台的广泛传播力，事件营销能够迅速提升品牌的知名度和曝光率，加深用户对品牌的认知和记忆。

4.跨界营销

市场洞察13-1

故宫文创的新媒体营销逻辑

跨界营销是指两个或多个不同领域、不同行业、不同文化或不同意识形态的实体之间进行的合作，旨在通过资源共享、优势互补来实现共同目标。在社交媒体营销中，跨界营销表现为某品牌与其他品牌或IP等的合作，共同推出联名产品、活动或内容。这种合作不仅为品牌带来了全新的视角和创意灵感，还通过合作对象的粉丝基础和影响力，快速扩大了品牌的市场覆盖率和受众群体。跨界营销有助于品牌突破传统界限，拓展新的市场领域，实现共赢发展。

二、搜索引擎营销

（一）搜索引擎营销概述

1.搜索引擎的发展

搜索引擎的发展历程可以追溯到互联网的早期阶段。最初，网络上的信息量相对较

少，用户主要通过文件传输协议（File Transfer Protocol，FTP）手动查找所需信息。随着Web技术的兴起，信息量爆炸式增长，传统的信息检索方式已无法满足用户需求。1993年，Excite等第一代搜索引擎应运而生，通过爬取网页内容，建立索引数据库，允许用户通过关键词搜索相关信息。随后，搜索引擎技术不断进化，Google、百度等搜索引擎以独特的PageRank算法和简洁的界面设计，迅速占领市场。PageRank算法通过分析网页之间的链接关系，评估网页的重要性，从而为用户提供更加准确、相关的搜索结果。

随着移动互联网的普及，移动搜索已成为搜索引擎市场中不可或缺的重要领域。各大搜索引擎公司积极推出移动应用，优化移动搜索结果，以提升用户体验。此外，人工智能技术的发展为搜索引擎带来了新机遇，如机器学习和自然语言处理技术的应用，使得搜索引擎能够更精准地理解用户意图，提供更加智能化的搜索结果。此后，搜索引擎不断向智能化、个性化方向演进，通过引入自然语言处理、语义搜索等先进技术，使得搜索结果更加贴近用户的实际需求。

2.搜索引擎营销的内涵与应用价值

搜索引擎营销是通过提高网站在搜索引擎中的可见性来促进业务发展的营销策略，它利用人们对搜索引擎的依赖和使用习惯，在人们检索信息的时候将信息传递给目标用户，用户通过在线搜索、查看结果、点击内容、浏览信息、产生咨询获得最终的销售线索。搜索引擎营销的基本思想是让用户发现信息，并通过点击进入网页，进一步了解所需要的信息[①]。企业通过搜索引擎付费推广，可以增加网站流量、提高品牌知名度、促进销售。具体而言，搜索引擎营销的价值体现在以下几个方面：

（1）品牌曝光。企业可以将品牌信息展示给目标受众，当用户在搜索引擎中搜索相关关键词时，企业的品牌信息就有可能出现在搜索结果中，从而吸引用户的注意，提高品牌知名度和曝光度。

（2）产品推广。企业可以实时监测广告效果、关键词排名、用户行为等数据，通过优化产品页面的关键词和描述，提高产品在搜索引擎中的排名。同时，利用搜索引擎精准投放广告，将产品信息直接展示给潜在用户，促进销售转化。

（3）客户获取。企业可以吸引大量潜在客户访问网站。这些潜在客户在浏览网站的过程中，可能会有留下联系方式、填写表单或进行在线咨询等操作，为企业带来宝贵的销售线索。通过对这些数据的深入分析，企业可以了解用户需求和市场趋势，优化营销策略和产品定位，提高营销效果和投资回报率。

（二）搜索引擎营销特征

搜索引擎营销的特征主要体现在用户主动性、效果可量化、策略可灵活调整，以及有利于企业长期效益等方面。

1.用户主动性

搜索引擎营销的核心在于用户的主动搜索行为，这种主动性为企业创造了营销机会。用户通过输入关键词来寻找信息，表现出对特定内容或产品的兴趣，从而为企业提供了精准营销的可能性。同时，由于搜索行为是用户自主发起的，他们对于搜索结果和广告信息具有高度的自主选择权，这有助于提高广告的有效到达率和用户的接受度。

---

① RAKSHIT S，ISLAM N，MONDAL S.An integrated social network marketing metric for business-to-business SMEs［J］. Journal of Business Research，2022，150：73-88.

2.效果可量化

搜索引擎营销提供了丰富的数据指标来衡量营销效果，如点击率、转化率、投资回报率等。企业可以通过数据分析工具实时监测广告效果和用户行为数据，评估营销活动的成效并及时调整策略。这种效果可量化的特点使得企业能够更加科学地制定营销预算和计划。

3.灵活调整

搜索引擎的算法和服务模式会不断更新变化，企业可以根据市场反馈和竞争态势及时调整关键词、出价和广告创意等因素，以最低的成本获得最大的营销效果，应对市场变化和竞争对手的挑战。

4.长期效益

通过持续优化网站内容和结构，提高网站在搜索引擎中的自然排名，企业可以吸引更多的免费流量并提高品牌知名度。这种长期效益有助于企业在竞争激烈的市场中建立稳定的客户基础和品牌形象。

（三）搜索引擎营销策略

搜索引擎营销策略主要由搜索引擎优化（Search Engine Optimization，SEO）和搜索引擎营销（Search Engine Marketing，SEM）两大部分组成。SEO侧重于通过优化网站结构、内容和链接等因素，提高网站在搜索引擎自然排名中的位置，从而吸引免费流量。SEM则是一种付费推广方式，企业可以购买关键词广告位，当用户搜索相关关键词时，广告就会显示在搜索结果页面的显著位置。两者的具体区别见表13-1。

表13-1 　　　　　　　　　　　SEO与SEM的区别

区别	SEO	SEM
成本	相对较低的长期成本	成本较高，与点击量有关
点击来源	有机点击	付费点击
时间效果	需要一定的时间	效果立竿见影
点击排名	基于自然搜索的结果	基于广告的出价和质量得分
目标和策略	优化网站内容和结构	关键词的选择和广告投放策略

资料来源：BELLAMKONDA S.Search marketing：A strategic approach to SEO and SEM ［J］.Applied Marketing Analytics，2024，10（1）：93-94.

SEO的工作原理基于搜索引擎的排名算法。这些算法会综合考虑网站的多个因素，如网站内容的质量与相关性、网站的访问速度、用户体验、外部链接的质量和数量等。通过针对这些因素进行优化，网站可以提升在搜索引擎中的排名，进而增加曝光度和访问量。

创新实验室
13-1

搜索引擎营销
的实施流程

SEM的工作原理则相对直接。企业首先需要选择与目标受众相关的关键词，并设置广告预算和出价策略。当用户搜索这些关键词时，搜索引擎会根据广告的相关性、出价和质量得分等因素，决定广告的展示位置和顺序。用户点击广告后，企业需要支付相应的费用，同时，获得潜在的客户流量。

三、网络直播营销

（一）网络直播营销概述

网络直播营销是以数字服务平台为媒介，由直播人员在直播间中通过实时视频的形式展示产品、服务或活动内容，与消费者在同一时间、共享同一线上空间来产生多样化的即时互动，由此促进消费者作出购买决策的一种新型营销方式[①]。网络直播营销的核心在于"直播"二字，即通过即时、连续的音视频传输，让观众仿佛置身于现场，获得沉浸式的观看体验。

直播行业在产品、服务和技术三个方面呈现出不断创新和优化的趋势（如图13-2所示），旨在提升用户体验和行业应用效果，对网络直播营销的发展有着深远的影响，并起到关键的作用。

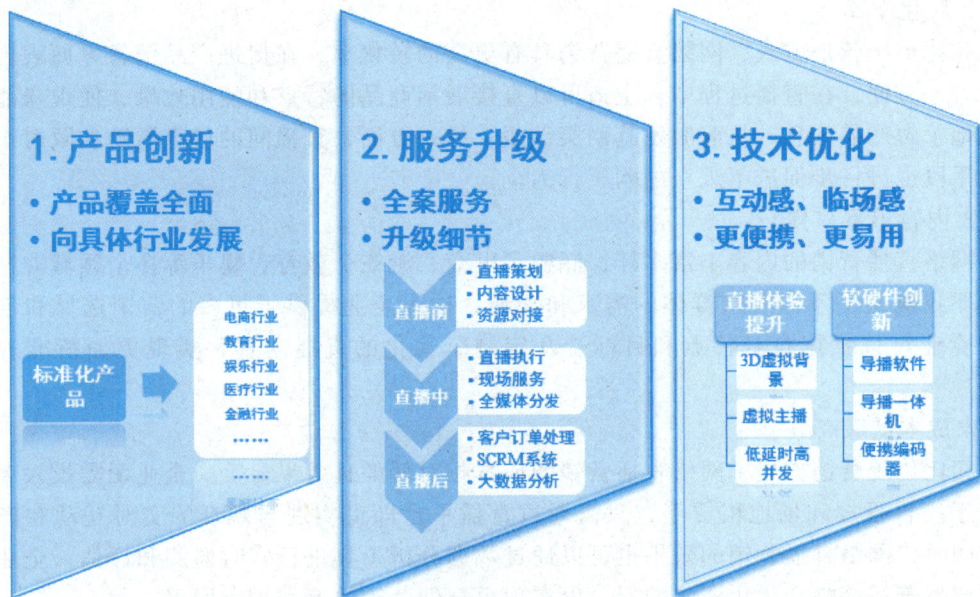

图13-2 直播行业创新趋势

在产品方面，直播行业展现出了垂直化的发展趋势，针对不同领域推出了高度专业化的解决方案，使得直播内容更加专业，针对不同行业和目标受众的定制化解决方案能够更精准地吸引潜在客户的注意力，提高直播营销的专业性和吸引力。这种产品创新不仅丰富了直播内容，还提高了直播服务的专业性和定制化水平，为用户提供了更加精准和高效的直播体验，能够更好地激发观众的购买欲望，从而提升转化率和销售额。

在服务方面，直播行业注重细节打造，致力于提供一站式全案服务，涵盖从策划、执行到推广的全流程服务。这种服务模式不仅简化了客户的操作流程，还通过精细化的服务流程提升了整体服务质量和用户满意度。精细化、个性化的服务流程使得网络直播营销活动更加高效有序，减少了操作失误和资源浪费，从而提升了整体营销效果。

在技术方面，先进的直播工具和技术的应用，如直播推流软件、编解码器、流畅推流等，能够显著提升观众的观看体验，增强直播内容的吸引力和感染力。技术创新还带来了更多互动功能，如实时评论、虚拟礼物等，这些功能能够激发观众的参与热情，增强网络直播营销的互动性和趣味性，提升观众的参与度和忠诚度。此外，3D建模技术等前沿科技的融合应用，也为直播内容带来了更加生动、立体的展示效果。同时，直播平台不断进

---

① 王永贵，项典典. 数字营销——新时代市场营销学 [M]. 北京：高等教育出版社，2023.

行升级优化，提升系统稳定性和扩展性，确保直播活动能够稳定、安全进行。

（二）网络直播营销特征

1.实时互动性强

网络直播营销的最大特点在于其实时互动性。观众可以在直播过程中通过实时提问、评论、点赞等操作与主播进行互动交流。这种即时反馈机制不仅增强了观众的参与感和归属感，还提高了直播间的活跃度[①]。同时，实时互动也为企业提供了宝贵的用户反馈和市场洞察机会，可以帮助企业更准确地把握市场需求和用户偏好。

2.转化率高

相比传统营销方式，网络直播营销具有更高的转化率，在促进产品销售方面表现尤为突出。一方面，在直播过程中，主播可以直接展示商品的特点和使用效果，使观众能够更直观地了解产品信息，从而激发其购买欲望；另一方面，直播间的优惠活动、限时折扣等营销手段也进一步促进了观众的购买行为。

3.内容丰富多样

网络直播营销的内容丰富多样，涵盖了电商、游戏、教育、娱乐等多个领域。这种多样性不仅满足了不同观众群体的需求和兴趣，也为企业提供了更多的营销选择和创意空间。企业可以根据自身特点和目标受众定制个性化的直播内容，实现更加精准的营销效果。

4.成本低廉高效

相比传统营销方式，网络直播营销的成本相对低廉且效果显著。企业无需投入大量资金用于广告投放和场地租赁等，只需通过直播平台即可实现与观众的实时互动和产品展示。同时，网络直播营销的效果也可以通过数据分析工具进行实时监测和评估，企业可以及时调整营销策略和优化资源配置，以实现更高的营销效率和投资回报。

5.用户黏性高

网络直播营销通过实时互动和个性化内容吸引了大量忠实观众，形成了稳定的用户群体。这些观众对主播和品牌具有较高的认可度和忠诚度，会持续关注和支持主播的直播活动并积极参与品牌推广和产品购买等活动。这种高黏性用户群体不仅为企业带来了稳定的收益来源，也为企业的长期发展奠定了坚实的基础。

（三）网络直播营销策略

1.网络直播营销的模式

（1）KOL带货模式

关键意见领袖（Key Opinion Leader，KOL）凭借其庞大的粉丝基础和强大的影响力，成为网络直播营销中的重要力量。他们通过直播展示商品、分享使用体验、解答观众疑问，引导粉丝购买。这种模式下，KOL的个人魅力和粉丝黏性成为营销成功的关键。

（2）品牌自播模式

越来越多的企业开始尝试品牌自播，即由品牌方直接开设直播间，由品牌代表或专业主播进行直播。这种模式下，企业可以更加灵活地控制直播的内容和节奏，直接传达品牌

---

① WONGKITRUNGRUENG A，DEHOUCHE N，ASSARUT N.Live streaming commerce from the sellers' perspective：Implications for online relationship marketing［J］.Journal of Marketing Management，2020，36（5）：488-518.

理念和产品信息。同时，品牌自播也为企业提供了与消费者直接沟通的机会，有助于提升品牌形象和用户忠诚度。

（3）场景化营销模式

场景化营销是指通过构建特定的使用场景或生活方式，让观众在沉浸式的体验中感受到产品的价值和魅力。例如，在家居类产品的直播中，主播可以在模拟的家居环境中展示产品的摆放效果和使用方法；在美妆类产品的直播中，主播可以在不同场景下展示妆容效果。在这种模式下，观众更容易产生代入感和购买欲望。

（4）跨界合作模式

跨界合作是网络直播营销中的一大亮点。不同领域、不同品牌之间的合作可以带来新鲜感和话题性，吸引更多观众关注。例如，时尚品牌与游戏主播合作推出联名款服装、美妆品牌与美食博主合作推广新品等。跨界合作不仅拓宽了营销渠道和受众范围，还为品牌带来了更多的创意和可能性。

市场洞察13-2

直播+文旅唤醒
营销新业态

2.网络直播营销实施流程

网络直播营销是一个系统性的过程（如图13-3所示）：直播前的精准引流，通过多渠道宣传预热，吸引目标观众关注；直播中则通过互动、优惠等手段加速观众向消费者的转化，营造热烈的购物氛围，提升购买意愿；直播结束后，进行效果评估与复盘，分析数据以了解营销成效，为未来的直播活动提供优化方向和策略调整。这一流程旨在最大化直播的商业价值，确保营销活动的有效性和可持续性。

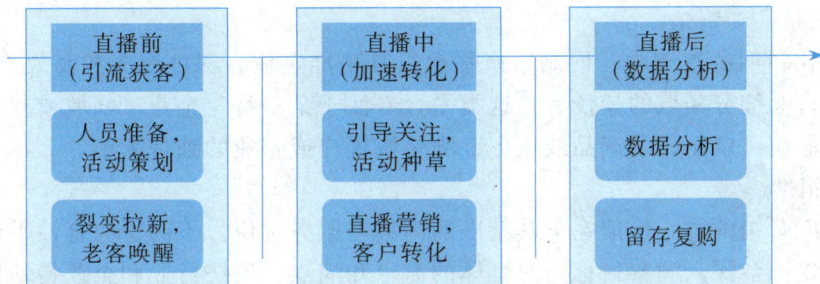

图13-3　网络直播营销实施流程

四、网站推广营销

（一）网站推广营销概述

1.网站推广营销的内涵

网站推广营销是指专注于某一特定行业、领域或需求，通过构建专业的网站推广平台，向目标受众提供深度信息、专业服务和相关产品的营销策略[①]。这种营销方式强调对特定市场或用户群体的精准定位和深度挖掘，以实现更高效的市场渗透和用户转化。随着互联网技术的不断进步，网站推广平台经历了从单一到多元、从简单到复杂的演变过程。早期，企业主要通过搜索引擎优化来提升网站在搜索结果中的排名，以此吸引潜在用户。然而，随着社交媒体、网络直播等新兴推广方式的兴起，网站推广平台逐渐呈现出多元化

的趋势。特别是针对垂直网站而言，由于其内容的专业性和受众的特定性，需要更加精细化的推广策略来触达目标用户。

近年来，大数据、人工智能等技术的融入，为网站推广营销的发展注入了新的活力。通过分析用户行为数据、兴趣偏好等信息，企业能够实现更加精准的推广投放，提高营销效果。同时，跨平台整合营销也成为趋势，企业不再局限于单一的推广渠道，而是根据目标受众的活跃平台，制定综合性的推广方案，实现多渠道覆盖。

2. 网站推广平台的类型

（1）垂直行业网站。垂直行业网站专注于某一特定行业或领域，如医疗健康、金融科技等，它们为行业内用户提供深度信息和专业服务。这类平台通过精准定位目标受众，实现高效的信息传递和服务对接。

（2）垂直门户网站。垂直门户网站则更像是垂直行业网站的集合体，不仅涵盖了多个行业的信息与服务，还融合了新闻、娱乐、生活等多元化内容，旨在全面满足用户的多样化需求。垂直门户网站以其广泛的覆盖面和强大的资源整合能力，通过丰富多样的内容、平台整合及广告投放，提升用户活跃度和品牌曝光度，拓宽影响力边界，增强用户黏性。

（3）企业品牌网站。企业品牌网站作为企业在互联网上的重要展示平台，专注于品牌形象塑造、产品展示与服务推广，致力于提升用户体验与品牌认知度。通过SEO、社交媒体营销及联盟合作等手段，提高品牌知名度与用户信任度，促进产品销售与市场份额增长。

（二）网站推广营销特征

在数字化转型的浪潮中，网站推广平台以其精准定位、深度服务和高效连接的特点，成为了众多行业细分领域的佼佼者。这类平台专注于某一特定企业、领域或行业，通过提供一系列专业化、定制化的产品或服务，满足该用户或企业的独特需求。

1. 定位精准

网站推广营销的核心价值在于其精准的内容与服务定位。不同于综合性平台的广泛覆盖，网站推广平台深入洞察目标用户群体的需求和痛点，围绕行业和企业特性构建内容生态和服务体系。例如，在医疗健康领域，网站可提供专业的医疗资讯、在线问诊、健康管理等服务，旨在为用户提供便捷、专业的医疗健康解决方案。

2. 专业权威

网站推广营销注重深度服务的打造。网站不仅提供基础的信息查询和交易撮合功能，还通过数据分析、个性化推荐、专业咨询等手段，为用户提供更加贴心、高效的服务体验。这种深度服务不仅增强了用户的黏性和忠诚度，也为平台自身构建了坚实的竞争壁垒。

3. 社群效应

网站推广营销还通过构建行业社群、举办线上线下活动等方式，促进行业内的交流与合作。这种社群化运营策略不仅有助于平台扩大影响力、吸引更多用户和企业入驻，还为用户提供了更多的价值创造机会和合作可能。

（三）网站推广营销策略

1.网站推广营销工具

（1）定制化广告投放

企业可通过与网站合作，进行定制化广告投放。基于网站的用户画像和行为数据，企业能够精准定位目标受众，确保广告信息直达潜在客户，提高广告转化率。例如，在科技网站上投放最新科技产品的广告，直接触达科技爱好者和专业人士。

（2）专业生成内容

企业可以利用网站的内容营销资源，通过撰写行业洞察、产品评测、用户故事等内容，提升品牌形象和用户信任度。这些高质量的内容不仅能吸引用户关注，还能在搜索引擎中获得良好排名，进一步扩大品牌曝光度。

（3）社群建设

网站往往拥有活跃的社群环境，企业可以积极参与社群互动，与用户建立紧密联系。通过解答用户疑问、分享行业资讯、举办线上活动等方式，企业能够增强用户黏性，促进口碑传播。社群内的意见领袖和忠实用户还能成为品牌的推广大使，进一步放大营销效果。

2.网站推广模式

（1）网络媒体模式。这种模式主要通过提供高质量的内容吸引特定受众，进而吸引对这部分受众感兴趣的广告主投放广告。网站通过聚焦某一行业或领域，提供专业、深入的信息，吸引目标用户群体。同时，它们将这些用户作为广告资源，向广告主出售广告位或合作推广机会。

（2）会员订阅模式。一些网站提供独家内容、高级功能或服务，要求用户付费成为会员才能享受。这种模式适用于那些能够提供高价值、差异化服务的网站。例如，专业研究网站可能提供深度行业报告、独家数据分析等服务，吸引专业人士或企业付费订阅。

（3）内容付费模式。与会员订阅模式类似，但内容付费模式更侧重于单次购买或按篇付费。网站可以发布高质量的研究报告、专业教程、电子书等内容，用户根据需要购买具体的内容。这种模式适用于那些能够持续产出高质量内容的网站。

（4）服务预约与交易佣金模式。在某些垂直领域，如家政服务、美容美发、汽车维修等，网站可以作为服务平台，连接服务提供商和消费者。用户通过平台预约服务，平台则向服务提供商收取一定的交易佣金。这种模式不仅方便了消费者，也为服务提供商提供了稳定的客源。

（5）数据服务模式。网站通过收集和分析用户数据，为其他企业或机构提供数据服务。例如，金融网站可以收集并分析用户的投资行为数据，为金融机构提供风险评估和投资建议。此外，网站还可以提供定制化数据报告、市场趋势分析等服务，以满足不同企业的需求。

（6）线上线下结合模式。一些网站不仅提供在线服务，还结合线下实体店或体验中心，为用户提供更加全面的服务体验。例如，家居装饰网站可以在线上展示商品并提供设计咨询服务，同时，在线下开设体验店，以便用户亲身体验产品效果。

第二节　人工智能营销

一、人工智能营销的发展

（一）人工智能营销发展概述

1.人工智能的发展历程

人工智能（Artificial Intelligence，AI）的发展历程可以追溯到20世纪中叶，其发展历程充满了挑战与突破。最初，人工智能的概念由英国数学家艾伦·图灵（Alan Turing）在1950年提出，他通过"图灵测试"来定义机器智能，即机器能否在对话中表现出与人类不可区分的智能行为。这一理论奠定了人工智能研究的基础。随后，在20世纪50年代，科学家们开始尝试使用计算机来模拟人类的思维和解决问题的能力，这标志着人工智能研究的正式起步。进入21世纪，人工智能的发展步伐显著加快，计算机科学、数学、心理学等多个学科的交叉融合，为其注入了新的活力。随着计算机硬件性能的提升和算法研究的深入，特别是深度学习技术的兴起，人工智能逐渐从理论构想走向实际应用，并在多个领域取得了显著成果。

2023年12月12日，习近平总书记在中央经济工作会议上再次强调了要"发展数字经济，加快推动人工智能发展"。这一重要指示不仅体现了国家对人工智能技术的高度重视，也为其未来的发展指明了方向。如今，人工智能已经广泛应用于自动驾驶、语音助手、机器翻译、医疗诊断、金融风控等多个领域，成为推动社会进步的重要力量。随着大数据、云计算等技术的不断发展，以及国家政策的支持和引导，人工智能的未来将更加广阔，将继续在各个领域发挥重要作用，为经济社会发展注入新的动力。

本土创新 13-2
智慧互通——智能路网多模态大模型在交通营销中的应用

2.人工智能营销的内涵

人工智能营销是指利用深度学习、大数据分析等先进的人工智能技术，优化和自动化营销流程，实现精准营销、个性化推荐和高效决策的营销过程[1]。它通过对消费者行为、市场趋势等数据的深度挖掘和分析，帮助企业更好地理解消费者需求，制定更加精准和有效的营销决策，从而有效提升企业营销效率和效果。当前，营销行业已广泛采纳人工智能技术，应用于消费者洞察、定向广告及品牌AI等营销活动。据预测，至2024年底，人工智能在营销领域的全球市场收入将突破360亿美元，且未来一段时间内，该市场价值将持续攀升（如图13-4所示）。

人工智能营销不仅是对技术的简单堆砌，更是数智时代下新质营销力量在营销理念和方法论上的深刻革新。它强调以消费者为中心，通过数据驱动的方式，实现营销活动的个性化、智能化和精细化[2]。人工智能营销的实施流程是一个高度自动化的运行系统，它是从数据收集、模型训练、算法应用到智能投放的全过程，通过收集并分析用户数据，驱动

① LONGONI C，CIAN L.Artificial intelligence in utilitarian vs.hedonic contexts：The 'word-of-machine' effect [J]．Journal of Marketing，2020，86（1）：91-108.
② HEERDE H J V，MOORMAN C，MOREAU C P.Reality check：Infusing ecological value into academic marketing research [J].Journal of Marketing，2021，85（2）：1-13.

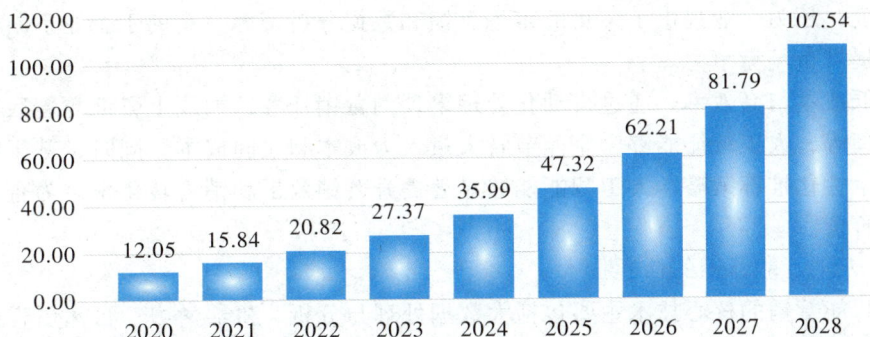

图13-4　2020—2028年全球营销领域人工智能（AI）市场价值（单位：十亿美元）

数据来源：Statista.com.

模型训练，以构建精准用户画像，进而利用AI算法优化智能投放策略，以实现企业的营销诉求，展现出极高的灵活性和可扩展性，能够适应不同的营销场景和业务需要（如图13-5所示）。

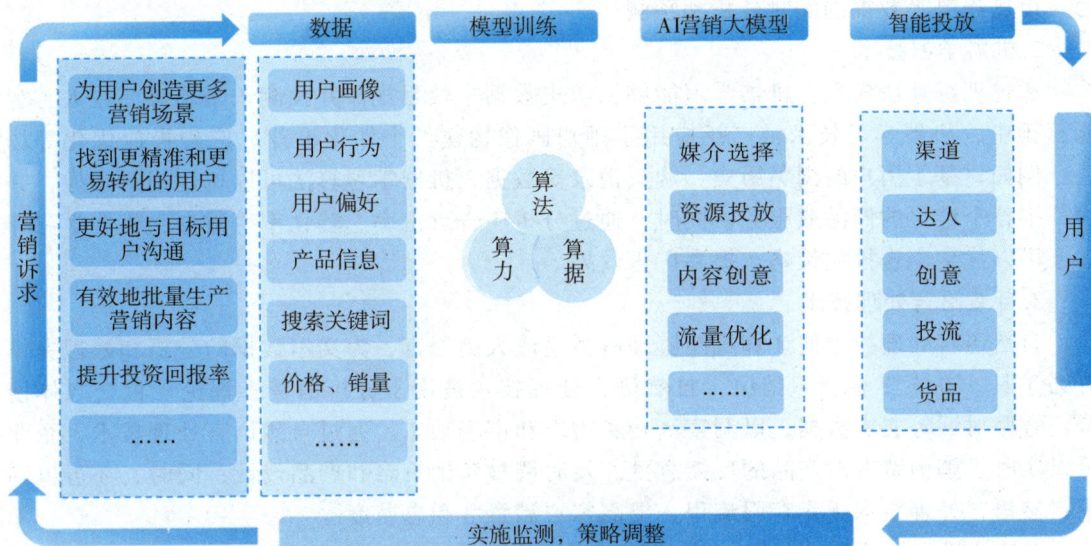

图13-5　人工智能营销系统

3.人工智能营销的特征

（1）智能化与自动化。通过收集和分析消费者的行为数据、购买记录、社交媒体互动等多元化信息，人工智能能够构建详尽的用户画像，精准洞察消费者需求。这一过程不仅提高了营销活动的针对性，还使得营销策略的制定更加科学高效。同时，借助机器学习算法，人工智能能够自动优化营销策略，实时调整广告投放策略，确保营销资源的高效配置。

（2）个性化与精准化。在人工智能的驱动下，营销活动不再是千篇一律地"广撒网"，而是更加注重为每位消费者提供量身定制的产品和服务。通过深入分析消费者的兴趣爱好、消费习惯等特征，人工智能能够精准推荐符合其个性化需求的商品和服务，从而显著提升消费者的购物体验和满意度。

（3）实时性与互动性。借助自然语言处理、情感分析等技术，人工智能能够实现与消费者的实时互动，快速响应其咨询和需求。这种高效的互动方式不仅增强了消费者的参与感和忠诚度，还为企业提供了宝贵的市场反馈和数据分析资源，有助于企业不断优化产品和服务，提升市场竞争力。

（4）低成本与高效率。通过自动化处理繁琐的营销任务，如线上咨询与售后服务、社交媒体管理等，人工智能能够为企业节省大量人力成本和时间成本。同时，基于精准的市场分析和个性化推荐策略，人工智能能够显著提升营销效果和销售转化率，为企业创造更大的商业价值。

（二）人工智能营销的核心技术

人工智能营销的核心技术主要包括大数据处理与分析、机器学习、自然语言处理，以及计算机视觉技术等。这些技术共同驱动着智能营销的精准性、智能化与个性化发展。

1.大数据处理与分析技术

随着互联网的普及和物联网技术的发展，数据量呈现爆炸式增长。大数据处理与分析技术能够高效处理海量数据，提取有价值的信息，为营销决策提供支持。典型的大数据技术包括分布式存储系统、并行计算框架、数据挖掘算法等，这类技术能够实现对消费者行为、市场趋势等数据的实时分析和预测[①]。

2.机器学习技术

通过训练算法模型，机器学习能够从历史数据中学习规律并预测未来趋势。在人工智能营销中，机器学习技术被广泛应用于用户画像构建、个性化推荐、广告投放优化等场景。例如，基于用户的浏览历史、购买记录等数据，机器学习算法可以构建用户画像，并为其推荐个性化的商品或服务；同时，通过分析广告点击率、转化率等数据，机器学习算法还可以优化广告投放策略，提高广告效果。

3.自然语言处理技术

自然语言处理技术使计算机能够理解和生成人类语言，为文本数据的分析和处理提供有力工具。在人工智能营销中，自然语言处理技术被用于分析消费者评论、社交媒体情绪、客服对话等文本数据，以洞察消费者需求和市场动态。通过自然语言处理技术，企业可以实时了解消费者对产品的反馈意见，及时调整营销策略和产品设计；同时，还可以利用自然语言处理技术优化客服流程，提高客户满意度和忠诚度。

4.计算机视觉技术

计算机视觉技术使计算机能够理解和分析图像和视频中的信息，为视觉营销提供了可能。在人工智能营销中，计算机视觉技术被用于图像识别、视频分析等方面。例如，通过分析广告图片的吸引力、用户观看视频的行为等数据，计算机视觉技术可以优化广告创意和投放策略；同时，还可以利用计算机视觉技术进行人脸识别和情感分析，为个性化推荐和精准营销提供有力支持。

二、人工智能驱动的消费者决策

（一）人工智能驱动的消费者需求变化

1.追求更高质量的产品和服务

在人工智能时代，消费者对产品和服务的质量要求越来越高。他们希望获得更加精

---

① VESTERINEN M，MERO J，SKIPPARI M.Big data analytics capability，marketing agility，and firm performance：A conceptual framework［J］.Journal of Marketing Theory and Practice，2024，3：1-21.

准、高效、个性化的产品和服务体验。因此，企业应当积极利用人工智能技术，持续优化其产品和服务质量，以满足消费者的多样化需求。具体而言，企业可以运用数据分析技术精准预测消费者需求的变化趋势，并借助机器学习算法优化产品设计与开发流程，以更好地满足市场需求。

2.注重隐私保护和数据安全

随着人工智能技术的广泛应用，消费者隐私保护和数据安全问题日益凸显。消费者对个人信息的保护意识逐渐增强，希望企业能够采取有效措施保护其隐私和数据安全。因此，企业在运用人工智能技术进行营销时，必须严格遵守相关法律法规和伦理规范，确保消费者隐私和数据安全不受侵犯。

------------○ 价值引领 13-1

以人为本　智能向善

7月4日，2024世界人工智能大会暨人工智能全球治理高级别会议在上海世博园开幕。上千位业界大咖齐聚上海，共商人工智能领域前沿技术、产业动向、向善治理。"以共商促共享 以善治促善智"是本届大会的主题。

新一代人工智能为经济社会发展注入了新动能，正在深刻改变人们的生产生活方式。人工智能的新技术、新业态、新应用已经成为新一轮科技革命和产业变革的重要驱动力量，但与此同时，在法律、安全、就业、道德伦理等方面也面临着一系列新课题。因此，如何治理人工智能引发的一系列问题成为此次大会的重点议题。

我国高度重视人工智能的安全治理问题，并已经实施了一系列务实有效的举措来加强监管和保障。2023年10月，我国提出《全球人工智能治理倡议》。2024年7月1日，由中国主提的首份人工智能能力建设国际合作的决议在联大获得一致通过。决议强调，人工智能发展应坚持以人为本、智能向善、造福人类的原则。所有这些举措都彰显出中国对人工智能发展和治理的负责任态度，以及重要引领作用。

"以人为本、智能向善"，2024年世界人工智能大会为全球人工智能的发展进行了有益探索，为解决全球性问题提供了中国方案。人工智能驱动的科技革命和产业变革正孕育着前所未有的新机遇，这无疑将为全球发展注入新的动力，并带来更加广阔的前景和信心。

资料来源：央视网．焦点访谈：以人为本 智能向善［EB/OL］．［2024-07-06］．https://news.cctv.com/2024/07/06/ARTIZqkfe52JEI1BX0h2V5KU240706.shtml.内容有删改。

3.期待更加智能化和便捷化的生活方式

人工智能技术的发展为消费者带来了更加智能化、便捷化的生活方式。消费者希望在日常生活中能够享受到人工智能技术带来的便利和舒适。例如，智能家居系统、智能健康管理等应用的出现，使得消费者能够更加方便地管理自己的生活和健康。因此，企业需要不断创新和研发新的人工智能应用场景和产品，满足消费者对智能化生活的期待。

（二）人工智能驱动的消费者心理特征

1.信息过载与选择过载的缓解

在数智时代，信息爆炸导致消费者面临海量信息的过程中往往感到无所适从，产生"选择困难症"。人工智能通过其强大的数据处理能力，能够智能筛选、整合信息，为消费者提供个性化、精准化的推荐，有效缓解信息过载问题，使消费者能够更快速、更准确地选择符合自身需求的产品或服务。

2.信任与依赖的建立

随着人工智能技术在生活中的广泛应用，消费者逐渐对其产生了信任与依赖。当人工智能系统能够准确预测消费者需求、提供优质服务时，消费者会倾向于认为这类系统是可靠的，并愿意将更多决策权交给人工智能。这种信任与依赖的建立，为企业在营销中运用人工智能技术提供了有力支撑。

3.情感共鸣与个性化需求的满足

市场洞察13-3

值得买科技——AI购物助手"小值"

人工智能不仅能够处理数据，还能通过情感分析等技术理解消费者的情感需求。通过社交媒体、在线评论等渠道收集的数据，用人工智能分析消费者的情感倾向，进而在营销过程中创造更加贴近消费者情感需求的场景和话术，增强品牌与消费者之间的情感共鸣。同时，人工智能还能根据消费者的个性化需求进行定制化推荐和服务，满足其独特的心理需求。

（三）人工智能驱动的消费者体验行为

人工智能驱动的消费者体验行为，实现了无缝化购物、个性化服务，以及高效化交互，全方位提升了消费者的满意度与便利性。

1.无缝化的购物体验

人工智能技术的应用使得购物过程更加无缝化。从搜索商品、比较价格、下单购买到物流配送、售后服务等各个环节，人工智能都能提供智能化支持。例如，通过语音助手进行商品搜索、利用现实增强技术进行虚拟试穿/试用、实现智能物流跟踪等，这些都极大地提升了消费者的购物体验。

2.个性化的服务体验

个性化是人工智能时代消费者体验的重要特征之一。人工智能系统能够根据消费者的历史行为、偏好等数据，为其提供个性化的商品推荐、内容推送和服务。这种个性化的服务体验不仅提高了消费者的满意度和忠诚度，还促进了企业与消费者之间的深度互动和长期关系的建立。

3.高效化的交互体验

人工智能技术的发展使得消费者与企业之间的交互更加高效便捷。无论是通过智能客服机器人进行售前咨询，还是利用聊天机器人进行售后服务等，人工智能都能提供即时响应和准确解答。这种高效的交互体验不仅节省了消费者的时间和精力，还提高了企业的服务效率和质量。

三、人工智能驱动的营销策略

人工智能营销策略利用人工智能的先进技术来优化营销流程，提升用户体验。它通过大数据分析消费者行为，实现个性化推荐，精准触达目标客户，提高转化率。同时，自动化流程优化了营销资源配置，降低了成本。本书将从用户画像构建、前置消费引导、个性化人机交互和一体化售后服务四个方面介绍人工智能驱动的营销策略。同时，人工智能营销策略的应用离不开人工智能营销工具的广泛应用（见表13-2）。这些工具的应用不仅增强了用户体验，使营销策略更加灵活高效，还能够有效促进企业与市场的深度互动，为企业赢得市场竞争优势。

表13-2　　　　　　　　　　　　人工智能营销工具的应用

人工智能营销工具	应用描述
人工智能生成内容	人工智能可以通过自然语言处理和机器学习技术，针对给定的主题和关键词及要求，分析大量的数据，从而了解用户的兴趣和需求，自动生成高质量的营销内容，例如，文字、图片、视频等内容，提高营销中的内容生产效率。生成内容可用于广告文案、创意、短视频、电商等多个领域
人工智能洞察	人工智能可以根据给定的数据、信息、网页等输入并自动分析数据和信息，为营销团队提供分析结果。洞察可用于消费者数据分析、社媒舆情分析、广告数据分析、电商分析等多领域
人工智能客服	人工智能可以通过自然语言处理和机器学习技术，提供7×24小时在线客服支持，解决客户问题，提高客户满意度
人工智能助手	人工智能可以通过自然语言处理和机器学习技术，实现智能助手服务。用户可以通过语音或文字输入指令，人工智能将迅速执行指令，从而提高工作效率和生活便利性
人工智能问答	人工智能在交互和问答场景中，可以根据输入的内容和问题，自动搜索信息，给出答案。这种问答不仅可以是一对一的，还可以是多轮的
人工智能投放	人工智能通过分析用户行为、兴趣和偏好，为广告主提供精确的目标受众定位。实时调整投放策略，优化营销投放的效果，降低投放成本

资料来源：虎啸传媒. 2023中国数字营销生态图［R］. 北京：秒针营销科学院，2023.

（一）用户画像构建

1.数据收集与整合

用户画像构建的第一步是全面收集消费者的相关数据。这些数据可以来源于多个渠道，包括社交媒体、电商平台、客户关系管理系统、客服记录等。人工智能技术能够自动抓取、清洗和整合这些数据，形成全面、准确的消费者信息库。

2.行为分析与预测

通过机器学习算法，人工智能可以对消费者的历史行为数据深入分析，成功识别出消费者的兴趣偏好、购买习惯以及活跃时段等关键特征。同时，人工智能还能基于这些特征预测消费者未来的行为趋势，如潜在购买需求、流失风险等。

3.精准画像构建

在数据分析的基础上，人工智能将构建出详细的用户画像。这些画像不仅包含消费者的基本信息（如年龄、性别、地域），还涵盖他们的心理特征（如价值观、消费观念）、行为模式（如购物习惯、互动方式）等多个维度。精准的用户画像为企业制定个性化营销策略提供了坚实的基础。

（二）前置性消费引导

1.智能推荐系统

人工智能驱动的智能推荐系统能够根据用户画像和实时行为数据，为消费者提供个性化的商品或服务推荐。这些推荐不仅基于消费者的历史偏好，还考虑了他们当前的购物需求和场景，从而提高了推荐的准确性和吸引力。

2.内容故事讲述

除了直接推荐商品外，人工智能还能辅助企业进行内容营销。通过分析消费者的兴趣和关注点，生成符合消费者兴趣的内容（如文章、视频、图文等），并通过故事讲述的方式引导他们进入消费情境。这种前置性的内容营销有助于培养消费者的兴趣和信任，为后续的购买行为打下基础。

3.跨渠道整合营销

人工智能技术使得跨渠道整合营销成为可能。企业可以利用人工智能分析消费者在不同渠道（如社交媒体、电商平台、线下门店）的行为数据，制定统一的营销策略和消息传递。通过精准投放广告、优化搜索引擎排名、提升社交媒体互动等方式，帮助企业实现营销资源的最大化利用和消费者体验的无缝衔接。

（三）个性化人机交互

1.智能客服与聊天机器人

人工智能技术使得智能客服和聊天机器人成为企业与客户交互的重要工具。这些机器人不仅能够自动解答常见问题、提供产品信息和服务支持，还能根据消费者的个性和需求进行定制化回应。它们通过自然语言处理技术理解消费者的意图和情感，以更加人性化的方式与他们互动。

2.语音交互与虚拟助理

随着语音识别和合成技术的不断发展，语音交互和虚拟助理在营销中的应用也越来越广泛。消费者可以通过语音指令与企业的人工智能系统进行交互，查询产品信息、下单购买或寻求帮助。这种便捷的交互方式不仅提高了消费者的满意度和忠诚度，还为企业提供了更多的营销机会和触点。

3.个性化界面与交互设计

人工智能技术还能应用于个性化界面和交互设计中。通过分析消费者的使用习惯和偏好，动态调整网站或应用程序的布局、颜色、字体等元素，以符合他们的审美和认知习惯。这种个性化的界面和交互设计有助于提升用户体验和满意度，促进消费者的购买决策。

（四）一体化售后服务

1.智能故障检测与诊断

在售后服务环节，人工智能技术可以辅助企业进行智能故障检测与诊断。通过收集和分析产品的运行数据和使用情况，人工智能可以预测潜在的故障风险并提前通知消费者或维修人员进行处理。这种前瞻性的售后服务有助于减少故障发生率和维修成本，提升消费者满意度和品牌形象。

2.个性化维修与保养建议

人工智能还能根据消费者的使用习惯和产品特性提供个性化的维修与保养建议。通过分析产品的使用记录和维护历史，人工智能能够识别出需要特别关注的部件或系统，并向消费者推荐合适的维修方案或保养计划。这种个性化的服务不仅延长了产品的使用寿命和性能表现，还增强了消费者对品牌的信任和依赖。

3.自动化客服与投诉处理

在售后服务过程中，人工智能技术可以实现自动化客服与投诉处理。通过智能聊天机器人或语音助手等工具，快速响应消费者的咨询和投诉，并提供准确的解决方案或引导至相关部门进行处理。这种自动化的服务方式不仅提高了处理效率和准确性，还减轻了人工客服的负担和压力。

第三节　区块链营销

一、区块链驱动的营销变革

（一）区块链营销的内涵

在数智时代，营销行业正经历着前所未有的变革。随着区块链技术的兴起，其独特的去中心化、透明性、安全性等特性催生了区块链营销这一新模式，为营销领域带来了全新的机遇和挑战。区块链营销是指利用区块链技术来优化和增强企业营销方案的过程，通过结合区块链的去中心化、透明化、不可篡改等特性，为营销活动建立一个更加安全、高效、可信赖的数字经济生态系统，推动营销活动的创新和发展。

区块链营销的引入，不仅重塑了信任机制，还通过营销流程优化，为营销实践开辟了新的思路和方法。区块链驱动的营销变革在多个方面展现了巨大的潜力和优势，包括信任体系建立、精准营销与个性化推广、营销成本降低与效率提升，以及数据安全与隐私保护等。这些变革随着区块链技术的不断发展和成熟，将逐渐渗透到各个行业领域，进而重塑整个营销生态，最终实现更高效、更精准、更可信的营销效果。

（二）区块链技术的引入与影响

理论前沿13-1

1.区块链技术基础

区块链是一种去中心化、分布式账本技术，它通过加密算法和共识机制确保数据的不可篡改性和可追溯性[①]。这种技术特性使得区块链在数据存储、传输和处理方面具有高度的安全性和可靠性。

区块链技术原理

2.区块链在营销领域的技术优势

（1）重塑信息对称

在传统营销中，企业和消费者之间往往存在信息不对称的情况。企业可能拥有更多的产品信息和市场数据，而消费者则相对处于信息劣势地位。这种信息不对称不仅影响了消费者的购买决策，也容易导致市场的不公平竞争。区块链技术的引入，从根本上改变了企业与消费者之间的信息格局。

区块链通过构建一个分布式、透明的信息存储网络，确保了产品从生产源头到消费终端的全链条信息透明化。企业无法单方面篡改数据，消费者能够获取到详尽、真实的产品信息，包括成分、生产过程、质量检测报告等。这种信息对称不仅让消费者在作出购买决策时更加明智和自信，也促使企业更加注重产品质量和服务水平，从而推动整个市场向更

---

① 袁勇，王飞跃. 区块链理论与方法［M］. 北京：清华大学出版社，2019.

加公平、健康的方向发展。

（2）筑牢数据安全

随着大数据技术的广泛应用，数据安全问题日益凸显。在大数据营销发展之初，企业往往难以确保消费者数据的安全性和隐私性，数据泄露和滥用事件时有发生。这不仅损害了消费者的权益，也影响了企业的信誉和形象。面对日益严峻的数据安全挑战，区块链以其独特的加密技术和分布式存储特性，为营销数据筑牢坚不可摧的安全防线。

在区块链上，每一笔数据交易都经过严格的加密处理，只有持有相应私钥的用户才能解密查看。这种端到端的数据加密机制，有效防止了数据在传输和存储过程中的泄露风险。同时，区块链的不可篡改性也确保了数据的真实性和完整性，即使发生数据泄露事件，也能迅速追溯到源头并进行处理。因此，区块链技术的应用不仅保障了消费者的隐私权益，也提升了企业的数据安全管理水平。

（3）构建信任体系

在营销过程中，信任是建立品牌忠诚度和促进交易的关键因素。然而，传统营销模式中的信任机制往往依赖于第三方机构的认证和担保，这不仅增加了交易成本，也降低了交易效率。同时，由于第三方机构可能存在的利益冲突和道德风险，信任机制的可靠性也受到质疑。区块链技术以其去中心化的特点，为构建新型信任体系提供了可能。

在区块链上，交易双方无需依赖第三方机构的认证和担保即可直接进行交易。这种去中心化的信任机制不仅降低了交易成本和时间成本，还提高了交易的灵活性和便捷性。同时，区块链上的交易记录是公开透明且不可篡改的，这为消费者提供了可靠的验证手段。消费者可以通过查看区块链上的交易记录来确认产品的真实性和交易的有效性，从而进一步增强对品牌和交易的信任感。因此，区块链技术不仅推动了营销活动的信任升级，也促进了市场交易的自由化和高效化。

3.区块链对营销流程的优化

区块链凭借其去中心化、高透明度及数据不可篡改的特性，对营销流程进行了显著的优化。区块链技术确保了营销数据的真实性和准确性，通过减少中间环节，显著提升了营销活动的透明度和效率。例如，区块链的智能合约功能实现了营销活动的自动化执行和精准投放策略，有效降低了营销成本，并显著提升了用户体验；区块链上的数据共享和分析功能，能够有效保障市场预测的准确性和营销决策的科学性；通过区块链技术实现跨链合作和资源共享，能够有效拓展营销渠道和合作伙伴网络。此外，区块链还将促进企业与消费者之间的信任建立，使得营销活动更加可信和有效。

（三）区块链营销的发展趋势

1.区块链营销生态系统

区块链营销生态是一个由区块链技术、参与主体和应用场景等多个部分共同构成的复杂系统，如图13-6所示。这个系统为营销活动提供了更加高效、可信和个性化的解决方案。

首先，区块链营销生态的核心是区块链技术本身。区块链作为一种分布式账本技术，通过加密算法和共识机制，实现了数据的不可篡改性和可追溯性。这为营销活动提供了坚实的技术基础，使得营销数据的收集、存储、分析和应用更加安全、高效和可信。

其次，区块链营销生态还包括多个参与主体，如企业、消费者、广告商、数据提供商等。这些主体通过区块链平台相互连接，共同参与营销活动的策划、执行和评估。企业可以利用区块链技术收集和分析消费者数据，制定更加精准的营销策略；消费者则可以通过区块链平台验证产品的真伪，溯源信息，增强信任感；广告商和数据提供商则可以通过区块链技术提供更加精准和安全的广告投放和数据服务。

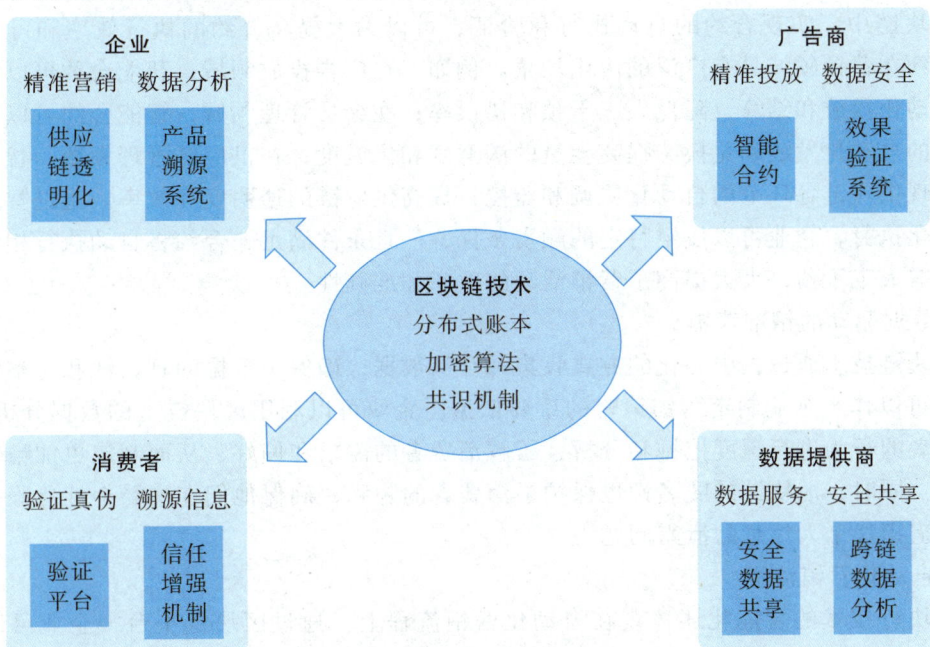

图13-6　区块链营销生态系统

此外，区块链营销生态还涉及一系列的应用场景和解决方案。例如，利用区块链技术建立透明的供应链和产品溯源系统，保护消费者权益；利用智能合约实现自动化的广告投放和效果验证；利用区块链技术构建去中心化的营销平台，降低营销成本等。

2.区块链营销的数据治理

区块链技术在营销数据治理中的应用，正逐步成为推动企业数字化转型的关键要素之一。习近平总书记在中央政治局第十八次集体学习时作出重要指示，他强调"要加强对区块链技术的引导和规范"，这要求我们在利用区块链技术提升营销数据治理水平的同时，必须注重技术应用的合法合规性，确保数据安全与隐私保护。同时，"要把依法治网落实到区块链管理中，推动区块链安全有序发展"。区块链技术凭借其去中心化、高透明度和数据不可篡改的特性，为营销数据治理领域带来了革命性的变革。借助区块链技术，企业能够构建出更为安全、可信的数据共享平台，实现数据的真实记录与追溯，从而有效防止数据被篡改或泄露。同时，区块链的智能合约功能还能自动执行数据交换和验证规则，提高数据处理的效率和准确性。然而，在享受区块链技术带来便利的同时，企业也必须严格遵守相关法律法规，加强对区块链技术的引导和规范，确保数据治理的合法性和有序性。只有这样，区块链技术才能在营销数据治理中发挥更大的作用，为企业创造更大的价值。

二、区块链营销的特点

区块链营销具有智能化、高效化和透明化的特征。

（一）智能化

1.智能合约的自动化执行

智能合约是一种基于区块链技术的自动化执行合约。它通过将合约条款以代码的形式嵌入区块链中，实现合约的自动执行和验证，可以大大提高合约的执行效率和可靠性[①]。智能合约在营销领域具有广泛的应用场景。例如，在广告投放领域，智能合约可以实现广告的自动化投放和结算，降低人工干预和错误率；在会员管理领域，智能合约可以实现会员积分的自动化发放和兑换，提高会员的满意度和忠诚度；在供应链管理领域，智能合约可以实现供应链各环节的自动化协调和监控，提高供应链的透明度和效率。通过智能合约的自动化执行，企业可以设定特定的触发条件，一旦条件满足，合约将自动执行相应的操作，无需人工干预，大大提高了营销活动的效率和准确性。

2.数据驱动的精准营销

区块链技术通过去中心化的方式收集和存储数据，确保了数据的真实性和完整性。这些数据可以作为企业制定营销策略的重要依据。企业可以利用区块链上的数据分析工具，对消费者的行为进行深度挖掘和分析，了解消费者的需求和偏好，从而制定更加精准的营销策略。同时，区块链的匿名性也保护了消费者的隐私，确保他们在享受个性化服务的同时，无需担忧个人信息的泄露问题[②]。

3.自动化营销流程

区块链技术的智能化还体现在自动化营销流程上。通过区块链平台，企业可以构建自动化的营销流程，包括广告投放、内容推送、客户互动等各个环节。这些流程可以根据预设的规则和条件自动执行，降低了人工操作的复杂性和错误率。同时，区块链的实时性也确保了营销活动的及时性和有效性，使得企业能够迅速响应市场变化，抓住营销机遇。

（二）高效化

1.降低交易成本

区块链技术通过去中心化的方式消除了中间环节，使得交易双方可以直接进行交易，降低了交易成本。企业可以直接与消费者进行互动和交易，无需通过传统的广告代理商、分销商等中间环节。

2.提高营销效率

区块链通过去中心化的方式显著降低了交易成本和时间成本，同时，提高了交易效率和便捷性，使得企业能够迅速响应市场变化，灵活调整营销策略。通过区块链平台，企业可以实时监测市场动态和消费者反馈，及时调整营销策略和方案。这种快速的响应能力使得企业能够更好地把握市场机遇，提升市场竞争力。

① 代炜琦，李铭，赵珂轩，等．面向电商联盟的区块链营销标签交易系统［J/OL］．计算机研究与发展．［2024-07-31］：1-13.
② NGUYEN G T，KIM K.A survey about consensus algorithms used in blockchain［J］.Journal of Information Processing Systems，2018，14（1）：101-128.

3.优化供应链管理

通过区块链技术，企业可以实现对供应链的全程追溯和监控，确保产品的质量和安全。区块链技术可以实现数据的透明共享和开放访问，促进供应链各方之间的协同合作，提高供应链的整体效率。这有助于打破传统营销中的数据孤岛现象，促进不同企业和机构之间的数据共享和合作。高效的供应链管理使得企业能够加速新产品的推出，并快速响应市场需求，进而提升整体营销效果。同时，数据的透明共享也有助于减少信息不对称现象的发生，促进市场的公平竞争和健康发展。

（三）透明化

1.交易信息透明

在区块链上，所有的交易信息都是公开透明的，任何人都可以查看和验证。这种透明化特点使得营销活动更加公正和可信。消费者可以通过区块链平台查看产品的生产、加工、运输等各个环节的信息，了解产品的真实来源和质量情况。这种透明度不仅增强了消费者对产品的信任度，还促进了企业与消费者之间的沟通和互动。

2.数据安全可靠

区块链采用先进的加密算法对数据进行加密处理，确保数据在传输和存储过程中的安全性和完整性。这种加密技术可以有效防止数据泄露和篡改等安全问题的发生。在区块链上存储的数据无法被篡改或删除，即使部分节点遭受攻击或损坏，整个网络的数据仍然保持完整和安全。这种安全性特点使得区块链营销在保护消费者权益和企业数据安全方面具有独特的优势。企业可以利用区块链技术建立安全的营销数据库，存储和管理消费者的个人信息和交易数据，防止数据泄露和滥用。

3.信任机制完善

在传统的营销模式中，消费者往往对广告和宣传持怀疑态度，担心企业夸大其词或隐瞒真相。区块链营销凭借其公开透明的交易信息和数据记录，有效消除了消费者对企业的不信任感，增强了市场的信任基础。区块链上的交易记录是公开透明且不可篡改的，消费者可以通过区块链平台验证产品的来源、质量和交易过程的真实性，从而增强对产品和品牌的信任度。这种信任机制的建立不仅有利于企业的长期发展，也促进了市场的健康稳定。

三、区块链营销的策略

（一）区块链驱动的消费者洞察

1.锚定目标客户群体

通过区块链技术的数据分析功能，企业可以更加精准地定位目标客户群体。例如，通过分析用户的交易记录和消费行为，企业可以识别出具有高购买潜力和忠诚度的用户群体，并针对这些用户群体制定个性化的营销策略。

2.精准刻画消费者需求

区块链技术还可以帮助企业深入了解消费者的需求和行为习惯。通过收集和分析用户的数据和反馈，企业可以更加准确地把握消费者的需求和痛点，从而提供更加符合消费者期望的产品和服务。

（二）区块链驱动的产品服务创新

1.基于区块链特性的产品设计思路

在产品设计过程中，企业可以充分利用区块链技术的特性进行创新设计。例如，利用区块链技术实现产品的全程溯源和防伪功能，可以显著提升产品的可信度和附加值。通过区块链技术实现产品的去中心化交易和共享使用功能，满足消费者对于个性化和便捷性的需求。

2.利用区块链技术提升服务质量

区块链技术还可以帮助企业提升服务质量。例如，通过智能合约实现服务的自动化执行和监控功能，减少人为错误和延误的发生。区块链技术确保了服务数据的透明共享和可追溯性，从而提高了服务的透明度和可信度。

3.打造具有区块链特色的品牌故事

企业可以围绕区块链技术打造具有独特魅力的品牌故事。通过讲述品牌与区块链技术的结合历程和优势特点，增强消费者对品牌的认知和信任度，并提升品牌的竞争力和影响力。

（三）区块链驱动的营销渠道推广

1.跨链合作与资源共享

区块链技术可以实现不同区块链之间的互联互通和资源共享。企业可以通过跨链合作与其他区块链项目或企业建立战略合作关系，共同推动区块链技术的发展和应用推广。这种跨链合作不仅可以拓展企业的营销渠道和合作伙伴网络，还可以促进区块链技术的创新和发展。

2.进行精准广告投放

区块链技术可以实现广告数据的透明共享和精准投放。企业可以通过区块链技术收集和分析用户的广告偏好和行为数据，制定更加精准的广告投放策略。这种精准广告投放不仅可以提高广告的点击率和转化率，还可以降低广告成本和浪费现象的发生。

（四）区块链驱动的客户关系管理

1.区块链技术下的客户数据管理

区块链技术可以实现客户数据的去中心化存储和共享。企业可以利用区块链技术来构建更加安全、可靠和高效的客户数据管理系统。这种系统可以确保客户数据的安全性和隐私性，并为企业提供更加全面和深入的客户洞察能力。

2.基于区块链的忠诚度计划

为了增强客户的忠诚度和参与度，企业可以设计并实施基于区块链技术的忠诚度计划。例如，利用区块链技术实现积分的自动化发放、管理和兑换功能，提升客户体验；通过区块链技术实现会员身份的唯一性和不可篡改性，增加会员权益的保障。同时，通过智能合约自动执行奖励机制，确保会员在达到预设条件时能够即时获得相应的奖励。这种基于区块链的忠诚度计划不仅提升了客户满意度和忠诚度，还通过区块链的透明性和可追溯性，进一步增强了客户对品牌的信任。

3.提升客户参与感与忠诚度

区块链技术为提升客户参与感和忠诚度提供了多种途径。企业可以通过区块链平台邀请客户参与产品的设计、反馈或测试过程，使客户成为品牌共创的一部分。此外，企业还可以利用区块链技术开展多样化的互动活动，如区块链抽奖、竞猜游戏等，以增强客户的参与感和娱乐性，进一步加深客户与品牌之间的联系。这些活动不仅加深了客户与品牌之间的联系，还通过区块链的不可篡改性和公开透明性，确保了活动的公平性和真实性，进一步提升了客户的忠诚度。

第四节　元宇宙营销

一、元宇宙营销的发展现状与未来趋势

（一）元宇宙营销的发展现状

1.元宇宙的概念

元宇宙一词源自"Meta"（超越）和"Universe"（宇宙）的结合，它描述的是一个超越互联网传统范畴的虚拟数字世界。在这个世界中，用户可以通过虚拟身份自由互动、创造和交易，体验与现实世界平行的沉浸式虚拟生活。元宇宙不仅仅是一个游戏平台或社交平台，它是一个综合性的虚拟经济体，涵盖了社交、娱乐、教育、商业等多个领域，并通过融合人工智能、区块链、虚拟现实（Virtual Reality，VR）、增强现实（Augmented Reality，AR）等前沿技术为用户提供了前所未有的沉浸式体验与多样化功能[1]。随着技术的不断进步和用户需求的日益增长，元宇宙的市场规模正在迅速扩大，成为数字经济的重要组成部分，其重要性已经上升至政策及战略层面。2022年10月，工信部发布了《工业元宇宙创新发展三年行动计划（2022—2025年）》，标志着国家层面对元宇宙发展的高度重视。次月，工业和信息化部等五部门联合发布了《虚拟现实与行业应用融合发展行动计划（2022—2026年）》，旨在进一步推动元宇宙相关技术的深度融合与应用。在这样的政策背景下，元宇宙不仅是一个虚拟的数字世界，更是一个潜力巨大的经济增长点。

2.元宇宙营销的内涵

元宇宙营销是一种适应数字时代的创新营销方式，它利用VR、AR、AI和区块链等数字化技术，通过构建虚拟世界来进行产品推广和品牌营销，其核心思想是通过虚拟世界来创造出一个与现实世界相对应的虚拟场景，提供给消费者一种身临其境的体验[2]。这种体验可以是完整的虚拟现实世界，也可以是与现实世界相互关联的增强现实场景，从而让消费者在虚拟世界中感受到与真实世界相似，甚至更优异的体验。它不仅仅是一种营销手段，更是一种全新的商业生态。元宇宙营销具备创造性、娱乐性和沉浸感体验等特点，能够为用户提供多感官、强交互的升级体验。在元宇宙环境中，品牌能够充分利用其娱乐性和沉浸感等特性，通过构建虚拟场景、推出虚拟商品、组织虚拟活动等多种方式，与用户进行深度互动，进而建立信任感与安全感，有效激发用户的购买欲望。同时，元宇宙营销还能够打破传统营销的地域和时间限制，实现全球范围内的精准营销

①　HOLLENSEN S，KOTLER P，OPRESNIK M O.Metaverse-the new marketing universe［J］.Journal of Business Strategy，2023，44（3）：119-125.
②　廖俊云.元宇宙营销：数字营销新浪潮［M］.北京：北京大学出版社，2024.

和个性化推荐。

3.元宇宙营销的三要素

元宇宙营销的三要素主要包括人、货、场。这三个要素在元宇宙营销中各自扮演着重要角色，共同构成了元宇宙营销的基础框架，如图13-7所示。

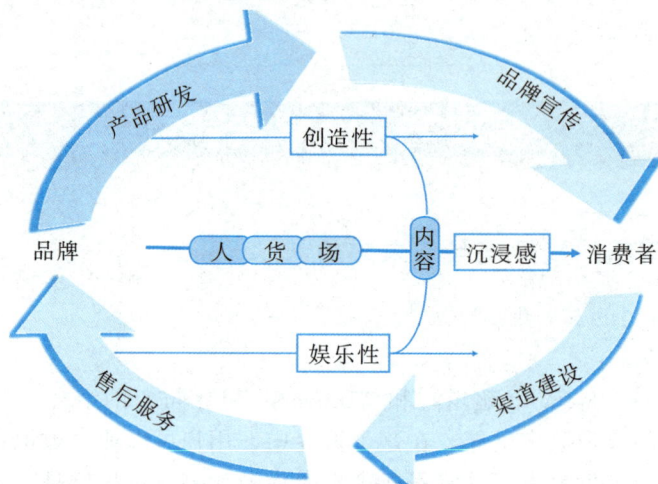

图13-7　元宇宙营销要素

资料来源：艾瑞咨询. 2023年中国元宇宙营销市场研究报告〔R〕. 上海：艾瑞咨询集团，2023.

（1）人。"人"指的是用户或消费者，他们通过虚拟化身进入元宇宙的虚拟世界。这些虚拟化身不仅是用户在元宇宙中的身份标识，也是他们进行社交互动、体验产品和服务的重要载体。消费者不再仅仅是传统意义上的购买者，而是成为了虚拟世界的参与者、创造者。他们可以通过虚拟身份参与各种社交活动、购物体验，甚至参与到产品的设计和生产过程中。

（2）货。"货"指的是数字化的商品，这些商品可能是非同质化代币（Non-Fungible Token，NFT）或其他形式的数字商品。这些数字化商品不仅具有独特的标识和属性，还可以作为品牌在元宇宙中的营销工具。元宇宙为品牌提供了展示其产品和文化的全新平台，使得品牌与消费者之间的互动更加紧密和频繁。通过限量发行具有艺术价值、收藏价值或实用功能的数字藏品、虚拟商品等，品牌可以吸引消费者的关注，提升其购买欲望，进而提升品牌的知名度和销售额。

市场洞察13-4

移卡YVerse助力线下商圈营销破圈

（3）场。"场"是指具有社交互动属性的线上虚拟场景或虚拟空间，是连接人与货的关键桥梁。在元宇宙中，品牌可以创建专属的虚拟店铺、展览空间或活动现场，为消费者提供沉浸式的购物体验和社交互动机会，使得消费者可以在虚拟世界中与其他用户进行交流和分享，进一步扩大品牌的影响力和传播范围。这些虚拟场景不仅突破了物理空间的局限，还借助丰富的视觉效果和交互设计，显著提升了消费者的参与度和沉浸体验。

（二）元宇宙营销的未来趋势

1.技术发展的趋势

（1）技术融合与创新。未来，VR、AR、AI、区块链等关键技术将进一步融合创新，为元宇宙营销提供更加丰富的应用场景和更高级别的用户体验。例如，通过VR、AR与

AI的结合，可以实现更加智能化的虚拟试穿和个性化推荐；通过区块链与AI的结合，可以进行舆情监控，帮助企业防范风险。

（2）技术门槛的降低。随着技术的普及和成本的降低，更多的中小企业和个人将能够参与到元宇宙营销中来。元宇宙将接续互联网，借助各类沉浸式内容创作工具，进一步降低内容创作的门槛。这些工具使得非专业人士也能较为容易地创作出高质量的元宇宙内容，从而推动了元宇宙内容创作的普及和繁荣。

2.营销模式的演变

元宇宙营销模式正逐步向沉浸式、社区化及跨界资源共享的多元化方向演变，以深化品牌与消费者的互动体验并拓展市场边界。

（1）沉浸式营销。未来，沉浸式营销将成为元宇宙营销的主流模式。通过构建高度逼真的虚拟场景和提供丰富的交互体验，品牌将能够更加深入地触达消费者并激发他们的购买欲望[1]。

（2）社区化营销。元宇宙中的虚拟社区将成为品牌与消费者互动的重要场所。品牌可以通过参与社区建设、举办社区活动等方式与消费者建立更加紧密的联系，并借助社区的力量进行口碑传播和品牌塑造。

（3）跨界资源共享。在元宇宙中，不同品牌之间将更容易实现跨界合作和资源共享。通过共同构建虚拟场景、开发联名产品等方式，品牌可以共同拓展市场并提升品牌影响力。

3.行业标准的发展

随着元宇宙营销的兴起和发展，相关行业标准也将逐步建立和完善。这些标准将涵盖技术规范、数据安全、隐私保护等多个方面，为元宇宙营销的健康发展提供有力保障。同时，行业标准的制定也将推动元宇宙营销的规范化和标准化进程，促进市场的良性竞争和可持续发展。

★ 红色营销

人民网"人民审校"V3.0版

2023年3月，人民网推出的内容风控产品"人民审校"V3.0版正式发布。该版本致力于为用户提供更全面、更精准的党政信息内容审校服务，全新上线视频审校功能，同时，引入风控专家把控，进一步满足政府机关和央国企等机构的审校需求，助力防范涉政信息表述风险。

新上线的视频审校功能通过场景拆分，全面解析视频中的图像和文本内容，识别并提示视频中可能出现的重点人物、风险人物和敏感字词，精确定位疑似问题出现的时间、位置，标注问题类型，并提供必要的校正建议。同时，系统还对审校精准度进行优化，为审校风险接受能力较低的客户提供辅助的专家审校支持，即在机器审校的基础上，由内容风控专家进行二次把控，将涉政内容风险降至最低。

"人民审校"是人民网推出的内容风控产品，以人民日报资料库为核心数据，依托

---

[1] HOLLENSEN S, KOTLER P, OPRESNIK M O .Metaverse-the new marketing universe [J]. Journal of Business Strategy, 2023, 44（3）: 119-125.

"传播内容认知全国重点实验室"技术和人民网十余年的人工审核经验，实现对涉党政信息表述问题的审校。自2022年7月上线以来，"人民审校"已历经3次迭代更新和数十次局部功能优化，如今可以实现在线检测、文本审校、图片审校、视频审校、自定义词库等多种功能，支持网页、微信公众号、微博账号等多媒体日常业务巡检，覆盖各类型信息宣传场景。

资料来源：人民网."人民审校"V3.0版发布 全新上线视频审校功能［EB/OL］.［2023-03-21］. https://baijiahao.baidu.com/s？id=1760965578054369727&wfr=spider&for=pc.内容有删改。

二、元宇宙时代的消费者行为

在元宇宙时代，消费者行为显著表现为对个性化认知的强烈需求、追求沉浸式的购物体验，以及倾向于社交化的购物模式。

（一）个性化的认知需求

1.消费者主权认知

在元宇宙时代，消费者的主权意识显著增强，他们不再仅仅被动接受企业的推广信息，而是更加积极地寻求自主选择和决策权。因此，企业需要更加注重与消费者的互动和沟通，建立长期稳定的客户关系并赢得他们的信任和忠诚。同时，企业需持续创新并优化其产品和服务，以动态适应消费者不断变化的认知与期望。

2.个性化服务需求

随着消费者对品质生活的追求日益提高，他们越来越注重商品的个性化设计和独特体验。在元宇宙环境中，消费者能够根据个人喜好和需求，定制商品的颜色、款式、材质等细节，并有机会直接参与到产品的设计与生产过程中。这种个性化定制不仅满足了消费者的独特需求，还增强了他们的参与感和归属感。

3.定制化服务需求

为充分满足消费者的个性化需求，企业需提供更为灵活且多样化的定制化服务方案。在元宇宙背景下，企业借助AI技术和大数据分析，能够精准洞察消费者的需求与偏好，进而提供高度个性化的商品推荐与服务方案。同时，企业还可以与消费者进行实时互动和沟通，了解他们的具体需求和反馈意见，以便及时调整服务策略和提升服务质量。

（二）沉浸式的购物体验

1.沉浸式购物环境的构建

元宇宙通过运用VR和AR技术，为消费者构建了一个高度沉浸式的购物环境。消费者可以"走进"虚拟商场，身临其境地感受商品的陈列、灯光、氛围等细节，仿佛置身于真实的购物场景中。这种沉浸式体验极大地提升了消费者的购物兴趣和参与度，使他们能够更加全面地了解商品信息，作出更加明智的购买决策。

2.虚拟试穿与产品体验

在元宇宙中，虚拟试穿成为了可能。消费者无需实际试穿，只需通过简单的操作即可在虚拟世界中体验不同款式、尺寸的衣物和配饰。这种虚拟试穿不仅节省了消费者的时间和精力，还避免了因尺码不合适或款式不喜欢而带来的退换货麻烦。此外，针对高价值或特殊商品，元宇宙还提供了虚拟体验功能，使消费者在购买前能够全面了解产品的性能与实际应用效果。

3.虚实融合的购物流程

元宇宙实现了虚拟与现实的深度融合。在购物流程中，消费者可以在元宇宙中浏览商品、比较价格、参与促销活动等，最终选择心仪的商品进行购买。消费者购买的商品既可以是虚拟的（如数字藏品、游戏道具等），也可以是实体的（通过物流配送至消费者手中）。这种虚实融合的购物流程为消费者提供了更加便捷、高效、个性化的购物体验。

（三）社交化的购物模式

1.虚拟社交空间

元宇宙为消费者提供了广阔的虚拟社交空间。这些空间可以根据不同的兴趣、爱好和需求进行划分，如时尚社区、游戏论坛、艺术画廊等。消费者可以在这些空间中结识志同道合的朋友，共同参与讨论、分享心得和经历。这种虚拟社交空间不仅打破了地域限制，还让消费者能够随时随地与全球范围内的用户进行互动交流。

2.企业互动活动

元宇宙内社交活动丰富多样，企业可借助举办虚拟发布会、派对、竞赛等活动，吸引消费者关注并提升企业曝光度。消费者可以在这些活动中与企业进行直接互动，了解企业故事、产品特点和优惠信息。这种互动不仅加深了消费者对企业的认知和好感度，还为企业带来了更多的销售机会和市场份额。

3.社交影响力

在元宇宙中，社交影响力对消费决策的作用日益凸显。消费者的购买决策往往受到社交网络中其他用户评价和推荐的影响。因此，在元宇宙中，企业应重视口碑营销与社群建设，通过提供卓越的产品与服务来赢得消费者的信任与好评。同时，企业还可以利用元宇宙的社交功能来引导和激励消费者分享购买体验和推荐产品给他人，从而扩大企业影响力并提升销售业绩。

三、元宇宙时代的营销新工具

（一）元宇宙营销的关键技术

元宇宙作为一个融合了虚拟现实（VR）、增强现实（AR）、人工智能（AI）、区块链等多种前沿技术的综合性数字世界，其关键技术要素是推动元宇宙营销发展的核心动力。

1.VR与AR技术

这两项技术为元宇宙提供了沉浸式的视觉与交互体验。VR技术通过模拟真实环境，使用户能够身临其境地参与虚拟活动；而AR技术则通过叠加虚拟信息于现实世界之上，增强了用户与环境的互动。在元宇宙营销中，VR、AR技术被广泛应用于虚拟试穿、虚拟展览、沉浸式广告等场景，极大地提升了消费者的购物体验。

2.AI技术

AI在元宇宙中扮演着智能助手、内容生成、个性化推荐等多重角色。通过AI技术，元宇宙能够实现对用户行为的深度分析，进而提供个性化的购物建议和体验。在营销方面，AI驱动的虚拟客服、智能推荐系统等工具正逐步成为元宇宙营销的重要组成部分。

3.区块链技术

区块链以其去中心化、不可篡改、透明可追溯的特性，为元宇宙中的数字资产交易、身份认证、数据安全等方面提供了强有力的保障。在元宇宙营销中，区块链技术被用于

NFT（非同质化代币）的发行与交易，确保了数字藏品的价值和唯一性。

（二）虚实结合的产品服务

在元宇宙中，物理世界与数字世界的界限被彻底模糊，这一特性为营销领域带来了前所未有的创新空间。借助虚实结合的产品服务，企业能够突破传统营销的束缚，以更加沉浸式、互动性和个性化的手段触及消费者，从而构建出全新的营销生态系统。

1.虚拟数字人

虚拟数字人作为元宇宙中的"原住民"，凭借其可定制化的外观、智能化的交互能力以及不受物理限制的特性，正成为品牌代言、客户服务、内容创作等领域的新宠。企业可以根据品牌形象和目标受众，打造专属的虚拟数字人。通过社交媒体、直播平台、虚拟活动等渠道，企业能够与消费者进行直接且深入的互动，凭借独特的创意、高效的互动机制，以及广泛的传播能力，为企业创造更多的商业价值和社会影响力。例如，元圆科技旗下的国风虚拟数字人天妤，以短视频形式惊艳亮相，坚持高质量的内容创作与高精度的人物建模技术，与热门电影《流浪地球2》及《封神第一部》进行联动，并与知名游戏《传奇世界》展开合作，在营销创新领域取得了显著突破，展现了其强大的商业化变现能力。

2.虚拟IP

在元宇宙中，虚拟IP（知识产权）的价值被进一步放大。这些由数字技术创造的虚拟形象、故事、文化等，不仅能够吸引大量粉丝关注，还能通过衍生品开发、版权授权等方式实现商业价值最大化。企业可以通过孵化或合作的方式，打造具有独特魅力和广泛影响力的虚拟IP，将其与品牌深度绑定，共同构建品牌文化，增强品牌忠诚度和用户黏性。

3.数字藏品

数字藏品是元宇宙中一种新兴的资产形式，它利用区块链技术确保唯一性和不可篡改性，为艺术品、收藏品等赋予了全新的价值维度。企业可以通过发行限量版数字藏品，吸引消费者参与抢购和收藏，以此提升品牌曝光度和市场影响力。同时，数字藏品还可以作为会员体系的一部分，为忠实消费者提供独特的身份标识和权益奖励，进一步巩固企业与消费者之间的紧密联系。

4.虚拟商品和服务

元宇宙为消费者提供了一个全新的购物和消费场景。在这里，企业可以推出各种虚拟商品和服务，如虚拟服装、虚拟家具、虚拟旅行体验等，满足消费者在虚拟世界中的个性化需求。这些虚拟商品和服务不仅具有观赏性和娱乐性，还能通过社交分享、交易变现等方式实现价值传递和增值。企业可通过创新产品设计、优化用户体验以及拓展销售渠道等策略，持续挖掘虚拟商品和服务的市场潜力，为元宇宙营销注入新的活力与动力。

市场洞察13-5

回力探索"元宇宙"创新生态

（三）深化链接的虚拟场景

虚拟场景作为元宇宙中的核心组成部分，为企业提供了展示品牌形象、推广产品信息的全新舞台。通过构建高度沉浸式的虚拟场景，企业能够引导消费者深入体验品牌文化和产品特性，从而加深品牌认知和情感连接。

1.品牌虚拟场景

品牌虚拟场景是企业根据自身品牌特色和定位，在元宇宙中打造的专属空间。这些场景包括品牌历史博物馆、未来概念展厅、主题乐园等多种形式，通过高度还原的视觉效果、丰富的互动元素和独特的文化氛围，为消费者提供全方位的品牌体验。在品牌虚拟场景中，企业可以举办新品发布会、主题展览、用户交流会等活动，吸引消费者参与并分享传播，进一步扩大品牌影响力。

2.产品虚拟场景

产品虚拟场景则是将产品置于特定的虚拟环境中进行展示和体验。这些场景可以根据产品的特性和使用场景进行设计，如家居产品的虚拟样板间、汽车产品的虚拟试驾场等。通过高度仿真的视觉效果和交互设计，消费者可以在虚拟场景中直观地感受到产品的外观、性能和使用效果，从而作出更加明智的购买决策。同时，产品虚拟场景还可以结合AR技术，实现线上线下无缝连接，为消费者提供更加便捷和个性化的购物体验。

本章小结

社交媒体营销是指企业利用社交媒体平台进行内容分享、互动交流、社群运营等，吸引目标受众关注，提升品牌知名度、美誉度和忠诚度，进而实现企业品牌推广、产品促销、用户互动等营销目标的一种营销策略。

搜索引擎营销是通过提高网站在搜索引擎中的可见性来促进业务发展的营销策略。它利用人们对搜索引擎的依赖和使用习惯，在人们检索信息的时候将信息传递给目标用户，用户通过在线搜索、查看结果、点击内容、浏览信息、产生咨询获得最终的销售线索。

网络直播营销是以数字服务平台为媒介，由直播人员在直播间中通过实时视频的形式展示产品、服务或活动内容，与消费者在同一时间、共享同一线上空间来产生多样化的即时互动，由此促进消费者作出购买决策的一种新型营销方式。

网站推广营销是指专注于某一特定行业、领域或需求，通过构建专业的网站推广平台，向目标受众提供深度信息、专业服务和相关产品的营销策略。这种营销方式强调对特定市场或用户群体的精准定位和深度挖掘，以实现更高效的市场渗透和用户转化。

人工智能营销是指利用深度学习、大数据分析等先进的人工智能技术，优化和自动化营销流程，实现精准营销、个性化推荐和高效决策的营销过程。它通过对消费者行为、市场趋势等数据的深度挖掘和分析，帮助企业更好地理解消费者需求，制定更加精准和有效的营销决策，从而有效提升企业营销效率和效果。

区块链营销是指利用区块链技术来优化和增强企业营销方案的过程。通过结合区块链的去中心化、透明化、不可篡改等特性，为营销活动建立一个更加安全、高效、可信赖的数字经济生态系统，推动营销活动的创新和发展。

元宇宙营销是一种适应数字时代的创新营销方式，它利用VR、AR、AI和区块链等数字化技术，通过构建虚拟世界来进行产品推广和品牌营销，其核心思想是通过虚拟世界来创造出一个与现实世界相对应的虚拟场景，提供给消费者一种身临其境的体验。

关键概念

社交媒体营销；搜索引擎营销；网络直播营销；人工智能营销；机器学习；自然语言处理技术；区块链营销；智能合约；元宇宙营销；虚拟数字人

案例分析

白象泡面工厂主题快闪店——年轻市场的深度渗透

随着夏日的热情逐渐升温，白象泡面工厂通过一场声势浩大的"火红"风暴席卷全国，进一步巩固了其在年轻消费群体中的独特市场地位。自2024年5月起，白象携手其子品牌大辣娇，以新品"牛油麻辣火锅面"为核心，开启了第三季白象泡面工厂主题快闪店的全国巡展之旅。这次巡展不仅标志着白象泡面工厂在视觉形象上的大胆突破，更是一次深入年轻市场、精准捕捉消费需求的深度探索。

火红盛夏，快闪店的华丽转身

截至2024年7月1日，微博话题#白象泡面工厂红了#已经积累了惊人的1.5亿次浏览量，成为了社交媒体上的热门话题。每到一处，白象泡面工厂的快闪店都犹如一座炽热的红色火焰，吸引着众多年轻人的目光，使其驻足。消费者们纷纷排队等候，只为亲身体验这份独特的"火红"魅力与氛围。

与前两季相比，第三季的白象泡面工厂不仅在视觉上实现了质的飞跃，更在互动体验上进行了全面升级。主视觉颜色从以往的橙色系转变为大辣娇的"辣椒红"，这种鲜艳且富有视觉冲击力的色彩设计，不仅凸显了新品"辣"的特质，还通过视觉层面营造出"火红""过瘾""解压"的氛围，令人过目难忘。

沉浸式体验，打造年轻人的新地标

走进第三季的白象泡面工厂，消费者仿佛穿越到了一个充满奇幻色彩的泡面世界。这里不仅有造面长廊和白象历史馆，让消费者了解白象27年专注中国面的发展历程和历年代表产品；更有六大创意区域和"实习生上岗"沉浸式角色体验，让每一位参与者都能亲身参与到泡面的生产过程中去。

在快闪店内，消费者首先需要变身"火辣实习生"，领取上岗证后方可进"厂"参观。他们需要严格按照白象大辣娇牛油麻辣火锅面的生产流程，完成上岗打卡，体验从一粒小麦到一碗好面的全过程。这种独特的体验方式，不仅让消费者感受到了泡面的制作工艺和品质保证，更让他们在玩乐中增长了知识，增强了品牌的认知度和好感度。

科普与娱乐并重，激发年轻人的尝鲜欲

除了沉浸式体验外，白象泡面工厂还通过科普与娱乐相结合的方式，激发了年轻人的尝鲜欲望。在火锅面底料炒制间，消费者可以亲眼见证正宗火锅底料的炒制过程；在辣椒科普站，他们可以了解不同种类辣椒的特点和辣度；在造面长廊，他们可以见证一粒小麦如何经过多道工序变成一碗香气扑鼻的泡面。这些科普内容不仅让消费者对泡面有了更深入的了解，也让他们对新品产生了更浓厚的兴趣。

同时，快闪店内还设置了多个互动区域，如大辣娇火锅面DIY加料间和辣爽活动室等。在这里，消费者可以根据自己的喜好DIY专属泡面，或者在辣爽活动中尽情释放压力、享受乐趣。这些活动不仅满足了年轻人对个性化和娱乐性的追求，也让他们在轻松愉快的氛围中感受到了品牌的温度和亲和力。

产品创新，直击年轻消费者的痛点

白象大辣娇牛油麻辣火锅面之所以能在短时间内迅速吸引年轻人的关注，关键在于其精准的场景洞察和辣味创新。对于大学生等00后群体而言，他们既追求美味又注重便捷性。而这款泡面正好满足了他们的需求：热水一冲即可食用，方便快捷。在抖音、微博等社交媒体平台上，"把一块牛油火锅底料放进方便面"的吃法一度被列为"泡面的神仙吃法"之一，大辣娇正宗的牛油麻辣火锅味底料让人回味无穷、欲罢不能。

此外，白象大辣娇还深谙年轻人对"辣"的热爱与追求。他们不仅注重辣度的提升，更追求口感的纯正与地道。在产品研发上，他们不断尝试新的配方和工艺，力求让每一款产品都能满足年轻人的味蕾需求。这种对品质的坚持和创新精神，使得大辣娇在辣味速食领域始终保持领先地位。

注重情感沟通，实施品牌年轻化战略

白象泡面工厂的成功不仅展现了其在产品创新上的实力，更彰显了其在品牌年轻化战略上的远见卓识。通过打造主题快闪店等创意营销活动，白象成功地将品牌与年轻消费者紧密联系在一起，实现了品牌形象的年轻化和时尚化。

同时，白象还注重与年轻人的情感沟通，通过社交媒体等渠道与他们进行互动和交流，了解他们的需求和喜好，从而不断优化产品和服务。这种以用户为中心的品牌理念，使得白象在激烈的市场竞争中始终保持着强大的竞争力和生命力。

结语

白象泡面工厂的成功不仅是个案，更是国货品牌崛起与创新的一个缩影。在当今这个竞争激烈的市场环境中，国货品牌要想立足并发展壮大，就必须不断进行创新，探索新的发展模式和市场空间。从产品创新到营销创新，再到品牌年轻化战略的实施，国货品牌正在以更加开放和包容的姿态迎接市场的挑战和机遇。他们不仅注重产品的品质和口感，更注重与消费者的情感连接和文化共鸣，从而赢得了更多年轻消费者的喜爱和认同。

白象泡面工厂的火红盛夏不仅是一场视觉和味觉的盛宴，更是一次品牌与年轻消费者深度互动和交流的契机。通过这场活动，白象不仅成功地将新品推向市场，更在年轻消费者心中树立了良好的品牌形象和口碑。未来，随着国货品牌的不断崛起和创新，我们有理由相信，像白象这样的优秀品牌将会在市场上绽放出更加璀璨的光芒。

资料来源：张晨阳. 白象变"红"，为何让年轻人上头？［N］. DT商业观察，2024-07-04.内容有删改。

问题：

1.白象采用了哪些社交媒体营销策略？

2.白象是否有潜质发展其他类型的新科技营销？

案例分析答案示例13　　　　　　　　　　基本训练13

第十四章

低碳营销

学习目标

通过本章学习，学生应该达到以下目标：

1. 了解低碳消费的核心理念；
2. 理解低碳营销的内涵；
3. 掌握低碳消费行为的影响因素；
4. 应用低碳营销策略。

思维导图

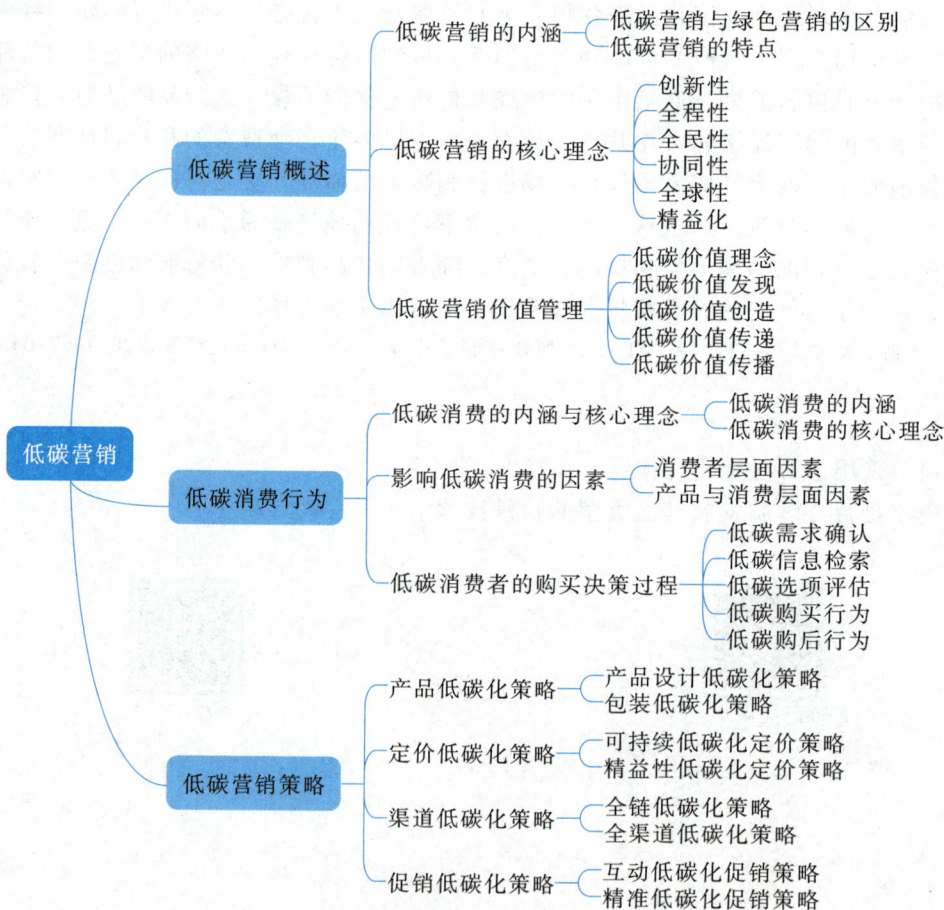

开篇案例

看伊利如何"碳"寻低碳绿色发展之路

伊利集团作为乳品行业的佼佼者，不仅积极响应国家的环保政策，还在企业运营中大力推行减碳措施。他们通过产品创新和市场引导，积极推动绿色低碳消费，将环保理念贯穿于全产业链的各个环节。

伊利的环保践行，不仅仅体现在推出低碳牛奶这一举措上。从生产到消费，他们致力于实施绿色低碳实践，确保每一步都尽可能减少对环境的影响。这种综合的绿色低碳策略，从源头到终端，全面履行了低碳环保的社会责任。

具体地，在原材料方面，伊利积极采用低碳饲料技术，减少了奶牛的甲烷排放。这种技术不仅提高了奶牛的健康和生产力，还显著减少了温室气体的排放，为全球气候目标的实现作出了直接贡献；在生产过程中，伊利更是积极推行零碳工厂建设。如今，他们已经拥有了5家零碳工厂，并推出了5款零碳产品。通过能源优化和废弃物管理，伊利实现了生产环节的绿色低碳转型。

自2010年起，伊利集团按照国际和国家标准，开展了企业内的全面碳盘查。他们实施了多项绿色低碳生产技术，显著减少了碳排放。在包装和物流方面，伊利也毫不松懈。他们采用环保包装材料和设计，减少了包装过程中的能耗和废物排放。同时，通过优化物流网络和采用低碳运输方式，伊利进一步减少了产品在运输过程中的碳足迹。

伊利秉承绿色低碳理念，通过消费者互动与教育活动，倡导环保生活。推广环保包装、绿色物流，减少碳足迹；引导消费者选择环保产品，共践低碳之路。实施全面碳盘查、节能减排，建立零碳工厂，推行绿色供应链，推广低碳产品，提升能源效率，减少温室气体排放。携手全球伙伴，共促全产业链减碳。同时，致力保护生物多样性，开展湿地保护、草原恢复、野生动物栖息地修复等项目。通过"伊利家园行动"等公益项目，动员社会各界共守地球生态多样性与可持续性。

伊利致力于绿色技术创新和全产业链的绿色转型，推动更多行业共同参与绿色低碳发展。这些努力不仅增强了市场竞争力，还为全球环保事业作出了积极贡献。作为行业领导者，伊利在全球环保和可持续发展领域展现了责任与承诺。其绿色低碳发展策略助力实现国家"双碳"目标，并通过产品创新和市场引导推动社会绿色低碳转型。这提高了企业的环境可持续性，增强了品牌市场竞争力和消费者信任。伊利引领行业绿色低碳发展，为构建生态文明、促进社会进步作出了重要贡献。

资料来源：佚名．伊利首款环保双减纯牛奶亮相，伊利的创新环保路径如何推动绿色［EB/OL］．［2024-05-24］．https://www.sohu.com/a/781218863_120013927.内容有删改。

第一节　低碳营销概述

一、低碳营销的内涵

习近平总书记指出："绿水青山就是金山银山，改善生态环境就是发展生产力。"

低碳经济的高质量发展是应对全球气候变暖、改善生态环境的关键。2003年，英国能源白皮书首次提出"低碳经济"的概念，旨在应对环境问题和气候变化挑战。此概念一经提出迅速引发全球关注，影响深远。与高碳经济不同，低碳经济强调技术创新和经营模式转变。可以说，低碳经济不仅关乎产业转型升级，更涉及社会各方面的可持续发展。

党的二十届三中全会审议通过的《中共中央关于进一步全面深化改革 推进中国式现代化的决定》指出："构建碳排放统计核算体系、产品碳标识认证制度、产品碳足迹管理体系，健全碳市场交易制度、温室气体自愿减排交易制度，积极稳妥推进碳达峰碳中和。"可见，做好低碳产品市场交易是实现"双碳"目标的重要一环。低碳营销作为新兴市场交易模式，通过减少营销活动过程中的碳排放，实现环保与经济和谐发展。简而言之，低碳营销就是将企业市场营销行为低碳化，从而实现可持续发展与营销的完美结合。

（一）低碳营销与绿色营销的区别

许多学者和业界人士常将低碳营销与绿色营销混为一谈，尽管二者确有共通之处，但在制度约束、立足导向、交易载体等方面存在一定差异，见表14-1。

表14-1　　　　　　　　　低碳营销与绿色营销的差异

营销类型	低碳营销	绿色营销
制度约束	约束较高	约束较低
立足导向	气候变化	环境保护
交易载体	产品、服务或权益	产品

具体而言，这种差异体现在以下几个方面：

第一，绿色营销并无国际制度上的硬性要求，而低碳营销具备制度性、责任性和义务性。绿色营销更多是一种概念的提倡，缺乏明确的规范和约束；而低碳营销受到国际制度的严格规范，其核心在于控制碳排放。

第二，绿色营销着眼于环境保护，而低碳营销致力于应对气候变化。企业获得绿色标志意味着其产品在生产、使用及处理过程中均符合环保要求，对人体无害，且产生的垃圾易于回收利用。相反，低碳营销以产品为纽带，吸引社会各方共同参与应对气候变化，通过授予低碳标志，推动社会形成以顾客为导向的低碳产品采购和消费模式。

第三，绿色营销的交易载体主要是产品，而低碳营销的交易载体可以是产品、服务或权益，除此之外还包括企业营销行为的低碳化。可以说，低碳营销包含两个层次：一是低碳产品的市场交易，二是企业营销方式的低碳化。[1]

（二）低碳营销的特点

低碳营销作为一种创新的市场营销策略，不仅在传统营销的基础上进行了深化和拓展，还融入了生态、社会和大市场营销的观念。它的核心在于综合性、统一性、无差别性和双向性，如图14-1所示。

---

[1] 贾昌荣. 低碳营销：低碳消费浪潮下的新营销范式［M］. 北京：中国电力出版社，2015.

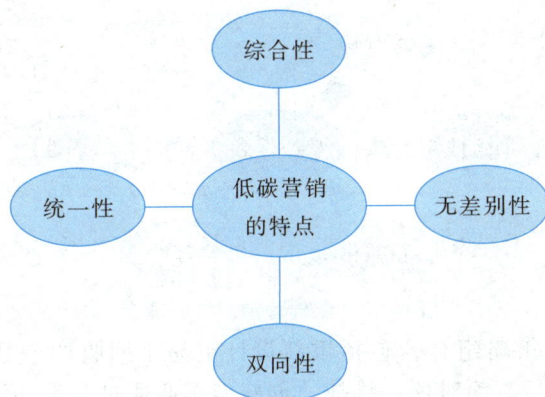

图14-1 低碳营销的特点

1.综合性

低碳营销将市场营销、生态营销、社会营销和大市场营销观念融为一体。它强调企业在满足消费者需求的同时，也要关注生态环境的保护和社会的可持续发展。这种综合性的营销观念要求企业在所有决策中都考虑经济、环境和社会三方面的利益，以实现真正的可持续发展。

2.统一性

低碳营销强调社会效益与企业经济效益的统一。企业在制定产品策略时，既要考虑产品的经济效益，也必须考虑社会公众的长远利益与身心健康。这种统一性的营销观念要求企业在追求经济利益的同时，也要承担起社会责任，尊重自然规律，保护生态环境。

3.无差别性

低碳标准及标志在全球范围内具有无差别性。尽管各国的低碳产品标准可能有所不同，但其核心都是要求在产品的质量、生产、使用消费及处置等方面符合环境保护要求，对生态环境和人体健康无损害。这种无差别性的营销观念要求所有企业都要遵循统一的低碳标准，共同保护地球家园。

4.双向性

低碳营销不仅要求企业树立低碳观念、生产低碳产品、开发低碳产业、采用低碳化营销手段，也要求广大消费者购买低碳产品、采用低碳消费方式、对有害产品和高碳消费方式进行自觉抵制。这种双向性的营销观念强调企业和消费者都要积极参与到低碳行动中来，共同推动社会的可持续发展①。

二、低碳营销的核心理念

总体来说，结合低碳营销的特征，低碳营销在传统营销理论的基础上应该着重突出六个核心理念，如图14-2所示。

（一）创新性

低碳经济时代，环保已成为营销领域的核心议题。对营销人员而言，环保不仅是一种责任，更是推动市场发展的重要力量。特别是在汽车、电信产品、电池和包装行业，许多国家实施的"生产者延伸责任制"要求企业必须负责回收或处理旧产品。这一政策导向正

① 杨旻旻，梁宁，王亚娟. 绿色营销实务 [M]. 北京：化学工业出版社，2021.

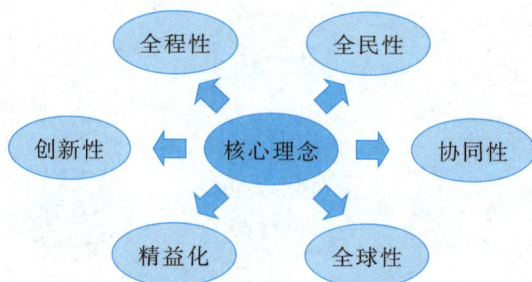

图14-2　低碳营销的核心理念

在逐步改变传统的营销策略组合，包括重新设计更易于回收的产品包装以及优化销售渠道，以便更好地回收产品。面对这一挑战，创新型企业通过避免环境污染和资源浪费，研发出新产品或生产方式，显著提高了资源的有效利用率，进而降低了生产成本。

因此，企业必须将创新作为低碳营销的核心。低碳营销创新不仅是企业成功的关键所在，更重要的是，它塑造并传播了低碳价值观，向消费者传递低碳理念，从而影响甚至改变人们的生活方式。

（二）全程性

低碳营销的全程性是指企业在实施低碳营销的过程中要坚持在产品、营销模式、消费者需求等全部环节实现全过程的低碳模式，具体来看包含以下两个方面：

1.低碳产品全过程化

从产品的角度来看，低碳营销策略贯穿了产品全生命周期的各个阶段。产品的生命周期包括导入期、成长期、成熟期及衰退期，企业根据产品的不同生命周期来制定相应的营销策略，旨在实现企业经济效益与社会效益的最大化。因此，低碳营销的全程性要求企业要建立一套全面的碳排放数据库，涵盖产品导入、成长、成熟、衰退每个环节。这样的数据库能够为企业提供准确的碳排放数据，帮助企业在各个生命周期实施低碳策略，从而优化产品的环境绩效并减少温室气体排放。

通过这种全过程的低碳营销方法，企业不仅能够提升产品的市场竞争力，还能够通过展现其对环境保护的承诺进而赢得消费者的信任和支持。因此，这种以可持续性为核心的营销战略正在成为推动企业发展和创新的关键动力。

2.低碳需求满足全过程化

低碳营销不仅涉及销售与服务环节，更需全面满足消费者的持续需求。企业应从研发至制造，再到产品与服务的每一个环节，均以严格的低碳标准为准则，提供全系列的低碳产品和满意的服务，确保消费者的低碳消费需求得到满足。可以说，低碳营销不仅是市场行为，更是一个涵盖产品研发、设计、生产、物流到终端销售及售后服务的综合性系统工程。

（三）全民性

在营销的演变历程中企业曾长期扮演着主导角色。然而，随着消费者需求引领生产的新时代降临，消费者的市场影响力日益凸显。综合来看，从参与主体的视角出发，低碳营销可分为三个发展阶段：

1.企业职能部门营销阶段

在此阶段，企业的职能营销部门承担起重要的营销任务，成为低碳营销活动的主要发起者和推广者。

2.全员营销阶段

在此阶段，企业内部的营销职能开始分化，形成市场、销售、信息、服务等多个部门，几个部门共同承担营销职能。同时，全体员工树立低碳营销意识，将低碳营销理念融入各项活动中，使之成为企业的核心价值观。

3.全民营销阶段

这个阶段超越了企业全员营销的范畴，将营销延伸至企业外部乃至整个社会。具体而言，政府机构、新闻媒体、企业以及消费者等各方都需要通过不同方式参与到全民低碳活动中来，通过全民开展低碳经济模式和生活方式，实现社会的可持续发展。

（四）协同性

低碳产业链的构建要求链上各环节的企业不仅达成自身的低碳目标，还需实现资源整合与协同合作，共同推动全产业链的低碳转型。在这一背景下，很多企业纷纷致力于推出相应的产业链协同计划，旨在通过规范低碳生产与流通等相关业务流程，引导产业链上的企业生产出更节能高效的高质量产品。

（五）全球性

低碳发展已成为全球性的战略方向。在全球经济一体化的大背景下，每家企业都不可避免地面对广阔的国际市场。低碳全球化指的是以低碳经济革命为核心，通过跨国界的经济活动形成的一个相互依存、紧密联系的全球低碳经济体系。这一概念涵盖了多个方面，如低碳贸易（涉及国际与国内的市场营销）、全球低碳机制建设、低碳技术的国际传播、低碳生产方式的普及以及低碳服务的全球化推广等。低碳全球化不仅是未来世界经济的一个重要特征，更是推动世界经济向低碳化方向发展的关键趋势。

目前，许多发达国家的大型公司已经开始在全球范围内扩展，积极进行低碳技术的改造和应用，旨在抢占全球低碳市场的先机。与此同时，中国的企业也在积极参与到这场"低碳"竞争中，努力在全球市场中占据一席之地。以海尔集团为例，其向海外市场推出的冰箱、空调、电视和洗衣机等产品，不仅获得了英国、西班牙等国家的能效补贴奖励，还通过了出口目的国的绿色产品认证，赢得了国际客户广泛的认可。这些成就标志着中国企业在低碳全球化进程中迈出了坚实的步伐。

（六）精益化

精益化生产与运营是现代企业管理的核心，其目标是通过最小化的资源投入实现最大化的产品和服务产出。这一理念与低碳营销的目标不谋而合，即通过持续优化管理和运营流程，减少不必要的资源消耗，从而提高资源使用效率，进而达到降低碳排放的效果。

在低碳营销精益化理念的推动下，一些企业开始对企业活动的碳数据进行计算：先是精确测量自身的碳足迹，这些测量覆盖从原材料采购、元件制造、运输、基站建设、用户交付到最终回收利用的整个过程；然后，通过对每个环节的碳排放进行定量分析，识别出可以改进的领域；最后，制定具体的减排目标，并致力于持续改善[①]。

三、低碳营销价值管理

低碳价值管理过程如图14-3所示。

① 贾昌荣. 低碳营销：低碳消费浪潮下的新营销范式 [M]. 北京：中国电力出版社，2015.

低碳价值理念	→	低碳价值发现	→	低碳价值创造	→	低碳价值传递	→	低碳价值传播

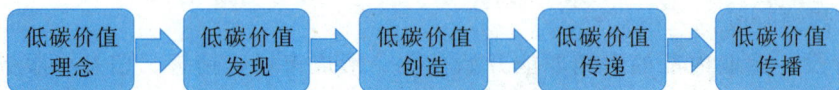

图14-3　低碳价值管理过程

（一）低碳价值理念

在低碳营销理念的指导下，企业的生产经营活动应以节约能源、资源及保护自然环境为基础。这种理念要求企业在制定营销决策时，必须将节能减排和环境保护作为核心考量因素。区别于传统的社会营销理念，低碳营销理念的基础是可持续发展，更加明确地关注与节能和环保相关的社会利益，同时也关注社会经济的长期发展与全球福祉。在这一框架下，企业在同行竞争中关注的焦点从传统营销要素的比拼和传统市场份额的争夺，转变为寻找和实施最佳生态环境保护的营销策略。这不仅有助于企业形成和创造新的目标市场，而且是企业确保竞争优势的关键。

（二）低碳价值发现

低碳价值发现源于精准的低碳需求洞察。因此，洞察满足顾客、客户、合作伙伴乃至社会的低碳需求是企业低碳营销的核心目标。同时，深入挖掘与洞察这些群体的低碳需求也成为实现低碳价值的关键前提。

低碳需求的分析与低碳价值的发现，为企业评估低碳消费趋势和制定低碳产品策略提供了决策基础。借助先进技术企业能够获取大量消费数据，从而更加迅速、准确地洞察目标消费市场和产业市场的低碳需求。同时，对消费者的低碳消费行为特征及其影响因素进行持续深入的理解，可以为企业后续创造低碳价值奠定坚实的思路与基础。

（三）低碳价值创造

低碳价值创造是企业在准确分析消费者低碳需求的基础上，选择正确的目标市场，提升企业低碳产品与服务精准性的过程。低碳价值不单体现在低碳产品的包装和品牌策略中，更深层次地体现在产品设计、生产及使用过程中。在设计低碳产品时，企业需要遵循以下标准：

第一，产品的核心功能必须满足消费者的常规需求，并达到相应的技术和质量标准。同时，产品需要满足对社会、自然环境以及人类健康有益的低碳需求，并严格遵守环保、安全卫生的相关标准。

第二，产品的实体部分应当尽可能少地进行资源消耗，并尽可能利用再生资源。在产品的实体制造中，不得使用对环境或人体健康有害的原料和辅料，并在生产过程中消除或减少废气、废水、固体废弃物（统称"三废"）对环境的污染。

第三，产品的包装设计应进行优化以降低资源消耗，且包装废弃物和产品报废后的残留物应尽可能地回收再利用，转化为新的资源。

第四，产品的生产和销售应着眼于引导消费者进行合理消费，而非鼓励过度消费与过量生产。企业需倡导建立新型的生产与消费观念，强调适量生产与正确消费的重要性。

（四）低碳价值传递

在当今社会，低碳价值已经成为衡量企业社会责任和可持续发展能力的重要标准。因此，企业在制定产品价格和分销策略时，必须充分考虑其低碳价值，以实现对顾客、客户、合作伙伴和社会的有效传递。

低碳产品的价格应以产品的价值为基础，同时考虑目标顾客的价格接受能力。由于低碳产品在投入市场初期的生产成本高于同类传统产品，因此其价格可能会相对较高。然而，随着科技的进步和环保措施的完善，低碳产品的制造成本将逐步下降并趋向稳定。并且，随着消费者环保意识的增强和经济收入的增加，他们对商品的价格接受度也将逐渐提高。因此，企业通过低碳营销不仅可以在激烈的市场竞争中脱颖而出，还能实现盈利。

企业应建立稳定的低碳营销渠道。低碳产品的分销主要依赖于分销渠道和供应链，这两者的选择都应以可持续性为原则。企业应尽可能缩短流通渠道，减少资源消耗，降低渠道费用。为了真正实现低碳营销，企业还需要从选择低碳交通工具、建立低碳仓库，到制定和实施低碳装卸、运输、贮存和管理方法等方面进行全面考虑，确保一系列低碳基础工作的落地。

（五）低碳价值传播

低碳价值传播是企业实现低碳营销的关键。通过低碳方式向顾客和合作伙伴展示低碳产品的独特价值，企业能够有效地进行低碳传播沟通。低碳价值传播的主要方式包括低碳促销的功能展示、低碳广告的生动设计以及低碳内容的观点表达等，以此巩固和强化消费者的低碳认知①。

市场洞察 14-1

李宁解锁低碳环保营销新玩法

第二节 低碳消费行为

一、低碳消费的内涵与核心理念

习近平总书记强调："要加快推动发展方式绿色低碳转型，坚持把绿色低碳发展作为解决生态环境问题的治本之策，加快形成绿色生产方式和生活方式，厚植高质量发展的绿色底色。"同时，《中共中央 国务院关于加快经济社会发展全面绿色转型的意见》指出，"大力倡导简约适度、绿色低碳、文明健康的生活理念和消费方式，将绿色理念和节约要求融入市民公约、村规民约、学生守则、团体章程等社会规范，增强全民节约意识、环保意识、生态意识"。可见，绿色生产方式和生活方式对于推动经济社会发展全面绿色转型具有重要意义。低碳消费是一种以低碳为导向的科学消费模式，有利于加快促进低能耗、低排放和低污染的绿色生产方式和生活方式的形成。这种消费模式不仅能满足人的物质需求，还能满足人的精神需求和生态需求。

（一）低碳消费的内涵

低碳消费的实质是共生型消费，符合可持续发展的要求。它将当代人的需求与后代人的需求有机统一，目的是促进人与自然的和谐发展，实现公平公正，均衡各类消费，使消费行为和结构更具可持续性。特别值得一提的是，低碳消费在保证气候目标实现的同时，也关注维护个人基本需求的满足，其内涵表现为三个主要方面：第一，它鼓励消费者在购买时优先考虑那些未经污染、对公共健康有益的低碳产品。这不仅体现了对个人健康的关怀，也彰显了对环境保护的责任感。第二，低碳消费倡导人们在追求自然、健康、舒适生活的同时，更加注重资源的节约和能源的高效利用，并倡导人们以低碳化的方式进行消

① 王建明. 绿色营销：价值视角［M］. 北京：清华大学出版社，2023.

费，引导消费行为向低碳化、可持续化方向发展。第三，低碳消费强调在消费过程中对垃圾进行妥善处理，避免对环境造成污染。这既是对地球家园的尊重，也是对未来的负责。总的来说，低碳消费不仅是一种科学、绿色、可持续的生活方式，更是对地球环境、生态资源的一份承诺[1]。

（二）低碳消费的核心理念

低碳消费方式是一种兼顾环境效益、经济效益、安全效益以及具有可持续性、创新性的消费方式，具体来说，它的核心理念包括五个方面，如图14-4所示：

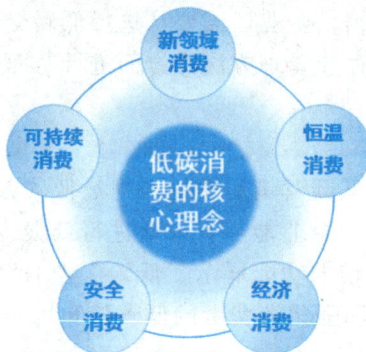

图14-4　低碳消费的核心理念

第一，恒温消费。恒温消费是指在消费活动中确保温室气体排放达到最低限度，以减缓气候变化的负面影响。

第二，经济消费。经济消费强调在满足需求的同时，实现资源与能源的最优化利用，追求经济效益与环境保护的双赢。

第三，安全消费。安全消费着眼于消费结果对个体健康及生态系统的最小危害，保障人类生存环境的安全。

第四，可持续消费。可持续消费旨在减少对自然资源的过度开采，支持人类社会的长远可持续发展。

第五，新领域消费。新领域消费倡导转向新能源的消费，激励低碳技术的创新与低碳产品的开发，同时鼓励推动经济结构的转型[1]。

二、影响低碳消费的因素

对企业而言，了解影响低碳消费的各种因素，进而理解这些因素如何影响顾客的低碳消费行为是极其重要的。影响低碳消费行为的因素很多，有来自消费者自身的因素，也有来自产品和消费层面的因素，具体如图14-5所示。

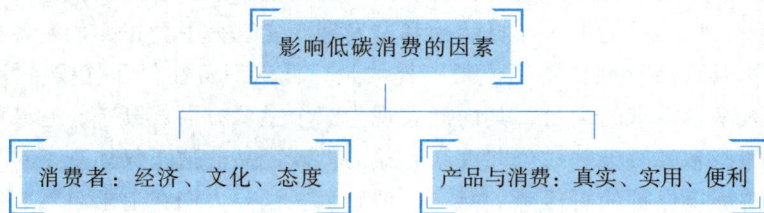

图14-5　影响低碳消费的因素

（一）消费者层面因素

1.经济因素

经济条件在很大程度上塑造了消费者的商品选择，它不仅是购买行为的关键决定因素，而且直接影响着消费者的购买能力和购买规模，以及所选商品的类型和品质。在成本效益的考量下，消费者只有在收入达到某个水平以后，才会更愿意投资于环境改善，进行绿色消费。

2.文化因素

低碳消费模式的践行者往往展现出较强的社会责任感。这种责任感驱使他们积极投身于社区和社会活动中，表现出对环境保护和可持续发展的承诺。因此，积极参与社区活动并具备强烈社会责任感的个体，更可能倾向于选择低碳消费方式。

3.态度因素

在识别低碳消费者的过程中，一个关键标准是评估他们在"自认为能够有效降低污染程度"方面的看法。此外，另一个重要标准涉及他们对"其他人是否也会采取相同行动"的态度。低碳消费者通常坚信自己的行为能够有效减少环境污染，并相信他人也会作出类似的选择。换言之，当消费者对自身影响力的信念越强，对他人采取相似行动的预期越高时，他们购买和使用低碳产品的可能性就越高[1]。

（二）产品与消费层面因素

1.产品真实性因素

在当前市场，消费者在选择低碳产品时面临诸多挑战。由于缺乏明确的选择与评价依据，消费者往往难以准确识别低碳产品的真伪。虽然部分产品通过碳标签展示其碳足迹和认证，能够引导消费者优先选购碳排放较低的产品，但大多数消费者对这类标签的可信度持保留态度。据不完全统计，超过半数的消费者对服装上的"低碳标识"表示怀疑。此外，由于缺乏统一且明确的低碳产品评价标准，消费者在面对市场不确定性时常常表现出紧张、恐惧和不安的情绪，这些因素无疑极大地影响了他们的低碳消费决策过程。

2.产品实用性因素

产品的实用性、可靠性和耐用性仍然是消费者购买决策的主要考量因素，这一点超越了对产品生态影响的关注。因此，低碳生产商面临的挑战在于如何研发出与常规产品相匹配或更优的低碳产品。低碳产品必须展现出超越传统产品的卓越性能，以赢得消费者的支持和青睐。而且，仅凭环保热情驱动的初期购买行为，并不能保证消费者对低碳产品的长期忠诚。因此，低碳产品必须在满足基本需求的同时提供额外的价值，以建立和维护消费者的持续忠诚度。

3.消费便利性因素

消费者对购物便利性的追求已成为主导购买决策的核心因素。众多企业响应这一需求，推出了一系列旨在提升购物体验的便捷服务和产品。然而，这些便利背后往往隐藏着对资源的过度消耗。以超市冷链设施为例，根据制冷技术专家的研究数据，超市的电力消耗有高达70%用于维持冷藏设备的运转。更具体地说，敞开式冷柜的能耗比带玻璃门的冷柜高出约20%。进一步计算，一家中型超市使用敞开式冷柜，一年可能会多消耗约

---

① 包月姣. 绿色营销 [M]. 郑州：郑州大学出版社，2018.

48 000 千瓦时电力，这相当于额外燃烧约 19 吨标准煤，并导致大约 48 吨二氧化碳排放量的增加，同时会多消耗约 19 万升的清洁水。这一数据揭示了一个不容忽视的现实：消费者在追求购物便利的同时，可能无意中促进了高碳消费模式的形成。因此，如何在消费便利性和低碳环保之间找到平衡点，成为了促进消费者转向低碳生活方式的一个关键影响因素①。

三、低碳消费者的购买决策过程

低碳消费者的购买决策过程涉及在获取、利用及废弃产品期间经历的心理变化。该过程包含五个核心阶段（如图 14-6 所示）：低碳需求确认、低碳信息检索、低碳选项评估、低碳购买行为以及低碳购后行为。需要强调的是，这五个阶段并非固定不变，而是根据消费者的个体差异可能按序进行或选择性地跳过某些环节。

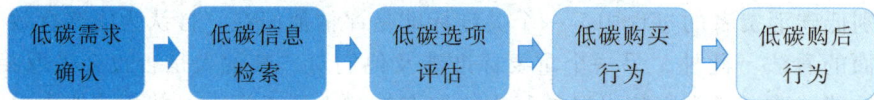

低碳需求确认	→	低碳信息检索	→	低碳选项评估	→	低碳购买行为	→	低碳购后行为

图 14-6　低碳消费者的购买决策过程

（一）低碳需求确认

当消费者识别到自身的特定需求并考虑购买相应商品以满足这一需求时，他们便启动了对该商品的购买决策过程。这一过程实质上是消费者对潜在低碳产品需求的形成阶段，即在决定是否采购某低碳产品前的思考与评估期。例如，由于缺乏对某些低碳产品的了解，消费者可能会对其使用方法或环保效能存疑，这要求企业提供直接的产品体验机会，以帮助消费者确认其需求。值得注意的是，并非所有低碳需求都是明确的，消费者往往需要通过一些尝试性的行为来验证和探索自己真正的低碳需求。

（二）低碳信息检索

在消费者明确购买动机后，他们通常会开始搜集相关信息。这些信息来源主要分为四类：个人来源、商业性来源、公众来源和经验来源。个人来源包括家庭、朋友、邻居和其他熟人提供的信息。商业性来源则涉及广告、售货员介绍、商品展览与陈列、商品包装和说明书等。公众来源主要包括报刊、电视等大众宣传媒介的客观报道以及消费者团体的评论。经验来源是通过触摸、试验和使用商品直接获得的信息。

从消费者的角度来看，由企业控制的商业性来源主要起到通知的作用，而其他非商业性来源则主要用于验证和评价。在当前万物互联的时代，消费者获取低碳信息的渠道已经变得日益广泛，许多人习惯使用网络搜索引擎来寻找低碳信息。然而，网络上仍然存在大量未经证实或故意误导的低碳信息，这些不良信息可能会影响消费者的决策过程。因此，消费者需要保持理性和客观的态度，通过全面的信息搜集来降低购买低碳产品过程中的不确定性。

（三）低碳选项评估

在决策阶段，消费者基于所获取的信息评估并比较不同品牌以确定偏好。在低碳消费的背景下，消费者需要在心理上权衡选择低碳产品与非低碳产品可能带来的损失和收益。在评估过程中，产品的低碳特性是众多考量因素之一，其他还包括价格、特性、性能、外观设计以及产品对个人的意义等。产品的低碳属性是判断其是否属于低碳产品的核心标

① 贾昌荣. 低碳营销：低碳消费浪潮下的新营销范式［M］. 北京：中国电力出版社，2015.

准，通常在功能属性之后被考虑。

（四）低碳购买行为

在深入评估之后，消费者对特定品牌形成了明确的偏好和购买意向。这一过程不仅涉及决定是否进行购买以及选择何种产品，还包括一系列与低碳消费理念相关的决策。这包括在交易过程中采用的支付方式、交付货物的方法，以及低碳环保包装的选择等细节。当消费者将低碳因素作为其消费决策的核心考量时，若购买过程中存在众多非低碳元素，可能会导致消费者在最后一刻犹豫不决。

（五）低碳购后行为

低碳购后行为是指在完成低碳消费决策之后，消费者在产品使用、维护及最终处置等环节中，持续实践低碳理念的行为模式。这一概念的核心在于评估消费者在初次选择低碳产品后，是否能在后续的消费过程中保持其低碳行为的连贯性和一致性。例如，消费者是否会持续选择低碳产品，或是否会在后期转向非低碳生活方式。此外，低碳购后行为也是对低碳价值传递的一种反馈，它反映了消费者对低碳价值的认同和满意度[1]。

第三节 低碳营销策略

一、产品低碳化策略

产品低碳化策略是指产品生产、流通要遵循低碳、绿色、健康、环保的理念，通过采用低碳绿色技术、使用绿色材料、采用低碳包装、回收废物资源，降低产品生产、使用过程中的碳排放，实现对环境的保护。

（一）产品设计低碳化策略

产品设计低碳化策略主要强调产品在生产设计方面需要遵循低碳理念，采用低碳技术和低碳材料，并保证产品用后可回收。在低碳化理念下，产品不仅需要具备传统的使用价值，还应在产品设计方面体现低碳化特性。企业在应用产品设计低碳化策略时应重点突出以下理念（如图 14-7 所示）：

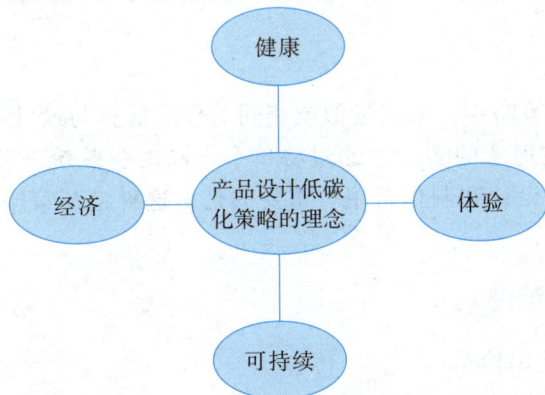

图14-7 产品设计低碳化策略的理念

---

① 王建明. 绿色营销：价值视角 [M]. 北京：清华大学出版社，2023.

第一，健康。随着安全消费和健康消费成为消费者的基本需求，生命至上、健康为本的观念已深入人心。因此，产品设计低碳化应突出对消费者健康利益的保障。

第二，经济。消费者在购买过程中不仅关注产品成本，还关心后期使用成本，包括使用周期和维护维修费用等。因此，产品设计低碳化应强调为消费者提供最优的成本价值比。

市场洞察 14-2

格力以低碳产品技术创新推动企业可持续发展

第三，体验。低碳材料、技术和工艺的应用显著提升了产品质量和用户体验。消费者选择为"低碳"支付，不仅是因为社会公益性，更因为低碳与良好体验之间的紧密联系。因此，产品设计低碳化还应突出良好的使用体验。

第四，可持续。产品低碳化的重要特征体现于产品的循环使用、产品使用后废料的回收利用等。产品设计应充分考虑可持续性因素，减少废弃产品对环境的负面影响，促进资源的有效回收利用，并尽可能延长产品的使用寿命[①]。

（二）包装低碳化策略

包装低碳化策略是指通过简化包装、再使用包装以及类似包装的方法降低包装过程中的资源浪费，以减少包装使用过程中的碳排放。这种策略强调包装能够被重复使用和再生，其主要理念体现在环境保护和资源节约两个方面。两者互相促进，缺一不可。企业实施包装低碳化策略时，要树立节约环保的理念，在包装设计上应当更加简单，尽可能减少材料的使用，避免资源的浪费，同时尽可能地为后期的回收与循环利用提供方便，这样才能实现低碳初衷，创造绿色价值。包装低碳化策略具体包括：

1.简化包装策略

将复杂的包装设计简单化，有利于降低资源浪费，从而降低包装过程中的碳排放。在数字时代下，一些数字技术有利于包装设计的简化。例如，利用数字印刷技术实现小批量、高定制化的包装需求能够减少不必要包装形成的浪费。

2.再使用包装策略

在包装领域，复用与多用途包装是两种重要的环保策略。复用包装的核心在于其可循环性，如"小象回家"推出的智能循环共享包装箱，便是此理念的典型实践。而多用途包装则通过赋予包装额外的使用功能，实现资源的二次利用。这种创新不仅激发了消费者的购买兴趣，更满足了他们对低碳生活的追求，对企业塑造低碳形象、传播环保理念也起到了关键作用。

3.类似包装策略

在企业的产品包装策略中，采用近似或相同的包装材料与设计不仅是一种成本效益的考量，更是对低碳包装理念的实践。通过将单个产品的包装统一化，形成独特的包装系列，企业能够显著降低设计和制作费用。重要的是，这种包装策略遵循了可重复性原则，强调环保和资源节约[②]。

二、定价低碳化策略

（一）可持续低碳化定价策略

可持续低碳化定价策略是指企业通过实施长期、持续、稳定的定价策略，建立良好的

① 贾昌荣. 低碳营销：低碳消费浪潮下的新营销范式［M］. 北京：中国电力出版社，2015.
② 王建明. 绿色营销：价值视角［M］. 北京：清华大学出版社，2023.

市场秩序以及利益相关者关系，从而避免由短期经营变动带来的资源配置浪费，进而形成经营低碳化模式。此策略不仅关注企业的短期经济利益，更重视长远的可持续发展，尤其是在减少碳排放方面的影响。具体来讲，可持续低碳化定价策略通过如下机制促进企业低碳化发展：

1.降低生产浪费

在可持续低碳化定价策略下，企业定价策略趋于长期稳定，这使得企业可以建立起稳定的顾客需求关系。这种稳定关系使得市场需求更加可预测，从而可以帮助企业准确规划生产计划。也就是说，当市场对企业产品的需求量相对稳定时，企业可以根据这些信息来调整生产规模和节奏，避免因市场需求波动而导致频繁调整生产线，同时避免在需求低谷时期产生大量库存积压，造成资源浪费和碳排放负担增加。

2.加强减碳合作

可持续低碳化定价策略为企业提供了更多外部合作的机会。在低碳经济模式下，企业需要与各种利益相关者进行合作，共同探索低碳发展模式。通过可持续低碳化定价策略，企业可以确保合作过程中的价格和市场稳定，从而能够有效增强减碳合作的可持续性和有效性。

3.创新低碳技术

可持续低碳化定价策略能够通过保障市场需求稳定推动企业的低碳技术创新。在稳定的市场环境中，企业更有动力投入资源进行技术研发，特别是那些能够大幅减少碳排放的技术创新。这些低碳创新技术不仅能够帮助企业实现自身的低碳目标，还能够为企业打开新的市场和客户群体。

（二）精益性低碳化定价策略

精益性低碳化定价策略是通过精确分析市场需求和成本结构，制定最有效率的价格，以最大化收益和最小化浪费，实现企业定价层面的低碳化效果。具体来讲，精益性低碳化定价策略通过如下机制促进企业低碳化发展：

1.促进资源利用低碳化

精益性低碳化定价通过持续优化定价机制，精确地对市场和成本进行分析，帮助企业制定更有效率、更精细的价格。这种策略可以减少库存积压和过度生产，从而减少能源和原材料的浪费，降低碳排放。例如，企业可通过大数据分析消费者购买行为，预测不同价格点上的需求量，找到最佳价格点，确保在满足消费者需求的同时，尽量减少库存积压和资源浪费。

2.推动供应链优化减碳

精益性低碳化定价策略要求企业对其成本结构有清晰的了解，通过全面审视生产流程中的每个环节，从原材料采购到生产制造，再到销售运输，并在此基础上找出减少资源成本消耗的关键环节。因此，在此策略下，企业将对供应链中的成本进行精确测算与分析，进而通过优化供应链管理，减少供应链运行中的能源消耗，以达到进一步减少碳足迹的效果。

3.促进低碳模式创新

通过精确的市场需求分析和成本结构优化，企业可以更加精准地预测市场需求，从而在商业模式创新中充分考虑低碳因素，如开发低碳产品、推出低碳服务、创新低碳模式等。这种创新不仅能够满足市场和政策的需求，还能为推动企业长期低碳发展提供动力。

三、渠道低碳化策略

（一）全链低碳化策略

全链低碳化策略是指企业在保证自身生产、加工、交易各个环节低碳化的同时，通过制定系统的规则和标准、建立标准化的数据分享平台和高效的协作网络带动供应链上下游合作伙伴共同实现全链条低碳化经营。具体来讲，全链低碳化策略从以下几个方面促进企业的低碳化：

1.链内协作低碳化

利用数字技术、建立数字平台等方式形成高效的信息、数据传递网络，通过共享信息和紧密协作，企业可以更准确地满足供应链合作伙伴的需求，降低沟通成本，提高协作效率，同时选择那些对环境索取最小、资源浪费最少的合作方式，实现协同合作的低碳化。此外，企业可以通过合作共同完成渠道活动，如通过共同配送减少总的运输次数和距离，从而降低渠道活动环节的能源消耗和碳排放。

2.链内资源配置低碳化

企业可以通过共享供应链内渠道资源，如共享仓储设施、物流设施等，减少多个渠道资源的维护和运营成本，从而减少重复投资。同时，集中渠道资源管理可以更有效地提高渠道运营效率，降低渠道成本。例如，进行链内库存资源整合，可提高库存周转运行效率，降低库存管理成本，实现库存管理配置的精益化、低碳化。

3.链内低碳技术创新

链内企业通过协同合作，可以共享研发基础设施、技术知识、资金及人力资源。一方面，共享技术知识和专业知识，有助于快速积累研发经验，缩短技术研发周期，加快低碳技术的市场应用；另一方面，企业协同合作能够分摊高昂的研发成本，降低单个企业在研发低碳新技术时的成本和风险，有利于促进链内企业低碳创新。同时，龙头企业的低碳创新可以带动上下游企业的协同创新，最终促进供应链整体的低碳技术创新。

（二）全渠道低碳化策略

全渠道低碳化策略是指企业通过线上线下全渠道各环节优化，减少渠道环节重复、渠道环节冗余、渠道环节冲突所导致的不必要的渠道资源浪费、能源额外损耗，从而降低碳排放。全渠道低碳化策略对企业碳排放的影响机制如下：

1.线下渠道低碳化

短渠道有助于减少运输和存储过程中的能源消耗。通过简化线下渠道结构，直接与消费者或零售商进行交易，能够减少因多层分销而产生的额外碳排放。

2.线上渠道低碳化

线上渠道的低碳化是企业实现低碳渠道发展战略的重要组成部分。通过优化线上业务流程、减少电子废物等措施，企业可以显著降低其线上渠道运营的碳足迹。企业可采用高效的服务器和冷却系统，减少能源消耗；可以实施服务器虚拟化，提高服务器的使用效率，减少物理服务器的数量，从而降低能耗和空间占用。此外，企业可以通过优化网站设计，减少数据负载和加载时间，降低用户浏览时的能耗和碳排放。

3.全渠道低碳化整合

企业使用统一的平台管理系统来整合经营、管理、库存等相关数据，能够减少渠道间的数据孤岛，降低业务重复处理和资源重复投入，避免资源浪费，提高企业运营效率，降低运营成本，从而实现减碳。

四、促销低碳化策略

(一) 互动低碳化促销策略

互动低碳化促销策略是指通过企业和消费者等多元主体互动、线上线下结合的多元渠道互动、主题事件与促销活动的多形式互动等对企业信息进行全方位传播，以实现运营成本低、碳排放控制水平高的效果。其低碳化的机制如下：

1.减少促销资源的浪费

互动低碳化促销大量采用数字媒介和在线平台进行，通过线上活动和互动，减少了实体活动的举办，大幅减少传统营销中所需的纸质材料，如宣传册、海报等，从而降低与促销相关的碳排放。同时，互动促销信息传递效率更高，能够在短时间内向大量用户传达，这种高效的传播方式也大大减少了能源消耗和资源浪费。

2.提高促销活动的可持续性和灵活性

互动低碳化促销是一种创新的促销策略，它强调消费者参与到促销活动的设计阶段，这种模式能够有效提高消费者的参与度和满意度，从而提高促销活动的长期性和可持续性，同时通过消费者参与设计，能够帮助企业快速了解市场反应，及时灵活调整促销策略，从而减少因策略失误带来的资源浪费和碳排放。

3.增加低碳传播的社会影响力

互动低碳化促销通过强大的社会影响力，促使更多企业和个人关注并参与低碳活动，形成全社会范围内的减碳氛围。例如，企业利用融媒体和公共活动等方式，发布低碳信息和教育内容，扩大低碳环保信息的辐射范围。

(二) 精准低碳化促销策略

精准低碳化促销策略指通过大数据技术下的精准预测，在产品需求、广告投放、促销活动创立等方面形成精准识别，从而减少企业在促销活动方面的资源浪费，达到企业低碳化促销的目的。在该策略下，企业可以基于大量的消费数据，从年龄、职业、学历、收入等维度分析用户的低碳喜好和习惯，给用户设定低碳"标签"，及时、精准地了解用户可能的低碳消费行为。比如，企业或广告主在推广某款低碳产品的时候，就可以有针对性地选取几个标签（比如"一线城市""低碳""公益""环保者"等）进行投放，更精准地触达用户。精准低碳化促销策略从以下几个方面推动企业促销的低碳化：

1.资源使用低碳化

精准低碳化促销策略的核心在于利用大数据和先进的分析技术，深入了解消费者的需求和行为模式，进行详细的成本效益分析，减少资源的无效投入。同时，在此策略下，企业将更多地采用数字渠道进行精准定位促销，可以显著降低物理渠道促销带来的能源消耗，达到降低碳排放的效果。

2.促销模式低碳化

精准低碳化促销策略能够将市场细分成更小的群体，并根据每个群体的特定需求定制促销信息。这种方法增强了促销活动的相关性和吸引力，提高了促销效率，形成了一种低碳化的促销模式。例如，企业可向价格敏感的消费者突出产品的成本效益等特点。

3.传播内容低碳化

精准低碳化促销策略中，企业能够通过对消费者偏好的精准预测将低碳信息有效传播给目标人群，这一方式有利于推广低碳信息，促进低碳理念在消费群体中传播。例如，根据消费者的数据洞察，企业可对关心环保的消费者发送低碳产品信息、环保知识，以显著提高低碳信息的传播效率。

本章小结

低碳营销是将企业市场营销行为低碳化，以实现可持续发展与营销的完美结合，具有综合性、统一性、无差别性、双向性等特点。低碳营销在制度约束、立足导向、交易载体等方面均与绿色营销具有一定差别。低碳营销的核心理念包括创新性、全程性、全民性、协同性、全球性、精益化等六个方面。

低碳消费是指以低碳为导向，以绿色消费、生态消费为手段，以低能耗、低排放和低污染为特征，以对社会和后代负责任的态度，以满足居民消费的经济、社会和文化需求为目的的一种健康、科学、文明的消费生活方式。低碳消费方式的核心理念分为恒温消费、经济消费、安全消费、可持续消费、新领域消费五个方面。消费者的低碳消费行为会被自身因素和产品与消费等因素影响。

低碳营销策略包括产品低碳化策略、定价低碳化策略、渠道低碳化策略以及促销低碳化策略等。其中，产品低碳化策略包括产品设计低碳化策略和包装低碳化策略，定价低碳化策略包括可持续低碳化定价策略和精益性低碳化定价策略，渠道低碳化策略包括全链低碳化策略和全渠道低碳化策略，促销低碳化策略包括互动低碳化促销策略和精准低碳化促销策略。

关键概念

低碳营销；低碳消费行为；产品低碳化策略；价格低碳化策略；渠道低碳化策略；促销低碳化策略

案例分析

安踏集团：品牌引领低碳可持续消费的探索
变局——全球变暖与消费升级

当今世界正经历百年未有之大变局，冰川融化、海平面上升、极端天气、生物多样性消失、生态系统被破坏等由全球变暖引发的一系列问题都在警示着我们，加强生态环境保护、建设生态文明已经刻不容缓。人类活动产生的二氧化碳和其他温室气体排放是导致全球气候变暖的主要原因，如何从人们的生产和生活中减少碳排放是当下世界环境问题最紧迫的挑战之一。

人们的消费理念也在变。自2014年起，消费市场规模逐年增加，成为推动中国经济增长的第一动力。可以说，中国正进入消费升级新时代，越来越多的消费者意识到可持续发展的重要性，觉得环保很酷很时尚，愿意为环保付出精力和金钱。43%的受访者表示愿意为环保产品支付溢价，全民参与环保逐渐发展为一种趋势。同时，消费者也期待企业发挥更大的作用，为消费者提供低门槛且有趣的环保产品。

困局——碳中和任重道远

为应对全球变暖带来的生存与发展的挑战，国家层面、企业层面、个人层面都在努力作出应对。我国提出"二氧化碳排放力争于2030年前达到峰值，努力争取2060年前实现碳中和"。这体现了中国应对全球变暖的大国风范与担当。"3060双碳目标"的提出，标志着我国经济开始长期向低碳模式转型。企业首先是社会的企业，为响应"3060双碳目标"，企业纷纷提出自身的碳中和承诺，在履行好自身职责的前提下，运用自身影响力，为社会和环境作出更多的贡献。未来高碳的产品，将会在市场中失去竞争力。碳中和是关乎子孙万代的环境问题，碳中和大考已经来临，未来越来越多的企业将碳中和目标规划到企业重大的发展战略中。但是不同行业，因为其行业特性，在实现碳中和目标中面临的挑战也不同。

安踏的破局之道

面对全球气候变暖带来的挑战，中国在行动，中国企业在行动，中国品牌安踏也在行动！安踏集团作为领先的世界级多品牌体育用品集团，中国纺织行业的领导者，其可持续发展实践和探索也避免不了传统纺织行业对生态环境不友好的挑战。专注运动鞋服黄金赛道的单聚焦战略是安踏的重要发展战略，但是运动鞋服的生产避免不了废气、废水的产生，避免不了化学品的使用。作为行业的领导者，安踏主动承担作为企业公民应该履行的社会责任，积极寻找纺织品服装行业给环境带来重大污染的破解之法。在安踏成立30周年庆典上，安踏作出了2050年前实现碳中和的承诺，这比国家时间表提前十年。为此，安踏未来十年致力于将可持续产品的比率提高到50%；战略合作伙伴能耗的50%采用可再生能源替代；50%的产品使用可持续包装；自有运输设备能耗的50%采用清洁能源替代；产品中实现50%可再生或可回收原材料。面对全球变暖带来的变局和实现碳中和的困局，中国在积一切力量探索破局之道，安踏也在积极担起中国企业的责任，努力践行绿色可持续发展实践。不管外界怎么变，企业为消费者创造价值的初心不会变，一件再难的事，深入下去，做扎实，也会得到解决。安踏也诚如此，坚守初心，从产品出发，致力于打造绿色环保产品、通过绿色产品积极塑造环境友好型品牌，进而引领广大消费者践行可持续消费理念。塑造绿色品牌引领可持续消费，正是安踏在上下求索中寻求的破局之道。

理念先行——环保理念融入产品设计

如何塑造环境友好型的绿色品牌？首先企业生产的产品要是绿色环保的产品。什么材质更绿色环保？什么原材料是安踏的最佳选择？这是安踏供应链一直在思考并致力解决的问题。安踏致力于持续将环保理念融入产品设计、研发、生产、制造的过程中，力求从原材料确保产品的绿色可持续，为消费者提供更多元、更绿色环保的产品选择。

技术赋能——绿色产品研发

过去十年，安踏投入超过30亿元来推进产品和服务创新，努力让产品满足消费者对专业化和高质感的需求。早在2005年，安踏就成立了行业首个国家级运动科学实验室，进行专业运动装备材料测试与核心运动科技研发。目前，安踏在全球设立了五大研发中心，聘请国际顶尖的设计师和面料工艺师，以更现代化的设计风格和突破性的技术创新，引领体育用品行业的发展趋势，为消费者创造更卓越、舒适的运动体验。仅2021年，安踏申请并被核准注册商标超过1 000项，拥有有效专利超过1 000项。

品牌塑造——环境友好型品牌

作为一个品牌公司，基于绿色环保产品塑造环境友好型品牌才是关键。优质绿色环保产品是安踏塑造环境友好型品牌的重要基础。安踏打造的环境友好型产品也受到了很多消费者的青睐。2019年，安踏推出了"唤能科技"环保系列，每件产品都拥有环保技术说明的特殊标识，方便消费者识别环保产品。2020年，安踏从深受年轻人青睐的"霸道"系列产品入手，推出了鞋品类首款环保产品——霸道环保鞋，环保材质融合绿色环保设计理念。在塑造绿色品牌时，安踏不仅从制作材料入手，也从创意入手打造特色环保产品，塑造了负责任、绿色、可持续的品牌形象。

绿色品牌引领可持续消费

"关爱环境，追求健康的生活方式，更喜欢选择有责任感的品牌"是新时代的消费者成长起来的价值观。埃森哲2022年对中国消费者调研结果显示：90%以上的年轻人，当面对同样的商品时，会更加倾向选择对环境有益的品牌。安踏用创意设计把环保玩出时尚，让消费者穿得好看的同时，也感受到了环保的生活理念和态度，带动消费者一起将环保进行到底。作为一家品牌型企业，安踏积极带动包括自己企业体系内的更多的人为自然环境作出一些努力，且卓有成效。安踏每年能够影响数亿消费者的健康运动，通过安踏的带动，让消费者跟安踏一起推进可持续性消费，更多地购买对环境、对自然，包括对整个人类社会非常有益的绿色可持续产品，助力实现可持续发展。环保从来不是一场独角戏，只有社会更多层面的人去关注这些事情、有更多人参与，才可能把这些事情做更好的推动。2020年8月，安踏集团与世界自然基金会（WWF）缔结了全球战略合作伙伴关系，致力于推动纺织行业可持续发展、供应链绿色转型和生物多样性保护。如2021年，安踏推出的霸道3.0海洋蓝款是与世界自然基金会携手打造的联名版本，基于海洋环保的灵感设计，呼吁消费者关注海洋生物多样性保护，持续引导消费者可持续消费。

企业是实现碳中和的重要载体，企业减碳降碳的决心和实践对我国实现"3060双碳目标"意义重大。安踏基于自身行业领先者的地位，勇于承担社会责任。2021年12月，在安踏集团成立30周年的庆典上，安踏作出了在2050年前实现碳中总目标的承诺，并致力于未来十年影响上下游3 000家企业提升可持续发展水平，带动3亿消费者践行可持续性消费。碳中和关乎子孙万代，实现碳中和也是一个系统性工程，不是凭一家之力就可以完成的，安踏引领可持续消费的探索实践，给了我们一个启示：实现碳中和不仅是供给端（企业）的事情，更需要需求端（消费者）的支持，供给端和需求端一起努力，方可实现。

资料来源：李霞，王永贵，汪淋淋，等．安踏集团：品牌引领可持续消费的探索［DB/OL］．［2022-12-01］．http：//www.cmcc-dlut.cn/Cases/Detail/6855．中国管理案例共享中心．内容有删改。

问题：

1.结合案例分析，安踏是如何通过绿色品牌引领可持续消费的？

2.如果你是安踏的领导人，为实现2050年的碳中和助力我国双碳目标，进而助力社会全面的可持续，下一步应该如何做？

案例分析答案示例14　　　　　　　　　　　　　　　　　基本训练14

第十五章

营销伦理

学习目标

通过本章学习，学生应该达到以下目标：

1. 了解营销伦理的起源和发展；
2. 掌握营销伦理的内涵和作用；
3. 理解市场调研中的伦理问题；
4. 掌握营销组合中存在的伦理问题；
5. 理解营销伦理的治理策略。

思维导图

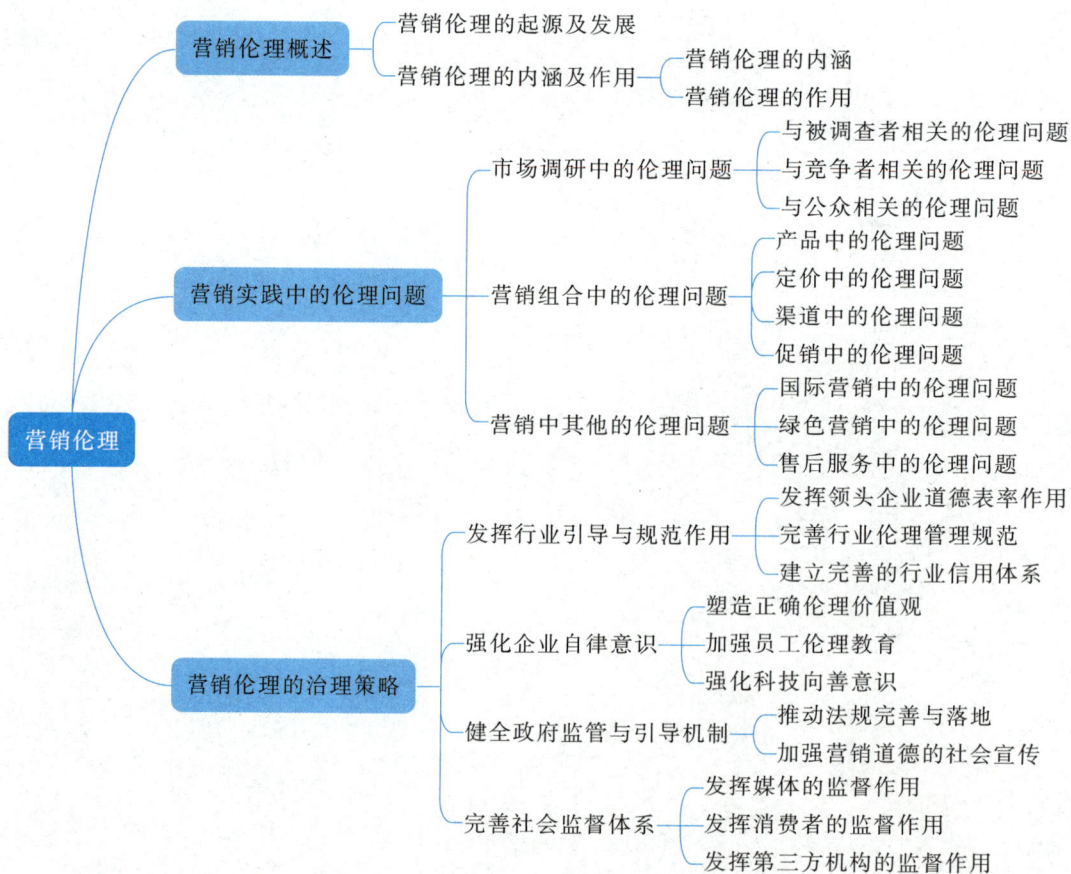

开篇案例

善行天下，让爱安心——爱菊粮油的商业伦理之道

"善"守初心

西安爱菊粮油工业集团的前身是1934年创立的西安华峰面粉有限公司。作为中国近代民族工商业的先驱，经过近一个世纪的征程，爱菊成长为西北民营粮油企业的翘楚，不仅是国家级农业产业化重点龙头企业、全国主食加工业重点示范企业，还承担着"全国中小学生社会实践教育基地""全国粮食安全教育基地"的重任。从第一个倡议无增白剂馒头，到供应几十个品种的主食与预制菜的中央厨房，从东北的生产基地到中亚的万亩麦田，从"种子"到"筷子"的全产业链运营，爱菊的言语质朴、爱菊的步伐坚定。

"善"惠民生

2021年7月25日，爱菊官网登出一条致歉信："……由于河南省近期连续普降暴雨和特大暴雨，当地抗洪形势严峻。……目前救灾物资多为方便面、饼干等，不适合长期食用，当地即食主食产品急缺。自古秦豫一衣带水，亲如一家。如今，灾区人民和抗洪一线人员比我们更需要馒头、白吉馍等主食。因此，经爱菊集团党委研究决定，自即日起至28日，暂停西安市场主食供应。希望大家能够克服暂时的不便，理解和支持我们的工作。"当日上午，首批10万个馒头，5 000个白吉馍在冷链物流的护送下跋涉10小时，抵达河南省周口市扶沟县大新镇泄洪区安置点。

"善"者丹心

从改革开放后一个普普通通的群众面粉厂，发展成为践行共建"一带一路"，构建粮食产业跨国大物流大加工体系的大型集团，爱菊的发展离不开一个关键人物——贾合义。掌舵集团30年来，老贾不仅继承了爱菊"良心担道义"的品格，同时也注入了"诚信仁义"的"善魂"。在他的手里诞生过陕西第一袋无添加剂面粉，全国第一桶一次性中包装食用油，第一条日产50万个老酵馒头的智能化生产线；因为不放心员工待遇，进行股份制改革。爱菊集团有10个党支部、工会分会，在每年的财务规划里，固定分配各支部一定的费用，用于员工的参观、学习、生日、婚礼、聚会、郊游、文艺节目、困难补助等。

此外，在他的带领下，爱菊集团更加注重党建工作，以"党建引领发展，文化推动创新"为核心思想，将党建工作与生产经营、文化创新、团队建设、和谐企业、责任担当相结合。目前，爱菊共有342名党员，党员数量约占员工总数的18%，中高层党员占比更是接近70%，占了企业管理层的绝大多数。

"善"虑国本

爱菊规划设计了"三位一体"国际化运营模式，构建国内国际"双循环"优质农产品大通道，探索出"一带一路"跨国农业产能合作助力国内粮食安全新模式。在北哈州爱菊组建"企业+院校+农场主"新型订单农业合作社，初期推广原料种植150万亩，解决哈萨克斯坦人民"种粮难、卖粮难"的问题，同时促进了我国土地"内休外耕"。

"善"之传承

爱菊集团投资2亿元，筹建"三馆一展一库一中心"（爱粮节粮科普馆、大健康体验

馆、健康产品展示馆、丝路菊花展、智能化仓库、食品中心），打造爱菊健康文化体验园，致力于打造一个集观赏、学习、品鉴、体验等为一体的现代化、花园式的工业园区，力争让广大市民"请进来、留得住、有所得"。

资料来源：王颖晖，王冠群，王莉芳，等.善行天下，让爱安心——爱菊粮油的商业伦理之道 ［DB/OL］.［2023-10-27］. http：//www.cmcc-dlut.cn/Cases/Detail/7710. 中国管理案例共享中心. 内容有删改。

第一节 营销伦理概述

一、营销伦理的起源及发展

营销伦理的起源与发展深深植根于人类社会交往和商业实践历史之中。早在古文明时期，如古希腊、罗马以及中东地区，市场交易便已存在，随之而来的便是对公平交易、诚实宣传及契约精神的基本要求，这可以被视为营销伦理的雏形。然而，现代意义上的营销伦理概念是在20世纪中叶随着市场营销学科的成熟和社会责任意识的增强而逐渐形成的。

20世纪初至中期，随着工业革命的深入和消费主义的兴起，企业开始大规模采用广告和促销手段来推广产品，这一时期也见证了不道德营销行为的增多，如虚假广告、误导性信息等。这些行为引发了公众和政府的关注，促使了一系列法律法规的出台，以规范市场行为和保护消费者权益。例如，美国在1914年成立了联邦贸易委员会（FTC），旨在防止不公平竞争和欺骗性的商业行为。

进入20世纪下半叶，随着全球化的加速和信息技术的发展，企业的营销活动范围迅速扩大，营销伦理问题也日益复杂化。在这一时期，消费者权益保护运动、环保主义、企业社会责任（CSR）理念的兴起，促使企业开始更加重视其营销策略的社会和环境影响。学术界也紧跟时代步伐，开始系统地研究营销伦理，并将其作为一门独立的学科领域进行探讨，提出了诸如利益相关者理论、伦理决策模型等一系列理论框架，帮助企业和营销人员在面对道德困境时作出合理选择。

到了21世纪，随着社交媒体和数字营销的兴起，营销伦理面临着新的挑战，如隐私保护、数据安全、算法歧视等问题。在此背景下，企业不仅要遵守法律法规，还需要主动遵守更高的道德标准，建立透明、诚信、负责任的品牌形象，以赢得消费者的信任和支持。同时，营销伦理的研究与实践也在不断进化，开始强调可持续营销、道德领导力的重要性，推动着营销行业向更加公正、包容和可持续的方向发展。

二、营销伦理的内涵及作用

（一）营销伦理的内涵

营销伦理作为商业伦理的一个重要分支，构成了指导市场营销行为的道德框架，它涉及企业在策划、推广、销售产品或服务的过程中所遵循的一系列基本原则和规范。这一伦理体系的核心在于平衡企业利益与消费者福祉以及社会整体利益之间的关系，确保营销活动既具有经济效益又体现社会责任，助力社会公平与正义的实现。

营销伦理的内涵主要包含以下方面：

首先，营销伦理作为一门融合了营销学、伦理学、管理学、经济学、美学与心理学的综合学科，其核心在于探讨商业实践与道德规范的交汇点。在这一领域，"营销"与"伦理"并非孤立存在而是相辅相成，共同构建了一个旨在指导市场行为的伦理框架。"伦理"作为主词，揭示了营销伦理的本质——即在营销过程中，所有参与者之间形成的必然性伦理联系以及应遵守的行为准则。"营销"作为修饰语，则界定了这些伦理考量的应用范围。从狭义角度来看，营销伦理聚焦于企业的营销活动，强调在追求经济效益的同时，企业还必须对消费者、竞争对手和社会公众承担起相应的道德责任，包括诚实宣传、公平竞争、保护消费者隐私、维护产品质量和安全，以及促进可持续发展等。而在广义上，营销伦理的边界进一步扩展至涵盖非营利组织，这意味着无论组织的性质如何，只要涉及营销活动，都应当遵循一定的伦理标准，以确保其行为对社会产生正面影响。

其次，营销伦理是营销伦理意识、伦理关系、伦理规则和伦理活动的综合体现。其中，伦理意识是营销人员对道德责任的认知；伦理关系则涵盖了企业与各利益相关者之间的道德纽带；伦理规则为营销活动提供了具体的道德指引；而伦理活动则是将这些理论付诸实践的过程。营销伦理的提出，标志着营销领域对人类物质与精神需求的双重重视，实现了工具理性和价值理性的和谐共生。在科技高速发展的今天，虽然技术的进步极大地提升了生产力，但也引发了诸如隐私侵犯、数据垄断等伦理挑战。营销伦理正是在这样的背景下，从人的根本需求出发，寻求技术应用与道德底线之间的平衡点，确保科技进步能真正服务于人类的全面发展，而非成为道德沦丧的催化剂。通过强化营销伦理，企业不仅能够规避潜在的法律风险和社会谴责，更能构建起长久的信任与良好的品牌形象，实现真正的可持续发展。

最后，营销伦理是双向的，是权利与义务的统一。权利一般是指人们应当享有的利益（包括物质层面和精神层面），而义务是指人们在社会生活中应尽的责任。在传统观念中，仅仅对企业提出道德责任要求而忽视其应得的道德权利是不利于企业长远发展和社会进步的。在营销伦理的框架下，权利与义务应当构成不可分割的统一体，主体的道德权利与道德责任紧密相连，相辅相成。具体而言，社会在强调主体必须践行营销道德责任的同时，也要最大限度地使道德主体在履行社会责任之后获得社会尊重等相应的道德权利。相应地，道德主体享受道德权利的前提，必然是自觉且有效地履行了相应的道德义务，这种权利与义务的相互依存，共同推动了商业伦理的健康发展与社会文明的持续进步①。

（二）营销伦理的作用

营销伦理的作用如图 15-1 所示。

1.降低企业交易费用

交易费用作为衡量市场效率的重要指标，涵盖了信息搜寻、谈判协商、合约制定与执行等各个环节的成本。在缺乏有效的伦理道德规范时，这些成本往往因信任缺失、信息不对称以及机会主义行为的普遍存在而急剧上升，严重阻碍了市场的高效运作。营销伦理作

---

① 郭国庆. 营销伦理［M］. 北京：中国人民大学出版社，2012.

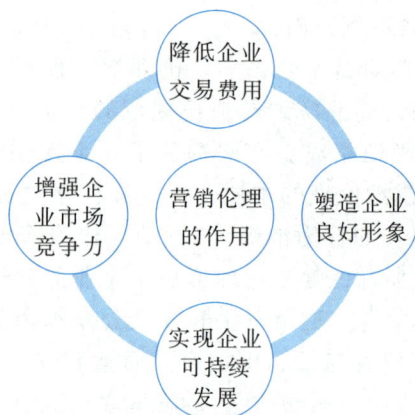

图15-1　营销伦理的作用

为一种"软约束"，通过内外双轨机制，显著降低了交易费用。在外部机制上，它依托于社会习俗与舆论导向，形成了一股不容小觑的监督力量，有效遏制了欺诈、假冒伪劣和机会主义等非伦理行为，减少了因此产生的交易纠纷与诉讼成本。内部机制则更加微妙，它根植于个体良知与道德自律，促使企业及个人在面对诱惑时，能够基于内心的道德准则作出决策，以避免不诚实、投机取巧等行为，从而降低了由道德风险引发的额外成本。

2.塑造企业良好形象

企业形象作为公众与企业员工共同认知的集合，是企业内在特质与外在表现的综合反映，它直接影响着企业与社会大众的互动效果，决定了企业能否获得广泛的信任与支持。在这一塑造过程中，企业"硬件"，如资本实力、技术创新能力、先进生产设备等，无疑为企业提供了坚实的基础，确保了产品和服务的质量水准，这是企业形象构建的第一步，也是最直观的物质支撑。然而，市场营销的经验反复证明，仅有强大的"硬件"是远远不够的。那些在市场上树立起卓越形象的企业，其产品确实为行业标杆，但背后承载的不仅仅是技术优势与资本实力，更是企业文化中蕴含的深层次价值。其中，员工的责任心与质量意识，团队间默契的协作精神，以及对顾客超乎期待的服务态度等，共同构筑了一个情感层面的共鸣空间。消费者在与企业交互的过程中，不仅体验到了产品本身的卓越，更重要的是感受到了企业文化的温度，这份安全感、信任感与归属感，正是营销伦理在情感层面的直接体现。

3.实现企业可持续发展

企业的可持续发展不仅关乎企业自身的长期生存和发展，还涉及到经济和社会的协调发展。因此，企业要实现可持续发展，必须处理好短期利益与长期利益、企业利益与社会利益的关系，这两种关系的本质是处理好义和利的关系，而能否处理好义利关系决定着企业能否获得可持续发展[①]。企业在开展市场营销活动时，只有坚持合理的伦理原则，着眼于利益相关者的需要，并将义和利有机统一起来，才能更大限度地得到顾客、员工、竞争者、供应商等利益相关者的信任和支持，从而使企业在复杂多变的市场环境中保持竞争优势，实现企业的长期可持续发展。

---

① 周秀兰.营销伦理［M］.成都：西南交通大学出版社，2017.

-------------- ● **价值引领 15-1**

正确的义利观指导企业的伦理道德建设

正确的义利观，强调企业在追求利益的同时，也要注重社会责任，即企业要在追求经济利益与社会利益之间寻求平衡。习近平总书记指出，"只有义利兼顾才能义利兼得，只有义利平衡才能义利共赢"。义和利是有机统一的，只有做到以义取利，要求获得利益必须具备正当性，充分考虑国家和社会的整体利益，做到义利兼济，才能实现社会效益和经济效益的统一。在营销活动中，正确的义利观鼓励企业重视伦理道德建设，避免其利用不正当手段获取利益，从而建立一个健康、可持续的社会经济体系。

资料来源：编者自撰。

4.增强企业市场竞争力

市场竞争力是企业通过优化自身资源与构建有效外部关系，以在市场配置中占据有利位置的能力。这一能力的构建，涉及技术革新、组织管理、资本运作、人力资源开发及制度完善等多个层面，而营销伦理作为贯穿其中的制度性与渗透性因素，正逐渐成为决定企业成败的制高点。其中，在技术层面，营销伦理鼓励企业采取负责任的研发路径，推动绿色科技与可持续设计，这不仅符合全球绿色低碳趋势，还能够吸引那些对环保有高度意识的消费者群体，从而为企业开辟新的市场蓝海。在组织管理方面，营销伦理促进企业构建以诚信、公平与责任为核心的企业文化，这种文化能够激发员工的道德自觉与工作热情，提高团队协作效率与创新能力，进而转化为企业的组织竞争优势。在资本运作与人力资源开发方面，营销伦理能够提升企业的社会声誉，这对吸引投资者、合作伙伴及优秀人才至关重要。在制度层面，营销伦理促使企业建立健全的合规体系，通过确保所有经营活动均符合法律法规与行业标准的要求，使得企业能够有效降低法律风险与合规成本，进而提升企业的行业地位与市场公信力。这种以合规为基、以诚信为本的经营理念，不仅有助于企业赢得社会各界的广泛认可与尊重，更为企业的长远发展奠定了坚实的基础。

第二节　营销实践中的伦理问题

一、市场调研中的伦理问题

市场调研是现代企业获取市场信息并据此制定企业经营战略的必要途径，能否获取准确的市场信息，直接关系到企业的生存与发展。随着市场竞争的日益加剧，越来越多的企业充分认识到市场调研的重要性，从而增加市场调研的人力、财力和物力的投入，并努力通过科学合理的手段获取市场信息，为企业决策提供坚实的数据支撑。然而，在市场调研的深入实践中，一系列伦理问题也逐渐浮出水面，成为不容忽视的挑战[①]。

（一）与被调查者相关的伦理问题

作为调查活动的主要对象，被调查者多为消费者且是信息的主要提供者。企业只有依

---

① 郭国庆. 营销伦理［M］. 北京：中国人民大学出版社，2012.

赖于这些被调查者的宝贵信息，才能够洞悉市场趋势，制定出精准有效的市场营销策略。也正因为如此，被调查者的信息收集更可能与利润动机联系在一起，诱惑着部分企业在追求利益最大化的过程中，忽视甚至违背伦理原则，采取不道德的决策与行为。

1.被调查者被动性接受调研

在实际操作中，调研者常常遇到被调查者不愿主动参与调研的情况。为了克服这一障碍，调研者可能会采取一系列措施来促使被调查者被动接受调研，尽管这些方法有时可能并不理想。例如，调研者为达到收集足够数据的目的，可能会采取一些较为激进的策略，如在街头调查中"死缠烂打"。再如，有些调研者会采用冒用政府机关、大型机构或知名组织的名义等欺骗手段来获取被调查者的合作。此外，当下有的调研者会利用算法技术，根据被调查者的行为数据和兴趣偏好，为他们推荐个性化的调研内容或问卷，这种个性化推荐可能导致被调查者感到被监视或控制，从而降低被调查者的参与意愿。

2.被调查者丧失调研背景及目的的知情权

根据调研伦理的基本原则，被调查者享有知晓调研相关详情的权利，而调研者亦有义务提供这些信息。但是，在实践中这一原则的贯彻并非总是理想的。例如，某些调研者出于特定原因，可能会有意无意地隐瞒调研背景、目的或调研者的身份以及可能涉及的数据处理方式等关键信息，从而剥夺了被调查者的知情权。

3.被调查者信息被泄露

保证被调查者个人资料（如姓名、住址）不泄漏是调研工作的首要原则。然而，现实中仍有一些调研者出于商业利益的驱动，未能妥善保护被调查者的隐私。特别是当前有的企业通过大数据和人工智能技术开展市场调研，导致被调查者信息泄露和滥用问题更加突出。例如，某些企业可能会在未经信息提供者同意的情况下，借助人工智能技术获取以及窃取用户信息，甚至将这些信息出售给第三方企业获取经济收益。

4.利用调研作为促销手段

根据调研伦理的基本原则，如果调研过程中包含任何形式的销售活动或是旨在刺激消费者购买欲望的内容，调研者必须在调研开始之前明确告知被调查者，并且提供相应的补偿。然而，在现实中利用调研作为促销手段的违规行为却仍然屡见不鲜。例如，有的企业在通过电话调研消费者时会声称此次通话的目的是进行市场调研，并提出一系列看似无关紧要的问题。在取得消费者初步信任后，促销者随即转向电话的主要目的——推销产品或服务。

（二）与竞争者相关的伦理问题

竞争对手提供的产品或服务信息对企业至关重要，这些信息不但构成了组织自身产品或服务的基础，而且是企业赢得市场竞争优势的重要支撑。在现实生活中，鉴于竞争情报获取本身所固有的对抗性，搜集人员为了获得尽可能多而又重要的情报，往往会利用各种技巧甚至使用不正当的手段[1]。

1.采用秘密窃取手段取得竞争情报

企业采用电子监控、电子侦听、数据抓取技术等高科技手段秘密窃取竞争对手的情报

---

① 周秀兰. 营销伦理［M］. 成都：西南交通大学出版社，2017.

资料，包括书面材料、图纸、生产设备与工艺方法、计算机数据库的信息等。例如，一些企业可能会采取黑客手段非法侵入竞争对手的内部网络系统，窃取其与客户往来的电子邮件内容①，还有的企业利用数据抓取技术（如"爬虫"）窃取竞争对手所保护的数据信息等。这些行为不仅侵犯了竞争对手的合法权益，而且可能触犯了网络安全和数据保护的相关法律法规。

2. 采用利诱和胁迫手段取得竞争情报

这种行为主要表现为通过不正当手段诱导或迫使竞争对手的内部人士泄露敏感信息，包括产品开发计划、客户名单、市场策略、成本结构等关键商业机密。利诱手段通常包括提供金钱奖励、高级住房、高职位、优厚待遇等，以蛊惑竞争对手的员工或合作伙伴泄露内部信息。胁迫手段则包括威胁、恐吓或利用权力地位迫使他人泄露信息。

3. 利用客户获得竞争情报

这种策略一般建立在与客户之间长期稳定的合作关系的基础上，通过向客户提供一定的优惠条件，如延期付款、延长产品保修期、折扣等，激励客户协助搜集竞争对手的情报。例如，一家公司可能会鼓励其忠诚客户向竞争对手发出询价请求，比如要求竞争对手提供该公司目前没有的先进零部件。为了争取到合同，竞争对手可能会在报价过程中详细介绍其产品特性，并提供详细的技术规范和产品说明书，然后公司通过客户就得到了真实可靠且具有极强竞争性的情报。

4. 从公共部门搜集竞争情报

公共部门，如政府部门、运输部门、银行等，通常拥有大量关于企业和市场的有价值数据。例如，运输部门可以提供关于竞争对手原材料和产品的购入与输出情况等信息，而银行则可以提供关于竞争对手的贷款记录、经营状况和发展预测等方面的资料。然而，这些公共部门通常不会主动或公开地提供这些敏感信息。为了获取这些信息，一些企业可能会采取违背商业道德的方法。例如，有的企业情报人员可能会伪装身份，利用虚假借口访问电信营业部门，声称是为了查询话费账单，进而要求打印详细的通话记录。通过分析这些通话记录中的电话号码，他们可以推断出竞争对手的高层管理人员与哪些客户进行了联系，进而推测出竞争对手的业务往来情况。再如，有的企业利用算法技术自动从公共部门网站渠道收集相关数据，并借助人工智能技术强大的数据处理和分析能力，对从公共部门收集到的大量数据进行深度挖掘与分析，再通过机器学习进行模型预测，发现数据中的隐藏模式和趋势，进而识别出竞争对手的策略、动向、优势与劣势等关键信息。

5. 聘请顾问以不道德的手段搜集情报

一些中小企业由于缺乏专门的情报部门，为了满足决策需要，可能会聘请外部的情报人员来搜集所需的情报，但往往不过问这些情报是如何获取的，是否合法。例如，在1997年前后，美国明尼苏达州的一家食品公司SCHWAN聘请了合约商巴里作为竞争情报顾问。巴里利用其出色的沟通技巧和过去做侦探工作的经验，先后伪装成《华尔街日报》记者、环保分子、卡夫公司比萨厂采购部的职员以及撰写食品生产论文的大学生，通过欺骗的方式在短短一天半的时间里获取了大量的竞争对手情报。这些情报帮助SCHWAN公司把握住了商机，成功开发并生产出FRESCHETTA"胀皮"比萨，使其在食品行业中由全美第六位上升至第二位①。

除上述之外，还有很多其他不道德手段。比如，收买品行不良的新闻记者，让其采访竞争对手，并在采访过程中提出一些敏感性的问题或拍摄照片；培养或雇佣商业间谍，打入竞争对手内部以获取竞争情报；用业务洽谈、合作开发、学习取经等手段，套取竞争对手的企业竞争情报等②。

（三）与公众相关的伦理问题

许多的调研结果会通过电视广告、报纸、网络、自媒体、公众号等多种形式发布给公众，调研结果会对公众的消费偏好产生一定的影响，滥用市场调研结果可能会给企业带来短期利润，但是会损害长期的公众利益。具体的伦理问题如下：

1.误导性报告

误导性报告涉及故意扭曲或歪曲调研结果，以引导公众形成不公平或错误的结论。这种行为通常发生在企业利用广告宣传调研结果的过程中，旨在通过不实或片面的信息来影响消费者的决策。例如，一家企业可能会公布一项关于产品X的调研结果，声称"60%的顾客认为产品X不差于或者好过于另一企业的产品Y"。这种表述很容易给公众留下这样的印象：大多数消费者认为产品X优于产品Y。然而，实际情况可能是，同样比例或更多比例的消费者认为产品Y不差于或者好过于产品X。

2.不完整报告

不完整报告是指企业在发布调研结果时，故意隐瞒部分信息，只公布那些对自身有利的内容。这种做法可能导致公众形成不全面或错误的结论，从而对企业的形象和市场地位产生不正确的判断。例如，一家企业进行市场测试，并将测试结果发表在商业刊物或社交媒体平台上。但该企业公开的测试结果只是其知名度较高、销量较好的地区的情况。通过这种方式，企业可以选择性地展示其产品或服务在这些地区的成功案例，从而营造出一种普遍成功的假象。

3.不客观调研

不客观调研是指企业在进行调研时，受自身潜在意图的影响，有倾向性地设计和执行调研，从而使调研结果偏向于企业自身，导致最终的调研报告缺乏客观性和科学性。而公众由于信息的不对称以及缺乏市场调研的专业素养，决定了他们无法判断市场调研的客观性。这样可能导致某些企业在进行市场调研时使用"引导性问题"，并将经过主观引导的调研结果公之于众。

二、营销组合中的伦理问题

（一）产品中的伦理问题

产品策略是企业营销活动的基础和核心。企业为顾客提供货真价实的优质产品是其基本的产品伦理要求。然而在现实商业活动中，一些企业在利益的诱惑下，往往采用违背产品伦理的产品策略（如图15-2所示）。

---

① 人民网. 这是没有硝烟的战场——看跨国公司商业间谍情报战［EB/OL］.［2002-05-20］. https：//news.sina.com.cn/w/2002-05-20/1626580971.html.
② 周秀兰. 营销伦理［M］. 成都：西南交通大学出版社，2017.

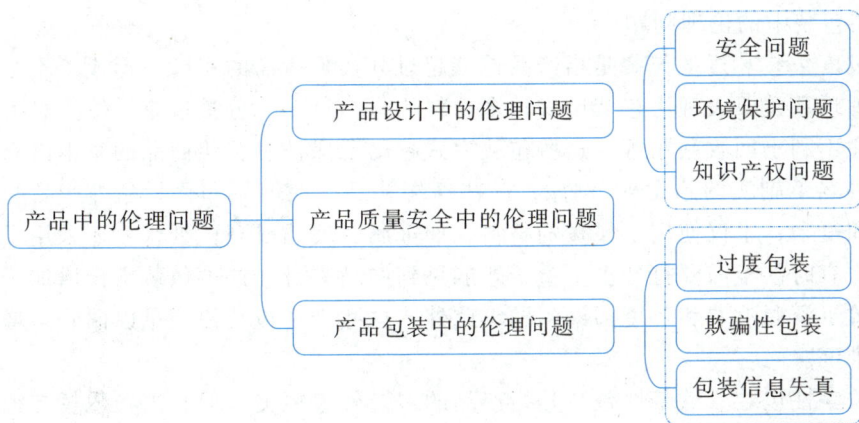

图15-2 产品中的伦理问题

1.产品设计中的伦理问题

（1）安全问题。在产品设计中，确保安全性是至关重要的，因为有缺陷的产品设计往往是导致灾难性事件的主要原因之一。例如，玩具设计中的安全隐患，如锐利的边缘可能造成割伤，或者玩具上的开放管道或空间可能卡住儿童的身体部位[①]。再如，无人智能系统的安全防护技术设计不当会导致机器人、无人驾驶汽车和其他人工智能装置伤害人类。这些都是产品设计中必须避免的安全问题。

（2）环境保护问题。在当前全球日益关注可持续发展的背景下，环境保护已成为一个不可或缺的伦理考量维度。企业在进行产品设计时，若忽视了环境因素的重要性，可能会导致资源和能源的浪费，从而加剧环境污染和生态系统的破坏。例如，企业在设计智能产品时未设置节能模式或未能提供环保使用指南，导致用户在使用过程中未能充分利用产品的环保功能。再如，企业设计智能产品时没有充分考虑其废弃处理阶段对生态环境的影响，从而造成了大量电子垃圾。

市场洞察 15-1

当包装纸盒变成一盏灯的外壳

（3）知识产权问题。产品设计中的知识产权主要包括专利权、商标权、著作权以及工业设计权等。当一个企业或个人未经许可使用他人的知识产权时，就构成了侵权行为。例如，在产品设计阶段，设计师可能会无意间借鉴或复制了其他产品的外观设计、功能特性或是商标元素，如果事前没有进行适当的知识产权审查（如专利检索），那么这些设计就有可能侵犯他人的专利权或商标权。在数字时代，AI在产品设计与创作方面的应用越来越广泛，这在给企业提供便捷的同时也引发了很多知识产权问题。例如，AI在设计创作时一般要对现有设计进行学习，然后在此基础上形成新的设计，这就会涉及企业对现有设计的知识产权侵犯的问题，所以，如何确定AI参与设计情景下知识产权的归属成为了一个难题。此外，随着元宇宙技术在企业的广泛应用，其所带来的侵权问题也屡见不鲜。例如，很多企业滥用其他企业生成的虚拟形象、将其他企业的真实IP用作自己企业的虚拟平台运营、或在不经过消费者允许的情况下擅自使用其虚拟作品等，这些都构成了元宇宙情境下的知识产权问题。

---

① 刘爱军，钟尉，等. 商业伦理学 [M]. 北京：机械工业出版社，2016.

2.产品包装中的伦理问题

（1）过度包装。过度包装是指产品包装超过其实际所需的程度，形成了不必要的包装保护。这种现象主要表现为包装层次过多、耗用材料过多、分量过重、体积过大、成本过高，且往往不利于回收利用等，这些包装方式超出了保护和美化商品的基本需求，给消费者带来一种名不副实的感觉①。例如，一些高端礼品、保健品和化妆品等产品的包装往往过于豪华和复杂，不仅使用了昂贵的材料，如金属、玻璃或高档纸张，还采用了多层次的包装结构，有时甚至需要打开多个盒子才能见到产品本身。这种包装不仅增加了产品的成本，还导致了资源浪费和环境污染问题。此外，这些豪华包装往往难以回收，增加了处理废弃物的难度。

（2）欺骗性包装。欺骗性包装是指产品的包装外表精美，但其内在质量却很低劣。比较常见的情形有以假乱真抄袭其他产品的包装，如过分模仿名牌产品的包装。虽然一些电商平台提供查验鉴别服务，但依然存在鉴定结果不可靠的现象。这种欺骗性的包装手段不仅严重误导了消费者，损害了消费者的正当权益，而且可能使企业自身也很难获得长远的发展。

（3）包装信息失真。包装信息失真是指包装上的产品信息和产品实际不符。生产者、经营者向消费者提供产品包装时，产品的相关信息必须保持一致性，但在现实生活中，许多企业的产品包装标签的文字说明与产品内容不一致，甚至有一些企业通过AI图像生成技术制作虚假的产品效果图有意误导消费者②。

3.产品质量安全中的伦理问题

产品质量问题通常指产品未能达到预期的功能性、耐用性和可靠性标准，而安全问题则涉及产品可能对使用者造成伤害的风险。产品质量问题主要包括制造缺陷和材料不合格等。这些问题可能导致产品无法正常工作或使用寿命缩短，从而影响消费者的满意度和信任度。例如，智能手机频繁出现软件崩溃或硬件故障等问题。在这种情况下，消费者可能会对品牌的质量产生怀疑，进而影响其重复购买决策。安全问题则更加严重，它涉及产品对使用者造成直接伤害的风险，如物理伤害、化学伤害和生物危害等。随着AI在自动驾驶、工业控制等领域的应用越来越广泛，生产企业如何确保AI系统的安全性和稳定性，防止意外事故和恶意攻击，也构成了一个重要的伦理问题。因为一旦发生事故或遭受攻击，后果可能非常严重，甚至会威胁到人们的生命安全。

（二）定价中的伦理问题

作为营销组合的关键要素之一，定价策略是营销活动成败的重要影响因素，直接决定着市场份额的大小和盈利率的高低。定价策略中的伦理问题可以分为两大类：一类是消费价格的合理性。此类问题主要讨论的是企业的定价行为对最终消费者的影响，包括暴利价格和价格欺诈。另一类则是妨碍公平竞争的定价策略，即企业的定价行为损害了正常的竞争，包括歧视性定价、串谋性定价和掠夺性定价（如图15-3所示）。在数智时代背景下，企业将算法与大数据相结合，并将其应用到具体的营销实践中，从而衍生出"大数据杀熟""算法掠夺性定价"等数据伦理问题。

① 刘爱军，钟尉，等.商业伦理学［M］.北京：机械工业出版社，2016.
② 吴宝，王菁.企业经营中的伦理决策与社会责任［M］.北京：经济科学出版社，2022.

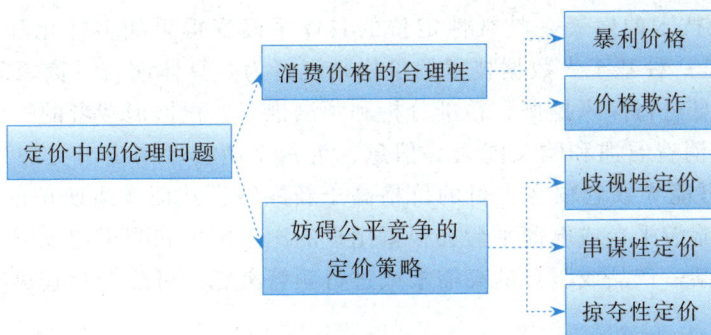

图15-3　定价中的伦理问题

1.暴利价格

暴利价格是指生产经营者采取不正当的定价手段，使得企业产品的价格远远超过产品生产所需要的成本，从而在短时间内获得巨额利润。1995年国务院颁布的《制止牟取暴利的暂行规定》认为，暴利价格是企业某一商品或服务的价格水平或差价率或利润率超过同一地区、同一期间、同一档次、同种商品或服务的市场平均价格或平均差价率或平均利润率的合理幅度[①]。判定暴利价格是否符合营销伦理需要看其是否损害了消费者的选择权和知情权[②]。有些行业的高利润是合理的，如一些高科技产品的投资成本高、研发周期长、成功率低，这类产品的售价远远高于产品本身的生产成本是可以接受的。但是有些企业的暴利是通过利用自己的垄断优势来实现的，在这种情况下，企业的高利润就是不道德的。

2.价格欺诈

价格欺诈是指经营者利用虚假或者使人误解的价格手段，欺骗、诱导消费者或其他经营者与其进行交易的行为。我国2022年7月1日实施的《明码标价和禁止价格欺诈规定》中具体规定了经营者不得实施的7种价格欺诈行为：（1）谎称商品和服务价格为政府定价或者政府指导价；（2）以低价诱骗消费者或者其他经营者，以高价进行结算；（3）通过虚假折价、减价或者价格比较等方式销售商品或者提供服务；（4）销售商品或者提供服务时，使用欺骗性、误导性的语言、文字、数字、图片或者视频等标示价格以及其他价格信息；（5）无正当理由拒绝履行或者不完全履行价格承诺；（6）不标示或者显著弱化标示对消费者或者其他经营者不利的价格条件，诱骗消费者或者其他经营者与其进行交易；（7）通过积分、礼券、兑换券、代金券等折抵价款时，拒不按约定折抵价款[③]。另外，考虑到上述所列行为不可能包括现实所有的和今后可能出现的新的价格欺诈行为形式，还设定了兜底条款（8）对"其他价格欺诈行为"进行了规定。

3.歧视性定价

歧视性定价（又称差别性定价）是指产品或服务的提供者在向不同的接受者提供相同等级、相同质量的产品或服务时，在接受者之间实行不同的销售价格或收费标准[④]。这种策略通常基于消费者的细分市场、购买力、购买频率等因素来确定价格差异。随着网络技

---

① 中国政府网.制止牟取暴利的暂行规定［EB/OL］.［2011-05-10］.https://www.gov.cn/gongbao/content/2011/content_1860851.htm.
② 郑耀洲.企业伦理［M］.北京：清华大学出版社，2022.
③ 中国政府网.明码标价和禁止价格欺诈规定［EB/OL］.［2022-07-10］.https://www.gov.cn/gongbao/content/2022/content_5699926.htm.
④ 戚啸艳，杨兴月.商业伦理与社会责任［M］.南京：东南大学出版社，2021.

术和大数据分析技术的发展，歧视性定价的具体手段变得更加多样化和精细化。其中，"大数据杀熟"是一种基于大数据技术的价格歧视行为。具体而言，商家利用大数据算法对用户的个人信息进行深入挖掘、精准分析和预测推荐，根据消费者的购买次数、消费态度、消费偏好、消费习惯和购买能力等信息，为每个消费者制定出更加"个性化"的价格[①]。这种策略可能导致老顾客支付的价格高于新顾客，从而产生所谓的"杀熟"效应。例如，一些在线旅游平台或电商平台会根据用户的浏览历史和购买记录调整价格。如果系统检测到用户对某一产品或服务的高需求或进行频繁浏览，可能会对其提高该产品或服务的价格。

4.串谋性定价

串谋性定价又称固定定价、价格协定或价格卡特尔，是指生产者、经营者之间互相串通订立价格协议或形成价格默契，以共同占领销售市场，获取高额利润[②]。这种定价模式不仅在传统的市场环境下屡见不鲜，而且在数字技术驱动的市场环境中也屡有发生。尤其在近年来，有的经营者基于算法技术达成"算法合谋"，形成新的串谋定价模式。

5.掠夺性定价

掠夺性定价又称驱逐对手的定价，是一种不公平的定价策略，通常被市场中处于优势或支配地位的企业采用，以达到驱逐现有竞争对手和恐吓潜在进入者的战略目的。这种策略涉及企业将产品或服务的价格降至成本以下，甚至低于变动成本，以牺牲短期利润为代价来排挤竞争对手。一旦竞争对手因无法承受低价竞争而退出市场，实施掠夺性定价的企业便可以提高价格，从而实现市场控制力的增强和由垄断市场价格所带来的高额利润。近年来，随着数字技术和大数据分析技术的进步，企业不仅可以通过自身的市场支配地位实现无差别掠夺性定价，还可以利用算法技术精准选择最容易受到低价冲击的目标，从而实现对特定竞争对手的精准打击。

（三）渠道中的伦理问题

从理论来看，供应链中各个参与者的利益具有一致性，然而在共同的利益之外，渠道中的各个参与者又都是相互独立的经营主体，各方为了自身利益最大化，必将引发营销渠道中的各类伦理问题[③]（如图15-4所示）。

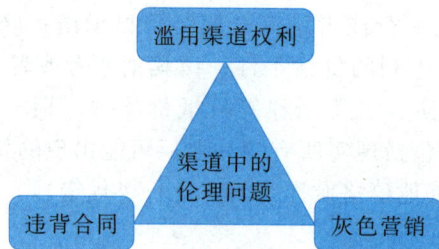

图15-4 渠道中的伦理问题

1.滥用渠道权力

渠道权力是渠道中的一个成员具有能够让渠道中的其他成员做其平常不会做的事情的能力。不同节点的权力大小是不同的，通常而言，渠道组织中最有权力的就是渠道的领导

① 吴宝，王菁. 企业经营中的伦理决策与社会责任［M］. 北京：经济科学出版社，2022.
② 周祖城. 企业伦理学［M］. 北京：清华大学出版社，2020.
③ 周秀兰. 营销伦理［M］. 成都：西南交通大学出版社，2017.

者，或者称之为核心企业，有的核心企业会利用这种权力对其他企业形成高压政策，典型的例子如一些互联网零售巨头因拥有流量入口，掌握了相关领域的大量用户数据，因此在某种程度上掌握了较高的渠道权力，形成了市场垄断地位[①]。这种地位使得它们能够对供应商、合作伙伴乃至消费者实施不公平的政策，例如强制实施"二选一"政策，即要求其他商家只能与自己合作经营，而不能同时与竞争对手的企业进行合作。

2.违背合同

渠道成员之间的合作通常基于合同契约来进行，这些合同明确了各方的权利和义务。如果渠道成员违背合同契约，损害了任何一方的利益，就会产生伦理问题。合同的违背可以分为多种形式，包括拒绝履行合同规定的义务、未按约定提供应有的服务、擅自更改合同条款等。例如，分销商出于自身利益的考虑，不顾合约规定，进行跨区域窜货等[②]。再如，渠道成员滥用技术手段篡改合同内容、伪造电子签名或干扰合同履行等。

3.灰色营销

灰色营销指的是在道德上有问题，或者在法律上虽有问题但由于某些原因而未遭到制裁的营销活动。在渠道中，典型的灰色市场营销的表现为：在与渠道成员的交往中，企业收受礼品、请吃、吃请、收受回扣等[③]。随着数字技术的不断发展，灰色营销手段又增添了利用数字货币、虚拟资产等难以进行追踪的方式进行利益输送。这些贿赂渠道中其他成员的手段，会使竞争环境恶化，对社会产生不利影响。

（四）促销中的伦理问题

在产品销售的过程中，企业会采用各种手段促进消费者购买产品，然而对于短期经济利益的追求会促使企业采用一些不符合营销伦理的手段快速谋求经济利润，这其中广告和人员推销两个促销环节的伦理问题最为突出（如图 15-5 所示）。

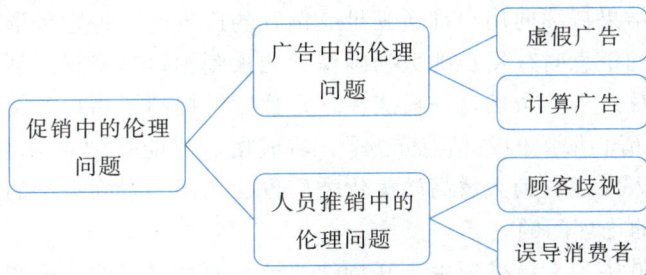

图15-5 促销中的伦理问题

1.广告中的伦理问题

在现代社会生活中，广告已经不仅仅是企业的一种促销手段，它还与精神文明、社会道德息息相关。随着各类广告的广泛传播，一系列伦理问题也随之浮现。目前广受关注的广告中的伦理问题主要有以下两个方面：虚假广告和计算广告。

（1）虚假广告。虚假广告是一种在广告活动中对产品或服务进行不真实宣传的行为，它通过对商品或服务的性能、产地、功效、质量等关键信息的不准确表述，以及使用不真实的数据和资料，来欺骗或误导消费者，从而促使他们作出购买决定。虚假广告可以分为两类：一类是欺骗性虚假广告，指商品宣传的内容与所提供的商品或服务的客观事实不

---

① 戚啸艳，杨兴月. 商业伦理与社会责任［M］. 南京：东南大学出版社，2021.
② 郭国庆. 营销伦理［M］. 北京：中国人民大学出版社，2012
③ 黄少英. 企业伦理与社会责任［M］. 大连：东北财经大学出版社，2015.

符。这类广告中，企业通过生成虚假内容欺骗消费者。例如，有的商家可能利用生成式人工智能技术生成虚假的图像、视频等内容，以欺骗消费者并诱导其进行购买。另一类是误导性虚假广告，指消费者对产品的真实情况产生错误的联想，从而影响其购买决策的商品宣传。例如，在直播带货这一新兴的营销模式中，有的商家可能会采用流量数据造假的方式吸引更多的消费者。这些造假方式包括通过购买刷单服务或使用特定软件来人为增加直播间观看人数、商品交易量或商品的好评率等数据指标。再如，一些主播或网红经纪机构也可能会通过虚构营销数据或成交记录来骗取商家支付高额的坑位费和佣金，以此来获取非法的广告收益。

市场洞察15-2

"超级矿物质研究所"虚假宣传

价值引领 15-2
娃哈哈纯净水为什么是596ml?

央视记者王冰冰在采访宗庆后的过程中，看着标签上的净含量提出了"为什么净含量不是整数，596是不是有什么特殊意义？"随后宗庆后解释道："当时想做600ml的，但是生产出来发现只有596ml，多少就是多少，我们不能欺骗消费者。"娃哈哈纯净水596ml容量背后隐藏的关于诚信的故事，正是习近平总书记"要做诚信守法的表率，带动全社会道德素质和文明程度提升"讲话的现实实践。娃哈哈集团通过596ml纯净水的故事，不仅在消费者心中树立了一个诚信、透明的企业形象，也向整个行业传达了一个强烈的信息：在快速消费品市场，诚信经营和对消费者的尊重是企业可持续发展的关键。

资料来源：编者自撰。

（2）计算广告。计算广告是指企业利用大数据和算法技术对用户过往阅览内容进行分析，从而根据分析结果持续向用户推送满足其偏好的广告的一种宣传形式。当企业掌握越来越多的关于用户的信息时，用户的数据画像就会被刻画得越来越清晰，企业也就会推送出越来越精准的计算广告。虽然这一模式在一定程度上提高了用户的阅览效率，但用户也无形中陷入了企业精心编织的"信息茧房"，造成用户只能看到企业想让其看到的内容，例如，年轻的高收入女性看到大量高端美妆类广告、老年人看到大量的保健品广告[①]。

2. 人员推销中的伦理问题

在市场营销领域中，人员推销由于其特殊性经常面对很多的非议和批评。销售人员处于业务拓展的最前沿，他们与顾客进行直接的、单独的接触，决定了他们必然要面临许多伦理问题。

（1）顾客歧视。人员推销中的顾客歧视包括两层含义：一种情况是指销售人员对不同的消费者在服务态度或提供方便性上有差异，如销售人员会给优质顾客提供更殷勤的服务。在实践中对优质顾客的识别，销售人员一方面根据自己从业经验进行直观判断，另一方面还会借鉴数据挖掘与分析技术对顾客信息进行精准分析。另一种情况是指销售人员对同一消费者在其购买前后的态度上有差异，如在顾客完成购买之前，销售人员表现得异常热情与积极，努力促成交易；而一旦交易达成，部分销售人员的态度会变得冷淡或不再那么尽心尽力。

---

① 高嘉琪，解学芳. 数智时代广告产业的伦理审视及治理路径 [J]. 郑州大学学报（哲学社会科学版），2023，56（2）：116-121；128.

（2）误导消费者。在销售活动中，一些销售人员迫于完成业绩的压力或受到高额提成的诱惑，常常在销售过程中利用消费者的知识漏洞、交易双方的信息不对称等来误导消费者进行消费。例如，有的企业利用算法技术推送给消费者想要看到的信息内容，而规避消费者不想看到的信息内容，从而造成消费者的信息不对称，进而对消费者的购物选择形成误导。

三、营销中的其他伦理问题

（一）国际营销中的伦理问题

国际营销中比较典型的伦理问题是有害产品销售转移。有害产品销售转移是指跨国企业通过国际贸易的形式，将那些对本国环境或人类健康有重大危害的产品（如药品、化学产品、烟草等），以某种合法的贸易方式，从本国转移到其他国家进行销售。跨国公司这种为了获得利润，而不顾此类产品对其他国家产生的严重危害性的做法，不仅不利于企业的长期发展，而且可能造成国家之间的矛盾。

（二）绿色营销中的伦理问题

绿色营销中比较有代表性的伦理问题是漂绿。漂绿是指一家公司、组织以某些行为或行动宣示自身对环境保护的付出但实际上却是反其道而行的不道德实践。该行为的动机主要体现在两个方面：一是通过披露大量的环境信息来掩盖其糟糕的环境绩效。二是有选择地报告正面环境信息来隐藏负面信息，以树立其对环境积极负责的虚假形象[1]。例如，企业可能使用算法来优化其环保报告或ESG（环境、社会和治理）评分，通过选择性地展示有利信息而隐瞒或淡化不利信息来误导投资者和公众。以及使用算法来伪造或夸大环保数据的统计结果，以增强其环保形象的可信度。漂绿实质上是一种虚假的环保宣传，虽然能够为企业带来一定的短期收益[2]，但其"漂绿"行为一旦被发现，企业长期积累的品牌资产与品牌声誉会瞬间崩溃，从而可能引发社会公众对绿色产品的不信任，甚至可能会造成整个"绿色"产品体系的崩塌。在双碳目标背景下，这种违背"绿水青山就是金山银山"理念的企业终会逐渐被社会淘汰。

（三）售后服务中的伦理问题

1.售后承诺不兑现

售后承诺是指商家或服务提供商在销售商品或提供服务后，向消费者作出的关于售后服务的一系列保证和承诺。这些承诺旨在确保消费者在购买商品或接受服务后，能够享受到一定的权益保障和优质的售后服务。然而，在现实生活中，许多消费者在遇到商品或服务的问题时，往往面临着商家售后服务带来的诸多困扰，如推诿责任、拖延处理、拒绝退换货等。特别是在互联网情境下，电商行业的竞争日益激烈，致使许多电商网站用低价吸引消费者，并向消费者承诺"七天无理由退货"。但有的卖家在遇到消费者投诉或者所售商品出现问题需要解决时，却直接将消费者"拉黑"，而不是主动承担应有的责任。这些做法不仅违背了商业道德，还损害了消费者的合法权益。

市场洞察15-3

百威中国引领啤酒行业可持续发展

本土创新15-1

海底捞注重环境保护的创新实践

---

① TORELLI R，BALLUCHI F，LAZZINI A.Greenwashing and environmental communication：Effects on stakeholders' perceptions [J]．Business Strategy and the Environment，2020，29（2）：407-421．
② 唐勇军，马文超，夏丽．环境信息披露质量、内控"水平"与企业价值——来自重污染行业上市公司的经验证据 [J]．会计研究，2021（7）：69-84．

2.售后服务缺乏人文关怀

很多企业在消费者遭遇购物失败时未对消费者进行关心、安慰等必要的人文关怀，尤其在当下，很多企业利用AI客服来处理消费者的售后问题，此时由于AI客服系统在理解消费者需求和表达服务内容时存在沟通障碍、在处理售后服务中的投诉和纠纷时，缺乏情感共鸣和同理心，反而会进一步加重消费者的不满情绪。

第三节　营销伦理的治理策略

营销领域众多伦理问题的根源在于企业过分追求短期经济利益，而忽略了长期的社会利益与环境利益，这种短视行为不仅损害了企业自身的可持续发展，更对社会公众的利益造成了不容忽视的危害。事实上，企业与社会生态紧密相连，其行为受到社会各因素的影响和制约，因此，要想在营销伦理治理上取得实效，就必须由各利益相关者综合发力，广泛运用各种引导、规范、监管、监督手段，从行业、企业、政府、社会多元主体出发，构建系统的治理策略。

一、发挥行业引导与规范作用

（一）发挥领头企业道德表率作用

行业协会一般由本行业中发展最好、最具有代表性、影响力最大的企业和个人带头组织建立。协会内部成员之间存在着一荣俱荣、一损俱损的特性，这要求所有成员在责任和义务上保持一致，共同遵守行业规范。在一个道德经营、公平竞争、有序发展的行业环境中，市场份额最大的领头企业往往能够获得最多的利益，相对应地，一旦行业内部矛盾增多或不道德行为频繁出现，整个行业的形象将受到损害，领头企业的利益也会受到影响。因此，领头企业应该主动发挥榜样作用，遵守社会公认的道德规范，诚信经营，以维护自身形象并实现可持续发展（如图15-6所示）。当其他企业看到领头企业的这种做法会带来长远利益时，必然也会效仿，从而推动整个行业回归到道德经营的轨道上来。这种积极的行业氛围不仅有助于提升消费者对行业的整体印象，还为行业的长远发展奠定了坚实基础。通过行业成员共同努力，行业协会能够有效地促进道德标准的建立与维护，从而推动行业的良性发展。这时候，那些尚未加入行业协会的非成员单位也会主动停止不符合行业规范的营销活动，并要求加入行业协会，以获得长远的利益和发展①。

（二）完善行业伦理管理规范

行业协会在确保行业健康有序发展方面扮演着重要角色，其主要职能之一就是负责制定行业内的标准规范（如图15-6所示）。这些标准不仅包括技术、质量、安全等方面的要求，还涉及环保、社会责任等多个领域。例如，行业协会可以制定相关的伦理章程，这些伦理章程要明确企业在经营过程中应遵循的道德准则，如诚信经营、公平竞争、保护消费者权益等。通过制定和执行行业标准以及伦理章程，行业协会能够有效地引导和规范企业的行为，提升整个行业的道德水平和竞争力。同时，这也有助于增强消费者对行业的信

---

① 王昕昀. 网络营销的伦理问题及对策研究［D/OL］. 南京：南京师范大学，2020［2021-03-16］.https://link.cnki.net/doi/10.27245/d.cnki.gnjsu.

任，从而促进行业的长期健康发展。因此，行业协会对于行业伦理管理规范的完善，以及在推动行业规范化、道德化发展方面发挥着不可或缺的作用。

（三）建立完善的行业信用体系

行业协会要在行业内部建立完善的商业信用公开和监督制度（如图15-6所示）。具体地，行业协会可以对那些积极遵循行业规范、诚信经营的企业进行表彰和推广，并向消费者推荐这些企业，以此营造一个以信用和伦理为导向的商业文化氛围。对于采取非道德、无视伦理营销手段的企业，行业协会应提高它们的失信代价，例如降低其信用评级，记录并公开商业信用缺失的相关企业信息，并警示其他行业内的企业避免与之合作。在极端情况下，可将其从协会中除名，使其在行业内难以为继，从而为协会成员单位确立"守信受益，失信淘汰"的原则。通过这种机制，行业协会能更有效地强化内部信用体系的建设，促进营销行业的健康和快速发展[①]。

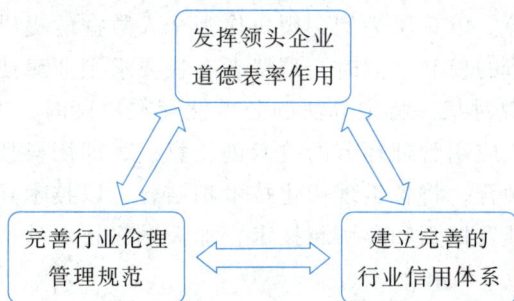

图15-6 发挥行业引导与规范作用

二、强化企业自律意识

（一）塑造正确伦理价值观

正确的伦理价值观能够为企业提供明确的道德指引（如图15-7所示），帮助企业在面对复杂多变的商业环境时，作出符合社会公认道德标准和企业自身长远发展利益的决策。因此，企业伦理建设的首要任务是塑造正确的伦理价值观，以确保企业在市场中履行社会责任。现代营销观念把顾客需求作为企业的营销方向放在首位，强调对消费者利益的重视是企业的主动要求，而非被动行为。而社会营销观念则强调企业应自觉履行社会责任和义务，注重社会利益，讲究社会公德。企业营销伦理的建设不仅要树立"以消费者为核心"的现代营销观念，同时还要树立重视社会效益的社会营销观念，这是企业营销伦理建设的最根本思路[①]。

（二）加强员工伦理教育

对于企业营销伦理治理来说，营销伦理道德教育工作必须跟上新时代的步伐，把经验和创新进行有机融合，并坚持持续改进和强化落实，以确保企业能够更好地应对发展过程中不断出现的新的伦理道德困境。具体来说，一方面，企业要注重培养营销人员伦理意识（如图15-7所示）。在入职培训、技能培训时重视营销知识教育与伦理道德教育的融合，并着重加强对营销人员的伦理道德教育，引导他们形成伦理道德标准，这样才能增强营销人员遵守伦理规范的自觉性和主动性。同时，还要侧重通过营销伦理教育，引导营销人员

---

① 刘爱军，钟尉，等. 商业伦理学［M］. 北京：机械工业出版社，2016.

在开展营销活动时，能够精准把握如何在追求营销效率的同时，兼顾企业的社会责任。另一方面，要加强管理人员道德意识和道德教育，加深他们对好坏、善恶、真假的行为标准和意义的理解，充分认识和正确理解社会责任在企业发展和社会经济发展中的重要意义，以此通过自上而下的方式带动企业所有员工提升伦理认识。

（三）强化科技向善意识

对科技的不当使用往往会导致技术向恶，背离科技造福人类的初衷，因此，企业要坚持技术中立原则，避免技术滥用，确保通过全面向善的科技应用推动社会进步和人类福祉的提升（如图15-7所示）。具体来说，首先，企业要加强对科技应用开发环节的把控意识。企业在技术设计开发时要提高技术公平性、透明性、安全性，并尽量满足所有的受众群体，避免出现不公正的现象，同时避免在设计环节造成消费者过度沉迷等不良影响。其次，企业要加强在科技应用使用环节的赋权意识。要让消费者对于新科技的应用具有同意权、知情权以及拒绝权等。以算法为例，用户作为个人数据的提供者，拥有对个人信息被挖掘、使用、加工等知情的权利，同时，消费者有权要求企业对使用的算法进行说明与解释，进一步地，当消费者对某一特定算法的公平性存在质疑时，有拒绝算法结果的权利。最后，企业要加强在科技应用管理环节的技术创新意识，即用科技进步克服技术弊病。企业可通过加强技术交流融合，将各类现代化技术相结合，以技术互补的方式解决企业社会责任问题。同时，深入开发探索和应用新技术，加大网络技术的研发创新，从而使技术更好地惠益人民群众[①]。

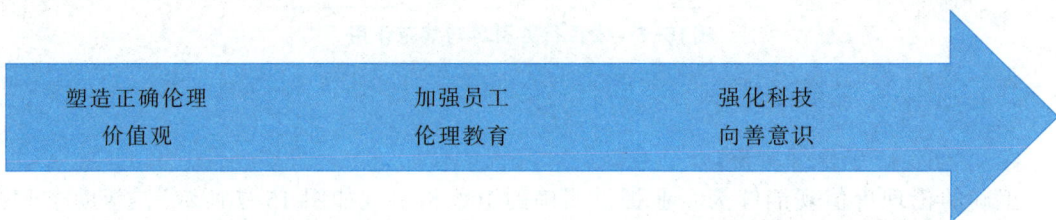

塑造正确伦理
价值观　　　　加强员工
伦理教育　　　　强化科技
向善意识

图15-7　强化企业自律意识

三、健全政府监管与引导机制

（一）推动法规完善与落地

尽管现有政策已经对营销伦理引发的一系列问题进行了严格的约束，但随着新技术、新模式驱动下的新的营销实践不断演化，衍生出很多新的伦理问题，且这些问题超出了原有法规的限定范畴。因此，在此背景下，政府等相关机构需要在原有政策法规的基础上有针对性地增设新法，从而填补法律规约中的漏洞，进而强化其对新兴营销实践带来的伦理问题的解释。例如，针对当下新兴的人工智能营销、元宇宙营销中的侵权问题，在原有法规的基础上，需要出台消费者数据以及虚拟产品权益保护的相关法律，进一步明确在上述营销实践中，消费者所具有的个人权利[②]。此外，面对隐私泄露、数据安全难以保障等问题，需要加强保障用户信息安全法律规制，完善数据获取、存储行为规范，明确知悉权、公平交易权和隐私保护权的范围及力度。

---

① 朱萌. 伦理学视域下互联网平台企业社会责任研究 [D/OL]. 南京：南京财经大学，2023 [2024-01-16]. https://link.cnki.net/doi/10.27705/d.cnki.gnjcj.
② 华迎，马双. 大数据营销 [M]. 北京：中国人民大学出版社，2022.

同时，法律作为具有强制性和效力性的工具，是化解和解决营销实践过程中伦理困境必不可少的环节。以往在很多情况下，企业营销实践存在伦理问题，却没有及时给予处罚，或者处罚力度不够，从而加大了企业持续营销伦理失范行为的可能性。因此，除了填补现有法律规范中的漏洞外，还要建立有力的失范行为惩罚机制，从而加强其对企业权利的监督与约束[①]。具体来说，政府要加强监管力度、明确企业职责，对于违反营销伦理法则的企业加大惩罚力度，以此引导社会形成正确的营销伦理法治观念。

（二）加强营销道德的社会宣传

营销伦理建设是一项十分艰巨而紧迫的任务，它对于营销市场的规范化运作有着十分重要的作用。作为规范运营的监管者，政府不仅要通过实施严格的监管机制，抑制市场中企业违反伦理道德的行为，同时也要通过加强宣传教育的方式，引导企业树立正确的道德观念。一方面，政府要针对企业做好营销道德的宣传工作。政府可通过组织多种形式的宣传教育活动，包括举办研讨会、讲座、培训班等，邀请专家学者、行业领袖和优秀企业代表分享营销道德的重要性和实践经验加强营销伦理宣传。同时，利用媒体平台（如电视、广播、网络等）广泛传播营销道德知识，提高全社会的认知度和重视程度，让正确的道德观念深入企业，使诚信经营、公平竞争等观念成为普遍的社会风气。另一方面，政府要强化消费者的维权意识。消费者处于营销环节中的末端，具有十分重要的地位。但当前我国消费者的维权意识普遍不强，其在遭遇一些侵权行为时，出于避免麻烦的心理通常采取回避问题的态度。在这种情况下，政府及相关部门应通过媒体宣传、举办教育活动等多种形式加强消费者的维权意识，使消费者认识到维护自己的基本权益、抵制不道德营销行为的必要性。

四、完善社会监督体系

（一）发挥媒体的监督作用

媒体舆论监督主要是指通过广播、电视、报纸、网络、杂志、影视等大众传播媒介发表看法和态度，从而提出社会总体一致的言论，并形成舆论，以对相关事件或人物产生影响[②]。可以说，媒体报道是一种十分有效的监督方式，对社会的舆论起着重要的导向作用。尤其在当下，很多消费者利用各种媒体渠道获取当日社会最新情况，一旦企业出现非道德行为，经过新闻媒体的传播，消息能够迅速被绝大部分消费者知晓，这会对企业的形象造成损害。正是基于这一机制，企业为了防止形成损害而导致的市场份额下降，会迅速补救这些不道德的行为，从而避免违反伦理的现象持续发生。总而言之，媒体作为企业营销活动的重要把关人，具有承担舆论监督的能力和责任，应积极发挥其在治理营销伦理和保障消费者权益方面的作用（如图 15-8 所示）。

（二）发挥消费者的监督作用

在消费者导向时代，消费者在营销活动中的重要性日益凸显。互联网的普及和技术的发展使消费者不仅能够自由表达自己的观点，还能对企业行为施加直接影响。如今，消费者对于企业的意义已经不仅仅局限于购买产品与服务，更会对企业的行为作出评价。可以

① 陈韵博. 智能营销与计算广告 ［M］. 北京：机械工业出版社，2023.
② 王昕玥. 网络营销的伦理问题及对策研究 ［D/OL］. 南京：南京师范大学，2020 ［2021-03-16］.https：//link.cnki.net/doi/10.27245/d.cnki.gnjsu.

说，消费者监督对企业的行为起着直接的调节和约束作用，促使企业能够时刻关注自身的观念和行为，使其符合营销伦理规范（如图 15-8 所示）。具体来说，一方面，消费者可通过"自媒体"等方式将企业违反伦理的行为进行曝光，迫使企业在舆论之下采取符合营销伦理的行为，同时消费者也可通过一些企业论坛等渠道将企业违规行为进行传播，以敦促企业积极补救；另一方面，消费者还可通过多种渠道（如网络平台、政府监督部门、行业协会等）对企业违反伦理的事实进行举报，从而让企业接受相应的处罚。总的来说，只要消费者群体能够自觉和积极地行动起来，合理利用自己手中的监督权利，并通过舆论引导以及举报的方式去监督和否定营销中的不道德行为，就会在很大程度上促使企业改变自身的观念和行动，从而减少违反伦理的行为发生[①]。

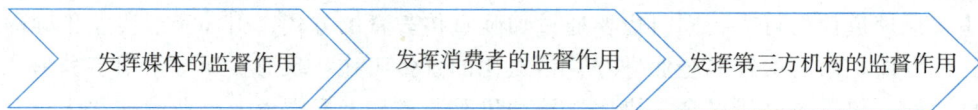

发挥媒体的监督作用　→　发挥消费者的监督作用　→　发挥第三方机构的监督作用

图15-8　完善社会监督体系

（三）发挥第三方机构的监督作用

第三方监督机构是指独立于政府与企业之外的、被政府委托评估与监督企业业务的机构，这里主要包括第三方的技术评价机构、第三方审计机构等，其具有一定的独立性，不受政府和企业的影响，从而能起到较好的约束效果，可以说是一种较为客观的社会监督形式（如图 15-8 所示）。例如，第三方评估监管机构可以根据相关的伦理规范标准，针对企业当前营销活动的现状，对企业经营活动是否达到伦理规范进行评判，然后将评判结果反馈给政府部门，再由政府部门根据情况采取相应的措施。再如，在数智时代，流量造假、数据垄断、算法歧视等难题较为盛行，借助第三方技术平台以及第三方技术评估机构对企业的数据方案、算法内容进行审计评估，可以切实保证数据、算法等更可视化，极大地减少企业利用技术手段实施违反营销伦理的行为。

理论前沿 15-1

负责任营销是什么？

由此可见，营销伦理的治理不能仅依靠任何一方完成，这既需要行业发挥道德表率作用、引导作用和规范作用，又需要企业提升权责意识、底线意识和科技向善意识，还需要顾客树立个人权利观念、培养参与意识和监督意识，同时需要第三方机构确保独立性、公平性和客观性，以及更需要政府协调资源、精准施策、有效管控[②]。故而营销伦理治理的目的不仅是为了规范企业营销实践中的失范行为，更是为了引导企业最终实现负责任营销。

本章小结

营销伦理是营销主体在从事营销活动中所应具有的基本道德准则；是营销伦理意识、伦理关系、伦理规则和伦理活动的综合体现；同时还是双向的，是权利与义务的统一。企业重视营销伦理的建设，可以帮助企业降低交易费用、塑造企业良好形象、实现其可持续发展以及增强其市场竞争力。

在企业营销实践中只有准确理解并把握好营销伦理的概念，才能更好地规避其中可能

[①] 王昕昀. 网络营销的伦理问题及对策研究 [D/OL]. 南京：南京师范大学，2020 [2021-03-16].https://link.cnki.net/doi/10.27245/d.cnki.gnjsu.

[②] 华迎，马双. 大数据营销 [M]. 北京：中国人民大学出版社，2022。

存在的伦理问题。具体来说，营销实践存在的伦理问题可以分为三种类型：一是市场调研中的伦理问题，主要包括调研机构与被调查者、竞争者及公众间存在的伦理问题；二是营销组合中存在的伦理问题，主要包括产品中产品设计、产品包装和产品质量安全的伦理问题，定价中暴利价格、价格欺诈、歧视性定价、串谋性定价和掠夺性定价的伦理问题，渠道中滥用渠道权力、违背合同、灰色营销的伦理问题，促销中广告及人员推销面临的伦理问题等；三是营销中其他的伦理问题，主要介绍了国际营销中有害产品销售转移的问题，绿色营销中漂绿的问题，以及售后服务中售后承诺不兑现和售后服务缺乏人文关怀的问题。

营销伦理的治理策略包括如下几个方面：一是发挥行业引导和规范作用，包括发挥领头企业道德表率作用、完善行业伦理管理规范、建立完善的行业信用体系等。二是强化企业自律意识，包括塑造正确伦理价值观、加强员工伦理教育、强化科技向善意识等。三是健全政府监管与引导机制，包括推动法规完善与落地、加强营销道德的社会宣传等。四是完善社会监督体系，包括发挥媒体、消费者、第三方机构等主体的监督作用，引导企业实现负责任营销。

关键概念

营销伦理；歧视性定价；虚假广告；串谋性定价；掠夺性定价；计算广告；漂绿；过度包装

案例分析

白象方便面："夹缝中"突围的民族品牌

白象食品股份有限公司是一家以方便面生产、销售为主营业务，横跨面粉、挂面、粉丝、面点、饮料和种植等多个领域的全国大型综合性食品企业。白象食品正式创立于1997年，至今已在河南、河北、山东、山西、湖南、江苏、四川、陕西、吉林等省份布局10个方便面生产基地、2个面粉生产基地、1个挂面车间和2家调味料公司。白象食品是一个可信赖、高品质的食品品牌。"可信"是白象食品品牌最本质的特性，是白象食品与消费者、社会公众和商业伙伴达成的一种价值承诺和信任关系。

凭借着产业技术创新驱动，白象食品在大力倡导营养与健康的同时，不断加强与高校、科研院所、学会等科研机构的技术合作，构建开放研发网络，及时精准链接各技术领域中的专家及前沿技术，洞察发展趋势，为研发提供丰富可靠的技术支持。另外，白象食品已成为行业内领军企业。其中，油炸面、非油炸面、挂面等产品在行业内有较高的技术水平，创新拥有面饼增水、低脂肪面饼工艺、100%荞麦面等核心制面技术。除此之外，白象食品已通过自主研发、联合攻关等改进生产工艺60多项，拥有有效专利106项，生产工艺和技术水平已达到国际先进水平。

白象在保持快速发展的同时，也在深入践行习近平总书记"以义取利，不唯利是图"的实践要求，始终未忘作为社会公民的责任和担当，积极投身各项社会公益事业。2021年河南洪灾是近年来我国面临的重大自然灾害之一。在河南的白象同样受了灾，可他们第一时间搬空了河南工厂，并将办公区腾出来，作为灾民的临时休息场所。2022年"土坑酸菜"被曝光引发舆论热议。针对土坑酸菜等问题，白象食品霸气回应：一句话，没合作，放心吃，身正不怕影子斜。之后，为了重拾行业信心，白象入驻B站，开启了工厂流水线直播，让大家直观了解工厂的生产情况。在此事件中，白象食品不仅提高了品牌知名度，也提高了品牌美誉度，进一步塑造了品牌形象，助力了新产品的营销推广。不仅如此，在扶贫、教育、环境保护和热心公益方面，也出现了白象食品的身影。从向宋庆龄基金会捐款1000万元设立"白象大学生救助基金"，到慷慨捐建5所希望小学帮助贫困孩子；从举公司全力驰援汶川地震，到集团跋涉2300多千米亲赴玉树地震一线抗震救灾；从白象全力护航奥运圣火勇攀珠峰，到白象设龙门石窟专项基金保护世界文化遗产……白象食品一直在用实际行动回馈社会。

另外，我们都知道：帮助残疾人这个弱势群体，一直是国家关注的问题。而白象在这件事情的做法上也展现了与其他企业真正不一样的风采。用白象食品自己的话来说，他们之所以敢大量招收残疾人员，是因为他们更加懂得如何根据残疾人自身的特点，来分配适当的岗位。有网友透出消息说："只要你可以出示相关的残疾证并去白象面试，那么大概率会通过的。"对于白象来说，拥有一颗真正的民族心和对祖国足够的热爱，才是它在销售方面能赶超其他老品牌的方便面的重要原因之一。

此外，白象食品还一直注重产品质量。根据天眼查的食品安全信息的结果，白象股份有限公司产品被抽检60多次，检验结果均为合格，且其分公司被抽检近300次，检验结果也均为合格。同时，白象食品也是方便面四大巨头中从未接受日资入股的民族企业。在如今民族自信增强、民族自豪感空前强大的背景下，消费者更愿意支持注重产品质量、积极承担社会责任的民族企业和国货。而白象食品在民族情怀带来追捧消费的契机下，其品牌知名度和美誉度有了明显的提高，销量也有了明显的增长，给企业带来了显著的收益。

白象的故事告诉我们，真正的国货之光，应该耐得住寂寞，接得住暴富，在不失本色的同时，又能不断与时代共舞。唯有如此，它才不仅仅是"一代人的回忆"，而是成为一代代人的话题。

资料来源：编者自撰。

问题：

1.白象食品为什么能够在众多方便面品牌中脱颖而出？

2.白象注重经济利益与社会利益相结合的做法，带给了其他企业什么启示？

案例分析答案示例15　　　　　　　　　　　基本训练15

参考文献

[1] ALDERIGHI M, NAVA C R, CALABRESE M, et al.Consumer perception of price fairness and dynamic pricing: Evidence from Booking.com [J]. Journal of Business Research, 2022 (145): 769-783.

[2] ARMSTRONG M.Competition in two-sided markets [J]. RAND Journal of Economics, 2006, 37 (3): 668-691.

[3] ASHLEY C, TUTEN T.Creative strategies in social media marketing: An exploratory study of branded social content and consumer engagement [J]. Psychology and Marketing, 2015, 32 (1): 15-27.

[4] BALDUCCI B, MARINOVA D.Unstructured data in marketing [J]. Journal of the Academy of Marketing Science, 2018, 46 (4): 557-590.

[5] BECK N, RYGL D.Categorization of multiple channel retailing in multi-, cross-, and omni-channel retailing for retailers and retailing [J]. Journal of Retailing and Consumer Services, 2015 (27): 170-178.

[6] BELLAMKONDA S.Search marketing: A strategic approach to SEO and SEM [J]. Applied Marketing Analytics, 2024, 10 (1): 93-94.

[7] BERGER J, HUMPHREYS A, LUDWIG S, et al.Uniting the tribes: Using text for marketing insight [J]. Journal of Marketing, 2020, 84 (1): 1-25.

[8] BLEI D M, NG A Y, JORDAN M I.Latent dirichlet allocation [J]. Journal of Machine Learning Research, 2003 (3): 993-1022.

[9] BRADLEY M M, LANG P J.Affective norms for English words (ANEW): Instruction manual and affective ratings [R]. The Center for Research in Psychophysiology, University of Florida, 1999.

[10] CASSEL E C, GROVE J A, HANKINS F W, et al.Fundamental differences between industrial and consumer marketing: Industrial marketing committee review board [J]. Journal of Marketing, 1954, 19 (2): 152-158.

[11] COOPER A.Why high-tech products drive us crazy and how to restore the sanity [M]. Indianapolis, Ind.: Sams Publishing, 2004.

[12] DAHL D W, MOREAU C P.Thinking inside the box: Why consumers enjoy con-

strained creative experiences [J]. Journal of Marketing Research, 2007, 44 (3): 357-369.

[13] DIBB S, SIMKIN L, WILSON D.Diagnosing and treating operational and implementation barriers in synoptic marketing planning [J]. Industrial Marketing Management, 2008, 37 (5): 539-553.

[14] FURNELL S, EVANS M P.Analysing Google rankings through search engine optimization data [J]. Internet Research, 2013, 17 (1): 21-37.

[15] GAILEY E D, YOUNG J A.An examination of marketing channel conflict and cooperation in the motorsports industry [J]. Journal of Marketing Channels, 2012, 19 (3): 212-228.

[16] GHAZIMATIN E, MOOI E A, HEIDE J B.Business-to-business projects, task configuration, and innovation [J]. Journal of Marketing Research, 2023, 60 (1): 72-91.

[17] GLICK P C.The family cycle [J]. American Sociological Review, 1947, 12 (2): 164-174.

[18] GREWAL D, HULLAND J, KOPALLE P K, et al.The future of technology and marketing: A multidisciplinary perspective [J]. Journal of the Academy of Marketing Science, 2020, 48 (1): 1-8.

[19] HEERDE H J V, MOORMAN C, MOREAU C P.Reality check: Infusing ecological value into academic marketing research [J]. Journal of Marketing, 2021, 85 (2): 1-13.

[20] HOFSTEDE G.Cultures and organizations: Software of the mind [M]. New York: McGraw-Hill, 1991.

[21] HOLLENSEN S, KOTLER P, OPRESNIK M O.Metaverse-the new marketing universe [J]. Journal of Business Strategy, 2023, 44 (3): 119-125.

[22] HOMBURG C, WORKMAN J P, JENSEN O.Fundamental changes in marketing organization: The movement toward a customer-focused organizational structure [J]. Journal of the Academy of Marketing Science, 2000, 28 (4): 459-478.

[23] HUFNAGEL G, SCHWAIGER M, WERITZ L.Seeking the perfect price: Consumer responses to personalized price discrimination in e-commerce [J]. Journal of Business Research, 2022 (143): 346-365.

[24] JAWORSKI B J.Toward a theory of marketing control: Environmental context, control types, and consequences [J]. Journal of Marketing, 1988, 52 (3): 23-39.

[25] KOPALLE P K, PAUWELS K, AKELLA L Y, et al.Dynamic pricing: Definition, implications for managers, and future research directions [J]. Journal of Retailing, 2023, 99 (4), 580-593.

[26] KOTLER P, ARMSTRONG G, ANG S H, et al.Principles of marketing: An Asian perspective [M]. London: Pearson/Prentice-Hall, 2012.

[27] KOTLER P.Marketing management: Analysis, planning, implementation and control [M]. New Jersey: Practice Hall, 1997.

[28] LANDAUER T K, DUMAIS S T.A solution to Plato's problem: The latent semantic analysis theory of acquisition, induction, and representation of knowledge [J]. Psychological

review, 1997, 104 (2): 211-240.

[29] LE Q, MIKOLOV T.Distributed representations of sentences and documents [C]. Proceedings of the 31st International Conference on Machine Learning (LCML 2014), 2014, 32 (2): 1188-1196.

[30] LEONARD D, RAYPORT J F.Spark innovation through empathic design [J]. Harvard Business Review, 1997, 75 (6): 102-113.

[31] LI F, LARIMO J, LEONIDOU L C .Social media marketing strategy: Definition, conceptualization, taxonomy, validation, and future agenda [J]. Journal of the Academy of Marketing Science, 2021, 49 (1): 51-70.

[32] LI X, WANG X, NAULT B R.Is personalized pricing profitable when firms can differentiate? [J]. Management Science, 2024, 70 (7): 4184-4199.

[33] LIADELI G, SOTGIU F, VERLEGH W J.A Meta-Analysis of the Effects of Brands' Owned Social Media on Social Media Engagement and Sales [J]. Journal of Marketing, 2023, 87 (3): 406-427.

[34] LONGONI C, CIAN L.Artificial intelligence in utilitarian vs.hedonic contexts: The 'Word-of-Machine' effect [J]. Journal of Marketing, 86 (1): 91-108.

[35] LOW G S, FULLERTON R A.Brands, brand management, and the brand manager system: A critical-historical evaluation [J]. Journal of Marketing Research, 1994, 31 (2): 173-190.

[36] LU S, XIAO L, DING M.A video-based automated recommender (VAR) system for garments [J]. Marketing Science, 2016, 35 (3): 484-510.

[37] LUKAS M F, HOWARD R C C.The influence of budgets on consumer spending [J]. Journal of Consumer Research, 2023, 49 (5): 697-720.

[38] LUSCH R F, JAWORSKI B J, GOURLEY D.Book review: The strategy and tactics of pricing [J]. Journal of Marketing, 1988, 52 (3): 133-134.

[39] MCDONALD M H B.Ten barriers to marketing planning [J]. Journal of Services Marketing, 1990, 4 (2): 5-18.

[40] MEIRE M , HEWETT K , BALLINGS M , et al.The role of marketer-generated content in customer engagement [J]. Journal of Marketing, 2019, 83 (6): 21-42.

[41] MIKOLOV T, SUTSKEVER I, CHEN K, et al.Distributed representations of words and phrases and their compositionality [J]. Advances in Neural Information Processing Systems, 2013 (26): 3111-3119.

[42] MINTZBERG H.Strategy-making in three modes [J]. California Management Review, 1973, 16 (2): 44 -53.

[43] NGUYEN G T, KIM K.A survey about consensus algorithms used in blockchain [J]. Journal of Information Processing Systems, 2018, 14 (1): 101-128.

[44] OECD.Participative web: User-created content working party on the information economy [R]. Paris: Organisation for Economic Cooperation and Development, 2007: 8-9.

[45] PADE R, FEURER S.The mitigating role of nostalgia for consumer price unfairness

perceptions in response to disadvantageous personalized pricing［J］. Journal of Business Research，2022（145）：277-287.

［46］PENNEBAKER J W，KING L A.Linguistic styles：Language use as an individual differenc［J］. Journal of Personality and Social Psychology，1999，77（6）：1296.

［47］PORTER M E.Competitive strategy［J］. Measuring Business Excellence，1997，1（2）：12-17.

［48］RAKSHIT S，ISLAM N，MONDAL S.An integrated social network marketing metric for business-to-business SMEs［J］. Journal of Business Research，2022（150）：73-88.

［49］RAMBOCAS M，MENESES R，MONTEIRO C，et al. Direct or indirect channel structures.Evaluating the impact of channel governance structure on export performance［J］. International Business Review，2015，24（1）：124-132.

［50］RETO H，FRITZE M P，CAIT L.Beyond scarcity：A social value-based lens for NFT pricing［J］. Journal of Consumer Research，2024，51（1）：140-150.

［51］ROCHET J C，TIROLE J.Two-sided markets：An overview［C］. Institut d'Economie Industrielle working paper，2004.

［52］SEBASTIEN BELLANGER.Perceptual maps［EB/OL］.［2014-11-23］. https：// rockstarsbm.wordpress.com/2014/11/23/perceptual-maps/.

［53］SELLIER A L，DAHL D W.Focus! Creative success is enjoyed through restricted choice［J］. Journal of Marketing Research，2011，48（6）：996-1007.

［54］SERVICE PROVIDER GROUP.领先5G RAN供应商的能力比较和2023年5G全球市场预测［R］. 波士顿：Strategy Analytics，2019.

［55］SHANKAR V，BOLTON R N.An empirical analysis of determinants of retailer pricing strategy［J］. Marketing Science，2004，23（1），28-49.

［56］SWAMINATHAN V，SCHWARTZ H A，MENEZES R，et al. The language of brands in social media：Using topic modeling on social media conversations to drive brand strategy［J］. Journal of Interactive Marketing，2022，57（2）：255-277.

［57］TAECHARUNGROJ V.Experiential brand positioning：Developing positioning strategies for beach destinations using online reviews［J］. Journal of Vacation Marketing，2022（29）：313-330.

［58］TIMMER C P，FALCON W P，PEARSON S R.Food policy analysis［M］. Baltimore：Johns Hopkins University Press，1983：43.

［59］TIRUNILLAI S，TELLIS G J.Mining marketing meaning from online chatter：Strategic brand analysis of big data using latent dirichlet allocation［J］. Journal of Marketing Research，2014，51（4）：463-479.

［60］VESTERINEN M，MERO J，SKIPPARI M.Big data analytics capability，marketing agility，and firm performance：A conceptual framework［J］. Journal of Marketing Theory and Practice，2024（3）：1-21.

［61］WONGKITRUNGRUENG A，DEHOUCHE N，ASSARUT N.Live streaming commerce from the sellers' perspective：Implications for online relationship marketing［J］. Journal of Marketing Management, 2020, 36 (5): 488-518.

[62] YAVUZ T, KAYA O.Deep reinforcement learning algorithms for dynamic pricing and inventory management of perishable products [J]. Applied Soft Computing, 2024 (163): 111864.

[63] YU M, DEBO L, KAPUSCINSKI R.Strategic waiting for consumer-generated quality information: Dynamic pricing of new experience goods [J]. Management Science, 2015, 62 (2): 410-435.

[64] 里斯, 特劳特. 定位: 有史以来对美国营销影响最大的观念 [M]. 谢伟山, 苑爱冬, 译. 北京: 机械工业出版社, 2011.

[65] 蔡瑞林, 赵士德. 市场营销学 [M]. 南京: 南京大学出版社, 2024.

[66] 曹裕, 李想, 胡韩莉, 等. 数字化如何推动制造企业绿色转型?——资源编排理论视角下的探索性案例研究 [J]. 管理世界, 2023, 39 (3): 96-112; 126; 113.

[67] 曾伏娥, 池韵佳. 市场营销调研 [M]. 北京: 高等教育出版社, 2019.

[68] 陈璟. 北京电子商务发展的战略思考 [J]. 中国软科学杂志, 2002 (9): 122-123.

[69] 陈新辉, 乔忠. 产品生命周期的模糊识别模型 [J]. 中国农业大学学报, 2001, 6 (4): 1-67.

[70] 陈怡君. 解码小米营销: 关于智能终端的商业之路 [J]. 国际品牌观察, 2022 (22): 26-32.

[71] 陈怡秀, 孙世敏, 屠立鹤. 在职消费经济效应的影响因素——基于高管异质性视角的研究 [J]. 经济管理, 2017, 39 (5): 85-100.

[72] 陈翼, 孙晓曼, 张宁, 等. 数智驱动营销下企业网络平台供应链的绿色产品营销策略研究 [J]. 中国管理科学, 2024, 32 (5): 81-92.

[73] 代炜琦, 李铭, 赵珂轩, 等. 面向电商联盟的区块链营销标签交易系统 [J/OL]. 计算机研究与发展, 1-13 [2024-07-31]. http://kns.cnki.net/kcms/detail/11.1777.TP.20240111.0938.004.html.

[74] 杜建刚, 范秀成. 服务消费中多次情绪感染对消费者负面情绪的动态影响机制 [J]. 心理学报, 2009, 41 (4): 346-356.

[75] 樊帅, 杜鹏. 营销管理 [M]. 北京: 清华大学出版社, 2023.

[76] 科特勒, 凯勒. 营销管理 [M]. 王永贵, 于洪彦, 何佳讯, 等译. 13版. 上海: 格致出版社, 2009.

[77] 科特勒, 凯勒, 切尔内夫. 营销管理 [M]. 陆雄文, 蒋青云, 赵伟韬, 等译. 16版. 北京: 中信出版社, 2022.

[78] 科特勒, 凯勒. 营销管理 [M]. 何佳讯, 于洪彦, 牛永革, 等译. 15版. 上海: 格致出版社, 2016.

[79] 符国群. 市场营销学 [M]. 北京: 清华大学出版社, 2023.

[80] 符国群. 从供需"匹配"视角重新诠释和理解市场营销——兼论市场营销知识体系的构建 [J]. 营销科学学报, 2021, 1 (1): 17-30.

[81] 符国群. 西方零售商品牌给制造商带来的机会和挑战 [J]. 南开管理评论, 2001, 4 (2): 48-50; 55.

［82］郭国庆，陈凯．市场营销学［M］．7版．北京：中国人民大学出版社，2022．

［83］郭国庆．市场营销学通论［M］．8版．北京：中国人民大学出版社，2020．

［84］郭国庆．市场营销学通论［M］．9版．北京：中国人民大学出版社，2022．

［85］郭元．现代市场营销学［M］．北京：北京理工大学出版社，2021．

［86］郝晓玲，陈晓梦．体验型产品消费行为的羊群效应及机理研究——基于电影行业消费行为的实证解释［J］．中国管理科学，2019，27（11）：176-188．

［87］胡斌，王莉丽．物联网环境下的企业组织结构变革［J］．管理世界，2020，36（8）：202-210；232．

［88］华迎，马双．大数据营销［M］．北京：中国人民大学出版社，2022．

［89］黄劲松，吴裴佳，雷加雨，等．在线店铺如何数字化运营？蒙牛的京东平台实践［DB/OL］．［2023-09-18］．http：//www.cmcc-dlut.cn/Cases/Detail/7492.中国管理案例共享中心．

［90］黄永祥．实战Python网络爬虫［M］．北京：清华大学出版社，2019．

［91］阿姆斯特朗，科特勒．市场营销学［M］．赵占波，孙鲁平，赵江波，等译．13版．北京：机械工业出版社，2019．

［92］焦胜利，朱李明．市场营销学：迈向数字化的中国营销［M］．北京：清华大学出版社，2021．

［93］景奉杰，曾伏娥．市场营销调研［M］．2版．北京：高等教育出版社，2010．

［94］科特勒，阿姆斯特朗．市场营销：原理与实际［M］．楼尊，译．16版．北京：中国人民大学出版社，2015．

［95］科特勒，凯勒．营销管理（精要版）［M］．王永贵，华迎，译．6版．北京：清华大学出版社，2017．

［96］李丹，周小波，余敏．现代市场营销理论与案例分析［M］．长春：吉林科学技术出版社，2022．

［97］李飞．定位地图［M］．北京：经济科学出版社，2008．

［98］李晶，杨轶然，刘威达．市场营销渠道建设与工商管理［M］．长春：吉林人民出版社，2021．

［99］李雷，赵先德，简兆权．网络环境下平台企业的运营策略研究［J］．管理科学学报，2016，19（3）：15-33．

［100］李亚斌，周霞霞，辛志成．市场营销实务［M］．重庆：重庆大学出版社，2021．

［101］廖俊云．元宇宙营销：数字营销新浪潮［M］．北京：北京大学出版社，2024．

［102］罗兴武，孙萌，刘洋，等．数字拟人品：数字技术、拟社会互动与商业模式内容创新的共演［J/OL］．管理世界，2024，40（8）：24-41；144；42．

［103］马宝龙，胡文清，赵雅琦，等．看不见硝烟的场外竞赛：海信卡塔尔世界杯品牌传播之道［DB/OL］．［2023-09-11］．http：//www.cmcc-dlut.cn/Cases/Detail/7438.中国管理案例共享中心．

［104］马二伟．数字平台营销［M］．北京：科学出版社，2019．

［105］马海平，于俊，吕昕，等．Spark机器学习进阶实战［M］．北京：机械工业出

版社，2018.

[106] 孟韬. 市场营销：课程思政与互联网创新 [M]. 2版. 北京：中国人民大学出版社，2021.

[107] 邱雪峰，倪斯铌. 市场营销理论与实践 [M]. 北京：北京理工大学出版社，2021.

[108] 冉雅璇，李志强，刘佳妮，等. 大数据时代社会科学研究方法的拓展——基于词嵌入技术的文本分析的应用 [J]. 南开管理评论，2022，25（2）：47-56；79；57-58.

[109] 施娟. 营销渠道管理 [M]. 上海：上海财经大学出版社，2014.

[110] 苏艳林. 市场营销学 [M]. 秦皇岛：燕山大学出版社，2022.

[111] 所罗门，斯图加特. 市场营销学：实践篇 [M]. 王宝，来婷妍，译. 桂林：广西师范大学出版社，2003.

[112] 滕乐法，李峰，吴媛媛，等. 市场营销学 [M]. 北京：清华大学出版社，2020.

[113] 田喜洲. 时间情境中的工作重塑 [J]. 经济管理，2024，46（2）：193-208.

[114] 万华，卢晶. 新编市场营销学 [M]. 沈阳：东北大学出版社，2020.

[115] 汪旭晖，赵博，刘志. 从多渠道到全渠道：互联网背景下传统零售企业转型升级路径——基于银泰百货和永辉超市的双案例研究 [J]. 北京工商大学学报（社会科学版），2018，33（4）：22-32.

[116] 汪旭晖，张其林. 平台型电商声誉的构建：平台企业和平台卖家价值共创视角 [J]. 中国工业经济，2017（11）：174-192.

[117] 王安宁，张强，彭张林，等. 在线评论的行为影响与价值应用研究综述 [J]. 中国管理科学，2021，29（12）：191-202.

[118] 王浩伟，汪璠，王秉琰. 主题视角下生成式人工智能生成内容与用户生成内容的比较 [J]. 情报理论与实践，2023，46（10）：200-207；199.

[119] 王美云，苏永华. 大数据杀熟对顾客忠诚度影响研究 [J]. 价格理论与实践，2023（6）：114-118；211.

[120] 王淑翠，宣峥楠，孙兰，等. 基于用户生成内容的社交电商品牌权益价值共创机制研究 [J]. 科学学与科学技术管理，2021，42（7）：35-52.

[121] 王永贵，王皓月，杨江琳，等. 社交媒体营销研究与展望——基于 Web of Science 核心数据库和 CNKI 数据库的综合分析 [J/OL]. 管理评论：1-15 [2024-07-31]. https：//doi.org/10.14120/j.cnki.cn11-5057/f.20240601.001.

[122] 王永贵. 管理研究方法：理论、前沿与操作 [M]. 北京：中国人民大学出版社，2023.

[123] 王永贵，项典典. 数字营销——新时代市场营销学 [M]. 北京：高等教育出版社，2023.

[124] 王永贵. 市场营销 [M]. 北京：中国人民大学出版社，2019.

[125] 王永贵. 市场营销 [M]. 2版. 北京：中国人民大学出版社，2022.

[126] 王永贵. 市场营销：理论与中国实践（数字教材版）[M]. 3版. 北京：中国人民大学出版社，2024.

[127] 吴继飞，朱翊敏，刘颖悦，等. 智能客服厌恶效应的诱因、心理机制与边界研

究［J］. 南开管理评论，2023，26（6）：179-189.

［128］吴健安，聂元昆. 市场营销学［M］. 5版. 北京：高等教育出版社，2014.

［129］吴健安，钟育赣. 市场营销［M］. 7版. 北京：清华大学出版社，2021.

［130］吴小龙，肖静华，吴记. 当创意遇到智能：人与AI协同的产品创新案例研究［J］. 管理世界，2023，39（5）：112-126；144；127.

［131］徐大佑，吕萍. 市场营销学［M］. 2版. 北京：科学出版社，2016.

［132］许春芳，靖继鹏. 网络信息商品定价策略研究［J］. 现代情报，2007（4）：89-91.

［133］许以洪，顾桥. 市场营销教程［M］. 北京：北京大学出版社，2015.

［134］薛金福，李忠玉. 互联网+：大融合与大变革［M］. 北京：中国经济出版社，2015.

［135］杨扬，刘圣，李宜威，等. 大数据营销：综述与展望［J］. 系统工程理论与实践，2020，40（8）：2150-2158.

［136］尹一丁. 市场营销二十讲［M］. 北京：清华大学出版社，2023.

［137］喻玲，兰江华. 算法个性化定价的反垄断法规制：基于消费者细分的视角［J］. 社会科学，2021（1）：77-88.

［138］喻玲. 算法消费者价格歧视反垄断法属性的误读及辨明［J］. 法学，2020（9）：83-99.

［139］袁登华，高丽丹. 社交媒体中的准社会互动与营销效能研究［J］. 外国经济与管理，2020，42（7）：21-35.

［140］袁海霞，白琳，杜晶晶，等. 未来已来：虚拟数字代言人能否为花西子带来新突破？［DB/OL］. ［2023-09-11］. http://www.cmcc-dlut.cn/Cases/Detail/7435. 中国管理案例共享中心.

［141］袁勇，王飞跃. 区块链理论与方法［M］. 北京：清华大学出版社，2019.

［142］张洪胜，杜雨彤，张小龙. 产业数字化与国内大循环［J］. 经济研究，2024，59（5）：97-115.

［143］张沛然，黄蕾，卢向华，等. 互联网环境下的多渠道管理研究：一个综述［J］. 经济管理，2017，39（1）：134-146.

［144］赵星宇，庄贵军. 渠道多元化和跨渠道冲突如何影响渠道治理机制的效力？［J/OL］. 中国管理科学，1-14［2024-08-12］. https://doi.org/10.16381/j.cnki.issn1003-207x.2022.1668.

［145］郑锐洪. 营销渠道管理［M］. 4版. 北京：机械工业出版社，2023.

［146］张其仔. 新工业革命背景下的世界一流管理：特征与展望［J］. 经济管理，2021，43（6）：5-21.

［147］周峰，杨春富. 营销渠道管理［M］. 2版. 南京：东南大学出版社，2012.

［148］周高云，齐建明，方水耀. 共享新零售：消费升级时代的零售创新路径［M］. 北京：中国商业出版社，2019.

［149］庄贵军. 营销管理：营销机会的识别、界定与利用［M］. 3版. 北京：中国人民大学出版社，2021.